致读者

温馨提示：为保护读者权益，正版书会采用一本书对应一个专有二维码，
请在正式阅读前务必第一时间扫描，获得官方正版授权后，
方可浏览全书对应章节的丰富的电子数据资源。

精品课 EXCELLENT COURSE

高等院校精品课程系列教材

国际商务

INTERNATIONAL BUSINESS

|第4版|

王炜瀚 王健 等编著

机械工业出版社
China Machine Press

图书在版编目（CIP）数据

国际商务 / 王炜瀚，王健等编著 . --4 版 . -- 北京：机械工业出版社，2021.8（2026.1 重印）
（高等院校精品课程系列教材）
ISBN 978-7-111-68794-8

Ⅰ. ①国… Ⅱ. ①王… ②王… Ⅲ. ①国际商务 - 高等学校 - 教材 Ⅳ. ① F740

中国版本图书馆 CIP 数据核字（2021）第 149466 号

什么是国际商务？中国的国际商务呈现怎样的发展态势？本书以明晰国际商务的学科属性和基本内容的国际商务导论作为开篇，构建了国际商务环境、国际商务战略、国际商务实施以及国际商务支持四大篇章。本书从全球化的视角兼顾中国本土特色，用 15 个实际案例引出全书的 15 个主题，全方位、立体化地为读者呈现了国际商务的内涵与外延，并明晰了其相关内容与国际贸易、国际投资以及国际管理的关联和区别。

本书可以作为国际经济与贸易、企业管理等经济学与工商管理类专业本科生高年级用书，国际商务专业硕士、经济学与工商管理类研究生低年级用书，MBA 的企业国际化课程用书，理工科专业学生选修用书和高层管理培训项目的教材，也适合作为政府部门和业界人士的案头参考读物。

出版发行：机械工业出版社（北京市西城区百万庄大街 22 号 邮政编码：100037）
责任编辑：施琳琳 章集香　　责任校对：殷 虹
印 刷：北京盛通数码印刷有限公司　　版 次：2026 年 1 月第 4 版第 9 次印刷
开 本：185mm×260mm 1/16　　印 张：26.75
书 号：ISBN 978-7-111-68794-8　　定 价：69.00 元

客服电话：（010）88361066 68326294

编委会

EDITORIAL BOARD

本书的最终完成是编写团队集体努力的结果。王炜瀚、王健负责拟定全书的结构框架和各章的写作思路。各章的编著人员如下，编写者介绍以姓名拼音为序。

章名	编著人员
第 1 章　国际商务的语境：全球化与国际商务	王炜瀚
第 2 章　国际商务的学习：国际商务学科概论	王炜瀚
第 3 章　国际商务的国别制度环境	王炜瀚、张婷
第 4 章　国际贸易与投资制度环境	王炜瀚
第 5 章　国际税务与金融制度环境	王炜瀚、张婷
第 6 章　国际企业战略	王炜瀚
第 7 章　国际企业组织	工炜瀚
第 8 章　进出口	王健
第 9 章　全球生产	王炜瀚
第10章　全球营销	工炜瀚
第11章　国际工程承包	周巧玉
第12章　全球人力资源管理	王炜瀚
第13章　国际财务管理与国际会计	王炜瀚
第14章　全球信息系统	刘瑞林
第15章　国际商务的风险管理与保险	于涛

刘瑞林，对外经济贸易大学信息学院副教授。现任现代服务业人才培养实验教学中心执行主任。学术领域为管理信息系统、电子商务和金融信息化。

王健，对外经济贸易大学国际经济贸易学院教授，博士生导师，富布赖特学者。曾在对外经济贸易大学获得经济学博士学位。学术领域为电子商务、国际商务。

王炜瀚，对外经济贸易大学国际经济贸易学院国际商务系教授，富布赖特学者。曾在对外经济贸易大学获得经济学博士学位。学术领域为国际商务。

于涛，保险法学者。曾在对外经济贸易大学国际经济贸易学院获得经济学博士学位，并在对外经济贸易大学法学院博士后流动站工作。专业领域为保险法、法与经济学。

张婷，现就职于中国进出口银行海南省分行。曾就职于海南大学，在对外经济贸易大学国际经济贸易学院获得经济学博士学位。

周巧玉，曾就职于中铁国际经济合作有限公司市场开发部门，驻苏丹负责苏丹办事处的市场开发工作，参与多个国际工程承包项目的投标工作。曾在对外经济贸易大学国际经济贸易学院获得经济学硕士学位。

前 言

PREFACE

进入21世纪以来，尽管WTO谈判已陷入僵局，在某种意义上预示着全球化存在中断的可能，但是，对于中国企业而言，这只意味着“走出去”和全球经营的困难加大，它们没有任何退路可言。同时，在全球化背景下，除特例国家以外，任何一国的国内市场和国民经济已经或多或少地同他国融合。所以，中国企业，无论是否有意到海外经营，都已置身于国际商务环境中。当然，对于那些已经、正在或打算“走出去”的企业尤为如此。这些中国企业正面对着美欧等西方企业在过去60年国际化过程中不同阶段面对过的所有问题，以及未来的不确定性。可以说，产生中国视角的《国际商务》教材是时代的要求和历史的必然。正因如此，呈现在读者手中的这本书已经偶然成了这“必然”中的一本。

本书第4版相较于之前的版本进行了重大修订。第4版的修订主要体现为全新编写了第6章、第7章和第5章5.1节的内容，增补并改写了第3章的部分内容。除了校正错漏、更新数据、优化表述外，第4版修订旨在更清晰地展现国际商务作为一个独立整合学科的内涵，并以其学科特征为线索组织各部分内容的知识。本次修订的主要内容列举如下。

第1章“国际商务的语境：全球化与国际商务”在“1.2.2 国际商务活动的范围与特点”部分，我们界定了国际商务活动的概念。国际商务活动应被视为包括跨境交易（货物、服务的进出口和股权、资产的跨国并购等）、海外运营、相关支持与服务活动的集合。从而，我们进一步界定了国际商务概念中“国际”的内涵。进而指出，“国际”商务之所以区别于“国内”商务而存在，是由于制度与文化的国别差异。无论是跨境交易还是海外运营，或者相关支持与服务活动，它们都会涉及输入国当地的规则（对外经济规则＋本地商业规则），乃至输出国及（跨国并购及对外经济制裁等情形下的）第三国的监管规则。这意味着，相对于“国内”商务的特征而言，从事“国际”商务活动至少需要遵守国际商业惯例和东道国的对外经济规则，并在东道国做到当地合规，努力进行文化适应。

第2章“国际商务的学习：国际商务学科概论”重新编写了有关国际商务学科属性和课程体系设计的内容。我们以20世纪以来的科学发现和科学范式作为依据，将国际商务视为整合学科，指出整合学科通过“乘法”进行知识体系的搭建，有其独特的优势与价值，奠定了其学术正统性，但仍面临发展的挑战。挑战来自多个方面，似是而非的认识就是其一。对此，我们指出，国际商务作为一个整合学科，并不属于企业管理学；相反，企业管理学是国际商务的成分学科。而且，国际商务并非属于社会科学，其根本价值在于实践价值，且不是附属于、派生于学术价值。相反，国际商务学科的学术价值依赖于其实践价值。国际商务的学科内涵是要将“一揽子”知识转化为生产力，本质是“人文社科知识的工程学”。国际商务有关商务企业运营同其运营所在的国际或外国环境的相互关系，研究与回答不同于其他学科的独特问题，以国际商务主体或活动作为研究对象或研究主题的研究与学习未必是国际商务研究与学习。在有关课程体系设计的问题上，我们特别界定了实践同学术、理论、实务、操作及分析几个概念内涵的关系，并把它们作为设计课程体系和课程内容的指导。

第3章“国际商务的国别制度环境”重新编写了政治制度、税收制度、法律环境、宗教伦理的部分内容，尤其对西方学者片面及不当理解的儒家思想内容进行了改写。

第4章“国际贸易与投资制度环境”介绍了国际贸易与投资规则的演进，根据国际商务企业认识国际贸易和投资规则的需要，我们梳理了国际贸易法与国际投资法的主要相关内容。相较于之前的版本，本章几乎所有的内容都进行了重新编写。不同于市面上其他教材介绍经济学的国际贸易与对外直接投资理论以及相关国际组织，我们基于国际商务活动受到国际经济规则的约束这一认识，首次将国际贸易与投资法的知识明确为法律作为国际商务成分学科的基本内容之一。当然，本书并未否认国际贸易与对外直接投资理论的价值。这些内容是作为认识世界经济层次国际商务活动的理论指导，写在第1章的。

第5章“国际税务与金融制度环境”将国际税务制度环境补充为主要内容之一，特别介绍了一般税务环境中的重复征税问题，以及避税港的形成、分布、类型及产业特色。在国际金融制度环境部分，我们将国际金融市场分为涉外金融市场和离岸金融市场两部分内容来组织。在离岸金融市场部分，我们还补充了离岸金融中心的形成、分布、类型及产业特色等内容。将这些内容纳入《国际商务》教材也属首次。

第6章“国际企业战略”的内容进行了全新的编写，明确在企业战略框架下，将国际企业战略分解为国际化战略和全球战略两部分。其中，国际化战略包含了进入模式的内容；全球战略在I-R框架的基础上做了进一步扩展。全球战略概念的流变作为高级内容以专栏形式呈现，供教师参阅。

第7章“国际企业组织”的内容进行了全新的编写，尤其对内部选择机制内容进行了更为结构化的梳理。母女结构的转变以及异形结构作为高级内容以专栏形式呈现，供读者参阅。

第9章“全球生产”对引言部分企业筹源术语进行了全新改写，以及“9.2 全球生产的模式选择”中多处术语和表述都做了重新调整。

第10章“全球营销”的内容进行了全新的编写，在“10.2.2 全球营销的核心问题”部分，明确界定了全球营销的特殊内涵，用以组织本章的内容。为了避免读者可能的误解，我们以注释的形式对相关文献中的模糊概念进行了简单回顾。本章主题“全球营销”中的“全球”概念，如同“国际商务”中的“国际”概念，统指超越单一国界的含义，并非意在区分国际经营的程度，同部分《全球营销》教材中的内涵有所不同。

第11章“国际工程承包”的结构进行了重新调整，内容主要分为国际工程承包惯例与规则及国际工程承包管理两大部分，并充实了东道国环境对于工程企业造成的具体影响。

第12章“全球人力资源管理”的内容进行了全新的编写，将全球人力资源管理的特殊内涵界定为人力资源管理内涵的丰富以及国别环境差异影响人力资源管理活动两方面内容，并以此组织本章的内容。同样，本章主题“全球人力资源管理”的概念同“国际人力资源管理”不做区分。

第13章“国际财务管理与国际会计”的整体内容进行了清晰化、条理化的努力。

通过使用本书，读者能够了解全球化背景下国际商务活动的现实概貌，掌握基本概念和理论，认识国际商务的学科属性和学习方法；掌握分析国际商务环境的系统知识；理解国际商务战略和组织框架；了解制造类、贸易类、承包类企业国际经营所需的基本知识；从人力、财力、信息和风险管理多方面了解国际商务的支持活动。将以上知识作为一个系统整体，作为基础知识准备，进行充分理解与掌握，进而拥有认识商务活动、理解商务问题的能力。

本书整体的设计和各章内容的编写都休现了编写团队对目标读者的定位。我们认为，本书可以作为国际经济与贸易、企业管理等经济学与工商管理类专业本科生高年级用书，国际商务专业硕士、经济学与工商管理类研究生低年级用书，MBA的企业国际化课程用书，理工科专业学生选修用书和高层管理培训项目的教材，也适合作为政府部门和业界人士的案头参考读物。

本书共15章15个主题。教材的使用有两种基本模式。第一种，将“国际商务”定位为譬如国际经济与贸易专业本科生高年级的知识整合性课程，或作为国际商务专业研究生低年级的介绍性课程，全面讲授，但有所侧重，因为学生都或多或少学习过，至少自学过部分内容。课堂上，教师将国际商务的学科基本结构和主要知识内容进行总结或介绍，意在展现全貌。第二种，将“国际商务”定位为国际商务体系内同其他独立课程的相互补充，配合其他课程有取舍地讲授。学生以前重点修过的内容或以后将专门学习的内容，教师可提纲挈领简要讲授，甚至跳过不讲；今后不再讲授或教师认为重要的内容详细讲。课程设计要有将所有课程构成一个体系的理念。一般情况下，每周3～4课时，每学期16周，1个或2个学期的设计都是合理的。选修或培训类课程可根据课程设计的主要方向、学生的专业特征和授课教师的意图灵活设计。无论哪种使用方式，教师都几乎不可能讲授所有的内容。特别是第4章和第5章涉及了庞大的知识体系，需要教师从中自行选取重点教学内容。第5章5.1节、第6章部分专栏、第7章专栏内容难度较大，不建议作为一般授课的教学和考核内容。

前期阅读过本书的教师普遍认为，本教材在专业上可信赖、体系完整，教学内容充分、选择余地大，教辅PPT结构清晰，便于不同专业背景的教师使用，便于师生迅速驾驭其他学科的基本知识。不过，限于编写者的水平和见识，错漏难免。欢迎读者慷慨批评指正，以便我们尽快在下一版中及时修订。

编者

2021年5月

目 录
CONTENTS

第二篇　国际商务环境

第三篇　国际商务战略

第四篇　国际商务实施

第五篇 国际商务支持

第一篇
PART 1

国际商务导论

第 1 章
CHAPTER1

国际商务的语境：全球化与国际商务

引导案例

钓鱼岛“购岛事件”与抵制“日货”

自 1972 年中日邦交正常化以来，两国间贸易与投资实现了惊人的增长。中日双边贸易额在 1972 年仅为 10 亿美元的起点上，经过整整 30 年的发展超过了 1 000 亿美元，2006 年突破 2 000 亿美元，2011 年甚至达到 3 428.9 亿美元。截至 2011 年，中国已成为日本第一大贸易伙伴、第一大出口目的地和最大的进口来源地。与此同时，日本也是中国第四大贸易伙伴、第二大进口来源地和第五大出口目的地。此外，日本连续多年保持对华巨额的直接投资，2011 年日本对中国内地投资 63.48 亿美元，是美国的 2 倍、德国的 6 倍，成为中国香港、中国台湾以外的最大投资来源地。目前，中国在日资（包括中日合资）企业的就业人员已经超过 100 万人。相互依存的中日两国互为对方的经济发展提供了巨大的动力与机遇。

然而在中日经济合作不断深化的同时，两国间的历史遗留问题却不断地对中日经贸往来产生负面影响。自 2012 年 4 月日本东京都知事石原慎太郎宣称将从私人手中购买钓鱼岛以来，所谓“购岛事件”持续发酵并不断升级。日本的“购岛”闹剧，激起了中国民众的强烈愤慨，进而引发民众大规模抵制日本品牌商品（“日货”）的浪潮，甚至发生了多起冲击日本品牌商店和打砸日本品牌汽车的事件。由于中国国内反日情绪高涨，涉及日本品牌的电子、零售、家电、日用品等企业均受重创，尤以日系汽车生产企业的损失最为严重。

受“购岛事件”影响，日系车企自 2012 年 9 月以来在华销量暴跌。公开数据显示，在中国私家车市场 10 月销量整体上涨 6.4% 的情况下，日系品牌汽车销量下跌 59.4%，仅不足 10 万辆，其中“日系三强”丰田、本田和日产在华销量分别同比下滑 44.1%、54% 和 40.7%。日系品牌汽车 10 月的市场占有率锐减至 7.6%，与 9 月相比下降了 4.6%，与 2011 年同期相比下降了 12.3%。

回顾中国近现代史，中国曾爆发过多次大规模抵制舶来日货的运动。但在价值链国际化的时代，大多数商品已不再由单一国家生产和制造，出现商品“国籍”模糊化的趋势，因此纯粹的“日货”已经十分少见。以汽车行业为例，在中国生产的日系车均保持了较高的国产化率，如广汽丰田凯美瑞的国产化率在70%左右，广汽本田雅阁在85%以上，本田旗下的飞度、思域品牌的国产化率甚至超过了90%。由于当时中国关于整车合资企业中外资持股比例不得超过50%的限制，因此在华日系车企均为与中国本土企业的合资公司，如广汽丰田和广汽本田分别是由广汽集团和丰田、本田各自持股50%合资建立的。所以，不仅日本品牌的商品已经是“日货”和“国货”的集合物，甚至生产企业也变为“日企”和“国企”的混合体，企业的经营利润也不是只归“日企”或“国企”所有。

当走上街头的中国民众在将矛头对准日本品牌的时候，他们并没有意识到，生产的全球化早已将世界上的主要国家卷入了全球生产网络。抵制日本品牌在冲击日本企业投资利益的同时，也损害了中国资本和中国劳动者等“民族”生产要素的利益。全球化的今日已完全不是百年前东洋品牌等同于舶来日货的时代，任何国际经济活动的参与者只有清醒地意识到自己已置身于全球化的商务环境，才可能做出理智的决策。

学习目标

通过本章的学习，认识当今全球化的历程、推动力量、典型的全球化乐观观点与悲观观点以及技术变革同全球化前景的关系；理解全球化如何塑造当代全球价值链；理解并掌握国际商务活动的范围与特点；能够从业务类型和业务主体角度辨别与理解国际商务活动的类型；通过熟悉国际贸易和国际直接投资的理论知识，了解世界经济层次国际商务活动的总体景象。

1.1 认识全球化㊀

1.1.1 国际商务视角的全球化

1.1.1.1 历史上的两次全球化

全球化（globalization）是指全球向一个更加一体化和相互依存的世界经济体系的转变。经济全球化并不是一个新的现象，O'Rourke and Williamson（1999）将过去150年间大西洋沿岸的经济发展划分为了三个阶段：被誉为“美好时代”的19世纪末全球化阶段、黑暗的反全球化的中间阶段（1914～1950年）以及20世纪末的全球化潮流复兴阶段。19世纪末到20世纪初见证了国际经济一体化的“顶峰”或“黄金年代”。许多学者都将现阶段的全球化浪潮与第一阶段的全球化相比较，认为现阶段的贸易、资本流动以及经济一体化水平都并非史无前例，我们现在所经历的实际上仅仅是在大萧条、两次世界大战和冷战等长期间歇后的“第二幕”全球化。

1.1.1.2 全球化的推动力

Baldwin and Martin（1999，第1页）指出，两次全球化大潮有一个相似之处，那就是其推动力量都是国际交易的技术障碍和政策障碍的急剧减少。在技术方面，第一次全球化大潮在很大程度上是19世纪通信和运输领域变革的结果。

通信技术的发展给世界带来了直接影响。国际电报和电话线缆的发明使人们不必实

㊀ 根据Kobrin（2005）编辑改写。

地移动就能相互沟通，通信瞬间便可以完成，从而大大缩短了信息传递所需的时间。1835年，历史上第一台电报机问世。1863年，电报技术被引入股市。各地交易所的证券价格迅速收敛。1865年第一条跨越大西洋的海底电缆将美国与欧洲联系起来（Standage，1998），从此纽约市场和伦敦市场的美国国库券价格迅速趋于一致。以铁路和蒸汽轮船的兴起为代表的运输业的发展则显得更加重要。19世纪中期蒸汽轮船的发明几乎瞬时便将跨越大西洋的航程从历时几个月缩短至不到两周。更重要的是，它确保了航运日程相对固定，从而提高了人们对其的信赖程度。运输的显著进步加快了商品的跨国界流动，极大地促进了国际贸易的长期发展，从而成为第一次全球化大潮的一个主要标志。铁路和蒸汽轮船的发明同时也极大地便利了人口流动，引发了19世纪晚期到20世纪早期的国际移民潮。

因此，如果说20世纪晚期运输业和通信业的大发展是一次质变，那么它也是建立在上述量变积累的基础上的。然而，Baldwin and Martin（1999，第1页）同时也认为：第一次全球化大潮中贸易的重要性体现在货物交换上，而第二次则是体现在观念的交换上。

20世纪的最后20年中，可靠而又相对廉价的实时通信网络把世界连成了一体，这样的通信网络包括国际电话、手机、传真，以及最重要的、快速发展的卫星通信和因特网。举例而言，从纽约到伦敦打3分钟电话的成本从20世纪30年代的250美元降到20世纪末的远低于1美元的水平，20世纪90年代末人们估算出的国际长途电话每分钟的平均价格是0.25美元（Cairncross，1997）。根据联合国国际电信联盟（International Telecommunication Union）的统计，到2019年年底全球51%的人口（即40亿人）正在使用互联网。

20世纪后半叶，远距离、宽体型喷气式飞机的发明同样也是一个质的飞跃。现在我们一天之内便可以到达世界的任何地方，这极大地促进了商品的运输（至少对于体积小价值高的商品来说是如此），也体现出上述显著的飞跃。但也许更重要的是，喷气式飞机便利了人们的长途旅行，尤其是对经理人员、科学家、工程师和政府官员等而言，它快速、便捷，而且票价相对便宜。到20世纪90年代，乘坐飞机飞越大西洋去参加一天的会议也不是稀罕事了。喷气式飞机使相隔很远的人也可以直接面对面地交流，而人与人之间这种形式的交流促进了观念的交换。

1.1.1.3　全球化的乐观与悲观观点

过去一个半世纪以来的经济发展历史经验表明，自由和开放的国际经济并不是持续稳定的。

一方面，一个对经济乐观的人会视全球化为自19世纪后半叶以来的常规态势，它只是被一系列罕见的全球性事件中断，如两次世界大战、大萧条、冷战。

在《大幻觉》一书中，Angell（1910）认为国内经济已经变得非常复杂，国际经济也越来越成为一个统一的整体，目前战争的发生是不符合逻辑的荒谬事件："……人类社会现在已经不再处于一个文明程度较高的集团通过对另一集团的军事控制来提高自身福利水平的发展阶段。"Angell认为，20世纪初期，全球经济的发展是源于物质条件的显著、实质性改善，经济的一体化以及经济取代政治成为主导社会发展的因素，这一系列潮流都是不可逆转的。他认为，战争的代价是导致经济秩序混乱，因而它已无法让人接受。战争的利得相对于贸易和投资的收益而言显得微不足道，因此发动战争是非理性的。

第一次世界大战（以下简称"一战"）之前所有的书籍和文章均认为第一次全球化大潮是技术变革的结果；19世纪运输和通信领域的革命，如铁路、蒸汽轮船、电信和电报的发明，直接引起了经济的全球化（Baldwin and Martin，1999）。Angell并非唯一持此观点的学者，有学者认为技术对世界的改变是不可逆转的，要想在全球经济一体化的道路上回头已经不可能了。但就在 Angell 著作的最新版推出还不到一年之际，欧洲就陷入了第二次世界大战（以下简称“二战”）的深渊。他提出的决策者为理性人的假设，立即被现实残酷地否定。

另一方面，一个悲观主义者会认为全球化是一种历史特例，因为它只发生在国际经济被单一霸权（先是英国，随后是美国）所主宰的时期。在一篇名为“全球化可逆转吗”的文章中，James（1999，第 12 页）概述了将全球化视为一种特殊状态的观点：“分析全球化的学者总是将全球化的进程视为是不可逆转的，是通向未来的唯一可能途径。但是更冷静和悲观的分析更符合实际。历史上高度发达、一体化的国际经济体在不可预见事件的压迫下走向解体，这样的例子屡见不鲜。”

20 世纪 30 年代大萧条中国际贸易和国际投资的崩溃，以及与之相伴的各国货币竞争性贬值和宣布不可兑换就是一个明显的例子。在犹他州共和党参议员斯姆特和俄勒冈州共和党众议员霍利共同发起的《1930 年斯姆特 – 霍利关税法》（The Smoot-Hawley Tariff of 1930）的条款中，包含了对 21 000 种不同商品征收税率均值超过 50% 的关税的规定。由于各个国家都试图设立屏障，使自己免受工业全面萧条和失业的打击，世界出口额的绝对值而非增长率从 1930 年 1 月到 1933 年 1 月缩减了 2/3（Kindleberger，1986）。

随着各个国家又回到了自给自足的状态，保护主义和经济民族主义迅速取代了开放的国际经济。正如 James（1999）提到的，所有一切——劳动力、商品、资本都是本国的，即使是凯恩斯也提倡“国产商品”和国内金融。总之，第一次全球化时代的终结以实施贸易保护的内向型国家经济的盛行为标志，而这也延长且加深了大萧条的影响。

1.1.2　当代全球化是否会终结

1.1.2.1　当代全球化面临的威胁

20 世纪 90 年代，伴随股票市场泡沫的破灭，以及接踵而来的大范围经济困境，直接投资规模急剧下降，世界贸易增长速度显著放慢。也许更为重要的是，贸易争端显著增加，诸如美国限制钢铁进口等的贸易保护措施数量上升，欧盟和美国在转基因生物以及其他问题方面发生了更大的摩擦。2004 年年中，在世界贸易组织（WTO）主持的多哈回合贸易谈判中，发达国家和不发达国家之间关于知识产权保护、投资规则和农业保护等方面不可调和的矛盾最终使谈判陷入僵局。直至 2013 年 12 月 7 日 WTO 第九届部长级会议闭幕，发表了《巴厘部长宣言》，达成 WTO 成立 18 年来的首个全球贸易协定——《巴厘一揽子协定》，涵盖了简化海关及口岸通关程序、允许发展中国家在粮食安全上有更多选择权、协助最不发达国家发展贸易等内容，多哈回合谈判 12 年僵局才获历史性突破。

除了上述经济危机，“9 · 11”事件以及由此引发的“反对恐怖主义的战争”也对全球化的进一步发展带来了威胁。“9 · 11”事件是一个分水岭，标志着经济活动退回国内，各国重新主张国家权力，高层政治（事关国家安全的政治活动）重新出现并成为世界政治的主导，全球秩序加速恶化。有观点认为，国际生产和贸易成本的增加可能会推动反全球化的浪潮，恐怖主义袭击和由此带来的恐慌后果“会最终使全球化走向消亡”。

最后，自从 1999 年秋命运坎坷的西雅图会议起，事实上历届国际会议的召开都伴随着声势浩大（有时甚至是暴力反抗）的反全球化运动。尽管有些反抗运动可能是混乱无序的，反抗者也并不清楚如果没有全球化世界将会怎样，但我们不能对其熟视无睹。抗议活动反映了人们普遍担心全球化的发展方向，感到自己已失去对民主进程的控制，以及无法信任国际机构的合理性。

虽然对全球化（广义地说包括贸易和投资的自由化）的担忧反映的是经济不安全这一

直接问题，但导致抗议活动的原因还包括 Berry（1999）所谓的“超物质利益”，比如人权、文化的同质化（麦当劳化）和环境等。而且，很多反对全球化的人认为全球化的逆转是个政治意愿。全球化意味着对全球政治经济自觉进行重新架构和组建的自觉过程，即“重塑国际性、地区性、全国性和具体地方的机构，以适应世界经济的深度一体化”（Lichbach and Almeida，2001，第 5 页）。有观点认为全球化就是企业的全球化，是一种体现与给予跨国公司在全世界和各个国家政治活动中势力的政治经济组织形式。

1.1.2.2 当代全球化的不确定性

第一次全球化浪潮由于大萧条的全面爆发和对自由贸易与大规模移民的普遍反对而突然终止。那么，第二次全球化浪潮是否会以和第一次相同的方式结束？

对于第一次全球化浪潮的终止，有相关的论述将全球化与经济周期（即金融资本流动以及国际投资的扩张和紧缩）联系在一起。繁荣总是被后来的破灭所取代，“流动性的扩张推动了全球化的进程，随后到来的流动性紧缩将会使全球化的进程发生人们意料不到的终止”（Pettis，2001）。

相反，O'Rourke and Williamson（1999，第 287 页）认为世界大战和大萧条确实是导致第一次全球化浪潮终止的相关因素，但并不是关键性因素。他们认为，是全球化的内在利益分配效应所引发的广泛政治反应导致了全球化崩溃。“全球化并非被不可预见的外生政治事件摧毁，而是，至少在一定程度上是被自己摧毁的。”他们认为，这种激烈的政治反应体现了已被察觉的贸易对收入和土地租金的影响，可能更重要的是，体现了各国对 20 世纪初大规模移民潮的反应。

所以，全球化或将结束的观点基于两个假设，必须满足二者之一或者二者同时满足才能保证观点成立。首先，全球化的进程反映的是特定的也可能是周期性的重要经济与政治条件的汇集，而其脆弱性也源自这些条件的变化。这个观点最简单的表述形式是，国际经济自由化是经济繁荣“美好时光”条件下的奢侈品，因为当国内的经济条件恶化时，开放式的国际经济也会显现出越来越多的问题。其次，全球化可以是由“社会构建”的，它是众多世界经济组织模式中的一种，反映的是现有国际政治权力的分布状况。随着权力转移，也可能随着精英阶层或（和）普通民众反全球化情绪的增加，将会出现其他的经济组织模式。

1.1.2.3 技术变革的可能影响

是否经济层面或政治层面存在着错位和普遍的对立将会导致第二次全球化时代的结束？对这个问题的判断，取决于我们能否或能在多大程度上合理评判历史经验教训。在过去 70 多年中，全球化背后的物质条件是否发生了根本性的变化？如果是，那么这些变化是不是限制了我们对世界经济组织模式的选择？

Kobrin（2005）认为，上述问题的答案是肯定的。技术变革极大地改变了转变世界经济组织模式所需的成本，这使我们的选择变得有限。当然，需要指出的是，这并不意味着社会、经济或者政治结构是严格地由技术决定的，也不意味着政策制定者就不会做出“不理性”的选择。

技术，或者说更一般的物质因素，与社会、政治、经济组织的变化之间到底有什么关系？正如 Heilbroner（1994，第 54 页）提出的著名问题：“历史是由机器决定的吗？”他自己的回答当然是复杂且模糊的：“技术对人类活动有着直接的影响，从这个层面说，机器显然决定历史。但是技术并不决定人类历史的方方面面，这也是很显然的。那么，关键问题就在于是否有人能够厘清这个问题，使它得以让人理解、接受和加以分析。”

马克思提出因与果之间存在直接的联系，他在《政治经济学批判》的前言中指出：“在人类社会生产过程中，人类总是不可避免地处在特定的关系中，**这些关系是不以个人的意志为转移的**，也就是个人所处的与物质生产力的特定发展阶段相符合的生产关系。这些生产关系的总和构成了社会的经济结构，在此现实基础上产生了法律和政治上层建筑。”（马克思，1859，第20页，黑体表示强调。）

一般认为，历史唯物主义是一种严格的技术决定论。根据历史唯物主义，稳定发展的、独立的技术进步决定了历史事件的进程。马克思说：“从根本上讲，历史就是人类生产力的增长过程，而社会形态的进步或倒退则由这种形态是促进还是阻碍生产力的发展所决定的。”（Cohen，2000，第X页）。严格的技术决定论认为技术是人类所不能直接控制的力量，它会随时间增长；对社会经济秩序本质起决定作用的是物质条件，而非意识形态。“不是人的意识决定其存在，而是社会存在决定其意识”（马克思，1859，第21页）。用Bimber（1994，第84页）的话说就是：“‘法则性’的决定论认为技术发展不是由社会或文化决定的，而这些发展过程一旦开始，就逼迫社会去改变和适应。”

在这一点上，很少有学者会赞同严格的决定论，即从直接因果关系上来理解“机器决定历史”。然而，抛开彻底、严格的决定思维，技术决定论还剩下什么？物质基础与政治经济秩序之间的因果关系还成立吗？Heilbroner（1994，第62页）很小心地回答了这个问题，他没有把孩子与洗澡水一起倒出去：“……对技术的地位的认识，认为它由原来的历史发展的原动力转变为一个既作用于社会又受到社会作用的中介力量，这并不是抹杀它的影响，而是为了更为准确地阐述它的作用方式。”有些不太彻底的技术决定论认为技术与社会秩序之间存在着更加复杂而又有细微差别的关系。技术不是自我推动的，不是完全“自发的”，它根植于社会秩序中。物质基础与整个社会是相互作用的，技术推动着社会变革，“同时对各种社会压力做出不同的回应”（Smith，1994，第2页）。科学和技术的进步都是社会活动，是对社会发展方向的响应。

此外，尽管技术能推动社会变革，它的作用也是有限的、偶然的。正如Skolnikoff（1993，第10页）指出的，科学和技术可以带来国际政治体系的变化，但这些变化并不仅仅是由于存在新的科学知识而产生的，而是通过“在政治和经济体系中参与者的行动、他们做出的选择以及社会的累积反应这三者的共同作用而产生的”。

与唯物论形成鲜明对比的是唯心论，Wendt（1999）认为唯心论的基本思想是：决定人类社会结构的不是物质因素，而是共同的观念意识，观念是自始至终最重要的东西。他提出，唯物论与唯心论分别是两个对立的极端；信奉无情的物质力量推动社会形式变化的唯物主义者与信奉思想决定深层社会结构的唯心主义者分别位于两个对立的端点上。对此，Keohane（2000，第126页）回应说：“社会不是非黑即白的。众所周知，我们的日常生活受到了物质因素和思想的共同影响，没有人清楚为什么我们非得在唯物与唯心之间选择其一……不同时借助物质和人类意识，我们无法想象出一个社会的样子，也无法解释一种社会关系。”

我们暂且把“物质条件或者技术到底是指什么”这个问题放在一边，现在的挑战是如何将分处对立两极的严格唯物主义与唯心主义的关系厘清。严格唯物主义认为，是技术而不是观念决定了社会结构。唯心主义认为“意识”决定了“社会存在”；社会秩序，或者更具体地说是国际政治经济结构，完完全全建立在思想和社会行为的基础上。

Kobrin（2005）同意科学和技术已经成为“领导社会变化和……国际事务变化的最有力而持久的因素”（Skolnikoff，1993，第3页）这一观点。诸如数字和信息革命中的重大技术变革以及技术创新本身惊人的快速、大规模增长，决定了全球化、深度一体化和网络化间相互联系的基本结构。但是，这并不意味着全球化作为政治经济组织的一种具体组织模式，是完全由技术变革决定的。

判断一个选择是否可行或合理，要看其社会和经济成本。对于全球化是否将会逆转的问题也是如此。20 世纪 30 年代各国通过设置高关税壁垒和投资限制，便轻松地封锁了国际经济。在许多方面，国内产品常常可以代替进口产品。这些措施加深并延长了大萧条的影响，因而代价巨大，并且仍在不断增加。下面将要提到的国际生产体系的复杂网络，想把它搞清楚是相当不容易的，需要付出巨大的研究成本。国界封闭之后，各国必须在国界范围之内重新构建复杂的生产体系。由于我们并不清楚单个企业或者甚至单个国家经济体是否有能力做到这一点，因此，对商品、资本和技术的流动实施非常严格的限制将会导致大范围的、严重的资源配置不合理。所以，即便自给自足的经济可以实现，比如朝鲜就是这样，但它的运行成本在当今世界的大多数国家看来都是无法接受的。事实上，有理由认为技术的变革限制了我们选择其他的模式，我们只能选择与相对开放和一体化的世界经济一致的模式。除了非常极端的情况，封闭模式的成本之高已是我们无法接受的。

1.2 个体企业层次的国际商务活动

1.2.1 全球化背景下的国际商务活动[⊖]

1.2.1.1 第二次全球化的本质特征

19 世纪运输成本的大幅下降引起了国际贸易的急剧增加。的确，如 Baldwin and Martin（1999，第 11 页）所说，“大规模的国际贸易诞生于 19 世纪”。1910 年很多发达国家的贸易总额占 GDP 的比重都相当高，然后在 20 世纪 30 年代显著下降，直到 20 世纪 80 年代才再次回到一战的水平。类似地，19 世纪晚期到 20 世纪早期资本流动也处于较高水平，故该时期被称为国际经济一体化的黄金时期。

如果仅看贸易和资本流动的数据，第二次全球化大潮似乎并无突出之处。比如贸易占 GDP 的比重，英国在 1910 年是 44%，1995 年是 57%；德国分别是 38% 和 46%，法国分别是 35% 和 43%，美国则分别是 11% 和 24%。在某些国家，资本流动的重要性实际上有所下降。英国在 1890 ～ 1913 年活期存款占 GDP 的比重是 4.6%，而 1989 ～ 1996 年是 2.6%；法国分别是 1.3% 和 0.7%，美国分别是 1.0% 和 1.2%，德国则分别是 1.5% 和 2.7%（Baldwin and Martin，1999，第 8 页和第 15 页）。

然而，贸易与资本流动的本质却显著不同。一战之前贸易流是由相隔一定距离的地区间原材料和产成品的运输构成的。大部分的资本流动是证券投资而不是支持贸易或生产的直接投资（Bordo et al.，1999）。全球一体化的范围广，但程度不深。

相反，当今的全球化是生产本身的国际化，82 000 家跨国公司及其 81 万家子公司主导了世界经济。这些子公司占了世界 GDP 的 10% 以及世界出口的 1/3，而更为重要的是，它们的销售额已超过世界出口总额的两倍（UNCTAD，2002）。而且，尽管难以准确估计，但我们知道 30% ～ 50% 的世界贸易其实是跨国公司的公司内部贸易。例如一项关于美国贸易模式的研究发现，有 38% 的交易都发生在公司内部（Clausing，2001）。从这个意义上讲，当今的全球化已经从市场全球化阶段，进入了生产全球化的更高阶段，从本质上提升了全球化的层次。

⊖ 根据 Kobrin（2005）编辑改写。

1.2.1.2 价值链的国际化与全球价值链的组织

企业进行国际扩张的基本动机有四种：寻求自然资源、寻求市场、寻求效率和寻求战略性资产。生产的全球化意味着传统的寻求市场或寻求自然资源的投资已经转变为寻求效率的对外直接投资。跨国公司拆分其资产，并且将生产的价值链国际化，这就使企业必然采取复杂的国际一体化战略，将自身可以移动的资源与东道国不可移动的资源整合在一起（邓宁/Dunning，2002）。

"与以往的跨国公司运营相比，近期出现的国际生产体系的显著特点在于：第一，无论是地区范围内还是全球范围内的一体化程度都较高；第二，该体系更加强调系统整体的效率。因此，全球市场中出现了越来越多的由跨国公司协调组织的各个生产体系整体之间的竞争，而不再是单个工厂或者企业之间的竞争。"（UNCTAD，2002，第XXI页）

国际生产体系包含了由通过直接投资、广泛的战略联盟以及契约性安排等方式整合在一起的企业所组成的复杂网络。企业将生产和服务的各个环节安置在世界各地，以利用各地的成本优势、资源优势、物流优势和市场优势（UNCTAD，2002）。生产的国际化依赖于全球范围内的即时通信和信息系统，该系统可以实现对极为复杂的投资和外包契约关系网络进行集中控制。它是"观念的贸易"的作用体现，是技术和管理的复杂、即时、跨境传递的作用体现。

1.2.2 国际商务活动的范围与特点

1.2.2.1 国际商务活动的范围

在经济学家看来，经济活动无非是由市场或企业制度进行组织的。进而，对应契约形式和股权形式的国际贸易与国际直接投资这两个概念可以大致反映国际商务活动的总体景象。但是，主要由于以下两个原因，这两个概念不能准确、全面地反映企业个体从事的国际商务活动。

其一，国际直接投资与国际贸易概念对于区分企业个体层次的国际商务活动并无明确意义。由于外商直接投资企业可能是从事国际贸易的主体，一项企业个体从事的国际商务活动可能同时对应国际直接投资与国际贸易两个概念。比如，在某个国家从事进出口贸易的企业是外国公司，其从事的国际商务活动既属于国际贸易，也属于国际直接投资。以商业存在形式从事国际服务贸易的企业，其身份也必然是外国直接投资企业。

其二，国际直接投资和国际贸易概念不能覆盖相关支持性服务活动。比如，由本国企业在国内向位于本国的企业提供诸如进出口代理、进口报关等服务，以及向本土企业提供对外直接投资的咨询服务。更不用说那些由外国直接投资企业提供的，以及属于国际服务贸易范畴的国际物流、国际货物保险等协助性服务。

所以，即便从宏观视角进行抽象近似，可以将国际商务活动理解为国际（货物与服务）贸易、国际直接投资、相关支持及服务活动的集合。但契约形式与股权形式的国际贸易和国际直接投资只能明确指示商务活动的经济性质，不能反映商务活动的经营特点。从微观视角进行具体描述，国际商务活动应被视为包括跨境交易（货物、服务的进出口和股权、资产的跨国并购等）、海外运营、相关支持与服务活动的集合。例如，跨境电子商务实践的基本要素便是跨境交易、海外运营及相关支持与服务活动。

1.2.2.2 国际商务活动的特点

"国际"商务之所以区别于"国内"商务而存在，是由于制度与文化的国别差异。无论是跨境交易还是海外运营，或者相关支持服务，要么涉及特定的国际商业惯例与规则，要么涉及输入国当地的规则（对外经济规则 + 本地商业规则），乃至输出国及（跨国并购及对外经济制裁等情形下的）第三国的监管规则。所以，“国际”商务相对于“国内”商务的特征意味着，从事国际商务活动**至少**需要遵守国际商业惯例和东道国的对外经济规则，并在东道国做到当地合规、努力进行文化适应。

因此，国际商务活动不等同于海外商务活动，即在本国以外进行的价值增值活动；**国际**（international）概念也并非强调在国际化的程度上同**跨国**（transnational）或者**全球**（global）概念相区别；国际商务活动是那些涉及国家间制度与文化差异的商务活动。

1.2.3 国际商务活动的业务类型与业务主体

1.2.3.1 国际商务活动的业务类型

国际商务活动在具体业务类型上涵盖了制造、有形货物的进出口、许可与特许经营、国际工程承包、国际运输、国际货物运输保险、出口信用保险、国际贸易融资（包括商业融资和政策性融资）、相关代理和咨询服务等，如表 1-1 所示。

表 1-1 国际商务活动的业务类型与业务主体

<table>
<tr><th colspan="2" rowspan="2">业务范围</th><th colspan="2">业务类型（业务主体）</th></tr>
<tr><th>本土企业</th><th>外资企业</th></tr>
<tr><td colspan="2">制造</td><td>间接出口（制造商）</td><td>制造（外资制造商）</td></tr>
<tr><td rowspan="5">货物进出口</td><td rowspan="3">有形货物</td><td colspan="2">直接出口（制造商）</td></tr>
<tr><td colspan="2">出口贸易（贸易商）</td></tr>
<tr><td colspan="2">进口贸易（贸易商、进口批发商、进口零售商、制造商）</td></tr>
<tr><td rowspan="2">无形货物①</td><td colspan="2">跨国许可（贸易商、制造商）</td></tr>
<tr><td colspan="2">跨国特许经营</td></tr>
<tr><td rowspan="15">服务</td><td rowspan="9">货物进出口衍生的服务</td><td colspan="2">国际货物运输（公共承运人、混装公司、货运代理）</td></tr>
<tr><td colspan="2">国际货物运输与信用保险（商业保险公司、政府信用保险机构）</td></tr>
<tr><td colspan="2">国际贸易融资（商业银行、政策性银行）</td></tr>
<tr><td colspan="2">出口代理（出口管理公司、代理商）</td></tr>
<tr><td colspan="2">出口市场代理（制造商代表）</td></tr>
<tr><td colspan="2">进口代理（代理商）</td></tr>
<tr><td colspan="2">进口报关（报关行）</td></tr>
<tr><td colspan="2">综合服务商（如阿里巴巴一达通公司）</td></tr>
<tr><td colspan="2">国际贸易咨询与法律服务（咨询公司、市场调查公司、律师行）</td></tr>
<tr><td rowspan="6">非货物进出口衍生的服务</td><td colspan="2">对外投资咨询与法律服务（咨询公司、市场调查公司、律师行）</td></tr>
<tr><td colspan="2">跨国租赁②</td></tr>
<tr><td></td><td>批发（外资批发商）</td></tr>
<tr><td></td><td>零售（外资零售商）</td></tr>
<tr><td></td><td>国际工程承包（外国承包商）</td></tr>
<tr><td></td><td>金融、电信、其他（外资企业）</td></tr>
</table>

①项下内容在统计上属于服务贸易，在 WTO 服务贸易分类中列入销售服务，在 IMF 国际收支统计中属单列的一类。

②指 rental，常被称为经营租赁，区别于融资租赁的情形，往往涉及货物（租赁对象）的临时性跨境使用或消费，即暂时性进出口。

1.2.3.2 国际商务活动的业务主体

了解了国际商务活动的主要业务类型之后，就等于明确了国际商务活动的业务主体，它们是制造商、贸易商、服务商、承包商的身份。它们可以是经国际化过程而形成的跨国公司，也可能是所谓的**天生全球**（born global）企业[㊀]，或许就只是纯粹的本土企业[㊁]，规模上可以是大、中、小型的企业。注意，国际商务活动参与者的业务身份未必是单一的，很多跨国公司同时兼有制造商、贸易商和服务商的身份。再有，其规模和国际化程度也不是绝对单一的对应关系，无论是跨国公司还是非跨国公司，规模都可大可小。当然，人们耳熟能详的跨国公司大多是大型的，而天生全球企业往往是中小型公司。

1.3 世界经济层次的国际商务活动

尽管国际贸易和国际直接投资概念不能准确、全面地反映企业个体层次的国际商务活动，并直接回答国际商务问题，但观察这两个领域的现实，是认识世界经济层次国际商务活动大致景象的最便捷途径。

1.3.1 国际贸易理论与现实

1.3.1.1 国际贸易理论

国际贸易理论主要用来解释国际贸易的原因、结构和数量，即为什么某国出口、进口某些类型的商品，其出口、进口数量是多少，并在此基础上分析国际贸易的利益分配、国际市场相对价格的决定、国际分工、国内经济增长对国际分工的影响，以及国内经济增长同国际贸易之间相互关系等问题。国际贸易理论可以大致划分为古典国际贸易理论、被称作传统或正统理论的新古典国际贸易理论和相对于传统或正统的新国际贸易理论。

在古典国际贸易理论中，绝对优势理论和比较优势理论从技术差异角度，分别强调劳动生产率的绝对差异和相对差异决定贸易模式。在新古典国际贸易理论中，最著名的赫克歇尔–俄林模型从要素禀赋相对差异的角度解释贸易。当然，新古典国际贸易理论的其他模型也从品位与偏好的差异和（或）技术差异的角度解释贸易的发生。

正统新古典国际贸易理论的基本假设是完全竞争、产品同质化和规模报酬不变或递减，而新国际贸易理论则放弃了这些假设，讨论垄断势力和（或）产品差异化和（或）规模报酬递增的情形。其中，产品同质化与产品差异化这一对不同的假设可以提示我们，基于产品同质化假设的理论适于解释初级产品贸易（包括资源密集型产品），而基于产品差异化假设的理论更适于解释制成品贸易。同样的道理，基于产品同质化假设的理论有能力解释产业间贸易，而基于产品差异化假设的理论则强于解释产业内贸易。不难理解，新国际贸易理论并不是对正统国际贸易理论的颠覆，而是国际贸易理论整体的一个重要组成部分。事实上，新国际贸易理论也是在发达国家之间水平分工和贸易的不断增长以及产业内贸易的比重不断提高的背景下产生的。

1. 重商主义

重商主义（mercantilism）并不是严格意义上的国际贸易理论，但它是最早有关国际贸易的思想。重商主义出现于16世纪，那时黄金和白银是最重要的财富形式，各国努力尽可能积累更多的财富。重商主义认为出口是有益的，进口是有害的，国家的繁荣来自贸易顺

㊀ 天生全球企业不是本土企业经过国际化过程形成的，它们从一开始就不是所谓的本土企业。我们可以将跨国公司和天生全球企业统称为国际企业，同样对应英文的international business，此时意为international business as an organization。

㊁ 这也说明，从事国际商务的主体未必都是国际企业。

差。尽可能地多出口、少进口，这样一国就能积累金银，增加国民财富、声望和权力。基于这样的理念，重商主义者一贯主张政府干预以便实现对外贸易的顺差。他们建议政策的目标应该是出口最大化而进口最小化，为此可以通过关税和配额限制进口，并对出口进行补贴。

总体而言，重商主义解释了国家希望获得贸易顺差的原因，即使在今天，仍有许多人认为贸易顺差是有益的，他们推崇一种叫作新重商主义的观点。这种观点将政治势力等同于经济势力，将经济势力等同于贸易顺差。工会（努力保护本国就业机会）、农民（希望提高作物价格）和某些生产厂商（非常依赖出口）都倾向于支持新重商主义。然而重商主义会损害进口企业的利益，尤其是那些进口原材料和零部件用于生产成品的企业。重商主义还损害了消费者的利益，因为限制进口会缩小他们可以购买的商品的选择范围。进口限制引起的产品短缺可能会导致价格提高、通货膨胀。在极端情况下重商主义者可能会采取“以邻为壑”的政策，以牺牲其他国家利益为代价来保护本国利益。

重商主义的缺陷是将贸易看成了零和博弈（指一个国家获益会导致另一个国家受损），这就使斯密和李嘉图有条件去解释该理论的目光短浅，并证明贸易是正和博弈，即所有的国家都能从中获益。

2. 绝对优势理论

在1776年出版的标志性著作《国民财富的性质和原因的研究》（*An Inquiry into the Nature and Causes of the Wealth of Nations*）即《国富论》一书中，苏格兰政治经济学家亚当·斯密（Adam Smith）批评了重商主义的观点，认为国家通过自由贸易能获得最大收益。斯密认为重商主义侵犯了个人进行自由贸易并从自由交换中获利的权利。如果尽量减少进口，一个国家将不可避免地将大部分本国资源浪费在生产低效率的产品上。因此重商主义的效率低下最终减少了整个国家的财富，仅仅使有限的一部分人和利益集团富起来。

具体来说，斯密提出了**绝对优势理论**（theory of absolute advantage）：在自由贸易下，每个国家通过专门从事其具有绝对优势的经济活动来获益。绝对优势是指一国所具有的绝对超过其他国家的经济优势。例如斯密指出，相比英国，葡萄牙因为拥有更优越的土地、水和气候条件，在种植葡萄和生产葡萄酒方面处于绝对优势；同样，相对于葡萄牙，英国在养殖绵羊和生产毛呢上更具有优势。斯密建议，英国应该专业化养殖绵羊和生产毛呢，葡萄牙应该专业化种植葡萄和生产葡萄酒，然后两国进行交换。斯密认为：①通过专业化生产有绝对优势的产品，两国都能产出更多；②通过贸易，两国都能受益更多。换言之，国际贸易并非像重商主义所认为的那样是一种零和博弈，它是一种正和博弈。

表1-2具体解释了绝对优势理论是如何发挥作用的。假设世界上只有两个国家：中国和美国。它们只从事两种经济活动：生产衬衫和制造飞机。生产衬衫和制造飞机自然都需要资源，如劳动力和技术。假设两国各有800单位的资源。制造1架飞机需要花费中国40单位的资源，生产1亿件衬衫需要花费中国20单位的资源。制造1架飞机需要花费美国20单位的资源，生产1亿件衬衫需要花费美国80单位的资源。

表1-2　绝对优势

每个国家的资源总量＝800单位		衬衫	飞机
生产1亿件衬衫和制造1架飞机所需资源	中国	20单位	40单位
	美国	80单位	20单位

（续）

每个国家的资源总量 = 800 单位		衬衫	飞机
不进行专业化生产和贸易时的生产量和消费量（两国在两种生产活动中各投入一半资源）	中国	20 亿件	10 架
	美国	5 亿件	20 架
	生产总量 = 消费总量	25 亿件	30 架
进行专业化生产时的产量（中国专业化生产衬衫，美国专业化制造飞机）	中国	40 亿件	0 架
	美国	0 件	40 架
	生产总量	40 亿件	40 架
两国在专业化生产后，交换其产出的 1/4 后的消费量	中国	30 亿件	10 架
	美国	10 亿件	30 架
	消费总量	40 亿件	40 架
从贸易中得到的利益：专业化和贸易带来消费量的增加	中国	+10 亿件	0 架
	美国	+ 5 亿件	+10 架

在两类活动中，美国显然在制造飞机方面具有绝对优势——它制造一架飞机需要 20 单位的资源（而中国需要 40 单位）。与美国相比，中国在生产衬衫方面具有绝对优势，因为只需 20 单位的资源就可以生产 1 亿件（而美国需要 80 单位）。如果中国和美国进行分工，美国就会将更多的资源用于制造飞机，中国就会将更多的资源用于生产衬衫。如果美国不生产衬衫的话，它能够制造 40 架飞机；如果中国不制造飞机的话，它能生产出 40 亿件衬衫。然后将它们产出的 1/4 进行交换（即 10 亿件衬衫换 10 架飞机），这两个国家相比原来不进行贸易都可以生产更多，也消费更多。换句话说，基于绝对优势的贸易会带来净利益。

3. 比较优势理论

尽管绝对优势的概念为国际贸易提供了大概最早的、合理的理论基础，但它只解释了国家之间具有绝对优势的情形。当国家不具备绝对优势的时候，斯密的理论未能给出答案。在 1817 年出版的《政治经济学及税赋原理》(*The Principle of Political Economy and Taxation*) 一书中，英国政治经济学家大卫·李嘉图（David Ricardo）解释了即使其中一个国家生产的全部商品都具有绝对优势，两个国家进行贸易仍有利可图的原因。李嘉图认为重要的不是生产的绝对成本，而是一国生产产品的相对效率。**比较优势理论**（theory of comparative advantage）认为，只要一个国家能相对更有效率地生产另一个国家所需要的产品或服务，那么这两个国家之间不设障碍地进行贸易就是有利的。

为了解释比较优势理论，我们来修改一下中国和美国之间的贸易关系。如表 1-3 所示，现在假设美国在制造飞机和生产衬衫方面都具有优势，即美国在制造飞机和生产衬衫方面所需的资源都比中国要少。不少人会抱有这样的想法，认为美国应该生产自己所需要的全部衬衫和飞机，而不同中国进行贸易。然而这一做法并不是明智的，即使美国能够以更低的成本生产两种物品，美国仍然可以从与中国的贸易中获益。

表 1-3 比较优势

每个国家的资源总量 =800 单位		衬衫	飞机
生产 1 亿件衬衫和制造 1 架飞机所需资源	中国	80 单位	40 单位
	美国	64 单位	20 单位
不进行专业化生产和贸易时的生产量和消费量（两国在两种生产活动中各投入一半资源）	中国	5 亿件	10 架
	美国	6.25 亿件	20 架
	生产总量 = 消费总量	11.25 亿件	30 架

（续）

每个国家的资源总量 =800 单位		衬衫	飞机
进行专业化生产时的产量（中国专业化生产衬衫，美国将 4/5 的资源制造飞机、1/5 的资源生产衬衫）	中国	10 亿件	0 架
	美国	2.5 亿件	32 架
	生产总量	12.5 亿件	32 架
两国在专业化生产后，以 4 亿件衬衫交换 11 架飞机	中国	6 亿件	11 架
	美国	6.5 亿件	21 架
	消费总量	12.5 亿件	32 架
从贸易中得到的利益：专业化和贸易带来消费量的增加	中国	+1 亿件	+1 架
	美国	+0.25 亿件	+1 架

在表 1-3 中，美国制造飞机比生产衬衫更有效率，它可以制造出 2（= 20/10）倍于中国的飞机，但只能生产 1.25（= 6.25/5）倍于中国的衬衫。因此，如果中国将其全部资源都用于生产衬衫，美国将其 4/5 的资源都用于制造飞机、1/5 的资源生产衬衫，然后双方进行交换，相比于各自将一半资源分配给各个活动这种低效率的情况，两国都能生产和消费更多。

相比于绝对优势理论，比较优势理论似乎与人们的直觉相悖。但这个理论更符合现实，所以也更有用。在一个有着 200 多个国家的世界中，一国怎样确认自己绝对地优于其他国家，从而决定其专业化产业呢？比较优势理论表明，即使不具备绝对优势，只要某产业的相对效率高于其他生产活动，专业化生产仍是有利可图的。这种观点极大地降低了专业化门槛，因为绝对优势不再是必需的。同时，比较优势理论比绝对优势理论更深刻地认识到，贸易是一种正和博弈，各参与方均能获得经济利益。

4. 要素禀赋理论

同古典经济理论关注劳动生产率不同，瑞典经济学家赫克歇尔（Eli F. Heckscher）和俄林（Bertil G. Ohlin）从**要素禀赋**（factor endowment），即各个国家所拥有的各种资源如劳动力、技术、土地和资本的相对丰裕程度这个角度解释国际贸易。他们认为，不同的国家拥有不同的资源禀赋，而不同的资源禀赋产生了不同的要素成本。一种要素越丰裕，其成本越低。正因如此，相对于李嘉图的劳动生产率比较优势理论，人们也常将这一理论阐述为要素禀赋比较优势理论。该理论预测一国将出口密集使用本国相对丰裕要素的产品，进口密集使用本国相对稀缺要素的产品。

要素禀赋理论清晰易懂。例如，美国长期出口农产品反映出它拥有非常丰裕的大片可耕地。中国出口劳动密集型产品，如纺织品和鞋类，反映出中国拥有相对丰裕的低成本劳动力。要注意，要素禀赋是相对的，而不是绝对的，这很重要；一国可能比另一国拥有更大绝对量的土地和资源，而相对丰裕只是其中的一种。

要素禀赋理论一直是国际经济学中最有影响力的理论之一，并得到很多经验检验。美国拥有大量的资本，似乎它应该出口资本密集型产品。20 世纪 50 年代，里昂惕夫（Wassily W. Leontief）经验检验的结果似乎与要素禀赋理论相悖。尽管美国拥有足够的资本，它却在出口劳动密集型产品，进口资本密集型产品。这就是所谓的**里昂惕夫悖论**（Leontief paradox）。

为什么会出现里昂惕夫悖论？没人能解释清楚。一个解释是无数因素决定着一个国家进出口的情况；另一个解释是美国的劳动力通常技术含量较高，这使美国在出口药物和软件等知识密集型产品与服务方面具有显著优势。也许里昂惕夫悖论的主要贡献在于它揭示了国际贸易是复杂的，是无法用某一个理论完全解释清楚的。

5. 新贸易理论

所谓新贸易理论并不是某一个特定的理论，其产生同20世纪60年代以来产业内贸易的比重加大有直接的关系。

对于产业内贸易的早期解释实际只针对**相同物品**（identical goods）的情形，主要有四种基本解释。第一种，运输成本，即跨国境运输成本低于国内长途运输成本的情形。第二种，所谓**定期性贸易**（periodic trade）的情形。一种原因是季节性因素，如分别位于南北半球的两国都出产同种夏季水果，一个国家在夏季生产并出口夏季水果到此时正处于冬季的另外一个国家的情形；另一种原因是不同的需求状况，如相邻国家通常在错开的电力需求高峰时段相互交换电力。第三种，进口之后，仅仅经过储存和批发出口的转口贸易与经过简单处理（如包装、灌装、清洗、分拣等）再出口的情形。第四种，政府干预的结果。假设甲国和乙国加入了同一个自由贸易区，乙国比甲国对丙国征收更高的进口关税。因此，由于甲、乙两国关税税率的差异，丙国会先将货物出口到税率较低的甲国，再出口到乙国。我们会看到甲国是同一种商品的进口国和出口国。

新贸易理论主要针对的是**不相同物品**（non-identical goods），即差异化产品的产业内贸易。这类理论从新产品出现所创造的国外需求同当地供给的不匹配，特别是同需求相关的收入效应和生产上的规模经济要求，对产业内贸易为主的国际贸易现象提出了解释。

（1）新产品出现所创造的新需求与供给的不匹配。

1）货物可得性。产品差异意味着各国制造的商品如衣物、汽车、手表、相机、香烟、烈酒等，虽然在使用功能上并无实质差异，但是由于工业设计、历史卓越、广告、真实或想象的次要特征等方面的不同，这些商品会被消费者视作不同商品，自然会存在国外消费者对这些近似商品的需求。因此，一旦技术进步创造了全新产品或现有产品类型的最新改进，通过示范效应的作用，新产品在创新国之外的不可得性便为创新国创造出全新的国外需求，这种需求至少一开始只能通过国际贸易来满足。

2）技术差距。迈克尔·波斯纳（Michael V. Posner）等人提出，由于研发能力和创新精神的差异，新产品在创新国被创造出来，其他国家在学习掌握生产技术以便有能力模仿新产品之前（模仿时滞），需要从创新国进口这些商品。不断地创新使得国际贸易持续发生。

3）产品生命周期。1966年，美国经济学家雷蒙德·弗农（Raymond Vernon）提出了**产品生命周期理论**（product life cycle theory），这是第一个解释贸易模式随时间变化的动态理论。弗农将世界上的国家分为三类：创新领先型国家（按他的说法，通常为美国）、其他发达国家、发展中国家。此外，每种产品的生命周期也可以分为三个阶段：新产品、成熟产品和标准化产品。在第一个阶段中，新产品（如录像机）能够获得溢价，其生产会集中在美国，再出口到其他发达国家。在第二个阶段即成熟阶段中，其他发达国家（如日本）对该产品的需求和生产能力开始上升，在这些国家进行生产变得有利可图。在第三个阶段中，曾经的新产品变得标准化（初级产品化）。因此，大量的生产会转移到发展中国家。换句话说，比较优势随着时间的推移发生了变化。

该理论于20世纪60年代被首先提出，之后发生的一些事件（如个人计算机生产的转移）支持了其预测，但该理论也逐渐受到了挑战。该理论假设产品转移是一个阶段接着一个阶段的，这至少要花费好几年的时间（即使不需要好几十年）。但在现实中，很多产品几乎同时在全球各地上市，如iPhone。而且，生产区位的转移更多地为生产的全球布局所替代。

（2）收入效应。

针对差异性产品，林德（Selon B. Linder）理论认为，需求的相似性产生贸易，而需求偏好取决于人均收入。因此，人均收入水平越近似，需求越相似，差异性产品的贸易量也就越大。这同正统理论主要针对同质化产品、产业间贸易，认为国家经济的差异越大、偏好差异越大，贸易量也就越大的观点正好相反。类似地，贝克尔（Terry J. Barker）则从不同的角度强调消费者对于多样性需求的偏好，提出**多样性假设**（variety hypothesis)，认为真实收入的增长使得购买者可以获得更多样的产品，而更多样的产品主要来自进口，这样，随着人均真实收入的增长，进口品总体会以更快的速度增长。

（3）规模经济。

20 世纪 70 年代末期，保罗·克鲁格曼（Paul Krugman）注意到规模报酬递增是一些产业在国际上取得卓越成就的重要原因。例如，商用飞机行业具有非常昂贵的固定成本，必须大量销售方能获利。当一个国家专门生产这类产品时，生产率会提高，单位成本会降低，从而为该国经济带来显著效率。

许多国家的市场相对狭小，国内生产厂家可能无法大量销售产品，因而无法获得规模经济。这一理论意味着公司可以通过出口获得更大的全球市场份额来解决这一问题。一些产业（例如汽车、飞机和大型工业机械）通过将产品销往世界各地市场也都达到了最小效率规模。

规模报酬递增的效果意味着一国并不一定拥有行业的要素或比较优势，也可以在少数一些行业进行专业化，从其他国家进口自己不生产的产品。最终结果是这个国家在增加了消费商品种类的同时以较低的成本获得了这些产品。

【专栏 1-1】

新新贸易理论

传统国际贸易理论主要研究的是基于技术差异和资源禀赋差异的国际贸易。从 20 世纪 70 年代末开始出现的新贸易理论主要研究的是基于规模经济的国际贸易。进入 21 世纪之后，国际贸易理论进入了“新新贸易理论”时代，人们在新贸易理论基础上，将研究视角细化到产业内企业间的资源配置问题，甚至是企业内部的资源配置问题。在这个阶段，企业在国际贸易中的作用被突显了出来。

21 世纪初以前的国际贸易理论一般都假设一国内同一产业中所有企业都是一样的，或虽然生产有差异的产品，但在规模上没有大小之分，也没有生产率高低的区别。哈佛大学教授 Melitz（2003）认为，一个行业内不同的企业是“异质”的。当各国之间国际贸易的壁垒撤除的时候，同一行业不同生产率的企业可能面临不同的机遇和挑战。生产率最高的企业由于贸易壁垒的撤除，获得了进入国外市场的机会，因此可以进一步扩大市场占有份额。生产率较低的企业由于生产利润较低，不足以弥补到国外开拓市场的固定成本，只能在国内销售。生产率最低的企业面临高生产率企业扩张的压力以及外国企业进入本国市场的压力，只能退出市场。企业在面临开放后不同的变化导致市场份额和生产资源实际上会从低生产率企业向高生产率企业转移。这导致行业平均生产率上升，使整个社会福利水平提高。贸易导致行业平均生产率上升，这被认为是继传统比较优势和规模经济之后的又一贸易利益来源。

我们知道，国际贸易一个非常重要的效果就是由于开放引起竞争加剧，从而产生优胜劣汰的效果。可是在以前的理论中，一国同一行业中所有企业都是一样的，企业间优胜劣汰的效果自然得不到有效的分析。只有在Melitz模型之后，这种效果才得以充分分析。

其实开放导致优胜劣汰的效果还不止于此。在开放的压力下，一个企业内部也会产生优胜劣汰的效果，企业可能会采用更好的生产组织形式、更好的区位来生产更有竞争力的产品。新新贸易理论的另一代表人物Antras（2003，2005）所关注的问题其实是传统跨国公司理论中早已关注的问题，即对于某个生产环节，企业到底应该自己生产还是外包生产，企业到底应该是在本国生产还是通过对外投资到东道国生产。Antras认为，产权是促进生产的一种激励手段，谁拥有更多的产权，谁就有更多的动力投入生产。最优的产权配置应该使得在生产中比较重要的一方获得更多的产权。比如对于处于产品生命周期早期的产品来说，由于它技术含量较高，研发环节的重要性很高，装配环节重要性较低，因此产权应该更多地赋予以研发为核心业务的创新型企业，而由这个企业雇用装配者进行生产。但对处于生命周期后期的产品来说，研发环节可能不是很重要了，于是可以赋予装配加工者更多的产权，创新企业可以将装配环节外包给独立的装配者。总之，当产品中所含高端要素特别是研发要素较多的时候，产权的分配应该偏向于发达国家的技术创新者；当产品标准化之后，产权分配应该偏向于发展中国家的装配制造者，这样就可以给各个市场参与者提供最优的激励。这些都影响了企业的区位选择和组织结构选择。

Helpman（2006）将Melitz和Antras的理论进行了综合，探索不同生产率的企业在进行跨国生产的过程中有哪些不同的生产组织形式选择。不过，这一综合理论的结论在很大程度上取决于模型的不同假设。到目前为止，新新贸易理论的应用范围越来越广，它仍在进一步发展中。■

1.3.1.2 国际贸易的现实

1. 国际贸易的总体趋势

20世纪80年代以来，国际贸易迅速发展，世界贸易的增长速度超过了世界经济的增长速度。

如图1-1所示，1981～2019年，世界实际GDP年平均增长率为5.2%，而世界货物出

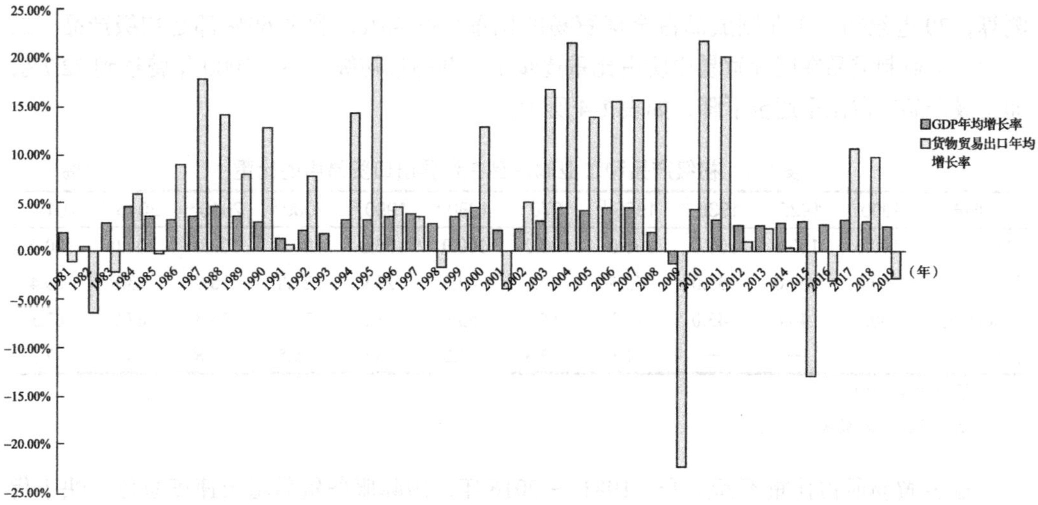

图1-1　1981～2019年世界货物出口贸易和GDP年均增长率

资料来源：根据UNCTAD网站数据整理而来。

口贸易的年平均增长已经达到了 6.05%，服务出口贸易的平均增速也达到了 7.4%。同时，国际贸易在世界总产出中的比重呈逐步上升的态势，已经从 1990 年的 19% 上升到 2019 年的 29% 以上。国际贸易发展最快的是一些亚洲发展中国家，比如中国、印度、泰国、印度尼西亚、菲律宾、越南等。另外，还有一些产油国和非洲的一些国家也在国际贸易中变得非常活跃，从事比如石油和非石油的初级产品贸易。

国际贸易的发展并非一帆风顺，它与国际经济形势密切相关。从图 1-2 中我们可以看出，自 1965 年以来，世界贸易量（剔除价格和汇率变动因素后的贸易数值）的四次下滑（2019 年下滑 0.1%，2001 年下滑 0.2%，1982 年下滑 2.0%，1975 年下滑 7.0%），都不能与 2009 年的下滑幅度相提并论（贸易增长率由 2008 年的 2.1% 降至 -12.2%）。造成贸易大幅萎缩的首要原因就是金融危机引起的全球需求大规模紧缩。

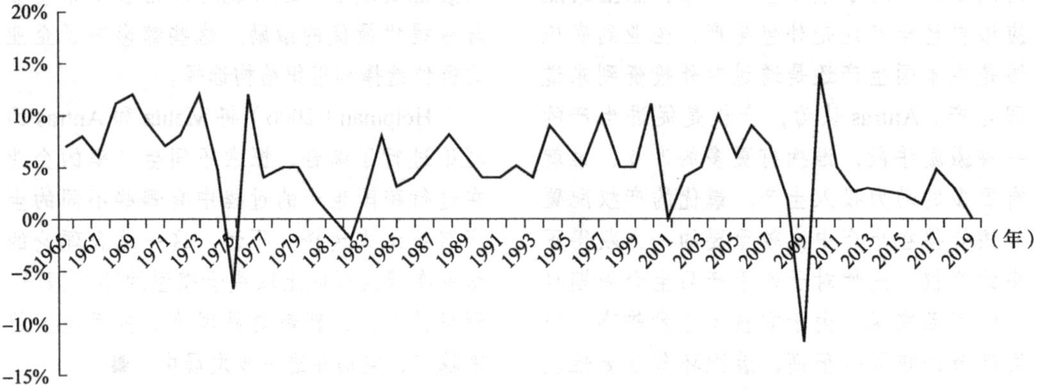

图 1-2　1965 ～ 2019 年世界货物贸易出口量的年增长率

资料来源：WTO（2020）。

2. 国际贸易的类型结构

长期以来，国际贸易中货物贸易与服务贸易的结构比重，及其各自的内部结构都呈现了明确的变动趋势和特点。

货物贸易中工业制成品贸易所占比重不断上升，初级产品贸易比重持续下降。据统计测算，20 世纪初，工业制成品占全球贸易的比重只有 40%，剩余 60% 都是初级产品。二战后，工业制成品在国际贸易中所占比重逐步上升并超过初级产品，2000 年曾达到 72.7%，而初级产品所占比重逐步下降，如表 1-4 所示。

表 1-4　初级产品和工业制成品在世界出口贸易中的比重　　（%）

年份	1900①	1925①	1938①	1955①	1970①	1980②	1990②	2000②	2010②	2015②	2019②
总计	100.0	100.0	100.0	100.0	100.0	100.0	100.0	100.0	100.0	100.0	100.0
初级产品	60.0	60.0	55.0	53.5	42.6	42.2	25.9	21.8	28.9	23.8	25.4
工业制成品	40.0	40.0	45.0	44.7	55.1	53.6	68.5	72.7	65.3	67.8	67.3
其他	—	—	—	1.8	2.3	4.2	5.6	5.5	5.8	8.5	7.3

① WTO（2010）。

② WTO 网站数据计算得出。

服务贸易所占比重不断上升。1981 ～ 2016 年，国际服务贸易增长速度总体上快于货物贸易增长速度，同期服务贸易出口额从 4 074 亿美元增加到 61 440 亿美元，增长了 15 倍，在国际贸易中的比重已超过 24.50%，如图 1-3 所示。

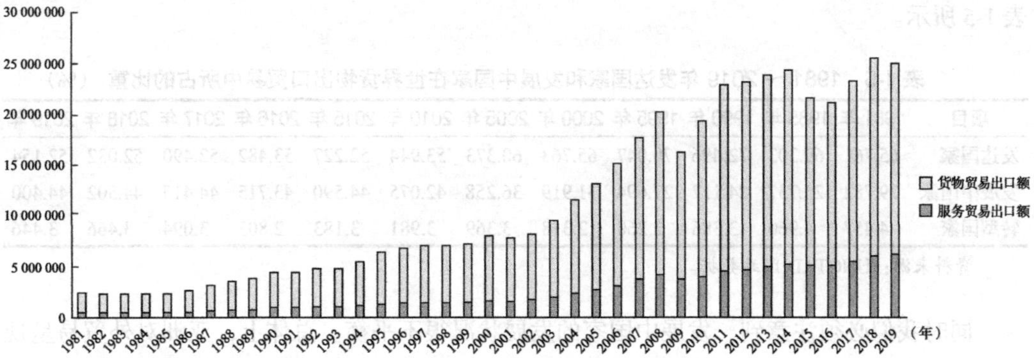

图 1-3　1981 ～ 2019 年世界货物贸易和服务贸易出口额（单位：100 万美元）

资料来源：UNCTAD 网站数据（2005 年起使用 BPM6）。

服务贸易的结构正在发生重大变化。在三类服务贸易中，运输服务、旅游服务在世界服务贸易中所占比重呈下降趋势，而其他服务增长最快，所占比重不断上升（见图 1-4）。2005 ～ 2019 年，服务贸易年均增速为 6.11%，其中交通运输年均增速为 4.22%，旅游业年均增速为 5.41%，主要包括通信、建筑、保险、金融、信息、其他商业服务（咨询、会计、法律、广告等）及文体娱乐等的其他服务业为 7.07%。

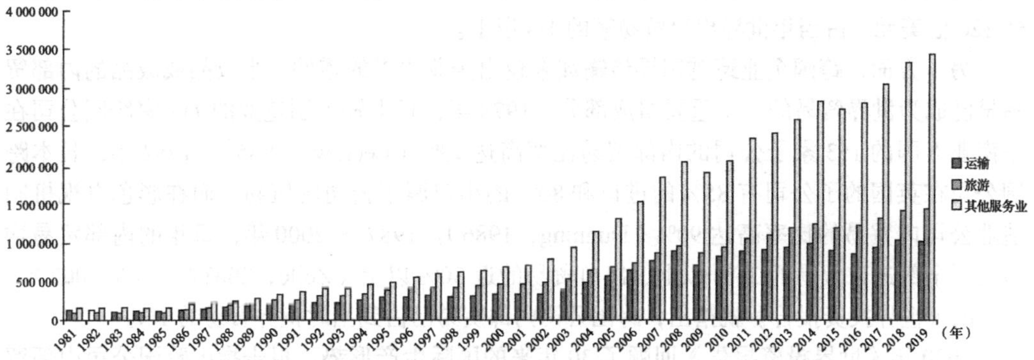

图 1-4　1981 ～ 2019 年按主要大类划分的世界商业性服务出口（单位：100 万美元）

资料来源：UNCTAD 网站数据（2005 年起使用 BPM6）。

3. 国际贸易的国家主体

一方面，发达国家仍然是国际贸易的主要力量；另一方面，发展中国家在国际贸易中的地位不断上升。

发达国家仍然是世界贸易的主要参与者，这些国家由于人均收入水平高，国内市场广阔，对他国商品的吸收能力强，因此一直以来是国际贸易的主要力量，而且贸易更多的是在发达国家之间展开的。2008 年的金融危机之前，发达国家在世界货物出口贸易中的比重基本稳定维持在 60% 以上的水平。同样，在 20 世纪 80 年代以后兴起的国际服务贸易中，发达国家也占绝大比重，甚至高于它们在世界货物出口贸易中的比重。发达国家在世界服务出口贸易比重在 2010 年为 69.5%，2019 年为 67.9%。

二战后，随着世界政治经济形势的变化和民族经济的发展，发展中国家作为一个整体在世界贸易中的地位有所改善，尽管其间也有过反复或逆转。发展中国家在世界货物贸易出口总额中所占比重从 1981 年的 29.8% 上升到 2010 年的 42.1%、2019 年的 44.4%，如

表 1-5 所示。

表 1-5　1981 ～ 2019 年发达国家和发展中国家在世界货物出口贸易中所占的比重 （%）

项目	1981 年	1985 年	1990 年	1995 年	2000 年	2005 年	2010 年	2015 年	2016 年	2017 年	2018 年	2019 年
发达国家	65.761	69.303	72.496	70.047	65.763	60.373	53.944	52.227	53.482	52.490	52.032	52.154
发展中国家	29.782	25.737	24.117	27.694	31.919	36.258	42.075	44.590	43.715	44.415	44.502	44.400
转型国家	4.457	4.960	3.386	2.260	2.318	3.369	3.981	3.183	2.803	3.094	3.466	3.446

资料来源：UNCTAD 网站数据。

同时我们必须注意到，发展中国家的发展状况很不平衡。总体上，亚洲对外贸易呈现最高速的发展，撒哈拉以南的非洲则发展最慢，拉丁美洲、中东和地中海居其间。最不发达国家面临着越来越严峻的“边缘化”危险。

4. 国际贸易的企业主体

20 世纪 90 年代末期，涉及跨国公司外部和公司内部的贸易就已大约占到了全球贸易总额的 2/3。这是由于跨国公司及其国外子公司的数量剧增，并进行大量的公司内部贸易，使得跨国公司贸易成为国际贸易的最主要组成部分。

一方面，跨国公司发展迅速，数量剧增。20 世纪 90 年代早期，全球共有 3.7 万家跨国公司，它们拥有 17 万家国外子公司。2008 年，跨国公司的数目上升至 8.2 万家，其国外子公司共计 81 万家，全球雇员人数达到 7 700 万人。2016 年，这些国外子公司出口额为 68 120 亿美元，占当年世界出口贸易额的 1/3 以上。

另一方面，跨国企业跨越国界传输却未越出企业边界的零件、半成品或成品的内部贸易早已成为世界贸易的一个重要组成部分。1978 年，日本轻工制造业的 111 家跨国公司在东南亚五国的 153 家子公司的内部贸易比率高达 79%（Lecraw，1985）。1982 年，日本跨国公司在英国的子公司有 85% 的进口和 80% 的出口属于公司内贸易，而在彩色电视机制造业公司内贸易的比率高达 90%（Dunning，1986）。1987 ～ 2000 年，每年的内部贸易均占美国全部进口贸易的 36% 以上、出口贸易的近 30% 以上（Zeile，2003）。早在 2002 年，当年的《世界投资报告》就指出，跨国公司内部贸易已占到当时世界贸易的 1/3。

2020 年《世界投资报告》回顾了 30 年来的国际生产形势，报告指出跨国公司内部贸易和供应链内部的协同，在世界贸易和国际生产中仍然占据重要地位，并且对全球价值链的影响越来越大。

1.3.2　对外直接投资理论与现实

1.3.2.1　多国企业理论

同国际直接投资和国际生产有关的理论或框架，按照产生的大致时间顺序，主要有垄断优势理论、内部化理论、国际生产折中范式和资源观（resource-based）—能力观（competence-based）—知识观（knowledge-based）的理论四大类。习惯上，我们把从事国际直接投资的实体称作**跨国公司**（transnational corporation，TNC），而当涉及跨国公司的理论时，则称**多国企业**（multinational enterprise，MNE）理论。经济学家将对外直接投资现象表述为建立多国企业这样一个问题。所以，多国企业理论是用来解释企业为什么要对外直接投资的。[㊀]实际上，这些理论都不是解释一切的“通论”。相反，它们都是侧重回答问题的

㊀ 与对外直接投资流动（FDI flow）有关的理论，如 Knickerbocker 的寡占反应论和小岛清的边际产业扩张理论，其分析单位与层次和多国企业理论不同。

某些方面。

1. 垄断优势理论

垄断优势同消除冲突（removal of conflict）和交易成本三个核心观点共同构成了海默（Stephen H. Hymer）多国企业理论的完整体系。其中的垄断优势理论认为，在外国进行直接投资的企业同当地的本土企业相比，由于对当地文化、制度与规则不熟悉，具有与生俱来的“外商劣势”（liability of foreignness）。跨国公司之所以还能够同当地企业竞争，并通常可以实现更佳的绩效，是因为它们具备东道国当地企业所不具备的垄断优势。这些优势使跨国公司能够获得更多收益，足以抵消外商劣势导致的成本增加。

2. 内部化理论

所谓内部化理论是一大类理论的通俗称谓，包括观点既有相似之处，实际又存在显著差异的若干版本的理论。这些理论的共性在于都从市场不完善（market imperfection）出发来解释对外直接投资。由于都使用了交易成本这个概念，这些理论又经常被称作交易成本方法的多国企业理论。不过，将这一大类理论统称内部化理论或交易成本方法的多国企业理论都缺乏严谨性。[㊀]

针对市场不完善，特别是知识产品市场的不完善，巴克利（Peter J. Buckley）、卡森（Mark C. Casson）、拉格曼（Alan M. Rugman）、海默、汉纳特（Jean-Francois Hennart）等理论家沿着将市场内部化或将基于知识的优势进行内部化的思路，提出以内部市场替代外部市场或以**等级结构**（hierarchy）替代市场价格的各种解决方案。这是因为很多经济活动如果通过契约的形式，即市场制度来组织，会遭遇很高的成本。用经济学的术语表述就是涉及很高的交易成本。比如，对于基于知识的优势，如果通过许可转让的方式实现其价值，会遭遇定价困难和优势消散的可能。所以，跨国公司的对外直接投资就是通过内部市场进行定价或以等级结构作为规避外部市场风险的机制来完成这些活动的。

3. 国际生产折中范式

邓宁从垄断优势理论和内部化理论中汲取灵感，提出了国际生产折中范式，又称OIL范式。OIL分别对应**所有权优势**（ownership advantages）、**内部化优势**（internalization advantages）和**区位优势**（location advantages）。运用OIL范式进行分析可以从特定的角度回答市场进入方式（mode）中的股权形式（form）与非股权形式的选择问题，具体而言是许可、出口和对外直接投资的选择：如果仅具备所有权优势，由于不能在企业内部对之进行利用，就只能通过许可的方式将优势转让；如果同时具备了内部化优势，但不具备区位优势，则可以在国内生产，再出口到国外市场，而不能在理想的国外区位生产；只有同时具备三者时，才有条件进行对外直接投资。区位优势用来解释为何服务于市场的生产活动位于国外，而不是其母国。

为避免错误理解，需要指出以下几点。第一，邓宁的折中范式并不是一个理论，只是一个分析框架。第二，折中范式不同于前两种理论，它其实并不是多国企业理论，而是用来解释国际生产的，即企业和（或）国家的外国增值活动的程度与模式（pattern）。因此，其作用不仅限于许可、出口和对外直接投资之间的选择。第三，所有权优势是一个中性概念，并不强调偏离竞争的垄断性质。而且所有权优势既有可能源自**结构性市场不完善**（structural market imperfection），也有可能源自**交易性市场不完善**（contractual market imperfection），所以不能等同于海默的垄断优势。进而，第四，其内部化优势包括在结构性

㊀ 专业读者可参阅王炜瀚（2005）的第2章、第3章和第4章的4.1节。

市场不完善和交易性市场不完善两种情况下进行内部交易的利益。所以，比如技术创新能力，既是所有权优势，也是内部化优势，两种优势之间可能重叠。

4. 资源观的多国企业理论

以科伊（Neil Kay）为代表的学者从企业资源利用的角度研究了企业以对外直接投资方式展开的扩张。这里的所谓资源是那些缺乏供给弹性的生产要素，具备有价值、稀缺、无法模仿和难以替代的特点。资源观的企业理论将企业看作资源的集合体，其内部资源和外部机遇的相互作用决定了企业的扩张。在寻求市场的逻辑下，内部管理资源的性质和可得性限制了市场扩张的方向与程度。企业通常发现，在其他条件一样时，专注于现有产品在成本和风险上都相对较低，但为了追求增长，可能会扩张进入新的领域。外部机遇和内部资源，特别是那些有助于规划扩张但尚未被使用的管理资源会影响到扩张方向。设想一个生产男士钱夹的厂商考虑各种成长可能性——专业化、多元化、出口和对外直接投资，假设各种扩张机会的收益都是相同的。在其他条件相同时，我们可以认为，企业更偏爱那些可以更多地利用生产性资源的扩张机会。如果分析潜在资源联系，企业通常会对以下选择表示出明确的偏好次序：专业化优于出口，出口优于对外直接投资。对外直接投资作为最后的选择是因为这种方式的海外扩张只能在最小程度上利用现有资源的联系进而获得其利益。

资源观的多国企业理论关注的是扩张的方向——专业化、多元化和进入外国市场。对于扩张的方式，比如进入外国市场是出口还是对外直接投资，并不能做出最终的选择，只能留给内部化理论来处理。注意：方向和模式是相互补充的决策，在没有选定一方面时就确定另一方面是不明智的，正如旅行者在选定交通方式之前就决定一定要去哪里是一样的缺乏理性。

5. 多国企业理论的小结

资源观的多国企业理论强调了资源对于市场竞争与企业扩张的重要意义。从利用现有资源（exploitation）的角度，明确回答了企业在国内专业化、出口和对外直接投资之间的偏好。从获取重要资源（exploration）的角度，资源观的多国企业理论不但可以明确解释对外直接投资中寻求战略性资产为动机的类型，而且对于寻求效率，乃至某些寻求市场为动机（如收购分销营销渠道）的对外直接投资也能提供一定的见解。垄断优势论本质上也是从资源角度提出，跨国公司具有垄断优势，足以抵消外商劣势的成本。这一理论最初基本也是沿着寻求市场的思维展开的。但是，依照同样的逻辑可以推论，在全球生产的情形下，效率的节约和获得战略性资产的收益，也是足以抵消外商劣势的。交易成本观点和内部化观点的多国企业理论实际上回答的是，为何是以建立海外企业的股权形式，而非跨国市场交易的契约形式来组织国际交易。

简单地讲，资源观一类理论适宜解释对外直接投资的动机，即围绕“为何要”；垄断优势理论从能力角度说明了为何有能力克服外商劣势，强调“为何能”；内部化或交易成本理论则关注“方式如何”。认识到不同理论的内在动机、能力、方式等方面的解释力，我们就可以逐步接近相对完整的理论认识。

1.3.2.2 对外直接投资的现实

1. 国际直接投资的趋势

在过去的近半个世纪中，世界经济中的国际投资流量和存量都呈现了急剧的增长。对外直接投资流量的年均值从1970年的133.46亿美元增加到2007年创纪录的2.17万亿美元，2008～2009年的全球金融危机之后，除2018年、2019年等个别年份，几乎每一年的对外直接投资流量都超过了2006年的水平。

在此期间，国际直接投资的增长速度远远超过了世界贸易和产出的增长速度。1992～2019年，所有国家的国际直接投资的流量增长了6.5倍，如图1-5所示。世界贸易出口额和产出仅增加了近5倍和3.5倍左右。2019年，全球国际投资的存量超过了34.5万亿美元。同年，全世界跨国公司的海外子公司创造了大约8万亿美元的增加值，其总产出约占全球GDP的11%。2019年跨国公司国外子公司的全球销售额为31.2万亿美元，大约是全球跨境货物贸易和服务贸易总和的1/3。全球超过33%的世界总出口来自跨国公司的海外子公司。显然，无论哪个衡量标准都表明，外国直接投资是个很值得我们关注的现象。

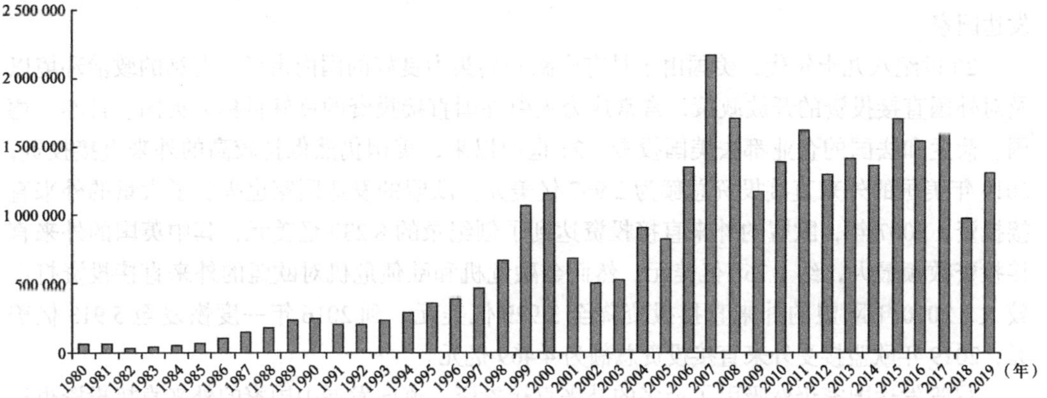

图1-5　1980～2019年对外直接投资总额（单位：100万美元）

资料来源：UNCTAD网站数据。

外国直接投资的增长速度超过世界贸易和产出的原因如下：首先，尽管30年来贸易壁垒在总体上呈下降态势，企业依然对保护主义压力感到担忧。管理层把对外直接投资看作规避未来贸易壁垒的方法。其次，近年来，许多发展中国家的政治和经济变革对外国直接投资的增长起到了重要的促进作用。在亚洲、东欧和拉丁美洲的大部分地区，经济增长、经济自由化、对外国投资者开放的私有化计划和取消对外国直接投资的限制使得这些国家对外国跨国公司的吸引力进一步上升。2001～2019年，全世界针对外国直接投资的2 029项法规修订中74.8%有利于形成更有利的国际投资环境，如表1-6所示。

表1-6　2001～2019年关于外国直接投资的政策修订情况

年份	2001①	2002①	2003①	2004②	2005②	2006②	2007②	2008②	2009②	2010②
修改法规的国家（个）	51	43	59	79	77	70	49	40	46	54
修订的法规数目（项）	97	94	125	164	144	126	79	68	89	116
促进	85	79	113	142	118	104	58	51	61	77
管制	2	12	12	20	25	22	19	15	24	33

年份	2011②	2012②	2013②	2014②	2015②	2016②	2017②	2018②	2019②
修改法规的国家（个）	51	57	60	41	49	59	65	55	54
修订的法规数目（项）	86	92	87	74	100	125	144	112	107
促进	62	65	63	52	75	84	98	65	66
管制	21	21	21	12	14	22	23	31	21

① UNCTAD（2016）。
② UNCTAD（2020）。

然而值得注意的是，2001 年以来，不利于国际直接投资的法规修订有所增加，它的比例从 2001 年的 2% 一路上升到 2019 年的 19.7%。也许这意味着从长期来看，国际直接投资政策在趋紧。总体而言，促进和鼓励还是国际投资政策的主基调，2010 ～ 2019 年的平均水平为 74%。2019 年在所有修订国际投资政策的国家中，亚洲发展中国家占比达到 47%。非洲、欧洲、拉丁美洲和加勒比地区以及转型经济体国家紧随其后。亚洲、北美、拉丁美洲和加勒比地区的国际投资政策修订以促进性政策居多，欧洲、非洲、大洋洲的一些国家则制定了限制性政策，这是出于对外国拥有土地和自然资源的担心。

2. 国际直接投资的方向

一直以来，随着发达国家的企业在其他发达国家投资，大部分国际直接投资都流向了发达国家。

20 世纪八九十年代，美国由于具有广阔和购买力良好的国内市场、有利的政治环境以及对外国直接投资的开放政策，常常成为吸引外国直接投资的良好目标。英国、日本、德国、荷兰和法国的企业都去美国投资。21 世纪以来，美国仍然保持较高的外来直接投资，2019 年美国的外来直接投资总额为 2 967 亿美元。欧盟的发达国家也吸引了大量的外来直接投资，2007 年，欧盟的外来直接投资达到了创纪录的 8 239 亿美元，其中英国的外来直接投资数额最大，约 1 768 亿美元。然而金融危机和欧债危机对欧盟的外来直接投资打击较大，2010 年欧盟的外来直接投资降至 3 929 亿美元，到 2016 年一度恢复至 5 913 亿美元，2019 年欧盟接受外来直接投资总额为 4 469 亿元。

尽管发达国家仍然吸引了最多的外来直接投资，流向发展中国家的外来直接投资也迅速上升。1985 ～ 1990 年，流入发展中国家的外来直接投资年均达 274 亿美元，占全球的 17.4%。20 世纪 90 年代中后期，发展中国家的外来直接投资一般占全球的 35% ～ 40%，2000 ～ 2002 年下跌至 25%，到 2004 ～ 2007 年又上升到 31% ～ 40%。2008 年金融危机后，发展中国家外来直接投资比重不断上升，2010 年首次达到全球流入量的一半以上，如图 1-6 所示。

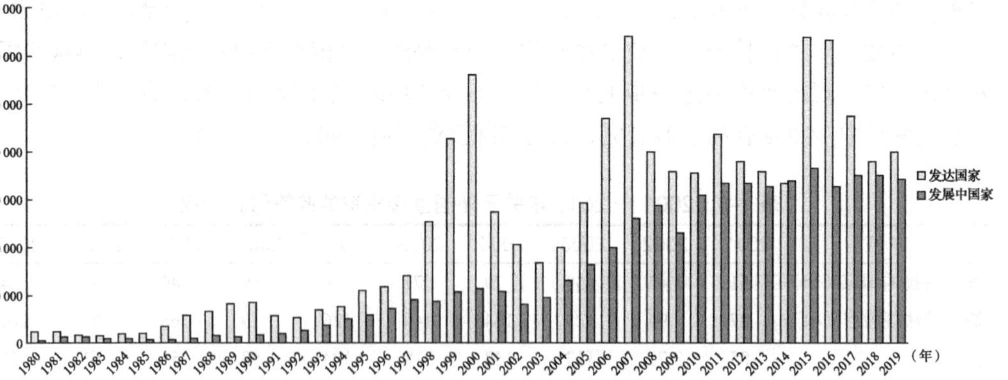

图 1-6　1980 ～ 2019 年发达国家与发展中国家的外来直接投资（单位：100 万美元）

资料来源：根据 UNCTAD 网站数据整理而来。

尽管近年来，发展中国家的外来直接投资不断增加，但区域发展并不平衡。最近流入发展中国家的国际直接投资主要集中在南亚、东亚和东南亚新兴国家。其中最主要的是中国在吸引外来直接投资方面地位不断上升——中国在 2010 年吸引外资首次超过 1 000 亿美元，达到 1 057 亿美元，仅次于美国，位居世界第二、发展中国家第一。发展中国家另一个最重要的外来直接投资流入地区是拉丁美洲。2019年，该地区的外来直接投资总额达到了约1 642亿美元。除主要作为资金流动作用的避税港外，巴西一直是拉丁美洲最大的外来直接投资流入国家。与此相反，非洲的外来直接投资数量一直很少，2019年仅为454亿美元，如图1-7所示。非洲未能吸引更多数量投资的部分原因一方面是这个地区的政治不稳定、武装冲突以及经济政策的反复无常，另一方面由于国内需求长期得不到激发，市场结构较单一且长期低迷导致吸引力不足。

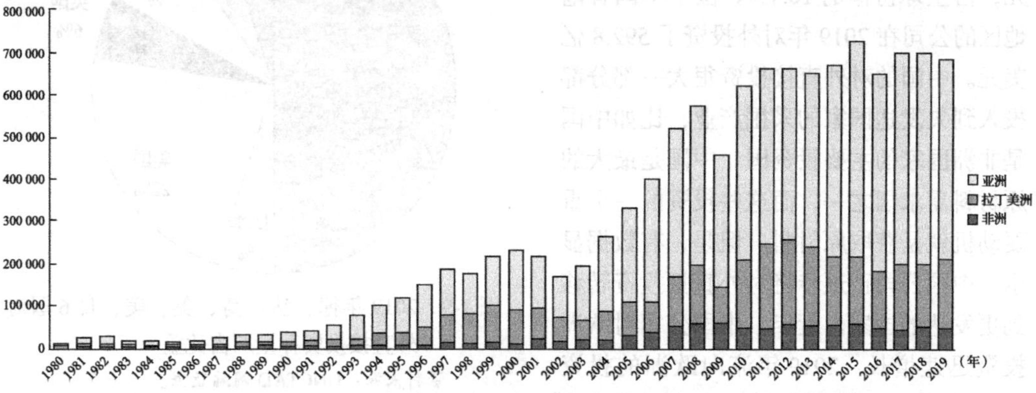

图1-7　1980～2019年发展中国家不同地区的外来直接投资（单位：100万美元）

资料来源：根据UNCTAD网站数据整理而来。

3.国际直接投资的来源

二战以来，美国一直是最大的国际直接投资来源国。其他重要的来源国包括英国、法国、德国、荷兰和日本。2000～2019年19年间，这6个国家的对外直接投资的资金流量占全球的50.06%，如图1-8所示。2019年其存量占全球的50%，如图1-9所示。

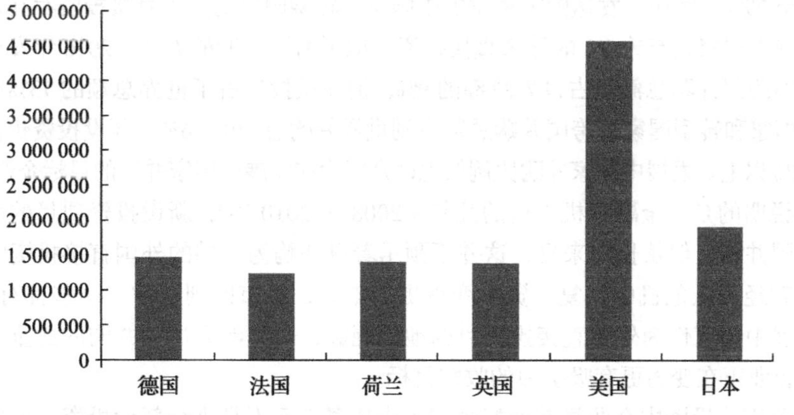

图1-8　2000～2019年德、法、荷、英、美、日6国对外投资累计额（单位：100万美元）

资料来源：根据UNCTAD网站数据整理而来。

这些国家之所以占据主导地位，是因为它们在战后的大部分时期里是经济规模最大、经济最发达的国家，因而是许多规模最大、资本化程度最高的企业的母国。其中很多国家还是历史悠久的贸易国家，因而很自然地把国外市场看作推动本国经济发展的动力。因此，这些国家的企业在对外直接投资上居于前列。

尽管发达国家在对外直接投资方面一直居于主导地位，但是发展中国家的力量也在不断上升。发展中国家在对外直接投资中所占的比例在增大，从2000年的7.7%上升到2019的28.39%。不得不提的是，来自中国的公司已经开始成为对外直接投资的主力。2005年，中国企业在全球范围内投资了123亿美元，从那以后，中国企业的投资额稳步增加，于2019年达到1 369.1亿美元，占全球份额的10.4%。位于中国香港地区的公司在2019年对外投资了592.8亿美元。中国的对外直接投资很大一部分都投入到欠发达国家的采掘产业，比如中国是非洲国家的主要投资国。中国是最大的原材料需求国之一，而这些投资的一个重要动机就是获取原材料。但是，有数据显示，中国公司正逐步将对外直接投资转移到更发达的国家。近年，中国公司对欧洲投资迅速增长。2019年流向欧洲的投资同比增长59.6%，投资的国家主要是发达国家，如英国、荷兰、瑞典等。

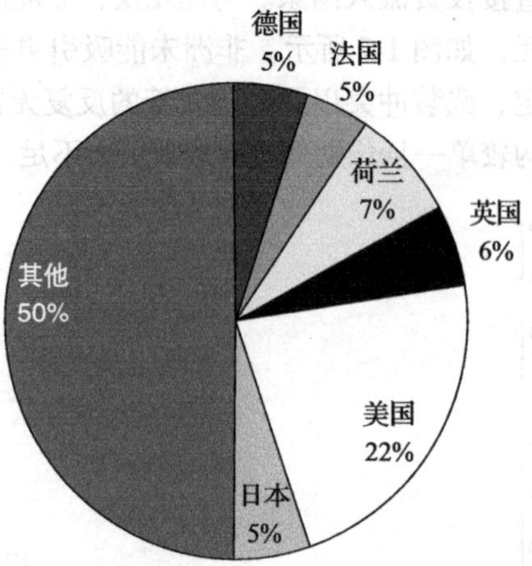

图1-9　2019年德、法、荷、英、美、日6国对外直接投资存量所占比重

资料来源：UNCTAD网站数据。

4. 国际直接投资的方式

国际直接投资既可以采取新设投资方式建立新的设施，也可以收购或兼并一家现成的当地企业。数据表明，大部分跨国公司采用并购的方式而不是新设投资。

联合国的估算显示，1998～2019年，在所有外来直接投资中有30%～80%采取了并购的方式。例如，2001年并购占所有外来直接投资的78%。2004年这一数字为59%，而在2005年又回升至79%。然而，发达国家和发展中国家、转型国家的外来直接投资存在着显著的差异。在发展中国家只有约1/3的外来直接投资采取了跨国并购的方式。2016年发展中国家和转型国家的跨国并购总额只占世界总额的9%，但新设投资占了世界总额的73%以上。2019年发展中国家和转型国家的跨国并购总额占到世界并购总额的16%，新设投资仍占世界投资总额的58%以上。发展中国家并购比例低也许是因为在发展中国家并购的目标企业较少。

需要说明的是，金融危机以后的几年（2008～2010年），新设投资项目的金额都远远超过了跨国并购。但从长期来看，这并不预示着以并购为主导的外国直接投资的方式发生逆转。随着经济从危机中恢复，资本变得更加丰富，股市回到正常，这些都有利于并购。同时，发展中国家作为外国直接投资目的地的崛起，也可能会加大并购的比重，因为发展中国家的企业正在变为更有吸引力的收购目标。

在国际直接投资中企业显然偏好收购现成的资产而不是进行新设投资，主要原因包括以下几点。首先，并购比新设投资更快。在市场变化很快的国际商务领域，这一点很重要。其次，收购外国企业是因为这些企业拥有有价值的战略性资产，如品牌忠诚度、客户关系、商标或专利、分销系统、生产设施等，购买这些资产要比新设投资从头打造这些资产更容易，并且风险也许更小。最后，企业采取收购方式是因为它们认为能够通过转移资产、技术或管理技能提高被收购企业的效率。

5. 国际直接投资的领域

在过去的30年里，国际直接投资的行业结构从资源开发行业和制造业迅速向服务业转变。服务业的国际直接投资结构也出现了变化，目前主要集中在贸易和金融服务行业。然而，电力、供水、电信和商务服务（如信息技术咨询服务）领域的国际直接投资也正在上升。

向服务业转变主要是由四个因素促成的，而且这四个因素在一段时间里还可以继续发挥作用。第一，这种转变反映了许多发达国家从制造业向服务业转变的总趋势。21 世纪伊始，服务业在发达国家和发展中国家的 GDP 中就已经分别占到了 72% 和 52%。第二，许多服务需要在消费的地方予以提供。作为服务业的星巴克（Starbucks）不能从西雅图将热咖啡卖给香港消费者，因而只能在香港开店。国际直接投资是向国外市场提供服务的主要方法。第三，许多国家放宽了对服务业国际直接投资的管制措施。第四，基于因特网的全球电信网络的兴起，使得一些服务企业能够将其创造价值的工作安排在不同的国家进行，以降低要素成本。

本章小结

本章以全球化作为当代国际商务语境，介绍了全球化的历程与前景；从第二次全球化的特征切入，介绍了全球化对于当代全球价值链的塑造；通过介绍国际商务活动的范围、特点、类型与主体，展示个体企业层次的国际商务活动；借助国际贸易与对外直接投资的理论，从国际贸易和国际直接投资的现实，展示世界经济层次的国际商务活动。

关键术语

全球化	市场全球化	生产全球化
国际生产体系	对外直接投资	国际商务活动
国际贸易理论	古典国际贸易理论	新古典国际贸易理论
新国际贸易理论	重商主义	绝对优势理论
比较优势理论	要素禀赋理论	里昂惕夫悖论
定期性贸易	转口贸易	再出口
货物可得性	技术差距	产品生命周期
林德理论	多样性假设	规模经济
新新贸易理论	多国企业理论	垄断优势理论
内部化理论	国际生产折中范式	资源观的多国企业理论

本章阅读资料

请扫描二维码详尽了解本章阅读资料

第2章 CHAPTER2

国际商务的学习：国际商务学科概论

引导案例

MIB第一届毕业生的困惑

一如往年的深秋，为了寻得一份理想的工作，应届毕业生不畏寒风，奔走于各大高校的招聘宣讲会现场；为了拥有一个美好的未来，他们不惧挫折，在一场又一场的面试和笔试中历练、提升自己。然而，不同于往年的是，在2012年的求职大潮中增添了一个新群体——第一批全日制专业硕士研究生，这其中便包括国际商务硕士（Master of International Business，MIB）。

即将走出校园的国际商务硕士研究生目前的求职情况如何？经过一年多的学习，他们现在对国际商务有怎样的理解？他们如今理解的国际商务与当初报考时的是否一致？等等。针对这些种种问题，调查员采访了北京某高校几位首批MIB研究生同学。

问：你理解的国际商务是什么？它与国际贸易有何区别？

答：这也是面试的时候，面试官比较感兴趣的问题。其实，虽然学习了一年的课程，我对这个问题还真回答不上来。在我们学校，国际商务专业硕士项目常常被称为“国际贸易专硕”。可是，我总觉得国际贸易应该只是国际商务的一个部分，国际商务还包括投资、金融什么的。抱歉，我真的说不清楚。

问：作为MIB第一批即将毕业的学生，你们在求职的过程中，有没有遇到什么困难呢？

答：这个必须有啊，毕竟是第一批，社会上还不是非常熟悉这个专业。比如，我在网申的时候，经常在“所学专业”的选项中找不到国际商务。也因为很多招聘单位不知道有这一专业，在专业要求中没有列出国际商务，我们也损失了不少的选择机会。

问：那考公务员呢？

答：这个就更别提了，大家费了九牛二虎之力才报上名啊。由于岗位要求中没有列出国际商务，我们只能试试管理类，不行再试试经济学类、金融类，结果审核都通不过。最后，还好学校帮忙集体向商务部反映情况，我才报上名。伤啊！

问：那你们后悔当初选择国际商务吗？

答：这倒没有，我们学校的品牌还是很不错的。其实，这种种困难和问题出现在一个新事物的发展初期，也是极正常的。作为第一届MIB毕业生，我内心更多的还是骄傲和自豪，只是希望有关部门，还有学校，能进一步调整和完善国际商务的培养方案、课程设置以及扩大其在社会上的认知度，希望后来的学弟、学妹能越走越好！

学习目标

通过本章的学习，能从新科学范式[㊀]视角认识国际商务学科的内涵，认识其整合学科的属性；明确国际商务的研究内容；了解美国商学院国际商务课程及体系的演进；了解国际商务课程体系建设的基本要点。

2.1 国际商务的学科属性

2.1.1 国际商务的学科内容与范式

2.1.1.1 两种代表性观点与共同逻辑

1. 关于国际商务学科内容的两种代表性观点

所谓学科就是知识体系的分类，不同的学科就是不同的知识体系。国际商务学科以国际商务活动作为研究对象，但我们不能简单地将根据对于国际商务活动不同类型的理解来组织国际商务的知识体系。对于国际商务学科所包含的基本内容，流行两种典型的观点，且同观点持有者的学术背景有着明显的相关性。一种观点认为，国际商务就是企业战略及管理职能（如营销、财务、人力资源等）在国际维度的扩展，实际是将国际商务等同于国际管理（international management，IM），这类观点持有者多为企业管理背景；另一种观点认为，国际商务就是国际贸易、国际金融和国际投资的集合，这类观点持有者多为经济学科背景。

2. 两种代表性观点背后的共同逻辑

尽管以上两种典型观点完全不同，但观点背后的逻辑是相同的。对于"国际商务是一个怎样的学科"这个问题，回答者似乎已经有了预设的待选答案，或属于企业管理，或属于（国际）经济学。进而，不同的回答者以同样的方法对问题进行了解答。这个方法就是，在预设的学科里，以学科视野中所包含的可被识别的内容来定义学科。这种逻辑属于方法论上的还原论（reductionism），即以部分之和还原整体。还原论背后的世界观是牛顿宇宙观、牛顿力学世界。该世界观指导的科学研究范式为牛顿范式。在牛顿力学世界中，现实在本质上是简单的、有序的、确定性的和物质的；现实的存在不取决于人类的辨识和理解；现实的运转是根据无时间性的、严格的、绝对的自然法则。因此，在牛顿范式下，现实可以通过精明使用逻辑实证主义和科学方法被发现与观测，经验和理性分析是理解世界的试金石，如果能够知道一个系统的每个部分如何运行，那么就可以知道整体如何运行（Hench，1997，第91页）。

㊀ 范式（paradigm）作为理论核心，由科学哲学家托马斯·库恩（Thomas Kuhn）在其《科学革命的结构》（1962）一书中提出。库恩对科学发展持"历史阶段论"，他认为每一个科学发展阶段都有特殊的内在结构，而体现这种结构的模型即范式，即"一个科学家集团所普遍接受的共同信念，一种得到普遍承认的科学成就，它包括科学概念、规律、形而上学理论、解题模型、范例、应用及工具等在内"。

2.1.1.2 科学范式的发展对于认识国际商务学科的意义

1. 科学发展与世界观

20 世纪诞生了相对论、量子力学与混沌或复杂理论。相对论消除了关于绝对空间和时间的幻想，量子力学则消除了关于可控测量过程的牛顿式的梦，混沌则消除了拉普拉斯关于决定论式可预测的幻想。世界非常复杂、相互联系、互相依赖和不确定，它不是简单、有序和确定的。我们创造的社会世界可看作我们的能量和信息（知识）的瞬间表现，不是一个不可毁灭的基本基础材料构成的物质世界。我们面对的世界部分地依赖于我们作为有意识的、能学习的人类如何投身于这个世界，而不是完全不依赖我们的绝对性的社会世界。世界按照能量场和量子概率，而不是依照绝对自然法则运行的。现实不是存在于均衡或接近均衡的状态，而是存在于流动与变化、远离均衡的常态中。“秩序产生于混沌”，整个系统由既有秩序也由混乱的不确定过程构成（Hench，1997，第 91 ～ 92 页）。

2. 科学范式与科学研究

每一范式在一定界限内都是有效和适当的。牛顿力学对于普通量级和速度小于光速的物质实体有效，而量子力学更适合能量场及其复杂的交互作用。牛顿万有引力定律可被视作引力场很弱的情况下广义相对论的一个近似。在地球引力场中，研究卫星发射、白矮星，牛顿万有引力定律足够精确，没必要使用复杂的广义相对论。研究中子星附近、黑洞附近、宇宙演化早期以及整个宇宙的变化，必须使用爱因斯坦广义相对论，使用万有引力定律则误差很大。㊀科学范式影响到研究者对于人类和人们创造的组织的假设、人们所提出的问题的类型，以及人们用以回答问题所使用的方法论和测度。社会科学家采用的特定范式取决于其对于社会现实的看法。

3. 科学范式与国际商务研究

牛顿力学及运动定律是用来解释两个相互作用的惯性物体的线性关系的。但国际企业不是有惯性的物体，而是由具有意识、能学习的人类构成的。即便在牛顿范式的“适当”范围内，并非所有解答都是确定性的，比如“三体”问题（“three-body” problem）。所有的国际企业几乎都面对难以想象的诸多影响，这些因素肯定不是任何“二体”问题所能有效容纳的。迄今，多数管理学理论、国际商务理论都建立在牛顿力学及其衍生的社会科学、新古典经济学的原理及概念之上（Hench，1997，第 91 ～ 92 页）。因此，国际商务研究者必须抛弃将国际商务描述为简单、可预测和同质的自然“物体”的交互作用的想法，并严肃质疑以牛顿范式对国际商务现实中的“n 体”问题进行简单粗暴的近似。

2.1.1.3 新旧科学范式下的国际商务

1. 旧科学范式的影响

（1）旧科学范式导致的两种认识偏差。

事实上，前述两种观点都是试图将汇总商务或国际商务的若干成分学科而成的集合视为学科整体，因此导致他们对于学科整体得到了不同的理解。基于牛顿范式还原论的方法论，我们只能得到对于商务或国际商务的成分学科的关注，不能获得对于商务或国际商务学科整体的正确理解。除此之外，二者也都将对国际商务的关注点转向“国际”，但由于对“商务”学科的理解不同，因此在“国际”特征对企业层次、行业及经济层次商务活动的隐含含义上的意识也不同。“国际”到底意味着什么？制度约束的不同，国民劳动生产率的不同，抑或国家资源禀赋的不同？

㊀ 赵峥. 物含妙理总堪寻：从爱因斯坦到霍金［M］. 北京：清华大学出版社，2013：82-83.

1）旧科学范式下的企业管理方法观点。上述第一种基于企业管理方法的观点，将国际商务等同于国际管理，即战略及管理职能在国际维度的扩展。这种方法的显著价值在于企业个体层次商务活动的具体性得到直接的重视。然而，尽管这种观点对于国际商务活动的理解有其价值与合理性，但并不意味着可以顺畅推理与恰当抽象出对于国际商务学科的理解。比如，从国际商务实践的角度看，企业法律事务固然属于企业商务实践的内容。但从学科角度看，商业法律在知识体系（学科）中并不属于企业管理。类似地，汇率管理在知识体系上已经成为企业管理学以外的学科内容。因此，即便我们认同企业商务实践可以被理解为企业管理实践，企业管理的知识体系也不等于商务的知识体系。从知识体系（学科）角度看，管理的概念比商务更窄、内涵更少，国际商务不能等同于国际管理。

2）旧科学范式下的经济学方法观点。上述第二种基于经济学方法的观点，将国际商务学科的内容等同于国际贸易、国际投资以及国际金融的简单集合体。这种方法的显著价值在于明确关注了"国际"要素的意义。这对于认可国际贸易、国际投资、国际金融等学术分支领域独立存在的意义是重要的。第1章提到，从认识世界经济层次认识国际商务活动，我们可以将国际商务实践活动大致理解为国际（货物与服务）贸易、国际直接投资、相关支持及服务活动的集合。但从学科角度看，尽管国际商务知识体系包括了从这些领域吸收的知识内容，确有交集，譬如垄断优势论、内部化论等多国企业理论既被视为国际商务的经济学理论，又从属于国际经济学的要素流动理论，但国际商务所要回答的问题同（从属于经济学的）国际贸易、国际投资以及国际金融并不相同。

如第1章所述，从认识国际商务实践的角度看，契约形式与股权形式的国际贸易和国际直接投资只能明确指示出商务实践的经济性质，不能描述商务实践的经营特点和业务特征，不能直接回答国际商务问题。这是由经济学的学科方法决定的。企业在经济学中的抽象性，导致了这种观点对于商务作为以企业为中心的活动重视不足，无法反映国际商务实践的具体性。而且，即便某些国内商务问题主要是适合运用经济学解决的经济问题，但若换作国际情境，问题未必仍旧属于经济学性质。譬如，邓宁（1989）就曾举例，美国内部投资区位的选择由经济变量解释，但若考虑投资韩国还是泰国、爱尔兰还是荷兰，政治、文化、法律制度、语言的考虑就是重要的因素。

当然，具有经济学科背景的第二种观点持有者多多少少能够意识到经济学方法对于研究国际商务问题的天生缺陷，因此往往将一些所谓"实务"性质的知识作为经济学理论性质内容的补充，并妄称其从属于经济学，"乱点鸳鸯"美其名曰"理论与实务"。

无论如何，从学科角度看，经济学之于国际商务最多可理解为生物学之于医学。由于商务不可或缺的企业层次活动被抽象为黑箱，不能刻画企业层次商务活动的具体景象进而企业间的差异，经济学方法不足以构建完整的国际商务知识体系。可能正因为如此，持第二种观点的学者中不乏自知且睿智者，他们巧妙地称自己的领域为基于经济学方法（economics based approach）的国际商务。这些学者会认为，海默在1960年完成的博士论文《民族企业的国际运营：外国直接投资的研究》标志着基于经济学方法的国际商务学科的产生。不过，经济学方法至少在企业层次不是国际商务的主流方法之一。

（2）旧科学范式与两种国际商务范式。

其实，上述第一种国际管理方法的内容和第二种方法中补充的"实务"内容大致对应于国际商务的**扩展范式**（the extension paradigm）和**跨境管理范式**（the cross-border management paradigm）。

1）扩展范式。扩展范式意味着国际商务实践仅被看作国内实践的扩展，国际商务教育和研究则自然是单一学科（uni-disciplinary）问题，交由商务职能专家处理最为合适。最终，提出的问题都局限于商务职能领域所能合理表述的问题，致力于识别显著影响企业管理与运营的环境因素，研究成果被归类为“国际”营销、“国际”金融、“国际”管理等。

2）跨境管理范式。跨境管理范式主要针对跨国界的货物与资本流动和跨国公司总部同时监测、控制与整合在两个或多个国家运营的业务的问题。Vernon（1964，第9～10页）将国际商务问题的独特性归结为不属于商务职能领域的问题：第一，国际商务涉及了通常在国内经济中不会遭遇的风险和机遇（如国际收支抑或进口限制的风险和机遇）；第二，国际商务需要了解国际税收、外汇、国际专利体系和国际寡头定价特殊问题等的奇特异常与错综复杂；第三，国际商务需要应对政府，特别是在进入环节；第四，国际商务需要发展出一个能产生实际效果的运营学科，用于理解跨越边界和在许多国家运营的复杂性。

以上二者均为企业层次的范式，关注规范性应用和描述，并且假设在哪里进行的商务实践都一样，只不过环境有所变化。

2. 基于新科学范式认识国际商务

（1）“商务”是国际商务的本质。

从社会学的视角，我们可以将商务视为多层次的、交互作用的社会进程。国际商务可被描述为多层次、动态的、交互作用的社会进程，其结果是两个或多个社会的商业进程所演化出的差异的调和（reconciliation）（Toyne，1997，第65页）。当然，这并非意味着摒弃关注企业（作为商业进程主要结果）所能获得的见解（Toyne and Nigh，1997，第7页）。

新科学范式帮助我们认识到，不能通过对部分的理解得出对整体的理解；同时，没有对整体的理解就不能真正得到对部分的理解。认识商务学科需要整体的（holistic）方法。得到对商务整体的进一步的完整理解，有助于我们将注意力转向“国际”时，可以更明确地关注并寻求“国际”的含义。

（2）“国际”是国际商务的特征。

“国际”是国际商务的特征。国际商务的最基本（非唯一）特征源自国别差异。国内商务和国际商务的差异，即国际商务的独特性，在于国际商务范围内的复杂性和模糊性在质上的更高层次。但针对国际商务形形色色的复杂性和模糊性，却不存在有用的特殊概念，可以区分国际商务和国内商务。比如，就商务企业的运营环境而言，跨境交易环境[⊖]和海外运营环境依旧是政治、经济、法律、社会文化等维度，但国别差异对外国企业则至少意味着更大程度的复杂性和不确定性；就商务企业的经营而言，海外运营使其战略、架构与职能在原有内容的基础上，或出现了新的商务主题，如海外扩张（即国际化战略）、外派，或（并且）原有主题出现了需要解决的新问题，如全球配置与协调（即全球战略）、当地策略的适应、全球调和与全球统筹。设想，如果不存在“国际”要素所暗示的国别差异，无论是资源、市场、效率还是其他方面，就不会出现海外扩张和海外运营问题（外派及当地标准化或适应性策略的选择），更不会对全球营运网络的配置与协调、不同节点间冲突的调和，以及某些节点间整体潜在利益的统筹产生需求。

2.1.2 国际商务的学科属性

2.1.2.1 国际商务是一个整合学科

1. 整合学科的学术内涵

国际商务是一个整合学科（inter-discipline）。

⊖ 包括跨境交易对手及利益相关方所处的环境，请参阅第1章第1.2.2.2节。

整合不是“加法”。简单加总而成的没有必要作为整体而独立存在。就学科而言，知识仅经过简单加总不能形成独立自足的体系，整合成独立自足的体系才可能成为一个学科。

整合是“乘法”。整合的意义在于形成相互交织的整体，如同经线纬线织成织物（线的加总不是织物，织物难以还原为原来的线）、茶叶与水融合成茶水（茶叶与水的加总不等于茶水，茶水不能还原为原来的茶叶和水）。如果我们把企业层次商务实践的主要内容简单抽象为法律事务和经营事务两大类，那么商业法律和企业管理就成为商务知识体系的两个基本维度。显然这二者不是并列关系，商业法律和企业管理交织整合成为商务知识体系。类似，国际商务学科是“国际”知识“乘以”“商务”知识，“国际”知识是各类相关规则，“商务”知识是（比国内商务更复杂的）国际商务战略与职能等知识。所以，整合学科的㊀区别于多学科的㊁、跨学科的㊂和交叉学科的㊃，后三者都不是指向一个学科整体。

2. 整合学科的学术正统性

对于国际商务作为一个整体、作为自足（self-contained）、完备的学科，有些人持怀疑态度。因为，半个多世纪以来，在多数研究领域，如 Bruce Kogut（2005）所深刻指出的，“英里深度、微米宽度”，即深入的专业知识和专业化的学术，被等同于学术“正统性”的标准，已经到了一种盲目崇拜的程度。似乎，由于背离这一标准，国际商务无法成为具有“正统性”的学科。

学术团体具有自我参照性，共享学术美学理念，宽广的整合与窄而深的学术专业化是不同的学术美学理念。学术美学理念定义学术正统性，进而划分学科。国际商务的学术美学标准不同于经济学和企业管理，因此经济学、企业管理与国际商务属于不同学科。“两种代表性观点”的差异暴露了学科冲突。某种意义上，国际商务类似于医学中的“儿科”（Shenkar，2004）。“儿科”不能仅仅看作其他医科分支在“小儿”维度上的扩展，不能归属于其他医科分支，它本身就是自足、完备的体系。“儿科”的存在暗示，国际商务作为一个学科的“正统性”所在。

3. 整合学科的优势与价值

国际商务研究的目的是探究理论和概念，用于解释两个不同的社会商业进程及其产物发生接触时所自然产生的互动 - 调和（interaction-reconciliation）的社会进程（Toyne，1997，第 65 页）。“（国际）商务实质上是一个整合学科的知识体。确实，它的独到之处就在于整个知识体要大于它的每个单独部分知识的总和。实际上，虽然大部分的国际商务研究都要使用到各门学科的方法论（这些方法论可能发表在学科的专门刊物上），但商务学者的比较优势就在于他们意识到了单一方法论的方法具有局限性，并且尝试将自己的学术训练、倾向和学习经历与其他学科领域的学者相结合。所以在过去二三十年里，越来越多的学科范围都开始出现明显的相互交叠，例如组织学和微观经济学、管理学和产业经济学、地理和企业国际战略、商业历史和跨境企业的进入模式、公司治理及伦理和社会学、文化研究和国际关系、营销技巧和关于消费者偏好的人类学、外商直接投资及腐败和政治制度之间的相互渗透，这些也仅仅是其中的一小部分”（邓宁，2005）。“国际商务作为整合学科的竞争优势……在于对全球和当地知识的整合，这是它的主要竞争者（尤其是经济学和战略学）无法获得和模仿的”（Shenkar，2004，第 161 页）。国际商务研究具有潜力回答独特的问题，

㊀ 整合学科的（interdisciplinary）意为 X 学科与 Y 学科的乘法关系，指向学科本身。

㊁ 多学科的（multidisciplinary）意为 X 学科与 Y 学科的加法关系，指向学科主题。

㊂ 跨学科的（trans-disciplinary）意为从 X 学科借鉴到 Y 学科，指向学科方法。

㊃ 交叉学科的（cross-disciplinary）意为 X 学科与 Y 学科的交集，指向学科领域。

发展一个独特的、能同一般但碎片化的商务知识联系起来的知识体，而且是以更加连贯和整合的方式呈现这个知识体（Toyne，1997，第 72 页）。

因此，知识的宽广性和整合恰恰是国际商务学科得以存在的优势。国际商务不仅仅需要多学科方法，更需要整合学科方法，即以整体和综合的方法来学习国际商务，并使国际商务以其自身的名义成为一个自足的学科。

4. 整合学科所面临的挑战

国际商务作为一个知识体所面临的挑战体现在：国际商务如何在对学术专业化分工的金犊崇拜以及在当前许多商学院和职能性学科中盛行的崇拜狭窄教条的这个大环境中完成其整合任务。学术团体的共同美学理念，决定了研究风格和学术劳动力市场的动态（Kogut，2005，第 66 ～ 67 页）。正如宗教具有霸权性质，学术也是一种霸权。拥有一定学术影响力的人总是试图扩张自己的影响力。这种扩张既有正当成分，也有不当成分，正如美国霸权的扩张和经济学霸权的扩张一样。其最直接也最深远的影响便是学术劳动力市场。“如若听之任之，教员就会按照他们的集体形象补充空缺，这是招聘的铁律”[㊀]（Vernon，1994，第 226 页）。就国际商务而言，其他学科对学术专业化的偏执认识无疑也影响到国际商务的研究。真正的国际商务研究仍缺乏发表成果的期刊，新的入行者缺乏职业发展的道路。缺乏地道的博士培养项目，以及给毕业生的就业岗位（Kogut，2005，第 57 ～ 58 页），学科发展面临人才的断档。这就是学术生态的现状。

“国际商务绝不是二流学科，这个领域的成功，在于它应对重大现实问题的能力，这些问题包括跨国公司如何运作，通过什么方式在不同文化间达到目的，用什么来解释经济行为的国别差异，等等。这些是该学术领域的宝贵遗产，却几乎被众多的博士培养项目遗忘殆尽了，它们竟努力去顺应企业管理科学的观点。现在国际商务生死存亡的关键只是一个情感问题。对于未来的投入而言，国际商务更吸引人的内容在于它对这个时代中现实问题的解释说明，以使我们能够理解世界上的重大问题以及认识到我们需要做出的抉择。在我们创造能够标志当今这个时代的对话这一抱负中，这是值得我们铭记的遗产”（Kogut，2005，第 66 ～ 67 页）。

2.1.2.2 国际商务的学科归属与价值

1. 商务学科同管理学及社会科学的关系

首先，我们思考一下国际商务是否属于（企业）管理学？如果将国际商务等同于国际管理，那么国际商务无疑属于管理学下的企业管理。对于前述第一种观点持有者而言，国际商务包含了战略、生产、营销等属于企业管理学的内容就是证据。然而，黄金与黄铜具有共性，钻石与玻璃具有共性，具有共性是否就可以归为一类？不仅如此，包子与馒头也具有共性，能否认为包子属于馒头，所以统称馒头？进而，到底是商务属于管理，还是管理属于商务，是虽然简单但需要明辨的问题。显然，前面指出，商业法律和企业管理是商务知识体系的两个维度，意味着管理属于商务，而不是相反。

对于国际商务这个整合性质的学科到底归属于什么学科类别，也是需要回答的问题。国际商务属于什么学科？自然科学、工程学、人文学科、社会科学？或是农学、医学、军事学等其他学科？如果运用排除法，国际商务属于社会科学是一个符合直觉的答案。然而，国际商务不应伪科学化，也并不属于社会科学。

为说明这一点，让我们将注意力集中于国际商务是否具有科学属性。对此，我们首先

㊀ It is an Iron Law of Faculty Recruitment that faculties, when left to themselves, replenish their ranks in their own collective image.

在科学与数学的关系上，陈述我们所熟知的两点。第一，对于数学是否属于科学的问题是存在争论的。第二，爱因斯坦讲过："数学之所以有高声誉，受到特殊的尊重，一个理由是数学的命题具有可靠性，另一个理由是数学给予自然科学以某种程度的可靠性，没有数学，科学是达不到可靠性的。"由此，数学的应用与成为科学的可能之间的关系得到普遍认同。我们认可这一论点，更认可数学的价值。但值得注意的是，一个学科不应用数学不能够成为科学，并不意味着应用了数学就必然成为科学。同时，数学具有（逻辑）抽象性、结论导出的精确性、（结论推广的）普遍性等性质和特点，但问题的数学表达是否就意味着准确性普遍到问题的每个具体情形？难以否认，社会科学数学化的路径是一条数学阻力最小的路径。在严格的假设下，普遍性是具有明确前提的，有意无意地淡化或漠视前提的结果就是以偏概全的误导性结论。

不仅如此，可以用数学表达和处理的问题也不必然等于重要的问题。卡尔·波普尔（Karl Popper）提出证伪主义的本意是指出科学的局限性。虽然科学与非科学的区别在于可证伪性，但他坚决否认这是区分有意义和无意义的标准。确认一个理论是科学的理论，只是意味着可以把这个问题纳入科学研究的视野和范畴，但不一定代表这必然是有意义的。反而，有可能不能被证伪的理论，或者暂时不能被纳入科学研究范畴的理论才是有意义的。比如，波普尔认为宗教、神话和形而上学等命题，虽然不属于科学陈述，但它们有自身丰富的意义和价值，而且有些可以成为科学猜想的源头。所以，"有人强烈谴责近些年来国际商务方面的文献，说这些文献脱离了他们所处的现实世界。全球化的重大问题、跨国公司发展所受的影响等，在国际商务的主要期刊中都鲜有提及。有人猜测，不稳定的职能性学科的不断攻击，以及它们对科学普遍性的鼓吹，迫使国际商务与之共振同流，如同夜晚寒风中的蟋蟀一般。期刊的每一页都充斥着用数据和回归堆砌的文章，但我们是否指出了恰当、重要的问题？比较一下前辈一代研究的问题——能否达成跨文化的共识？跨国公司是好是坏？现在的我们是否缩小了我们的视野，将注意力只集中在一些经得起科学检验的小问题上，而偏离了那些对我们所处的时代而言更为重要的问题呢？"（Kogut，2005，第 66 页）。

所以，当代无论是经济学还是管理学，都将"科学"字眼作为证明学术正统性，摆脱缺少科学严谨性质疑的救命稻草，对于科学外衣的欲罢不能，恰恰反映了这些领域因停滞不前、难有作为、学术前途渺茫而产生的一种深深的不安（Kogut，2005，第 61 页）。

2. 商务学科的价值特点：学术价值与实践价值

首先，学术研究不一定都是科学研究。历史、文学、艺术、工程等学科的学术研究在很多层面可能都比科学研究更加重要。

而且，国际商务的根本价值在于实践价值，且不是附属于、派生于学术价值。相反，国际商务学科的学术价值依赖于其实践价值。国际商务的学科内涵是要将"一揽子"知识转化为生产力，本质是"人文社科知识的工程学"，所以商务学科（business discipline）明确并列于，而非从属于社会科学。工程学的学科就是整合属性的，整合的价值在于工程成果并非依靠单一学科所能实现，而且整合的成果多于各单一学科所能实现的成果之和。相对于科学活动的成果基本属于公共知识性质，国际商务实践的成果多为私人知识性质，使之更具工程学特征。

2.1.3 国际商务的研究内容

2.1.3.1 国际商务的研究目的

Nehrt，Truitt，and Wright（1970，第 1 ～ 2 页）曾以整合学科的方法，在综合扩展范

式和跨境管理范式的基础上界定了国际商务的研究内容。

第一，国际商务是关于跨越国界或在企业母国之外从事的企业层次商务（实践）活动（可以是货物、资本、人员和知识的流动，也可以是制造、采掘、建筑、银行、运输、广告等类似活动）。

第二，国际商务是关于商务企业运营同其运营所在的国际或外国环境相互关系的。

第三，国际商务不包括致力于经济发展、发展规划、对外贸易和国际货币体系的研究，这些属于发展经济学和国际经济学；也不包括外国法律、政治、经济和社会环境的研究，这些属于法律、政治科学、经济学和行为科学领域，除非研究本身将环境直接同国际商务企业的组织、运营和决策联系起来。

第四，国际商务不包括在特定外国的商业活动的研究。土耳其营销渠道的研究，无论该研究是由美国、法国或土耳其等哪国营销教授所进行的，其仍然是有关土耳其国内商务的研究。如同研究葡萄牙工人的激励层次或研究日本的个人收入分配，尽管国际商务企业对二者都可能产生兴趣，但这不是国际商务。

第五，比较商务研究作为上面一点的例外是包括在国际商务定义中的。例如，对于德国、意大利、巴西和日本的药物营销渠道进行比较并分析异同之处的原因和影响的研究将被视为国际商务研究，尽管该研究不是关于每个国家营销渠道和国际商务企业关系的。

在以上五点内容中，第一点在界定国际商务活动的基础上明确了国际商务的研究对象是国际商务活动；第二点至第五点阐明了国际商务的研究目的及同其他学科的界限，表明国际商务研究与回答不同于其他学科的独特问题，以国际商务主体或活动作为研究对象或研究主题的研究与学习，未必是国际商务的研究与学习。

2.1.3.2 国际商务的研究层次

国际商务的研究层次可以理解如下。

第一，国际商务研究的层次可大致分为企业层次的研究与超企业层次的研究，即微观国际商务研究和宏观国际商务研究。

我们先看看邓宁（2005）文章中有关“business”概念的阐述。他根据牛津英语词典对“business”一词的若干定义指出：“第一个 business（的定义）‘是从事商业（commercial）活动的企业’。我把它称之为 business 的狭义或微观定义。它所描述的单位是企业、商号或公司。它主要是一个以职能（function）和组织（organization）为核心的定义。它是商务研究学者所喜爱的定义……business 的第二个定义‘是商业、买卖、采购及销售、交易及交换活动’。我把这个视为 business 的广义或宏观定义。这是乐于分析和解释商业活动的决定因素和后果的学者（尤其是经济学家）所偏好的定义。他们不仅从单个企业的观点，还从其他经济主体（尤其是国家政府、超国家机构和特殊利益集团）的观点出发从事研究。在 business 的宏观定义中，描述单位就不仅仅限定在商务企业（business undertakings）上。更多时候它指的是一组公司（如一个行业）、一个区域、一个国家甚至是整个世界。很显然，选择 business 的哪个定义——组织（organizational）的定义，还是活动（activity）的定义，会导致（国际）商务研究领域的范围差异迥然。”邓宁本人认为：“第二种定义（包含了第一种），（且）更好地把 business 识别为知识体系和研究领域。凭此，它借鉴、涵盖并整合了多门学科的深刻见解。这些见解已被纳入绝大多数商学院的课程体系。另外，最近国际商务学者正在越来越多地借鉴他们的同行在商务（以及经济）史、经济地理、国际关系、政治学和政治伦理方面的研究和著作。”

对此，我们要强调的是：其一，根据 business 的狭义或微观定义，international business

是指国际商务企业，即 international business as an organization，我们可以称之为国际企业；其二，根据 business 的广义或宏观定义，international business 是指企业进行的国际商务活动，既可以是单个企业的国际商务活动，也可以是某些企业集合的国际商务活动；其三，邓宁认为第二种定义包含了第一种，是由于国际商务活动就是国际商务企业之活动；其四，我们没有接受邓宁所述第一种定义的原因之一，就是如第 1 章脚注中提到的，从事国际商务的主体包括国际企业和本土企业，而国际商务组织的定义使 international business 不包括从事国际商务的本土（出口）企业，这就使得国际商务活动的内涵变少；其五，即便超企业层次的宏观国际商务研究以产业、国家或世界为研究对象，但研究本身需要落脚于国际商务企业的组织、运营和决策，而绝非回答产业经济或世界经济问题，否则就不是国际商务研究。

所以，在接受了邓宁的第二种 business 定义，即在国际商务活动定义的基础上，我们将国际商务活动分为单个企业的国际商务活动和某些企业集合（成为产业、国家或世界）的国际商务活动，相应有企业层次的微观国际商务研究与超企业层次的宏观国际商务研究。本书的内容重心是企业层次的微观国际商务。

第二，国际商务研究的层次也可以进一步划分为如下（并非唯一）的等级层次（hierarchical level）：超社会的（supra-societal）、社会的（民族 – 国家）、产业、企业、群组和个人。这种划分需满足以下五点要求。

其一，每一层次的现象都是可以“观测”或“感知”的（如产品事业部、企业、民族国家、欧盟、世界贸易组织、联合国）。

其二，低一层级的现象必须包含在（内在于）相邻的高一层级现象中（如个人处在群组中、企业处在产业中）。

其三，相邻层级现象的相互影响必须能够建立创始条件（initiating conditions）和边界条件（boundary conditions）。创始条件是引起焦点层次（focal level）过程的低一层级的约束，是在焦点层次上相互影响的现象的内在性质（如管理能力、组织懈怠）。边界条件是控制焦点层次过程的高一层次的约束（如企业的反应是以政府和产业为背景的）。

其四，每一层级的功能性元素现象必须属于“不同种类”，即不同层次必须是无从比较的（如每一层级服务于不同的功能）。

其五，层次识别依赖鲁棒性（robustness）原则。

这样看，等级层次从超社会的（supra-societal），到社会的（民族 – 国家），到产业，到企业，再到群组，最后到个人。上一级构成了下一级的边界条件，下一级作为上一级的内在性质，构成了上一级的起始条件。如将企业作为焦点层次，群组嵌入企业构成其起始条件，产业构成其边界条件。

2.2 国际商务的学科构成

2.2.1 美国商学院国际商务课程及体系的演进

国际商务学会（Academy of International Business，AIB）成立于 1958 年，当时名为国际商务教育协会（Association for Education in International Business）。我们即便不将这个时点视为国际商务学科产生的标志性时间，也可以作为了解国际商务课程体系演进的时间起点。Vernon 和 Westney 在其各自论文中明确记述了他们分别在哈佛商学院（1959 ～ 1978 年）和麻省理工学院斯隆管理学院（20 世纪 80 年代～ 2005 年）的经历，述及的内容为我们展示了国际商务教学在大约半个世纪时间里走过的路程片段。

2.2.1.1 国际商务在哈佛商学院的设置：1959 ～ 1978 年

20 世纪 50 年代末，Vernon 进入哈佛商学院教授国际商务。当时，他认为国际商务应包括三个方面：国际贸易与国际收支、多国企业、比较商业制度。那时，国际商务课程没有教材，但上述三个主要部分都有各自的课程。20 世纪 60 年代早期，国际商务课程同职能（functional areas）学科并列。国际商务课程的教员可以自由决定课程的内容，但对于其他课程的内容几乎不能施加影响。20 世纪 60 年代晚期，商学院院长决定取消国际商务领域的设置，同时各职能领域将课程国际化，为此将同国际商务有关的教员分配到各职能领域。最初希望那些从被解散的国际商务领域出来的教员能够对其新同事的课程施加影响，但后来发现并不可能。更为糟糕的是，职能领域的教职空缺很少重视有着强烈国际兴趣的候选者。自此，将管理职能分支进行国际化扩展，成为典型的美式商学院课程内容模式，因为每一专业（specialty）领域的原理（principle）都被认为是普遍真理，独立于环境。对于环境特殊性（如日本、中国）的知识，在当时的商学院仅处于锦上添花的补充地位。这一状况一直持续到 20 世纪 70 年代。

2.2.1.2 国际商务在斯隆管理学院的设置：20 世纪 80 年代至新世纪初

20 世纪 80 年代早期，斯隆管理学院在国际管理领域集中开设有三门核心课程：有关商务职能国际维度的基本课程；概括描述不同国家环境的基础课程，叫"国际商务环境"；实践课程，即学生以小组形式在从事（或渴望从事）跨国界商务的公司中实践。这一教学课程组合后来被认为代表的是"旧"国际商务。1983 年，Christopher Bartlett 在一次午餐会上提出并解释了"全球整合—当地响应"的框架及其对不同分析层次（行业、公司、职能）的适用性，成为当时所谓的"新"国际商务。在斯隆管理学院，Donald Lessard 在公司高级管理人员培训课程中首次教授"新"国际商务。"新"国际商务主要关注跨国公司的战略与组织，随后又被引入硕士研究生培养方案中。到 20 世纪 80 年代后半期，国际管理的教学课程设置已经发生变革。实践课程被取消，因为它关注的是国际化早期的小公司，不符合该领域的中心主旨。"在陌生地方从事商务"的课程也被取消，毕竟，国际商务关注的焦点越来越集中于三大经济区域。取而代之的是关于"新"国际商务核心课程的多个分支部分，以及随后开设的关于特定国家或区域（日本、中国、欧洲）及专业知识（如国际金融）的选修课。

20 年后，国际商务课程的发展又回到原处。21 世纪，斯隆管理学院国际管理课程设置包括三门基本课程，其中最受欢迎的两门课程是关于了解不同商务环境的课程和以基于团队的实践为中心的课程。第三门课程是关于跨国企业战略和组织的课程，但现在面临着被视为"旧"国际商务的危险。当然，新课程与 20 世纪 80 年代早期的课程相比有显著不同。"在陌生地方从事商务"这门课程现在更加系统地引入了比较资本主义和政治经济学模型，而更少地使用国家文化模型。实习课程不再将注意力集中于新英格兰地区内寻求国际化但负担不起昂贵咨询费用的公司。相反，实习场所多是其他国家和地区（如巴西、意大利、新西兰、中国香港）中寻求扩张但又负担不了昂贵咨询费用的小公司。这门课程已被称为"全球远程实验室"，由国际管理的教员教授，授课基于由麻省理工学院创业中心组织的创业实验室课程模式（该课程着眼于国内企业）。

2.2.1.3 美国商学院国际商务课程及体系演进的背景

20 世纪六七十年代，哈佛商学院国际商务课程从平行于职能领域的课程独立存在，到被取消进而并入职能领域并力图使职能领域国际化的历程，基本反映了同期美国企业国际化的实践及其背后的认识。在这一时期，一方面，美国海外市场的重要性不断增长，但重要性仍不如本土市场；另一方面，美国企业是全球国际化的主角。所以，在美国市场的主导格局下，美国模式被认为是先进的，进而复制和输出美国模式的思想影响了美国企业国际化的实践。

二战刚刚结束之后，美国制造业企业在没有任何努力和计划的情况下，突然发现欧洲和拉丁美洲出口市场的增长，于是在公司的行政等级之外雇用出口经理，负责不如美国市场重要的海外市场。相比这一时期，20 世纪五六十年代，美国海外销售以超过国内市场的速度持续增长，“编外”的出口经理获得了同产品经理一样的行政级别，成为国际事业部（international division）的负责人。随着海外市场重要性的继续增长，负责国际事务的副总在公司逐渐承担重要职责，反映在物流和产品设计的变化上。到 20 世纪 60 年代末期，企业开始建立全球产品事业部（worldwide product division），同时取消国际事业部。然而，很多跨国公司在 20 世纪 70 年代都经历了海外运营的低谷，证明过早进入全球产品事业部阶段。毕竟，即便美国模式具有先进性，但美国的成功经验并不能帮助经理人员应对外国货币、国际贸易政策措施和东道国的商业习俗与政治风险，更不用说对于一个市场规模不超过亚利桑那的异国，这些经理人员并不愿意努力学习那里的国情。

对于斯隆管理学院国际商务课程在 20 世纪 80 年代以后 20 余年中的演变，Westney 将之归结为焦点现象的变化以及基础学科的研究范式和方法的改变这一对孪生变革引擎的产物。

二战后的 20 世纪 70 年代，公司的快速扩张使国际商务新兴领域将注意力集中于解释公司为什么要国际化、怎样实现国际化（组织、模式和过程）以及不同的商业环境如何影响公司国际化的原因和途径。在教学方面，对于公司高级管理人员和商学院学生而言，最后一个问题常常是最有趣的。确实，在这个时代，国际商务课堂实际上是美国商学院中唯一承认存在其他商业模式和环境的地方。然而，在这个研究领域中，国际商务没有提出与众不同的问题，或者引入和显著地改写已存在的理论范式，并且这个时代关于企业从事海外商务的文献很少能在国际商务的经典文献中幸存。形成这个重要特征的时代对该领域的贡献是提出了“公司为什么和如何国际化”这个经验性问题，并利用其他领域已有的范式以设定问题和质询探究的方向，从而产生了显著的概念性和理论性的进步。仅举一例：对于一些国际商务领域的经济学家，“公司为什么要国际化”这个问题已经变成“跨国企业为什么存在”（社会学家或政治学家则不会以这种方式设定这个问题）。这与经济学的一个难题类似，即如果市场有效，为什么企业还会存在？Buckley and Casson（1976）利用科斯的研究成果致力于这个问题的研究，该研究促进了国际商务和企业理论领域的发展。

然而，20 世纪 70 年代中期，许多已成型的跨国企业显著放慢了进入国外市场的步伐（例如，根据 Christopher Bartlett 关于 2003 年宝洁（P&G）的案例研究，宝洁在 20 世纪 70 年代只进入了一个新的国家）。20 世纪七八十年代，管理学的关注焦点发生变化，不再是在新的市场建立经营设施所面临的挑战，而是转向发展更多有竞争力的国际战略，减少在多个国家规模上运营的低效率，以及从分散运营中获取更多的竞争优势。哈佛商学院的几个研究人员（C. K. Prahalad，Yves Doz，and Chris Bartlett）发现了实践人员关注焦点的改变，在哈佛商学院，权变理论主导着大部分战略和组织分析（的确，可以说权变理论创造了一个战略和组织领域新的交互界面）。“全球整合—当地响应”框架和跨国模型的发展，以及国际商务研究领域在 20 世纪 80 年代取得的主要成就，实现了对经验现象转变的认识以及用其他领域发展的理论来设定关键问题并确定新的研究类型、分析层次这两项活动间的结合。我们对现象和它所凭借的理论的理解都有了长足的进步。事实上，Doz 和 Prahalad（1993）曾经令人信服地论证过“整合—响应”框架，把权变理论提升到了一个应该被视为范式的高度。

相反，20世纪90年代，苏联解体、东欧和俄罗斯对外开放、新兴市场经济发展、中国和印度的外资接受能力持续增加，这些现象引发了老牌跨国公司重新恢复它们快速的地理扩张步伐。再次以宝洁为例，1980年宝洁已在27个国家经营，而1990～2000年它又进入了30个国家的市场。而且，与前几十年相比，全世界新型产业的创新型企业在它们生命周期的更早阶段就开始努力进军国外市场。“在陌生的地方从事商务”这一课程又成为企业管理人员和学生兴趣的中心焦点。但是这次国际商务已经能够利用并拓展其他领域的理论范式（尤其是社会学的制度理论和政治学、比较资本主义和比较商业体系的整合学科研究）来说明“在不同的地方商业环境会有怎样的差异”以及“公司为什么又是如何向国外发展的”这些经典问题，并在回答这些问题的同时再次推进了对该领域焦点现象、概念性范式以及国际商务研究对其他学科的重要意义的理解。

2.2.2 国际商务课程体系的搭建

2.2.2.1 学科成分与重点主题

1. 学科成分

国际商务作为一个整合学科，其基础学科成分包括：管理学、法学、社会学、心理学、政治科学、国际关系、人类学、历史学、经济学、区域研究、比较研究等。国际商务汲取了各学科的方法，将区域研究作为当地知识（local knowledge）的基础，将强调当地知识重要性和制度差异影响的比较研究作为其最重要的理论和方法论基础。

对于企业层次的微观国际商务研究，管理学和法学是最重要的基础学科。对于超企业层次的宏观国际商务研究，政治科学、国际关系、经济学、历史学都是重要的基础学科。

2. 重点主题

根据Nehrt，Truitt，and Wright（1970，第1～2页），国际商务有关商务企业运营同其运营所在的国际或外国环境的相互关系，我们将国际商务课程体系大致分为环境与运营两个部分。国际环境和外国环境以制度与政策刻画，企业运营包括国际商务企业的跨境交易与海外运营。

有关前者的知识包括国际贸易制度环境、国际投资制度环境、国际税务制度环境、国际金融制度环境、国别制度（及政策）环境等内容。这些知识可以理解为，在国际商务企业视角下，体现为国际经济规则和对外经济规则的国际法与国内法。

有关后者的知识以战略、组织、职能作为主要模块，主要包括国际企业战略中的国际化战略与全球战略、国际企业的组织架构设计、进出口、全球生产、全球营销、全球人力资源管理、国际会计及国际财务管理与国际税务管理等内容。这些知识都是根本上由国别差异导致的，国际商务相对于国内商务的新主题和新内容，可以理解为两类主题：其一，在当地视角下，针对当地特异性的（主动）扩张（即国际化战略）与（被动）适应（即适应性战略）；其二，在全球视角下，针对全球运营网络的全球配置（即全球战略）、全球调和（如管理平行进口导致的价格冲突等、设计全球薪酬模式与绩效标准等）与全球统筹（如国际避税、交叉补贴等）。

2.2.2.2 课程特点与设计定位

1. 课程特点

（1）致用为原则：明确专业教育同素质教育、学术研究的区别。

简单说，经世致用的思想就是学问应有益于国家，反对学术研究脱离社会现实。前面提到，国际商务的学科内涵是要将“一揽子”知识转化为生产力，本质是“人文社科知识的工程学”。因此，课程设计必须以致用为原则。这也是专业（professional）教育区别于自由（liberal）教育（意为素质教育，又称博雅教育）和学术训练的性质与定位决定的。自由教育是本科阶段的综合教育，开设在大学（university）的文理学院（College of Arts and Sciences、Faculty of Arts and Sciences）或有着博雅学院美称的独立的文理学院（Liberal Arts College），旨在发展综合素质，培养“全人”，其课程内容可以理所当然的“不接地气”。学术训练在研究生阶段以发展知识本身为目的，不关注知识的外在价值，自然显得“阳春白雪”。专业教育关注实用型知识，以知识的积累和应用为目的，虽有本科课程在专业学院开设，特别是专业性较强的工学，如麻省理工学院（MIT）和加州理工学院（Caltech），但提供研究生层次（graduate level）课程则更为普遍，如工学院、新闻学院、商学院、法学院，都“食人间烟火”，其价值取向更多体现为社会本位，而非个人本位。

【专栏 2-1】

“厚德博学，经济匡时”——上海财经大学校训

“厚德博学，经济匡时”是上海财经大学的校训。其中，“经济匡时”则是1934年时任国立上海商学院教务主任的著名经济学家马寅初先生砥砺毕业生担当民族经济振兴重任的题词，而上海财经大学就是由中国第一所商学院发展演变而来的。

1917年9月，国立南京高等师范学校（国立中央大学前身）创办商业专修科，中国人自主创办的第一所研究商学的高等学府；

1921年9月，扩充改组并迁址上海，改为国立东南大学、暨南学校合设上海商科大学，中国最早的商科大学；

1922年7月，国立东南大学分设上海商科大学；

1927年7月，更名为国立第四中山大学商学院；

1928年2月，更名为江苏大学商学院；

1928年5月，更名为国立中央大学商学院；

1932年8月，国立中央大学商学院独立建校，定名为国立上海商学院；

1950年8月，更名为上海财政经济学院；

1985年，更名为上海财经大学。■

（2）实践为定位：界定实践同学术、理论、实务、操作及分析的关系。

国际商务作为专业项目（包括课程），本身就是职业（vocational）导向的，只不过专业教育显得更“高级”一点，主要培养律师、会计、工程师等白领人士，而职业教育主要培养技术型的蓝领阶层。[⊖]然而，大家对于国际商务作为职业导向的专业项目的理解仍存在模糊之处。最为典型的是，多数人都能意识到专业型项目同学术型项目相对，但其中不少人会进而认为专业项目及课程是操作型、应用型或者不需要学习理论。似乎，操作的、应用的、无须理论的三者是大致等价的，或者操作与理论相对、应用与学术相对、应用与理论相对、操作与学术相对，如此等等。

其实，我们不妨提出简单的问题，专业项目不需要学理论吗？学术项目不考虑应用吗？直觉提示我们，答案是否定的。我们需要明确界定学术、实践、理论、实务、操作及分析几个相关概念的关系。

第一，学术活动与实践活动相对。学术不是与应用相对，学术活动也会考虑应用问题。

⊖ 布鲁贝克. 高等教育哲学［M］. 王承绪，郑继伟，张维平，等译. 杭州：浙江教育出版社，1987.

第二，理论是学术和实践的共有维度。学术活动不能脱离理论，发展理论本身的被称为理论研究，应用理论的被称为应用研究。实践活动有基于理论指导的，有脱离理论指导的。实务就是基于理论指导的实践、理论维度上的实践，理论是隐性的。

第三，从外延上看，实践活动中包含实务活动；实务活动包含操作工作，也包括分析工作。当然，实务中包含的操作工作同样是基于理论指导的，而非基于习惯或即兴的。实务中的分析工作是将理论进行应用的实践活动，区别于将理论进行应用的学术活动。

所以，针对上面提到的观点，我们应当清楚：第一，专业项目需要学习理论，但不是以学术的方式，课程内容应该包括理论，但不以学术为目标；第二，专业项目及课程内容包含理论的应用，学术项目及课程也可能包含理论的应用，但二者不同；第三，专业项目及课程内容包含操作，但不限于操作工作，还包括分析工作，操作和分析二者共同构成了实务活动。

总之，国际商务项目及课程的设计应定位于理论指导下的实践。理论的学习是用来指导实务活动的分析工作和操作工作的，而不是以学术工作为导向。需警惕将国际商务项目及课程设计为学术装饰下的低级操作这种不伦不类的做法。

（3）整合为方法：认清整合知识的价值增量来自宽度而非深度。

前面讲过，商学是整合学科，其成分学科包括法学、管理学、社会学、经济学等。如邓宁所说的，商务整个知识体要大于它的每个单独部分知识的总和。这就说明，知识经整合产生的价值增量即见解增量来自宽度而非深度。在深度上，每个成分学科本身的知识，国际商务所涉及的未必深入，这恰恰提示了国际商务同其成分学科的边界所在。各学科中的知识内容并非各学科所绝对独有。这些知识在不同学科中的表达有各学科自身的特点，但共有知识内容在不同学科的组织方式是独特的，所回答的学科问题也是独特的。国际商务虽涉及其成分学科的知识，但其存在并不是要回答其成分学科的问题。国际商务同其成分学科知识交集的存在，可以让国际商务专业人士在属于成分学科范畴的专业问题上具备一定的专业意识，能够同成分学科领域的专业人士顺畅沟通，并就更复杂的专业问题寻求咨询与支持，以及有能力评价其专业服务。

国际商务项目和课程使得其培养的专业人士可以在国际商务同其成分学科的交集中，凭借“有意识、会沟通、能评价”三种能力从成分学科领域汲取更专业的见解，进而得到单独成分学科不能获得的理解和判断，从而做出商务决策。

2. 设计定位

（1）层次体系与纵向定位。

国际商务人才具有典型的职业型特征，所以，理想的层次体系建立在本科通识（general）教育[㊀]（即文理学院模式）基础上，设置实践导向的 MIB 专业硕士项目培养管理型从业者，设置学术导向的 DIB 专业博士项目培养学术型研究人才。如果本科层次按专业学院模式提供本科层次项目，也并非绝对不可，但需要清楚两个问题，其一，整合学科性质的知识体系对于本科学生来讲意味着更重的课业负担，更适合极小规模精英学生的培养；其二，商务的专业性没有医学、工学那么强，没有必要从本科阶段就开始专业学习。更何况，经过自由教育的本科毕业生，对于商业世界的理解相比本科生有年龄和阅历的优势。

芝加哥大学有本科开设商科专业的传统，直到 1955 年商学院正式成为研究生学院。近 10 年 20% ～ 25% 的校友都进入了商业领域，每年也有很多本科学生在 Booth 商学院选修

㊀ 通识教育是自由教育和职业教育的折中，参见李海萍、上官剑（2017）。

研究生商科课程。然而，虽有教授提议学校增加商科本科专业，但芝加哥大学最终在 2018 年 4 月宣布学校将不再考虑增开商科本科专业。

（2）课程体系与横向定位。

MIB 项目课程体系的设计，还要考虑所培养的管理型从业者如何定位——是普通的职能部门经理，还是企业高级管理人员，抑或是商业领袖？对此，我们可以从最具代表性的两种类型医学课程体系中得到一些启示。学科课程体系（discipline-based curriculum model，DBCM）以医学知识本身作为认识起点。扎实的医学基础知识和良好的科学医学思维能力，更符合以科学家、学术带头人、专科医师定位的院校。问题为中心的课程体系（problem-based learning，PBL）以医生诊治活动作为认识起点。由于 PBL 强调解决问题的能力，同时，解决问题过程又被假设为涉及一种能用以成功地诊断或治疗任何患者问题的一般化过程，更符合以初级卫生保健和社区服务为定位的医学院校。国际商务教育对象的定位不同，课程内容的结构和重点也需要有所不同。

本章小结

本章从两种对于国际商务学科的错误认识展开，提出科学范式对于学科属性认识的影响；澄清了国际商务作为整合学科的学术内涵、学术正统性、优势与价值及面临的挑战等问题；介绍了国际商务的学科归属与价值特点及研究内容；介绍了国际商务课程和课程群自 20 世纪 60 年代开始在美国哈佛大学商学院、麻省理工学院斯隆管理学院设置的演进；最后提出国际商务课程体系建设中的要点内容。

关键术语

还原论	牛顿范式	扩展范式
跨境管理范式	整合学科	微观国际商务研究
宏观国际商务研究	创始条件	边界条件
焦点层次		

本章阅读资料

请扫描二维码详尽了解本章阅读资料

第二篇

PART 2

国际商务环境

第3章
CHAPTER3

国际商务的国别制度环境

引导案例

津巴布韦的“本土化政策”对其投资环境的影响

津巴布韦是一个矿产资源丰富、土地肥沃的非洲南部内陆国家，自1980年4月18日独立以来，其在穆加贝总统的领导下走上变革与发展道路，采取一系列政治经济改革措施，引发了世界瞩目。

独立之初的津巴布韦被誉为“非洲面包篮子”。然而2000年以暴力方式推行“快速土地改革”以后，津巴布韦社会矛盾激化，经济形势每况愈下，由原来的“面包篮子”沦为严重缺粮国家，通货膨胀史无前例，国家财政极为困难，外债负担居高不下。

为了扭转持续恶化的经济形势，加强对外国投资的管控，2007～2016年，津巴布韦政府以法律、法规、政府公告、总统声明等形式出台了一系列文件，对本土化政策做出了详细的规定：在津巴布韦的任何企业都必须由本地人占有51%以上的股份，政府有责任保障“本土化”目标的实现，其核心是实现企业股权本土化。津巴布韦这种不分行业、不分领域的“一刀切”做法对津巴布韦开放市场、发展经济产生了极大的阻碍，也严重影响了外国投资者的积极性。然而，以总统穆加贝为首的执政党高层却坚持力挺本土化，声称只有这样才能保证津巴布韦的自然资源不被外人掠夺，本地人能从发展中受益，但事与愿违。

其中，矿产受本土化影响首当其冲，一些矿业领域的外国投资计划因受本土化影响而被搁置，不仅如此，2006年2月，津巴布韦政府进一步采取行动，出动武装部队强行关闭了该国东部马兰吉（Marange）地区的9家钻石矿企业，牵涉中国、南非、俄罗斯、阿联酋、毛里求斯等国，这种“简单粗暴”的方式震惊了世界，引发了人们对该国外资安全的严重担忧。同时，很多外资银行的经营状况普遍不佳，有的银行已经萌发了退意，甚至做出了撤出在津巴布韦业务的打算。

另外，近年来，津巴布韦经济形势极为堪忧，2013年津巴布韦经济增长率为4.5%，

2014 年和 2015 年分别降至 3.2% 和 1.1%。2016 年该国经济增长率只有 0.6%，可以说该国经济发展停滞不前。2017 年以来，津巴布韦政府也未能推出强有力的措施来振兴经济，流入该国的外部资金乏力，投资者信心普遍不足。

再者，为了遏制极度恶性的通货膨胀，津巴布韦政府于 2009 年 4 月宣布停用津巴布韦元，实施多元化货币体系，使用美元、英镑、欧元等外国货币。但随之而来的问题是，由于严重依赖商品进口，对外贸易连年逆差，本土化政策影响外来投资，每年吸引外资很少，国际收支严重失衡。2017 年年初，整个国家只有 3.04 亿美元在流通，作为应对手段，津巴布韦政府不顾社会各界反对发行债券货币（bound notes），并强制规定其与美元等值在国内市场上流通，外资企业也必须使用这种根本无法汇出的“代金券”。可以说，本土化加剧了津巴布韦货币危机，而货币危机使外国投资更加望而却步。

英国经济学家情报部（EIU）最新发布的《国家风险报告》，将津巴布韦的投资环境级别定为 CC 级，属于非常不利于吸引外资的国家。截至 2015 年，津巴布韦的外国直接投资存量只有 39.67 亿元，而南非是 1 249.4 亿美元，莫桑比克为 287.68 亿美元。津巴布韦的本土化政策对于外国投资者而言是一道绕不开的门槛，此政策让投资者望而生畏。

2017 年 11 月，穆加贝“被下台”，标志着津巴布韦政治危机迎来关键时刻。12 月，津巴布韦政府表示将审查和修改本土化经济政策，其“本地人占股须超过 51%”的门槛只适用于铂金和钻石矿开采企业。此举显然意在重新点燃外国投资者对津巴布韦经济的信心，促进外国投资流入，但政策调整的效果将会如何，外国投资者是去还是留，仍有待时间的检验。

资料来源：陶凤，《津巴布韦经济“惊心动魄”》，《北京商报》，2017 年 11 月 17 日；王琳，《穆加贝“被下台”津巴布韦经济危机终酿大乱》，《第一财经日报》，2017 年 11 月 20 日；吴传华，《本土化政策对津巴布韦投资环境的影响》，《国际经济合作》，2017 年 08 期；许林贵、王悦，《津巴布韦外资本土化政策波及中资》，《中国外资》，2016 年 09 期。

学习目标

通过本章的学习，掌握识别国别制度环境的能力，能够分析各国政治、经济、法律、文化等维度的基本特征如何影响外来商务企业的经营活动。

认识国别商务环境是企业进行国际商务活动的前提，而刻画国别商务制度环境的主要是政治、法律、经济以及文化四个基本维度。国际商务之所以复杂，主要是由于不同国家在这些方面存在差异。国别差异本质上是形成于自然地理条件下的文明差异的历史演进的结果，在某时间点上体现为制度和文化的差异。价值观的差异则是阶层的差异。一直以来存在的两大基本价值理念是集体主义和个人主义。

集体主义（collectivism）是指集体目标优先于个人目标，个体特性由其所属的集体特性所决定的一种价值观。当强调集体主义时，整个社会的需求通常被认为比个人自由重要得多，因此一般倾向于经济和政治上的极权。在此环境中，当个人行为被认为与“社会利益”或“集体利益”相悖时，其个人行为的权利就会被限制。对集体主义的倡导可以追溯到古希腊哲学家柏拉图。他在《理想国》一书中提出，个人的权利应服从大多数人的利益，财产应当归公众所有。柏拉图这里所讲的集体主义并不等同于平均主义，他相信社会应分成不同的阶层，施之以相适应的法律来治理社会，为众人谋利益。在当代，集体主义的衣钵为社会主义所继承。

作为集体主义的对立面，**个人主义**（individualism）是指个人应享有其经济自由和政治自由，个体特性以自我为中心的一种价值观，强调个人的利益应优先于集体的利益。具体讲，个人主义可以理解为对民主政治体制和自由市场经济的主张。个人主义可以追溯至另一位古希腊哲学家、柏拉图的学生亚里士多德。他主张个体多样化和私人所有制。亚里士多德的一些言论经常被当代那些赞许自由市场思想的政治家所引用，如他认为私有财产具有比公共财产更高的生产效率，因而更能刺激进步等。个人主义是建立在两个核心原则基础之上的：第一个原则强调个人自由和个人表达的重要性；第二个原则强调只有通过让人民追求自己的经济利益，才能实现社会福利最大化，而不是由某个集体机构（如政府）来规定什么是社会的最高利益。

基本价值理念必然在一个国家的政治、法律与经济制度和国家的文化中得到反映，影响到营商成本。国际企业在异国经营或多或少会面临制度差异的挑战。

3.1 国际商务中的政治环境

3.1.1 政治制度

政治制度（political system）是一个国家在政治上如何治理的游戏规则，表现为包括广义的政府机构（包括行政、立法和司法）、利益集团（诸如政党、工会、游说集团等）、各机构同指导其职能的政治惯例与规则（宪法、选举法等）间相互关系的全部。

3.1.1.1 两种基本的政治制度

1. 民主制

民主（democratic）政体是一种公民选举代理人代表他们来治理国家的政治制度。现代民主制都是代议民主制，即间接民主制——公民选举出本团体的代表，并由他们代为表达整个团体的政治需要和观点。通常，获得大多数选票的政党胜出并组建政府。

“民主”一词来自古希腊语，本义就是人民的治理，拉丁语转写为“demokratia”，由“demos”即“人民”和“kratos”即“治理”或“统治”这两个词组合而成。雅典的民主是古代民主的典范，也是最为典型的直接民主。注意，这里的人民并非一个自然的概念，而是一个政治概念。在雅典城邦里，只有公民才是具有这种意义上的人民，他们仅是所有雅典居民中的少数。奴隶、外邦人乃至公民的妻子和孩子不属于公民。类似地，1776年通过的《美国独立宣言》宣称人生而平等，其中的“人”不包括妇女、奴隶、华人以及穷人。人民的治理在这样一个情境下的实际意义就是少数成年男性的治理。

古雅典民主治理促进了思想交流和观点碰撞，促成了大量知识和文化的产生，使古希腊成为早期欧洲文化的重要发源地。

平等以及少数服从多数是民主的重要原则。平等意味着人的地位平等、权利平等，都有权利表达意见。然而现实中，人与人并非平等。柏拉图就提出，人的智力、品行、能力都存在差异。苏格拉底曾从各个方面论证了意见与知识的区别，意见有时也可以是正确的，但并不能保证永远正确，意见只是个别人感性观念的总和，而感性加感性仍然只是感性，观念加观念也只是观念，还未能上升到理性的、必然的认识，“要想得到正确的判断，要根据知识，而不应根据多数”。否认这种差异，预设所有的公民都应该享有同样的政治权利，以少数服从多数为原则，其结果必然导致柏拉图所说的暴民政治（mob politics）。在雅典民主制度下，苏格拉底因腐蚀青年思想的罪名，被全民表决处死。柏拉图对此评价：“雅典人杀死了他们之中最高贵的那个人。”在著名的伯罗奔尼撒战争中，雅典最高军事指挥官伯利克里成功抵抗斯巴达入侵，但政敌克里昂煽动公民大会，通过全民公决逮捕伯利克里，撤销其职务。最终，民主制的雅典被专制的斯巴达击败。明末张岱在《石匮书》中也记载，面对清军铁骑，拼死守城保护百姓的守将袁崇焕被处磔刑：“刽子手割一块肉，百姓付钱，取之生食。顷间肉已沽清。再开膛出五脏，截寸而沽。百姓买得，和烧酒生吞，血流齿颊。”明朝也最终灭亡。所以不难理解，柏拉图认为具有智慧和公正的卓越美德的人才能够按照原则去思考，才能够发展各种美德和好生活。

2. 极权制

极权（totalitarian）政体用来描述一个对社会有着绝对权威并尽一切可能谋求控制公众与私人生活的国家的政治制度。**极权主义**（totalitarianism）一词的渊源可以追溯到20世纪20年代的墨索里尼，一般用以概括德国纳粹主义、意大利法西斯主义等。

卡尔·波普尔在《开放社会及其敌人》（*The Open Society and Its Enemies*，1945）与《历史决定论的贫困》（*The Poverty of Historicism*，1957）两本书中，把极权主义与“开放社会”（自由民主）作为相对词，对极权主义做出批评。

极权有别于传统专制。传统专制只控制公共领域；极权性质的现代专制不仅控制公共领域，同时还以意识形态的方式控制民众生活的私人领域。社会的所有领域都被极权控制，未留一方自由之地，正所谓“全权主义”。

威权主义（authoritarianism）也不同于极权主义，它也是一个现代概念，即集中权力于某一群人（通常为政党），一切决策、政治权力、经济政策皆由执政党寡头专制统治，个人不得垄断国家的政治权力，更没有其他政党可以分享其权力。

民主、极权和集体主义、个人主义是有相关性的，民主和个人主义往往形影相随，而极权通常与集体主义相连。但灰色地带总是存在，并不存在绝对的一一对应关系。

3. 民主与专制

以现代观点，专制无法在制度上克服政治偶然性，无法保证不出现暴政，因此不是好的选择；而民主同样伤害某些人的利益，而且同样没有正当理由，即便被美言为“最不坏的”制度，但其实只是“其次坏的”制度。专制以强凌弱，民主以众暴寡，都严重偏离公正、自由、和谐等普遍价值。实际上，现代社会的各种优点基本上都来自法治与自由，而不是民主。

3.1.1.2 政权与政府

政权（regime）是指掌握国家主权的政治组织及其所掌握的政治权力，以维护对社会的统治和管理。**政府**（government）是国家权威性的表现形式，是一种秩序化的国家管理和控制形式。狭义的政府是指国家政权机构中的中央和地方行政机关，与立法和司法相并列。

无论政权还是政府，其存在都必须具有**合法性**（legitimacy），即占人口绝大多数的民众对统治权力的同意和承认。然而，政府合法性还有不同于政权合法性的一面。某国在一定时期可能同时存在若干个政权，而能够代表该国的国家权威并且得到国际社会认可的合法政府只能有一个。其原因在于，某一政权要成为其所在国家的代表并以该国合法政府的身份参与国际事务，它必须在获得国内民众认同的同时得到世界上大多数国家的承认。如若不然，这一政权在某些国家的主流媒体中往往只能够被称为“×××政权”，比如查韦斯政权（Chavez Regime）及萨达姆政权（Saddam Regime）。

【案例 3-1】

查韦斯政权

查韦斯自执政以来，在大刀阔斧进行政治改革的同时，努力改善人民的生活，增加就业机会。从 2000 年开始，查韦斯就把工作的重点从政治改革转移到经济建设上。尽管 2002 年“4·11 反查政变”之后，委内瑞拉面临严重困难，但众多中下层群众还是拥护政府的。曾有全国各地近 200 万群众举行了声援查韦斯总统的大游行。在政府面临政治危机时，部分国家伸出了援助之手。2002 年 10 月 24 日，安共体四国外交部部长发表联合公报，一致谴责委内瑞拉持不同政见的军人破坏民主、制造社会动荡的行为。次日，里约集团也发表声明，坚决支持委内瑞拉民选总统查韦斯。反对派发动大罢工之后，OPEC 成员国一致表示支持查韦斯，并表示全力支持委内瑞拉恢复石油生产和出口。

查韦斯执政后，奉行维护国家主权、独立自主的外交方针，大力提倡“限产促价”，削减石油的生产和出口，积极发展同美国宿敌古巴的关系，同卡斯特罗关系密切，坚持出访被美国称之为支持恐怖主义的国家伊拉克和利比亚，呼吁不能用战争的方法来解决恐怖主义问题。查韦斯的种种行为都触怒了美国，因而美国对其一直采取敌视态度：冻结曾答应给予委内瑞拉的发展贷款，会晤拉美各国领导人时将查韦斯排斥在外，涉嫌参与委内瑞拉政变，同委内瑞拉反查派一唱一和攻击查韦斯破坏民主，等等。美国对查韦斯政府敌视的形式多种多样，而最根本的一条是，在美国看来只有“查韦斯政权”，没有合法的委内瑞拉政府。■

3.1.2 国际商务的政治风险

肯特·米勒（Kent D. Miller）认为，在国际商务活动中，跨国企业面临三个层次的不确定性（uncertainty）：总体环境不确定性、行业不确定性以及企业不确定性，而政治、政府政策、宏观经济、社会、自然环境这五个方面的不确定性共同构成了影响管理者经营决策的总体环境不确定性。值得注意的是，并非所有的不确定性都会给企业带来负面影响，导致企业利润减少，比如 1990 年阿根廷新政府实行激进政策，对国有企业放松管制并进行私有化，把握机遇的投资者都赚得盆满钵满。因此，不确定性带来的结果可能是利好的，我们将不确定性所造成的不良后果才称为**风险**（risk）。事实上，国别环境中的不确定性是客观存在的、不可控的，但其所产生的不利结果即风险是可管理的。

3.1.2.1 政治风险

政治风险（political risk）通常由于对外战争、内战、革命、政府的民主变革、政变、叛乱等造成的政权更迭会给整个商务环境带来巨大的不确定性，从而导致企业失去部分或全部投资价值，或者迫使企业接受低于预期的收益率。这种由于政权更迭给外国投资企业带来的风险被称为政治风险。当然，政权的更迭可能直接导致统治政策的转变，影响社会的稳定，但它们产生的是不同性质的风险。

3.1.2.2 政策风险

政策风险（policy risk）是指政府在商业领域中推行的相关经济政策可能对企业造成负面影响这一情况，其主要表现形式有：没收、征用、东道国对企业利润汇回母国的限制、财政及货币政策变动、价格控制、贸易限制、其他方面政府相关规定的改变以及公共服务水平的滞后等。

值得注意的是，一些学者没有严格区分政治风险与政策风险，将与政府有关的风险都总结为政治风险。其实，政策风险是区别于政治风险的。事实上，政权的变更并不必然导致政府政策的变更进而影响企业的投资与经营。同样，政局稳定也不意味着不存在政策风险。因此，政治风险与政策风险可能相关，但它们是两个不同的概念。

3.1.2.3 社会风险

社会风险根源于人们的价值理念，而这些方面政府政策与商务惯例往往是无法反映的。当人们自己的价值观与和他们生活密切相关的各种制度所蕴含的价值观产生冲突时，他们会采取集体行动。我们将这种集体行动在发生的可能性以及发展趋向方面的难以预知称为**社会风险**（social risk），其具体表现为：社会骚动、示威游行、群众暴乱以及小规模恐怖主义活动等。当这些集体行动发展到对政局构成威胁时，社会风险就演化为政治风险。

3.1.2.4 “广义”政治风险

在概念上，政治风险、政策风险、社会风险三者虽然内涵区别明显，但它们也有着复杂的联系。特别当涉及风险管理对象及相应保险产品时，描述产品类型时使用政治风险的概念，其内涵则覆盖了以上政治风险、政策风险和社会风险的某些特定情形。故作为保险对象的政治风险，多是“广义”政治风险的含义，往往直接或间接涉及政权。

无论是纯粹的政治风险还是“广义”政治风险，同政治制度是否民主没有明确的关联。

【案例 3-2】

伊拉克战争产生的政治风险

2003 年 3 月 20 日伊拉克战争爆发，4 月 9 日联军攻陷伊拉克首都巴格达，到 5 月 1 日美国总统小布什在林肯号航空母舰上宣布对伊主要作战行动基本结束，共历时 42 天。萨达姆政权的垮台，给各国在伊拉克的投资项目带来了巨大的政治风险，中国企业所受影响最大的是阿赫代步（AlAhdab）油田协议。

1996 年，中国北方工业公司与中国石油天然气集团公司合作，双方各自出资 50%，成立了一家名为绿洲石油的合资项目公司。1997 年，绿洲石油公司和伊拉克政府签订了一份总价 12 亿美元的开发阿赫代步油田的协议。萨达姆政权被推翻后，2003 年 5 月由美国任命的伊拉克石油代理部长 Thamir Ghadhban 宣布，与中国签订的阿赫代步合同已经由双方“协议终结”。2006 年，双方重启了该项协议的谈判，并于 2008 年 11 月签订了一份中方投资额约 30 亿美元、为期 23 年的石油开采合同。然而与 11 年前不同的是，国际油价从 1997 年每桶 20 美元的水平上涨到每桶 60 美元，协议也由当初的产品分成合同（PSA）变为服务合同。此外，伊拉克政府要求采用比 1997 年合同规定的更加先进的技术进行开采，而萨达姆时代伊拉克与外国石油公司签署的石油合同中对于采用技术并无约定。这样一来，中国企业不但不能获得权益油，还将增大投资成本，最终只能获得较少的服务费收入。■

3.2 国际商务中的经济环境

3.2.1 经济制度

与政治制度同样重要的是经济制度。经济制度指社会经济层次的资源配置制度，包括市场经济制度、计划经济制度、混合经济制度三种基本类型。经济制度不同意味着不同国家的资源配置制度和机制不同，这会导致在经济制度不同的国家进行跨国经济活动面临更多风险和冲突。

3.2.1.1 市场经济制度

市场经济制度是指以价格机制配置资源的一种经济制度。在市场经济制度下，生产要素为私人所有，拥有生产要素的企业在利润驱动下决定生产的货物和服务及生产数量，市场价格由供需的相互作用来决定，价格成为配置稀缺资源的手段。市场也并非万能，无法自发实现的产品与服务（如道路、国防、医疗、教育等）的供给需要政府的介入来实现。

市场经济制度是以主张自由放任（laissez-faire）的古典自由主义经济思潮为背景产生的。在此之前，作为政府严重干预经济活动理论基础的重商主义阻碍了西欧资本主义萌芽的进一步发展。苏格兰哲学家亚当·斯密在1776年出版的《国富论》中阐述了减少商业中的政府干预的思想，倡导给予个人更大的经济自由。这种自由放任的经济思想奠定了发展自由竞争资本主义的理论基础。因此，政府为保护公平自由竞争，通过反垄断立法和司法实践限制企业垄断。私人所有制确立了所有者的剩余索取权，为更有效地管理自己的企业和更好地服务消费者提供激励。总之，竞争产生了静态效率和动态效率。

【专栏 3-1】

中国的市场经济制度

请扫描二维码详尽了解专栏内容

3.2.1.2 计划经济制度

计划经济制度是指一国的生产要素都为国家所有，被政府控制，产品和服务的生产与分配的数量、销售的价格都由政府计划制定。苏联实行的就是典型的计划经济制度，其所有有关生产和分配的决策都由政府制定。

一般认为，以计划的方式组织社会生产的思想是马克思、恩格斯在对古典经济学进行批判的基础上提出的。列宁继承和发展了马克思、恩格斯的计划理论，提出“计划经济”的概念，并领导苏联开始了计划经济制度的实践。

计划经济曾作为一种重要的经济制度活跃于苏联、东欧以及包括中国、越南、古巴、朝鲜和老挝在内的少数社会主义国家。20世纪90年代开始，随着苏联解体和东欧国家的政治变革，世界上实行计划经济的多数国家纷纷转向以市场为基础的经济制度。其根本原因是，在计划经济中，人为制定的价格只是定量配给资源的手段，不能反映生产的经济成本，必然导致资源过多或过少地投入。这也就是经济学所说的，价格不能反映要素的稀缺性，会导致资源配置的无效率。同时，私有制的缺位意味着生产者不具有剩余索取权，因此有效控制成本和积极创新的激励缺位。

3.2.1.3 混合经济制度

当今世界上并不存在纯粹的市场经济制度或纯粹的计划经济制度，绝大多数国家实行的是混合经济制度。**混合经济**（mixed economy）介于纯粹的市场经济和计划经济之间。在混合经济中，一部分经济领域留给私人拥有，并实行自由市场机制，而另一部分经济领域中国有企业和政府计划占相当大的比重。然而值得指出的是，不同国家所采取的混合经济制度在市场或计划起作用的范围和程度上都有所区别，其核心是市场力量和计划力量的相对比重与影响力。

在混合经济制度下，政府拥有的经济资源比计划经济制度下要少。一直以来，政府主要控制那些历史上成功经验表现出的对国家安全和长期政治稳定起重要作用的经济领域，通常包括钢铁、石油和天然气以及汽车等行业。然而，别国的历史经验在现在和未来是否仍有效仿价值却是个问题。

在混合经济中，政府也倾向于将一些经营困难且持续经营对于国家利益至关重要的企业收归国有。例如，2008 年美国政府购买了美国国际集团（AIG）80% 的股份，以拯救该金融机构免于破产。现有的理论认为，如果 AIG 真的倒闭，将会给整个金融体系带来十分严重的后果。对其他一些陷入困境的私人企业如花旗集团和通用汽车公司等，美国政府也采取了类似的行动。美国政府通常倾向于利用市场化手段来解决经济问题，在上述案例中，政府购买股份只是一种临时性措施，其目的在于通过向困难企业注资，以缓解经济危机。一旦时机成熟，政府就会出售这些股份。例如，2010 年年初，美国政府卖掉了其所持有的花旗集团的股份。2012 年，美国政府所持有的 AIG 股份全部售出，并且到 2014 年，其所持有的通用汽车公司的股份也已售出。

混合经济制度经常以经济转型这一动态的形式呈现。经济转型即指那些采用计划经济和混合经济制度的国家向更大程度基于市场体制的经济模式转变的过程。

【案例 3-3】

向市场经济转型中的越南

请扫描二维码详尽了解案例内容

尽管各国市场经济改革进程不同，但是许多国家的经历显示，经济转型这个过程都比较典型地包括以下三项改革措施：放松管制、私有化、创建并完善市场经济法律体系。

放松管制（deregulation）是取消对市场自由运行的法律限制，主要是市场准入限制和价格管制。例如，政府由禁止非国有企业从事大部分的经济活动，并严格限制外国投资进入本国市场，转向放松或取消对私人资本和外国直接投资的限制；政府放松或取消对价格的管制，转为由市场供求来形成价格。

私有化是指将国有财产转变为私人所有，通常通过拍卖国有资产的方式来实现。私有化可以为提高经济效益带来激励。

市场准入的放松需要伴随保护私有财产和保护合同可执行的法律来支持。取消价格管制也可能带来诸如滥用市场支配力量等新的问题。私有化也并不意味着消除原先国有企业的垄断。这些问题都需要创建并完善市场经济法律体系。

【案例 3-4】

蒙古撕毁与中铝煤炭合同

请扫描二维码详尽了解案例内容

3.2.2 税收制度

3.2.2.1 税法体系

一国的税收制度由其税法体系体现。税收制度的表述体现了税收事务的角度，税法体系的概念则是法律角度的表述。

1. 税法体系的不同分类

税法体系可以根据使用目的和使用习惯进行不同的分类。

按照主权国家行使税收管辖权的不同，可分为国内税法和国际税法。前者一般是按照属人或属地原则，规定一个国家的内部税收制度。后者是指国家间形成的税收制度，主要包括双边或多边的国家间税收协定等。在包括中国在内的大多数国家，国际税收协定效力高于国内税法。但也有少数国家，如美国，国际税收协定不处于优先地位。

按照税法的职能作用的不同，可分为税收的实体法和程序法。前者是确定税种立法，具体规定各税种的征收对象、征收范围、税目、税率、纳税地点等。后者是税务管理方面的法律，主要包括税收管理法、纳税程序法、税务争议处理法等。

2. 税收制度的实体内容

（1）不同的税种构成税收制度。

税收制度按照构成方法与形式分为简单型税制和复合型税制。前者主要指税种单一、结构单一的税收制度，后者主要指由多个税种构成的税收制度。当代各国多为复税制税收制度。

构成税收制度的具体税种在国与国之间差异较大，按照课税对象的不同，主要税种大致包括商品劳务税类、所得税类、财产税类等间接税和直接税。

商品劳务税类可分为关税和国内商品税两类。前者将在第4章中介绍。后者可分为销售税和消费税两类。销售税也称营业税，课税范围包括消费品和资本品。课征形式有在生产、批发、零售环节中选择之一课税的单一阶段销售税和在两个以上环节课税的多阶段销售税。多阶段销售税制中以全部流转额作为计税依据的称为周转税，以增值额作为计税依据的称为增值税。消费税的课税范围仅限消费品，消费者凡购买特定应税消费品就要负担消费税。消费税为生产或消费环节课税的单一阶段税。商品课税的税款一般会通过提高价格转嫁给消费者，属于间接税。

所得税类可分为个人所得税和公司所得税。有一种被称为预提所得税或预提税的，并非独立税种，而是一种以预提预扣为课征方式的个人所得税或公司所得税。预提税的课税对象一般是股息、利息、特许权使用费等消极投资所得，涉及向本国人和向外国人（非居民）支付的所得课征预提税两种情况。所得课税的税款一般由纳税人负担，不易转嫁他人，属于直接税。

（2）不同的要素构成税种。

构成税种的要素主要包括纳税人、征税对象、税目、税基、税率、纳税环节、纳税期限、减税免税等。

纳税人可分为自然人和法人，还可分为居民和非居民。征税对象是征税的客体、标的物，形成了商品和劳务税、所得税、财产税等类型。税目是征税对象的具体分类，是对征税对象的质的界定。税基，又称计税依据，是对课税对象的量的规定。税率是对征税对象的征收程度，是计算税额的尺度，大致有比例税率、超额累进税率、定额税率、超率累进税率等。

3.2.2.2 税收管辖权

税收管辖权体现了主权国家的征税方面的主权范围。行使主权一般要遵从属地原则和属人原则。

（1）所得税税收管辖权类型。

1）地域管辖权：又称收入来源地管辖权，是一国对来源于本国境内的所得行使征税权力。

2）居民管辖权：一国对本国税法判定的居民行使征税权力。

3）公民管辖权：一国对拥有本国国籍的公民行使征税权力。

（2）居民纳税人与非居民纳税人。

实施居民管辖权的国家行使其管辖权需要以判定纳税人的居民身份为前提，于是出现了税收居民的概念。税收居民包括自然人和法人，根据国际惯例，各有其通常采用的判断标准。对于法人居民身份的判断，主要有以下四种标准：①注册地标准；②管理机构[㊀]所在地标准；③总机构所在地标准；④选举权控制标准。其中，前两种最为常用。中国现行企业所得税法则采用了满足前两种之一即判定为中国居民企业的标准。

（3）税收管辖权现状。

当前世界各国的税收管辖权，主要有以下三种类型。

1）同时实施地域管辖权和居民管辖权。即对本国居民的境内所得、本国居民的境外所得和非居民的境内所得行使征税权。其中，对本国居民的境内和境外所得行使居民管辖权，对非居民的境内所得行使地域管辖权。世界上多数国家和地区，包括中国内地，实施这种类型的管辖权。

2）单一实施地域管辖权。即只对纳税人来源于本国的所得征税，不对源自境外的所得征税。拉美很多国家和中国香港地区等，就是这种类型。而且，有的国家和地区只对公司所得实施地域管辖权，使得这些国家和地区成为一类典型的国际避税港。

3）同时实施地域管辖权、居民管辖权和公民管辖权。美国、墨西哥等国还坚持公民管辖权。

3.2.2.3 涉外税收负担原则

一国政府对跨国纳税人就同一税种设立向外国纳税人征税的原则被称为涉外税收负担原则。涉外税收负担原则是东道国重要的税收制度特征之一。实践中有三种涉外税收负担原则：优惠原则、最大负担原则和平等原则。

1. 优惠原则

优惠原则是一国在制定税法时，给予外国纳税人以承担低于本国纳税人税负的一种特殊优惠待遇，以影响参与国际经济活动的企业和个人的投资意向，吸引外国投资者。税收优惠原则可分为全面优惠原则和特定优惠原则。

全面优惠原则是指对外国纳税人和本国纳税人分别制定两套完全不同的税法，给予前者以全面的税收优惠，使前者的税收负担全面低于后者。目前世界各国采用全面优惠原则的国家并不多，这是由于全面优惠导致税收大量减少，同时征税成本增高，造成国内外资本的不平等待遇，不利于民族经济的成长。

特定优惠原则是指外国纳税人和本国纳税人适用同一部税法时，对前者给予一定的税收优惠。对涉外税收实行优惠政策的绝大多数国家都采用了这一做法。实施中既可以在同一税法的有关条款中专门规定，如美国的《国内收入法典》和日本的《日本国所得税法》

㊀ 管理机构又有管理和控制的中心机构以及实际（有效）管理机构两大概念。

等；也可以在有关吸引外资的经济法规中另行规定，如新加坡的《经济发展奖励法》和泰国的《新投资奖励法》等。可以体现为特定区域（如对外贸易区）、特定地区（如落后地区）、特定产业（如落后产业）的所得优惠，或者特定所得种类（如经营所得、利息所得、特许权使用费所得等）的所得优惠。

2. 最大负担原则

最大负担原则与优惠原则相反，它要求外国纳税人承担高于本国纳税人的税收负担，也称税收负担从重原则。最大负担原则可以分为全面最大负担原则和特定最大负担原则。

全面最大负担原则是指外国纳税人和本国纳税人分别制定两套完全不同的税法，使前者的税收负担全面高于后者。当今世界很少有国家在涉外税收中采用这种原则。

特定最大负担原则是指在制定一套同时适用外国纳税人和本国纳税人的税法的基础上，对前者的某些特定所得或某些特定地区按照较高的税率征税。例如，伊朗对于股息预提税的规定，外国企业的预提税率要高于本国投资。

3. 平等原则

按照平等原则，外国纳税人将在同等条件下，承担和本国纳税人一样的税负，即外资企业与内资企业按相同的税法纳税，既不给外国投资者特殊的税收优惠，也不在税收上加重负担，不实行歧视性的差别待遇。

3.2.3 金融制度

3.2.3.1 汇率制度与汇率管制

1. 外汇与汇率

外汇（foreign exchange）是国际汇兑的简称，它是与国际贸易、国际债权债务清偿以及资本转移等活动相伴相生，从而实现国际间的购买力转移，以及清算国际间债权债务关系的一种工具。

外汇有广义和狭义之分。广义外汇指一切以外国货币表示的资产，如外国货币、外币支付凭证、外币有价证券等。狭义外汇是指以外币表示的用于国际结算的支付手段。人们在通常情况下使用的是狭义外汇的概念。一般来讲，狭义外汇必须具备三个基本条件：①国际性，即外汇是以外币表示的各种金融资产，如美元在除美国以外的其他国家都是外汇；②可兑换性，即持有者可以自由地将外汇兑换成其他货币或购买其他信用工具；③可偿付性，即外汇必须在国外能得到普遍的认可和接受，能作为支付手段偿付对外债务。

汇率（exchange rate）是一国货币折算为另一国货币的比率或比价，或者说是以一国货币表示另一国货币的价格。它是进行外汇买卖、实现不同货币之间互相转换的基础和依据。汇率又可称为汇价或外汇牌价等。

汇率的标价方法主要有直接标价法和间接标价法两种。**直接标价法**（direct quotation）是以一定单位的外币为计算标准，折合成一定数量的本币来表示其汇率。世界上大多数国家都采用直接标价法。**间接标价法**（indirect quotation）是以一定单位的本币为标准，折合成一定数额的外币来表示其汇率。英国和欧盟都采用间接标价法，美国从 1978 年 9 月起除对英镑继续采用直接标价法外，对其他货币改为间接标价法。

从银行买卖外汇的角度看，汇率可以分为买入汇率和卖出汇率。**买入汇率**（buying rate）也称买入价或买价，是指银行买入外汇时所依据的汇率。**卖出汇率**（selling rate）也称卖出价或卖价，是指银行卖出外汇时所依据的汇率。根据所交易的外汇是现汇还是现钞，买入价又分为现汇买入价和现钞买入价。由于各国一般都规定禁止外币在本国流通，因此银行在买入外币现钞后，需要将外币现钞运送到该外币的发行国，变为该银行在国外银行的存款，而在运送过程中会发生运费、保险费等费用。

2. 汇率制度

IMF从1999年开始采用实际分类法，即基于各成员方真实的、事实上的安排来进行分类，它可能不同于各成员方官方宣称的汇率制度安排。目前，IMF的实际分类主要有8类，包括无独立法定货币的汇率安排、货币局制度安排、固定钉住安排、水平带内钉住汇率、爬行钉住汇率、爬行带状浮动汇率、有管理的浮动汇率和自由浮动汇率。

无独立法定货币的汇率安排是指以他国货币作为法定货币或成立货币联盟，货币联盟成员拥有共同的法定货币，采取这种制度安排就意味着放弃了国内货币政策的独立性，如欧元区国家、非洲法郎区国家等。货币局制度安排是指用明确的法律形式以固定比率来承诺本币和某一特定外币之间的汇率，货币发行量必须依据外汇资金来决定，并有外汇资产作为其全额保证，中国香港和几个东欧国家均采用该汇率制度。通常将这两类归为硬钉住汇率政策。

固定钉住安排是指一国货币与另一种货币或一篮子货币保持固定兑换比率，汇率可围绕中心汇率在小于1%的幅度内波动，大多数阿拉伯国家采用该种汇率制度。水平带内钉住汇率是汇率围绕中心汇率有至少±1%的波动幅度，或者说最高和最低汇率之间的波动幅度超过2%，丹麦就实行这种汇率制度。爬行钉住汇率是指本币与外币保持一定的平价关系，但是货币当局根据一系列经济指标频繁地、小幅度调整平价，如突尼斯、哥斯达黎加等国采用该制度。爬行带状浮动汇率是指汇率围绕中心汇率有至少±1%的波动幅度，或者说最高和最低汇率之间的波动幅度超过2%，同时中心汇率根据所选择的经济指标做周期性调整，如以色列、罗马尼亚等国。这四类归为中间汇率政策。

有管理的浮动汇率又称"肮脏浮动"，是指一国政府对外汇市场进行一定程度的干预，从而使得汇率朝着对自己有利的方向变动，如俄罗斯、印度、印度尼西亚等国家。自由浮动汇率又称"清洁浮动"，是指政府对外汇市场不进行任何干预，汇率完全由供求关系决定，一些发达国家（如美国、英国、日本等）和许多新兴工业化国家（如巴西、墨西哥、韩国等）采用该种汇率制度。这两类汇率制度归为浮动汇率政策。

3. 外汇管制

外汇管制（foreign exchange control）是指一国政府为平衡国际收支和维持本国货币汇率而对外汇进出实行的限制性措施。外汇管制分为数量管制和成本管制。前者是指国家外汇管理机构对外汇买卖的数量直接进行限制和分配；后者是指国家外汇管理机构对外汇买卖实行复汇率制，利用外汇买卖成本的差异调节进口商品结构。

根据管制的程度不同，一般将外汇管制分为三种类型：第一种为实行严格外汇管制的国家和地区，即对涉及国际收支的贸易收支、非贸易收支和资本项目收支都实行管制，这类国家的典型特征是外汇极端缺乏，经济不发达或对外贸易落后，如大多数发展中国家和实行中央计划经济的国家；第二种为实行部分外汇管制的国家和地区。这类国家对非居民办理经常项目外汇支付不加管制，但对资本项目加以限制，如一些发达国家或开放度较高的发展中国家；第三种为名义上取消但仍在不同程度上实行外汇管制的国家，这些国家对非居民往来的经常项目和资本项目的收付在原则上不进行直接管制，却进行间接或者变相的限制，但是限制程度较低。

由此可见，货币可兑换是直接与外汇管制相联系的。根据自由兑换的程度，货币可以分为不可兑换货币、经常项目下可兑换货币和全面可兑换货币。不可兑换货币是指该种货币只有经过货币发行国货币当局同意才可进行兑换的货币，否则不能进行兑换，因此，这种货币不能作为国际流通手段和支付手段。经常项目下可兑换货币是指一国取消了对其国际收支的经常项目下对外支付和转移的限制。全面可兑换货币是指一种货币不仅在国际收支经常性往来中可以进行自由兑换，而且在资本项目上也可以自由兑换。

因此，企业在进行对外投资时，一定要清楚地了解标的国的外汇管制程度以及货币可兑换情况。例如，企业进行对外投资时要关注标的国家和地区的资本项目管制程度，因为在国际收支平衡表中直接投资、证券投资和其他投资都属于资本项目。在实行严格外汇管制的国家和地区，企业是无法对其进行投资的。在部分外汇管制的国家和地区，企业对这些国家进行投资是可行的，但往往会受到较为严格的监督和管理，包括外汇登记管理、外汇账户管理、汇兑资金管理和多部门联合年检等。对于名义上取消外汇管制的国家和地区，企业对其投资时基本不受到管制。

3.2.3.2 利率制度与利率管制

1. 利率及利率体制

利率就表现形式来说，是指一定时期内利息额同借贷资本总额的比率。利率是资金的机会成本，汇率、债券和商品的价格也都离不开利率，同时至今所有国家都把利率作为宏观经济调控的重要工具之一。由于各个国家的经济制度不同，因此不同的国家对于利率都有不同的管理体制。在中国，通常说的利率指的都是银行利率，进一步是指中国人民银行规定的存贷款基准利率。在美国，则主要指的是债券市场利率。所谓美联储调整的基准利率，也并不是具有强制性的行政性的基准利率，而是通过公开市场操作后确定的银行间隔夜拆借利率。

2. 利率管制与市场化

如上面所述，中国和美国的利率各自有不同的含义，那是因为两国的经济制度不同，所以造就了利率体制从管制利率到利率市场化的变化。现如今，在市场经济主导的世界经济体系中，利率市场化成为趋势。

利率市场化是和利率管制相对应的概念。利率市场化是指企业在货币市场进行融资的利率水平由市场供求来决定，包括利率决定、利率传导、利率结构和利率管理的市场化。实际上，它是将利率的决定权交给金融机构，由金融机构根据自身的资金状况以及对金融市场动向的判断来自主调节利率水平，最终形成以中央银行基准利率为基础、以货币市场利率为中介、由市场供求决定金融机构存贷款利率的市场利率体系和利率形成机制。目前，实行利率市场化的国家很多，如美国、英国、德国、日本、韩国以及泰国等。

一个国家实行利率市场化必然会给企业带来更多的融资机会。很多企业的贷款需求无法得到满足，主要是由于银行认为该贷款风险较大，而高风险就应该与高收益相匹配，但是，在利率管制的条件下无法得到满足。一旦实行利率市场化，银行就可能为了获得高收益而愿意承担高风险，这样就给企业增加了融资的机会。但是，与此同时，利率市场化也会使企业的融资成本更为不确定。在利率市场化下，利率变动将更为频繁，波动幅度也会提高，这将会严重地影响企业的收益和支出。因此，企业在利率市场化的环境下，应该采取合理的负债经营对策，时刻保持对债务风险的清醒认识。

3.2.4 认识国别经济环境

估计一国的商业吸引力并做出谨慎的投资和经营决策，需要管理者对一国的经济发展水平和经济潜力做出准确的评估。尽管并不存在评价一国经济环境和经济潜力的通用方法，但是一些评估经济环境的传统方法被实践证明是有效的。其通常要求管理者首先考虑一国经济中商品和劳务的货币价值，即所谓的国民收入，然后考虑相关方法以改进分析，最后是将诸如通货膨胀、失业、债务、国际收支等反映一国经济特征的具体指标统筹考虑。

3.2.4.1 经济总量规模指标：国民总收入及其改进

衡量经济发展最常用的指标是**国民总收入**（gross national income，GNI），即一个国家在一年内直接参与生产活动的各种生产要素收入的总和，包括劳动者报酬、业主收入、公司利润、利息和租金等，这一数据包括国内生产和国外活动产生的收入。人均国民收入是国民总收入与年均人口数量之比。

然而，如果忽略诸多其他因素，仅仅将人均国民收入作为判断经济发展的指标，也可能对管理者产生误导。为此，我们需要对其进行一些调整，以提高其使用有效性。

1. 增长率

GNI 是一个静态指标，而理解目前和预测未来的经济表现需要准确确定动态变化率。一般而言，GNI 增长率是描述经济潜力的主要指标，如果 GNI 增长率超过（低于）人口增长率，说明生活水平在提高（降低）。GNI 增长率强调可能的商机，例如，改革开放 40 多年来中国是全球增长最快的经济体之一，2003 ～ 2011 年平均增长速度达到两位数。这种增长速度使中国摆脱贫困的速度和广度超过任何国家，因此吸引了大量外资。

2. 购买力平价

利用人均 GNI 并不能反映一个国家真实的生活成本。诸如世界银行之类的机构往往通过当地**购买力平价**（purchasing power parity，PPP）调整人均 GNI。购买力平价指如果在外国购买的一篮子商品需要一单位外币，那么在本国购买同样的一篮子商品需要多少本币。按照购买力平价来评估人均 GNI，可以使我们了解到一国消费者一单位收入的实际购买力。

从表 3-1 中我们可以清楚地了解到，尽管印度 2019 年的人均 GNI 是 2 130 美元，但就购买力平价而言，接近 7 000 美元。实际上在 PPP 方面，印度人均 GNI 较高是因为生活成本较低。这意味着，购买同样一篮子的商品在印度的支出远远低于美国。在挪威则不同，因为挪威生活成本高于美国，通过 PPP 计算的挪威人均 GNI 由 82 500 美元降至 69 610 美元。

表 3-1 以 PPP 调整过的 2019 年各国和地区的人均 GNI 与调整后的 GNI

国家和地区	人均 GNI（美元）	调整后的人均 GNI（美元）
挪威	82 500	69 610
美国	65 760	70 240
卡塔尔	63 410	94 170
新加坡	59 590	92 020
中国香港	50 840	65 600
中国内地	16 740	16 760
印度	2 130	6 960

资料来源：World Bank 网站数据。

3. 人文发展程度

GNI 及其在人均、增长率和 PPP 方面的调整对揭示国家之间经济发展水平差异方面起了很重要的作用。但是，仅仅关注货币数字可能使人们忽略人类能力和发展的潜在作用，而人类能力和发展最终有助于增加 GNI。联合国人文发展指数（human development index，HDI）可以对货币数字指标进行有效补充。

HDI具体衡量一国在如下三个方面的平均成就：①寿命，以出生人口的平均寿命衡量；②教育，以成人识字率和小学、中学、大学的毛入学率衡量；③生活标准，以PPP表示的人均GNI衡量。联合国2020年12月发布的部分国家和地区人文发展状况显示，属于极高度人文发展指数的国家和地区有挪威、瑞士、冰岛、德国、瑞典、美国、澳大利亚、荷兰、丹麦、新加坡、英国、日本、加拿大、西班牙、法国、意大利；属于高度人文发展指数的国家和地区有阿尔巴尼亚、古巴、斯里兰卡、墨西哥、乌克兰、泰国、中国、蒙古、埃及、南非；属于中度人文发展指数的国家有伊拉克、塔吉克斯坦、不丹、印度、尼泊尔、津巴布韦；属于低度人文发展指数的国家有乌干达、尼日利亚、海地、苏丹、也门、马里、尼日尔。

回顾以上的内容，与GNI相关的货币数字指标同HDI一同提高了管理者对一个国家发展水平和发展潜力的认识，这些就表现在寿命、知识、体面的生活水准和经济环境中所有组成要素方面。

3.2.4.2 经济特征的其他指标

管理者除了用GNI以及其相关指标来评价一国经济水平和潜力外，也要关注其他的经济特征，通常包括通货膨胀、失业、公共债务、国际收支等。

1. 通货膨胀

通货膨胀是指因货币供应过度增加、实际需求过度增加、需求结构不合理等造成需求远超过供给，或者因人为操纵、不同产业部门间生产增长率的差异、进口成本上升等导致生产成本上升，或此二者同时发生而造成的整体物价水平的持续上涨，通常由CPI来衡量。鉴于通货膨胀影响利率、汇率、生活成本、公众经济信心等经济环境的诸多方面，乃至影响到政治环境的稳定，管理者应关注通货膨胀率。

2. 失业

失业率是指失业人口占劳动人口的比率。劳动人口指所有具有工作意愿并可以提供有偿劳动的人，包括失业者和就业者。该数据旨在衡量闲置中的劳动力，是反映一个国家或地区失业状况的主要指标。一直以来，失业率数字被视为一个反映整体经济状况的重要指标。在一般情况下，失业率下降，代表整体经济健康发展；失业率上升，代表经济发展放缓、经济衰退。失业率较高的国家，商业环境存在风险。

3. 公共债务

公共债务是政府金融债务的总和，度量政府向本国人民、外国企业、外国政府和国际机构的借款。公共债务分为两部分：国内债务和国外债务。当国内债务增长时，政府面临调整政策的压力，对投资者和企业来说，经济的不确定性增加。当政府向外国借款时，就会产生国外债务。一般来说，适度的外债规模可以加速一国的经济增长，而超出国力承受极限的外债则可能影响到一国的进出口和国际收支平衡表，甚至严重影响该国的经济增长。

【专栏3-2】

主权债务危机

主权债务是指主权国家以自己的主权做担保，通过发行债券等方式向国际社会所借的款项。向国际机构、外国政府或国际金融机构借款时，主权债务大多以外币计值，因此，一旦债务国家的信誉评级被调低，就会引发主权债务危机。2009年12月，全球三大评级公司标准普尔、穆迪和惠誉下调希腊的主权债务评级，希腊的主权债务危机由此引发。此后欧洲多个国家也开始陷入危机，葡萄牙、意大利、爱尔兰、希腊、西班牙五国（PIIGS）的信用评级被调低，经济下滑，债台高筑，失业率持高不下，整个欧洲面临严峻考验。

主权债务危机除了会引发社会动荡、抑制社会消费、严重打击市场信心、影响投资环境外，更为重要的是其对经济的影响将是长期的，并可能会严重损害一国经济的基础。因此，一个国家或地区一旦发生主权债务危机，可能意味着该国或地区短期内将不宜成为国际商务活动的目标市场。■

4. 国际收支

国际收支平衡表（balance of payments，BOP）记录一国在企业、政府和个人之间发生的国际交易，是同一时期货币流入量与流出量之差。BOP 有两个基本账户：经常账户，主要记录所有商品和服务贸易活动；资本与金融账户，主要记录国内和国外间的资本流动。国际收支不平衡一般呈现出两种状态：国际收支逆差和国际收支顺差。长期持续的国际收支不平衡会对一国经济在如汇率、进出口、通货膨胀以及经济增长方面产生诸多不利影响。

因此，管理者应密切注意 BOP 各个账户的变化趋势，这样在决定是否在某国开展业务活动时，便多了一份重要参考。

3.3 国际商务中的法律环境

3.3.1 法律体系

法律体系（legal system）在法学中有时也称为“法的体系”，是指由一国现行的全部法律规范按照不同的法律部门分类组合而形成的一个呈体系化的有机联系的统一整体。目前，世界各国所采用的法律主要有三大体系：英美法系、大陆法系和神权法系。

3.3.1.1 英美法系

英美法系（common law system）也称普通法系，强调“遵循先例”原则，以传统、先例、惯例为基础。**传统**（tradition）是指一国的法律历史，**先例**（precedent）指过去曾在法庭出现过的案例，而**惯例**（custom）指将法律运用于具体情形的方式。审判中采取当事人主义和陪审团制度，对于司法程序比较重视；司法实务人员（尤其是高等法院法官）在推动法律制度和法学理论的发展中发挥着至关重要的作用。英美法系的立法精神在于：除非某一事项的规则因为客观环境的需要或为了解决争议而需要以成文法制定，否则，只需要根据当地过去对于该项目的习惯和判例而评定是非。

英美法系的分布范围主要包括英国（苏格兰除外）、美国（路易斯安那州除外）、加拿大（魁北克除外）、澳大利亚、新西兰、印度、巴基斯坦、新加坡、南非等国和中国香港地区。英国与美国虽然是普通法系的主要代表国家，但两国法律也有较大的差别。

3.3.1.2 大陆法系

大陆法系（civil law system）又称罗马法系、成文法系、民法法系或罗马－日耳曼法系，以一套十分详尽的法律条文所组成的法典为基础。大陆法系的重要特点是强调成文法（written law），又称为制定法（statute law）的作用。基于国家立法机关依照立法程序制定，并经一定形式公布施行的条文形式的成文法，大陆法系在结构上强调系统化、条理化、法典化和逻辑性，其方法是运用几个大的法律范畴，把各种法律规则分门别类地归纳在一起。法庭在解释大陆法系时，所依据的就是这些法律条文。相对于英美法系而言，大陆法系的灵活性相对有限，不像英美法系中法官有解释法律的权力，在大陆法系中法官只有适用法律的权力。

大陆法系形成于欧洲大陆，以法国和德国为代表，包括意大利、瑞士、奥地利、比利时、荷兰、卢森堡、西班牙、葡萄牙等欧洲国家，以及整个拉丁美洲、非洲部分国家，亚洲的日本、伊朗、印度尼西亚、泰国、土耳其等国家，美国的路易斯安那州、英国的苏格兰、加拿大的魁北克省，也属大陆法系。

3.3.1.3 神权法系

神权法系（theocratic law system）是以宗教教义为基础而发展起来的一种法律制度，其核心意旨是“神的话语是法”。法律中的宗教含义是不可易的，因为神的话语是不可以被否决或是被政府修改或制定的，但是由于宗教本身所固有的局限，不可能提出一个周全且详细的法律体系。例如，犹太教的哈拉卡和伊斯兰教的沙里亚法，两者都奉行“遵守之道”；基督宗教的教会法典也还存在于某些教会社群之中；伊斯兰教法是现代世界使用最为广泛的宗教法律制度，它是以《古兰经》、伊斯兰教规、伊斯兰先知穆罕默德的言论以及伊斯兰学者根据《古兰经》和伊斯兰教规的原则精神所撰写的论著为基础形成和发展的。在现代化进程中，多数伊斯兰国家，其伊斯兰教法中有关社会问题的内容，有的已适应时代的需要而变化，有的已逐渐为现代法律所替代。

3.3.2 法律环境

3.3.2.1 合同保护

合同（contract）就是一份法律文件，它规定了交易发生的条件、交易双方具体的权利和义务。有些合同格式可以用于许多商务交易。合同法（contract law）就是监管合同执行的法律。当一方认为另一方违反了协议文本或原则时，合同有关方通常会通过合同法来解决。

虽然大多数国家已改进商业法律，但法律的不完善仍有碍商业合同的正常履行，而且法院的执法力度较弱，合同并不是真正可执行的，庭外解决合同争端的替代方式也很有限。

此外，法律制度的差异也增加了合同保护的难度。由于普通法系相对而言不够具体，因此在普通法系框架下起草的合同法往往对所有偶然事件都有非常详尽的说明。而在大陆法系下的合同则倾向于较短和较为笼统的描述，因为普通法系合同中涉及的很多典型问题在大陆法系中都有明文规定。这就意味着在普通法系下签合同要付出更高的代价，并且解决合同纠纷会是对抗性很强的过程。另外，普通法系具有灵活性高的优势，允许法官根据实际情况处理合同纠纷。从事国际商务活动要充分意识到这些差异，因为在一个实行大陆法系的国家中，如果按普通法准则来处理合同纠纷就会犯大错，反之亦然。

3.3.2.2 产权保护

1. 财产权与侵犯财产权的行为

财产权是人身权的对称，是指以财产利益为内容，直接体现财产利益的民事权利，是一定社会的物质资料占有、支配、流通和分配关系的法律表现。财产权可以以金钱计算价值，一般具有可让与性，受到侵害时需以财产方式予以救济。财产权包括以所有权为主的物权、准物权、债权、继承权，也包括知识财产（如由专利保护的创意、版权和商标）中的财产权利。

各国涉及财产权界定和保护的法律体制有明显的差异。虽然几乎所有国家都有保护产权的法律条文，然而在许多国家，当局并没有很好地执行这些法律，从而导致财产权经常被侵犯。财产权可能在以下两种方式下被侵犯：私人行为和公共行为。

私人行为指由个人或团体进行的偷盗、掠夺、敲诈以及此类行为。虽然偷盗在所有国家都有出现，但是薄弱的法律体制往往导致该国有更高程度的犯罪行为。在一些国家，薄弱的司法制度甚至根本无法给国内以及国外的商务企业提供有力的保护，使它们的财产权免遭私人行为的侵犯。

公共行为指由公共官员如政治家和政府官僚从财产所有者手中勒索钱财或资源。这种行为可以通过法律机制来实现，如过度征税，向财产所有者收取高额的许可证或执照费用，将其资产收归国有而不予补偿，或重新分配资产而不对原来的所有者给予补偿等。侵犯财产权的公共行为还可以通过非法途径或腐败来实施，例如企业为获得在一个国家、行业、地区经营的权利而不得不行贿。

腐败通常指以受贿的形式滥用公众赋予的权力来谋取私利的行为。腐败存在于各种社会中，从刚果河的沿岸到荷兰皇家宫殿，从日本政治家到巴西银行家，从印度尼西亚的政府官员到纽约市警察局，腐败随处可见。菲律宾已故总统费迪南德·马科斯在执政时期以收受贿赂闻名于世，外国企业要在该国营业必须行贿。在印度尼西亚前总统苏哈托执政期间，政府官员也是如此。没有一个地方可以杜绝腐败，但不同国家腐败的程度有很大的体制性差异。在一些国家，法律条文使腐败降到最低程度。腐败被视为违法，一旦被发现，违法者要受到法律的严惩。在另外一些国家，法制的力量薄弱，官僚和政客的腐败行为很普遍。腐败在一些国家如此盛行以至于政客和官僚视腐败为一种政府特权，并且公然藐视反腐败法。世界知名反腐败国际组织“透明国际”（Transparency International）公布了 2019 年的全球腐败指数（corruption perceptions index，CPI）调查报告（见表 3-2）。

表 3-2　2019 年各国腐败情况排名

2019 年全球最清廉国家排名前四名				2019 年全球最腐败国家排名前五名			
排名	国家	2019 年得分	2018 年得分	排名	国家	2019 年得分	2018 年得分
1	新西兰	87/100	87/100	1	索马里	9/100	10/100
1	丹麦	87/100	88/100	2	南苏丹	12/100	13/100
3	芬兰	86/100	85/100	3	叙利亚	13/100	13/100
4	瑞士	85/100	85/100	4	也门	15/100	14/100
4	新加坡	85/100	85/100	5	阿富汗	16/100	16/100
4	瑞典	85/100	85/100	5	苏丹	16/100	16/100

资料来源：https://www.transparency.de/cpi/cpi-2019/cpi-2019-tabellarische-rangliste/.

经济现实表明，高度的腐败会大大减少一国的外国直接投资，降低国际贸易水平和经济增长率。由于挪用利润贿赂政治家和官员，企业投资的收益降低，从而降低了国内外企业投资该国的积极性。投资减少会对该国的经济增长产生负面影响。

1977 年美国政府通过了《海外反腐败法》（Foreign Corrupt Practices Act，FCPA），禁止美国公司向外国政府公职人员行贿。1999 年 2 月《经合组织反贿赂公约》（OECD Anti-Bribery Convention）正式生效，其全名为《经济合作发展组织反国际商业交易中贿赂外国公务员公约》（OECD Convention on Combating Bribery of Foreign Public Officials in International Business Transactions）禁止在国际商业交往中贿赂外国公职人员。签约国家必须将贿赂外国公务员视为犯罪，并给予法律惩处。目前，除经合组织 38 个成员方外，该公约还有阿根廷、巴西、保加利亚、秘鲁、俄罗斯、南非共 44 个成员方。

但是，美国法律和 OECD 协定上都写明了一些特例，即所谓的为方便或加急而支付的费用（也称为“通融费”或“加急费”）。比如，允许为了加快取得批准或许可，推进文件的完成，或只是促使蔬菜运离码头尽快运抵市场等支付小额费用。国会对这些一般反贿赂条款特例的解释是，虽然通融费在技术层面上也属于贿赂，但它与真正的贿赂有区别（也明显不如真正的贿赂那样让人反感），因为它只是加速了接受小费者必须行使的职责的实施速度，而费用接受者的执行权已经由法律予以确认。值得注意的是，对于该例外的适用，目前还没有成功的案例。

2. 知识产权的保护

知识财产（intellectual property）属于财产，是智力活动的产物，如电脑软件、剧本、乐谱或新药的化学公式等。知识产权是无形财产权的一种，是指人们就其智力劳动成果所依法享有的专有权利，通常是国家赋予创造者对其智力成果在一定时期内享有的专有权或独占权（exclusive right）。知识产权从本质上说是一种无形财产权，其客体是智力成果或者知识产品，是一种无形财产或者一种没有形体的精神财富，是创造性的智力劳动所创造的劳动成果。它与房屋、汽车等有形财产一样，都受到国家法律的保护，都具有价值和使用价值。知识产权通常是一个企业竞争优势的基础，影响企业的长期、可持续发展。为此，企业投入大量资源来保护知识产权，以保持为消费者开发和提供有竞争力产品的能力。在21世纪高科技知识经济时代，知识财产已经成为企业越来越重要的经济价值来源。保护知识财产也变得越来越复杂，尤其当知识财产可以通过数字化形式转换及复制，然后通过盗版形式以极低的价格经由CD光盘或互联网的方式分销出去时更是如此（如电脑软件、唱片和录像带）。

知识产权广义上被认为包括工业产权和版权。

（1）工业产权。

工业产权主要包括两项：专利权和商标权，专利和商标往往是一个公司最有价值的资产。

1）专利权。

专利权是发明创造人或其权利受让人对特定的发明创造在一定期限内依法享有的独占权，同时排除他人仿造、使用或买卖该发明的一种权利。在中国，发明专利权的有效期限为20年，实用新型专利权和外观设计专利权的有效期限为10年，均自申请日起计算。

【案例3-5】

打击专利流氓

2001年，Techsearch公司及其律师Raymond Niro发起了一场针对英特尔的专利诉讼。时任英特尔副法务长的Peter Detkin用“专利流氓”（patent troll）这个名词来形容Techsearch公司及Raymond Niro。从那以后，专利流氓一词特指那些从原始专利人手里购买专利不是为了生产，而是囤积之后，通过诉讼等手段向侵权人收取赔偿费或者使用费的公司或者个人。对于专利流氓而言，专利制度并不是用来保护价值创造者，而是“碰瓷儿”的工具。

统计显示，最近10年间，国际上与专利流氓有关的诉讼案件增加了8倍，赔偿额也在急剧增加，专利流氓就是重要的幕后推手之一。专利流氓公司自己并不生产任何专利产品，却通过自己持有的专利阻碍真正有产品生产愿望的公司将技术转化为产品，令技术市场化成本大幅增加，阻碍人类科技文明的进一步发展。

在这样的背景下，美国相继出台了一系列打击专利流氓的措施。2013年6月，美国出台了新的专利管理条例以阻止公司为收专利费而申请专利。美国国际贸易委员会还在2013年6月24日制定了一个试验性的计划，原告公司必须证明自己在美国拥有足够的实体业务，才能在美国起诉索赔。这就意味着如果专利流氓公司只注册专利而不使用专利生产产品，将无法使用专利制度进行诉讼，更无法因此获利。2013年11月，美国众议院司法委员会以33票赞成、5票反对批准了一项针对专利流氓的法案。该法案禁止公司从其他方购买专利或得到专利授权，然后积极地收取许可费或提交侵权诉讼的做法。2013年9月，包括谷歌、三星在内的多家科技企业联名上书，呼吁欧盟修改当前专利法，以促进技术革新，并减少专利流氓的出现。■

2）商标权。

商标是辨认或描述产品及其制造商的标志。依法注册的就是注册商标，享有专有使用权。商标是一家公司很重要的资产，商标设计可以给消费者带来直接的感性认识，甚至可以影响到消费者的偏好。

不同国家的注册商标确立规则不同。比如，在中国，原则上"谁先注册，谁拥有"，而在很多欧美国家则是"谁先使用，谁拥有"。这个规则上的差异，使得MUJI和苹果iPad在中国陷入与无印良品和唯冠iPad的商标纠纷。

【案例3-6】

iPad在中国大陆的商标权

2000年，唯冠（中国台北）公司在多个国家与地区分别注册了iPad商标，同年正式发布其全名为Internet Personal Access Device的iPad产品。该产品是唯冠iFamily系列产品之一，其他系列产品还包括iNote、iPDA、iDVD、iClient等。2001年，唯冠（中国深圳）公司在中国大陆注册了iPad商标的两种类别，虽然该商标一直未被实质使用。2006年，苹果公司开始策划推出iPad时发现iPad商标为唯冠所有。2008年，苹果公司在英国成立了一家名称为IP Application Development的公司（简称"英国IP公司"），并找到唯冠称iPad商标与公司名相近，希望能购买该商标，并保证不与唯冠进行竞争，唯冠鉴于当时遭遇经济困难，正计划进行收缩，同意了该交易。2009年，英国IP公司和唯冠（中国台北）签署了"商标转让协议"，唯冠（中国台北）以3.5万英镑的对价向英国IP公司转让"iPad"的全球商标；2010年、2011年和2012年，苹果iPad的第一代、第二代和第三代在全球发布。2010～2012年发生的争议中，唯冠（中国深圳）坚称"合同仅约束合同双方"，因此中国大陆的iPad商标不在上述"商标转让协议"的范畴内，苹果iPad产品不得以iPad为名称在中国大陆进行销售。2012年，苹果与唯冠（中国深圳）最终达成和解，苹果向唯冠（中国深圳）支付6 000万美元获得iPad商标在中国大陆的所有权。虽然事件头绪多且关系复杂，但背后的关键点之一是：在中国大陆，商标"谁先注册，谁拥有"。■

（2）版权。

版权（copyright）是作者、作曲者、剧作者、艺术家和出版商出版及以适当的方式传播其作品的专有合法权利。一个版权所有者享有的权利包括：版权复制、版权开发、版权出售和转让、版权出版和版权公开。

《保护文学和艺术作品伯尔尼公约》，简称《伯尔尼公约》，是世界上第一个保护版权的国际公约。该公约主要就版权国际保护的基本原则、受保护作品的范围、最低限度保护标准以及对发展中国家有限的特殊待遇问题等做了规定。中国于1992年10月正式加入该公约。截至目前，世界上已有168个国家和地区加入了该公约。

【案例 3-7】

生日快乐歌的版权

相信很多人都听过不同语言版本的《祝你生日快乐》。至少到目前为止，这首耳熟能详的为全世界共享的歌曲是受美国版权法保护的。《祝你生日快乐》这首歌曲创作于1859年，于1935年获得版权。尽管它的版权有效期截至2010年，美国国会却将这一期限推迟到2030年。那么这首有不同国家版本的歌曲，究竟谁才是版权所有者？谁又有权获得延长期的收益？答案是美国在线时代华纳公司，这家媒体大鳄因版权延期而获得的收益达2 000万美元。■

鉴于知识产权在现代社会经济、科技和文化的发展中的特殊重要作用，世界各国纷纷建立了法律体系对知识产权进行保护。然而，尽管存在这些保护措施，但由于各个国家及地区涉及知识产权保护的法律和措施以及执法力度千差万别，知识产权的保护在世界许多地区都没有切实得到执行。结果，公司往往要承担在当地失去资产的风险，以及这项资产价值贬值的风险。因此，企业在决定是否进入一国或地区从事国际商务活动时，该国家或地区对知识产权的保护现状应是企业应当慎重考虑的一个重要因素。企业也可以选择不进入知识产权法执行不严的国家，而不是冒险进入以致其创意被当地企业“偷”走。企业还需要随时保持警惕，保证其产品的盗版在知识产权法执行不力的国家生产出来后不会流回本国或流向第三国市场。当然，企业有时候也不得不为保护自身利益而诉诸法律。

3.3.2.3 消费者保护

总体上，对消费者利益的保护是由很多法律来共同完成的。

1. 反垄断法与反不正当竞争法

反垄断法与消费者保护之间最密切的关系是反垄断法可以促进消费者福利。促进消费者福利体现在反垄断法的立法目的之中。反垄断法促进消费者福利的方式主要是通过反垄断法保护市场竞争的秩序。在市场竞争秩序得以保护的前提下，经营者可以自由竞争，而自由竞争的结果就会带来更低的价格、更高的质量、更优质的创新。在这样的一个过程当中，最终将对保护市场竞争秩序的利益反射到消费者的身上。反垄断法保护自由竞争，除此之外，反不当竞争法主要保护公平竞争。

2. 产品质量安全与产品责任法

在保护竞争的基础上，一般还需要通过产品质量法来保护消费者获得产品的质量与安全问题，这些法律通常涉及食品安全法、药品安全法、农产品安全法等。

产品安全法和产品责任法是随着现代工业生产的发展，许多新产品投入市场，造成消费者受到伤害的案件不断增多，而形成发展起来的。产品安全法是指对某一产品必须遵守一定的安全标准。

产品责任主要是确定产品的制造者和 / 或销售者对其生产或出售的产品因有某种缺陷，致使消费者的人身或财产受到损害所应当承担的法律责任。如果产品不符合安全标准的要求，那么他们的责任可能非常大。产品责任分民事责任和刑事责任两种。民事责任要求支付赔偿金，刑事责任导致罚款或监禁。由于国际商务活动经常涉及产品的生产和销售活动，因此产品安全和产品责任成为国际商务活动中需要关注的一个问题。

尽管许多其他西方国家也有产品责任法，但是民事责任和刑事责任在美国的适用范围可能比在其他任何国家都更广泛，而在欠发达国家，产品责任法的适用范围通常较为有限。

在美国，由于产品责任诉讼和赔偿金的激增，责任保险费用呈现引人注目的增长。欧盟在1985年颁布了《产品责任指令》来实施严格赔偿责任制度，即在不需要原告证实产品设计或制造方面存在疏忽的情况下，设计人和制造商就要对产品造成的损失负责。高额的保险赔偿金以及诉讼费往往使原本运营良好的公司债台高筑、举步维艰。

3. 消费者保护法

除上述之外，消费者保护法本身不可或缺。其重要性就在于除了保护市场竞争秩序、保护相关消费者的消费品，有一些情况下对消费者的保护还需要有一个倾斜的安排。这个倾斜的安排主要是指，不同于其他民事主体的机械的安排，消费者是一个相对弱势的群体，消费者保护法为此专门设置了一些比较特殊的制度，比如七天退货的冷静期、相关的召回制度、对消费者损害的惩罚性赔偿等。

因此，从事国际商务活动的企业必须要充分考虑到目标国家或地区的相关法律对企业生产经营活动的影响。

此外，各国相关法律的差异给在海外从事商务活动的企业带来了一个重要的伦理问题。比如，当公司母国的产品安全法比东道国更严格或者责任法在东道国更为宽松时，公司在东道国做生意时应该遵从较宽松的当地标准，还是遵从自己母国的标准呢？尽管从道义上讲，毫无疑问应该依照母国标准，但事实上，大家都清楚企业一般都按照较为宽松的安全和责任法从事国际商务活动，而这种做法在母国往往是不允许的。

【案例 3-8】

中国提升出口食品质量安全

历来，食品质量安全是各国非常关注的问题，但国际贸易中近来日益增多的质量不合格指控，则凸显该问题的复杂性。随着2011年德国发生二噁英污染食品的恐慌的迅速蔓延，食品安全问题再次成为全球关注的焦点。有关专家预计食品类产品贸易成本将日益提高，并会引发全球食品贸易摩擦。在食品安全问题凸显的大环境下，中国重视出口食品质量安全。中国国务院新闻办公室于2011年12月发布的《中国的对外贸易》白皮书以及日本厚生省有关2010年从中国进口食品监控统计报告都显示，中国出口商品质量总体上不断提高，从而有利于减少和避免国际商务活动中因质量问题引起的纠纷和摩擦。■

3.4 国际商务中的文化环境

3.4.1 文化

不同国家之间的某些典型差异难以归因于前面提到的三个方面。比如，日本人很有礼貌，澳大利亚人坦诚直率甚至毫不客气；红色对英国人意味着“危险”或“停止”，对中国人则意味着“吉祥”“好运”，诸如此类。这就属于文化的差异。

【案例 3-9】

流产的法国智能手机税

2013年5月受法国文化部委托，皮埃尔·莱斯屈尔（Pierre Lescure）提交了关于数字时代文化例外（cultural exception）报告，就保护和提升法国文化产业影响力建言献策。报告指出，智能手机和平板电脑的崛起削弱了人们对购买音乐唱片和到电影院看电影的消费兴趣，从而阻碍了文化产业的发展。报告建议，对智能手机、平板电脑和其他用于互联网连接的设备征税，税款用于支持文化产业发展。据称该建议得到前总统奥朗德的支持，拟于2014年开始征收。但是，该建议遭到设备制造商的强烈反对和普通民众的抨击。9月，由于总统要求“新税收暂停”(pause fiscale)，时任法国文化部部长菲莉佩蒂（Aurélie Filippetti）宣布智能手机税推迟到2015年。11月23日，菲莉佩蒂在出席阿维尼翁论坛闭幕式时表示，将不再坚持开征争议颇大的“智能手机税”。

法国通过税收来保护和支持文化产业的做法由来已久。例如，2009年，巴黎一家法院就勒令谷歌停止将法国文化作品扫描到谷歌的数字图书馆里，时任总统萨科齐更是毫不客气地称谷歌的举动为“掠夺法国的文化遗产”。2010年年初，法国文化部提议向互联网公司征收广告收入税，用以补贴深受非法下载影响的法国文化产业，并提出将所得税款补贴音乐家、作家，并支持在线文化产品交易，同时能让年轻人可以低价购买在线音乐产品。

以上举措都是法国文化政策的重要组成部分，反映了法国民族主义贯穿于法国文化政策的各个方面。为了保护本国的文化市场，法国政府大力扶持处于弱势的本国文化产业，抵御外来文化尤其是美国文化的侵蚀。■

文化涉及的内容非常广泛，包括风土人情、文学艺术、行为规范、价值观念、思维方式等。不同学者对文化的定义各有不同。著名的人类学家爱德华·泰勒（Edward Tylor）曾经在19世纪70年代，将文化定义为“一种复合体，包括知识、信仰、艺术、道德、法律、风俗和一个人作为社会成员所需要的其他能力”。作为最早进行文化的管理学研究的学者之一，荷兰心理学家吉尔特·霍夫斯泰德（Geert Hofstede）将文化定义为“人类一群成员区别于另一群成员的共有思维方式”（collective programming of the mind）。这两个定义，前者体现了文化的丰富内涵，后者强调了文化的抽象特征。

在此，我们使用如下的定义：文化是个多层次的抽象概念，它为一群人所共享。其深层的基本假设是其灵魂，在这些深层基本假设之上形成了具有显性（explicit）属性的价值观与规范，同时也塑造出具有隐性（implicit）特征的思维方式，二者作为文化的核心共同塑造了人们的行为方式和生活模式，并同人们生存的制度性要素（包括政治、经济、法律制度，以及社会结构、宗教、语言、教育等）相互影响，最终映射到文学、艺术等形式的文化器物上。共享相同文化的群体构成了所谓的社会。

根据上述定义，我们可以对文化做如下理解。

第一，文化是由一系列基本假设所衍生的系统。特定的文化由特定的基本假设来定义。基本假设具有不可见且不可（至少是极度难于）辨识的特点，故称其为文化的灵魂。

第二，与灵魂相对的“肉体”文化具有可见或可辨识的特征，包含理念、制度、器物三个由高至低、从抽象到具体的层次。

第三，理念层次的文化是文化的核心内容，由显性的价值观与规范和隐性的思维方式共同构成。注意，思维方式虽不可见但仍可辨识的隐性特征，使之区别于不可见且不可辨识的基本假设。

第四，制度层次的文化是政治、经济、法律制度和社会结构、宗教、语言、教育等体系的文化维度。简言之，文化是这些制度共有的维度。在文化维度上，理念和制度相互影响。

第五，器物层次的文化是物化的文化，以著作、音乐、绘画、建筑等为载体。

3.4.2 价值观、规范与国际商务

3.4.2.1 价值观与国际商务

价值观是一个抽象的概念，它是指一群人对于个人自由、民主、真理、公正、诚实、忠诚、社会义务、集体责任、女性的角色、爱情、性、婚姻等概念的态度，什么是好的、正确的和可取的。因此，价值观还会被赋予很浓的感情色彩，人们会为此争论、斗争，甚至为自由这样的价值观不惜献出生命。价值观也经常能由一个社会的政治和经济制度反映出来，民主的资本主义自由市场经济制度便是一种强调个人自由的价值观的反映。不同国家和地区的价值观存在差异，这种差异直接或间接地影响甚至阻碍国际商务活动的进行。为此，可通过两种方式来减少价值观差异的影响，即价值观的输出与理解当地价值观。

1. 价值观的输出

当一国或一国企业能够将其价值理念成功地输入外国市场时，价值观差异对于国际商务活动的影响自然在很大程度上减弱了。事实上，无论是承办奥运会等国际赛事，还是出口影视作品，都可以作为价值观输出的手段。例如，有关美国题材的电影几乎都会展示到美式的宽敞住宅、大排量汽车和其他各种丰富多样的消费品，物质的极大丰富给观众留下了深深的印象。久而久之，美国的消费观念会潜移默化地影响其他国家的消费者，淡化他们包括节俭在内的价值理念，使之乐于接受体现美式价值观念的美国产品。

【案例 3-10】

韩国泡菜文化申遗成功

请扫描二维码详尽了解案例内容

2. 理解当地价值观

一国受其传统价值观影响的文化体系可能会筑起一道玻璃墙阻碍外国企业的商务活动。在从事国际商务活动的过程中，外国企业要理解和融入当地文化，生产和提供迎合当地价值观的产品和服务，这样才能在当地市场获得成功。

【案例 3-11】

法国迪士尼乐园的困境与转型

1955 年以来，迪士尼分别在南加州、佛罗里达州和日本东京建立了主题公园，并获得了接二连三的成功。然而，迪士尼在进入欧洲时却遭受了巨大的挫折。

1986 年，迪士尼计划进入法国，并准备将其在美国实施的方案原封不动地搬到巴黎。1992 年，巴黎迪士尼乐园正式对游客开放。然而，现实却让他们大吃一惊，欧洲人不像美国人、日本人那样，为“米老鼠”神魂颠倒。开业两年，乐园亏损了 9 亿多美元，游园人数、购物消费都远低于预期。一个主要的原因是欧洲人保守于自身的传统价值观，对美国文化持消极态度。更糟的是，迪士尼乐园的一些做法招致了法国民众的不满，迪士尼起初的广告并没有强调众多诱人的娱乐项目，而是炫耀其规模，这反而激发了法国人的爱国情结，他们把迪士尼看成美国文化入侵的象征。法国的一些农民甚至走上街头，抗议政府以优惠价格出售土地给

迪士尼。

后来接手欧洲迪士尼乐园首席执行官的法国人菲利普·加斯（Philippe Gas）提出，必须根据欧洲游客的文化习惯调整经营内容，如废除不允许园区内饮酒的规定（因为欧洲人把午餐和晚餐饮酒视为一种习惯），以及根据欧洲人的节俭习惯调整酒店房价、用便宜的商品取代昂贵的珠宝等。根据这一思路进行的成功转型使得迪士尼乐园成为欧洲的著名景点。■

3.4.2.2 规范与国际商务

规范是指规定在特定情景下适当行为的社会准则和指南。规范可以进一步分成两大类：社会习俗和道德准则。这两个词是由美国社会学家萨姆纳于 1906 年提出的。

社会习俗是人们自发形成的日常生活惯例。一般而言，社会习俗与道德的关联性不大，是一些社会约定俗成的事，诸如在特定的环境中如何穿戴才得体、良好的社会礼节、使用餐具的正确方法、邻里行为等。尽管社会习俗定义了人们被期待的行为方式，但违反社会习俗通常不算是一件严重的事情。违反习俗的人可能被认为是一种古怪的或粗鲁的人，但他们的行为通常不会被视为一种罪恶。在许多国家，初来乍到的外国人违反当地的习俗是可以谅解的。然而，由于获取世界上不同国家社会习俗的信息变得越来越容易，人们很期待商务人士可以知晓特定场合的着装礼仪、良好的社会和职业素养、使用餐具的正确方法以及一般的商务礼仪。规范的演进如今要求商务伙伴在很多情况下至少要尝试着去依照东道国的社会习俗使自己表现得体。

不同国家对待时间的不同态度是反映社会习俗差异的一个恰当的例子。在美国和德国、荷兰及斯堪的纳维亚国家等北欧国家，人们的时间观念普遍很强。商人都非常守时，如果开会有人迟到或让他们一直等待，他们马上就很恼火，因为他们的时间被浪费了。他们认为时间就是金钱，是某种他们可以花费、节约、浪费或丢失的东西。相反，在很多阿拉伯国家、拉丁美洲和非洲的文化中，时间则更具弹性。人们更看重完成与他人的交际活动，而不是刻板地遵守时间表。例如，如果在开会前，一位美国商人在一位拉丁美洲经理的办公室外面等候了 30 分钟，这位先生或女士可能感觉受到轻视。也许这位拉丁美洲经理正在与一位同事交谈，而他认为这次交谈使他获得的信息要比严格遵守日程表这件事更为重要。这位拉丁美洲经理并不是故意要冒犯谁，只是双方对时间的重要性的理解有差异，但那位美国商人可能就不这样认为了。同样，沙特阿拉伯人也认为精确的时间观念没有什么实际意义，他们的时间观念是由贝多因游牧民族的传统所形成的，当他们说“明天到达某地”，可能意味着“下周到达”。和拉丁美洲人一样，许多沙特阿拉伯人也不能理解西方人对精准的时间观念和日程安排的痴迷，他们需要根据具体情况调整自己的期望。

社会习俗还包括礼仪和象征性行为。礼仪和标志是一种文化最显而易见的表现，构成了某种深层价值观的外在表现。例如，在会见一位外国公司经理时，一个日本经理会弯腰鞠躬，双手将其公司名片递给外国经理。这种礼仪行为深深地烙上了文化标志，这张名片具体列明了这位日本经理的级别，这在像日本这样的等级社会中是一条很重要的信息。弯腰鞠躬表示尊重，腰弯得越低，表示对对方越尊重。拿到名片的人一般应该仔细地阅读名片的内容（日本人的名片通常是一面用日文，另一面用英文），这是对对方表示尊重的一个方式，表示承认该名片主人的级别了。外国人在接受名片时也应该鞠躬，同时弯腰向日本经理递上自己的名片以示友好。如果外国经理不这样做，或者没有仔细阅读对方递的名片，而只是很随意地往自己的外衣口袋或者钱夹里一放，便违反了这一重要的习俗，会被认为是很粗鲁的。

道德准则是指被普遍认同的，用来指导和支配人们行为的一系列准则，对于社会运行和社会生活至关重要。需要注意的是，在不同的社会道德准则既有共性，也有差异。例如，通奸、乱伦、食人肉等在不同的文化中都是违反社会准则的。然而，就酒精的消费而言，不同文化间有很大差异。例如，在美国，喝酒是被广泛接受的，而在沙特阿拉伯，喝酒则被看成是违反了重要的道德准则，并将受到监禁的惩罚（一些西方公民在沙特阿拉伯工作时发现的）。在某种程度上，根据你所在的地点和身份差异，社会准则的约束范围是不同的。比如说，同沙特阿拉伯一样，阿联酋也出台了相关法律禁止在公共场合喝酒，但是在迪拜和某些其他地区（尤其是在高档酒店的酒吧里），作为涉及西方人商务关系的一部分，酒精是经常出现的。道德准则比社会习俗重要得多，因此，违反道德准则会带来严重的惩罚和敌意，也会破坏商务合作的达成。违反道德准则即便不违法，也会影响企业长期的利益。例如，由于快速增长的中国市场并不太成熟，产品安全与责任的相关法规不够健全，很多世界知名汽车企业在全球召回某些有问题的车型时，中国市场并不在内。这不但极大地伤害了中国消费者的感情，为消费者埋下了安全隐患，更损害了品牌声誉，影响了日后的市场扩张，不道德的行为最终会得不偿失。

再有，不遵守道德准则同违反法律仅仅咫尺之隔，而违反法律的结果可能就是企业的破产和终结。比如，世界最大的能源交易商安然公司（Enron Corporation）在2001年爆出了假账问题之后，它多年精心策划的财务造假丑闻大白于天下。结果是，它于当年申请了破产保护并于次年破产，当时为安然公司提供审计服务的世界第五大会计师事务所安达信（Arthur Andersen）也因此遭受了巨大的打击，并于2002年倒闭。2008年，中国的三鹿集团因三聚氰胺事件，在半年时间内便破产倒闭，其不道德的行为对社会和群众造成的影响和伤害极为沉重，值得反思。

3.4.3 其他要素与国际商务

3.4.3.1 宗教、伦理与国际商务

宗教被定义为具有神圣意义的共同信仰和仪式。宗教对文化的形成与发展起着重要的影响，同时，它也是文化的一种表现形式，两者在发展过程中密切联系在一起。当今世界上存在数千种宗教，从信徒数量上讲，有四大宗教处于统治地位：基督宗教、伊斯兰教、印度教和佛教。

伦理是一套引导人们行为的道德规范和价值观，大多数伦理是宗教的产物，因而就有基督教伦理、伊斯兰教伦理等。儒家思想比较特别，它并不是一种宗教，但是儒家学说和儒家伦理深刻地影响着许多亚洲国家的文化。

有些学者认为，宗教对商务活动最重要的影响在于，宗教在一定程度上影响了工作态度并塑造了企业家精神，宗教伦理也对一国商务活动成本有一些影响。在信奉宗教的国家进行商务活动时，了解宗教、伦理如何影响商务活动显得尤为重要。

1. 基督宗教

基督宗教作为世界上最广为信奉的宗教，拥有教徒24亿多，其教徒多分布在欧洲和美洲。基督宗教分为天主教、东正教和新教几个主要的分支。西方社会学家认为在基督宗教的这几个分支中，新教的教义有着重要的经济含义。1904年，德国社会学家马克斯·韦伯（Max Weber）首次提出新教伦理和“资本主义精神”之间的关联而名扬四海。韦伯指出资本主义最早出现在西欧，在那里“企业主和资本所有者，以及较高级的技术工人，甚至现代企业中受到较高水平的技术和商务培训的人，绝大多数是新教教徒”。

按照韦伯的说法，新教和现代资本主义的出现之间存在某种关联。韦伯认为新教所强调的努力工作和创造财富（为了“上帝”的荣耀）以及节俭（要节制世俗享乐）等伦理，是资本主义

发展所需要的价值观。新教教徒努力工作并不断地积累财富，然而，他们禁欲的信条建议人们应该把财富投资于扩大资本主义再生产，而不要沉溺于世俗享乐去消耗财富。这样，通过努力工作不断积累资本，然后为投资和扩张提供资金，从而为资本主义在西欧以及随后在美国的发展铺平了道路。相反，韦伯认为天主教的来世而非今世拯救的许诺，不鼓励新教所倡导的工作伦理。

新教还以另一种方式推进了资本主义发展，即新教打破了天主教历史上长期作为其宗教社会生活中主要特征的等级制度，从而给予教徒更大的自由空间去发展他们自己与“上帝”的关系，而礼拜形式的自由选择权是早期新教打破陈规的核心表现。这种对个人宗教自由的强调，为随后强调个人经济和政治自由，以及以个人主义为核心的经济和政治哲学的发展铺平了道路。

我们承认，一些传统的新教国家，如英国、德国和美国等确实是早期工业革命的领导者。新教所宣扬的个人主义和一个国家的创业活动之间也存在高度关联性。但是，读者也不能忽略以下事实：在当今世界，一些以天主教或东正教为主的国家中也毋庸置疑地出现了大量持久的创业活动，并取得了巨大的经济进步。

2. 伊斯兰教

伊斯兰教是世界上第二大宗教，拥有约16.5亿信徒。伊斯兰教创建于公元610年，先知穆罕默德开始布道，而伊斯兰教纪元元年为公元622年——那一年穆罕默德为躲避日益壮大的反对派的迫害，离开麦加迁至叶斯里卜，即后来被称为麦地那的地方。伊斯兰教的信徒称为穆斯林。目前超过40个国家中的大多数人都是穆斯林，从非洲西北海岸地区到中东，直到远东的中国和马来西亚都有穆斯林居住。

与基督宗教和犹太教一样，伊斯兰教也是一神教。伊斯兰教的核心原则就是万能的真主是唯一的，伊斯兰教教徒必须无条件接受真主的唯一性、权力和权威，并接受生命的目标是执行真主的意志，以期能进入天堂。伊斯兰教主张，世俗的利益和权力都是虚幻的，那些追求世间财富的人也许能得到它，可是那些放弃世俗欲望而寻求真主恩惠的人可以获得更大的财富——进入天堂。伊斯兰教的其他重要原则包括：①尊敬和尊重父母；②尊重他人的权利；③慷慨却不浪费；④除非有正当的理由，否则应避免杀戮；⑤不通奸；⑥与别人公平、公正地进行交易；⑦净化自己的心灵；⑧保护孤儿的财产；⑨恭顺而谦逊。

《古兰经》里明确记载了一些经济原则。伊斯兰教的许多经济原则都是赞同自由创业的。《古兰经》中赞同自由经商和通过贸易与商业赢得合法的利润（先知穆罕默德曾经是一位商人）。对私有产权的保护也体现在伊斯兰教教义里，虽然伊斯兰教声称所有财产都是真主的恩赐，真主创造并拥有一切。那些拥有财产的人被看成是受托人，而不是西方意义上的财产所有人。作为受托人，他们有权接受源自该项财产的利润，但必须以一种正当的、对社会有利的、节俭的方式来管理财产。这反映出伊斯兰教十分注重社会的公正，伊斯兰教批评通过剥削他人赚取利润。在穆斯林眼中，人是集体的一部分，富有和成功的人有责任帮助不幸的人。简单地说，在伊斯兰国家赚取利润是好事，但利润要通过公正的手段获得，不能为了自己的利益而去剥削别人。得到利润的人要乐于帮助穷人。此外，伊斯兰教非常强调履行契约义务、信守诺言和绝不欺骗的重要性。

伊斯兰教倾向于赞同市场体系，因此能够接受国际企业，只要那些企业的行为方式不违背伊斯兰教伦理、习惯和商业惯例。企业通过剥削别人、通过欺骗或不遵守合同义务而赚取的利润被视为不正当利润，这样的企业在伊斯兰国家是不受欢迎的。

伊斯兰教的一条经济原则是禁止支付或收受利息，利息被看成是高利贷。在有些伊斯兰国家，利息不仅事关宗教原则，而且已被纳入法律禁止的范围。《古兰经》明确谴责收受或支付利息（interest，在阿拉伯国家称之为riba）是一种剥削和不公正的行为。一直以来，在伊斯兰国家运营的银行随便地忽视了这一非难的理由。但在20世纪70年代埃及开设了一家伊斯兰银行后，一些伊斯兰国家纷纷开设伊斯兰银行。现在，分布在50多个国家的几百家伊斯兰金融机构管理的资产高达16 000亿美元，同时还有许多奉行伊斯兰原则的共同基金管理着10 000亿美元的资产，甚至一些传统银行也在进入该市场，如花旗和汇丰，这两家世界上最大的金融机构，现在也提供伊斯兰金融服务。目前，只有伊朗和苏丹两个国家只允许存在单一的伊斯兰银行，而在越来越多的其他国家，顾客均可自主选择传统银行或伊斯兰银行。

传统银行的利润来自所支付的存款利息和其所收取的借款利息之间的差额。由于伊斯兰银行不能支付或收取利息，它们必须寻找其他盈利方式。伊斯兰银行推出了两种不同的经营方式——摩达拉巴（mudarabah）和摩拉巴哈（murabaha）。

一份摩达拉巴协议相当于一个利润共享的方式。在此框架下，当银行贷给企业一笔款项时，不是向企业收取这笔借款的利息，而是与企业共同分享这笔投资所获的利润。同样，当企业（或个人）将钱存入一家银行的储蓄账户时，存款被视为对银行用此项资金所从事的商业活动的投资，所以，存款者可按事先约定的比率分享银行投资所获利润（而不是支付利息）。一些穆斯林声称，这一机制比西方的银行机制更为有效，因为它鼓励长期储蓄和长期投资。但是，对此说法缺乏强有力的证据，许多人认为较传统的西方银行制度，摩达拉巴方式的效率要低得多。

摩拉巴哈协议的方式也在全世界的伊斯兰银行中广泛采用，主要因为它操作最为简单。按照摩拉巴哈协议，当一家公司希望用贷款购买一些商品（假设为一台价值1 000美元的设备）时，这家公司在与设备制造商谈定价格后就告知银行，然后银行花1 000美元购买这件设备，而借款者晚些时候再花譬如说1 100美元向银行购买，这个价格中包含了100美元的差价。

除了禁止支付或收受利息，伊斯兰教教义中还有其他一些涉及经济活动的原则，有可能使企业必须对某些商务活动做出较大调整。由于伊斯兰教禁食猪肉，一般以牛肉、羊肉和家禽替代，所以如果要出口牛肉或家禽到信仰伊斯兰教的国家，必须按照伊斯兰教律法屠宰并须获得有效证明。伊斯兰教对酒精饮料的禁止，给替代性商品带来了商业机会，比如，牛奶、茶等。沙特阿拉伯作为海湾地区最大的食品和饮料消费市场，需要大量进口这些商品，目前沙特阿拉伯每年进口价值超过50亿美元的食品和饮料产品。

3. 印度教

印度教大约有10.7亿信徒，大多居住在印度次大陆。印度教起源于4 000年前印度的印度河谷，是世界上最古老的宗教之一。与基督宗教、伊斯兰教不同的是，印度教的创立未与某个特定的人相联系，也没有官方认定的神圣的宗教典籍（如《圣经》或《古兰经》）。印度教的宇宙观里，宇宙的固有秩序，被称为“达摩”（dharma）。印度教相信轮回转世说，即人死后会再投生一个不同的肉体。印度教相信因果报应，这是每个灵魂的精神进程。一个人的因果报应受其生活方式的影响，个人的道德状况将决定他们来世所面对的挑战，通过不断完善每一次新生命的灵魂，印度教相信个人能逐步达到涅槃——一种功德圆满的、完美的精神状态，从而不需要轮回转世。许多印度教教徒相信要达到涅槃就得过一种弃绝物质的、严格的、苦行僧式的生活，必须致力于精神追求而不是物质享受。

印度的种姓制度是同印度教的教义直接相关的。种姓制度意味着一个人要在有生之年突破其所属的种姓等级是不可能的。一个人只有在今世获得精神进步，才有可能在来世进入较高的种姓等级。尽管种姓制度在印度已被官方废除，但这一制度还将长期影响印度人的生活。

总之，印度教的教义对商务活动产生了较大的负面影响。比如，个人难以提升自己的地位，他们在工作中便会缺少奋斗的动力。同时，等级制度也限制了团队中各阶层成员的合作，融洽的工作环境很难形成。另外，印度教教义强调精神成就而非物质成就，这在很大程度上妨碍了人们对于商业成功的追求。

4. 佛教

佛教是公元前6世纪由释迦牟尼创立的，如今全球有超过5亿教徒，大多分布在东亚、东南亚、南亚的亚洲国家。佛教教义要求教徒通过清心寡欲的修行，抑制追求享乐的欲望，以达到博爱、谦虚、仁慈的精神境界。与印度教相似的是，它同样推崇精神追求而非物质享受。不同的是，它不强调种姓制度，这就避免了在印度教下商务组织不同成员的合作和升迁问题。同时，在佛教教义中找不到创造财富的思想，这可能是信奉佛教的国家相对于信奉新教的国家较少出现发展势头强劲的企业之原因。

5. 儒家思想

由中国古代大思想家、大教育家孔子提倡的儒家思想，脱胎自周朝礼乐传统，长期以来对日本、韩国等国家产生了深刻影响，已成为东亚社会共有的社会伦理准则。儒家思想的主要内容包括仁、义、忠、信等，其核心是仁。

仁，是指人与人之间的慈爱、亲爱关系，与残暴相对。仁，与英语empathy的同理心、共情含义具有非常相近的词义。义，是指臣事君、子事父、知交朋友之相助，这样的君臣、父子、朋友之间的关系。正所谓，“义者，谓其宜也”。仁义，即高贵者行仁，低贱者为义；爱于下而敬于上。

忠，本意是尽心于人民的事业。“公家之利，知无不为，忠也。”信，意为诚实，讲信用，不虚伪。“与朋友交，言而有信”“言必信，行必果”。

孔子提倡的仁义忠信的内涵，反映了邦国政体（周制）下“礼”的价值观念。仁政，更是孔子的政治治理理念，虽然这种“法统”追求在孔子时代已不可行。历经春秋战国时代彻底的礼坏乐崩，封建社会瓦解，秦汉以后，中国进入帝国政体（秦制）时代，法家思想以“法”取代“礼”，实质上成为治理帝国的纲领，孔孟儒学思想在经历了秦朝“焚书坑儒”的低谷之后，被西汉董仲舒进行了偷换概念以适应帝王统治的改造，演变为所谓西汉新儒学，西汉新儒学在尊崇皇帝的同时又形成一定道德约束的“道统”。“君为臣纲，父为子纲，夫为妻纲”的不平等地位，忠于帝王而非人民的奴性意识，典型体现了儒家思想的下沉流变。北宋的中央集权制度进一步发展成熟，儒学也开始由经世致用之学转向道德性命之学，发展为宋明理学。

无论是作为国家治理的理念，还是顺应帝王统治的思想，乃至个人修养的准则，儒家思想整体都具有农业经济、亲缘社会、熟人文化的色彩，所以，不免在近代西方工业列强坚船利炮的挑战下，受到救亡图存的思考者们的怀疑，甚至受到历史虚无主义者的全面否定。

在现代工业社会时代，在经济全球化的背景下，在农村城市化的进程中，如何理解和利用沉淀为东亚社会基因的传统儒家思想在熟人圈子、内部人圈子中的合作成本低的价值，如何摆脱盲从权威的思维习惯、培养和激发适应创造创新的批判精神，如何将诚信守则、尊重契约的准则适用于陌生人之间的商业交易，都是当代在中国从事商业活动的企业管理者需要思考和实践的。

3.1.3.2 语言与国际商务

各国之间一个最明显的差异就是语言。所谓语言，这里指口头和非口头两种沟通方式。语言是一种文化的明显特征之一。

1. 口头语言

语言的作用远非仅限于使人们互相交流，其本质也构成人们理解世界的方式。一个社会的语言能引导其成员注意世界的某些特性而忽视其他的事物，这种现象的一个典型例子是英语里只有一个“雪”字，但在因纽特人的语言里对于雪没有一个总称，他们有24个词来描述不同类型的雪（如粉雪、落雪、湿雪、飘雪等），因为在因纽特人的生活中，区别不同形式的雪是十分重要的。

因为语言构成了人们理解世界的方式，所以它也构成了文化。在拥有一种以上语言的国家里，我们也经常发现一种以上的文化。加拿大有说英语的文化和说法语的文化，两种文化之间的关系相当紧张，一部分说法语的少数派要求从“讲英语者占主导地位”的加拿大独立出来。同样的现象可以在其他许多国家看到。例如，比利时人分为说佛兰德语和说法语两种人群，这两群人之间的关系比较紧张；在西班牙，有着自己特定文化的说巴斯克语的少数民族几十年来一直强烈要求从说西班牙语的多数人中独立出来；在地中海岛屿塞浦路斯，在文化上有较大差异的说希腊语和说土耳其语的两种人群，从20世纪70年代开始公开冲突，现在该岛被分成两部分。当然，语言不同不一定导致不同的文化，进而产生分裂的压力（如瑞士有说四种不同语言的人群，但他们彼此之间相处得十分融洽）。

世界上最大多数人的母语是汉语，其次是英语和印地语（在印度说的语言）。但世界上使用最为广泛的语言是英语，其次是法语、西班牙语和汉语（许多人把英语作为第二语种），并且英语逐渐成为国际商务的通用语言。当一位日本人和一位德国人进行商务交易时，几乎可以肯定他们会用英语交流。然而，在英语被广泛使用的同时，学习当地语言也会产生很大的优势。大多数人愿意用自己的语言交谈，而能够说当地语言会产生亲和力，这也许对做成一笔交易非常重要。不懂得当地语言的国际企业，由于翻译欠佳可能会导致一些重大失误。例如，阳光公司（Sunbeam Corporation）用英语单词Mist-Stick表示用来喷雾定型的卷发铁棒，当进入德国市场并花了大量的广告费后，公司发现Mist在德语中的意思是粪便。通用汽车公司也曾遇到类似的麻烦，波多黎各经销商对通用汽车公司的新雪佛兰Nova牌车缺乏热情，因为Nova翻译成西班牙语，原本是“星”的意思，然而听起来就像是“no va”，西班牙语的意思是“不走”，后来通用汽车公司将车名改为Caribe。福特在巴西也犯了类似的令人尴尬的错误。Ford Pinto是一款相当不错的汽车，但是西班牙人非常不喜欢它，因为“Pinto”在西班牙俚语中是“小型男性生殖器”的意思。世界上最大的家具生产商——瑞典的宜家公司也卷入了一场商标风波，他们给一种花盆命名为“Jattebra”，瑞典语意为“一流的，超级好的”，但糟糕的是，“Jattebra”和泰国俚语的“sex”（性）很相似！相反地，可口可乐、奔驰、宝马这样的品牌翻译则堪称经典。

2. 非口头语言

非口头语言是指非语言的沟通。人们相互间的沟通交流大多是通过非口头语言的暗示包括手势、眼神、面部表情、身体致意等。同样作为交流方式，非口头语言在不同的文化中既有共性，也有差异。

在大多数文化中，眉毛上扬被认为是表示某种认可，而微笑则表示高兴。但是，德国和法国虽然毗邻，但两国的商务礼仪却有着不同。严谨保守的德国人在交流中很少使用手势，也不鼓励使用面部表情，而善于交际的法国人常常在交谈中加入手势等肢体语言，使交流更有感染力。在美国用大拇指和食指作一圆圈表示友好，而在希腊和土耳其则是一种粗俗的性挑逗；同样，大多数美国人和欧洲人用大拇指向上的姿势表示“好”，而在希腊该姿势则表示猥亵。

大多数肢体语言的使用比较微妙，需要花时间去熟悉。比如握手，在德国，见面与离开的时候都要行握手礼，并且目光要正视对方；在中东地区，人们则习惯于轻击手掌代替握手，几乎不触及手臂；在日本，人们则通过鞠躬来代替握手，且对象不同，行鞠躬礼时身体前倾的角度也不同，对地位平等的人鞠躬15度，对长辈鞠躬30度以表尊敬，道歉时则鞠躬45度以表诚意和歉意。

非语言交流的另一方面是个人空间，即你和谈话人之间适当的距离。在美国，两人之间进行商务谈话的习惯距离是5～8英尺㊀，而在拉丁美洲则一般为3～5英尺。结果，许多北美人在与拉美人交谈时，常常会觉得对方侵犯了他们的私人空间，对话时可以看见美国人不自觉地往后退，而拉美人可能将这种后退理解为冷淡，其结果是不同文化的两个商人间可能产生令人遗憾的隔阂。

3.4.3.3 社会结构与国际商务

社会结构指一个社会的基本组织形式。不同文化的社会结构所存在的差异主要体现在两方面。一个方面是将个人还是集体作为社会组织的基本单位，以及对个人或集体的重视程度。西方社会注重个人，强调个体价值的实现，另一些社会则强调集体，将集体看得高于个人，比如日本。另一个方面是社会阶层化程度，所有的社会都是阶级社会，因而都存在不同的社会阶层，但不同社会对阶层的强调程度是不同的。比如丹麦，阶层差异在这个国家被看得很淡，不同的阶层流动性很大且有很大程度的融合，这也是其作为幸福度最高和最富裕国家之一的重要原因。

1. 个人与集体

个人主义是指个体特性以自我为中心的价值观，集体主义是指个体特性由其所属的集体特性所决定的价值观。强调个人主义的国家更重视个体价值，人们更加崇尚企业家精神、个体竞争力和创业精神，比如美国、瑞士等国。美国企业家在这方面做得很出色，著名的微软、苹果公司都在很大程度上得益于这种精神。但是，过于强调个人主义也可能导致团队成员互不信任甚至各自为战，从而增加因不确定性所产生的机会主义，提高成本，使团队合作效率低下。

在诸如日本、中国、埃及等国家，集体价值被放在优先的位置，人们更倾向于相互合作、相互照应而换取忠诚（in exchange for loyalty）。但是将个体价值置于次要的地位，可能会导致缺乏活力和创造性的问题。比较美国和日本两国，虽然长期的状况难以预料，但是更具活力和企业家精神的美国仍有可能比日本创造更多的新产业。同时，另一个可能的潜在问题是，崇尚集体主义者只在与“圈内”（in-group）成员共事时才会表现得更加合作，而“圈外”（out-group）则存在更多的不信任因素。

2. 社会阶层化程度

社会阶层是指一个社会按家庭、职业、财富等因素所形成的等级制度。所有的社会都有阶层，但是社会阶层化程度不同，这里我们关注的是社会流动性对商务活动的影响。

社会流动性是指个人能从所出生的社会阶层流动到其他阶层的程度。社会阶层化程度对商务活动的意义在于，良好的社会阶层有利于社会流动、财富分配与社会和谐。人人都能凭借努力、机遇等因素上升到更高的社会阶层，也有可能下降到更低的社会阶层。不同阶层之间较少存在对立，体现在商务活动中，即高层管理人员和工人阶级之间较少地存在不信任和敌意。相比之下，不良的社会阶层不具备上述优点，比如印度的种姓制度。

印度著名学者古尔耶在《印度的种姓和种族》一书中论述了种姓制度的几个特点，即社会被分割成很多部分、等级制度、缺乏职业的选择自由、饮食和社会交流方面有种种限制等。种姓制度本质上是保护上级阶层的特权地位。在这一制度下，人的社会地位和职业

㊀ 1英尺＝0.304 8米。

由其出生的家庭决定，终身不变。虽然该制度在1949年被官方宣布取消，但在印度的某些地区仍然根深蒂固。在印度，对任何阶层的成员而言，工作与晋升机会在很大程度上受限于种姓制度。种姓制度可能迫使外国公司须做出某些艰难的决定，比如，在人力资源政策的制定上须考虑是适应印度当地的政策，还是直接派遣本国员工等。

本章小结

本章从国际商务企业识别东道国制度环境的需要出发，介绍了刻画国别制度环境的四个维度——政治、经济、法律与文化；介绍了政府和政权的概念差异，政治风险、政策风险和社会风险三者的区别与联系；介绍了基本经济制度，以及认识国别经济整体环境的指标；介绍了三种法律体系、合同保护、产权保护及产品安全与责任等方面的法律差异与影响；介绍了文化的概念和主要要素及对于国际商务活动的启示。

关键术语

集体主义	个人主义	政治制度
民主政体	极权政体	政权
政府	政治风险	政策风险
社会风险	“广义”政治风险	经济制度
市场经济制度	计划经济制度	混合经济制度
经济转型	放松管制	私有化
税法体系	税收制度	税收管辖权
居民纳税人	涉外税收负担原则	狭义外汇
直接标价法	间接标价法	买入汇率
卖出汇率	汇率制度	外汇管制
利率市场化	国民总收入	购买力平价
人文发展指数	法律体系	普通法系
大陆法系	神权法系	合同法
财产权	腐败	知识产权
专利权	商标权	版权
反垄断法	反不正当竞争法	产品安全法
产品责任法	消费者保护法	文化
价值观	规范	社会习俗
道德准则	宗教	伦理
社会结构	社会阶层	社会流动性

本章阅读资料

请扫描二维码详尽了解本章阅读资料

第4章
CHAPTER4

国际贸易与投资制度环境

引导案例

TPP一波三折

2005年5月28日，文莱、智利、新西兰、新加坡四国签订作为跨太平洋伙伴关系（Trans-Pacific Partnership，TPP）协定前身的跨太平洋战略经济伙伴关系（Trans-Pacific Strategic Economic Partnership，TPSEP）协定，又称“P4”协定，彼此承诺在货物贸易、服务贸易、知识产权以及投资等领域相互给予优惠并加强合作。2008年美国宣布加入并开始谈判，成为TPP进程的转折点。2009年，澳大利亚和秘鲁在美国的邀请下加入谈判。美国开始推行自己的议题，全方位主导谈判，TPSEP自此更名为TPP。2010～2013年，马来西亚、越南、日本、墨西哥、韩国相继成为谈判成员，TPP参与国总计12个，经济总量占全球的比重为40%，超过欧盟。

TPP的谈判议题超过以往任何自由贸易协定（free trade agreement，FTA），既包括货物贸易、服务贸易、投资、原产地规则等传统的FTA条款，也包含知识产权、劳工、环境、临时入境、国有企业、政府采购、金融、发展、能力建设、监管一致性、透明度和反腐败等，尤其在环保、劳工、原产地和政府采购等方面包含了诸多高标准的条款。所以被认为是“面向21世纪的”“全面的、高标准的”FTA。

2015年10月5日，TPP谈判结束，达成协定。在各国尚未完成批准生效之际，美国总统特朗普于2017年1月23日签署行政命令退出TPP。2017年11月11日，由启动TPP谈判的11个亚太国家共同发布了一份联合声明，宣布“已经就新的协定达成了基础性的重要共识”，并决定改名为“跨太平洋伙伴关系全面渐进”（Comprehensive Progressive Trans-Pacific Partnership，CPTPP）协定。2018年2月21日，CPTPP公布了最终版本的谈判协议。

相比“TPP-12”，“TPP-11”版本的最大变化是协定的许多争议条款被搁置。很多争议条款此前是应美国谈判代表要求而加入“TPP-12”协定的，比如对药品知识产权加强保护的条款。美国现行法律给予品牌生物制剂长达12年的排他性保护期，这比所有其他TPP国家的期限都要长。在此前TPP的谈判过程中，美方代表极力推动尽可能延长排他性期限，最终各方达成妥协，规定排他性期限为5年，最长为8年。“TPP-11”取消了这一条款。此外关于知识产权从严保护规则，“TPP-12”框架中对知识产权的保护期限为作者在世以及死后至少70年，而《知识产权协定》规定的期限仅为50年。“TPP-11”也取消了有关这一议题的内容。

如今，达成“TPP-11”版本协议的CPTPP似乎踌躇满志，先前退出的美国又表示TPP仍是考虑选项，但前景如何难以预见。

资料来源：陶凤、杨月涵（2018），《新版TPP成型高标准自贸协定“散架”》，北京商报网，2018年2月22日，http://www.bbtnews.com.cn/2018/0222/230344.shtml。

学习目标

通过本章的学习，掌握政府实施国际贸易与投资政策的意图与所使用的政策工具；了解国际贸易规则与国际投资规则的形成与演进；熟悉WTO框架下的、(北美、欧盟等)区域经济组织的、双边的国际贸易规则体系及单个国家对外贸易规则要点；熟悉WTO框架下的、世界银行体系下的、(北美、欧盟东盟等)区域经济组织的、双边的国际投资规则及单个国家外国投资及海外投资规则要点。

4.1 国际贸易与投资政策意图及政策工具

4.1.1 政府实施国际贸易与投资政策的原因

（1）增加政府收入的考虑。

关税是政府收入的重要来源之一，政府有动机将关税作为财政收入的稳定来源之一。

（2）保持文化认同的考虑。

国家或民族的传统与文化往往同其辉煌历史和民族自信相联系，成为个人身份认同的一部分。因此，作为传统与文化载体的相关产业和资产，通常成为受到政策限制的外国投资行业和跨国交易标的。

（3）维护国家安全的考虑。

对于可能构成国家安全威胁的产品进行出口管制；对相关生产行业设定外国投资限制；为免于过度甚至完全依赖外国供应而形成安全威胁，通过生产补贴和限制进口等手段支持重要商品自给的实现。

（4）处理国际关系的考虑。

根据法令、政策，通过禁运、增加来自战略伙伴进口的方式推动对外政策，或将减少贸易伙伴国的逆差作为处理对外经济关系的手段。

（5）保护国民福利的考虑。

出于对本国消费者健康的考虑，设定进口产品的技术性标准、检验检疫标准；出于政府的监管责任，设定外国投资的环境友好标准或进口品的生产技术参数等。

（6）促进国民经济的考虑。

围绕劳动力就业、产业发展、产业强国等考虑，将国际贸易政策作为扶持幼稚产业（幼稚产业保护论、进口替代、促进出口等观点）、优化产业格局（促进国内国外的投资、产业多元化等主张)、保护劣势产业(防止外国倾销、避免失业、减少劳动力过剩、稳定经济增长等观点)、培育新兴产业(战略性贸易政策观点)的手段。

4.1.2 国际贸易政策工具

4.1.2.1 通过影响进口成本和价格发挥作用的政策工具

通过影响进口成本和价格发挥作用的政策工具主要有关税、海关估价、预缴押金制、边境税调整和进口最低限价。

1. 关税

关税(customs duties; tariffs)是进出口商品经过一国关境时,由政府设置的海关向进出口商征收的税,是最古老且最简单的贸易政策措施。按照进出口货物的流向,可分为进口关税、出口关税和过境关税。**进口关税**(import duties)是指对输入一国关境且最终目的地也为该国的商品征收的关税。一些国家实行**出口关税**(export duties),即对输出一国关境的商品征收的关税,其目的有两个:第一,提高政府收入;第二,出于政治或其他原因限制一个部门的出口。例如,俄罗斯对石油出口征收关税,目的是获取政府收入,并保持俄罗斯国内较高的石油储备。**过境关税**(transit duties)是指对通过一国关境而最终目的地不在该国的商品征收的关税。目前,多数国家基本上不征收出口关税和过境关税,因此一般所说的关税(除特别说明外)指的是进口关税。

关税的一般征税原则是进口货物不论来自任何国家均应一视同仁、平等对待,适用同样的税率。但是,由于国家间经济、政治关系等方面的原因,有时对同一种进口商品,由于输出国家或生产国家不同而适用不同的税率,即所谓的**差别关税**(differential duties)。因此,理论上,按进口商品的不同原产地适用不同的税率分类,关税可分为普通关税和优惠关税。

普通关税(ordinary customs duties)又称一般关税,是指如果进口国未与该进口商品的来源国签订任何关税互惠贸易条约,则对该进口商品按普通关税税率征税。**优惠关税**(preferential duties)是指对特定的受惠国给予优惠待遇,以低于普通关税税率的标准征收关税。优惠关税又可分为特定优惠关税、普遍优惠关税、最惠国待遇关税三种。

(1)特定优惠关税。

特定优惠关税(special preferential duties)简称特惠关税,指某一国家对从另一国家或某些国家对从另外一些国家进口的商品给予特定的优惠关税待遇,其他国家不得享受的一种关税制度。目前,在国际上最有影响的特惠关税是《洛美协定》(Lome Agreement)下的关税。1975 年,欧洲共同体(以下简称"欧共体")与非洲、加勒比、太平洋地区的 46 个国家签订了《洛美协定》。它规定当时的欧共体国家在免税、不限量的条件下,接受这些发展中国家的全部工业品和 96% 的农产品,并且不要求这些发展中国家提供反向优惠,即该协定中的特惠关税待遇是一种非互惠的优惠安排。以该协定为基础,2000 年 6 月 23 日,欧盟 15 国与这些国家又续签了《科托努协定》(Cotonou Agreement),欧盟继续向非加太集团提供单方面的特惠税优待,《洛美协定》就此宣告结束。

(2)普遍优惠关税。

普遍优惠关税(generalized system of preferences,GSP)简称普惠制,是发达国家给予发展中国家的一种单方面贸易优惠安排。根据普惠制,发达国家承诺对原产于发展中国家的工业制成品、半制成品和某些初级产品的进口,给予降低或取消进口关税的特惠待遇,而不要求发展中国家给予反向对等优惠。普惠关税有普遍性、非歧视性和非互惠性三项基本原则，即所有发达国家对产自所有发展中国家的制成品和半制成品都给予普遍的关税优惠，不应对不同发展中国家实施不同的普惠制方案，不应要求发展中国家对其给予对等优惠。普惠制自1971年7月1日开始实施以来，对促进发展中国家与发达国家间的经济贸易合作与交流以及共同发展起到了十分积极的作用。

（3）最惠国待遇关税。

最惠国待遇（most-favored-nation treatment，MFN）指在两国签订经贸友好条约时，缔约国一方（给惠国）现在和将来给予任何第三国的一切特权、优惠和豁免也同样给予缔约对方（受惠国）。体现在关税上，即为最惠国待遇关税（the most-favored-nation rate of duty）。最惠国待遇的给惠范围最初主要是关税优惠方面，后来扩大到通商、海航等各方面，包括关税、数量限制、航运、港口使用、仓储、转口、营业权、居住权、知识产权、投资等内容，但目前仍以关税方面的优惠为主要内容。

注意，在实践中，目前仅有个别国家对极少数（一般是非建交）国家的出口商品实行普通关税，大多数只是将其作为其他优惠税率减税的基础。所以，最惠国关税不是真正的优惠关税，只是现实中的正常关税。只有特定优惠关税和普遍优惠关税才是真正的优惠关税。

【专栏4-1】

最惠国待遇

联合国国际法委员会把“最惠国待遇”定义为：“给惠国给予受惠国或者与该受惠国有确定关系的人或物的优惠，不低于该给惠国给予第三国或者与该第三国有同样关系的人或物的待遇。最惠国待遇原则包含了4个要点：①自动性。当某成员国给予其他国家的优惠超过其他成员国享有的优惠时，其他成员国便自动享有这种优惠。②同一性。当某成员国给予其他国家的某种优惠自动转给其他成员国时，受惠标准必须相同。③相互性。任何成员国既是受惠方，又是给惠方。即在享受最惠国待遇权利时，也承担最惠国待遇义务。④普遍性。最惠国待遇适用于全部进出口产品、服务贸易的各个部门和所有种类的知识产权的所有者和持有者。

最惠国待遇可分为无条件最惠国待遇和有条件最惠国待遇两种：①有条件最惠国待遇。缔约一方给予任何第三方的优惠待遇，缔约方另一方只有在提供了同样的补偿后才能享受，即缔约方一方给予第三国的优惠待遇是有条件的，缔约方另一方必须提供同样的条件才能享受这些优惠待遇。②无条件最惠国待遇。缔约方一方当下及将来给予任何第三方的一切优惠待遇，都无条件地给予缔约方的另一方。

最惠国待遇已经成为WTO的基本原则之一，即“普遍实施的最惠国待遇原则”。它打破了传统的双边互惠关系，把最惠国待遇的权利和义务关系多边化，任一缔约方与其他国家签订的优惠，均无条件地立即给予所有其他缔约方，每一缔约方是给惠国同时又是受惠国。

根据《关税与贸易总协定》（General Agreement on Tariffs and Trade，GATT）第1条第1款的规定，多边框架内形成的货物贸易的最惠国待遇的内容是：在对进口或出口、有关进口或出口或对进口或出口产品的国际支付转移所征收的关税和费用方面，在征收此类关税和费用的方法方面，在有关进口和出口的全部规章手续方面，以及在第3条第2款（国内税）和第4款（国内规章）所指的所有事项方面，任何缔约方给予来自或运往任何其他国家任何产品的利益、优惠、特权和豁免应立即无条件地给予来自或运往所有其他缔约方领土的同类产品。GATT 实行的是无条件的最惠国待遇，凡给惠国给予第三国的优惠待遇，受惠国均可无条件地自动享有。最惠国待遇不仅贯穿在贸易方面，也体现在投资方面，后面我们会对最惠国待遇在投资方面的体现做进一步介绍。■

2. 海关估价

海关估价（customs valuation）是指进出口货物的价格经货主（或申报人）向海关申报后，海关按照本国关税法令的规定进行审查确定或估定其完税价格。经海关审定完的完税价格也叫海关价格或海关固定价格。许多国家利用海关估价来提高进口税额，从而使海关估价变成一种非关税壁垒（在关税税率受到国际约束时，故意提高海关估价与提高税率可起到同样的保护作用）。

3. 进口最低限价

进口最低限价措施（minimum price）是指一国政府规定某种进口商品的最低价格，如进口商品低于规定价格，则征收进口附加税或禁止进口，以消除进口商品在进口国市场上的价格优势的制度。

4. 预缴押金制

预缴押金制度（advance-deposit requirements）是指进口国要求进口方在其中央银行或商业银行等存放一笔资金，数额按照进口商品价值的一定比例来确定，该笔资金没有利息并且存放时间直至进口方收到商品。这样，进口方就承担了额外的一笔成本，该成本的大小取决于存放资金占进口商品价值的比例、存放期限以及利息率。如果进口商通过借款来获得这笔资金，那么该成本相当于一项直接成本；如果这笔资金来源于进口商的自有资金，那么该成本便是一项机会成本。其实，预缴的押金等同于按一定比例缴纳的关税。

举例来说，如果年利率为 20%，存放期限为 3 个月，存放资金占进口商品价值的比例为 80%，那么这就等同于 4% 的关税税率。这是因为，3 个月的利率为 5%（$= 20\% \div 12 \times 3$），存放资金占进口商品价值的比例为 80% 即意味着，进口商每进口 1 美元的商品就要预缴 0.8 美元的押金，那么就相当于进口商每进口 1 美元的商品要额外承担 0.04（$= 0.8 \times 5\%$）美元的成本，也就等同于税率为 4% 的从价税。

5. 边境税调整

边境税调整（border-tax adjustments），又称边境调节税，它是指这样一种税收制度：在间接税（如消费税、增值税等）按目的地原则征收的情况下，对于在国内生产且在国内销售的产品所征收的间接税，政府对进口的相同或相似商品同样征收，而对于本国出口的相同或相似商品予以免征或退回。边境税调整有助于实现本国出口产品与外国产品在国际市场上的公平竞争，以及本国产品与进口产品在国内市场上的公平竞争。然而，边境税调整可能会导致扭曲：相同税种，如果进口国对进口商品所征的税高于进口国国内类似商品所缴的间接税，其中的差额就是一种隐性的进口关税；如果出口国政府返还给出口商的税大于其在出口国国内缴纳的间接税，其中的差额就是一种隐性的出口补贴。因此，边境税调整也可以作为一种贸易壁垒使用。

4.1.2.2 通过数量限制以及类似限制措施发挥作用的政策工具

通过数量限制以及类似限制措施管理贸易的政策工具主要有进口配额、自愿出口限制、进出口许可证、外汇管制和禁运。

1. 进口配额

进口配额（import quota）是指一国政府一定时期内对某些商品的进口，在数量或金额上规定一个限额，限额以内的准予进口，超过限额的则不准进口或者征收较高关税甚至罚款。进口配额可细分为绝对配额与关税配额。绝对配额是指对某些商品进口的数量或金额规定一个最高数额，达到这个数额后便不准进口；关税配额是指在配额以内实行较低的关税或免税待遇，超过额度的仍可进口，但是要按正常税率计征关税或征收高额关税甚至罚款。例如，至今美国政府每年为进口的蔗糖总量设置了不同的额度，超出这一额度的进口蔗糖面临着每磅几美分的关税。这一举措的目的是保护美国的蔗糖生产商免受廉价进口蔗糖的冲击。

2. 自愿出口限制

自愿出口限制（voluntary export restraints，VER）是指在一定时期内，一国政府对其出口到另一国的商品自愿进行数量限制的一种贸易政策。当然，这种"自愿"是相对的。因为事实上，自愿出口限制只不过是进口国和出口国谈判达成的替代关税或者配额的一种选择。当出口国商品大量涌入进口国导致后者相应产业的竞争对手寻求保护时，出口国为了安抚进口国并且防止其实施更加明确和强硬的贸易壁垒，通常会同意自愿出口限制。自愿出口限制的使用可追溯到 20 世纪 30 年代，其涉及的产品有纺织品、鞋类、钢铁、机械工具、汽车等。到了 20 世纪 80 年代，自愿出口限制发展成为一种普遍的贸易保护形式。作为乌拉圭回合的成果之一，WTO 成员方同意不再实行新的自愿出口限制并且在为期 4 年的时间里逐步消除当时已经存在的自愿出口限制。关于自愿出口限制，最为有名的例子是 1981 年日本汽车生产商不得不自愿限制日本出口到美国的汽车。

3. 进出口许可证

进出口许可证制度是指对外贸易经营者进口或者出口国家规定限制进出口的商品和技术，必须事先征得国家的许可，取得相应的证明文件。进出口许可证制度是国际贸易非关税壁垒的主要措施之一，是国家为保证进出口贸易有序进行而制定的一种管理制度。

4. 禁运

禁运（embargo）是指一国政府勒令禁止特定商品出口到特定的国家，而其动机通常是出于对外政策的考虑。比如，防止现实的或潜在的敌对国家获得前沿的技术，或者以经济手段对敌对国家施加政治压力。

5. 外汇管制

外汇管制（foreign exchange control）又可称为外汇管理措施，是指一国政府或授权某一政府部门制定法规，对本国境内的本国及外国的机关、企业、团体和个人的外汇收付、买卖、借贷、转移以及本国货币的汇价和外汇市场等实施的管理。由于外汇管制具有限制外国商品进口的作用，因此被视为管理贸易的一种工具。

4.1.2.3 通过政府出资或授权发挥作用的政策工具

通过政府出资或授权发挥作用的政策工具主要有补贴、出口信贷、歧视性政府采购和国营贸易。

1. 补贴

补贴（subsidy）是指政府对一个企业或者一个经济部门的援助。从贸易政策角度理解的补贴有两种：**出口补贴**（export subsidies）和**生产补贴**（production subsidies）。概括来讲，出口补贴除了政府按照出口产品价值的一定比例对出口商进行直接支付这种明显的形式外，还有多种隐蔽的补贴方式：更加优惠的信贷条件，该信贷条件与产品供应国内市场的生产商所享受的正常信贷条件之间的差额由政府来承担；政府承担一定出口风险（比如国外进口商违约）的保险费；公共机构组织的促销活动，诸如贸易展销会、广告等。当出口商在产品生产过程中使用了进口的原材料并且为之支付了进口关税的情况下，政府对其进行补贴作为补偿，这一出口补贴行为被认为是合理的。生产补贴，顾名思义是指政府在某商品的国内生产过程中对其进行的补贴。当这些商品用于出口时，其所享受的生产补贴则可以理解为出口补贴。该补贴使得商品在国际市场上更有竞争力从而刺激出口。在该商品是可进口商品（importables）的情况下，生产补贴可以刺激其国内生产从而起到抑制进口的效果。

2. 出口信贷

出口信贷（export credit）是指出口国官方金融机构或商业银行在国家提供的信贷担保和利息补贴等优惠条件的鼓励下，对本国出口商或外国进口商（或进口商方面的银行）提供的低息贷款。提供出口信贷的目的是解决本国出口商的资金周转困难，以及为外国进口商提供进口商品所需资金。大多数国家的出口信贷多向大型设备、成套设备的贸易商提供。出口信贷分为买方信贷和卖方信贷两种形式。买方信贷是出口方银行给予买方或买方银行的信贷，买方信贷可以保证出口商及时收回货款。卖方信贷是出口方银行给予出口商的信贷。

3. 歧视性政府采购

政府采购政策是非关税贸易壁垒的一种非直接形式。在大多数国家，政府采购占国内生产总值相当大一部分，而且通常倾向于国产而不是相同价格的外国商品或服务。甚至在某些情况下，即使同样的外国商品价位更低，政府仍然采购国货也是国内相关法律法规所允许的。例如，一些政府要求使用政府款项乘坐飞机时必须购买本国航空公司的机票。另外，政府可能会利用一系列的技术手段来限制外国生产商参与竞标为其公共部门供应商品的机会。政府采购政策在拥有大型公共部门的国家尤为普遍，如中国、俄罗斯和中东各国。在美国，政府机关偏爱本国供应商，除非他们的价格比外国供应商要高；在日本，政府机关甚至通常不会考虑外国竞标，无论其价格高低。

4. 国营贸易

国营贸易（state trading）是指在一些国家，政府授权特定企业从事某些商品的国际贸易。这是一项独立的非关税壁垒，其原因在于：在实行国营贸易的国家，政府直接或间接地拥有独占的垄断权力，它既是将本国产品供应外国市场的唯一出口商，又是将外国产品引入本国市场的唯一进口商。另外，如果该国实行的是计划经济，那么关于进出口什么商品以及这些商品的数量、价格等的决定就超出了纯粹的国际贸易理论。

4.1.2.4 通过限制产地或技术标准发挥作用的政策工具

通过限制产地发挥作用的政策工具主要是国产化规定。通过技术标准发挥作用的政策工具主要有技术性贸易标准和动植物检验检疫措施。

1. 当地成分要求

当地成分要求（local content requirement）也称国产化规定，是对生产商在当地的价值增值活动即在当地进行生产的要求，可表述为实物条款（如产品部件的75%必须在当地生产）或价值条款（如产品价值的75%必须在当地生产）。作为一种直接的贸易壁垒，国产化规定通过要求进口商在国内进行进一步加工，增加了进口商的成本，从而达到抑制进口的目的。其中，国内加工带来的成本增量就相当于一笔关税。只不过，这笔“关税”收入不是划入政府囊中，而是被国内生产的低效浪费了。国产化规定在发展中国家已作为一种手段被广泛采用，以便使它们的制造业基地从简单装配其他地方制造的部件转变为装配在当地制造的部件。为试图保护当地就业和当地产业免受外国竞争，发达国家也一直采用这一措施。

2. 技术性贸易标准

技术性贸易标准即我们通常理解的**技术性贸易壁垒**（technical barriers to trade，TBT），是指一国以维护国家安全、保障人类健康和安全、保护动植物健康和安全、保护环境、防止欺诈行为、保证产品质量等为由制定的一些强制性和非强制性的技术法规、标准以及检验商品的合格性评定程序所形成的贸易障碍。简言之，TBT是通过技术标准实现对贸易的限制。作为非关税壁垒的重要组成部分，TBT正在成为发达国家限制市场准入的重要手段。例如，美国联邦贸易委员会（FTC）要求纺织品标有成分和保护标签，消费者安全委员会（CPSC）要求纺织品的耐火性能达到相关标准；美国农业部（USDA）还要求猪肉、家禽肉必须经过严格的消毒程序；从2001年7月开始，欧盟对进口茶叶做出新规定，部分产品农药的最高允许残留量仅为原先标准的1/100～1/200（事实上按原来标准生产出的茶叶已经对人体没危害）。

3. 动植物检验检疫措施

动植物卫生检疫措施（sanitary and phytosanitary measures，SPS），是指与保护人类、动植物生命或健康相关的法律、法令、法规、要求和程序等。例如，许多国家要求对带有某些昆虫的新鲜商品（水果及其他农产品）以及木制（草编）包装用板材进行处理（如熏蒸），以防止它们被携带出口后，在进口国领土上"定居"繁衍，造成危害。当艾滋病和其他一些对人类产生巨大冲击的危害性病毒、细菌被认定是通过动植物产品传播的，SPS便在许多国家被定为强制执行的措施及标准了。这项措施可以很好地避免疾病、动植物病害的传播，从根本上提高人们的福利。但是，只要将卫生检疫程度、技术标准制定到其他国家无法执行的地步，原本服务于人类幸福的游戏规则，就会变成巨大的、无法逾越的非关税壁垒。例如，对那些产品技术标准较低、处理手段缺乏、资金有限的发展中农业国家来讲，执行严格的发达国家的农产品卫生检疫标准就等于禁止性的贸易壁垒。

4.1.2.5 贸易救济措施

贸易救济措施主要有反倾销与反补贴和保障措施。

1. 反倾销与反补贴

当外国企业对出口产品的定价低于出口国国内市场价格或者低于成本时，为了保护国内企业，摆脱不公平的外国竞争，进口国政府通常会征收**反倾销税**（antidumping duties）。**反补贴税**（countervailing duties）是进口国政府对外国政府的出口补贴或生产补贴行为做出的回应。简单来看，反倾销税与反补贴税一旦征收就是一种关税。然而，征收反倾销税、反补贴税的既定程序可能会扭曲国际贸易行为，即使是在进口国政府并没有实际征收的情况下。因为，该程序会向国外生产者发出"若想规避反倾销、反补贴惩罚就要提高定价"的信号。再者，倾销、补贴是进口国政府干预贸易的合理理由——WTO允许政府对被认为存在倾销、补贴且对进口国竞争产品的生产者造成损害的产品征收反倾销税和反补贴税。这样，出口商将难以决断如何定价才是安全的。此时，进口国的反倾销税、反补贴税不论是否实际征收，都在一定程度上抑制了进口。另外，值得注意的是，在实际操作中，反倾销、反补贴措施针对的范围往往大大超出反对外国产品不公平竞争的领域，因而对外国产品具有很强的杀伤力，特别是对非市场经济国家。

2. 保障措施

保障措施（safeguard measures）是指当进口商品数量增加，使进口国国内相同产品或与其直接竞争的产品的生产者受到严重损害或严重损害的威胁时，进口国采取的消除或减轻该损害或该损害威胁的措施。各国通常在防止和纠正造成的损害所必需的时间内实施保障措施，而不能长期实施。由于单方面采取保障措施很容易招致对方国家的贸易报复，因此，很多国家在采用该措施之前都与对方国家协商，争取协商解决，进而避免保障措施的实施。

4.1.3 国际投资政策工具

4.1.3.1 外国投资政策

1. 外国投资待遇标准

外国投资待遇标准是指东道国向外国投资者的投资及与投资有关的活动提供的待遇标准。通常包括以下四种类型：国民待遇、最惠国待遇、公平公正待遇、国际标准待遇。其中，国民待遇与最惠国待遇是相对待遇标准，即投资者所得到的待遇是相对的，是以某种参照对象所受待遇作为基准的，而公平公正待遇与国际标准待遇都属于绝对待遇标准。

（1）国民待遇。

国民待遇是指外国人同本国人在享受权利和承担义务方面，享有同等的法律地位。即东道国通过国内立法或签订国际条约（双边或多边）承诺给予外国人的民商事权利，不得低于本国国民所享有的同等权利。随着国际经济交往的日益频繁，国际贸易领域国民待遇的概念逐渐延伸到国际投资领域，并成为该领域普遍遵守的基本法则。作为对外国投资的待遇，国民待遇是指在一定的经济范围内，东道国给予外国投资者的投资及与投资有关的活动的待遇不应低于其给予本国投资者的投资及与投资有关的活动的待遇。从国际投资活动实践来看，不少国家希望区别对待本国国民与外国国民，保护本国投资，并保留管理与调整国民经济的权利，因而对给予外国投资者国民待遇都持谨慎态度，即便接受国民待遇义务，也会规定较多的限制。另外，对于国民待遇是否适用于外资准入阶段，各国的规定也有差异。准入前国民待遇的给予有“肯定式清单”和“否定式清单”两种不同方式。前者指的是，缔约国提出一份清单，列明其同意在准入阶段适用国民待遇的产业和活动，在此之外的产业和活动不适用准入前国民待遇。后者则是规定准入前国民待遇义务原则上扩及所有外国投资和投资者，同时允许缔约国提出清单，在清单中列举对于国民待遇义务的限制措施，加以保留，以保护某些产业与活动，凡没有列明在清单中的不符措施全部自动作废。虽然理论上“肯定式清单”与“否定式清单”可能最终达到的开放水平是一样的，但是实践中两者体现的开放要求和实际程度还是有所不同：当缔约国不愿意过快开放，而是希望以渐进的方式对外资准入实行自由化时，将选择“肯定式清单”；若愿意更快和更大程度地实现投资自由化，将选择“否定式清单”。

（2）最惠国待遇。

最惠国待遇体现在投资方面是指缔约国一方给予缔约国另一方投资和投资者的待遇，应不低于其给予第三国投资和投资者的待遇。最惠国待遇并不要求缔约国给予对方国民比第三国国民更优惠的待遇，而是平等待遇。

从实践来看，除一国通过国内法给予外国投资者最惠国待遇的少数个例之外，最惠国待遇一般是通过国际条约给予的。各国所签订的双边投资条约（bilateral investment treaty, BIT）基本都规定了最惠国待遇，这些条约的最惠国待遇条款的结构和内容也大同小异。概括而言，此类条款通常规定：第一，缔约一方给予缔约另一方投资和投资者的待遇，应不低于其给予第三国投资和投资者的待遇。第二，由于各国希望在某些情况下给予特定第三国更优惠的待遇，该条款通常会规定一些例外，主要包括：①国家联盟的例外，指的是最惠国待遇不适用于缔约国根据自由贸易区、关税同盟、共同市场或经济联盟而给予第三国投资者的优惠；②边境贸易的例外，指的是最惠国待遇不适用于缔约国为方便边境贸易而给予第三国投资者的优惠；③双重征税的例外，即对缔约国根据避免双重征税条约或其他有关税收问题的条约而给予第三国投资者的优惠，不适用最惠国待遇。

（3）公平公正待遇。

公平公正待遇是东道国给予外资的绝对待遇标准，是投资条约中常见的条款，如1985年的《多边投资担保机构公约》（MIGA公约）、1992年的世界银行《外国直接投资待遇指南》（Guidelines on the Treatment of Foreign Direct Investment）、1995年的《国际能源宪章》（International Energy Charter）以及《北美自由贸易协定》（North American Free Trade Agreement，NAFTA）均规定东道国应给予外国投资者公平公正待遇。但是，国际社会并没有形成关于公平公正待遇的统一认识，各国对公平公正待遇条款的表达内容和表述方式存在差异。考察各国BIT示范文本及条约文本，关于公平公正待遇条款的表述大致有以下几种：①公平公正待遇作为独立条款，不做任何限制，仅规定应在任何时候都给予外国投资公平公正待遇，例如中国2003年BIT范本的规定；②公平公正待遇与全面的安全和保护规定相联系，规定缔约一方的投资者应始终享受公平公正待遇及全面的保护和安全，例如德国2005年BIT范本的规定；③公平公正待遇与不得采取歧视性措施相联系，例如泰国2002年BIT范本规定缔约各方应始终给予其他缔约方投资者的投资以公平公正待遇，不应通过不合理的或歧视性的损害措施管理、维持、使用或处置在本国领域内的另一缔约方的投资；④公平公正待遇与国民待遇和最惠国待遇相联系，例如丹麦2002年BIT范本规定缔约各方应确保给予另一缔约方投资者的投资以公平公正待遇，该待遇标准不低于其给予境内本国投资者的投资或者第三国投资者的投资的待遇标准；⑤公平公正待遇与国际法的规定相联系，例如希腊2001年BIT范本规定任何时候投资及收益都享受公平公正待遇，以及全面的保护和安全，在任何情况下缔约一方都不得给予低于国际法要求的待遇；⑥公平公正待遇与其违反情形举例一并规定，例如玻利维亚—法国BIT规定缔约各方有义务根据国际法原则给予公平公正待遇，并确保上述权利的行使不会受到法律上或事实上的阻碍。下列情况可以被认为在法律上或事实上阻碍了公平公正待遇：任何对原材料或初加工材料、能源、燃料购买交易的限制，对生产方式和各种经营手段的限制，任何妨碍产品在国内或海外销售或运输的措施。

【专栏4-2】

《北美自由贸易协定》

1988年，美国和加拿大政府同意签署一份FTA，并于1989年1月1日生效。这份协定的目标是到1998年取消有关加拿大和美国双边贸易的所有关税。随后，美国、加拿大和墨西哥又在1991年展开对话，目标是在这3个国家之间签署NAFTA。1992年12月17日，三国政府签署了NAFTA，以求达到促进区域内贸易自由化、创立公平竞争的环境、增加投资机会、充分有效地保护知识产权等目标。1993年三国政府对协定做了修改完善，该协定于1994年1月1日正式生效。

NAFTA涉及货物贸易、贸易的技术壁垒、政府采购、投资和服务贸易、知识产权、争端解决、环境合作和劳工制度等众多方面，其主要内容有：①到2004年废除墨西哥、加拿大和美国之间99%货物贸易的关税。②到2000年取消大部分阻碍跨国界服务贸易的壁垒。例如，允许金融机构不受限制地进入墨西哥市场。③保护知识产权。④取消3个成员国之间国际直接投资的大部分限制，但墨西哥的能源和铁路工业、美国的航空和广播通信业以及加拿大的文化产业可实行特别保护。⑤实行国家环境标准，只要这些标准具有科学基础。为了吸引投资而降低标准属不恰当行为。⑥建立两个委员会，当涉及健康和安全、最低工资、童工或环境的标准或者立法受到忽视时，委员会拥有征收罚款和取消贸易特权的权力。

特朗普上任以来，多次威胁终止《北美自由贸易协定》，批评该协定造成美国制造业岗位流失，要求重新谈判。经过一年多艰难的谈判，美墨加三国于2018年9月就更新《北美自由贸易协定》达成一致，新协定更名为《美墨加自由贸易协定》(USMCA)，该协定于2020年7月1日生效。

资料来源：根据刘世元（2001）第161～284页整理而成。■

（4）国际标准待遇。

国际标准待遇又称为国际法标准、国际最低标准、国际文明标准，是指东道国按国际法的要求，使外国投资者享有不低于国际最低标准的待遇，而不论其国内立法和实践如何。这里的所谓国际最低标准并没有统一的解释，内容抽象模糊，一般以所谓的西方文明国家公认的国际法来衡量。事实上，所谓国际标准待遇，其真正目的和作用是在国民待遇和最惠国待遇都低于投资者所期待或认为公平的待遇时，提供对外国投资者的最低保护。

2. 外国投资准入政策

（1）外国投资准入。

①投资范围。资本输入国为了确保外国投资有利于东道国的经济发展，必须对外国投资的范围加以规定。因此，世界各国法律都有关于投资范围的规定，即规定禁止、限制、允许或鼓励外国投资的部门。

对外商投资范围的限制，是国民待遇的合理例外。发展中国家一般都禁止或者严格限制外资在军工企业、通信以及关系到国家安全或经济命脉的领域投资，鼓励外资进行有利于国民经济发展，特别是新兴产业部门以及改善国际收支、扩大出口的部门投资。发达国家对投资领域的限制较少，主要集中在例如国防工业、交通运输、银行、保险等关系本国国计民生的特殊部门和航空、汽车、电子等重要的工业部门。

②出资管理。出资方式指外商投资企业投资人对企业投入认缴资本所采取的方式。例如《中华人民共和国外资企业法实施细则》（2016）第二十五条规定：外国投资者可以用可自由兑换的外币出资，也可以用机器设备、工业产权、专有技术等作价出资。经审批机关批准，外国投资者也可以用其从中国境内举办的其他外商投资企业获得的人民币利润出资。

出资比例：有些国家出于保护本国民族工业和保证本国经济安全的目的，往往会对外国直接投资的出资比例做出限制。在出资比例上面，有些国家认为外资出资比例太小而对本国经济意义很小，因而规定了出资比例下限，如中国为25%，越南为30%；有些国家为了限制外国投资者在本国投资企业中的经济管理权、控制权、操纵权，规定了出资比例的上限，如韩国规定，在以国内市场为主的外国项目以及免税加工项目中外资比例不得超过50%，对于设立在出口区的项目，居住在国外的韩国人兴办的项目和高新技术项目中，外资比例可达100%。

出资期限：外国投资者在东道国境内举办外资企业必须依照规定的期限出资。例如《中华人民共和国外资企业法实施细则》（2016）第三十条规定：外国投资者缴付出资的期限应当在设立外资企业申请书和外资企业章程中载明。外国投资者可以分期缴付出资，但最后一期出资应当在营业执照签发之日起3年内缴清。

③外国投资审批。各国有权自行决定外国资本进入本国的程序，一般而言，这类程序可以分为一般许可制和特别许可制两种类型。一般许可制又称注册制，是指外国投资者一旦完成企业的注册手续即可进入资本输入国，对外国资本的进入只是进行形式上的审查，十分方便外国投资的进入。一般许可制主要由发达国家采用，它体现了资本输入国对外国资本进入的宽松政策。特别许可制又称审批制，是指资本输入国依据一定的标准对外国投资项目进行鉴定和评价，进而决定是否准许其进入本国。外国投资项目经过审批允许进入本国后，外国投资者才能办理企业的注册手续。审批制对外国资本进行实质审查，通常为发展中国家所采用。资本输入国对外国投资的审批，可以实现本国对外资采取的禁止和限制等措施，引导外资合理流动，利用外资对本国的经济和社会发展服务。

一般而言，审批程序包括申请、审查和批准三个步骤。申请是指外国投资者和国内合作者就要求审批的投资项目向审批机构呈报相关文件资料并予以说明的程序。审查是指审批机构接受申请后，查明报送的有关文件资料是否齐备、内容是否符合法律规定的程序。批准是审批机构对外国投资项目进行审查后，在法定期限内做出批准或者不批准决定的程序。

（2）外国投资准入后的管理。

外国投资获准进入东道国后，外国投资者从事的各项投资活动要接受东道国的管理。各国由于经济体制和经济发展水平的差异，对外资企业的管理也有所不同。发达国家一般按照管理本国其他企业的法律法规管理外国投资企业；发展中国家则规定一些专门适用于外国投资企业的管理措施，没有做出专门规定的则适用管理内资企业的法律法规。对外国投资企业的专门管理主要包括：企业的管理机构、购销业务管理、劳动雇用与管理、技术引进管理、场地使用管理、外国投资企业的清算管理等。

①企业的管理机构。外国投资企业在东道国从事投资经营活动，首先必须依当地法律设立经营管理机构。从法律规定和实践情况来看，外国投资企业管理机构的设置因企业采取的形式不同而有所差别。若采取公司的形式，则一般依所在国公司法的规定设立。例如，根据某些大陆法系国家的公司法，公司应设立股东大会作为企业的最高权力机构，由股东大会选举产生的董事会作为企业的业务执行与经营决策机构，由股东大会选举产生的监事会作为企业的监察机构，由董事会选举、任命或者聘用的总经理、副总经理等作为企业的日常经营管理机构。也有些国家规定设立股东大会、董事会、日常经营管理机构这三级机构，或只设董事会、日常经营管理机构这二级管理机构。

②购销业务管理。外国投资企业的物资采购和产品销售，是企业生产和经营过程中两个非常重要的环节，直接关系到企业的生产和利润的实现。因此，许多国家外资法对企业的购销活动大都进行必要的调控。物资采购是企业经营自主权的一部分，企业有权从国内或者国外市场进行购买。然而许多国家（包括发达国家）为了充分利用本国资源，带动本国经济的发展和解决就业等问题，以前均注重以政策和法律手段促使外国投资企业尽可能在当地采购所需物资，但是这种当地成分要求已被乌拉圭回合达成的《与

贸易有关的投资措施协议》(Agreement on Trade-Related Investment Measures，TRIMs)看作是对贸易有不利影响的限制性措施而予以禁止。在产品的销售方面，鼓励外国投资企业出口创汇，是各国外资法的共同特点之一。许多国家外资法都把外国投资对本国的出口创汇能力及对本国国际收支的积极作用作为审批外国投资的标准之一。虽然许多国家的外资法都鼓励外国投资企业的产品外销，但并非要求这些企业的产品必须全部外销。有的国家规定合营企业产品首先应满足国内市场的需要，如苏联、古巴的法律有此规定。

③劳动雇用与管理。许多发展中国家希望通过利用外资，引进国外先进技术和管理经验，培育国内的技术和管理人员，提高企业的经营管理水平，因而限制外国投资企业雇用外国人。各国对技术和管理人员的限制规定主要包括以下几方面：第一，只有当地国民无法胜任的管理职务和专业职务才能雇用外国人。第二，雇用逐步当地化，一些国家要求外国投资企业在一定期间内逐步让当地国民担任各种管理和专业技术职务。第三，规定国内外技术和管理人员的雇用比例。

④技术引进管理。引进国外的先进技术是利用外资的主要目的之一，许多国家对外国投资企业的技术引进做出了明确规定。外国投资企业可以通过外国投资者的投资获得国外的技术，也可以签订技术引进合同获得国外的技术。技术引进管理的内容通常包括技术引进的对象、技术引进合同管理以及技术引进的审批。技术引进的对象包括专利权、商标权等工业产权以及专有技术、图纸、设计方案等非工业产权。但是，引进的技术应具有先进性和适用性。一些国家通过规定技术引进合同中的必备条款和禁止性条款来管理技术引进。必备条款是合同中必须规定的条款，禁止性条款是合同中不得含有的条款。许多国家还规定技术引进要经过审查批准。

⑤场地使用管理。外国投资者在东道国从事生产经营活动，应依法取得土地所有权或者使用权。在实行土地私有制的国家中，外国投资企业可以取得土地所有权；在土地所有权与使用权分离的国家，外国投资企业只可以取得土地使用权。关于场地使用的规定主要包括：场地使用权的取得方式和场地使用费标准。

⑥外国投资企业的清算管理。外国投资企业在东道国的经营终止时，应当依照东道国的法律规定进行清算。一些国家规定外国投资企业与国内其他企业适用同样的企业清算的法律规定，也有一些国家制定了专门适用于外国投资企业清算的法律法规。

3. 对外国投资的保证

(1)征收与补偿的保证。

理论上，国有化与征收是有区别的两个概念，一般认为，征收仅影响个别人的权利和财产，而国有化是大规模的，甚至影响整个国家的社会经济结构。但是，它们具有相同的法律性质，即都是国家通过强制措施将私人财产收归国有。因此，国际投资条约一般不做此种区分，而是统一就征收及补偿问题做出规定。

国际上有两种征收的补偿标准，一种是发达国家所主张的“充分、及时、有效”补偿的赫尔标准。“充分”是指补偿的金额应等于受征收措施影响的外国投资者所有利益的损失，包括直接损失和间接损失。“及时”是指补偿应在征收之前或之后的较短时间内立即支付，否则须支付延迟的利息。“有效”是指该补偿应可随时为接受补偿的外国投资者有效地支配和使用，同时，要以可自由兑换的货币支付。另一种补偿标准是发展中国家主张的“适当”补偿标准，该标准是指征收补偿的数额、时间、支付方式等问题，应由国有化国家考虑本国的财政经济状况、支付能力、被征收资产的性质及其估价方法等因素，根据具体情况加以确定。在实践中，国际投资条约以压倒性的多数采用（或变相采用）“充分、及时、有效”的补偿标准已是不争的事实。

（2）投资原本及利润汇出的保证。

外国投资者在东道国投资的目的是获取利润，但投资者因投资所得合法利润、其他合法收益以及回收的本金能否兑换成国际通用货币或其本国货币，自由汇回本国，关系到投资者的根本利益。对于发展中国家来说，由于其外汇资金短缺，往往都建立了较严格的外汇管制，限制外资的自由出入和自由兑换。这种外汇管制会给外国投资带来风险。为了兼顾和保护外国投资利益，吸引外资，东道国就必须在实施外汇管制的同时，对外国投资者取得的合法收益及原本的汇出提供保证。

各国对外国投资原本及利润汇出的规定，大体可以分为两种情况：一是原则上不做限制，允许投资原本和税后利润自由汇出。二是在允许自由汇出的原则下，附有某种限制或条件，比如：以批准为条件、对时间和金额有所限制、对不同的资本形式规定不同的汇出比例、按投资的行业部门规定汇出比例等。允许外资原本和利润有条件地汇出虽可以说是对外资的一种限制，但在外汇管制合法的前提下无疑又是一种保证。

4. 国际投资争端解决

国际投资争端是指在国际直接投资活动过程中所产生的、与投资活动密切相关的各种争端的总称。国际投资争端的类型可以按照不同的标准予以划分。按照争议主体的不同可分为：①投资者之间的投资争议；②国家之间的投资争议；③国家与投资者之间的投资争议。

（1）对投资者之间投资争议的管辖。

投资者之间的投资争议，无论是外国投资者之间的争议，还是外国投资者与东道国投资者之间的争议，都是基于投资合同而产生的不同投资者之间的投资争议，即国际投资合同（不包括特许协议等与国家签订的投资合同）的各方当事人之间因合同的成立、履行和解释等所产生的争议。这类争议的性质同一般的国际民商事争议相同，其解决的途径也类似，无外乎协商与调解、仲裁以及诉讼。

（2）对国家之间投资争议的处理。

国家之间因私人海外直接投资活动而产生的争议是国家间由于双边或者多边投资条约的解释或适用而产生的争议，或者由于投资者与东道国之间产生的投资争议，投资者母国因行使外交保护或代位求偿权而导致与东道国之间产生的争议。这类争议属于传统国际法中的国家争端，两国政府通常会通过外交谈判、国际仲裁或者国际诉讼解决。

（3）对东道国与外国投资者之间争端的解决。

①东道国与外国投资者之间争议的特殊性。东道国政府与外国投资者之间因投资而产生的争议在性质上是较为特殊的一类争议。首先，争议主体的地位不平等，一方是主权国家，是国际法上的主体；另一方是私人投资者，是国内法上的主体。这也就使得该类争议很难适用传统的争议解决办法来解决，且极易因相关国家行使外交保护权而演变为国家间的争端，使其更加政治化和复杂化，更难予以解决。其次，这类争议产生的原因也较特殊与复杂。从起因上看，投资争议可分为基于契约所引起的争议和非直接基于契约所引起的争议。前者指投资契约双方当事人因对契约的解释、执行、修改或废除而产生的争议。其主要特点是，争议直接涉及的是当事人的契约权利义务问题。后者是指东道国政府在同外国私人投资者无投资契约关系的情况下，或在投资契约关系之外所发生的争议，实践中主要是关于对外国投资是否依照法律或条约规定的标准提供待遇或保护问题引起的争议，具

体包括：国有化或征收引起的争议；东道国行政管理行为如外汇管制、增加税收、干预企业经营活动等引起的争议；东道国国内政治动乱、革命、战争等事件引起的争议。这类争议的特点在于它涉及的不是契约权利义务问题，而主要是东道国法律和有关国际条约中的权利义务问题。

②解决方法。实践中，投资争议中较为复杂和难于处理的是东道国政府与外国私人投资者之间的争议，国际上通常所指或关注的投资争议即是这类争议。这类争端的解决方式主要有争议双方自主通过协商或谈判友好解决和通过第三方介入的方法解决。协商和调解是解决争议的友好方法，它成为各国法律和一些 BIT 所规定的解决投资争议的首选方法。

第三方介入的方法分为国内（主要是东道国国内）第三方解决方法和国际化第三方解决方法。国内第三方解决方法主要是指东道国当地救济，即外国投资者在东道国依其国内法设立的司法机构（即法院）、行政机构或仲裁机构中，依照东道国的程序法和实体法寻求救济，解决争议。国际化第三方解决方法主要包括国际商事仲裁、外国法院诉讼和外交保护。国际商事仲裁既可以用来解决私人投资者之间的争议，也可以用来解决东道国与私人投资者之间的争议。鉴于东道国与私人投资者之间的争议具有一定的特殊性，一些国家在世界银行的倡导下于 1965 年缔结了《解决国家与他国国民之间投资争议公约》，并据此设立了解决投资争端国际中心（International Center for Settlement of Investment，ICSID），专门用于解决东道国与私人投资者之间的争议。专门解决东道国与私人投资者之间的争议的仲裁通常称为国际投资仲裁。

在实践中，投资者用尽当地救济后未获得满意的解决或认为寻求当地救济将徒劳无益时，供其使用的非当地救济方法除了国际投资仲裁还有外国法院诉讼，外国投资者可以单方面向东道国以外国家的法院对东道国提起诉讼，以求获得对己有利的解决，但是通过外国法院诉讼解决发生在东道国境内的投资争议，从根本上讲是违反属地管辖原则的，容易遭到东道国的反对。

投资者利益在东道国受到侵害，而依照东道国法律提供的救济手段无法获得救济时，还可寻求母国的外交保护。不过，为了防止国际投资领域内外交保护权的滥用并解决外交保护权行使中的一些不确定问题，许多国家签订的双边投资条约鼓励私人投资者利用东道国当地救济或国际仲裁解决其同东道国之间的投资争议，对外交保护加以较严格的限制。例如中国签订的许多双边投资保护协定对外交保护的限制条件为：对正在东道国司法诉讼或国际仲裁程序进行中的投资争议案件，不得提供外交保护；对东道国已遵守或履行法院判决或仲裁裁决的投资争议案件，也不得提供外交保护。可见，随着现代国际法的发展，个人和公司有越来越多的机会直接利用国际程序解决国际求偿争议，外交保护作为解决经济纠纷的手段已经过时，现实中对于这一争端解决方法的限制规定也比较多，国家行使外交保护必须满足国籍继续原则和用尽当地救济原则。

国籍继续原则指一国向另一国因本国国民在该国受到人身或财产的侵害而得不到救济提起国际求偿时，受害者应具有本国国籍，并且从受害之时起直到提起国际求偿时必须持续具有本国国籍。用尽当地救济原则是一项习惯国际法原则，多被东道国援引以对抗外国人母国实施外交保护或代表其本国国民提出国际求偿，但在国际投资争端解决程序中，经常被东道国用来作为反对投资者将争议提交国际程序（例如国际投资仲裁）的主要理由。该原则要求受损害的投资者在诉诸国际程序之前，用尽东道国一切救济手段和资源。

在处理国内救济和国际救济的关系问题上，综合各国实践，大致可归纳为如下几种方式：①否定式。此种方式完全否定国际救济的可能性，认为国际投资争议纯属国内法问题，外国投资者只应在东道国内寻求救济，不可将此争议求助于任何国际水准的救助手段。拉丁美洲国家在这方面最为突出。②选择式。此种方式不强制当事人必须求助国内救济或国际救济，而由当事人在这两者间进行选择。但一经选定，则排斥另一方法的适用，不得再适用另一救济方法。③补充式。这种方式以国际救助为国内救助的补充（例如用尽当地救济之后可以提交国际投资仲裁），但这种补充并不是国内救助之不足，而是为外国投资者多提供一种救济手段，给外国投资者创造一个较良好的投资环境。

【专栏 4-3】

国际投资仲裁

请扫描二维码详尽了解专栏内容

5. 对外国投资的优惠措施

为了吸引更多的外国投资流入本国，发展中国家和部分发达国家规定了各种优惠措施，这些措施主要体现在税收、信贷等方面。

（1）所得税减免。

所得税减免是指资本输入国在一定期限内减征或者免征外国投资企业收入的所得税。例如2008年已废止的《中华人民共和国外商投资企业和外国企业所得税法》曾在第八条规定，对生产性外商投资企业，经营期在10年以上者，从开始获利的年度起，第1年和第2年免征企业所得税，第3～5年减半征收企业所得税。外商投资企业实际经营期不满10年的，应当补缴已免征、减征的企业所得税税款。

（2）关税减免。

外国投资者因实物出资需要进口机械、设备、原材料等，外国投资企业为了生产经营有时也需要进口原材料、燃料、机器设备等，为了使外国投资者得到优惠，各国一般都给予外国投资者不同程度的进口关税减免。例如，《中华人民共和国中外合资经营企业法实施条例》（2014年修订版）第六十一条规定，合营企业进口按照合同规定作为外国合营者出资的机械设备、零部件和其他物料减征或免征关税；合营企业为生产出口产品，从国外进口的原材料、辅料、器件、零部件和包装物料减征或免征关税。

（3）固定资产折旧优惠。

固定资产折旧优惠是指采取措施使外国投资企业把更多的固定资产折旧费用计入成本，从而减少企业的应纳税所得额，达到少纳所得税、增加净收入和纯利润的目的。

（4）利润再投资优惠。

利润再投资可用于本企业的扩大再生产或投入新建企业，形成利用外资的良性循环，还可因延迟利润汇出而减轻对本国国际收支的不利影响，因此，许多国家对利润再投资给予税收优惠。例如，2008年已废止的《中华人民共和国外商投资企业和外国企业所得税法》曾在第十条规定，外商投资企业的外国投资者，将从企业取得的利润直接再投资于该企业，增加注册资本，或者作为资本投资开办其他外商投资企业，经营期不少于5年的，经投资者申请，税务机关批准，退还其再投资部分已缴纳所得税的40%税款，国务院另有优惠规定的，依照国务院的规定办理；再投资不满5年撤出的，应当缴回已退的税款。

（5）信贷优惠。

信贷优惠主要是由发达国家采用的优惠措施，其内容是对外国投资企业提供长期低息贷款、无担保贷款、发放利息津贴贷款等。

（6）财政补贴或费用优惠。

有些国家通过对特定的外国投资给予财政补助的方式体现优惠。还有一些国家通过降低外国投资企业的水、电、交通、公共设施等费用的方式给予外国投资者优惠。

（7）土地使用优惠。

有的国家对在不发达地区的投资，提供低价或低租金土地，并改善基础设施。例如《中国国务院关于鼓励外商投资的规定》（国发〔1986〕第95号）第四条规定，对产品出口企业和先进技术企业的场地使用费，除大城市市区繁华地段外，按优惠标准征收。

4.1.3.2 海外投资政策

1. 海外投资的管制措施

（1）审批制度。

通常，出于外交、海外安全等因素的考虑以及在特殊行业的情形下，政府会针对本国的海外投资项目设立审批制度。例如，中国对海外投资实施行政许可制度，由发改委、商务部和外汇局分别对海外投资相关事项进行审核。其中，发改委负责“境外资源开发类和大额用汇投资项目审批”和“企业境外投资用汇数额审批”（不涉及用汇来源，是否购汇以及购汇多少的管理）；商务部负责“国内企业在境外开办企业（金融企业除外）核准”；外汇局负责“境外投资外汇资金（资产）来源与汇出审核、登记”。此外，凡列入中央企业境外投资项目负面清单特别监管类的境外投资项目，中央企业应当在履行企业内部决策程序后、在向国家有关部门首次报送文件前报国资委履行出资人审核把关程序。

（2）要求海外投资企业披露信息。

为了使政府、社会了解公司的财务状况和经营状况，对其经营情况进行监督，各国公司法、证券法均要求股票上市公司披露情报，向政府和社会公布资产负债表及其他商业情报。在海外投资的大多是本国的股票上市公司，它们也必须服从本国的证券法、公司法的规定。这一措施有助于政府了解和监督本国海外投资企业的经营情况。

（3）防止海外投资企业逃避税。

私人投资者在海外投资时，若不将海外所获利润及时汇回本国，不仅会影响到投资者本国的国际收支，而且还会减少本国的财税收入。因此，如何防止海外投资企业逃避税，是资本输出国管制海外投资的一个重要内容。对于海外投资者来说，他们除了可以采取一般的逃避税措施外，由于其在海外经营的特点，还可以采取一些特殊的措施。例如，利用海外关联企业通过转移定价进行避税，利用在国际避税港设立“基地公司”（base company），并将在避税港境外的财产和所得汇集在基地公司的账户下避税。各国均对这些逃避税行为采取了特别的管制措施。所采取的措施主要有：①采用“正常交易”原则（即按照公平的市场交易价格）来确定关联企业间交易的价格；②防止利用避税港逃避税收。例如英国通过法律制裁阻止基地公司的设立，比利时用禁止非正常的利润转移来制止基地公司的设立，美国则取消延期纳税。

(4) 外汇管理制度。

外汇管理制度是东道国对海外投资企业进行管理的一种重要手段，对海外投资有一定的影响力。资本输出国的外汇管理机关通常会对境外投资的外汇风险和外汇资金的来源进行审查，对投资资金的汇出和回收、投资利润和其他外汇收益汇回进行监管。另外，当国家遇到国际收支不平衡问题时，一般会对海外投资进行限制。

2. 海外投资的保护政策

海外投资保险制是资本输出国政府保护本国私人海外投资的主要国内法律制度，自二战后至20世纪70年代，一些主要的资本输出国都先后相继实施了投资保险制，中国也于2001年后开始实施海外投资保险制度。海外投资保险制产生的直接原因是为了减少资本输出国的对外投资者在东道国面临的政治风险。政治风险是指与东道国政治、社会、法律有关的、人为的、非投资者所能控制的风险。所谓“人为的”，主要是指由东道国政府行为产生的风险。这些风险主要包括：征收的风险，即东道国基于国家和社会公共利益的需要，对外资企业实行征用、没收或国有化；外汇转移的风险，指东道国基于国际收支困难，实行外汇管制，禁止或限制外国投资者将原投资资本、利润和其他合法收入从东道国转移出境；战争和内乱的风险，指东道国发生革命、战争和内乱，使外国投资企业或财产遭受重大损失，以致不能继续经营。此外还有延迟支付的风险，指投资者因投资所产生的到期期权，因东道国停止支付或延迟支付而完全不能得到保证；政府违约的风险，指因东道国政府违约而使投资者无法或无法及时获得司法救济。

政治风险的存在，会严重影响投资者的安全与利益，同时也会影响到资本输出国的利益。海外投资保险制度的基本内容是：由本国政府批准设立海外投资保险机构，鼓励向外国投资的本国国民（个人或企业）向其申请投保，投保的主要是政治风险，而不包括一般商业风险。申请书经保险机构审查批准后，再由其与向外国投资的个人或企业订立保险合同，由投保人（即投资者）缴纳保险费，当约定的保险事故发生后，由对外投资保险机构向投资者补偿所遭受的损失。同时，对外投资保险机构有权代表受到损失的投资者，向其所在国政府取得求偿的代位权。

3. 海外投资的鼓励政策

(1) 税收鼓励措施。

资本输入国根据属地原则，有权对外国投资者在本国境内的收入征税，而资本输出国基于属人原则，也有权对本国投资者在海外的收入征税，因此跨国投资者可能会遇到双重征税问题。对于资本输出国来说，不解决双重征税的问题，就不足以鼓励海外投资。为了解决这一问题，资本输出国通常采取避免重复征税的措施（见第5章相关内容）。

(2) 资金与技术援助和支持。

资本输出国政府对海外私人投资的资助主要体现在以下几个方面：

①投资前调查的资助。有些国家会对与投资计划有关的可行性研究或投资前调查所需资金，予以全部或部分资助。政府所资助的调查费用，通常为调查费用的50%。投资者在投资项目实现后，应偿还政府资助的费用。

②技术援助。经合组织下属的发展援助委员会（Development Assistance Committee, DAC）成员国为给海外投资企业培训技术人员，可接受从发展中国家派来的政府后备练习生，其居留期间的费用及旅费，由技术供应国负担，并对训练发展中国家技术人员的培训机构提供政府补贴。

③资金支持。一些资本输出国设立了特别的金融机构，对本国私人投资者的海外投资，

以出资或贷款的方式，或建立特别制度或特别基金，予以资助。

（3）投资情报服务。

一些资本输出国政府通过国家行政机关、国内特别机构或驻外使领馆所设的经济情报中心，向本国私人投资者提供东道国经济情况和投资机会的情报，以便他们做出投资抉择。大多数开发援助委员会成员方先后设立了提供服务的机关，为投资者提供在发展中国家的投资机会。例如，美国的海外私人投资公司就为促进私人投资流入发展中国家提供一系列投资前服务，如出版有投资者信息的服务，介绍100多个国家和地区的基本商业、经济和政治情况、投资环境和投资机会；建立了投资机会数据库；设立投资交流项目，协助并组织美国投资者代表团到发展中国家调查，同当地人士进行接触，研究投资项目等。

4.2 国际贸易与投资规则的形成与演进

4.2.1 国际贸易规则的形成与演进

4.2.1.1 从大萧条后的经济无序到二战后创建多边贸易体制

20世纪20年代末30年代初爆发了席卷世界的经济危机，生产过剩、企业倒闭、工人失业，各国的经济受到重创。经济危机导致贸易保护主义盛行。美国在1930年通过了《斯姆特－霍利关税法》，把美国的平均关税率从40%提高到47%。美国的做法引发了关税战，各国纷纷采用“以邻为壑”的奖出限入的贸易政策，45个国家相继提高关税，世界贸易量急剧下降。二战又使得各国经济雪上加霜。为了促进经济的恢复，各国意识到必须要克服贸易保护主义，在国家间进行国际合作和政策协调，遂决定从金融、投资、贸易三个方面重建国际经济秩序。二战期间，美国政府倡议建立国际贸易组织（International Trade Organization，ITO)，使各国相互削减关税壁垒，促进贸易自由化。1947年11月～1948年3月，在哈瓦那举行的联合国贸易和就业会议，审议并通过了《国际贸易组织宪章》(《哈瓦那宪章》)。但是由于美国国会认为《国际贸易组织宪章》中的一些规定限制了美国的立法主权，不符合美国利益，因此拒绝批准该项提议，导致建立国际贸易组织的计划最终夭折，但作为《国际贸易组织宪章》一部分的GATT被保留下来。1947年11月15日，美国联合英国、法国、比利时、荷兰、卢森堡、澳大利亚和加拿大，签署了《1947年GATT临时适用议定书》，同意从1948年1月1日起，正式实施《GATT 1947》条款。GATT的主要职能是组织多边贸易谈判，制定贸易规则，降低贸易壁垒。

4.2.1.2 20世纪五六十年代区域性贸易安排的发展与关税壁垒显著降低

《GATT 1947》第24条规定：“本协定的各项规定不得阻止缔约各方在其领土之间建立关税联盟或自由贸易区，或为建立关税同盟或自由贸易区的需要采取某种临时安排”，允许关税同盟和自由贸易区作为多边贸易体制最惠国义务的例外而合法存在。到了20世纪五六十年代，在多边贸易体制不断向前发展的同时，地区性贸易安排也逐渐发展起来。在这一时期，区域组织的构成国家通常历史、文化传统相似，经济发展水平接近，并在地理上处于同一地区。

GATT一共经历了8个回合的谈判，前6个回合的谈判主要是针对关税减让。6个回合过后，关税壁垒得到有效遏制，关税大幅下降。到1972年，工业品进口关税率下降了

35%。针对发达国家开始采用具有隐蔽性的以新型非关税措施来实现贸易保护的做法，第六轮肯尼迪回合还达成了《反倾销守则》（Anti-dumping Code），美国等12个国家签署了该守则。GATT还增加了“贸易与发展”部分，阐明了发展中国家指示本国贸易政策的总目标。

【专栏4-4】

区域经济一体化的层次

自由贸易区（free trade area，FTA）是由若干个国家构成的群体，相互之间取消贸易壁垒，对于非成员方仍保持不同的外部政策。一个典型例子就是北美自由贸易区（NAFTA）。

关税同盟（custom union）是较自由贸易区的进一步发展。除了自由贸易区的所有协议外，关税同盟对于非成员方采取相同的关税税率对外贸易政策。确定共同对外贸易政策需要行政管理机构来监管成员方同非成员方的贸易关系。欧盟就是从关税同盟起步的，但现在已经超越了这个阶段。

共同市场（common market）在关税同盟的基础上允许资本和人员的自由流动。建立一个共同市场需要在财政、货币和就业政策上有相当程度的协调与合作，达到这种程度的合作是非常困难的。尽管欧盟现在已经超越了这一阶段，但是多年来都是作为共同市场运作的。

经济联盟（economic union）具有共同市场的所有特征。经济联盟的成员也需要调整和统一其经济政策（例如货币、财政和税收），这种高度的一体化需要一个官方协调机构，并在国家主权方面做出巨大的让步。欧盟是一个经济联盟，但还不完善，因为并非所有的欧盟成员国都采用欧盟的货币——欧元，各国仍存在税率和法规的差异，并且某些市场（如能源市场）仍未完全解除管制。

政治联盟（political union）有一个中央政治机构来协调成员方的经济、社会和对外政策。欧盟已经在朝着至少是部分的政治联盟迈进。自20世纪70年代末以来，欧洲议会就由欧盟国家的公民直接选举产生，现在它起着越来越重要的作用。此外，部长理事会（欧盟的管理和决策机构）由每个成员国的政府大臣组成。美国是更紧密的政治联盟的一个例子。在美国，独立的州实际上相当于一个统一的国家。欧盟最终可能发展成为一个类似的联邦结构。■

【专栏4-5】

欧盟与欧元区

请扫描二维码详尽了解专栏内容

4.2.1.3 20世纪七八十年代新贸易保护主义与新议题挑战多边贸易体制

20世纪70年代美国国内经济问题日益凸显，国民经济陷入滞胀，开始调整其对外贸易政策。以《1974年贸易改革法》的出台为标志，美国开始由标榜自由贸易转向强调公平贸易，开始了以“公平贸易”为贸易政策目标导向的新型贸易保护主义时代。为了促进本国贸易的发展，以美国为首的发达国家采取诸如反倾销、反补贴等具有隐蔽性的非关税措施。针对新贸易保护主义，GATT的第7次谈判东京回合于1979年除了达成更多项产品的关税减让，主要工业国家工业制成品关税加权平均税率从7%降为4.7%，还达成了一系列非关税措施协议，包括技术性贸易壁垒、进口许可程序、政府采购、海关估价、民用航空器贸易、反倾销、补贴与反补贴措施等。

20世纪80年代中期，除了大量使用行政救济手段，美国着眼于社会利益、人类健康、环境利益，又提出了绿色壁垒等更多的非关税措施，遭到了其他贸易伙伴的抗议和报复，报复与反报复损害了多边贸易体制，以GATT为基础的多边贸易体制受到挑战。20世纪80年代发达国家服务贸易快速发展，随着发达国家比较优势的变化，要求将谈判的范围扩大到服务业、知识产权等新议题，国家间需要协调的规则超出了货物贸易的范畴。由于GATT调整的范围较窄，规则约束性不强，不能继续满足国际贸易发展的要求，迫切需要建立一套新的机制。在1986年开始至1994年结束的第8次谈判乌拉圭回合中，谈判的议题空前扩大，不但就关税减让、非关税措施进行了谈判，而且还对与贸易有关的知识产权问题、与贸易有关的投资问题、服务贸易问题等进行了谈判，并达成了包括《农业协议》（Agreement on Agriculture）、《纺织品与服装协议》（Agreement on Textiles and Clothing）、《实施卫生与植物卫生措施协议》（Agreement on the Application of Sanitary and Phytosanitary Measures，《SPS协议》）、技术性贸易壁垒协议（Agreement on Technical Barriers to Trade，《TBT协议》）、海关估价协议（Agreement on Customs Valuation）、《装运前检验协议》（Agreement on Preshipment Inspection）、《原产地规则协议》（Agreement on Rules of Origin）、《进口许可程序协议》（Agreement on Import Licensing Procedures）、《TRIMs协议》、《反倾销协议》（Agreement on Antidumping）、《补贴与反补贴措施协议》（Agreement on Subsidies and Countervailing Measures，《SCM协议》）、《保障措施协议》（Agreement on Safeguards）、《政府采购协议》（Government Procurement Agreement，GPA）、《服务贸易总协定》（General Agreement on Trade in Services，GATS）、《与贸易有关的知识产权协定》（Agreement on Trade-Related Aspects of Intellectual Property Rights，《TRIPs协定》）等在内的一系列协议和协定。与此同时，乌拉圭回合谈判中达成了《WTO协定》，成立WTO取代GATT。

4.2.1.4 WTO成立后的多边贸易体制困境与区域组织和双边协定的发展

1995年WTO成立后，作为国际组织的GATT不复存在，而由WTO代替。作为协定的GATT依然存在，经修订后变成WTO规则的一部分。修订后的GATT被称为《GATT 1994》，仅处理货物贸易。《GATT 1994》作为《WTO协定》的一部分，和《TRIPs协定》以及GATS共同组成调整世界贸易规则的主要框架。㊀

进入20世纪90年代，东欧剧变，苏联解体，世界政治和经济格局发生了重大的变化，两极格局结束，经济全球化趋势加强。随着全球化进程的加速发展，全球化带来的负面影响和新问题日益增多。反全球化浪潮在全球尤其是发达国家急剧蔓延，WTO多边贸易谈判的难度大大增加。20世纪90年代初，在发达国家的推动下，更多涉及一国国内政策的领域，如投资、劳工标准、环境保护、竞争政策等被引入国际贸易规则的讨论范围，但由于遭到发展中国家的反对，这些议题最终没被纳入多边贸易谈判。多边贸易体制更加难以协

㊀ 在此，我们将WTO框架下的框架式贸易规则称为协定，而具体的贸易规则称为协议。因此，有《GATT 1994》、《服务贸易总协定》（GATS）和《与贸易有关的知识产权协定》（TRIPs）三个协定。如《农业协议》《实施卫生与植物卫生措施协议》《技术性贸易壁垒协议》《与贸易有关的投资措施协议》等均为《GATT 1994》下达成的协议。

调，双边 FTA 和区域经济一体化的发展步入一个新的阶段。进入 90 年代后，区域经济一体化的发展不仅表现在数量越来越多，规模越来越大，更重要的是这一时期的区域组织突破了经济发展水平、地理距离和文化传统的限制，排除这些差异所造成的影响，根据各自的利益需求联合起来。美国、加拿大和墨西哥所建立的 NAFTA 就是一个典型的超越经济发展水平差异的组织。全球新一轮双边 FTA 的高潮从 20 世纪 80 年代末出现，90 年代末盛行，并呈现出与以往不同的发展特点和趋势。首先是双边 FTA 的数量急剧增加。其次是双边 FTA 的形式有了新的发展，传统的双边 FTA 的两个缔约方以国家为主体，现在同一主权国家内的单独关税区之间（如中国的内地与香港和澳门分别签署了《更紧密经贸关系安排》（Closer Economic Partnership Arrangement，CEPA），以及区域集团与一国之间（如中国—东盟）均可签署双边 FTA。最后双边 FTA 调整的范围有所突破，不仅包括货物贸易，而且涉及服务贸易、投资、政府采购、知识产权保护、劳工标准、环境等更多领域的相互承诺。到了 21 世纪，为了进一步降低商品进入和流通的障碍与成本，促进贸易便利化，在美国和欧盟的推动下，涉及国内政策的、要求更高市场开放度的更高标准的贸易规则开始在区域层面酝酿。

4.2.2 国际投资规则的产生与演进

4.2.2.1 第一阶段：二战前

19 世纪中期，欧洲各国和美国在经济交往过程中，形成了所谓的“习惯国际法”，要求外国投资者必须遵守东道国的法律，而东道国必须给予外国投资者以“最低待遇标准”，东道国的征收权利和补偿外国资产的标准受到国际法的严格限制。东道国如果违反这些标准就构成了国际违法行为，母国政府有代表投资者通过外交手段保护本国国民及其财产的权利。这一投资待遇内容体现在双边层次的友好通商航海条约（Friendship，Commerce and Navigation Treaties，FCN）中。

二战以前，作为 BIT 雏形的 FCN 只包括投资待遇条款，直至二战后才开始涉及和关注征收以及资金转移问题。早期的 FCN，如 1778 年美国与法国签订的第一个 FCN 主要涉及缔约国之间的贸易和航海问题。所以，二战以前 FCN 的主要功能是调整两国之间的友好通商关系，其中虽有关于外国商人及其资产和有关投资保护的条款，但其重点是保护商人的利益而并非保护投资者。早先在列举有权享受条约所规定的优惠待遇的具体对象时，一般只是使用公民、国民等词，而未提及公司。1911 年以后，美国开始在条约中列出专门条款，把海外私人投资经营的企业、公司等规定为受条约独立保护的对象。此时条约的内容主要涉及通商贸易事宜，而有关投资的条款则无足轻重，这也反映了当时国际经济交往是以贸易而不是投资为主要形式。

4.2.2.2 第二阶段：二战后到 20 世纪 80 年代

二战后，伴随着民族国家的独立和南北关系的紧张，发展中国家与发达国家在外资待遇和东道国与跨国公司的权利与责任问题上存在着不同的认识。

首先，在东道国政府对外国资产实施不利措施时，对应给予外国投资者的待遇标准上，发展中国家和发达国家产生了严重分歧。欧洲和北美等发达国家作为资本输出国，为保护本国对外投资的安全和利益，认为习惯国际法已经对外国资产确立了最低待遇标准。按照这一标准，发展中国家在征收或者国有化外国资产时，应当遵守赫尔原则即“及时、充分、有效”的补偿原则，按照公平的市场价值给予补偿。获得独立的发展中国家，为了避免发达国家主导本国经济，在国有化浪潮中对外国在本国能源等行业的投资实行大规模的征收和国有化，为保护本国经济利益否认了习惯国际法的最低待遇标准，认为外国资产最多享有与本国企业同等的待遇，在征收和国有化时，应按照对本国企业的补偿标准予以补偿，坚持“卡尔沃主义”原则。

其次，一些发展中国家认为跨国公司的直接投资是进行剥削、实行帝国主义扩张和压迫的工具，是非正义的，甚至是新型的殖民主义。在利益考虑上认为如果直接投资对本国经济的主导和资源的剥夺超过了其对本国经济发展的贡献，应当对在本国版图内跨国公司的经营活动施加各种具有法定约束力的限制，并相应保留给予跨国公司待遇的权利。而发达国家则主张限制发展中国家倡导的对跨国公司经营责任和义务的强制，将跨国公司经营责任和义务建立在自愿而非强制的基础上。

在这样的背景下，在多边层面上，1948 年，美国倡导在《哈瓦那宪章》中加入关于投资保护的条款，但由于发达国家和发展中国家在投资保护问题上的分歧，以及美国国会对《哈瓦那宪章》的反对，国际社会在多边层面解决国际投资问题的第一次努力归于失败。1965 年，为了推动投资保护，世界银行发起签订了《解决国家与他国国民间投资争端公约》（Convention on the Settlement of Investment Disputes Between States and Nationals of Other States），也被称为《华盛顿公约》，并设立 ICSID 来解决跨国投资争端问题，为解决争端提供了制度保证。1967 年经合组织（Organization for Economic Co-operation and Development，OECD）起草了《保护外国人财产公约》，促进了发达国家对外资保护标准的统一，但由于发达国家主导的国际投资条约都试图为对外投资者提供充分的投资保护，忽视了东道国管理本国经济的主权权利，因而无法获得大多数国家的认同。20 世纪 70 年代，随着发展中国家经济和政治力量的增强，发展中国家主导《联合国跨国公司行为草案》（1974）的谈判，主要关注于跨国公司经营责任和义务问题，并在责任和义务条款上试图适用具有强制约束力的法律责任形式，但由于发达国家跨国公司不愿意承担更多的责任和义务，该草案最终没有达成一致而归于失败。1976 年 OECD 国家通过了《国际投资与跨国公司宣言》及一些相关文件，将跨国公司的经营责任和义务建立在自愿遵守的基础上。20 世纪 80 年代，发展中国家还努力在联合国框架内通过了多项强化对跨国公司行为监管的决议和措施，如《关于控制限制性商业惯例的公平原则和规则的多边协定》（即《限制性商业惯例》（1980））、《消费者保护指南》（1985）、《国际技术转移行为守则草案》（1985）等，这些决议从限制性商业惯例、消费者保护和技术转移等方面对跨国公司的经营行为提出了要求和限制，以强化跨国公司对发展中国家经济的促进作用，取得了一定程度的成功。

在双边层面上，二战后有 GATT 来调整国际间关税和贸易事宜，保护私人投资就逐步成为 FCN 的主要内容，其主要条款包括：投资者的待遇，关于征收、国有化及其补偿，关于税收、外汇管制的问题，以及关于争端的解决等。FCN 作为保护和促进国际投资的一种方式，曾起了一定的作用，但它毕竟不是保护国际投资的专门性条约，在保护投资方面有其固有的局限性和自身的缺陷。例如，其涉及的范围过于宽泛，某些条款模糊、抽象，缺乏保护国际投资的程序性规定等，这些局限性的存在使得其难以对投资者提供有效的保护。20 世纪 60 年代以后，许多发展中国家对外资实行国有化和征收，这就需要对海外私人投资提供更加强有力的保护。鉴于此，各国政府基本上不再缔结 FCN，而是订立双边投资保护协定，结束了 FCN 的时代。

1959 年联邦德国与巴基斯坦缔结了第一个专门性的促进与保护投资协定（Agreement for Promotion and Protection of Investment），这被视为首个现代意义的 BIT。以此为开端，欧洲国家以 FCN 中有关保护海外投资的事项为中心内容，同资本输入国签订此类协定，后为日本和许多发展中国家效仿。此类条约以德国最为典型，因此又称（联邦）德国式促进与保护投资协定。

此类协定保护的对象是相互的投资，其特点是内容详尽具体，以促进和保护两国私人直接投资为中心内容，既包含有促进与保护投资的实体性规定，也有关于代位求偿权、争议解决等保障实体权利实施的程序性规定，为外国投资者提供了较为全面的保护。主要内容如下：①外国投资者的待遇；②受保护的投资和投资者；③国有化与征收；④货币的汇兑与转移；⑤代位求偿权；⑥争议的解决。

美国在二战后到 20 世纪 70 年代以前，除了签订综合性的 FCN 外，还首创了程序性的投资保证协定（Investment Guarantee Treaties），故称美国式投资保证协定。这种投资保证协定保护的对象仅限于单方面的投资，并非相互的投资。其特点在于重在对国际投资中的政治风险提供保证，特别是与国内的海外投资保险制度相结合，为海外投资保险提供国际法上的保障，后被某些建立有海外投资保险规则的国家所效仿；主要规范代位求偿权问题，基本不涉及投资待遇。所以其内容相对较为简单，主要包括：①承保范围；②代位求偿权；③争议的解决。

4.2.2.3 第三阶段：20 世纪 80 年代中后期至 21 世纪初

从 20 世纪 80 年代中后期开始，国际政治经济格局发生剧烈变化。首先是墨西哥金融危机导致发展中国家对通过主权债务从国际资本市场上获得发展所需资金的融资方式产生了怀疑，开始认识到国际直接投资方式获取资金的长期性和稳定性的优势，以及通过直接投资带来的技术、管理经验等其他有形和无形资产对经济发展产生的促进作用，发展中国家开始积极地吸引外资流入。其次，亚洲“四小龙”等发展中国家或地区采取的出口导向型发展战略的成功经验，以及原社会主义国家由计划经济向市场经济转型也促使发展中国家开始通过吸引外资融入世界经济，增强出口能力。发展中国家对待国际直接投资的态度发生剧烈变化，开始在吸引外资方面展开竞争。在此背景下，国际投资协定的谈判重点开始转变，放弃了发展中国家所强调的跨国公司责任和义务以及东道国经济主权，转向由发达国家主导的强调跨国公司母国的利益要求。在国际投资规则内容上要求东道国给予外国投资各种有利待遇，强调东道国政府的责任，并采取具有强制约束力的法律形式加以确定。发达国家还努力在各层次领域推进投资保护和投资自由化，并取得许多成功。

在多边层面上，WTO 关于国际投资的协定或协议主要有四个：《TRIMs 协议》、GATS、《TRIPs 协定》以及《SCM 协议》。《TRIMs 协议》适用于与货物有关的特定投资措施。一些国家制定的关于管制和鼓励外国投资的法律措施会对贸易产生不利影响，对外资规定的某些履行要求㊀，则会被外国投资者看作额外负担，不利于外国投资。《TRIMs 协议》的第 2 条规定，任何成员不得实施与《GATT 1994》第 3 条（国民待遇）或第 11 条（数量限制的一般取消）不相符的与贸易有关的投资措施。GATS 对国际投资也有重要意义，因为服务贸易与投资有关联，要提供服务往往就需要在当地设立机构或商业场所。该协定与国际直接投资关系最为密切的，是第三部分承担特定义务中关于市场准入和国民待遇的规定。《TRIPs 协定》中对于保护知识产权的规定与国际投资具有密切联系，知识产权作为一种财产权可以用于投资，对知识产权保护不力可能构成投资障碍，比如说，有些公司为开发新技术和

㊀ performance requirement，或译为业绩要求。

新产品投入了大量资金，若对知识产权缺乏有力的保护，其技术就有被竞争者自由和无偿取得的风险，这会降低外国投资者到该国投资的吸引力，所以保护知识产权也有助于保护国际投资。《SCM协议》也是与投资密切相关的一个重要协议。许多国家采取投资鼓励措施来吸引外国投资，若该措施属于可诉补贴，即具有专项性，会对其他成员方的利益造成损害，则会受《SCM协议》的制约。在世界银行理事会的主持下通过的《多边投资担保机构公约》以及根据该公约成立的多边投资担保机构进一步促进了对国际直接投资的保护。1994年12月17日，即ECT生效3周年纪念日，ECT的《能源宪章之能源效率与相关环境问题议定书》开放签署，ECT成为专门致力于能源领域直接投资保护和自由化的多边协定。

在区域范围，随着区域经济一体化的发展，区域性投资协定也迅速增加。如NAFTA中包含详尽而具体的关于投资保护和投资自由化的条款，并首次将发展中国家和发达国家纳入同一个区域性投资框架。东盟国家于1998年签订的《东盟投资区框架协定》将投资自由化作为协定的一个重要内容和目标。

在双边层面上，发展中国家吸引外资流入的一个重要措施就是与发达国家签订BIT，为投资者创造一个透明、稳定、可预测的投资环境，通过给予外资保护来提高跨国公司的投资信心。就BIT而言，美国改变了依靠FCN和程序性的投资保证协定相互配合来实现海外投资保护的做法，借鉴欧式BIT的成功经验，并结合美国的实际需要，对外缔结专门化的融实体性规则与程序性规则于一体的BIT，从1982年开始制订“BIT示范文本”，成为在全球影响较大的综合性和专门化的BIT“样本”。

尽管在这一时期，国际投资规则在双边、区域和多边取得快速发展，但其中一些多边努力也遭受了挫折。OECD于1995年提议组织建立独立的多边投资法律体系，组织了《多边投资协定》（Multilateral Agreement on Investment，MAI）草案的谈判。但由于一些发达国家认为本国的法律监管制度已经提供了高标准的投资保护和高度的投资开放，无法从MAI中获得什么益处；此外，发达国家的非政府组织认为协定会导致各国降低劳工和环境标准，因此强烈反对这项协定；发展中国家因为从谈判开始就被排除在外，也不愿意承担高标准的投资保护和投资自由化责任，因而这次多边谈判最终破产。随后在2001年WTO谈判多哈回合上，发达国家推动进行多边投资框架谈判，但由于在投资和其他领域，发展中国家和发达国家存在严重分歧，各国之间缺乏共识，因此WTO于2004年8月决定不再将投资议题作为多哈回合谈判的内容，国际社会在多边层次制定国际投资规则的努力再一次失败。

【专栏4-6】

多边投资协定

OECD关于MAI的谈判从1995年5月正式开始，原计划1997年5月达成最后协定。但是由于各成员国内部对协定条款产生了分歧，加上很多发展中国家和非政府组织及社会公众的强烈反对，协定的达成一推再推。1998年10月20日，OECD各成员再次就MAI进行谈判，但由于法国主张文化例外并退出谈判，欧盟和加拿大反对在OECD内部讨论MAI问题，当年12月3日，OECD最终决定不再进行MAI的谈判，该谈判最终失败。

MAI草案的主要内容包括：一般规定、范围及适用、投资者及投资的待遇、投资保护、争端解决、例外与保障、金融服务、税收、各国特别例外、与其他国际协定的关系、实施与运作、最后签字条款等。其核心原则包括国民待遇、最惠国待遇、透明度、资金转移、履行要求、征用、争端处理等方面。

MAI谈判失败的原因是多方面的，可以分为客观原因和主观原因。其客观原因主要有：①主体上的局限性，即OECD是由发达国家组成的地区性经济组织，并不是全球性的国际组织，代表发达国家利益。②内容上具有超前性，即MAI的草案设计了较宽的调整范围、过高的标准、过强的义务要求等；在内容上偏重于保护跨国公司的利益，而忽视了东道国对外资的管理权。③程序上的秘密性，即MAI谈判是以秘密协商等方式进行的，在成员国内部达成共识后，再向非成员国开放，谈判缺乏公开性，公众和利益相关的非政府组织被排除在谈判进程之外，这容易引起愤怒。其主观原因主要有：①发达国家内部矛盾和各国国内政治因素的影响；②非政府组织的反全球化浪潮阻碍了谈判的进程；③没有解决好发达国家和发展中国家之间的矛盾。

虽然谈判最终失败，但是OECD对MAI草案谈判的努力使国际投资立法的发展进程达到了新的高度。该草案体现并代表了发达国家关于综合性多边投资框架的立场，特别是其中反映的国际投资自由化趋向，对于今后建立类似的综合性多边投资框架将会产生重要影响。

资料来源：金成华（2009），第101、112～116页。■

4.2.2.4 第四阶段：21世纪初至今

21世纪以来，发展中国家在对外直接投资中所占的比例在增大，从2000年的7.7%上升到2016年的29.34%。欧美等发达国家开始审视自己作为东道国的身份，发展中国家也开始审视自己作为母国的立场。这种投资地位的变化反应在国际投资协定的内容上，使得国际投资协定由强调跨国公司权利和东道国政府责任向平衡东道国与跨国公司的权利和责任的方向转变，国际投资规则也开始逐渐扩大东道国维护公共利益和社会利益的监管空间。

近年来，国际投资协定体系继续扩张，区域性特惠贸易协定发展成为重心。欧盟的《里斯本条约》（The Treaty of Lisbon）将对外投资政策纳入欧盟共同贸易政策的范围，明确规定欧盟对于国际投资政策具有专属管辖权，对外实行统一的投资政策。尽管美国主导的TPP遭遇挫折、TTIP前途未卜，但在投资保护和投资自由化方面提出了更高的标准。国际投资规则中还引入了环境、劳工权利、跨国公司社会责任等议题来平衡投资自由化和环境、劳工权利等社会问题之间的矛盾。

4.3 国际贸易规则体系

4.3.1 WTO框架下的国际贸易规则

WTO法律体系是由一系列国际条约构成的，这个条约群的核心是WTO协议，它在法律地位上相当于WTO的宪章，其中载明了WTO的宗旨、职责、适用范围、组织机构、决策程序、成员方在组织方面的权利和义务以及行政条款等。其他所有在乌拉圭回合中达成的国际协定或协议均作为《WTO协定》的附件而存在。

WTO框架下的国际贸易规则可分为WTO体制内的国际贸易规则和WTO体制外的国际贸易规则。WTO框架下WTO体制内的国际贸易规则又可以分为多边贸易协定与协议、诸边贸易协议，以及后来出现的新型诸边贸易协议。多边贸易协定与协议是指全部WTO成员共同接受的贸易协定与协议，根据最惠国待遇原则，协定和协议成果适用于所有WTO成员。诸边贸易协议是指部分WTO成员自愿接受的贸易协议，只有协议成员方享有协议成果，不能依据最惠国待遇原则将成果适用于所有WTO成员。新型诸边贸易协议是指部分WTO成员和申请加入WTO尚未成功的国家和地区自愿加入的贸易协议，虽只有部分成员参与，但协议所产生的收益根据最惠国待遇原则由全体WTO成员享有。目前，部分WTO成员在并非由WTO组织的谈判中拟达成的协议，即体制外诸边贸易协议，属于WTO框架下WTO体制外的国际贸易规则。

4.3.1.1 多边贸易规则

1. 货物贸易规则

乌拉圭回合通过的最后文件构成了调整多边国际经贸关系的法律框架。《GATT 1994》是乌拉圭回合谈判的一揽子文件之一，是WTO协定的重要组成部分，是货物贸易领域的统领性文件。在《GATT 1994》的基础上，乌拉圭回合还在货物贸易领域形成了多个协议，细化了《GATT 1994》的相关规则，如《反倾销协议》《海关估价协议》《原产地规则协议》等，共同构成了WTO框架下的货物贸易多边规则。

（1）《1994年关税与贸易总协定》。

《GATT 1994》的主体规则继承了《GATT 1947》的基本内容，共38条，由序言和四个部分组成。①序言。序言部分阐明宗旨、性质以及所应采取的措施。其宗旨是通过实施普遍最惠国待遇和国民待遇，削减乃至取消关税和其他贸易壁垒，促进自由贸易，从而促进世界经济发展和人口就业，提高生活水平。②正文第一部分，包括第1条普遍最惠国待遇条款和第2条关税减让表。③正文第二部分，包括第3～23条，主要规定了国内税和国内法规的国民待遇、过境自由、进出口税费和手续、倾销税和反倾销税、海关估价、原产地规则、透明度要求、普遍取消数量限制、数量限制的非歧视管理、限制补贴和取消出口补贴等。另外，还包括磋商与争端解决条款。④正文第三部分，包括第24～35条，主要是程序规则，规定了关税同盟和FTA的形成条件和相关程序、缔约方全体决策规则、豁免义务的条件等。⑤正文第四部分是发展中缔约方的贸易和发展规则。

（2）《农业协议》。

《农业协议》是WTO负责实施管理的多边货物协议的一个重要协议。它是《GATT 1994》的基本原则和规则在国际农产品贸易领域的具体应用。该协议的主要目标是促进国际农产品贸易的改革，实现“乌拉圭回合”确定的“建立一个公平的、以市场为导向的农产品贸易体制”的愿景。

农业是促进世界各国经济增长、减少贫困和保护环境的巨大希望，对国家政局稳定有重大影响，因此世界各国对农业的保护非常重视。世界各国对农业保护的措施主要有：运用关税和非关税壁垒限制农产品进口；对出口农产品进行补贴；对农业生产者予以各种价格补贴。这些保护农业的做法背离了比较优势理论，使农产品国际贸易出现严重扭曲。在“乌拉圭回合”中，农产品贸易自由化问题被列为中心议题之一。由于农产品贸易谈判各方利益冲突，谈判曾数度陷入破裂的边缘。经过艰苦的努力，谈判参加方终于在1993年12月15日达成了一个妥协性的《农业协议》。

《农业协议》分为13个部分，有21个条款和5个附件，其中包括扩大农产品市场开放、削减农产品生产补贴和削减农产品出口补贴。针对许多国家利用关税及非关税壁垒限制农产品进口的情况，《农业协议》要求成员方将非关税措施转化为关税，并逐步降低关税，以保证一定水平的市场准入机会。针对各国对国内农产品生产进行补贴的情况，《农业协议》对不同的国内农产品生产支持措施进行分类处理。保留“绿箱”措施和“蓝箱”措施，削减微量外的“黄箱”措施。《农业协议》规定的“绿箱”措施是指，由成员方政府提供的、其费用不能转嫁给消费者且对生产者不具有价格支持作用的政府服务计划。例如，农业科研、病虫害控制、农业基础设施建设等一般农业服务支出；粮食安全储备补贴；粮食援助补贴；自然灾害救济补贴；农业环境保护补贴等。“蓝箱”措施是指成员方政府为了保持生态环境和土地生息，强迫部分土地休耕和约束养畜数量，为此给农业生产者和畜牧业者造成收入的损失予以补贴。这些补贴与政府对农畜产品的限产计划有关，继续保留，成员方不需承担削减义务。“黄箱”措施是指政府对农产品的直接价格干预和补贴，包括对种子、肥料等农业投入品的补贴，对农产品营销贷款的补贴等。这些措施对农产品贸易产生扭曲，对超过农业生产总值比重的补贴，成员方必须承担约束和削减补贴的义务。出口补贴是一项对贸易产生严重扭曲的政策措施，《农业协议》规定，不禁止成员方对农产品实行补贴，但要削减这些出口补贴。对出口补贴的削减基准和削减程度、受削减承诺约束的出口补贴做出规定，同时规定禁止实施未采取过的补贴。

(3)《纺织品与服装协议》。

乌拉圭回合达成的《纺织品与服装协议》是 WTO 负责实施管理的多边货物协议之一，其目标是使纺织品与服装贸易“在加强的 GATT 规则和纪律基础上最终纳入 GATT，从而也对贸易进一步自由化的目标做出贡献”。按照《纺织品与服装协议》，纺织品和服装分三个阶段回归到《 GATT 1947》的自由贸易体制。在回归的过渡期间，《纺织品与服装协议》继续保留配额，并容许发达国家成员采取救济措施。因此，《纺织品与服装协议》是个阶段性的协议。

二战结束后，发展中国家兴起，在经济发展中，首先发展劳动密集型产品——纺织品出口，因价格低廉，在世界纺织品市场上取得了竞争优势。发达国家为了保护竞争力逐渐衰退的纺织品与服装产业，背离《 GATT 1947》贸易自由化的宗旨，从 1961 年开始，发达国家与发展中国家先后形成了《短期棉纺织品协议》《长期棉纺织品贸易协议》和《多种纤维协议》，根据这些协议，发达国家对从发展中国家进口的纺织品与服装进行配额限制，损害了发展中国家的利益。在发展中国家的努力下，乌拉圭回合把纺织品与服装贸易列为谈判议题之一。经过发展中国家的不懈努力，发达国家被迫做出纺织品与服装贸易逐步自由化的妥协，达成了《纺织品与服装协议》。为最终取消纺织品与服装贸易中的配额限制做出了过渡性安排。

《纺织品与服装协议》有 9 个条款和 1 个附件。主要内容为：基本规则、适用产品的范围、过渡阶段自由化措施、过渡性的保障措施、非法转口的处理、设立纺织品监督机构等。

(4)《实施卫生与植物卫生措施协议》(以下简称《 SPS 协议》)。

《 SPS 协议》是乌拉圭回合达成的新协议，与《农业协议》关系密切，其宗旨是通过该协议“指导卫生与植物卫生措施的制定、采用和实施，从而将其对贸易的消极影响减少到最低程度”“进一步推动各成员使用协调的、以有关国际组织制定的国际标准、指南和建议为基础的卫生与植物卫生措施”。

首先，《 GATT 1947》允许缔约方采取卫生与植物卫生措施，前提是这些措施不得对情形相同的成员构成任意或不合理的歧视，也不得构成对国际贸易的变相限制。但在实践中，一些缔约方滥用卫生与植物卫生措施，阻碍了正常的国际贸易。《GATT 1947》有关规定过于笼统，难以操作，不能有效约束缔约方滥用卫生与植物卫生措施。因此，国际贸易的发展客观上要求制定一个明确和便于执行的具体规则。其次，在乌拉圭回合中，实施卫生与植物卫生措施问题起初作为《农业协议》谈判内容的一部分。但许多缔约方担心，在农产品非关税措施被转换成关税以后，某些缔约方可能会更多地不合理地使用卫生与植物卫生措施来进行保护。为消除这种威胁，乌拉圭回合单独达成了《SPS协议》。

《SPS协议》由14个条款和3个附件组成。主要内容包括：含义、应遵循的规则、发展中成员所享有的特殊和差别待遇、卫生与植物卫生措施委员会的职能、争端的解决等。卫生与植物卫生措施是指成员方为保护人类、动植物的生命或健康，实现下列具体的目的而采取的任何措施：①保护成员方领土内人的生命免受食品和饮料中的添加剂、污染物、毒素及外来动植物病虫害传入危害；②保护成员方领土内动物的生命免受饲料中的添加剂、污染物、毒素及外来病虫害传入危害；③保护成员方领土内植物的生命免受外来病虫害传入危害；④防止外来病虫害传入成员方领土内造成危害。卫生与植物卫生措施包括：所有相关的法律、法规、要求和程序，特别是最终产品标准；工序和生产方法；检测、检验、出证和审批程序；各种检疫处理；有关统计方法、抽样程序和风险评估方法的规定；与食品安全直接有关的包装和标签要求等。成员方在实施卫生与植物卫生措施时，应遵守的规则主要有：非歧视原则；以科学为依据实施卫生与植物卫生措施；以国际标准为基础制定卫生与植物卫生措施；保持有关法规的透明度。

（5）《技术性贸易壁垒协议》(以下简称《TBT协议》)。

《TBT协议》是与《SPS协议》有密切联系的一个多边协议，但二者有所区别，后者仅涉及食品安全、动物卫生和植物卫生三个领域；前者涉及范围广泛，除与上述三个领域有关的实施卫生与植物卫生措施外，其他所有产品的技术法规和标准都受其管辖。《TBT协议》的宗旨是提高生产率和便利国际贸易的进行，期望鼓励WTO成员方制定技术上的国际标准和合格评定体系，但不给国际贸易制造不必要的障碍。

为了保证产品质量、使用者的安全和保护生态环境，世界各国制定了许多技术标准，建立了产品质量认证制度。由于各国经济发展水平的不同，技术法规和标准差别很大，给国际贸易造成困难；为了竞争和保护国内市场的需要，技术性措施成为重要的保护手段之一，对国际贸易的不利影响加大。《GATT 1947》许多成员方认为有必要制定统一的国际规则来规范技术性措施，消除技术性贸易壁垒的消极作用。《GATT 1947》东京回合通过了《TBT协议》，但它只对签署的缔约方有效。乌拉圭回合对该协议进一步修改和完善后，予以通过，成为WTO负责实施管理的多边协议。

《TBT协议》由15个条款和3个附件组成，主要内容包括：制定、采用和实施技术性措施应遵守的规则，技术法规、标准和合格评定程序，通报、评议、咨询和审议制度等。《TBT协议》适用于所有产品，包括工业品和农产品，但政府采购的产品规格例外。《TBT协议》规定，WTO成员方制定、采用和实施技术性措施时，应遵守WTO的非歧视原则、透明度原则。

（6）《海关估价协议》。

海关估价是指海关为征收关税等目的，对进口货物价格进行估计，并以此价格计算关税。该协议的宗旨是：“建立一个公平、统一和中性的海关对货物估价的制度，以防止使用任意或虚构的完税价格。”

海关估价是海关征收从价关税的依据。为了保护国内市场和扩大税源，二战以后，世界各国普遍采用任意估价办法，加重了进口商的税负。《GATT 1947》对海关估价做出了规定，但由于该规定不够具体，可操作性差，任意估价做法没有得到抑制。因此，在东京回合中，达成了《海关估价守则》，对如何实施上述规定做了详细解释。但因缔约方可自主决定是否加入该守则，削弱了该守则的影响力。乌拉圭回合对《海关估价守则》进行修订和完善，达成了《海关估价协议》，成为WTO成员方必须接受的多边协议，其权威性大大提高。

《海关估价协议》共分为4个部分，由24个条款和3个附件组成。主要内容包括适用范围、海关估价方法、对海关估价决定的复议、发展中成员的特殊和差别待遇、成立海关估价委员会以及争端的解决等。首先从适用范围来看，该协议适用于商业意义上正常进口的货物。以下进口货物排除在外：①倾销或补贴货物的进口；②非商业性进口，包括旅客携带入境物品和行李、邮递物品等；③非直接进口，主要包括暂时进口的货物、从出口加工区或保税区等进入到成员关税区的货物、退运货物、运输中损坏的货物等。海关估价的方法有6种，分别是以进口货物的成交价格确定完税价格、以相同货物的成交价格确定完税价格、以类似货物的成交价格确定完税价格、以倒扣价格方法确定完税价格、以计算价格方法确定完税价格、以“回顾”方法确定完税价格。海关不得颠倒上述6种估价方法的顺序，但进口商可以要求颠倒第4种和第5种计算价格方法。

（7）《装运前检验协议》。

进口商或进口方政府通过专业检验机构对进口产品在装运前进行检验，以确保产品符合合同中规定的条件，或符合对产品的安全要求，已成为一种普遍的国际贸易惯例。实施装运前检验制度的有30多个发展中国家。为保障本国的财政利益，防止商业欺诈、逃避关税和非法输出资本，他们往往聘请外国专业检验机构对进口产品进行装运前检验，并以它们出具的“清洁检验结果报告”作为海关估价和发放进口用外汇的依据。但是，出口方政府认为，这种做法违背《GATT 1947》海关征收关税以进口货物“实际价格”为依据的完税价格规定。同时，他们担心装运前检验会增加贸易商的成本，导致交货迟延；干涉买卖双方的合同关系。因此，有必要在保留这种做法的前提下，通过多边谈判制定规则，规范进口方政府装运前检验的做法。为此，乌拉圭回合把装运前检验列为谈判议题之一，并达成多边的《装运前检验协议》，该协议适用于所有WTO成员方。

《装运前检验协议》的宗旨是在保留装运前检验的前提下，该做法“不得造成不必要的延迟或不公平的待遇”。为此，“需要制定有关用户成员和出口成员权利和义务的议定的国际框架”，以“使装运前检验实体的经营及与装运前检验相关的法律、法规具有透明度”和“迅速、有效和公正地解决出口商和装运前检验实体之间的争端”。

《装运前检验协议》由9个条款组成，包括适用范围以及进口方和出口方的义务等。《装运前检验协议》适用于由WTO成员政府通过政府授权或政府合约的方式，指定检验机构对进口产品的质量、数量、价格、汇率与融资条件以及产品的海关分类等，在出口方进行全部装运前的检验活动。进口方的义务有：①以非歧视方式实施；②在货物出口关税领土内进行；③按合同规定的标准进行检验，如果合同中没有此类标准，则采用国际标准；④保持透明度；⑤价格核实准则；⑥保守商业秘密；⑦避免产生不必要的迟延。出口方的义务包括：①应保证其有关装运前检验的法律、法规以非歧视的方式实施；②应及时公布有关装运前检验的法律、法规；③如收到请求，出口方应根据双方议定的条件，向其提供有关技术援助。

（8）《原产地规则协议》。

原产地是指与产品生产地相关的经济国籍。原产地规则是指任何成员为确定货物原产地而实施的普遍适用的法律、法规和行政决定。由于国际分工日益细密，产品、原料与零部件的生产与加工，依据比较利益原则选择在不同的国家和地区进行；一些国家为了规避反倾销税，往往在其他国家投资设厂；在经济全球化和区域经济一体化下，一国产品是否享受优惠，也需要原产地证明。长期的国际贸易实践要求形成一个国际社会公认的原产地规则。乌拉圭回合达成了多边的《原产地规则协议》，其宗旨是，在保留原产地规则的基础上，使它以公正、透明、可预测、一致和中立的方式制定和实施，不对贸易造成不必要的障碍，便利国际贸易的发展。

《原产地规则协议》共分4个部分，由9个条款和2个附件组成，主要有协议的适用范围、原产地规则的协调体系、实施纪律和机构设置等。《原产地规则协议》只适用于实施非优惠性商业政策措施的原产地规则，而不适用于优惠性原产地规则。其中非优惠性商业政策措施包括实行最惠国待遇、反倾销和反补贴税、保障措施、原产地标记要求、任何歧视性数量限制或关税配额，以及政府采购外国货物和贸易统计等。优惠性原产地规则如自由贸易区内和普惠制下货物原产地规则。“实质性改变”是确定产品原产地的依据，可用三种标准方式表现。一是税号改变标准，指产品经过加工制造成最终产品后，其税号与所用原材料的税号不同，此加工制造地即为产品的原产地。二是增值百分比标准，指根据构成产品的进口材料或国内材料与产品本身的价值比来确定产品的原产地。例如，一国可规定，当产品中进口成分的价值超过产品本身价值的30%时，这项产品的原产地就不能确定为该国。三是制造或加工工序标准，指依据产品的制造或加工工序来确定产品的原产地，这种制造或加工工序必须足以赋予产品某些本质特征。产品只有在一国或地区经历规定的制造或加工工序后，方可取得该国或该地区的原产地资格。

【专栏4-7】

原产地规则

所谓货物的原产地是指货物生产或制造的来源国家或地区，它被形象地称为货物的“经济国籍”。货物的原产地规则是一个国家或地区为确定进出口商品的原产国和地区而制定的法律法规、行政命令和行政措施。

通过实行原产地规则，可以对来（产）自不同国家的货物分别给予不同待遇。原产地与一国的贸易政策措施紧密相连，早期关于产品原产地的确定主要是为了实施不同的关税税率。对于与本国签订互惠贸易协定的国家的产品，适用较低的优惠税率；对于未签订互惠贸易协定的国家的产品则适用较高的关税税率。此外，原产地的确定还用于海关统计，以便分析各国之间的贸易关系情况。伴随着越来越多的用于反倾销、配额限制等领域，原产地规则越来越成为一种不同国家间的非关税贸易壁垒，这也最终导致乌拉圭回合中为规范和协调原产地规则而缔结《原产地规则协议》。

根据不同的标准，原产地规则可以进行不同类别的划分。根据国际贸易中产品的流向进行划分，可以分为进口产品原产地规则和出口产品原产地规则。进口产品原产地规则是一国针对进口产品制定和实施的原产地规则，其主要目的在于确定进口商品的原产地身份，根据产品原产地情况而适用不同的海关税率、征收反倾销税、实施配额限制以及进行国别贸易统计等。出口产品原产地规则是针对本国出口产品制定和实施的原产地规则，其主要目的是通过适用出口产品原产地规则，确定本国出口产品是否能够取得本国原产地资格，并为之出具相关的原产地证书。根据原产地规则是否与优惠待遇直接关联可分为优惠性原产地规则和非优惠性原产地规则。优惠性原产地规则是指为了确保由国际协定或国内法所规定的优惠待遇的正确实施，由国家、单独关税区、国家集团所制定和实施的用于确定产品是否有资格享受有关优惠待遇的原产地规则。只要不属于优惠性原产地规则，即可统归入非优惠性原产地规则。根据原产地规则的产生方式及其法律性质可分为单一国家的原产地规则和区域贸易集团的原产地规则。单一国家（包括单独关税区）的原产地规则是由该国依国内立法程序自主制定并实施的法律规范，在性质上属于国内法，该国对于原产地规则的制定、修改、解释、废止等方面拥有绝对的自主权。区域贸易集团的原产地规则是由该集团的成员方以缔结国际协定的方式制定，并在成员方境内实施的法律规范，在性质上属于国际法规范。

资料来源：王传丽（2012），第229页；张庆麟、彭忠波、安丰雷（2006），第4、6～10页。■

（9）《进口许可程序协议》。

进口许可是指用以实施进口许可制度的行政程序。该制度要求进口商向有关行政机关提交申请或者其他文件，作为货物进入关税领土的先决条件。这一制度一方面可以维护正常贸易秩序，另一方面也可以构成非关税措施，使出口成员难以适应，妨碍国际贸易的发展。在乌拉圭回合中达成了《进口许可程序协议》，其宗旨是在保留进口许可证的基础上，期望简化国际贸易中使用的行政程序和做法，使之具有透明度，并保证公平、公正地实施和管理此类程序和做法。

《进口许可程序协议》由序言和8个条款组成，包括一般规则、自动进口许可制度、非自动进口许可制度、通知和审议以及管理机构。

（10）《与贸易有关的投资措施协议》(以下简称《TRIMs协议》)。

为了发展和保护本国经济，有的国家在利用外国直接投资时附以一些条件，如“当地成分”等，对贸易产生扭曲或限制，成为贸易保护的一种方式。在贸易与投资关系日益密切的情况下，对外直接投资的附加条件阻碍了贸易的发展。经过艰苦谈判，乌拉圭回合达成了《TRIMs协议》，取消了对外国直接投资的一些附加条件。其宗旨是促进世界贸易的扩大和逐步自由化，便利跨国投资，以便促进所有贸易伙伴，特别是发展中国家成员的经济增长，同时保证自由竞争。

《TRIMs协议》由9个条款和1个附件组成。主要内容有基本原则、禁止使用的与贸易有关的投资措施、具体义务、例外条款、发展中成员待遇、透明度要求、争端解决、管理执行机构等。《TRIMs协议》的基本原则是，WTO成员方实施与贸易有关的投资措施，不得违背《GATT 1994》中的国民待遇原则和取消数量限制原则。禁止使用的与贸易有关的投资措施有：①当地成分要求，指要求外资企业购买或使用最低限度的东道国产品；②外汇平衡要求，指要求外资企业购买或使用的进口产品数量或金额，不能超过它们在其出口成品中所包含的当地产品的数量或金额；③贸易平衡要求，指外资企业进口物资的数量不能超过在当地生产所需的物资数量或金额，迫使该企业必须把进口物资数量或金额与出口成品所含的当地制造部分的物资数量或金额联系在一起；④进口外汇要求，指将外资企业可使用的外汇限制在与该企业外汇流入相关的水平，以此限制该企业当地生产所需或与当地生产相关产品的进口；⑤国内销售要求，指限制外资企业出口或供出口的产品销售。

(11)《反倾销协议》。

倾销是指一国出口商以低于产品正常价值的价格，将产品出口到另一国市场的行为。倾销被一些国家认为是不公平的贸易行为，并通过立法进行反倾销，以保护受到倾销危害的产业。为抵制倾销的流行和防止反倾销措施的滥用，乌拉圭回合谈判达成了《反倾销协议》，其宗旨是为WTO成员方发起和进行反倾销调查、采取反倾销行动确立规范。

《反倾销协议》由三个部分共18个条款和2个附件构成，内容主要包括实施反倾销措施的基本要件、反倾销措施、反倾销税的征收和价格承诺等。实施反倾销措施必须具备三个基本要件，即存在倾销、出现损害、倾销与损害存在因果关系。反倾销措施包括临时反倾销措施和最终反倾销措施。临时反倾销措施是指进口方主管机构经过调查，初步认定被诉产品存在倾销，并对国内同类产业造成损害，可以在全部调查结束前，采取临时性的反倾销措施，以防止在调查期间国内产业继续受到损害。临时反倾销措施有两种形式：一是征收临时反倾销税；二是要求进口商自裁决之日起，提供与临时反倾销税数额相等的现金保证金或保函。进口方主管机构采取临时反倾销措施应在反倾销案件立案调查起60天后，不得超过4个月，特定情况下可以延长到6～9个月。在全部调查结束后，如果达到三个反倾销要件，则进口方主管机构可以采取最终反倾销措施，其方式是征收反倾销税。反倾销税是一种附加税，税额不得高于所裁定的倾销幅度。反倾销税的纳税者是倾销产品的进口商，出口商不得直接或间接替进口商承担反倾销税。初裁时的反倾销税率与终裁时的税率不同时，其不足部分不再补交，而多交部分则应退还。反倾销税的征收应自决定征收之日起不超过5年。

(12)《补贴与反补贴措施协议》(以下简称《SCM协议》)。

补贴是指政府或任何公共机构对企业提供的财政资助。补贴作为公共经济政策的重要组成部分，为世界各国广泛采用。补贴措施如果使用不当会导致不公平竞争，对进口方或第三方的相关产业或其他合法权益造成损害，扭曲贸易和影响资源的合理配置。补贴与倾销不同，补贴是政府行为，倾销是企业行为。《GATT 1947》第6条和第16条对补贴与反补贴做了一些规定，但表述含混，处理措施乏力。在东京回合中达成的《反补贴守则》确定了补贴的一般纪律，补充了反补贴的规定，制定了补贴争端解决的规则。但因自愿签署，实际签署的仅有24个缔约方，所以约束范围有限。在乌拉圭回合中，在完善以前规则的基础上达成了多边的《SCM协议》，其宗旨是区分出对国际贸易发展不利的补贴，规范反补贴措施的实施。该协议只适用于货物贸易。

《SCM协议》由11个部分和7个附件组成。分别是：总则、禁止性补贴、可诉性补贴、不可诉补贴、机构、通知和监督、发展中成员、过渡性安排、争端解决和最后条款。补贴的范围包括：①政府直接转让资金的行为，如赠款、贷款和控股；潜在的资金或债务的直接转移，如贷款担保；②政府放弃或未征收在其他情况下应征收的政府税收，如税收减免类的财政鼓励；③政府提供一般基础设施以外的货物或服务，或购买货物；④政府通过基金机构支付，或向私人机构担保或指示私人机构履行通常应由政府执行的功能；⑤政府给予企业其他形式的收入和价格补贴。专向性补贴是指将补贴授予管辖范围内的特定企业、产业或企业集团。WTO成员方对于补贴行为能否采取反补贴措施，需要根据补贴性质采取。为此，协议将补贴分为三类：禁止性补贴、可诉补贴、不可诉补贴。禁止性补贴又称为红灯补贴，根据《SCM协议》的规定，除《农产品协定》的规定外，禁止使用的补贴有出口补贴和进口替代两种。进口替代是指使用本国产品替代进口品的行为。可诉性补贴被称为黄灯补贴，是指政府给企业直接转让资金或潜在资金或债务的直接转移，豁免或不征收应征收的政府税收，提供货品或服务或收购产品，通过基金会或私人机构进行补贴，以及对收入或价格的支持。不可诉性补贴称为绿灯补贴，是指成员方实施某些WTO允许的补贴，受损害的成员方通常不能向WTO起诉，且不能采取反补贴措施。对补贴的救济措施，《SCM协议》采取双轨制，直接通过WTO争端解决机制解决或者征收反补贴税。

(13)《保障措施协议》。

保障措施是指成员方在进口激增并对其国内相关产业造成严重损害或严重损害威胁时采取的进口限制措施。保障措施在性质上完全不同于反倾销措施和反补贴措施。保障措施针对的是公平贸易条件下的进口产品，反倾销措施和反补贴措施针对的是不公平贸易。

1943年，美国和墨西哥签订的《互惠贸易协定》首次规定了保障条款。在美国的倡导下，该条款纳入《GATT 1947》，成为第19条“对某种产品进口的紧急措施”。但是，该条款的实施并不理想，主要是条款本身存在缺陷。例如，缺乏对重要概念的定义，没有界定“增加的进口”与“损害”之间的因果联系，程序规则不明确等。加上“自愿出口限制”之类的“灰色区域”措施泛滥，该条款形同虚设。因此，缔约方希望能进一步完善该条款。就此，在乌拉圭回合中达成多边的《保障措施协议》，把第19条具体化。该协议的宗旨是澄清和加强《GATT 1947》，重建对保障措施的多边控制，并消除逃避此类控制的措施。

《保障措施协议》由14个条款和1个附件组成。内容包括总则、条件调查、严重损害和严重威胁的确定、保障措施的运用、临时保障措施、减让水平与其他义务、发展中国家成员、先前存在的第19条措施、禁止及取消若干措施、通知与磋商、监督、争端解决等条款。WTO成员方实施保障措施必须具备三个条件：第一，某项产品的进口激增；第二，进口激增是由于不可预见的情况和成员方履行WTO义务的结果；第三，进口激增对国内生产同类产品或直接竞争产品的产业，造成了严重损害或严重损害威胁。

保障措施的作用主要是暂时免除某成员方已承诺的义务，允许对有损害产品的进口提高关税，实行配额等，以限制或减少进口，保护国内同类产品的生产。这种临时性保护措施最终为国内产业赢得结构调整的时间与机会。保障措施具有四个特征：第一，特定性。保障措施实施是针对有损害行为的特定产品，不是针对其他进口产品。第二，暂时性。保障措施实施应限于临时性或暂时性，在估计能消除损害造成影响的实践内实施，一旦损害消除，保障措施应立即取消。第三，递减性。在保障措施实施中，其程度要随国内产业竞争力的恢复与增强而逐步放宽，直至恢复到无须采取保障措施的水平。第四，非歧视性。一成员采取保障措施时，应在最惠国待遇原则上实施，不能有选择地针对某个成员。但“自由贸易区”或“关税同盟”不受保障措施的限制。

2.《服务贸易总协定》

服务贸易壁垒是指一国政府对外国服务业在本国的发展所设置的各种限制措施。服务贸易壁垒的目的是：一方面保护本国服务业的市场，扶植本国服务部门，增强其竞争力；另一方面抵御外来意识形态的入侵。服务贸易壁垒有四种，分别是产品移动壁垒、资本移动壁垒、人员移动壁垒、开业权壁垒。产品移动壁垒包括数量限制、当地成分或本地要求、补贴、政府采购、歧视性技术标准和税收制度，以及落后的知识产权保护体系等。资本移动壁垒包括外汇管制、浮动汇率和投资收益汇出的限制等。人员移动壁垒包括种种移民限制、繁杂的出入境手续、工作许可证制度等。开业权壁垒，又称生产创业壁垒，例如，1985年以前澳大利亚禁止外国银行设立分支机构，1985年后，首次允许外资银行进入，但仅从众多申请者中选择了16家银行，其选择标准是互惠性和它们对金融制度的潜在贡献。

服务贸易壁垒抑制发达国家服务业的优势发挥。在发达国家尤其是美国和欧盟的推动下，服务贸易规则谈判首次列为乌拉圭回合的议题。经过发达国家和发展中国家的艰苦谈判，最终达成《服务贸易总协定》，以下简称GATS。服务贸易正式纳入多边贸易体制的管辖范围。GATS的宗旨是在透明和逐步自由化的条件下扩大服务贸易，并以此为手段促进所有贸易伙伴的经济增长和发展中国家的发展。

GATS是与货物贸易协定平行的独立的多边贸易协定，调整四种类型的国际服务贸易。协定提出的四种服务贸易的类型为跨境交付、境外消费、商业存在、自然人流动。跨境交付是指服务提供者自一成员领土向任何其他成员领土提供服务。例如，在美国的律师为在英国的客户提供法律咨询服务。境外消费是指在一成员领土内的服务提供者向任何其他成员的服务消费者提供服务。例如，一成员的国民到另一成员领土内旅游、求学等。商业存在是指一国服务提供者通过在任何其他成员领土内设立商业存在提供服务。例如，一成员的银行或保险公司到另一成员领土内开设分行或分公司，提供金融、保险服务。自然人流动是指一成员服务提供者通过在任何其他成员领土内的自然人存在提供服务。例如，A是美国的律师，来到英国后，没有设立自己的律师事务所，而是直接提供法律咨询服务。

3.《与贸易有关的知识产权协定》(以下简称《TRIPs协定》)

知识产权泛指公民或法人对其在科学、技术、艺术等领域的发明、成果和作品依法享有的专有权，也就是人们对自己通过脑力活动创造出来的智力成果所依法享有的权利。知识产权作为一种财产权，与普通意义上的财产权有所区别，具有以下特征。一是客体的无形性，知识产权的客体是基于智力活动而形成的创新成果，是无形财产。二是主体的专有性，知识产权的专有性是指权利人对其智力成果享有垄断性的专有权利，非经其同意或法律规定，其他任何人均不得享有或使用该项权利，其他任何单位或个人无权干预或妨碍知识产权人行使其权利。三是有效期的时间性，知识产权具有时间性，即它在一个法定的期限内受到保护。超出该期限，权利即告终止，而进入共有领域，成为人类共享的公共知识，任何人都可以合法使用。四是专有权的地域性，知识产权的地域性是指按照一国法律获得确认和保护的知识产权只在该国具有法律效力，其他国家对该国知识产权没有保护义务，如签有国际公约或双边互惠协定，则属例外。五是国家机构的认可性，知识产权因国家主管机关依法确认或授予而产生。

随着国际贸易的不断发展，通过转让技术、专利和商标的使用权及版权许可，含有知识产权的产品在国际贸易中所占比重越来越大。由于各国对知识产权的保护水平不一，法律规定不协调，假冒商标、盗版书籍和盗版电影等侵犯知识产权的现象不断发生，对国际贸易发展造成了障碍。在这种情况下，加强与贸易有关的知识产权保护，成为进一步发展国际贸易的迫切需要。关贸总协定乌拉圭回合谈判所取得的重要成就之一就是通过了《TRIPs协定》,《TRIPs协定》是WTO所管辖的框架协议中的重要组成部分，是与《GATT 1994》和GATS并列的三大协议之一。《TRIPs协定》列入的与贸易有关的知识产权包括版权和相关权利、商标、地理标识、工业设计、专利、集成电路布图设计等。

《TRIPs协定》追求的宗旨是：促进对知识产权的有效和充分保护，保证实施知识产权的措施和程序本身不成为合法贸易的障碍，减少对国际贸易的扭曲和阻碍。知识产权的保护和实施应有助于促进技术革新及技术转让和传播，有助于技术知识的创造者和使用者的相互利益，并有助于社会和经济福利及权利和义务的平衡。《TRIPs协定》中涉及的基本原则有：国民待遇原则、最惠国待遇原则和权利用尽原则。其中权利用尽是指受特殊保护的带有合法知识产权的批量产品，一经权利人直接或间接地授权投放某一市场，他就不能再对这批货物实施知识产权（独占权），即对这批货物而言权利已经用尽。

4. 贸易争端解决机制

WTO争端解决的基本程序包括磋商、专家组审理、上诉机构审理、裁决的执行及监督。除基本程序外，当事方在自愿的基础上，也可以采取仲裁、斡旋、调解和调停等方式解决争端。

GATT下的贸易争端解决机制的重要原则是"协商一致"原则，缔约方之间的争端采用"自愿"为基础的解决办法，在"协商一致"原则约束下，各缔约方参与机制内的各项程序。GATT时期的贸易争端解决机制取得了一定成就，但也存在许多不足之处：①周期太长；②受被起诉国干扰；③实施力度不足；④ GATT仅涉及货物贸易，争端解决程序的范围有限。

尽管东京回合谈判达成了争端解决的谅解，但并没有从根本上解决GATT时期的上述缺陷。因此，在乌拉圭回合谈判之始就确定了关于争端解决谈判的目标。该轮谈判最终形成了《关于争端解决规则和程序的谅解协定》（Understanding on Rules and Procedures Governing the Settlement of Disputes，DSU），成为WTO贸易争端解决的法律依据，它与WTO协定中涵盖的其他相关程序规则一起，形成一个具有司法性质的、较严格的争端解决机制。

DSU作为WTO争端解决机制的核心文件，结合《GATT 1994》中的相关规定（主要是第22条和第23条），以及各有关多边贸易协定和诸边贸易协定的有关程序条款及一些宣言或决定等文件，如《关于实施与审议DSU的决定》《关于GATS某些争端解决程序的决定》《关于按照〈实施GATT 1994第6条的协定〉或〈补贴与反补贴措施协议〉第五部分争端处理的宣言》，共同构成了WTO争端解决制度的法律框架。

DSU包括27个条款和4个附件，DSU主体部分的27个条款是WTO争端解决规则最重要的部分，普遍适用于各相关协定，包括WTO争端解决机制的适用范围、管理与运作、一般原则、基本程序、建议与裁决的实施和监督、补偿与减让的中止等系统性规定。DSU的附件一规定了DSU的适用范围，包含《WTO协定》及其附件；附件二是各适用协定所包括的特别或另外的规则和程序，如《SPS协议》《TBT协议》《反倾销协议》《补贴与反补贴措施协议》《海关估价协议》《服务贸易总协定》等中所包含的特殊或附加规则与程序，仅适用于根据该协定所产生的争端解决；附件三规定了争端解决专家组的工作程序；附件四是有关专家组领导下的各技术专家评审组的工作范围、工作权限和工作程序。

4.3.1.2 诸边贸易规则

1.《政府采购协议》

政府采购是指政府为政府机关自用或为公共目的而选择购买货物或服务的活动，其所购买的货物或服务不用于商业转售，也不用于供商业销售的生产。基于保护本国产业发展的目的，各国通过立法，把政府采购对象优先给予本国厂商，对别国厂商构成歧视，成为非关税壁垒，严重影响国际贸易的发展。因此，要求改变政府采购办法，约束政府采购行为的要求日趋强烈。政府采购从游离于多边贸易体制到逐渐纳入多边贸易体制。

《GATT 1947》创立之初，将政府采购排除在最惠国待遇和国民待遇之外，这在客观上允许缔约方在进行政府采购时可以优先购买本国货物。20世纪50年代以后，随着国家公共服务职能的加强，许多国家的政府及其控制的机构成为重要的产品和服务采购人，政府采购占据的货物和服务市场份额不断增加。为消除政府采购政策可能引起的贸易壁垒，促进政府采购市场的对外开放和扩大国际贸易，国际社会认识到需要一个有约束力的政府间公共采购协议。基于上述要求，东京回合达成了《政府采购守则》，该守则将《GATT 1947》中的非歧视、透明和公平竞争等基本原则引入政府采购领域，但其作用有限。该守则仅适用于参与方；只适用于货物的采购，而并没有包括服务的采购；只约束中央政府采购实体，地方政府和公用事业单位等重要的公共采购实体例外。乌拉圭回合达成了《政府采购协议》(GPA)，成为WTO的诸边贸易协议之一。

GPA参加方成员对本协议任何规定均不得提出保留，可以自愿加入，可以自愿退出。其宗旨是：就有关政府采购的法律、法规、程序和做法建立一个有效的权利和义务的多边体制，以期实现世界贸易更大程度的自由化和扩大、改善进行世界贸易的国际框架。

GPA由24个条款和4个附录组成，主要包括了适用范围、政府采购的基本原则和规则、成员间争端的解决、政府采购委员会的职能等内容。GPA适用的范围：①清单中列出的采购实体。GPA只适用于参加方在各自承诺的清单中列出的政府采购实体，包括三类，分别是中央政府采购实体、地方政府采购实体和其他采购实体（如供水、供电等公用设施单位）。②按规定内容和采购合同进行。除去该协议规定的例外，政府所有货物采购都应纳入约束范围。服务采购的具体范围，由参加方在清单中列明。GPA规定的采购合同包括购买、租赁、租购、有期权的购买和无期权的购买等方式。③在采购限额基数内采购。当政府采购的金额达到GPA规定的最低限额，或达到成员方经谈判达成的最低限额时，政府采购活动才受到该协议的约束。政府采购的基本原则和规定包括非歧视原则、透明度原则、公平竞争原则、运用异议程序防止歧视以及对发展中国家给予特殊和差别待遇。

2.《民用航空器贸易协议》

二战以后，随着国际贸易的扩大和旅游事业的发展，航空事业和民用航空器贸易发展迅速，在各国经济和贸易中的地位不断提升，各国日益把航空器部门作为经济和产业政策的组成部分。出于竞争的需要，各国在民用航空器的发展中，一方面作为战略产业施以各种补贴和资助，促进本国航空器产业的发展；同时在民用航空器的进口上实行关税和非关税壁垒，使得民用航空器贸易出现扭曲，影响民用航空器贸易的扩大。为此，国际社会特别是民用航空器比较发达的国家寻求民用航空器贸易自由化，通过国际协议逐步消除民用航空器贸易上的障碍。在东京回合谈判中，达成了《民用航空器贸易协议》（Agreement on Trade in Civil Aircraft）。其宗旨是：期望实现民用航空器、零件及其相关设备世界贸易的最大限度自由化，包括消除关税，以及最大可能地减少和消除对贸易的限制或扭曲；期望在世界范围内鼓励航空工业的技术持续发展；期望为民用航空器的活动及其制造商参加民用航空器市场的扩张提供公平公正的竞争机会。该协议于1980年1月1日生效，其加入属于自愿，未经其他参与方同意，不得对该协议的任何条款提出保留，且其法律、法规和行政程序须符合该协议的规定。任何参与方可退出该协议。

协议主要条款包括：①产品范围；②关税及其他费用；③技术性贸易壁垒；④政府指导采购，强制分包合同和引诱性条件；⑤贸易限制；⑥政府支持、出口信贷和航空器销售；⑦监督、审查、磋商和争端解决等方面的内容。㊀

4.3.1.3 新型诸边贸易规则

新型诸边贸易协议虽只有部分成员参与，但协议所产生的收益根据最惠国待遇原则由全体 WTO 成员方享有；其谈判与执行均在 WTO 体制中，全体参与方均为 WTO 成员或正处于入世谈判进程中的成员。现阶段，这类协议的另一个重要特点是协定所涉议题相对单一，仅聚焦于特定部门，所以又称这类协议为"部门协议"。此外，现阶段协议内容还限于工业制成品的关税。非关税措施尚未进入谈判阶段。例如，《信息技术协议》(Information Technology Agreement，ITA）所涉及的是信息技术产品的关税减让，谈判中的《环境产品协议》(Environmental Goods Agreement，EGA）涉及的是环境产品的关税减让。

20 世纪 90 年代以后，信息技术革命出现，信息技术迅猛发展，包括计算机、仪器设备、零部件和附件、软件、半导体、半导体生产设备、电信类设备在内的信息技术产品贸易额不断增加。扩大全球范围内信息技术产品市场并降低成本，成为世界经济和贸易扩大的关键，加大自由化也成为具有信息产业优势国家的重要战略目标。ITA 是 WTO 成立后达成的一个重要协议，任何 WTO 成员及申请加入 WTO 的国家或单独关税区均可参加该协议，但需要提交关税减让表、产品清单等文件，并获得 ITA 已有成员的审议通过。该协议的宗旨是通过取消信息技术产品的关税，在世界范围内鼓励信息技术产业的技术发展，以及最大限度地实现世界信息技术产品贸易的自由化。

ITA 的核心内容是，2000 年 1 月 1 日前发达国家取消信息技术产品的关税及其他税费，一些发展中国家可以将其减税实施期延至 2005 年 1 月 1 日。

4.3.1.4 体制外诸边贸易规则

在 WTO 多边框架下开展的多哈回合服务贸易自由化谈判无法就服务业市场开放达成具体共识，基本处于停滞状态的背景下，为了突破 GATS 多边谈判的困境，推动服务贸易进一步自由化，以美国、欧盟为主导的"服务业挚友"集团㊁在探寻一种新的谈判路径，以诸边谈判方式为基础的《国际服务贸易协定》(Trade in Service Agreement，TISA）应运而生。TISA 与 GATS 既有联系，如前者采用后者的核心规范、减让表基本结构等；又有区别，如前者是以诸边方式进行的，引入新的规则，期望实现服务贸易更高水平的自由化。

TISA 减让表与 GATS 确立的样式基本相同，内容包括服务部门、市场准入、国民待遇和附加承诺等栏目。但也存在两点不同之处：一是 TISA 采用混合列表，在市场准入部分采取肯定式列表，在国民待遇上采用否定式列表。二是根据瑞士的提议，TISA 减让表可能会增加一项新栏目，以便把与冻结条款㊂、棘轮条款㊃等相对应的法规信息列入其中。

㊀ WTO（1980）*Agreement on Trade in Civil Aircraft*, Geneva: World Trade Organization.

㊁ 服务业挚友"集团（Real Good Friends of Services，RGF）是由少数 WTO 成员方组成的次级团体。该次级团体于 2012 年年初成立，以展开国际服务贸易协定（Trade in Services Agreement，TISA）谈判。开始由 16 个成员方组成，包括澳大利亚、加拿大、智利、中国香港、中国台湾、哥伦比亚、欧盟、日本、墨西哥、新西兰、挪威、巴基斯坦、新加坡、韩国、瑞士、美国等。新加坡中途退出，后又有哥斯达黎加、冰岛、以色列、列支敦士登、巴拿马、巴拉圭、秘鲁和土耳其加入。

㊂ 冻结条款指政府承诺不会实施新的限制或就现存限制附加提高贸易障碍的措施，它约束了现有的开放水平。

㊃ 棘轮条款指当一个国家通过各种方式实现服务贸易自由化的程度，在往后不得后退而使其具有永久效力，并纳入贸易协定而受其约束。

TISA包含了GATS中绝大部分规则，同时也涉及了其中没有的规则与纪律。TISA考虑到“21世纪的新问题”，将“新的和增强的纪律”纳入谈判范围内。例如，对于国有企业（SOE）提出了竞争中性的要求。TISA要求国有企业透明化经营、商业化运作、申明所获补贴、公开采购等，目的是保证竞争中性。

4.3.2 区域经济组织的国际贸易规则

区域经济一体化（regional economic integration）是指一个地理地区内各国一致同意减少并最终消除关税和非关税壁垒，以便货物、服务和生产要素在区域内自由流动。理论上，一体化可分为自由贸易区、关税同盟、共同市场、经济联盟、政治联盟几个由低到高的层次。

区域经济一体化是通过建立区域性经济贸易集团实现的。区域经济集团在形成和发展过程中，制定和完善了规范成员方的行为规则，建立了自己的法律制度。到2007年，几乎所有的WTO成员都加入了一些区域贸易协议。目前仍然有效的地区性贸易协定的总数大约有300项。其中，最引人关注的是欧盟和NAFTA。另外，亚太经合组织（Asia-Pacific Economic Cooperation，APEC）、东南亚国家联盟（Association of Southeast Asian Nations, ASEAN）、安第斯共同体（Andean Community）、南方共同市场（Mercosur）和中美洲自由贸易协定（U.S.-Dominican Republic-Central America Free Trade Agreement，DR-CAFTA）也在世界范围内有较大的影响。

4.3.2.1 北美自由贸易区的国际贸易规则

北美自由贸易区的贸易规则由调整北美自由贸易区内部关系的贸易规则和调整北美自由贸易区对外关系的贸易规则两方面构成。

调整北美自由贸易区内部关系的规则包括四方面内容：一是设立北美自由贸易区组织机构，它主要规定了贸易区的组织机构的法律地位和职能；二是北美自由贸易区的争端解决机制，主要规定了解决美加墨三个成员国之间的争端的方式和程序；三是北美自由贸易区内的经济制度，主要包括货物贸易规则（包括原产地规则、国民待遇、总的市场准入条件、保障措施，以及适用于农产品、能源、纺织品服装、汽车产品的特殊规则）、服务贸易规则（陆上运输、电信、金融服务的特殊服务部门的贸易规则）、政府采购规则、知识产权贸易规则和技术贸易壁垒（适用于除动植物卫生检疫措施以外的与技术标准有关的措施）；四是北美自由贸易区的环境和劳工制度，其内容主要涉及环境保护和劳工待遇。

调整北美自由贸易区对外关系的规则包括两方面内容：一是规定了成员国与非成员国的关系，即非成员国不得享有自由贸易区的各项优惠和利益；二是规定了北美自由贸易区成员国与其他国际组织的关系，主要体现在NAFTA与其他条约或协定的关系上。NAFTA第103条规定缔约国承认他们相互间根据GATT和其他已加入的协议的现存权利和义务，如果NAFTA与这些国际协议不符，除非另有规定，NAFTA将在不符的范围内优先适用，这说明通常NAFTA的效力是优先的。

4.3.2.2 欧盟的国际贸易规则

集关税同盟、共同市场和经济联盟于一身的欧盟，将对内消除各成员国之间的贸易壁垒，实现货物在成员国之间自由流动作为重点。为了促进货物在成员国之间自由流动，欧盟取消了贸易限制、内部关税。具体表现为：《罗马条约》规定成员国之间取消进出口货物关税、取消成员国间的数量限制和具有同等作用的措施，同时允许人员、服务和资本在欧盟内部实现自由流动。作为一个经济联盟，欧盟逐步建立起了统一的财政政策、货币政策和税收政策。除此之外，在欧盟内部，19个成员国使用统一的货币——欧元。不仅如此，欧盟还实行共同的农业政策、渔业政策、统一的安全技术标准。

实行共同的对外政策是欧盟的重要特色。例如，欧盟对外实行统一的关税税率，欧盟实行共同贸易政策，在关税制度、进口制度、反倾销制度、农产品补贴、出口退税、出口信贷等方面实行完全统一的政策。在多边贸易的谈判中，欧盟也是以“一个声音”谈判的。在关税减让和服务贸易承诺表中，欧盟作为一个单一体的承诺就代表了全部成员国的承诺。在国际贸易的争端解决中，欧盟也是作为一个单一体起诉或被起诉的。

2020年12月24日，欧盟正式与英国达成《欧盟—英国贸易与合作协议》，以此界定2021年1月1日英国结束“脱欧”过渡期后的欧英关系。

4.3.3 双边贸易规则

4.3.3.1 双边贸易规则和双边自由贸易协定

双边贸易规则是指构成双边FTA的各项制度内容的总和。双边FTA的传统含义是缔约方之间相互取消货物贸易关税和非关税壁垒，但是近年来签订的双边FTA的最大特点是调整范围的突破。其所涉及领域不仅包括货物贸易自由化，而且涉及服务贸易、投资、劳工、竞争、环境以及争端解决等更多领域。许多通过多边贸易谈判难以解决的棘手问题可以通过双边FTA得到解决。尽管双边FTA的内容在不断扩充，但降低与取消关税仍是其基本内容。

4.3.3.2 双边自由贸易协定的新内容

1. 劳工核心标准

发达国家和发展中国家对于劳工核心标准问题存在意见分歧：发达国家认为发展中国家较低的劳工标准是一种不公平的贸易措施，理由是发展中国家将比较优势建立在较低的劳工标准上，增强了产品的竞争力，并因此对发达国家国内经济产生了负面影响；发展中国家认为，利用较为便宜的劳动力发展制造业完全符合“比较成本说”和“要素禀赋说”，不公平竞争的指控没有道理。发展中国家在其他方面的不利因素已经足够抵消其由于劳工标准的差异而得到的优势。此外，发展中国家担心一旦将贸易和劳工标准挂钩，西方国家将会利用这样的标准进行贸易保护。因此，劳工标准问题在多次多边谈判中没有获得任何进展。

目前，贸易与劳工关系在双边层面上取得了实质性的进展。2000年美国和约旦签署双边FTA，这是美国签署的第一个包含劳工条款的双边FTA。协定规定双方应保障国际认可的劳工权益，如组建工会、适当的工作环境、最低工资等。双边FTA认可由各国国内法确立各自的国内劳工标准，并要求贸易伙伴遵守各自的劳动法，否则有可能遭到经济制裁。同时在双边贸易协定中明确规定国际社会认可的劳工权利。这样无论是在国内法优于国际法还是国际法高于国内法的国家，双边协定所确立的劳工标准都能够得到对方遵守。

2. 环境

发达国家认为各国环保管制标准和要求的不同，导致了不公平的成本优势。那些环保管制标准较低国家的产品由于低成本而取得了市场竞争的优势，从而使环保管制标准较高国家的企业处于不利的市场地位。把矛头直指发展中国家及其低成本的环境标准，建议征收“生态倾销税”，以抵消发展中国家低成本产品的竞争优势；要求政府对国内工业进行补贴，使其在国内市场和国际市场可以低价竞争。这些观点和做法，遭到广大发展中国家的异议和不满。发展中国家认为无论从提高生产成本还是从限制出口潜力来说，执行严格的环境法规和标准都是对发展中国家的严峻挑战，若在WTO中实施过于严格的环境标准无异将为发达国家高筑绿色贸易壁垒提供借口。在多边框架下各国并未对环境问题达成一致意见。

在双边层面上，贸易与环境问题取得了一些进展。2000年美国—约旦双边FTA第一次将环境问题纳入其中。2004年4月美国—澳大利亚双边FTA第19章对环境问题做了规定。第一条规定“双方有权确立本国的环境保护标准和优先次序，采用和修改相应的环境法律和政策。每一方都应确保其法律提供和鼓励高水平的环境保护并且努力改善各自的环境保护水平”“双方承认用削弱或减少各自环境法所提供的保护的方法鼓励贸易或投资是不适当的”。协定还对“环境法的执行”“程序保证和公众知晓”“环境合作”“机构安排”等问题做了相应规定。

3. 竞争政策

作为“边境后”措施进入FTA议题的还有不在WTO规则范围内的国内竞争政策问题。美国政府最先尝试将竞争政策纳入FTA，先后与欧盟、德国、澳大利亚、加拿大、新加坡等主要贸易伙伴签订包含竞争政策的双边协议。根据美国—新加坡FTA的规定，下列内容被纳入竞争政策：①反竞争商业行为（anticompetitive business conduct）：规定“各方应制定或保留措施，禁止反竞争的商业行为，以提高经济运行效率和增加消费者福利，并对这些行为采取适当的行动”“每一缔约方应建立或保留竞争机构，禁止反竞争商业行为。在竞争执法过程中，各缔约方给予非本方相对人的待遇应不低于本方相对人在同等条件下享有的待遇。在调查相对人行为是否违反竞争法时，或者在确定对相对人的违法行为需要采取行政处罚或救济措施时，允许相对人通过表达意见、提出证据等方式为自己辩护。对违反竞争法而进行处罚或采取救济措施时，每一缔约方应为其提供在本国法庭或独立仲裁庭申请复议的机会”。②指定垄断（designated monopolies）：协定允许各国进行指定垄断。但是当这种指定性垄断影响到另一成员的利益时，指定方应“在指定时介绍实施垄断的条件，并在尽可能提前的情况下书面通知对方”。此外，该协定规定了双方都应保证其在此协定生效之后指定的垄断不得从事本协定所规定的不正当竞争行为。③国营企业（government enterprises）：协定允许各国建立国营企业。但应保证其不得从事与协定的规定相违背的行为。此外，协定还规定了双方在竞争政策方面的合作、透明度原则和信息交流、协调和磋商机制及争端解决机制，并对一些定义做了解释。

4. 投资问题

《TRIMs协议》调整的投资措施十分有限，仅限于与贸易有关的投资措施。目前，由于真正意义上的多边投资协议还远远没有建立起来，在这种情况下，通过双边贸易谈判全面规范投资措施成为许多发达国家的选择。

以美国—新加坡FTA为例，其第15章对有关的投资措施做了规定，并在以下方面与《TRIMs协议》不同：①在调整目标上：《TRIMs协议》的目标是通过制定投资措施，促进世界贸易的扩展和逐步自由化，并便利跨国投资，促进经济增长。双边谈判的目的是要达成一项广泛、综合的投资协议，该协议将在投资保护、投资自由化和争端解决这三个领域制定高标准的外国直接投资规则。②在适用范围上：《TRIMs协议》只限于与贸易有关的投资措施，不适用于与贸易有关的其他领域，如投资、服务贸易等。多数双边FTA将投资的定义扩展到以间接控制权或间接控制方式所从事的跨国经营活动。③在调整内容上：

《TRIMs 协议》只规定了货物的国民待遇和数量限制。美国—新加坡 FTA 既规定了投资的国民待遇和最惠国待遇，同时规定了最低的待遇标准。④在征用问题上：《TRIMs 协议》并不涉及这一问题。发达国家和发展中国家签订的双边 FTA 中都对这一问题做了规定。美国—新加坡双边 FTA 第 15 条第 6 款规定："任何一方都不得对另一方的投资直接或间接地实行征收或国有化措施。"⑤在争议解决问题上：《TRIMs 协议》成立了与贸易有关的投资措施委员会。但提供的争端解决方法仅限于国与国之间，且局限在部分投资措施，效率不高。双边 FTA 规定了一个具有法律约束力的争议处理程序，不仅处理国与国之间的争议，而且处理东道国与投资者之间发生的争议。

5. 争端解决机制

WTO 争端解决机制致力于协调解决国家间的争议，并未对个体利益进行调整。在这方面，双边 FTA 中的争端解决机制显示出了一定的优越性：①双边机制兼顾个体利益。例如，NAFTA 的前身，美国—加拿大 FTA 的争端解决机制中，允许个人或企业启动诉讼程序；可以任命争议方的国民组成专家组。②双边磋商作用更加突出。作为 DSU 中具有独立地位并且影响重大的一种争端解决方式，双边磋商可以更为便利地突破传统"国家主权理论"的严格限制，更加直接地考虑贸易纠纷中个体利益冲突的根源。在涉及重大国家利益的场合，或国际协作尚未成熟的领域，双边协商机制能有效促进各国利害关系方的直接对话，有助于国际合作的形成和深化。大多数双边贸易协定都将双边磋商作为申请专家小组的强制性前置程序。与 WTO 争端解决机制相比，更体现了协商合作的精神。③特定领域的争端解决。WTO 争端解决机制不解决有关劳工、环境等方面发生的争议，但双边 FTA 对这些领域发生的争议都有特别规定。④机构设置。WTO 分为专家小组和上诉机构，当事人如果对专家小组裁决不服，可以上诉到上诉机构。双边 FTA 大多取消了两者的区分，代之以专家小组的初始报告和最终报告。

【专栏 4-8】

中国内地与港澳关于建立更紧密经贸关系的安排

2003 年中国内地与香港、澳门分别签订的《内地与香港关于建立更紧密经贸关系的安排》和《内地与澳门关于建立更紧密经贸关系的安排》，统称为《内地与港澳关于建立更紧密经贸关系的安排》(CEPA)，它属于同一个主权国家内部两个独立关税区主体之间签订的 FTA。

CEPA 是中国在积极缔结与推动双边 FTA 方面取得的一次重大进展。以 CEPA 为契机，内地与港澳 FTA 既不是一个关税保护的贸易壁垒，也不与加入 WTO 这样的全球贸易组织相矛盾。CEPA 涉及的内容包括货物贸易、服务贸易及贸易投资便利化三大方面，每方面又细分为具体的领域，特别是服务业几乎涉及所有的领域和行业，而且在股权、地域、投资方式等方面取消各种限制，实行全面的互惠。无论货物贸易还是服务贸易，CEPA 给予港澳的优惠均高于我国对 WTO 其他成员的承诺。CEPA 取消了专门针对中国内地的歧视性贸易条款，使内地与港澳之间的自由贸易关系成为比一般 WTO 成员之间更紧密的贸易互惠关系。具体体现在：①零关税措施：香港将继续对原产于内地的所有进口货物实行零关税；同时自 2004 年 1 月 1 日起，内地将对附件 1 中表 1 列明的原产香港的进口货物实行零关税。②反倾销措施：双方承诺一方将不对原产于另一方的进口货物采取反倾销措施。③反补贴措施：双方承诺一方将不对原产于另一方的进口货物采取反补贴措施。④保障措施：如因 CEPA 的实施造成一方对列入附件 1 中的原产于另一方的某项产品的进口激增，并对该方生产同类或直接竞争产品的产业造成严重损害或严重损害威胁，该方可在以书面形式通知对方后临时性地中止该商品的进口优惠，并应尽快应对方的要求，进行磋商并达成协议。⑤争端解决：根据 CEPA 第19条，“双方将本着友好合作的精神，协商解决 CEPA 在解释或执行过程中出现的问题。委员会采取协商一致的方式做出决定。”

资料来源：阿扎古哈（2008）；王传丽（2012），第406～408页。■

4.3.4 各国对外贸易规则

各国基于特定的政治、经济、国家安全以及环境保护等多种目的，通过制定国家立法和缔结国际条约等方式实施的一系列干预或限制进出口的行为，我们称之为对外贸易管理。对外贸易管理有如下几方面的特征：①对外贸易管理是国家对进出口贸易的干预；②对外贸易管理是国家出于政治、经济、安全以及环境的目的而采取的一种保护措施；③对外贸易管理一般通过制定国内立法和缔结国际条约的方式进行；④对外贸易管理的内容包括对外国商品、技术和服务的进口管理和对本国商品、技术和服务的出口管理。

对外贸易管理法是调整国际贸易管理关系的国内法规范和国际法规范的总和，包含国内外贸管理法和关于外贸管理的国际条约。应当指出，国内层面的外贸管理法与国际层面的外贸管理规范虽然在列项、原则制度等方面有一致之处，但是，国内外贸管理法具有直接调整性质，它明确规定管理者与被管理者的权利义务关系。外贸管理条约有不少属于贸易管理政策的协调，它规定国家之间的权利义务。贸易管理条约一般既不能直接适用于国内贸易管理者与被管理者之间的权利义务关系，也不如国内法具体明确。从当前贸易管理的实践来看，国内制定的外贸管理法起着更大的作用。

外贸管理法是随着商品生产、商品交换和对外贸易及国际交往的发展和需要而逐步发展和完善的。公元前5世纪，雅典城邦国家就有制定对出入境货物征税的规定。19世纪末以后，资本主义国家先后制定了单行关税法、进出口许可证法、外汇管理法等外贸管制法律。二战以后，在发达国家继续保持贸易管理法领先地位的同时，广大发展中国家为了保护自身的发展，也日益重视对外贸易管理的立法，以贯彻其保护政策。从20世纪80年代至今，对外贸易管制法呈现出以下几个明显趋势：①立法管理范围的广泛性。二战之前，各国主要针对有形商品的进出口制定管理法律，以维护自己的经济利益和政治利益。20世纪70年代，贸易管制法的范围扩及技术贸易。20世纪80年代以后，各国针对服务贸易迅速发展、服务市场竞争激烈的客观现实，相继对服务贸易制定管理规范。②外贸管理法的世界趋同化。20世纪以来，世界法律呈现出明显的趋同现象，反倾销法便是例证。目前，许多国家都制定了反倾销法，这些法律都具有贸易保护主义色彩，其核心内容均为保护本国的国内产业，尤其是保护各自的制造业者的利益。反倾销法的基本术语，例如倾销、反倾销、反倾销调查、反倾销税、实质性损害等都是相同的。反倾销法的基本机制，包括倾销构成的法定要件、倾销差价的确定机制、反倾销损害的确定机制以及反倾销调查的主要阶段等基本相同。③外贸管理立法和执法体系的完备性。首先，不少国家既有全面调整外贸管理关系的外贸立法，也有具体的外贸管理的行政法规。例如日本于1949年制定了《外汇和外贸管理法》，随后又制定了《出口贸易管理令》《进口贸易管理令》和《外汇令》。其次，主体立法和辅助立法相配套。例如，美国不仅有1974年《贸易法》这样的主体法律，还制定有《农业法》《出口贸易公司法》这样的辅助法律，这些法律不乏涉及外贸管理的条文（如《农业法》规定，总统可与外国政府谈判以达成双边或多边协定，限制外国农产品输入美国)。最后，规范的制定与实施机制并重发展，这方面美国的情况最为典型。美国不仅推出了由国会立法、行政条例和部门行为规则所构成的完备的对外贸易管理的立法内容，而且专门设立国际贸易委员会和贸易谈判代表办公室等从事贸易法的执行工作。此外，商务部、司法部和联邦贸易委员会、海关等机构，也依法参与贸易法的实施。

4.4 国际投资规则体系

著名法学家 A. A. Fatouros 指出，关于国际直接投资的国际法律体系只是一个由各种各样的国内法规和国际法规范组成的网状体，其内容有些相互重复，有些彼此并不协调，不能构成一个完整的、广泛的国际投资法律体系。因此，为了促进国际直接投资的发展，加强国际的政策协调，一些国际组织纷纷为建立国际多边投资框架而做出努力，但都未取得成功，其中最著名的就是 OECD 的 MAI 草案。

4.4.1 国际组织体系下的多边投资规则

4.4.1.1 WTO 框架下的国际投资规则

1.《与贸易有关的投资措施协议》

一些国家制定的关于管制和鼓励外国投资的法律措施会对贸易产生不利影响，比如：限制外国投资所有权的当地股权要求；要求外国公司转让技术的技术许可要求和技术转让规则；为替代进口而施加的国内销售、当地成分和当地制造要求；旨在增加东道国出口实绩的出口要求；限制汇兑和对外转移的外汇管制等。这些履行要求增加了外国投资者的义务，不利于外国投资。对此，《TRIMs 协议》根据 GATT 的基本精神，将关于国民待遇和数量限制问题作为其核心内容。《TRIMs 协议》第二条规定，任何成员都不得实施与《GATT 1994》第 3 条（国民待遇）或第 11 条（数量限制的一般取消）不相符的与贸易有关的投资措施。该协议附录的解释性清单还进一步列举了这些投资措施。为确保《TRIMs 协议》得以实施，该协议还做出了其他的相应规定，例如，关于通知与过渡安排，该协议考虑经济发展水平不同，规定各成员方在不同期限内取消所有的 TRIMs。

《TRIMs 协议》打破了国际贸易体系与国际投资体系长期分割的局面，将投资问题纳入了一个强有力的多边贸易体制内，实现了投资领域实体性的多边条约的重大突破。尽管如此，但其仍有自身的缺陷。一是范围十分狭窄，仅仅涉及与贸易有关的投资措施，而且仅仅禁止违反国民待遇和取消数量限制的投资措施。发达国家认为缺乏投资保护、投资待遇、征收补偿等重要规则。发展中国家认为完全忽略了跨国公司的限制性商业惯例的约束，难以称为完整的投资条约。二是条文极为简单，缺乏必要的可操作性。三是例外条款过多，过渡期很长，一定程度上影响了条约的价值。

2.《与贸易有关的知识产权协定》

国际投资与知识产权有密切联系，因为知识产权作为一种财产权可通过技术转让或投资的方式实现其价值。无论企业通过何种方式实现其财产权利，知识产权的保护都是一个非常重要的问题，知识产权保护不力也可被看作一种贸易壁垒和投资障碍。有些公司投入了大量资金开发新技术和新产品，若对知识产权缺乏有力的保护，其技术就有被竞争者自由和无偿取得的风险，他们当然也就不愿前往投资了。对于外国投资者特别是高新技术生产者来说，加强对知识产权的国际保护，无疑有助于其进入他国市场并防止他国低成本复制出口。因此，保护知识产权也有助于保护国际投资。

《TRIPs 协议》的宗旨是使知识产权得到有效的保护，确保知识产权的措施和程序的实施对合理贸易不造成任何障碍。它同样强调了国民待遇和最惠国待遇原则，并对国民待遇和最惠国待遇的例外也做出了明确的规定。

《TRIPs 协议》对于知识产权的保护标准要比现行其他国际公约更高。例如：①版权的保护扩及计算机程序等方面；邻接权得到承认；租让权也已确立。②商标权得以定义。③关于专利的保护，最重要的是对专利性做出了规定；而且，所有的产品发明和程序发明，包括药物和微生物领域的发明，都可被授予发明专利。④采取民事程序和行政程序、临时性措施和刑事制裁等措施，制止知识产权的侵权行为，加强了知识产权国际保护的力度；等等。这些措施显然对知识产权给予了更为有力的保护，对国际投资也会产生积极影响。

3.《服务贸易总协定》

GATS 是 WTO 规则中最能体现贸易与投资一体化关系的协定，该协定将服务贸易划分为四种形式，其中的"商业存在"将贸易和投资联系在一起。GATS 将"商业存在"定义为："任何形式的商业或专业建立，包括对某一法人的重组、收购和维持，也包括在某一成员方境内为提供服务而创设或维持分支机构和代表处。"从定义来看，"商业存在"不仅是服务贸易的形式之一，更是典型的外国直接投资。

GATS 第 16 条规定，在市场准入方面，每一成员方给予其他成员方的服务和服务提供者的待遇，应不低于其承担义务计划表中所同意和规定的期限、限制和条件。同时，在对市场准入承担义务的服务部门里，成员方除了在其承担义务计划表中已做其他规定外，不得采取所列举的六种限制性市场准入措施。在这六种措施中，前四种是关于数量限制措施的，例如采用数量配额或要求测定经济需求等方式，限制服务提供者的数量，限制服务交易或资产的总金额，限制业务的总量或用数量单位表示的服务提供的总产出量，或限制某一特定服务部门或服务提供者为提供特定服务而需要雇用自然人的总数。后两种则与国际投资密切相关，即①限制或要求服务提供者通过特定的法人实体或合营企业才可提供服务；②对参加的外国资本限定其最高持股比例或对个人的或累计的外国资本投资额予以限制。

GATS 第 17 条规定：关于国民待遇，每一成员方在其承担义务计划表所列的部门中，依照表内所述的各种条件和资格，在影响服务提供的所有措施方面，须给予其他成员方的服务和服务提供者以不低于其给予本国相同的服务和服务提供者的待遇。

GATS 第一次将 GATT 的成功经验推广到服务贸易领域，建立了服务贸易自由化的法律框架，也对国际投资法产生了间接的巨大影响。同时，GATS 作为投资协定，也有很大的局限性。它的范围太过狭小，只是规范了服务领域的市场准入和国民待遇等义务，并没有涉及投资者和东道国的许多重要问题，包括履行要求、征收补偿、限制性商业惯例等。GATS 的许多条款也存在用语模糊等问题，需要在争端解决实践中不断完善。

4.《补贴与反补贴措施协议》

一些国家为了吸引外资，会制定一些投资鼓励措施，例如，对外资采取某些减免税收的鼓励措施，使享受此优惠的企业降低成本，提高产品竞争力，这实际上是对产品予以补贴。若该补贴属于禁止性补贴或可申诉补贴，其补贴行为对其他成员的利益造成了损害，则东道国的税收鼓励措施会受《SCM 协议》的制约。

4.4.1.2 世界银行体系下的国际投资规则

1.《解决国家与他国国民间投资争端公约》

国际投资争议按照争议主体的不同可分为投资者之间的投资争议、国家之间的投资争议以及东道国与投资者之间的投资争议。

1965年3月18日，国际复兴开发银行提交各国政府在华盛顿签署的《解决国家与他国国民间投资争端公约》(简称《华盛顿公约》)，1966年10月14日生效，而中心根据该公约设立。

《华盛顿公约》包括序言和10章内容，共75条，其主要内容有：中心仲裁的性质、中心管辖的条件、中心仲裁适用的法律、中心裁决的效力等。

设立中心的主旨在于专为东道国政府与外国投资者之间的投资争议提供国际解决途径，即在东道国国内司法程序之外，另设国际调解和国际仲裁程序。公约用以解决国际投资争议的基本途径有两种，即调解程序和仲裁程序。争议当事人可以自行商定，选择解决方式。公约用以解决投资争议，但中心本身并不直接承担调解和仲裁工作，而只是为解决争议提供各种设施和方便：为针对各项具体争议而分别组成的调解委员会或国际仲裁庭提供必要的条件，便于他们开展调解或仲裁工作。

2.《多边投资担保机构公约》

为了促进国际投资的发展，提高发展中国家经济发展水平，世界银行在1984年制定了《多边投资担保机构公约》，并在1985年10月的世界银行汉城年会上得以通过，因而又被称为《汉城公约》。1988年4月12日，《汉城公约》正式生效，多边投资担保机构(Multilateral Investment Gurantee Agency，MIGA) 正式成立。

《汉城公约》规定了MIGA的目标宗旨、法律地位、组织机构、股权及投票权的分配，及其最重要的业务即担保业务。MIGA的目标是鼓励在其会员国之间，尤其是向发展中国家会员国融通生产性投资，以补充国际复兴开发银行、国际金融公司和其他国际开发金融机构的活动。MIGA的担保业务要求合格的投资者、合格的投资、合格的东道国，承保的险别主要包括"征收和类似措施险""战争和内乱险"以及"货币汇兑险"。MIGA通过直接承保海外投资者可能面临的各种政治风险，为投资者权益提供事先保障。对海外投资保险机构、区域性国际保险机构和私营保险机构在担保国际投资非商业风险方面起到补充作用。

尽管MIGA一般被认为是一个国际性的投资担保机构，但除了投资担保业务之外，它的投资促进活动也是不容否认的。MIGA的投资促进活动主要包括：开展跨国投资研究；交流有关投资信息；向会员国提供建议以帮助它们改善本国的投资环境；推动会员国的投资活动等。

4.4.2 区域经济组织的国际投资规则

区域投资规则主要分为三大类：①专门调整区域性国际直接投资关系的协议，如《东盟促进和保护投资协定》《东盟投资区的框架协议》；②包含投资内容的区域性协议，如NAFTA、《罗马条约》与《马斯特里赫特条约》；③涉及一般性投资原则的区域性国际文件，如APEC《非约束性投资原则》。

4.4.2.1 北美：《北美自由贸易协定》中的投资章节

NAFTA的第11章是专门规定投资的，共包括两个部分，第一部分是投资的实体性规则，第二部分是关于缔约国间以及缔约国与投资者间的争端解决规则。NAFTA的第11章关于投资的规定有两个目的：一是给外国投资和外国投资者提供一套强制性的待遇标准，包括国民待遇、最惠国待遇、公平公正待遇及全面的保护和安全、履行要求的限制、高级管理人员和董事会任命的自由、资金转移的自由、对征收的补偿等。二是对东道国与投资者的争端规定了具有约束力的仲裁机制。

NAFTA 的投资规则所体现的投资保护与投资自由化程度是世界一流的，包含宽泛的适用范围、高标准的投资待遇、严格的履行要求限制、高水平的征收补偿标准、独特的争端解决机制这五大创新。NAFTA 将在 BIT 中投资的高标准扩大到三边的范围，同时极大地影响着多边形式的国际投资立法。

4.4.2.2 欧盟:《罗马条约》《马斯特里赫特条约》与《里斯本条约》中的投资内容

1957 年签订的《罗马条约》要求在欧共体内逐步废止对成员国国民在另一成员国领土内营业自由和资本流动的限制。1993 年 11 月 1 日生效的《马斯特里赫特条约》原则上禁止对欧盟成员国之间及成员国和第三国之间的资本跨国流动和支付加以限制，从而将资本流动自由化原则扩大到适用于非成员国和欧盟之间的资本流动。随后，2009 年生效的《里斯本条约》实现了欧盟在共同贸易政策管辖上的新突破。条约不但明确规定货物贸易、知识产权贸易及服务贸易政策均属于共同贸易政策范畴，欧盟在 WTO 所有领域均享有专属权限，而且更是将外国直接投资事项直接纳入共同贸易政策的范围，对外国直接投资政策也具有专属权限，欧盟将代表所有成员国与第三方缔结国际投资协定，对外实行统一的投资政策。

4.4.2.3 东盟:《东盟促进和保护投资协定》与《东盟投资区的框架协定》

东盟于 1967 年 8 月 8 日在曼谷成立，1987 年 12 月签订了《东盟促进和保护投资协定》，协定于 1990 年 7 月 1 日开始生效，这一协定生效标志着东盟区域内跨国投资法制的建立。该协定为东盟各成员国相互投资提供了一个相对完善的投资保护与促进机制，但比较而言，它仅仅赋予外国投资以最惠国待遇，而没有普遍地赋予国民待遇，其对于外国投资的保护标准还较低，明显落后于欧盟和 NAFTA 的规定，在一定程度上阻碍了东盟内部相互投资的发展。但随着东盟在 20 世纪 90 年代以来的不断发展，相关的投资保护与促进法制有所完善。1992 年 1 月，东盟正式提出建立东盟自由贸易区，为了进一步实现东盟自由贸易区的目标以及吸引大量投资进入东盟地区，东盟决定建立东盟投资区，并于 1998 年 10 月正式签署了《东盟投资区的框架协定》。通过东盟投资区的建设，试图将东盟各国市场整合起来，最终形成一个较为统一的、自由的、透明的“单一投资区”，从而促进东盟和非东盟国家的投资者增加对东盟的直接投资。《东盟投资区的框架协定》除了对东盟投资区的适用范围、市场准入、国民待遇、最惠国待遇、透明度、争端解决机制、例外条款、制度安排等做了原则性的规定，还要求成员国逐步减少和取消阻碍东盟资本流动与投资项目运行的投资管制和投资限制，并且确保协议能在规定的时间框架下实施。根据该协定，对于直接投资，到 2010 年，给予所有东盟投资者国民待遇，所有的产业对东盟的投资者开放；到 2020 年，给予所有投资者国民待遇，产业向所有投资者开放。协议要求各缔约国保证缔约国间资本、熟练劳动力和管理人员的自由流动。该协议在东盟区域内正式建立起了跨国投资法制，但该协议总体上来说仍是一个框架性协议，不够具体。

4.4.3 双边投资规则

从国际条约实践的发展历史来看，双边投资规则包括上面提到的 FCN、促进与保护投资协定和投资保证条约，这些条约在不同的历史时期以不同的方式规定了调整国际投资关系的国际法律规范，因此这三者被称为广义的BIT。但是，20世纪80年代以来，促进与保护投资协定逐渐成为BIT的主体，故狭义的BIT特指促进与保护投资协定。此类BIT主要规范与投资相关的事宜，对市场准入的规范比二战后美国签署的FCN更弱一些。

4.4.3.1 当代双边投资规则的类型与内容

当代双边投资规则主要体现在德国范本与美国范本的BIT中和双边FTA里面的投资章节里，内容涉及投资与投资者、待遇标准、征收补偿和争端解决四个主要方面。

再次强调，德国范本的BIT是指德国式促进与保护投资协定，而美国范本的BIT并非美国式投资保证协定，它是指20世纪80年代以后吸收借鉴德国式促进与保护投资协定的成功经验，在1982年BIT范本基础上发展修订的2004年BIT范本，以及新近发布的2012年BIT范本。双边FTA往往涵盖货物贸易、服务贸易和国际投资等多方面的内容，常设有专章规范有关缔约国之间的国际投资问题，如中国—新西兰FTA（2008年签订）第11章、中国—秘鲁FTA（2009年签订）第10章等。因此，这些双边FTA也被视为BIT的一种。从内容上看，双边FTA中的投资规则一般与上述狭义BIT的规定大体相同。美国2004年BIT范本同时适用于其BIT和FTA投资规则的谈判。

BIT的主要条款包括定义条款、待遇条款、征收条款、争端解决条款以及一些新型条款。

定义条款一般定义以下几个重要概念：投资者、国民、企业、投资、收益和领土。一般认为，定义条款主要是对投资者和投资范围的确定，并且以此为依据可以确定国际仲裁庭的管辖权。条约中一般对受保护的投资采取列举的方式予以规定，通常范围较为广泛，但同时也将它限定为东道国法律所允许的投资。受保护的投资者为缔约国的国民，包括自然人和法人。

待遇条款一般既规定关于外国投资者待遇的原则性条款，东道国应给予外国投资者公正、公平的待遇，又规定了具体的待遇标准，主要是国民待遇和最惠国待遇。

征收条款包括征收的定义、征收的条件以及征收的补偿标准。多数BIT都规定了投资争议解决的方法，主要包括两种情况：第一，缔约国之间有关条约的解释和法律适用的纠纷，BIT对这类争议规定了两个步骤：①通过外交解决；②如果谈判不成，按照条约的规定，组成临时仲裁庭仲裁解决。第二，东道国与外国投资者之间的争议，其解决方式如下：①磋商和谈判；②协商不成，采用东道国行政、司法解决；③用尽当地救济之后请求国际投资仲裁解决。近30年来，中外BIT对司法救济和行政复议采用不同的处理方法。一般规定：东道国法院诉讼与国际仲裁只能选择其一，对上述两种程序之一的选择应该是终局的，即国际仲裁不需要用尽司法救济，但行政复议为国际仲裁的必经程序。晚近的双边投资条约中对于“用尽当地救济”这一规则呈明示或默示放弃的趋势。规定在条约约定的期限内无法友好解决争议的，或者由投资者根据条约约定的仲裁规则提交国际仲裁，或在东道国当地救济与国际投资仲裁两种解决方法中选择其一；或者规定“用尽”的期限，通常为6～18个月。

投资条约中出现的一些新型条款包括人权保护条款、劳工条款、环境条款以及知识产权条款等。

4.4.3.2 德国BIT范本

《德意志联邦共和国与某国关于促进和相互保护投资的条约范本，2005版》（German Model Treaty-2005：Treaty between the Federal Republic of Germany and [……] Concerning the

Encouragement and Reciprocal Protection of Investments，简称“德国 BIT 示范文本”）作为欧洲国家中较为权威的 BIT 示范文本的版本，合计 14 个条款。分别是定义条款、准入与投资保护条款、国民待遇与最惠国待遇条款、征收与赔偿条款、自由转移条款、代位权条款、条约适用范围、缔约国间（state-state）争端的解决、缔约国一方与缔约国另一方投资者间（state-investor）争端的解决、缔约国间的关系、登记条款、生效、期限与终止通知以及其他规定等条款。

德国与巴基斯坦于 1959 年缔结了世界上第一个 BIT，开创了国际投资法制的新纪元。截至 2015 年，德国是世界上签订专门化 BIT 数量最多的国家。条约以促进和保护外国投资为宗旨，早期签约对象主要为发展中国家，属于传统的保守型 BIT。50 多年来，德国政府推出了多个 BIT 示范文本的修订版（比如 1991 年 BIT 示范文本、2005 年 BIT 示范文本），总体上呈现出条约结构简单、条文简约、内容专涉投资事宜等特点，如上所言，具体涉及投资定义、准入、待遇、征收、转移、代位、争端解决等传统国际投资法领域的一般问题。

需要强调的是：第一，德国对传统条约文本也进行了大量现代化的改造，主要与缔约国进行了国民待遇条款、最惠国待遇条款、资本自由转移条款或在出现征收或类似干涉行为时，进行适当补偿条款以及投资争议适用国际投资仲裁机制条款的谈判和修订工作，大大提高了投资自由化水平。第二，德国政府高度重视 BIT 的地位和作用，与东道国之间是否存在 BIT，成为德国政府承保海外投资政治风险的前提条件，这一点直接推动了德国 BIT 的快速发展。第三，欧盟已开始以欧盟名义与第三国签订双边 FTA 及 BIT，将取代欧盟各成员国分别与第三国签订的 1300 多个 BIT。可以预见，德国 BIT 范本，将影响作为欧盟谈判基础的“欧盟 BIT 示范文本”的制定，并在更高层面或更广范围发挥对 BIT 发展的影响力。

4.4.3.3 美国 BIT 范本

1.《美国政府与某国政府关于促进和相互保护投资的条约范本，2004 版》

《美国政府与某国政府关于促进和相互保护投资的条约范本，2004 版》（Treaty between the Government of the United States of America and Government of [Country] Concerning the Encouragement and Reciprocal Protection of Investment，2004，简称“美国 BIT 示范文本”）分为三节，共有 37 个条款。A 节规定了条约的实体性条款，包括第 1 ～ 22 条，分别是定义条款、适用范围条款、国民待遇条款、最惠国待遇条款、最低待遇标准（公平公正待遇）条款、征收与补偿条款、自由转移条款、禁止履行要求条款、高级管理层与董事会条款、关于投资的法律规定公布与透明度条款、投资与环境保护条款、投资与劳工保护条款、不符措施条款（Non-Conforming Measures）、特殊程序与信息要求条款、非减损条款（Non-Derogation）、拒绝授惠条款（Denial of Benefits）、根本安全条款（Essential Security）、信息披露条款、金融服务条款、税务条款、生效条款等；B 节和 C 节规定了条约的程序性条款，具体而言，B 节包括第 23 ～ 36 条，逐一规定了“缔约方政府 – 投资者”（State-Investor）之间投资争议的解决方式，分别对磋商与谈判、投资仲裁请求的提起、缔约方对仲裁的同意、缔约方同意的条件或限制、仲裁员的选定或指定、仲裁程序的透明度、准据法选择、附件的解释、专家报告、合并仲裁、裁决、附录与脚注、文件提供等做了专款规定。C 节第 37 条则专门规定了“缔约方政府 – 缔约方政府”（State-State）之间争端的解决。

2.《美国政府与某国政府关于促进和相互保护投资的条约范本，2012 版》

美国在 2012 年对 2004 年版 BIT 示范文本进行了修订，但总体上沿袭了 2004 年范本的风格和内容。正如在美国政府简报中对于新范本的评价：“新范本继承了 2004 年范本的主要内容，继续维持了在保护投资者利益与维护政府出于公共利益采取管理措施权力之间的平衡。”具体表现在：一是新范本的整体结构与构成不变，都由标题、序言、正文、附件四个部分组成。范本正文分A、B、C三节，其中A节是实体性条款，B节是投资者和东道国的争端解决条款，C节是缔约双方的争端解决条款。二是正文条文数量和主体内容也没有发生变动，维持在37个条文。相关变化或修订主要体现在针对个别条款进行了修改和补充，或增加“款”“项”，或细化注释。这些形式上的细微变化反映了美国21世纪BIT缔结理念和关注点的新变化，集中体现在以下三个方面。

（1）透明度与利益相关方参与规则的变化。

①新增透明度磋商机制。新范本第11条第1款要求缔约方应该定期为如何提高双方透明度进行磋商。磋商的内容包括缔约双方制定的足以对投资产生影响的法律、法规以及采取的其他措施，同时也包括投资者与东道国之间的争端解决机制。这一新增规定在实质上加大了缔约方有关透明度的要求。

②新增通知和发表合理意见程序。新范本第11条第3、4款要求缔约方承担公布或公开拟出台的新法规的义务，并且要求缔约方解释该法规的目的和基本原理，允许由利益相关方对该法规发表具有实质性意义的意见，并在缔约方最终采纳该新法规时对这些意见予以说明。这项新增规定，简单来说，就是约束缔约方“暗箱”制定影响投资者利益的法规，尊重投资者的立法知情权。

（2）环境与劳工保护条款的变化。

①新增不得“搁置或减损”国内法的义务。新范本在环境条款、劳工条款中规定了一项义务，即缔约方不得“搁置或减损”本国的环境保护法或劳工法的立法宗旨或目的，以此来达到吸引外资的目的。

②新增“有效执行”国内法的义务。新范本要求缔约方不得为了吸引外资消极执行国内环境保护法或劳工法。

③新增要求缔约方重申国际承诺的规定。新范本要求缔约方承诺本国国内环境保护法与多边环境条约的施行，重申他们在《国际劳工组织宣言》中所做出的承诺。

④强化磋商程序。新范本规定了相较旧范本更为详细和广泛的环境和劳工条款的磋商规则。例如，缔约方可就劳工和环境条款之下的任何新事由向另一方提交磋商的书面申请；另一方在收到申请30日内应对申请进行回应；双方应尽力磋商，以达到满意的结果。

（3）知识产权保护相关条款的变化。

①新增国内技术履行要求的禁止条款。新范本第8条第1款规定，要求缔约方不得出于保护本国投资者或技术的目的，禁止或者强行要求外国投资者购买、使用或者优先使用东道国或东道国个人技术。这一新增规定维护了美国在知识产权领域的优势地位，反映了其对国家知识产权战略的高度关注。

②新增产品和技术标准制定的参与程序。新范本第11条第8款规定，要求东道国应该允许另一方缔约国的投资者在非歧视条款标准下参与东道国产品标准和技术规范的制定，但是不适用卫生与植物卫生检疫措施等情形。同时建议，非政府组织的相关标准制定也可参照上述要求执行。

应该说，这些新增知识产权保护条款在一定意义上也表达了美国对政府主导型经济体（state-led economy）宏观调控经济职能或行为的关注。不仅如此，新范本第2条第2款通过新增注释的方式特别明确了政府行政授权定义，界定了政府向国有企业或者其他个人或组织授权的判断标准，以确保上述国有企业或其他组织行使政府职权的行为受到BIT的全面约束。

美国BIT示范文本2012年修订情况如表4-1所示。

表4-1 美国BIT示范文本2012年修订情况

	内容的修订	注释的修订
定义条款（第1条）	明确领土范围，包括领海以及根据反映于《联合国海洋法公约》的国际习惯法的、领海外的、缔约方可以实施主权和司法管辖权的区域（领土定义）	无
领域与适用范围条款（第2条）	无	增加了对政府职权委托授权的解释，界定了政府授权给国有企业或其他个人、组织的判断标准（第2款脚注8）
履行要求条款（第8条）	增加了缔约方不得出于保护本国投资者或技术的目的，禁止或者强行要求外国投资者购买、使用或者优先使用东道国或东道国个人技术（第1款第h段）	增加了对“东道国或东道国个人的技术”范围的界定（第1款脚注12）
透明度条款（第11条）	将旧范本中缔约方设立一个或多个联络点规则改为建立缔约方定期磋商规则以提高透明度（第1款） 增加了缔约方应提前公开拟出台新法规的义务，包括公开方式、内容以及利益相关方的评论意见（第3、4款） 新增允许另一方缔约国投资者参与东道国产品标准与技术标准的制定，并建议非政府组织在制定标准时也允许外国投资者参与（第8款）	增加了对外国投资者如何具体参与标准制定的进一步解释说明（第8款脚注14）
投资与环境条款（第12条）	新增缔约方承诺国内环境法、多边环境条约的施行（第1款） 将缔约方“尽最大努力不”改为“确保不得”为了吸引外资搁置、减损或者消极执行环境法（第2款） 承认缔约方对环境事务享有自由裁量权（第3款） 新增环境法的保护目的与保护方式的说明条款（第4款） 新增环境问题缔约方磋商规则（第6款） 新增缔约方应酌情给予公众参与本条内事务的机会的规定（第7款）	增加了“缔约方对环境事务享有自由裁量权”不包括缔约方搁置或减损环境法但按照有关法律不得搁置或减损的情形（第2款脚注15） 将旧范本有关“法律”的解释修改为对“法律规章”的解释（第3款脚注16）
投资与劳工条款（第13条）	新增缔约方重申作为国际劳工组织成员的义务及其在《国际劳工组织宣言》中所做的承诺（第1款）；将缔约方“尽最大努力不”改为“确保不得”为了吸引外资搁置、减损或者消极执行劳工法（第2款） 新增劳工法应包括消除雇用与职业中的歧视情形的规定（第3款第e段） 新增劳工问题缔约方磋商规则（第4款） 新增缔约方应酌情给予公众参与本条内事务的机会的规定（第5款）	无
金融服务条款（第20条）	新增仲裁庭不应推定适用本条第1款以及第2款的情形（第2款第c段第Ⅲ项） 新增在原规定投资者在申请金融纠纷仲裁满120天后，未组建仲裁庭以及组建仲裁庭后如何解决缔约方金融机构未在规定期限内解决纠纷的规定（第3款第e段） 对“提前公布其准备施行的涉及金融服务的规范性措施以及为利益相关方和缔约另一方就该规范性措施发表意见提供合理的机会”做了强调，并规定在最终采纳新规范时应该回应这些评论（第6款） 新增缔约方在特殊情况下可以对缔约一方的投资者、投资或金融机构采取、执行与本条约相一致的法律法规所规定的措施，包括预防商业欺诈或者处理金融服务合同违约行为等（第8款）	无

（续）

	内容的修订	注释的修订
仲裁管理条款（第 28 条）	将旧范本中"由其他多边协议组成上诉机构，由上诉机构审查按本条约第 34 条做出的仲裁裁定"修改为缔约方应当考虑第 34 条的适用，并保证此类上诉机构会采用第 29 条中有关设立透明度的规定（第 10 款）	无

4.4.4 各国的外国投资及海外投资规则

4.4.4.1 外国投资法

外资法是指资本输入国制定的关于调整外国私人直接投资关系的法律规范的总称。资本输入国为了对外国投资予以保护和管理，通常制定有关于外资的法律，其内容主要包括：外资的待遇标准、对外资的保证（如对外资的原本及利润等合法收益的汇出的保证）、征收国有化及补偿的保证、对外资的优惠措施以及对外资的管制措施。

广义的外资法除专门的外资法外，还包括相关法律法规中有关外国投资的规定，如外汇管理法、涉外税法、专利法、商标法、合同法、海关法、民法、商法、公司法、反托拉斯法等，其中以专门的外资法为核心。

【专栏 4-9】

外国投资法的三种主要立法方式

各国外资立法体制不一，外资法的名称也不尽相同，大致可以分为三种立法体制和形式。

1. 制定比较系统的、统一的外国投资法或投资法典，作为调整外国投资的基本法律，并辅之以其他有关的可适用于外国投资的法律。如阿根廷于 1976 年制定，后经修订的《外国投资法》即属此类，该法对外国投资的有关问题做了系统的规定，成为调整外国投资的规范。此外，还有其他的有关法律也适用于外国投资关系，如公司法、民法、矿业法、石油法、商法、技术转让法等。

2. 没有统一的外资法，而是制定一个或几个关于外国投资的专门法律或特别法规、法令，由此构成关于外国投资的基本法或法群，辅之适用其他相关法律。例如，前东欧一些国家只是制定了《合营企业法》等专门法律，辅之适用其他相关法律。有些国家专门制定外国投资鼓励法，如新加坡的 1967 年《经济发展鼓励法》等。有些国家制定有几个关于外资的专门法规，如毛里求斯关于外国投资的专门法规有：1970 年《出口加工区法》、1974 年《发展鼓励法》、1981 年《出口劳务区法》、1982 年《旅馆管理法》等。也有的国家开始时分别颁布若干关于外资的专门法规，后来再把这些法规融为一体而成为一部投资法典，菲律宾就是如此。

3. 未制定关于外国投资的基本法或专门法规，而是通过一般国内法律、法规来调整外国投资关系及其活动。这主要是一些发达国家采取的做法。例如，美国迄今没有一部正式的外国投资法，外国投资者与美国国民享受同等待遇，外国投资活动也是通过一般国内法来调整的。

此外，还有某些国家集团制定有统一外资法，如安第斯条约国于 1973 年制定、1987 年修订的共同外资法规则，称为《关于外国资本待遇和商标、专利许可证及特许权费用的安第斯法典》，是作为成员国调整外国投资关系的基本的共同规范，对各成员国有约束力，但也允许各成员国基于本国情况做出灵活规定。

资料来源：余劲松（2014），第 121 页。■

4.4.4.2 海外投资法

对于资本输出国来说，本国私人海外直接投资，不单关系到投资者的私人利益，也关系到本国国家利益与本国的经济发展，因此，资本输出国也有一些法律或规定来调整海外私人直接投资。从世界上主要的资本输出国的立法情况来看，关于海外投资的规定较为分散，由有关专门法规和有关法律中的某些规定组成，没有一部统一的法律。除证券法、公司法、税法的有关规定外，有些国家的反垄断法、进出口管制法甚至刑法都会对海外投资产生影响。

WTO 历次谈判、中国签署的双边自由贸易协定和中国对外签订的 BIT 一览表的有关内容请扫左侧二维码阅读。

本章小结

本章从国际商务企业的需要出发，介绍了国际商务企业日常遇到的国际贸易与投资政策工具及背后的意图；介绍了国际贸易与投资规则的历史演进；从规则体系的角度梳理了国际贸易法与国际投资法的主要内容。

关键术语

TTP	TTIP	普通关税
优惠关税	海关估价	预缴押金制
边境税调整	进口最低限价	进口配额
自愿出口限制	进出口许可证	外汇管制
禁运	补贴	出口信贷
歧视性政府采购	国营贸易	当地成分要求
技术性贸易标准	动植物检验检疫措施	反倾销
反补贴	保障措施	准入前国民待遇
最惠国待遇	公平公正待遇	国际标准待遇
国际投资争端	东道国当地救济	国际商事仲裁
国际投资仲裁	《华盛顿公约》	ICSID
外国法院诉讼	属地管辖原则	代位求偿权
外交保护	国籍继续原则	用尽当地救济原则
转移定价	避税港	海外投资保险制
双重征税	友好通商航海条约	赫尔原则
卡尔沃主义	促进与保护投资协定	程序性投资保证协定
BIT	MAI	多边贸易协定与协议
非关税措施协议	《SPS 协议》	《TBT 协议》
《TRIMs 协议》	《SCM 协议》	GATS
《TRIPs 协定》	原产地规则	实质性改变

DSU	增值百分比标准	税号改变标准
制造加工工序标准	禁止性补贴	可诉补贴
不可诉补贴	进口替代	服务贸易壁垒
跨境交付	境外消费	商业存在
自然人流动	诸边贸易协定与协议	GPA
新型诸边贸易协议	ITA	EGA
体制外诸边贸易协议	TISA	区域经济一体化
自由贸易区	关税同盟	共同市场
经济联盟	政治联盟	《美墨加自由贸易协定》
反竞争商业行为	指定垄断	《汉城公约》
国营企业	CEPA	《罗马条约》
《马斯特里赫特条约》	《里斯本条约》	《东盟促进和保护投资协定》
东盟投资区	外国投资法	海外投资法

本章阅读资料

请扫描二维码详尽了解本章阅读资料

第5章
CHAPTER5

国际税务与金融制度环境

引导案例

腾讯、阿里与VIE结构

如今，微信和淘宝已进入超过半数普通中国人的日常生活。然而，二者的大部分用户未必能随时清楚地意识到作为地道“本土品牌”的腾讯和阿里其实都是“境外企业”。腾讯公司和阿里巴巴集团分别于2004年和2014年在香港联交所和纽约证券交易所上市，公开披露的信息显示二者均以开曼注册的公司作为上市主体，拥有极为相似的多层级、复杂的投资架构，都有中间控股公司在英属维尔京群岛（BVI）和中国香港注册。而且，腾讯和阿里并非个例，百度、搜狐、新浪等互联网企业均如出一辙。以上所述，多少令人困惑不解。

首先，以腾讯和阿里为代表的互联网企业均赴境外上市。其原因众多，基本一点在于该行业成长迅速，资金短缺处于常态，虽然业务运营基本在境内，但不能满足中国境内持续三年盈利的政策要求因而无法在国内上市融资。其次，这些企业没有以境内公司的名义在境外直接上市，而是在百慕大、开曼等避税港注册离岸公司造壳在境外交易所上市，即通常所说的红筹上市。红筹上市的基本原因有两个：其一，境外直接上市募集的资金需要返回境内使用，需同时满足境内法律与境外法律的不同要求，境内审批成本高、耗时长，而境外间接上市则能规避上述监管成本；其二，充分利用国际避税港的税法优势和国家间的双边税收协定，实现合理避税。最后，腾讯、阿里等互联网企业的投资架构异常复杂，其原因也并非完全在于红筹架构本身。由于中国的产业政策，互联网信息服务属于“增值电信业务”，而“增值电信业务”对外商直接投资并未放开市场准入，因此导致境外融资同境内运营的矛盾。为规避这一矛盾，需要放弃境外公司通过控股方式控制境内资产的模式，转为以协议方式进行控制。由此，“协议控制”，又称“VIE结构”，作为红筹架构的变种使中间控股公司的层级进一步增加，投资架构进一步复杂化。

有兴趣的读者可自行查阅上述公司的投资架构以进一步了解VIE结构的搭建。当然，此类架构并非仅被中国互联网企业使用。由于监管政策关于关联并购的规定，2006年以后传统红筹上市的程序变得极为复杂，VIE结构成为更多中国企业境外上市的钟爱之选。

本案例至少向我们揭示了，国际企业在国际金融市场融资具体方式的选择既需要充分地考虑到诸如金融监管等运营所在国的政策因素，也需要足够专业地通晓避税港、双边税收协定网络等国际税务因素。

学习目标

通过本章的学习，了解各国税收制度的差异、涉外税收主要相关问题；了解国际避税港的基本情况；了解国际货币体系的演进；熟悉各国的涉外金融市场和交易类型；熟悉离岸金融中心的演进与类型等；掌握离岸金融市场的构成。

5.1 国际税务制度环境

5.1.1 一般国际税务环境

5.1.1.1 全球经营中的公司所得税问题

国际商务企业以股权形式和非股权形式进行全球经营。股权形式是通过形成外国直接投资实现的。外国直接投资在资本流入国形成国外子公司或国外分公司，与资本流出国的母国母公司或母国总公司相对应。国外子公司或（在少数情况下的）国外分公司也可以再进行海外投资，成为股权经营的主体。非股权形式包括伴随商品跨国流动的货物进出口和仅伴随跨国要素流动的许可授权、特许经营、借贷、租赁等。非股权经营的主体，可以是母国母公司、总公司，也可以是国外子公司，以及少数情况下无独立法人资格的国外分公司。

国外子公司的当地经营税前利润一般有当地的所得税义务；从当地取得的特许权使用费、利息、租金等也通常有当地的所得税义务。

国外子公司的海外股权投资所得的税后利润股息分派和得自子公司所在东道国以外的特许权使用费、利息、租金等也可能涉及东道国的所得税义务。

国外分公司虽不是东道国当地法人，但各国都将其作为独立法人对待，对其征收法人所得税，只不过一般只就其当地所得征收所得税。

国外分公司作为总公司的一部分，通常没有海外所得的东道国所得税义务。在某些国家，如美国和中国，外国分公司海外收入（包括源自境外的股息、特许权使用费、利息、租金）若被认定同外国分公司在东道国的经营有实际联系，也有东道国所得税义务（即表5-4中的A8※情形）。

母国母公司得自国外子公司税后利润的股息分派和特许权使用费、利息、租金等涉及母国的所得税义务。

母国总公司得自国外的税后利润汇回和特许权使用费、利息、租金等涉及母国的所得税义务。

除表5-1和表5-2中设立国外子公司和分公司的情形外，在所得来源地，国际商务企业未设立机构、场所，或其取得的所得与其机构、场所没有实际联系的，即国际商务企业不通过国外子公司和分公司取得所得的，该所得也有所得来源地的所得税义务，如中国税法规定的。

表 5-1　全球经营中的子公司 – 母公司所得

		股权经营	非股权经营
东道国子公司	东道国当地所得	税前利润	特许权使用费、利息、租金
	东道国国外所得	税后利润股息分派	特许权使用费、利息、租金
母国母公司	母国国外所得	税后利润股息分派	特许权使用费、利息、租金

表 5-2　全球经营中的分公司 – 总公司所得

		股权经营	非股权经营
东道国分公司	东道国当地所得	税前利润	特许权使用费、利息、租金
	东道国海外所得	税后利润股息分派	特许权使用费、利息、租金
母国总公司	母国海外所得	税后利润	特许权使用费、利息、租金

1. 海外企业的所得税义务

（1）对东道国（子公司或分公司所在国）的所得税义务。

原则上，对于源自东道国的当地所得，无论东道国是何种税收管辖权，免征所得税的特例除外，只要满足当地税法的认定，国外子公司或分公司在东道国均需缴纳所得税；而源自东道国境外所得，则根据东道国税收管辖权，确定是否具有纳税义务。

通常，国外子公司被视为东道国的税收居民，因此承担当地所得与海外所得的纳税义务；国外分公司（及代表处）在东道国作为常设机构㊀，通常被视为东道国的非税收居民，因此只承担东道国当地所得的纳税义务，其东道国境外所得没有纳税义务，除非其境外所得被认定同当地常设机构具有实际联系，如美国、中国。但在少数国家，如保加利亚、匈牙利、乌克兰、墨西哥、斯里兰卡、泰国、突尼斯等，外国分公司也被视为税收居民（见表 5-3、表 5-4）。

表 5-3　国外子公司对东道国的所得税义务：有 / 无

国外子公司		东道国地域管辖权	东道国居民管辖权 + 地域管辖权
			东道国居民
东道国视角	东道国当地所得	A1 有	A3 有
	东道国海外所得	A2 无	A4 有

表 5-4　国外分公司对东道国的所得税义务：有 / 无

国外分公司		东道国地域管辖权	东道国居民管辖权 + 地域管辖权	
			东道国非居民	东道国居民①
东道国视角	东道国当地所得	A5 有	A7 有	A9 有
	东道国海外所得	A6 无	A8 无 / A8※ 有	A10 有

①指外国分公司也被视为东道国税收居民的情况下。

㊀《经合组织范本》和《联合国范本》第五条对常设机构的定义如下：“在本协定中，‘常设机构’一语是指企业进行全部或部分营业活动的固定营业场所。”同时，第五条还采取正列举的方式，明确“常设机构”特别包括：①营业场所；②分支机构；③办事处；④工厂；⑤作业场所；⑥矿场、油井或气井、采石场或者其他开采自然资源的场所。可把常设机构分为一般类型的常设机构、工程和劳务型常设机构以及代理型常设机构。常设机构，从法律地位上来讲，属于非法人性质。只有不具备法人资格的外国企业及其分支机构才有可能被认定为常设机构。《经合组织范本》和《联合国范本》都在第五条第七款明确规定，子公司本身是一个独立的法人实体，并不构成母公司的常设机构，除非子公司的活动达到了构成常设机构的条件，例如，子公司在一国拥有并经常以母公司名义行使签订合同的权力，那么就可以认为母公司在该国就子公司为其进行的活动设有常设机构。

（2）对母国（母公司或总公司所在国）的所得税义务。

母国为地域管辖权情形下，无论是国外子公司、分公司的法律形式，其所得都是母国公司的海外所得[㊀]，不征所得税，所以国外子公司、分公司没有纳税义务。

母国为居民管辖权情形下，子公司无母国的所得税纳税义务，除非被认定为**受控外国公司**（controlled foreign company，CFC）[㊁]；国外分公司被视为母国总公司的一部分，是母国的税收居民，所得汇总计算总公司所得税（见表5-5、表5-6）。

表5-5　国外子公司对母国的所得税义务：有/无

国外子公司		母国地域管辖权	母国居民管辖权＋地域管辖权	
			母国非居民	母国居民（CFC）
东道国视角	东道国当地所得	B1 无	B3 无	B5 有
	东道国海外所得	B2 无	B4 无	B6 有

表5-6　国外分公司对母国的所得税义务：有/无

国外分公司		母国地域管辖权	母国居民管辖权＋地域管辖权
			母国居民
东道国视角	东道国当地所得	B7 无	B9 有
	东道国海外所得	B8 无	B10 有

2. 母国企业的所得税义务

（1）对东道国（子公司或分公司所在国）的所得税义务。

母国企业是东道国的税收非居民。子公司向母公司分配股息，涉及预提税。

分公司不涉及向总公司分配股息，税后利润汇回，一般不涉及预提税（如中国），但也有例外。玻利维亚、智利、哥伦比亚、加纳、希腊、印度尼西亚、巴基斯坦、巴拿马、秘鲁、菲律宾、西班牙、斯里兰卡、坦桑尼亚、泰国、土耳其、乌干达、乌拉圭、津巴布韦等对外国分公司的利润汇出课征预提税。此外，还有国家以其他名义对分公司利润汇出征税，如美国的分支机构利润税、加拿大分公司税、法国的利润汇出所得税等（见表5-7、表5-8）。

表5-7　母国母公司的东道国（预提）所得税义务：有/无

东道国子公司向母国母公司支付	母国母公司为东道国非居民
税后股息分派	C1 有
特许权使用费、利息、租金支付	C2 有

表5-8　母国总公司的东道国（预提）所得税义务：有/无

东道国分公司向母国总公司支付	母国总公司为东道国非居民
税后利润汇回	C3 无或有或有其他名义
特许权使用费、利息、租金支付	C4 有

（2）对母国（母公司或总公司所在国）的所得税义务。

母国母公司有股息收入和特许权使用费、利息、租金的所得税义务。母国总公司有汇回的税后利润和特许权使用费、利息、租金的所得税义务（见表5-9、表5-10）。

㊀ 假设不包含来自其母国的所得。如有来自母国的所得，支付时已课征预提税。

㊁ 受控外国公司是指那些在避税地设立的由本国居民直接或间接控制，并非出于合理经营需要对利润不做分配或减少分配的外国公司。

表 5-9　母国母公司的母国所得税义务：有 / 无

东道国子公司向母国母公司支付	母国地域管辖权	母国居民管辖权 + 地域管辖权
税后股息分派	D1 无	D2 有
特许权使用费、利息、租金支付	D3 无	D4 有

表 5-10　母国总公司的母国所得税义务：有 / 无

东道国分公司向母国总公司支付	母国地域管辖权	母国居民管辖权 + 地域管辖权
税后利润汇回	D5 无	D6 有
特许权使用费、利息、租金支付	D7 无	D8 有

3. 国际重复征税与避税

海外企业可能存在多个国家（地区）对其某项交易主张税收管辖权，或者没有国家（地区）对其某项交易拥有、行使税收管辖权。由于各国（地区）在确认本国（地区）的税收管辖权时分别适用属地征收、属地兼属人征收的原则，在确定居民和非居民纳税人的具体标准上也不尽相同，这就使得对某一跨国交易，各国（地区）独立行使各自的税收管辖权标准时，并不能有效避免多国（地区）同时主张税收管辖权或同时不主张和不行使税收管辖权的情况发生。

对于多国（地区）同时主张税收管辖权的情况，跨国企业或跨国所得可能会承受双重或多重税负；在没有国家（地区）对该跨国企业或跨国所得主张和行使税收管辖权时，可能导致跨国企业没有承担合理税负或者逃避税收的情况。前者双重或多重征税的存在导致跨国企业税负增加，不利于跨国商务活动的发展；后者则促使跨国企业过度利用这些区位，势必减少其他国家（地区）的投资，也造成税基的递延和侵蚀。

综合表 5-3 ～表 5-10，我们可以发现由于税收管辖权重叠导致的双重征税和双重免税的情况，如表 5-11 ～表 5-14 所示。

表 5-11　国外子公司的所得税义务：潜在的双重征税与双重免税

东道国子公司	东道国管辖权		母国地域管辖权	母国居民管辖权	
				母国非居民	母国居民（CFC）
			无母国纳税义务	无母国纳税义务	母国纳税义务
东道国当地所得	地域		A1 有 +B1 无	A1 有 +B3 无	A1 有 + B5 有 地域、居民管辖权重叠
	居民 +	东道国居民	A3 有 +B1 无	A3 有 +B3 无	A3 有 + B5 有 居民管辖权重叠
东道国海外所得	地域		A2 无 +B2 无 地域、地域管辖权真空	A2 无 +B4 无	A2 无 + B6 有
	居民 +	东道国居民	A4 有 +B2 无	A4 有 +B4 无	A4 有 + B6 有 居民管辖权重叠

表 5-12　国外分公司的所得税义务：潜在的双重征税与双重免税

东道国分公司	东道国管辖权		母国地域管辖权	母国居民管辖权
			无母国纳税义务	母国居民
				母国纳税义务
东道国当地所得	地域		A5 有 +B7 无	A5 有 + B9 有 地域、居民管辖权重叠
	居民 +	东道国非居民	A7 有 + B7 无	A7 有 + B9 有 地域、居民管辖权重叠
		东道国居民	A9 有 +B7 无	A9 有 + B9 有 居民管辖权重叠

（续）

东道国分公司	东道国管辖权		母国地域管辖权	母国居民管辖权
			无母国纳税义务	母国居民 母国纳税义务
东道国海外所得	地域		A6 无 +B8 无 地域、地域管辖权真空	A6 无 + B10 有
	居民 +	东道国非居民	A8 无 + B8 无 居民、地域管辖权真空	A8 无 + B10 有
			A8※ 有 + B8 无	A8※ 有 + B10 有 居民管辖权重叠
		东道国居民	A10 有 + B8 无	A10 有 + B10 有 居民管辖权重叠

表 5-13　母国母公司的所得税义务：双重征税与双重免税

东道国子公司向母国母公司支付 母国母公司为东道国非居民	母国地域管辖权	母国居民管辖权 + 地域管辖权
税后股息分派	C1 有 + D1 无	C1 有 + D2 有 地域、居民管辖权重叠
特许权使用费、利息、租金支付	C2 有 + D3 无	C2 有 + D4 有 地域、居民管辖权重叠

表 5-14　母国总公司的所得税义务：双重征税与双重免税

东道国分公司向母国总公司支付 母国总公司为东道国非居民	母国地域管辖权	母国居民管辖权 + 地域管辖权
税后股息分派	C3 无 / 有 / 有其他名义 + D5 无 可能地域管辖权真空	C3 无 / 有 / 有其他名义 + D6 有 可能地域、居民管辖权重叠
特许权使用费、利息、租金支付	C4 有 + D7 无	C4 有 + D8 有 地域、居民管辖权重叠

下面讨论更普遍的国际重复征税与国际避税。

（1）国际重复征税的类型与原因。

国际重复征税可分为法律性重复征税和经济性重复征税，区别在于纳税人是否具有同一性。

当两个或两个以上拥有税收管辖权的征税主体对同一纳税人的同一课税对象同时行使征税权时，即发生**法律性重复征税**（juridical double taxation）。表 5-11 ～表 5-14 中对东道国企业、母国企业的重复征税情形即属于这种类型。而当两个或两个以上征税主体对不同纳税人的同一课税对象同时行使征税权时，则属于**经济性重复征税**（economic double taxation）。比如，上面提到国外子公司要在当地缴纳所得税，税后利润向母公司支付股息，而其母公司需在母国就股息收入缴纳所得税。国外子公司和母公司是不同纳税人，子公司的公司利润和母公司的股息收入属于同源所得的。

国际重复征税主要指对同一纳税人的法律性国际重复征税，主要是税收管辖权重叠引起的，包括：两国同种税收管辖权的重叠，即因居民身份的判定标准不同产生的居民（公民）管辖权与居民（公民）管辖权的重叠、因所得来源地的确定标准不同产生的地域管辖权与地域管辖权的重叠；两国不同种税收管辖权的重叠，即居民（公民）管辖权与地域管辖权的重叠。其中，有关国家对同一跨国纳税人的同一项所得同时行使地域管辖权和居民管辖权的重叠最为普遍，原因是世界各国普遍同时实行地域管辖权和居民管辖权，其他管辖权类型都是作为特别情况存在。

（2）国际避税的原因。

国际避税之所以可行，就在于合法安排中存在着漏洞。第一，国家（地区）间税收管辖权的差异以及判定居民身份或所得来源地的标准差异，会造成税收管辖权的真空；第二，国家（地区）间税率的差异，为纳税人移居到税率低的国家（地区）提供了激励；第三，狭义的国际税收协定一般就是特指避免双重征税的国际协定，国际税收协定的网络为滥用国际税收协定提供了条件；第四，各国（地区）涉外税收法规中的某些规定，为避税提供了依据。

4. 应对国际重复征税与避税的两个原则

各国对国际税收的管理和国家间税收问题的处理，通常遵循两个基本原则：单一征税原则和利益原则。

单一征税的目的是对跨国业务所得只征收一道税收，不重复征收同时也避免不征收。单一征税原则如何适用适当的税率，取决于利益原则。利益原则主张将对积极营业所得（如营业利润）的优先征税权分配给所得来源国，将对消极所得（股息、利息、特许权使用费等）的优先征税权分配给居民所在国。在拥有优先征税权的国家（地区）没有充分行使其课税权的情况下，为保证税负公平和防止跨国偷逃所得税负，未拥有优先征税权的居民所在地或所得来源地，一般会保留并行使剩余课税权。

避免国际双重征税的措施有国内法范畴的，也有国际协定范畴的；反避税措施，同样也有国内法范畴的和国际协定范畴的。有的时候，它们也被称为单边方式和双边方式。

5.1.1.2 国内税法范畴的消除重复征税和反避税措施

1. 避免重复征税的措施

即便是将税收管辖权在所得来源国和居民所在国之间进行分配，对于同一征税对象，所得来源国和居民所在国不可能同时一起约定征税金额，确定不存在重复征收的情况下再予以征收。通常，实行居民管辖权的国家承认所得来源国的优先征税地位，并在行使本国征税权的过程中采取减轻或免除重复征税的办法。

居民国国内税法中规定的避免国际重复征税的措施主要有四种：扣除法、减免法、免除法和抵免法。

扣除法（deduction method）是一国政府在对本国居民的国外所得征税时，允许将其所得负担的外国税款作为费用从应税国外所得中扣除，只对扣除后的余额征税。其本质是外国税款冲减应税所得，因此不能彻底消除国外所得的国际重复征税。

减免法（remit method）是一国政府在对本国居民的国外所得征税时，在标准税率的基础上减免一定比例，故也称低税法。低税法同样只能减轻而不能消除国外所得的国际重复征税，且只有个别国家（如比利时），曾使用过该方法。

免除法（exemption method）是一国政府对本国居民的国外所得给予全部或部分免税待遇，即全部或部分放弃了居民管辖权。实践中，为防止一笔所得在国内和国外双重免税（double non-taxation）或只被课征较轻的税收，实行单边免税的国家对本国居民国外来源的所得免税往往施加严格的限制条件。在实行累进所得税的国家，免税法还有全部免除法（full exemption）和累进免除法（exemption with progression）两种具体的做法。

抵免法（credit method）是一国政府在对本国居民的国外所得征税时，允许其以国外已缴纳的税款冲抵在本国应缴纳的税款，从而实际征收该居民本国应纳税款与外国已纳税款的差额。抵免法可以有效消除国际重复征税，居住国既承认所得来源国的优先征税地位，又不完全放弃对本国居民的征税权。实践中，抵免法的使用较为普遍，但实施较为复杂。虽然有全额抵免（full credit）和普通抵免（ordinary credit）的区别，但现实中各国都是实行普通抵免，各国税法都规定了抵免限额，对于同一纳税年度有来自国外几个国家所得的情况，可能会有分国抵免限额和综合抵免限额的不同计算方法，对于超限抵免额的处理也有不同的规定。具体操作，有直接抵免和间接抵免的不同形式，实务上较为复杂。

作为一个与税收抵免相关的重要措施，**税收饶让**（tax sparing credit）是一国政府将本国居民在国外得到减免优惠的那部分所得税款视同已经缴纳，同样给予税收抵免待遇，不再按居民国税法规定的税率予以补征。它是配合抵免方法的一种特殊方式，是税收抵免内容的附加。所以，税收饶让并不是一种消除国际重复征税的方法，而是居住国给予特殊经济意图的税收优惠措施。

2. 反避税的措施

（1）母国的反避税措施主要有以下几种：

- 限制法人避税性移居的措施；
- 受控外国公司立法；
- 针对转让定价的税务法规。

（2）东道国的反避税措施主要有以下几种：

- 防止滥用税收优惠（低税率、免税期、税收减免等）的条款；
- 防止滥用税收协定的国内法措施[⊖]；
- 限制滥用公司组织（法律）形式的措施；
- 限制资本弱化的规定；
- 针对转让定价的税务法规；
- 应对利用避税港和其他不具有合理商业目的安排避税（如利用间接持股结构转让股权）的措施。

5.1.1.3 国际税收协定中的消除重复征税和反避税措施

国际税收协定是两个或两个以上主权国家为协调相互间在处理跨国纳税人征税事务和其他有关方面的税收关系，基于对等原则，经由政府间谈判所签订的一种书面协议或条约，通常是指国家间签订的避免对所得和资本双重征税与防止偷逃税的协定。虽然避免国际重复征税和防止偷逃税都可以使用国内法的措施予以应对，但此类单边措施有其局限性，这使得国家间的协调征税事务和税收关系非常必要。

国际税收协定就处理的税种不同来划分，可分为所得税的国际税收协定、遗产税和赠与税的国际税收协定；就所涉及的缔约方数量来划分，可分为双边国际税收协定和多边国际税收协定；就处理问题的广度而言，可分为综合性国际税收协定和单项的国际税收协定。

【专栏 5-1】

国际税收协定的产生与内容

请扫描二维码详尽了解专栏内容

⊖ 其中，立法措施如瑞士《防止税收协定滥用法》，司法措施如基于“实质重于形式”原则进行司法解释。有关税收协定的滥用情况可阅读专栏 5-2。

1. 防止重复征税的国际规范

（1）约束居民管辖权的国际规范和约束地域管辖权的国际规范。

国内法范畴的避免重复征税的单边措施，只能解决不同税收管辖权重叠造成的国际重复征税问题，所以仍然需要国际税收协定处理居民身份标准或所得来源地标准的规范冲突问题。

第一，约束居民管辖权的国际规范。

根据《经合组织范本》和《联合国范本》的精神，如果两个国家判定法人居民身份的标准发生冲突，即同一法人被两个国家同时判定为本国的税收居民，则应根据法人的“实际管理机构所在地”来决定哪个国家对其行使居民管辖权。也有少数税收协定规定，如果一个法人被两个国家分别判定为本国的税收居民，则它不应成为任何一方的税收居民。当然，也不排除两国一开始就通过协商解决双方判定居民身份标准的冲突问题。

第二，约束地域管辖权的国际规范。

对于经营所得，各国的判断标准有常设机构标准和交易地标准，但《经合组织范本》和《联合国范本》都主张以常设机构为标准来最终确定一国是否对来源于本国的经营所得具有征税权。

对于投资所得中的股息所得和利息所得[㊀]，目前国际上一般采取所得支付人所在国与所得受益人所在国共享征税权的做法。《经合组织范本》和《联合国范本》提出由支付人所在国按较低税率对股息、利息征税（预提税），以保证受益人所在国实施外国税收抵免以后仍能征得一部分税款。

但对于特许权使用费应由哪国征税目前并无一致接受的国际规范。《经合组织范本》主张由特许权使用费受益人的居住国独享征税权，而《联合国范本》则主张特许权使用费的发生国应享有更大的征税权。

（2）避免国际重复征税方法的具体规定。

居民国国内税法中规定的避免国际重复征税的四种方法中，《经合组织范本》和《联合国范本》推荐了免除法和抵免法，但两个协定范本都没有列入税收饶让问题。各国签订双边税收协定时，一般有三种组合方式：第一种，缔约双方都采用抵免法；第二种，一方采用免除法加部分抵免法，另一方采用抵免法；第三种，双方都采用免除法加部分抵免法。许多发达国家与发展中国家的税收协定中都列有税收饶让条款。

2. 双边税收协定中的反滥用条款

为防范第三国居民滥用税收协定避税，可在双边税收协定中加入防范条款，这也是BEPS行动计划中第六项所建议的。根据这些条款的规定，将税收协定的利益只给予那些符合某些条件的双方居民纳税。其中，“受益所有人”（beneficial owner）概念的使用，以及对所得利益的限制最为重要。受益所有人是指可自由决定资本或资产是否可被使用或者资本的收益如何使用的人。《〈经合组织范本〉注释》将代理人等中介机构排除在受益所有人之外，但并没有给出其定义。尽管各国对这一概念的理解不同，但并不妨碍税收协定中加入受益所有人的限制条款。

㊀ 投资所得应为消极所得性质，否则就被视为积极所得性质的经营所得。根据《经合组织范本》和《联合国范本》的规定，如果股息或利息相应的股权或债权同所得受益人在支付人所在国的常设机构或固定基地有实际联系，该所得应汇总到该常设机构或固定基地的总所得中按支付人所在国的正常税率计算所得税，而非由受益人所在国和支付人所在国分享征税权。

【专栏 5-2】

国际税收协定的滥用

根据国际税收协定，缔约方双方要分别向对方的居民提供一定的税收优惠，主要是预提所得税方面的税收优惠。如果一个国家有广泛的国际税收协定，就可能为一个第三国居民滥用税收协定避税创造便利条件。在国际税收的实践中，以滥用国际税收协定的方式进行国际避税的现象十分普遍。例如，荷兰就属于这种国家。荷兰过去一直是公司所得税较高的国家（2015 年公司税最高一档税率为 25%），但该国已经同 88 个国家签订了国际税收协定。根据这些协定，荷兰对向在本国公司中实质性参股（参股比例一般需在 25% 以上）的协定国居民公司支付股息只征收很低的预提税，在与捷克、丹麦、芬兰、爱尔兰、马来西亚、挪威、波兰、新加坡、瑞典、瑞士等国签订的协定中，这种预提税税率甚至降到了 0，即荷兰对向这些国家居民公司支付的股息不征预提税。此外，根据荷兰税法，荷兰对向外国居民支付的利息、特许权使用费也免征预提税。这样一来，外国公司在荷兰建立中介性的控股公司、金融公司等就非常有利，所以目前许多大的跨国公司都将荷兰视为非常理想的国际避税港。1998 年，荷兰的 GDP 只占欧洲的 4.6%，但其吸引的美国投资占全欧洲的 18.1%。显然，荷兰已成为美国投资者理想的投资场所。在欧洲，除了荷兰以外，英国和比利时也比较适合建立中介控股公司。英国已经签订了 125 个国际税收协定，而且对向非居民支付股息免征预提所得税；比利时也有 92 个国际税收协定，并且从 2007 年 1 月 1 日开始对本国公司向持股超过 10% 的协定国非居民公司支付股息不再课征预提所得税。此外，法国（123 个协定）、荷兰、瑞典（85 个协定）、奥地利（85 个协定）和卢森堡（74 个协定）等国对本国居民向非居民公司支付利息免征预提所得税，因此也比较适合成为中介金融公司的所在地。■

各国可能选择的具体常用方法包括以下几种。

（1）排除法。

排除法（tax exclusion approach）是在协定中注明协定提供的税收优惠不适用于某一类纳税人，对于已经享受了免税或大幅度减税优惠的公司不再给予其税收优惠待遇。它实质上是经合组织建议的限制受益法。该方法的缺点是使用范围较狭窄，同样也不能适用技术性较强的税收协定滥用行为。

（2）透视法。

导管公司（Conduit Company）通常是指以逃避或减少税收、转移或累积利润等为目的而设立的公司。这类公司仅在所在国登记注册，以满足法律所要求的组织形式，通常不从事制造、经销和管理等实质性的经济活动。其设立的目的主要包括享受税收协定优惠、隐蔽交易实质、递延海外所得税负等。导管公司也称中介公司。美国税法中，从设立地的角度，将其称为**基地公司**（base company）。

透视法（look-through approach）是将中间导管公司看穿，以避免通过导管公司享受税收协定优惠。它是最直接的防范滥用税收协定的方法。

（3）真实法。

真实法（bona fide clauses）也称善意经营法，是将税收协定的优惠给予从事真正商业交易的公司。审查商业经营真实交易的标准包括设立公司和交易的动机，公司股份是否上市等，包括审查企业经营活动、证券交易所披露的企业信息、纳税情况等信息。它也是BEPS 行动计划中第六项主张采用的方法之一。

（4）纳税义务法。

纳税义务法（subject-to-tax approach）是指缔约方一方所得的税收优惠必须以缔约方另一方征税为前提。该方法的缺点是一些慈善组织与捐赠基金不能享受税收优惠，同样也不能适用技术性较强的税收协定滥用行为。

（5）渠道法。

渠道法（channel approach）是防范通过设立踏脚石导管公司（stepping stone conduits）的方式滥用税收协定行为的有效方法。它主要针对缔约方居民将支付给第三国居民的股息、利息、特许权使用费的比例做出限制。渠道法往往与穿透法结合使用，只有在查明第三方居民与缔约方居民公司存在实际控制关系时才能加以应用。

【专栏 5-3】

BEPS 行动计划

税基侵蚀和利润转移（BEPS）行动计划的基本内容共有 4 大类 15 个具体的行动计划，如表 5-15 所示。随着 BEPS 行动计划逐步落地，企业将在以下四个方面受到影响与冲击。

表 5-15 税基侵蚀和利润转移（BEPS）行动计划

类别	行动计划
应对数字经济带来的挑战	数字经济
协调各国企业所得税税制	混合错配、受控外国公司制度、利息扣除、有害税收竞争
重塑现行税收协定和转让定价国际规则	税收协定滥用、常设机构、无形资产、风险和资本、其他交易
提高税收透明度和确定性	数据统计分析、强制披露原则、转让定价同期资料、争端解决
开发多边工具促进行动计划实施	多边工具

第一，信息透明度提高。

BEPS 行动计划第 13 项首次提出了“三层文档”架构，要求跨国企业通过“三层文档”，即《国别报告》《主文档》《本地文档》的准备和提交这一合规性义务，提高信息透明度，让激进的税收筹划和国际避税行为无所遁形。尤值一提的是这次首次引入的《国别报告》要求，跨国集团应按要求准备并提交以国别统计的业务收入、应税利润、缴纳和预提的所得税、人员数量、有形资产、各运营实体名称及其各自所从事的业务活动等信息。这样的信息披露要求跨国集团的主要价值创造因素（如人员、经营实体、业务活动、资产等）和在当地纳税的情况在税务机关面前展露无遗，给税务机关评估跨国企业的转让定价和国际避税风险提供了有力的依据。必须强调的是，尽管《国别报告》由跨国集团最终控股公司向其所在地税务机关申报，但其投资经营所在国的税务机关也可以通过自动情报交换获得《国别报告》披露的信息。

第二，择协避税难度增大。

“择协避税”即非税收协定缔约方的居民通过在税收协定缔约方设立中间子公司，并间接控股另一缔约方内的企业，来获取本不应享有的税收协定优惠。由于许多国家间现已签订税收协定，跨国公司通过在多地设立多层级投资架构，旨在达到享有税收优惠的目的。

然而，BEPS 行动计划第 6 项即防止税收协定优惠的不当授予，将协定滥用特别是择协避税，视为产生 BEPS 行动计划最重要的根源之一。根据第 6 项行动计划的成果报告，所有参与国家一致认同应在双边税收协定中加入相关条款以限制包括择协避税在内的协定滥用，备选方案包括了主要目的测试条款、利益限制条款以及限制导管规则三者之间的不同组合。

第三，运营模式与定价模型匹配。

跨国公司将集团运营的生产、营销和管理职能拆分，通过关联交易中的转让定价，使得部分“简单功能”实体获得的利润超过了“主体公司”，达到将利润集聚到低税率国家、降低集团整体税负的目的。

BEPS行动计划第10项关注转让定价的高风险领域，包括跨国集团内部实体利润分配与其经济活动价值脱节的情况。税务机关将加强全球转让定价文档的交流共享，根据主体文档信息，将集团总体层次对于不同地域的子公司的功能和实现的利润进行配比，以实质重于形式的原则，对管辖境内的子公司进行税收征管。如果运营模式缺乏实质性支持，比如单纯召开董事会和签署重要文件，“简单实体”过分利润享受的合理性将受到质疑。

第四，利息费用扣除限制。

针对利息费用扣除而导致的税基侵蚀问题，BEPS行动计划第4项专门讨论利息支出和经济上等同利息的其他财务支付的扣除限制。第4项行动计划建议的方法是采用固定比率规则，而集团比率规则可以作为对固定比率规则的补充，以允许企业在某些情况下的利息扣除超过上限。还有第6项行动计划中对跨境利息支付税收协定优惠授予的限制，以及第8～10项行动计划从转让定价角度对利息费用扣除进行的分析，以及第13项行动计划建议的转让定价同期资料及分国信息披露义务等。

不难发现，随着BEPS行动计划的实施，海外资金的上行下划不能直接穿透多层级的中间投资公司，层级架构的复杂性和不稳定性加剧了海外资金管理的复杂性。此外，值得关注的是，随着BEPS行动计划的实施，多层级中间公司的存在不再能起到最大程度避税的作用，相反会使得税务成本不确定性增加，使后期的管理成本和风险增大。■

5.1.2 国际避税港

在全球经济一体化的今天，资本和市场早已超越了国界，跨国公司成为全球经济一体化的领头羊，它既是经济全球化的产物，也是经济全球化的有力推动者，在经济全球化过程中扮演了重要的角色。跨国公司的竞争优势是差别化和低成本化，其有力武器就是充分利用国际经济政策的不平衡，在追求利润最大化方面，用足、用好、用活国家间税收政策的差异。

国家间税收政策的差异使得跨国公司利用各国税法规定的差别，以种种公开的合法手段跨越税境进行避税，从而追求公司在全球范围内利润最大化。

在全球竞争愈演愈烈的情况下，跨国公司已经不仅仅满足于在既定实体经营的东道国和母国条件之下进行税收筹划，因此催生了与传统意义上“东道国”和“母国”不同的概念，这便是国际避税港。虽然根据公司注册地和分支机构注册地分类，这些概念中包括的国家和地区仍是母国或者东道国，但是与传统意义上的跨国公司的经营所在地相比，其税收政策在为国家获利方面的方式有所差别。国际避税港的出现为跨国公司的经营和追求利润最大化提供了新型国际税务环境。

5.1.2.1 国际避税港的形成演进

1. 国际避税港的界定

国际避税港（tax haven），也被称为“避税天堂”。虽然避税（tax avoidance）一词在19世纪就曾被使用，但直至20世纪50年代以前，无论在新闻稿件还是在学术文献里都难见

"避税港"一词的踪迹。20 世纪 50 年代以后，"避税港"这个术语才开始被广泛使用，尽管并无单一、清晰且客观的定义可循。因此无可避免地，避税港的定义是主观的。

OECD 于 2000 年 6 月在一份《走向全球税务合作：识别和消除有害税务行为的进展》（Towards Global Tax Co-operation: Progress in Identifying and Eliminating Harmful Tax Practices）中提出了认定国际避税港的标准：如果一个国家为非居民纳税人提供便利，并成为非居民纳税人逃避其居住国税收的场所，则该国家可以成为国际避税港。具体来说，这些被称为避税港的国家和地区具备下列特征：金融或其他服务行业的相关所得不征税或仅名义上征税；不与其他国家进行该领域的有效信息交换；管辖领域缺乏透明度，没有足够的规制监督或财务披露；为设立的外资机构提供管辖便利，不要求这些机构具有当地实质存在或禁止对当地经济产生任何商业影响。

2008 年 12 月，美国政府问责办公室（Government Accountability Office，GAO）提出避税港的三大特点：一是施行免税或者低税率；二是信息不透明，拒绝向其他国家的税收机关提供相关信息；三是修改法律的目的不是真正吸引外资，而是方便外资避税。

英国的《经济学人》（*The Economist*）杂志给出的定义更加宽泛，采用的是泽西前经济顾问鲍威尔（Geoffrey Colin Powell）的说法，避税港具有复杂的税收结构，那些为了满足各类避税需求而修改税法，进而吸引外来资金的国家都可以被认定为国际避税港。

总而言之，避税港是一个税收制度上的地理概念。当然，除了无税（所得税等直接税）或低税以外，避税港还具有其他一些非税特征，如严格的银行保密法、银行业发达、政治和社会稳定、交通和通信便利等。我们不妨把避税港定义为"立法空间"（legislative spaces)，这类国家或地区通过刻意立法，为非居民在其境内进行旨在逃避税赋或管制的交易提供便利，并提供合法的保密面纱隐匿这些交易的受益人，以促进这类交易。在此定义下，一国是否应被归类为避税港是见仁见智的，但被越多的机构与学者指为避税港的国家或地区，就越可能是避税港。

2. 国际避税港的演进

如同定义避税港一样，清晰辨识和界定避税港的起源与发展都是具有主观性的。尽管在现代人眼中，避税港的出现是为了反制税赋的提高，但避税港的发展史显示，在早期，不论是政府或个人，都未能充分了解避税港策略的财务获益潜力。19 世纪后期现代经济中包括现代法人结构、现代税收同避税港的兴起密切关联。但没有一个国家或地区充分发展避税港策略，每一个地方似乎都是为了顺应特殊环境，而推出与税务相关的政策与措施。一直要到大概 20 世纪 50 年代以后，才出现充分阐明的策略，全盘修改与制定纯粹旨在吸引非居民资本的税务及管制法规。

我们可以把避税港的发展，大致分为三个阶段。第一阶段大约从 19 世纪末至 20 世纪 30 年代。以现代经济的发展为背景，世人熟悉的避税港工具大多数在 20 世纪 30 年代前出现，国际避税港的基本格局在 20 世纪 30 年代显现雏形。第二阶段是二战结束至 20 世纪 90 年代末，在资本全球化的背景下，二战后以瑞士为代表的国家开始有意发展避税港制度，20 世纪 60 年代以后独立的前殖民地作为主体将发展避税港作为一种国家发展策略。第三阶段以金融危机的发生为背景，避税港在更大力度的国际打击合作中有所妥协并继续发展。

（1）第一阶段：雏形期。

在现代跨国公司兴起的背景下，从 1876 年的 Calcutta Jute Mills 和 Cesena Sulphur Mines 的案件开始，后来被 1901 年关于戴比尔斯（De Beers）的判决，以及后来 1929 年关于埃及三角洲土地与投资公司的判决所确认，英国法官最终（或许是无意间地）创造出免课税公司居民的概念。在英国成立但不被英国法律视为英国公司居民的，可以免除一些税赋，为现在成为离岸世界核心的国际商业公司（IBC）模式铺平了道路。海峡群岛（泽西岛、根西岛等）自20世纪20年代就已被视为避税港，开始离岸使用历史悠久、可以远溯自十字军的信托。现代豁免公司（exempt company）就创始于泽西岛。

1912年，瑞士的银行保密原则已经成为行业规范，离苏黎世不远但非常贫困的楚格州效仿19世纪末开始美国为非居民公司提供更为宽松规制环境的新泽西、特拉华、佛蒙特、罗得岛、内华达等州，提供便宜且自由的公司制度。自20世纪20年代开始，瑞士离岸使用信托，尽管瑞士是一个大陆法系国家，严格讲并不承认这种工具。列支敦士登创造了名为Anstalt的崭新法人形式。这是介于基金会和信托之间的复杂混合体组织。这是列支敦士登特有的法人形式，通常作为母公司的控股公司。这样，20世纪20年代，苏黎世、楚格州、列支敦士登铁三角作为第一个真正的避税港开始孕育，吸引了大批非居民的资金。直至1934年瑞士推出银行保密法、楚格州推出税收法，瑞士才事实上成为避税港。卢森堡在1929年制定控股公司法，推出控股公司这项工具，成为最早对非居民提供特别税务待遇的国家之一，是历史较悠久的避税港。

巴拿马发展成为一个船舶注册中心（“权宜船籍制”（Flag of Convenience））始于20世纪20年代初期。巴哈马在20世纪30年代开始发展成为避税港，1937年美国财政部部长Henry Morgenthau在写给总统的报告中指出，1935～1937年，美国人在巴哈马设立了64家个人控股公司和多家保险公司。巴哈马连同巴拿马和纽芬兰被美国人视为主要的避税港。百慕大自1935年前后起就已经是为人所知的避税港。

对于机构来讲，建立国际商业公司、豁免公司、信托、基金会和Anstalt都是重要的避税工具。这些世人熟悉的工具大多数在20世纪30年代前出现。直至20世纪30年代，英国、海峡群岛、欧洲大陆、北大西洋的百慕大、加勒比海的巴哈马、巴拿马构成的国际避税港基本格局的雏形已经形成。

（2）第二阶段：成长期。

从欧洲美元市场发展而来的离岸金融市场是避税港发展第二阶段当中的一个重要线索。兴起于20世纪50年代末的欧洲美元市场成为20世纪60年代避税港发展的助力。20世纪70年代之后离岸金融市场的快速发展更创造了避税港发展的黄金时代。

①背景：战后兴起的资本全球化。

二战结束后，以欧洲美元市场的发展为背景，批发金融市场突破了国界，自20世纪60年代起，这些市场就大致以一个整合的全球金融体系在运作。批发金融体系主要从事“无实体资产”的交易：货币、权益（股票）、债务工具（债券）、目前与未来收入的债权、对冲合约与指数等。虽然这类金融工具中有些看起来复杂难懂，但它们全都是财产所有权的交易合约。全球市场的存在只不过意味着，支持这类交易的法律框架也是全球性的。无实体资产没有有形的实体，看得到的只有以书面或电子方式储存的契约。

从事这类无实体资产交易的零售或批发金融中心进化发展，为所在地经济体的金融需求提供服务。从理论上来说，一个金融中心的规模应该跟所服务的经济体规模成正比。然而，金融产品的复杂性，以及所涉及金额之庞大，已经使得银行、资本与信用市场、保险、经纪会计及法务等领域发展出大批高度专业的从业人员。结果，金融体系往往在地理上集聚于世界主要城市。

批发金融市场交易的无实体资产具有高流动性，因此这个市场的灵活性非其他产业可以比拟。一般的经济学原则仍然适用于这个市场，因为金融交易跟其他各种经济活动一样，也涉及成本及收入。成本包括进行与约定交易的智力劳动，包括沉没的间接费用；收入只会在履约时产生，因此有风险性。不过，金融从业者可以在合同谈判以外的地方“簿记”，借此逃避其获利的税赋，或是规避法规。举例而言，一笔金融交易可能是在伦敦、纽约或法兰克福约定的（专业人员往往都在这些地方），但为了逃避英国、美国或德国的税赋或规制，这笔交易可以在低税赋或法规宽松的国家或地区（例如开曼群岛）登记或簿记。在这些金融中心，几乎所有银行分行都是“空壳”运行。也就是说，这些分行的确存在，但实际上并没有从事任何业务，或没有任何资产。

使用避税港来记账的并非只有银行与金融机构。跨国公司的营运要通过位于多个国家的子公司、分公司和承包商，它们在所在国家的获利理应纳税，因此也有动机使用低税赋、法规宽松的国家做簿记之用。此外，大型跨国公司也有自己的退休基金，可能会利用低税赋、法规宽松的国家来减轻这些退休基金的管理成本。由于跨国公司在许多国家营运，因此会尽可能在低税赋国家，通过专门的控股公司来注册它们的管理及财务活动。银行与公司会使用各式各样工具来达成这些目的，另外还有其他许多技巧，可以帮助公司金融机构和富人逃避税赋或特定法规。

②原因：助力离岸金融市场发展。

避税港和离岸金融中心（offshore financial center），在不同时间因不同目的而形成，时至今日，在实务上已经难以区别两者所从事的活动。避税港在20世纪初就已经存在，当时它们主要被用来避税与逃税，但其用途并非仅限于此，其他用途包括洗钱和资本外逃（capital flight），以及提供严密的保密条款。离岸金融中心则是晚近才出现的概念，就目前所知20世纪80年代初期才开始有人使用这个名词，但用法并不明确，也不一致。离岸金融中心一词最常被用以称呼专门从事非居民金融交易，尤其欧洲美元交易的金融中心。最早的离岸金融中心在1957年9月出现于伦敦，由于这个市场规避了几近所有形式的监督与管制，因而得名“离岸”。这个不受监管的市场很快就把触角延伸至全球。

凭借保密条款、宽松管制、零税赋或几近零税赋、没有资本管制等条件，避税港吸引了大量的欧洲美元交易。作为许多契约关系的寄放地，几乎完全是做记账之用，在避税港做账的交易，鲜少实际发生于当地。因此，在避税港实际的交易活动极少，常常被称为“虚拟”（virtual）的金融中心。避税港作为一种法律空间，能让交易的实际发生地和名义地（legal location，或称法定地）彼此脱钩。因此，“离岸”同地理无关，也同小岛没有直接关联，而是同立法空间有关。其实，对传统的避税港而言，延伸出离岸金融中心是很合理的发展，因为两者都是规避目的下的产物，也因规避而获利。再者，离岸金融中心缺乏监管或管制宽松的特色，可能很容易就被用来逃避税赋和洗钱。

随着欧洲美元市场的发展，银行和其他金融机构很快就领悟到避税港与欧洲美元市场之间一些非常有用的协同效应。在一些避税港，例如泽西岛和百慕大，银行不仅能够规避严格的金融管制，还可以找到“节税”的业务运作方式。基于一些相关原因，这些所谓的离岸金融中心得以进化。

第一，它们主要被用来作为“簿记中心”：金融交易的构思与进行是在伦敦、纽约、法兰克福等主要金融中心，但这些金融交易被记账于开曼群岛，因此交易产生的获利中有一大部分也可以记账在开曼群岛。据统计，伦敦金融城的公司雇用员工数近百万人，但根据英国国家审计署（National Audit Office，NAO）的估计，世界第四大金融中心开曼群岛的工作者仅5400人。开曼群岛的银行对外资产与负债总值大约是英国金融中心规模的1/3，从业人员数目却远比伦敦少得多。很显然，登记在开曼群岛的许多交易，其实都是在其他主要金融中心进行的。

跟伦敦的欧洲美元市场的发展情形一样，早期金融活动外移至巴哈马和开曼群岛并不是出于税务优惠的动机，而是因为在这些地点设立分支机构比较便宜。㊀1980年时，在巴哈马，簿记员的平均年薪只有6 000美元。在开曼群岛，一张离岸银行（B类）执照的年费只需6 098美元，在这些岛屿营运一间分行的总成本远低于在主要欧洲货币中心营运的成本。㊁

第二，加勒比海岛屿具有靠近美国的地理优势，20世纪六七十年代的美国金融体系仍然受到高度管制，而且加勒比海岛屿和纽约同时区，因此北美的银行业者把这些岛屿发展成欧洲美元交易的一条管道。1964年，花旗银行、大通银行及美国银行这三大美国银行登陆这些岛屿。在伦敦的基础设施成本昂贵的背景下，一些规模较小的北美银行发现加勒比海的离岸金融中心提供较便宜，但同样具有吸引力的宽松管制环境——没有外汇管制、法定存款准备和利率上限。加勒比海的三大离岸金融中心开曼群岛、巴哈马和巴拿马，尤其受惠于欧洲美元市场的快速增长。到了20世纪70年代末期，这个地区已经占了欧洲美元市场总业务量的1/5：到了20世纪80年代，加勒比海地区美国银行分行资产总值，占美洲地区所有美国海外分行资产总值的比重已经超过1/3。

第三，美国的银行开始进驻伦敦开展业务之后，设籍英国的英国银行及公司处于不利境地，因为只有和非居民之间的交易才不会受到法规与监管的束缚。不过很快，英国或许并非刻意地陆续推出的法规将使英籍银行与企业得以避开这种劣势，它们可以通过英国的海峡群岛的子公司来利用非居民身份，摆脱规制与监管。英国的银行在20世纪60年代初期开始在泽西岛、根西岛及马恩岛上扩展它们的活动，诚如R. A. Johns和C. M. Le Marchant所言："在1972年之前，温和增长主要是由英国的离岸业务和移籍至这些岛上的英国企业推动的。"㊂

③历程：起步期和加速期。

第一，二战后至20世纪70年代初的起步期。

根据1948年6月24日通过的11.073号法案设立的乌拉圭离岸公司（SAFIS），其主要活动需在乌拉圭之外地区进行，境外所得需超过全部所得的50%。承认不记名股票和公司董事，使股东得以匿名，外部稽核的需要得以消除。

1956年，《泰晤士报》刊登了一篇讲述百慕大当地船舶法律的报道，见报后不到一年，全世界有一半的船舶都改在百慕大注册设籍。来自俄亥俄州、曾经是财险设计师的Frederic Mylett Reiss于1962年在百慕大成立了他的第一家自保险公司，这个事业后来转变为国际风险管理集团（International Risk Management Group），这是他后来在百慕大设立的一家自保管理咨询公司。很快地，百慕大就成为"世界保险业首府"（the World's Risk Capital）。

20世纪60年代，英国工党严厉执行针对高净值人士的惩罚性税制，大量的高净值人士通过空壳公司被吸引到马恩岛存储和管理其资产。马恩岛首先刻意以发展避税港为策略，

㊀ Sylla, Richard (2002) ' United States Banks and Europe: Strategy and Attitudes ', in Battilossi and Cassis (2002) (eds) *European Banks and the American Challenge: Competition and Cooperation in International Banking under Bretton Woods*, Oxford: Oxford University Press.

㊁ Bhattacharya, Anindya (1980) ' Offshore Banking in the Caribbean by U.S. Commercial Banks: Implications for Government-Business Interaction ', *Journal of International Business Studies* 11(3):37-46.

㊂ Johns, R. A. and C. L. Marchant (1994) ' Finance Centres: British Isle Offshore Development since 1979 ', *Review of International Political Economy* 1(1) :197-202.

从1970年开始和其邻近的岛屿竞争，图谋吸引富有的英国投资者。这些海外避税港开始由政府部门主导，实行优惠的税收政策，包括取消马恩岛上的附加税和降低个人所得税标准，使马恩岛成为吸引英国高净值人士的避税港。

20世纪60年代初期英国的银行及公司很快就发现了避税港的益处，它们在英国直辖殖民地设立子公司，基本上是作为欧洲美元市场交易的记账办公室。北美地区的银行很快跟进，它们比较偏好加勒比海的避税港。于是，几个避税港发展成为离岸金融中心，不过这些离岸金融中心主要被视为簿记中心或筹资中心。

在这一阶段，以英属岛屿为代表，避税港彼此竞争，它们仿效彼此的立法，并发展利基（niche）市场。地理区域的竞争有两个，一个是包含海峡群岛和都柏林的国际金融中心，另一个是加勒比海盆地。"每一个金融中心的竞争优势都是通过制定独特的、只有这个金融中心具有的规制及立法制度而创造出来的"，由于公司总部实施了职能分工，公司结构的重新调整使各离岸金融中心彼此合作而非竞争。[⊖]不过每个岛屿实行不同的策略，泽西岛主要是一个离岸私人银行中心，根西岛是自保险业务中心，马恩岛有增长最快速的寿险业，都柏林国际金融中心是一个大型的基金管理中心，百慕大是自保险和再保业的世界龙头，开曼群岛是一个主要的银行业务中心，英属维尔京群岛拥有世界居冠的国际商业公司注册数量，直布罗陀提供广泛的金融服务，包括银行、保险、基金管理、信托和咨询。

第二，20世纪70年代初至90年代末的加速期。

离岸金融市场从20世纪70年代初进入了快速成长期。在这一时期，已有的避税港或演变为离岸金融中心，新的避税港或作为离岸金融中心出现。

马恩岛在1974年颁布企业法，授权保险公司在该岛开展业务，1975年颁布的银行法，为该岛银行和某些投资公司提供许可证，进一步发展和扩展马恩岛的金融服务产业。

荷兰在20世纪70年代中期开始吸引跨国公司利用其广泛的双边税收协定网络避税。爱尔兰在1987年作为离岸金融中心成为避税港。

巴拿马自豪拥有庞大规模离岸金融产业和35万家离岸公司，其发展却是迟至20世纪70年代才开始。巴拿马实行类似的避税港模式，在1970年推出一连串的法规，松绑其银行法，实行瑞士形态的银行保密，废除货币管制，设立豁免公司。

新加坡、巴林、中国香港都是20世纪70年代以后作为离岸金融中心出现的避税港。毛里求斯在1990年设立避税港，在此之前，就已经和印度签署避免双重课税协定。根据协定，设籍毛里求斯的公司在印度的资本利得不必缴税。

借鉴澳大利亚海外领地诺福克岛（1966年）、瓦努阿图（1970～1971年）、瑙鲁（1972年）的经验，从20世纪80年代开始，库克群岛（1981年）、汤加（1984年）、萨摩亚（1988年）、马绍尔群岛（1990年）、纽埃（1994年）等岛屿复制已有成功避税港的法律，对豁免公司与非居民公司提供零税赋或近乎零税赋、瑞士模式的银行保密法、信托公司法、境外保险法、权宜船籍制与飞机租赁，发展离岸业务。这些太平洋岛屿作为离岸金融中心发展成为避税港，并且自21世纪初开始制定有利于吸引电子商务和在线博彩的法律。

（3）第三阶段：调整期。

一直以来，有关避税港的争论聚焦于三点：避税与逃税；规制，尤其是金融规制和审慎监督；犯罪，包括洗钱、毒品买卖等非法交易、侵占公款。直至20世纪90年代末亚洲

⊖ Cobb, S. Corkill (1998) ‘Global Finance and the Growth of Offshore Financial Centers: The Manx Experience’, *Geoforum* 29(1):7-21.

金融危机以前，大体上只有较大国家的税务部门表现出对于离岸活动的关切。OECD 国家对于转让定价的规范、美国对于受控外国公司的立法，以及反制第三国对于双边税收协定的滥用等都是可圈可点的。1998～2000 年，打击避税港有害影响的国际努力进入了一个新的阶段。国际组织三面夹击，在 G7 的要求下，OECD 针对有害的税收竞争进行打击，金融稳定论坛（FSF）处理金融稳定问题，金融特别行动组（FATF）打击洗钱。三家组织均发布了不同级别避税港的“黑名单”。尤其是 2008 年的列支敦士登银行员工泄密事件和注册在避税港的对冲基金引爆全球金融危机以来，避税港面临了来自各方面前所未有的压力。不过，避税港反响不一，英国和荷兰的属地倾向于服从或是表示已经服从；太平洋岛屿则强硬抵抗。实质上，那些重要的避税港不可能实质放弃保密条款。避税港在四大会计师事务所等专业机构和专业人士的帮助下，发展出更模糊、复杂、诡异的避税工具，得以在新世纪持续成长，只不过被打击避税港的行动提高了成本。

5.1.2.2 国际避税港的地理分布

国际避税港的地理分布如表 5-16 所示。

表 5-16 国际避税港的地理分布

美洲	北大西洋	百慕大
	加勒比海地区	开曼群岛、英属维尔京群岛、巴巴多斯、荷属安的列斯群岛①、库拉索岛②、阿鲁巴、特克斯和凯科斯群岛、安圭拉、安提瓜和巴布达、多米尼加、格林纳达、蒙特塞拉特、圣基茨和尼维斯、圣卢西亚、圣文森特和格林纳丁斯、美属维尔京群岛、格林纳达、波多黎各、巴哈马（拿骚）
	中美洲国家	伯利兹、哥斯达黎加
	南美洲	乌拉圭
亚洲	南太平洋	瓦努阿图、瑙鲁、萨摩亚、马绍尔群岛、库克群岛、汤加、关岛、纽埃岛
	东南亚	新加坡、中国香港、菲律宾、马来西亚（纳闽岛）、中国澳门、马尔代夫
	中东	巴林、迪拜、黎巴嫩（贝鲁特）、约旦、科威特、以色列
欧洲	地中海地区	马耳他、摩纳哥、塞浦路斯、圣马力诺
	西欧	伦敦、瑞士、卢森堡、匈牙利、列支敦士登、根西岛、泽西岛、马恩岛、爱尔兰、荷兰、安道尔、直布罗陀
非洲	印度洋地区	毛里求斯、塞舌尔、吉布提
	西非	利比里亚、摩洛哥（丹吉尔）

①② 2010 年 10 月 10 日荷属安的列斯群岛解体。库拉索岛是原荷属安的列斯群岛的一个地区，现改制为荷兰王国的自治国。

资料来源：根据辛乔利、张潇均（2012）第 12～13 页整理而成。

5.1.2.3 国际避税港的基本类型

一般认为，国际避税港根据避税程度的不同可以分为以下几种类型。

（1）不征收任何所得税的国家和地区。其中，有的国家和地区不仅不征收所得税，而且也不征收任何财产税。这类避税港通常被人们称为“纯避税港”或“典型的避税港”。目前，这类纯避税港主要包括英属维尔京群岛、巴哈马、百慕大群岛、开曼群岛、瑙鲁、瓦努阿图、特克斯和凯科斯群岛、汤加、巴林等。

（2）征收所得税但税率较低的国家和地区。这类避税港包括瑞士、爱尔兰、列支敦士登、海峡群岛、所罗门群岛、马恩岛等。

（3）所得税课征仅实行地域管辖权的国家和地区。这类国家和地区虽然课征所得税（一般税率也较低），但对纳税人的境外所得不征税，从而在一定条件下也为跨国公司的国际避税提供了方便。如中国香港、巴拿马、塞浦路斯、利比里亚、哥斯达黎加等属于这类避税港。

（4）对国内一般公司征收正常的所得税，但对某些种类的特定公司提供特殊税收优惠的国家和地区。这类避税港包括卢森堡、库拉索岛、塞浦路斯、巴巴多斯、马德拉等，也包括上面第二类避税港中的瑞士、列支敦士登等。

（5）与其他国家签订有大量税收协定的国家和地区，如荷兰。根据国际税收协定，缔约国双方要分别向对方国家的居民提供一定的税收优惠，主要是预提所得税方面的税收优惠。如果一个国家有广泛的国际税收协定，就可能为一个第三国居民滥用税收协定避税创造便利条件。在国际税收的实践中，以滥用国际税收协定的方式进行国际避税的现象十分普遍，所以许多人主张这类拥有大量国际税收协定的国家也应列为避税港。

5.1.2.4 国际避税港的避税产业特色

1. 开曼群岛

开曼群岛不征收个人所得税、企业所得税、预提税、资本利得税、遗产税。同时，开曼政府保证对于在岛上注册但不在岛上经营的豁免公司20年不征所得税，豁免信托公司可得到50年不征收所得税的保证，并且该保证不受税收政策变动的影响。

得益于税收制度而发展起来的产业有离岸金融（离岸信托、离岸基金、离岸银行、离岸保险）、离岸公司注册和离岸游艇注册。

2. 英属维尔京群岛（BVI）

英属维尔京群岛不征收企业所得税和个人所得税，无资本利得税，国际商业公司享受包括预提税在内的税收豁免。

得益于税收制度而发展起来的产业有离岸公司注册、离岸金融（离岸基金业务、自保险、信托）、离岸游艇注册。BVI的法律规定，离岸公司无须出示经过审计的账目报表，允许发行不记名股票，不必透露董事名字、不必登记股东信息，监管较为自由，保密较为严格。因此，BVI也成为拥有最多离岸公司注册的国家。截至2012年，全世界有40%的离岸公司在BVI注册，并且离岸公司的注册费占当局财政收入的60%。

3. 百慕大

百慕大不征收所得税、资本利得税和遗产税，征收少量的印花税。

得益于税收制度而发展起来的产业有离岸金融（离岸保险、离岸基金、私人信托）和离岸游艇注册。

4. 巴哈马

巴哈马税制以间接税为主，财政收入的70%来自关税、印花税、消费税和增值税等；巴哈马不征所得税、遗产税，无股息、利息、特许权使用费的预提税，免缴经营税。

得益于税收制度而发展起来的离岸金融服务是巴哈马仅次于旅游业的第二大支柱产业。巴哈马的特色离岸业务还有离岸游艇注册。由于货船在巴哈马注册登记费用很低，还可以享受其他一些免税待遇，因此世界各国的船东为了避税乐意在巴哈马使用"方便旗"进行注册。

5. 巴拿马

巴拿马对境内离岸企业的海外运营收入实行免税政策。

得益于税收制度而发展起来的产业有离岸公司注册、离岸金融（离岸银行、信托）、离岸游艇注册。巴拿马法律规定，在巴拿马注册的企业无须出示经过审计的账目报表，允许发行不记名股票；并且据世界银行调查显示，2015年在巴拿马开展业务所需时间仅为6

天，远远低于众多发达国家，这刺激更多离岸企业进驻，成为世界第二大离岸公司注册地。

6. 海峡群岛

（1）泽西岛。

泽西岛的公司所得税实行三级税率，通常为0，对公共事业公司收取20%的所得税，对提供金融服务的公司收取10%的所得税。

离岸金融（离岸信托）是得益于税收制度而发展起来的产业。泽西岛被誉为“离岸信托的天堂”，这里的信托存续期无期限限制，具有无所得税和资本利得税的优惠税收政策，并且监管政策非常严格，特别看重信托投资公司过往的监管记录与审计记录。

（2）根西岛。

根西岛的公司所得税同样实行三级税率，大多数公司的公司税率为0；2013年起，对于银行业务收入及其延伸至国内保险业务、信托业务、保险中介业务和保险经理业务税率为10%。

离岸金融（离岸信托、基金、自保险）是得益于税收制度而发展起来的产业。根西岛将离岸信托公司视为豁免公司，对其不征收所得税，并且也不收印花税或任何其他税项。信托存续期为100年，除法院外，无须将信托的详细资料提供给任何监管机构。由此离岸信托业得以在根西岛迅速发展起来。

7. 马恩岛

马恩岛除了对银行业和房地产业征收10%的企业税外，对大部分行业免征企业税，无资本利得税、印花税、财富税、遗产税、资本转让税；并且从2004年起对金融服务类企业的初次注册费、头两年租金、人员设备搬迁费提供最高50%的补助。

得益于税收制度而发展起来的产业有离岸金融（离岸保险、信托）、离岸游艇注册。

8. 巴林

巴林没有企业税、个人所得税、资本所得税和预扣税，对于资本、收益和利润的回流不加限制。

离岸金融是得益于税收制度而发展起来的产业。由于巴林地处欧亚时差交接的位置，因此可以起到衔接欧洲和远东金融市场的作用，它毗邻石油生产国，成为石油资金集散得天独厚的场所。西方国家银行利用它收集政治、经济情报，吸收石油美元，开展各种银行业务；海湾国家则利用它投放石油资金，发展本国银行业，并以此作为“窗口”与其他市场取得密切联系。截至2017年，金融服务业在巴林整个经济中的占比超过25%。

9. 瑞士

根据瑞士税法，联邦政府以税后利润8.5%的税率征收企业所得税，即按税前利润计算，税率约为7.83%。瑞士也是因税收协定网络相当发达而成为国际控股、中介性金融公司设立较多的国家之一，截至2017年6月，它已与91个国家和地区签署双边税收协定，利息与股息预提税均可享受5%～20%的优惠税率，远低于非协定国之间35%的税率。

得益于税收制度而发展起来的产业有国际控股公司、离岸金融（私人财富管理中心、国际资产管理业务）。

10. 卢森堡

卢森堡拥有健全的税收制度，税种之完善和税率之高不亚于其他西欧国家，其企业所得税率将从2018年起由21%降至18%。卢森堡对不同类型控股公司实行低税或免税优惠；并且，截至2018年，卢森堡已与80个国家和地区签署避免双重征税协定，可享受零税率或低税率预扣税的优惠政策，因而成为闻名于世的控股公司的避税乐园。得益于税收制度而发展起来的产业有国际控股公司、离岸金融（私人银行、离岸基金、保险）。

11. 列支敦士登

列支敦士登税制简明、税率较低。所有居民和非居民都有义务缴纳个人所得税和公司税。公司所得税的课税对象为公司的净所得，实行 7.5% ～ 15% 的累进税率。对股息征收 4% 的预提税。

得益于税收制度而发展起来的产业有离岸公司注册、离岸金融（离岸信托）。离岸公司注册费是列支敦士登最主要的经济来源，占国民生产总值的 30% 还多。这里接受任何国家、任何人来办公司，只需交 1‰ 的资金税，并且严格为办公司者保密。在离岸信托方面，列支敦士登允许设立私人基金会以及特有的 Anstalt 的崭新法人形式。

12. 中国香港

在中国香港，只有源自香港的利润才须在香港课税，而源自其他地方的利润则不须在香港缴纳利得税。一般公司利得税为 16.5%，自 2016 年 6 月起，对设立在香港的企业财资中心宽减利得税 50%，即降至 8.25%。

香港对资金流动不设限制，且不征收资本增值税或股息税，无股票印花税，因而其证券市场已经发展成为全球最活跃、流动性最高的市场之一。2016 年全球在香港上市企业达 126 家，融资 1 948 亿港币，香港 IPO 融资蝉联全球第一，远远超过排名第二的纽约证券交易所及第三位的纳斯达克交易所。

得益于税收制度而发展起来的产业有离岸金融（离岸银行、保险、基金、外汇交易、黄金交易、证券市场、金融衍生品交易）、离岸游艇注册。

13. 安道尔

安道尔实行低税制，不征收所得税，被称作“无税天堂”。

得益于税收制度而发展起来的产业有离岸金融（离岸银行）、旅游业。2017 年，金融业占 GDP 的 20%，主要银行有安道尔私人银行、CAIXA 银行、安道尔萨巴德尔银行、安道尔信贷银行等，共计 44 家分行。此外，由于安道尔国内不征收所得税，征收的销售税也非常低，其旅游业也相对发达，大型免税商店集聚，商品售价较其他欧洲国家低 1 ～ 3 成。

14. 巴巴多斯

在公司所得税方面，离岸公司的所得税率仅为 0.25% ～ 2.5%；移居国外的离岸公司雇员收入的 35% 免税；不征收资本利得税、地产税、股份转让税、印花税，对股息、利息或特许权使用费不征收预提税。

离岸金融（离岸保险）是得益于税收制度而发展起来的产业。巴巴多斯凭借着低廉的税率水平，以及可发行不记名股票的宽松法规，吸引了大量外国资本。截至 2013 年，在当地成立的包括国际商务公司、外国销售公司、离岸银行、免税保险公司等离岸金融服务机构已达 6 775 家。其中，巴巴多斯离岸保险业较为发达，在 2007 年自保公司注册地的排名中位列第六。

15. 塞浦路斯

塞浦路斯的一般公司所得税税率为 12.5%，不征收股息与利息预提税，对用于塞浦路斯境内的特许权使用费征收 5% 或 10% 的预提税。截至 2018 年，塞浦路斯已与 56 个国家和地区签署避免双重征税协定，在特许权使用费的预提税率方面享有优惠政策。

得益于税收制度而发展起来的产业有离岸金融、离岸游艇注册。在 2013 年 4 月的银行危机发生前，塞浦路斯的银行资产是 GDP 的 4 倍之多，离岸金融业务成为塞浦路斯的经济支柱。巨额资金对税收、监管有很强的敏感性，塞浦路斯的低税政策使之成为资金的聚集地。

16. 马德拉

马德拉的一般公司所得税为21%，但对于2020年前在马德拉国际商业中心（International Business Centre of Madeira）新注册的企业，来源于境外所得可减免5%的所得税；且免予征收提成、利息、分红等所得收入的收益税，免征印花税、地方性税费；免收企业注册费；执行欧盟境内最低的15%增值税。

得益于税收制度而发展起来的产业有离岸金融和离岸船舶注册。马德拉群岛无外汇管制；组建公司相当容易且花费较少；公司的机密得到充分保障并实行严格的银行保密法，适合从事银行、基金管理等金融机构类经营。此外，马德拉为客货船运企业提供舰船登记注册服务，经注册的舰船可悬挂葡萄牙国旗。

17. 摩纳哥

摩纳哥对企业征收33.33%的利润税，但对居住在当地的个人不征收个人所得税，因而摩纳哥成为全世界富人的避税天堂。截至2018年，摩纳哥已与45个国家和地区签署避免双重征税协定。

信箱公司也是摩纳哥得益于税收制度而发展起来的特色产业。作为信箱公司聚集的避税地，摩纳哥有2 000多家银行、保险公司、再保险公司、国外投资管理公司等。

5.2 国际货币体系

随着国际经济一体化趋势的加强，各国之间的经济往来日益密切，国际间的贸易关系、债务债权清算、资本转移等活动都涉及汇率制度的规定、货币之间的兑换以及国际收支调节等问题。整个国际金融环境需要某些共同的标准或规定来处理相关的问题，这些共同的标准或规定就构成了国际货币体系的主要内容。

5.2.1 国际货币体系内容

国际货币体系又称国际货币制度，是指为适应国际贸易和国际支付的需要，使货币在国际范围内发挥世界货币职能，各国政府都共同遵守的有关政策规定和制度安排。

国际货币体系包含的内容非常广泛，主要包括国际金融协调的相关制度，即包括了国际间进行各种交易支付所依据的一套规则以及所建立的机构。具体而言，国际货币体系主要包括以下几方面的内容。

第一，各国货币比价的确定。国际货币体系负责协调和管理在一定时期内各国货币之间的比价，货币比价确定的依据，货币比价波动的界限以及货币比价的调整与维持所采取的措施等。

第二，国际收支的调节方式。一国的国际收支情况从总体上反映了该国对外经济交易的状况。随着世界经济的发展，各个国家之间的联系也越发紧密，任何一个国家的国际收支调整都会在一定程度上影响到与其他国家的经济关系。因此，国际货币体系要对各国国际收支调整的方式进行协调和约束。

第三，国际储备资产的确定。为了满足国际经济交易和支付的需要，任何国家都需要保持一定量的国际储备资产。一国政府应使用何种货币作为国际支付手段，持有何种国际储备资产以确保国际支付顺利进行及满足调节国际支付的需要等，仍需要国际货币体系的管理和协调。

5.2.2 国际货币体系历史演变与现状

国际货币体系的历史发展过程，大致经历了三个时期，包括国际金本位制、布雷顿森林体系和牙买加协议基础上的现行国际货币体系。从国际货币体系发展演变的整个过程来看，每一个时期的国际货币制度都在不同程度上存在一定的矛盾和缺陷，并由此导致各种危机的产生，也从而推动了国际货币体系的不断改革和发展。

5.2.2.1 国际金本位制

国际金本位制（international gold standard system）是 19 世纪初到 20 世纪上半期，在西方各国普遍实行的一种自发性质的国际货币制度，是一种以各国普遍采用金本位制为基础的国际货币体系。英国于 1816 年率先实行金本位制度，之后许多国家相继仿效，金本位制度由国内制度演变为一种国际制度。

金本位制是指一国以法律规定一定成色及重量的黄金作为本位货币而进行流通的货币制度。在金本位制下，各国的货币都以一定数量的黄金定值，黄金可以在各国之间自由地输入输出，价值符号与黄金可以自由兑换，并且一国的货币供应量受该国黄金存量的限制。因此，在金本位制下，各国货币之间的汇率由各自的含金量决定，汇率固定，并以黄金输送点为界小幅波动。但是，金本位制有其不可避免的内在问题。一方面，黄金生产量的增长幅度远远低于商品生产增长的幅度，黄金不能满足日益扩大的商品流通需要；另一方面，黄金存量在各国的分配不平衡，1913 年年末，美英德法俄 5 国占有世界黄金存量的 2/3。在 1929 ～ 1933 年的世界性经济大危机的冲击下，国际金本位制彻底走向崩溃。

5.2.2.2 布雷顿森林体系

二战结束后，根据 1944 年 7 月 1 日在美国新罕布什尔州布雷顿森林公园召开的由 44 国参加的联合国国际货币金融会议所通过的《国际货币基金组织协定》建立起来了一种新的国际货币制度，即布雷顿森林体系。

布雷顿森林体系建立起了以美元为中心的“双挂钩”制度，即美元与黄金挂钩，规定每盎司黄金等于 35 美元；各国货币与美元挂钩，并保持固定比价，一般只能在平价基础上上下各 1% 的范围内波动。布雷顿森林体系还建立了国际货币基金组织（IMF），负责维持国际金融领域的基本秩序，并对会员方中的国际收支逆差国提供短期信贷资金的资助，促进了世界经济的发展和快速增长。

但是，1973 年各国开始纷纷实行浮动汇率制，布雷顿森林体系走向全面瓦解，这主要是由于其运作机制的内在缺陷导致的。首先，美国经济学家特里芬（R.Triffin）在其 1960 年出版的《黄金与美元危机》一书中首次提出“特里芬难题”。在布雷顿森林体系下，美国只有通过长期的国际收支逆差才能够满足世界各国对美元储备的需求。但是，这样会导致美元贬值，其他国家的美元储备过剩，各国政府用美元向美国政府兑换黄金，美国的黄金储备会大量外流，最终影响美元信誉。为了避免上述问题，美国就必须长期保持国际收支顺差，但这又会导致其他国家的美元储备资产不足，国际清偿能力下降。其次，布雷顿森林体系实行固定汇率制度，使汇率对国际收支调节机制的作用无法发挥。再次，美元作为主要的储备资产，其他各国货币与美元保持固定的比价，导致其他国家货币对美元过度依赖，使得美国可以操纵国际金融事务。

5.2.2.3 牙买加体系

1976 年 1 月，IMF 成立了专门研究国际货币制度改革的机构，即“国际货币临时委员会”，在牙买加首都召开牙买加会议，签署了《牙买加协议》，并在此基础上建立了现行的国际货币体系。

《牙买加协议》的内容主要包括以下五个方面：第一，承认浮动汇率制度合法化。《牙买加协议》正式确认了浮动汇率制度的合法化，会员方可根据本国的实际情况自由选择汇率制度。第二，宣布黄金非货币化。《牙买加协议》宣布黄金与货币彻底脱钩，不再作为各国货币的定值标准，废除黄金官价，允许黄金价格随市场供求变化自由浮动。第三，增加会员方的基金份额。《牙买加协议》决定增加各会员方应缴纳的基金份额，由原来的292亿特别提款权增加到390亿特别提款权，从而增强了会员方从IMF融资的能力。第四，突出特别提款权的作用。特别提款权取代黄金成为主要的储备资产，并且扩大特别提款权的使用范围，可使用特别提款权进行借贷以及偿还基金组织的债务。第五，扩大对发展中国家的资金融通。《牙买加协议》决定将会员方缴纳的部分黄金出售，设立专门的基金向最不发达国家提供优惠贷款。

《牙买加协议》对原货币体系的一些条款和规定都做了一定程度的修改，为现行的国际货币体系奠定了基础，其特点主要体现在以下三个方面：第一，汇率制度多元化。在《牙买加协议》下，各国可以根据自身的经济实力、经济结构以及开放程度自由决定本国的汇率制度。第二，国际储备体系多元化。黄金、美元和特别提款权都是储备货币的组成部分，其中，特别提款权的作用不断增强。第三，国际收支调节机制多样化。国际收支的调节可以通过汇率机制、利率机制和国际货币基金组织的干预等方式进行。

5.3 涉外金融市场

跨国经营过程中的投融资活动通常需要利用国际金融市场，而所谓的国际金融市场是指从事各种国际金融业务的制度空间。从交易主体受监管的角度来看，国际金融市场可以分为传统的国际金融市场和新型的国际金融市场，前者是一国的涉外金融市场，也称在岸（的国际）金融市场，后者是真正意义上的国际金融市场，也称离岸（的国际）金融市场。

传统的国际金融市场是指经营国际金融业务，但受所在国法律政策规制的国际金融市场。涉外金融市场包括本国外汇市场、外国债券市场和国际证券市场。

5.3.1 本国外汇市场

汇率的变动会直接影响到一个涉及跨国业务企业的收入和成本，因此，外汇市场作为国际金融市场最重要的组成部分之一，是各个企业需要重点关注的一类金融市场。

5.3.1.1 外汇市场

外汇市场（foreign exchange market）是进行外汇交易或外汇买卖的市场。在涉外金融市场中所指的外汇市场实际上是传统意义的外汇市场，具体来说就是受所在国政府政策、法令管辖，其居民或者非居民将本币或者外币兑换成外币或者本币。其特征是交易品种和交易规模较小、交易币种有限、受到诸多国内法规的约束。

外汇交易既有在固定的交易场所进行的，也有借助于通信网络来实现的。不论哪种交易类型，大多数的外汇交易都是通过银行及各家交易商的网络进行的。

5.3.1.2 外汇交易

起初外汇交易是伴随着国际贸易产生的，外汇交易是国际间结算债权债务的工具，但是近十几年，外汇交易不仅在数量上成倍增长，而且在实质上也发生了重大的改变。它不仅是国际贸易的一种工具，而且已经成为国际上最重要的金融产品。外汇交易一般分为即期外汇交易、远期外汇交易、外汇期货和外汇期权。

（1）**即期外汇交易**（spot foreign transaction）又称现汇交易，是指外汇交易达成后，买卖双方在2个营业日内办理交割的外汇业务。如果正常交割的那一日正逢节假日，则依次顺延。不同国家和地区的外汇市场中即期交易的交割日选择有其特殊性，例如，中国香港外汇市场上美元与港元的即期交易在当天交割；美元对加拿大元、墨西哥比索，港元对澳元、日元、新加坡元的交易则在成交日的次日交割。伊斯兰国家的银行周六、周日是工作日，而周五为休息日。作为外汇市场上最普遍的一种交易方式，即期外汇交易可以帮助企业和公司满足临时性的付款需要，实现购买力的国际转移。例如，一家中国公司两天后需要用美元支付货款，则该中国公司就可以通过即期外汇交易卖出人民币，买入美元用来进行支付。

（2）**远期外汇交易**（forward exchange transaction）也称期汇交易，是指买卖外汇的双方签订合同，在合同中规定买卖外汇的币种、数额、汇率和未来交割的时间，到合同规定的交割日期，进行外汇交割的外汇业务。在外汇市场中，绝大多数的远期交易期限不超过1年，常见的期限有1个月、2个月、6个月、9个月和12个月。

双方在期初签订合同时规定的汇率叫作远期汇率。远期汇率的标价方法与即期汇率的标价方法有所区别，主要有两种标价方法。第一种是直接标明远期汇率，即银行报价时将远期实际汇率直接标明出来，瑞士、日本国采用这种标价方法。例如，3个月远期汇率为GBP1 = USD1.604 5/1.607 5。另外一种方法是间接标明远期汇率的方法，即标明远期汇率与即期汇率的差价。例如，即期汇率为GBP1 = USD1.600 5/1.601 5，3个月远期汇率升水为40/60，意味着3个月GBP对USD的汇率为GBP1 = USD1.604 5/1.607 5，即GBP升水了，相对而言USD贴水了。远期外汇交易对于公司企业来讲，其主要作用是风险控制，可以利用远期外汇交易防范应收应付账款及债权债务的外汇风险。

（3）**期货**（futures）与现货相对，是指在未来某一个确定的时间按照确定的价格买卖标的资产。目前，期货合约的标的资产主要包括农产品、能源、金属、股票指数以及外汇等。由于期货属于场内交易，交易都是在交易所中进行的，因此，期货合约均为标准化的合约，即对交割的数量、标的资产的质量、时间、地点等都有标准化的规定。

外汇期货（foreign futures）的交易双方在期初要按交易量合约的份数向交易所的清算公司缴纳初始保证金，清算公司充当交易双方的交易对手，买方并不直接与卖方订立期货合约。保证金的作用是避免双方出现违约风险，因此保证金也可以以国库券、债券等其他有价证券的形式缴纳。期货交易采用逐日盯市制，即清算公司每天都按当天期货的收盘价来结算所有期货交易者的盈亏。如果交易者盈利，当天就可提取盈余部分；如果亏损，则不必立即补充保证金，只有当剩余保证金低于维持保证金要求时，清算公司才会通知交易者追加保证金到初始保证金水平，维持保证金额度通常为初始保证金额度的75%。

外汇期货交易与远期外汇交易非常相似，二者都是通过合同将汇率固定下来，在未来某个固定的时间进行交割，但是二者又有所区别，主要体现在以下几个方面。

- 市场的组织方式不同。外汇期货交易是在有形的外汇交易市场即外汇交易所里进行的，买卖双方与期货交易所进行交易。远期外汇交易属场外交易，即在无形的外汇交易市场由买卖双方直接进行交易。

- 交易是否标准化。外汇期货合约是一种标准化的契约，每一种合约对交易货币、交易数量以及交割日期均有限制。
- 交割率不同。外汇期货交易成交后，大多数交易者会进行对冲，最后实际交割的很少。远期外汇交易在约定的交割日必须进行交割。

对于公司和企业来讲，外汇期货交易主要可以用来做套期保值和投机。企业利用期货合约进行套期保值是基于期货价格与现货价格的变动方向相同。因此，当企业有外币应付账款时，应该买入外币期货合约。若到期时外币升值，企业在现货市场上会有一定的损失，但是在期货市场上由于期货价格的上升而有一定的收益，能够抵消掉全部或者部分现货市场损失。

外汇期货的另一个用途是投机。对于一家公司来讲，如果其预测某种货币未来有升值的趋势，则买入该种货币的期货合约；反之，则卖出该种货币的期货合约。如果预测准确，企业即可获利。但是如果预测错误，则会面临蒙受损失的风险。

（4）**外汇期权**（foreign exchange option）又称货币期权，是指期权的买方向期权的卖方缴纳一定的期权费后，获得了在期权到期日或之前按照协定价格买入或卖出一定数量外汇的权利，如果汇率的变动对期权买方不利，买方也可以放弃该权利。

外汇期权最早于1982年开始在费城交易所进行交易，其标的外汇的单位是期货合约金额的一半。例如，英镑期权合约的规模是31 250英镑，日元期权合约的规模是625万日元等。除了费城交易所之外，伦敦股票交易所、国际证券交易所、伦敦国际金融期货交易所和NYSE群岛交易所等也进行外汇期权交易。

除了场内交易之外，外汇期权还可以进行场外交易。这些产品的交易由商业银行和投资银行主导，场外交易市场可以为了满足客户的特殊需求而定制产品，相比外汇期权场内交易更加灵活。

根据交易性质的不同进行划分，期权可以分为**看涨期权**（call option）和**看跌期权**（put option）。企业也可以利用看涨期权和看跌期权进行套期保值。看涨期权是指期权的买方预测未来汇率会上升，因此，向期权的卖方支付一定的期权费，如果在约定的时期内汇率上涨，则期权的买方以协定汇率从期权的卖方那里买入一定数量的外汇。但是若在约定时期内汇率没有上涨，则期权的买方可以放弃行使该期权。因此，当企业有外币应付账款时可以利用看涨期权规避汇率上涨带来的风险，将买入外币的最高价格锁定在协定价格。

看跌期权是指期权的买方预测未来汇率会下降，因此向期权的卖方支付一定的期权费，如果在约定的时期内汇率下降，期权的买方则以协定汇率向期权的卖方出售一定数量的外汇。但是若在约定时期内汇率没有下降，则期权的买方可以放弃行使该期权。当企业有外币应收账款时可以利用看跌期权避险，将卖出外币的最低价格锁定在协定价格。

5.3.1.3 汇率风险

汇率风险（foreign exchange rate risk）是指经济实体以外币定值或衡量的资产或负债、收入与支出，以及未来的经营活动可望产生现金流量的本币价值因货币汇率的波动而产生损失的可能性。外汇风险可以分为三类：折算风险、经济风险和交易风险。**折算风险**（translation exposure）又称会计风险，是指国际企业在合并财务报表时，由于汇率的变化而引起的以外币计价的资产与负债价值及利润价值发生变动的风险。折算风险以过去发生的事件为基础，所以它具有追溯性。**经济风险**（economic exposure）又称经营风险，是指由于意料之外的汇率波动引起公司或企业未来一定期间的收益或现金流量变化的一种潜在风险。对于国际企业而言，能否避免经济风险是至关重要的，它关系到企业在海外的投资或经营效果；同时，对这种潜在风险预测的准确程度也将直接影响该企业在融资、销售与生产方面的决策。经济风险是基于未来的经济活动，所以它具有前瞻性。**交易风险**（transaction exposure）是指国际企业在其经营活动中，由于外汇汇率波动引起其拥有的债权或应付的债务价值变化的风险。这种风险从签订交易合同，确定以外币计价的交易金额时就开始产生，直到结算为止。交易风险是基于过去发生但在未来结算的经济活动，因此它同时具有追溯性和前瞻性。

企业在经营中面临交易风险时，可以采取适当的方法减少或者规避交易风险，而使风险程度降到最低。外汇风险管理的基本原则是在管理成本一定的情况下，使汇率变动对本币造成的经济损失最小化。套期保值作为管理交易风险的核心手段，是指对一个特定的货币敞口头寸进行对冲，即建立一个数额相等、方向相反的头寸，使由原头寸产生的损失能够被新建头寸的收益完全抵消或者部分抵消，以减少企业的损失。在外汇风险的套期保值管理中，主要有三种方法：远期合约套期保值、期货合同套期保值和外汇期权套期保值，企业可以根据自身的情况选择适合自己的方法。

5.3.2 外国债券市场

国际债券市场就是进行国际债券交易的场所。外国债券市场就是传统的国际债券市场，是指外国债券发行和交易的场所。所谓外国债券，是指由国外筹资人发行的、以发行地所在国货币标值并还本付息的债券。可见，外国债券涉及两个主权国家，即债券发行者所属国家和债券发行地所属国家。

某些外国债券市场有其常用的名称，如在美国发行的外国债券被称为**扬基债券**（yankee bonds）；在日本发行的外国债券被称为**武士债券**（samurai bonds）；在英国发行的外国债券被称为**猛犬债券**（bulldog bonds）；在瑞士发行的外国债券被称为**巧克力债券**（chocolate bonds）；在中国发行的外国债券被称为**熊猫债券**（panda bonds）。

【专栏 5-4】

世界主要的外国债券市场及其特点

1. 扬基债券市场

扬基债券是外国债券发行者在美国发行的以美元标值的债券，通常是附息债券，每半年支付一次利息。扬基债券市场是世界上流动性最强、最重要的外国债券市场之一。其主要特点是，一次发行量较大，且易发行为期 10 年以上的长期债券。根据美国《1933 年证券法》，发行扬基债券必须注册，须达到美国证券交易委员会的信息披露要求，若该债券在纽约证券交易所上市，还必须根据《1934 年证券交易法》注册。注册程序可通过搁架注册（Shelf Registration）而加快。一般认为，穆迪公司和标准普尔公司的信用评级是打开扬基债券市场的钥匙，特别是当债券将发售给美国特定的机构投资者时。20 世纪 80 年代，扬基债券市场一直被最高信用级别（AAA 级和 AA 级）的政府、地方及国际机构的债券所垄断。但 20 世纪 90 年代以来，A 级和 BBB 级的公司债比重不断上升。扬基债券的投资者为美国的金融机构，其中保险公司和共同基金是两大最活跃的投资机构。

2. 武士债券市场

武士债券是外国借款人在日本发行的以日元标值的债券，一般是附息债券，每半年支付一次利息，在东京证券交易所上市交易。亚洲开发银行于1970年12月首次发行武士债券，1982年1月，中国国际信托投资公司在日本东京发行了100亿日元的武士债券。20世纪80年代中期以前，由于对发行人和主承销商等的管制，武士债券市场发展受到限制，外国政府和国际组织占主导地位，特别是发展中国家的发行量在日元外国债券市场所占比重较大。

1984年以后，日本放松了市场管制，规定除国际金融机构和外国政府外，非官方组织、公司和个人也允许发行武士债券。1992年，大藏省进一步放宽发行人资格标准，市场得以复苏。1992年以前，进入武士债券市场的借款人均需具有一个A标准或更高（若为BBB级，同时有政府担保也可）的信用级别。1992年放宽标准后，规定任何外国公募借款人和国际组织具有高于BBB级标准，均可发行武士债券。但私募发行者仍需具有一个A级或更高的级别。

3. 瑞士法郎外国债券市场

瑞士法郎外国债券市场是世界上最大的外国债券市场，主要原因是瑞士法郎作为记账单位购买力相对稳定、瑞士银行一般是作为政治上中立的国际金融机构、瑞士国内市场资金充裕以及瑞士银行系统保密性高等。瑞士法郎外国债券是无记名债券，每年支付息票，通常由三大银行（瑞士银行、瑞士联合银行以及瑞士信贷银行）之一作为主承销商，发行后一般在瑞士证券交易所上市交易。20世纪90年代以来，随着发行费用的降低、对发行承销团要求的放松以及外国债券交易商之间交易的印花税的取消，瑞士法郎外国债券市场得到进一步发展。

4. 熊猫债券

熊猫债券是一种以人民币计价的外国债券，在人民币逐步实现资本项目下的可自由兑换以及人民币国际化的基础上，于2005年首次在中国发行。熊猫债券在中国的发展并不顺利。自其诞生至2009年的4年多时间里总共才发行了4只，发行人也只是国际金融公司（IFC）和亚洲开发银行（ADB）两家金融机构。2009～2014年这5年中，熊猫债券更是完全停滞。整体来看，这一阶段的熊猫债券市场发行量小，发行主体单一，且发行审批及资金使用等限制都十分严格，可以说当时的熊猫债券还属于为了促进债券市场对外开放、试点性质的一种尝试手段。

但是进入2015年，中国政府开始着力推动人民币加入特别提款权（SDR）货币篮子，人民币国际化进程进一步加快，熊猫债券市场也逐渐升温。中银香港、汇丰香港、渣打银行相继发行了人民币债券。2015年11月30日，IMF宣布批准人民币加入特别提款权货币篮子。人民币成为继美元、欧元、英镑和日元后加入SDR货币篮子的第五种自由使用货币。随后2015年年底至2016年年初，韩国政府和加拿大不列颠哥伦比亚省先后发行了以外国政府为主体的人民币债券。根据中国人民银行发布的《人民币国际化》报告，截至2014年年末，按照国际清算银行狭义口径，以人民币标价的国际债券余额为5 351.18亿元，其中境外机构在离岸市场上发行的人民币债券余额为5 304.8亿元，在中国境内发行的人民币债券余额为46.3亿元。由此可以看出，熊猫债券仍处于发展的初期，未来前景十分广阔，熊猫债券将迈出更大的步伐，助力人民币早日实现国际化。

资料来源：易娅莉、刘丹鹤（2016）。■

作为想在国际资本市场上通过发行外国债券进行融资的企业来讲，必须了解外国债券的发行流程。由于外国债券发行市场的不同，外国债券的发行流程在各个国家也有一定的差别，但是，总体来讲，其发行基本步骤如图5-1所示。

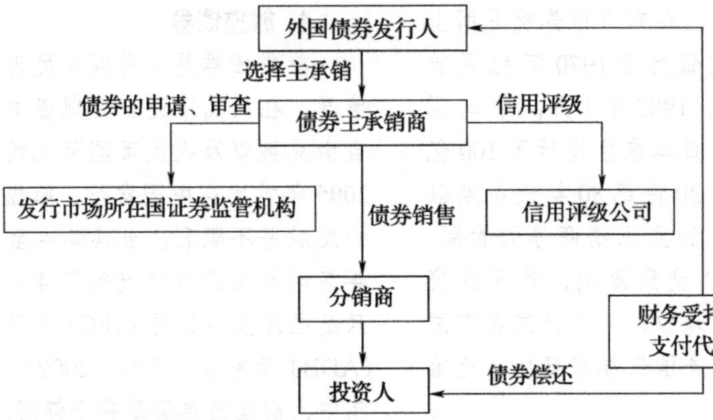

图 5-1　外国债券的发行程序

外国债券的发行人首先需要在债券发行市场所在国选择主承销商，主承销商可以是专门从事证券发行的投资银行，也可以是一家银行的证券业务部，选定好后需要与其就债券发行的一些事项进行确认，如费用的收取、主承销商对发行数量、价格的建议等。其次，债券主承销商需要对发行市场所在国的相关部门提出发债申请，如美国的“债券交易委员会”、日本的大藏省等，经审查合规后，申请生效。与此同时，债券主承销商还需选择债券信用评级公司就发行人的财务状况等进行测定，最终给出该发行人发行债券的风险程度。以上的流程全部合格后，就可以进入债券的销售阶段。

5.3.3　国际股票市场㊀

国际股票通常是指外国公司在一个国家的股票市场发行的，用该国或第三国货币表示的股票，其最重要的一个特点就是发行人和投资人分属不同国家。它是股票发行者在国际资本市场上筹措长期资金的重要工具。一般来说，外国公司在一个国家股票市场上市交易都有一个特殊的表示代码，如 N 股就是外国公司在美国股票市场发行的股票。

国际股票市场是国际股票发行和交易的场所和网络，也是一个以各国股票市场为基础的、利用现代化通信工具联结起来的全球性交易网络。国际股票市场有狭义和广义之分。狭义的国际股票市场是有关市场所在地非居民公司股票发行和买卖所形成的市场，这里的股票是指非居民公司发行的股票。广义的国际股票市场还包括国际化组织的各国股票市场，即大量非居民投资者参与买卖的股票。国际股票市场的主要特点就是国际化：①交易对象国际化，世界各大交易场所交易的不仅有本国证券，而且有外国证券；②交易主体的国际化，随着国际资本流动的日益自由化，参与交易所交易的主体也不再局限于国内投资者；③交易市场的国际化，从 20 世纪 70 年代起，许多发达国家的股票市场纷纷向外国公司开放，允许外国公司的股票在本国的交易所上市交易。如英国的伦敦、德国的法兰克福、美国的纽约等都是国外上市公司的可选之地。

外国公司在国际股票市场上发行股票需要遵守各股票市场所在国家的管理制度，目前各国市场的发行制度主要有两种：一是注册制，以美国为代表；二是核准制，以欧洲各国为代表。股票发行之后，在交易所公开挂牌的股票上市同样需要符合各股票市场的标准，如纽约证券交易所的上市标准：在世界范围内至少拥有 5000 名股东，公众持股份额超过 250 万股，总市值和有形资产分别达 1 亿美元以上，过去 3 年税前收入的总和达到 1 亿美

㊀　资料来源：张建军（2012）。

元，并且3年中任何一年的税前收入不低于2500万美元，必须有证券交易所会员公司的保荐；非美国公司必须按《1934年证券交易法》的规定进行注册登记；应有保荐的美国存托凭证。

随着国际股票市场的不断发展，虽然各个市场仍受到各国金融法规的制约，但是已然成为各跨国公司进行资本获取和投资的重要场所。

5.4 离岸金融市场

前面所述的涉外金融市场是国内金融市场的延伸，也被认为是传统意义的国际金融市场。随着国际金融市场的发展，新型的、真正意义的国际金融市场，即离岸金融市场出现了。所谓离岸，其含义并非同纯粹的地理概念严格对应。离岸金融市场同交易发起所在国的国内金融体系相分离，主要由交易发起地的非居民进行交易，既不受限于所使用货币发行国政府的在岸金融法规，又不受限于交易发起地在岸金融法规的金融市场。从欧洲美元市场发展而来的欧洲货币市场同国际外汇市场共同构成了离岸金融市场。

离岸金融市场是支持离岸金融交易的制度空间，我们也可以更具体和感性地理解为发生离岸金融交易的物理空间或网络空间。在物理空间里，进行离岸金融交易的至少一方往往在离岸金融中心发起交易，而离岸金融中心有相当大的可能就是前面所说的避税港。

5.4.1 离岸金融中心

5.4.1.1 离岸金融中心的形成演进

20世纪50年代后期，在布雷顿森林体系下，美元在国际贸易中已广泛使用，冷战中的苏联和东欧国家担心它们在美国的资产被冻结，纷纷将手中的美元存到欧洲国家的银行；1957年英国金融当局为了应对英国因战争导致的英镑危机，不得不加强外汇管制，并禁止银行使用本币对非英镑区居民之间的贸易进行融资以控制英镑外流，使得英国的商业银行开始提高利率，吸收大量美元并用美元放贷。欧洲美元市场就在这样的背景下从英国伦敦兴起。1958年以后，美国的国际收支逆差扩大，贸易顺差国也将产生的大量美元盈余存入欧洲美元市场；同时如瑞士、法国等西欧主要国家恢复本国美元自由的流通和兑换政策，以美元为主的存贷款业务发展迅速。在这样的背景下，形成了以英国为中心，分散于部分欧洲国家的欧洲美元交易中心。英国伦敦就是当时最大的离岸金融中心。

20世纪60年代，长期的贸易逆差导致美国对美元流出加强管控，1963年7月开征“利息平衡税”（interest equilibrium tax，IET），使大量资金出逃到监管相对宽松的欧洲；1965年颁布的《自愿限制对外贷款指导方针》（Voluntary Foreign Credit Restraint Guidelines）和1968年颁布的《海外直接投资管制》（Overseas Foreign Direct Investment Controls），限制非美国居民在美国获得美元贷款，非美国居民因此只能到欧洲银行寻求美元借贷等服务。同时，一些欧洲国家对非居民外币存款给予优惠等措施，使主要欧洲国家的货币流出速度加快，再加上美元危机频发，对美元贬值的预期使各国央行开始多样化储备币值坚挺的德国马克、瑞士法郎等货币。逐渐地，欧洲货币市场的币种结构更加多元化，从单一美元发展到欧洲英镑、欧洲马克、欧洲瑞士法郎等。德国的法兰克福、卢森堡就是在这一时期凭借各自金融市场的基础，开始发展离岸金融业务。海峡群岛（泽西岛和根西岛）在地理位置上距英国较近，英国企业的离岸业务和移居带动了岛屿内离岸金融的发展。以欧洲货币市场的发展为背景，这一时期的离岸金融中心数量进一步增加，地理范围仍集中在欧洲。

20世纪70年代，石油价格上涨及国际贸易与投资的扩张导致非石油生产国的资金需求快速扩张，1971年美元与黄金脱钩后使更多美元流入欧洲市场，欧洲货币市场的规模进一步扩大，日益成熟，经营币种的范围继续不断扩大，荷兰也在70年代中期发展成为离岸金融中心。不仅如此，欧洲货币市场在地域上也突破了欧洲的限制。亚洲发展中国家和地区为了发展本国和地区经济，向国际金融市场进行大规模融资，促进了亚洲离岸金融中心的形成。新加坡在1970年建立了亚洲货币单位（Asian Currency Unit，ACU），首创了内外分离型的离岸金融中心；中国香港在70年代通过放开新银行的设立以及金融自由化的政策，开始发展离岸金融业务；菲律宾（马尼拉）也于1977年7月正式开放了离岸金融业务。此外，石油生产国在两次石油危机中获得了大量的美元收入，促进了中东地区离岸金融市场的形成，如巴林在1975年10月设立了离岸银行单位（Offshore Bank Unit，OBU）；黎巴嫩也在首都贝鲁特设立了自己的离岸金融中心。美洲许多老牌有名的避税天堂地区也开始发展离岸金融业务，其中以加勒比海地区的巴哈马、开曼群岛、英属维尔京群岛、荷属安的列斯群岛和北大西洋的百慕大为代表。这些地区因在地理位置上距美国近，又因为当时美国金融体系的高度管制，北美银行业将其发展成在欧洲货币市场交易的一条管道，促进了这些地区（尤其是开曼群岛、巴哈马与巴拿马）离岸金融业务的发展。大洋洲的部分岛屿也开始陆续发展成为离岸金融中心，瑙鲁和瓦努阿图是最先开始的两个岛屿。英属岛屿瓦努阿图因英国政府想减轻岛屿的财政负担，效仿开曼群岛和百慕大，开始发展离岸金融业务。以离岸金融市场的进一步发展为背景，这一时期离岸金融中心的地理分布向亚洲、美洲和大洋洲进一步扩张。

20世纪80年代，金融自由化已成为世界性潮流，发达国家和地区为了增强自己在银行服务上的竞争力和对外国银行的吸引力，也开始在本国和地区建立离岸金融中心。美国以新加坡的内外分离型为模板，于1981年12月在纽约等地设立了从事离岸金融业务的国际银行设施（International Banking Facilities，IBF），日本也效仿美国于1986年12月在东京开设了日本离岸市场（Japan Offshore Market，JOM）。二者将离岸金融中心的发展带入了新阶段，因为美元与日元本身就是自由流通的主要国际货币，所以这两个离岸金融中心经营的是本国和地区货币而非外币，且离岸金融中心设在本土，本国和地区或外资银行可以直接在本地从事本币的离岸业务。这打破了传统的离岸金融中心的定义，由境外机构经营和经营外币不再是离岸金融中心的必要条件。此外，中国台湾也于1984年7月在台北建立了自己的离岸金融中心，一是因为附近的新加坡、中国香港和马尼拉等地都通过发展离岸金融业务带动了当地的经济发展的示范效应；二是因为中国台湾因金融业的严格管制束缚了岛内经济发展，为改变这种局面，中国台湾迫切需要开始金融自由化改革。1987年爱尔兰（都柏林）为了改变当时失业率居高不下和人才大量外流的局面，在都柏林设立了国际金融服务中心（International Financial Services Centre，IFSC），政策法规上鼓励外资进入。

20世纪90年代开始，发达国家的经济发展开始出现衰退，货币交易量下降，新兴的东南亚发展中国家开始发展本国的离岸金融业务。1990年10月，马来西亚纳闽的国际商业和金融中心（International Business and Finance Centre，IBFC）正式设立；1992年9月16日，泰国曼谷的国际银行设施（Bangkok International Banking Facility，BIBF）成立。印度洋上的毛里求斯也在90年代开始发展离岸金融业务，致力于成为印度洋上安全、稳定和有效的离岸金融中心。以众多离岸金融中心的迅速发展为基础，形成了全球性的国际金融市场。1997年的亚洲金融危机使各国对离岸金融业务的监管趋严，很多国际组织如经合组织

（OECD）、金融特别行动组（FATF）和金融稳定理事会（FSB，前身为金融稳定论坛 FSF）都在 90 年代末开始对离岸金融中心进行全方位的审视和监督。

5.4.1.2 离岸金融中心的地理分布

离岸金融中心的地理分布如表 5-17 所示。

表 5-17 离岸金融中心的地理分布

中心群	所在时区	国家或地区
美洲	西三区	乌拉圭
	西四区	**百慕大、英属维尔京群岛**、巴巴多斯、荷属安的列斯群岛、圣基茨和尼维斯、安提瓜和巴布达、安圭拉、阿鲁巴岛、多米尼克、格林纳达、蒙特塞拉特、圣卢西亚、圣文森特和格林纳丁斯、多米尼加
	西五区	**美国 IBF、开曼群岛、巴哈马、巴拿马**、特克斯和凯科斯群岛
	西六区	哥斯达黎加、伯利兹
大洋洲	西十区	库克群岛
	西十一区	纽埃、汤加
	东十二区	瑙鲁、马绍尔、萨摩亚
	东十一区	瓦努阿图
	东十区	关岛、密克罗尼西亚联邦、马里亚纳
亚洲	东九区	**日本 JOM**
	东八区	**中国香港、新加坡（ACU）、中国台湾、菲律宾（马尼拉）**、中国澳门、马来西亚（纳闽岛）
	东七区	**泰国（BIBF）**
	东四区	**迪拜**
欧洲	东三区	**巴林**、科威特
	东二区	**以色列（特拉维夫）**、黎巴嫩
	东二区	**直布罗陀、塞浦路斯**
	东一区	**瑞士、德国（法兰克福）、卢森堡、法国（巴黎）、摩纳哥、马耳他**、荷兰、匈牙利、安道尔、列支敦士登
	零时区	**英国（伦敦）、爱尔兰（都柏林）、根西岛、泽西岛、马恩岛**、葡萄牙（马德拉）
非洲	东四区	**毛里求斯**、塞舌尔
	东三区	吉布提
	零时区	利比里亚、摩洛哥（丹吉尔）

注：加黑字国家或地区为在最新《全球金融中心指数》（2017 年 9 月）报告中出现的离岸金融中心，且按照报告中的排名进行排列。

5.4.1.3 离岸金融中心的基本类型

全球范围内的阿姆斯特丹、英国的伦敦、美国的纽约和德国的法兰克福等城市，在历史上都先后成为过世界性国际金融中心。伦敦、纽约和东京是目前全球最为领先的全球性国际金融中心，它们具备一体化的实体功能，只是由于日本经济陷入“失落的 10 年”之后，东京地位下降并拉开了与前二者的距离。中国香港和新加坡属于新兴的国际金融中心，1985 年以后地位不断提高。

（1）根据在离岸金融市场的重要性，离岸金融中心可以大致分为全球性离岸金融中心和非全球性离岸金融中心。

前者往往位于发达国家，可被理解为通俗意义的国际金融中心。后者多为地理特征为岛屿的避税港，所以也被人称为避税港型或岛国型离岸金融中心，可被理解为狭义的离岸金融中心。注意，在地理上，前者未必不是岛屿，如新加坡。

全球性离岸金融中心还可以进一步细分为国际性离岸金融中心，即伦敦、纽约和东京，以及区域性离岸金融中心，如新加坡、中国香港、卢森堡等。这些全球性离岸金融中心立足于提供多样化金融中介服务，并在全球各个市场之间安排和使用资金。据估计，全球80%以上的离岸金融交易发生在伦敦、纽约和东京。

非全球性离岸金融中心的典型代表包括中东地区的塞浦路斯、巴林等；大西洋及加勒比海地区的安圭拉、巴哈马、百慕大、巴巴多斯、英属维尔京群岛、开曼群岛、荷属安德烈斯群岛、波多黎各等；大西洋东岸附近的根西岛、泽西岛、马德拉岛等。岛国型离岸金融中心的特征表现为：提供专业化的服务以及各具特色的国际金融方面的优惠条件，如避税、保密及政策优惠等，具体的优惠条件各不相同。通常这些狭义的离岸金融中心在地理上和通俗意义的国际金融中心接近，从而方便客户开展业务。

（2）根据离岸业务是否在市场所在地进行分类，离岸金融中心可分为功能型（functional center）和簿记型（paper center）。

功能型离岸金融中心指金融中心具备基本的金融功能，可以办理所有种类的金融服务和交易。簿记型离岸金融中心，又称名义离岸金融中心。这些离岸金融中心至少对于非居民无金融管制且税赋较低，国际金融机构为了避税并享受当地优惠条件，在这些地区设立名义上的机构，通过这类机构在账簿上对境外交易起到中介作用，其实质是为业务建立记账中心。典型代表为巴拿马、海峡群岛、巴哈马群岛、英属维尔京群岛、百慕大、开曼群岛、马恩岛、毛里求斯、萨摩亚等岛国。

（3）根据境内业务和离岸业务是否相分离，功能型离岸金融中心又可分为业务融合型、业务隔离型和业务渗透型离岸金融中心。

①业务融合型离岸金融中心是最早出现、自然形成的离岸金融中心类型。业务融合型离岸金融中心的国际资本能够高度自由流动，拥有完善的金融基础设施，为世界范围的客户提供完整的离岸金融服务，往往被当作典型的国际金融中心。金融机构的离岸金融业务与在岸金融业务合为一体、相互交融，如银行不单设独立离岸账户，与在岸账户并账操作，非居民的存贷款业务与居民存贷款业务在同一账户上运作，资金的出境和入境没有直接联系以及资金的出入境不受限制，但对各国金融管理能力的要求很高。市场交易主体为离岸机构、非居民、居民，金融机构在进入离岸市场时可不必向金融管理当局申请批准，相关规定较宽松。其典型代表为伦敦和香港离岸金融市场。

②业务隔离型离岸金融中心指的是离岸金融业务与国内金融业务严格分离，一般是所在国政府专门为非居民交易而人为创设的国际金融平台。这种模式实行严格的内外分离：离岸账户和在岸账户实施隔离，居民的存贷款业务与非居民的存贷款业务分开，在岸交易与离岸交易分开，严格禁止资金在境内外市场间跨境流动。其典型代表为美国纽约离岸金融市场（IBF）。新加坡在20世纪60年代初期建立亚洲货币单位（ACU）之初就是业务隔离型，后来经1973年和1978年两次放松管制，演变为业务渗透型离岸金融中心。

③业务渗透型离岸金融中心。这种市场以分离型为基础，离岸账户与在岸账户分立，居民交易和非居民交易基本分开，但允许两个账户之间有一定程度的有条件渗透。或是允许非居民账户所吸收的非居民存款向在岸账户贷款，但禁止资金从在岸账户流入离岸账户，如印度尼西亚、泰国曼谷、马来西亚纳闽岛；或是取消资金从境内流出的限制，允许在岸账户资金向离岸账户流动，但禁止离岸账户向境内放贷，如日本JOM；或是如新加坡允许离岸账户与在岸账户之间相互渗透，即居民可以用离岸账户投资，也可以用在岸账户获得

贷款。

（4）根据经营特点，即活动区域内资金来源和运用情况，离岸金融中心大致可以归纳为四种类型，当然一些主要离岸金融中心往往同时具备多种功能。

①主要中心（Primary Centers），主要指伦敦、纽约，是国际金融市场的基本组成部分，其资金的来源和使用都是全球范围的，其客户也遍布全球。主要中心能在资金、利率、汇率等多方面影响那些单一功能的金融中心，并执行上述各种功能，地位显赫，发挥全球性国际金融媒介的作用，通常被视为典型的国际金融中心。

②簿记中心（Booking Centers），即前面提到的簿记型离岸金融中心、名义离岸金融中心。

③筹资中心（Funding Centers），如新加坡、巴拿马、巴哈马，将所吸收的外部资金沟通到区域内运用，发挥对内的金融中介人作用。新加坡集中的资金有80%来自亚洲以外的国家，主要是伦敦和中东产油国。这些资金的运用则大部分在亚洲，东盟各国是最大的净借款者，其次是日本、中国香港、韩国等。

④归集中心（Collection Centers），如巴林，发挥对外即面向外部区域的金融媒介作用。市场所在区域由于资金过多，本地区国家的吸收能力有限，于是通过该市场将积累的资金转为对区域外部市场的投资。巴林最为典型，通过其离岸国际金融市场众多的金融机构，将巨额石油美元投向国际市场。

（5）以监管质量与合作程度为标准，金融稳定论坛（Financial Stability Forum，FSF）曾对所有离岸金融中心的监管状况进行了评估，并根据评估结果将主要离岸金融中心分为三类：Ⅰ监管能力强，与在岸市场有效协调，符合国际标准；Ⅱ制定了必要的监管程序和协调措施，但从实施过程来看并未达到国际标准，还有很大的改进余地；Ⅲ监管质量差，并没有与在岸市场监管者相协调，且没有为达到国际标准做任何努力（见表5-18）。

表 5-18 FSF 对离岸金融中心的分类

Ⅰ	爱尔兰（都柏林）(Dublin，Ireland)，根西岛（Guernsey)，中国香港特别行政区（China Hong Kong SAR)，马恩岛（Isle of Man)，泽西岛（Jersey)，卢森堡（Luxembourg)，新加坡（Singapore)，瑞士（Switzerland)
Ⅱ	安道尔（Andorra)，巴林（Bahrain)，巴巴多斯（Barbados)，百慕大（Bermuda)，直布罗陀（Gibraltar)，马来西亚（纳闽岛）(Labuan，Malaysia)，中国澳门特别行政区（China Macao SAR)，马耳他（Malta)，摩纳哥（Monaco)
Ⅲ	安圭拉（Anguilla)，安提瓜和巴布达（Antigua & Barbuda)，阿鲁巴岛（Aruba)，巴哈马（Bahamas)，伯利兹（Belize)，英属维尔京群岛（British Virgins Islands)，开曼群岛（Cayman Islands)，库克群岛（Cook Islands)，哥斯达黎加（Costa Rica)，塞浦路斯（Cyprus)，黎巴嫩（Lebanon)，列支敦士登（Liechtenstein)，马绍尔群岛（Marshall Islands)，毛里求斯（Mauritius)，瑙鲁（Nauru)，荷属安的列斯群岛（Netherlands Antilles)，纽埃（Niue)，巴拿马（Panama)，萨摩亚（Samoa)，塞舌尔（Seychelles)，圣基茨和尼维斯（St. Kitts and Nevis)，圣卢西亚（St. Lucia)，圣文森特和格林纳丁斯（St. Vincent and the Grenadines)，特克斯和凯科斯群岛（Turks and Caicos)，瓦努阿图（Vanuatu)

资料来源：IMF（2000）。

5.4.1.4 离岸金融中心的离岸金融产业特色

1. 伦敦

伦敦是第一大全球金融中心。在银行业方面，它在英外资银行数中位列世界第一，2008年3月底英国共有各类外资银行分行或子行250家，居全球首位；跨境银行贷款业务量占全球的20%，位居榜首。在保险业方面，伦敦是世界最大的保险市场，是全球唯一聚集了世界前20大保险和再保险公司的金融中心，在国际保险和再保险市场中居主导地位。伦敦是世界最大的外汇市场，2008年4月伦敦外汇市场日均交易额1.819万亿美元，占全球外汇市场的34%，超过美国和日本的总和。在基金业务方面，伦敦是全球第二大基金管理中心。伦敦也是国际化的股票和债券市场，在伦敦证券交易所挂牌上市的外国企业为692家，居世界主要证券交易所之首。同时，伦敦还是全球最大的金融衍生品交易市场，交易额占全球的43%。

2. 纽约

纽约是第二大全球金融中心。纽约外汇交易市场是重要的国际外汇市场之一，其日交易量仅次于伦敦。纽约证券交易所按市值计算全球排名第一。纽约是世界上著名的离岸金融中心。纽约建立了银行业自由区，国际银行设施（IBF）开创了离岸金融业务经营本国货币的先河，且交易严格限于会员机构与非居民之间，准入较为简单但管理相对严格。

3. 中国香港

中国香港是仅次于伦敦、纽约的第三大全球金融中心。中国香港的区位优势、自由的经济体制、有竞争力的税制、健全的基础设施以及无外汇管制，使中国香港成为世界第三大银行中心、第四大外汇交易中心、第五大股票市场、第五大金融衍生品交易中心、第五大黄金交易中心，也是亚太区最大的保险市场、第二大基金管理中心。中国香港还是全球最大的离岸人民币业务枢纽，拥有全球最大的资金池。

4. 新加坡

新加坡是继伦敦、纽约、香港之后的第四大国际金融中心。全球重要的财富管理中心和私人银行中心，仅次于瑞士；其外汇市场是世界第三大外汇交易中心，仅次于伦敦、纽约；凭借着100年的信托存续期，对源于新加坡境外所得不征收所得税，向非居民受益人分配收益免征所得税等宽松的政策，新加坡成为离岸信托主要设立地；新加坡的离岸保险已经成为亚洲甚至是国际上重要的离岸保险中心，在2007年自保公司注册地排名中，新加坡位列世界第17位。

新加坡的优势在于：①无外汇管制，资金可自由流入流出；②优惠的税收制度，企业所得税率标准为17%，根据应纳税所得额享有不同税收减免，并且对于在新加坡境内设立的企业资金管理中心设有8%的优惠税率。

5. 日本（JOM）

日本东京是世界第五大国际金融中心。日本离岸市场（JOM）主要以银行间资金交易为中心开展业务。JOM对存款准备金和存款保险没有具体要求，不必缴纳利息预扣税，也不受国内利率管制的影响。这些特殊优惠政策极大地促进了JOM的发展。但该市场仍要求缴纳地方税和印花税，使得JOM与其他离岸金融市场相比又缺乏一定的竞争力。

6. 瑞士

瑞士是全球第三大私人财富管理中心。瑞士银行严格的保密制度，再加上“在瑞士逃税只有民事责任”，吸引着全球权贵来此进行财富管理。作为国际资产管理业务领导者，瑞士得益于健全的银行体系和先进的资产管理水平。瑞士银行业协会的数据显示，2016年，在全球经济不景气、瑞郎坚挺的背景下，瑞士266家银行（其中一半是外国银行）的总盈利依然达到160亿瑞郎。全球1/4的跨境金融交易是在瑞士完成的，位居世界第一。

7. 卢森堡

卢森堡是欧元区最大的国际金融中心、欧元区最大的私人银行中心，得益于其优惠的税收制度，加上它既没有中央银行及存款准备金制度，又实行严格的银行保密制度。

卢森堡是全球第二大、欧洲最大的投资基金中心。卢森堡之所以成为欧洲基金注册地首选，是因为注册手续简便，最快4周即可完成注册；并且在当地注册的基金可在欧盟各国和全球各地销售；在卢森堡注册的基金除了缴付一定的注册费用和每年的认购税（subscription tax）以外，享受收入和资本所得免税优惠。

卢森堡一直被认为是一个领先的国际保险中心，服务于欧盟和世界市场。它也是欧盟最大的人寿保险市场之一。许多国际保险公司、再保险公司和自保公司都选择卢森堡作为进入欧盟市场的入口。2007年，选择在卢森堡注册的自保公司达210家，排名世界第七。

8. 巴黎

巴黎在全球金融市场中属于“综合类国际金融中心”，虽然它在银行、证券、保险、基金管理等各类金融子行业上都有不俗的表现，而且有着一定的国际影响力，但其综合实力与伦敦、纽约等优秀金融中心相比有着较大的差距，与苏黎世、日内瓦等专业金融中心相比，金融中心的特色不足。

巴黎汇集了欧洲前20大银行中的五大银行和世界前25大保险公司中的三大公司。巴黎也是欧洲大陆最大的资产管理中心，资产管理规模达3.6万亿欧元，仅次于伦敦。随着巴黎泛欧交易所（Euronext）和纽约证券交易所合并成立纽约－泛欧证券交易所，进一步扩大了巴黎金融市场的规模和流动性，提升了跨境证券交易、结算和清算能力。巴黎证券交易所在世界各大交易所中，次于纽约、东京和伦敦，交易量名列全球第四。此外，巴黎也是最具创新活力的金融中心，在股票衍生品、短期证券市场以及金融科技等方面均已成为领军者。

9. 法兰克福

法兰克福是欧洲央行所在地、欧元区货币政策决策中心。2014年，欧洲央行开始行使银行业监管职能，进一步巩固了法兰克福的欧元区金融中心地位。法兰克福拥有欧元跨国支付清算系统——欧元实时全额清算系统（TARGET），推动国际银行业的发展；德国证券交易所明讯结算公司设在法兰克福，使法兰克福能实现与全球性的证券托管清算系统的连接，推动国际证券行业的发展。

10. 开曼群岛

在开曼80%以上的注册银行并没有任何实际办公场所。虽然开曼群岛人口只有51 000人，但是2007年境内有427家银行，平均每120位居民就有一家银行。

开曼群岛的离岸基金业务位列世界第一。根据伦敦国际金融服务组织在2007年公布的统计数字，最热门的离岸基金注册地是开曼群岛，占离岸对冲基金数量的63%。此外还包括私募股权投资工具、管理账户和共同基金。所有基金大约占全世界离岸投资基金的75%～80%。主要原因在于基金注册程序便捷、可选择的公司形式灵活多样，对基金的监管较为宽松和适当。

开曼是世界上排名第二的离岸保险中心。1979年通过的《保险法》很好地加强了对自保公司的管理作用。在2007年自保公司注册地排名中，开曼群岛以765家公司位列第二，吸引了较多美国跨国公司前来注册。

开曼群岛的离岸信托业务信托存续期长达150年，并且具有50年免征所得税的保证，因而颇具吸引力。特别地，开曼群岛的STAR信托具有很大优势，它是指明确援引《1997年特别信托法（可选机制）》（Special Trusts Alternative Regime law）法条的信托，可避免因“信托是为人设立还是为目的设立”而产生的诉讼。

11. 英属维尔京群岛（BVI）

英属维尔京群岛是第二大离岸基金注册地。根据伦敦国际金融服务组织在2007年公布的统计数字，BVI以13%的比例排名离岸对冲基金第二。英属维尔京群岛吸引许多规模较小的自保公司，其在2007年自保公司注册地排名中名列第四。

BVI的离岸信托业优势较为明显，信托存续期可长达360年，拥有严格的信息保密制度，并且对于受益人不是当地居民的信托豁免所有税项。BVI的另一优势是其立法较为灵活，随市场需求而更新。比如《维京群岛特别信托法案》（The Virgin Islands Special Trusts Act，VISTA）以及私人信托公司（Private Trust Company，PTC）的立法，就是根据亚洲客户的需求而出台的。其中，VISTA法案可限制信托公司对资产的控制权，允许委托人充当BVI公司的董事，并且可以指定信托存续期间公司的董事，不必担心失去控制权。

12. 百慕大

百慕大是世界最大的离岸保险产业所在地。在2007年自保公司注册地排名中，百慕大以958家公司位列第一。随着百慕大的不断创新，其成为再保市场的翘楚。根据标准普尔《全球再保险要闻（GRH）》统计，2012年全球排名前40位的再保险公司中，百慕大的再保险公司占据了15个席位，已经与美国和欧洲并称为世界三大保险市场。

百慕大是世界第三大离岸基金注册地。根据伦敦国际金融服务组织（IFSL）在2007年公布的统计数字，百慕大是排名第三的最热门的离岸基金注册地，占离岸对冲基金总数量的11%。

此外，由于百慕大信托存续期长达100年并且有严格的信托保密制度，逐渐发展起来具有特色的私人信托业务。在私人信托业务中，百慕大在实现财富增值管理上为入驻企业提供了特色服务，例如帮助部分人建立家庭办公室、建立私人信托投资公司等。

百慕大依的优势在于税收政策优惠、监管环境宽松、对公司业务高度保密。例如，百慕大注册的国际商业公司无须出示经过审计的账目报表。

13. 巴哈马

巴哈马管理的金融资产位居全球离岸金融中心第五位。2012年年底，来自瑞士、加拿大和美国等28个国家的125家金融机构和银行，在巴哈马注册银行和信托公司约250家。这些金融机构管理资产超过10 000亿美元，约占全球离岸金融资产的5%。私人财富管理是其国际金融服务的重要内容。

除了优惠的税制，巴哈马的金融监管较为灵活，在巴哈马注册的公司（除银行和信托公司外），无须出示经过审计的账目报表，允许发行不记名股票和可赎回股票，公司不必拥有本地活动的记录。巴哈马实施严格的银行保密法，银行账户只有在牵涉犯罪活动时，经巴哈马最高法院批准，才能允许第三方进行查对。

14. 巴拿马

巴拿马的离岸金融业较为发达，拥有世界第二大银行体系，受到巴拿马运河及自贸区所蕴含机会的吸引，已有30余个国家和地区的90余家银行在巴拿马设有分支机构。

15. 海峡群岛

（1）泽西岛。

泽西岛在欧洲证券市场和欧洲REIT市场中占据优势地位。

（2）根西岛。

根西岛是私募股权基金投资公司的热门离岸注册地。出于税赋考虑，第一家在伦敦证交所专业基金市场（Specialist Fund Market）挂牌的私募股权投资公司是在根西岛注册的达芬奇CIS私募增长基金有限公司（Da Vinci CIS Private Sector Growth Fund Limited），于2008年5月29日正式挂牌交易。根西岛也是热门的自保公司注册地，在2007年自保公司注册地排名中，根西岛位列第五，有368家自保公司在此注册。

16. 马恩岛

凭借着其优越的地理区位、健全的监管机制、优惠的税收政策，马恩岛聚集了包含汇丰银行、巴克莱银行在内的50多家银行、60多家专业财务公司，并且多家注册在马恩岛的企业在伦敦创业板上市。马恩岛是世界最大的离岸人寿保险管辖区之一，被公认是一个著名的自保保险业中心。在2007年自保公司注册地排名中，马恩岛位列第11。马恩岛的离岸信托业发展迅速，除了对源于马恩岛境外的所得不征收所得税、不征收继承税和资本利得税外，马恩岛离岸信托架构从设立到后续维护的整体成本，要比其他离岸金融中心低25%～30%。

17. 巴林

巴林虽然是个小国，但是金融机构数量众多，金融资产规模庞大，被誉为“中东的中国香港”。截至2007年年底，证券投资基金金额超过了200亿美元，是海湾合作委员会国家中最大的投资基金经济体，还是世界第十大银行中心。由于巴林拥有强大的监管体系和强健的中央银行以及优惠的税收政策，世界大型银行大都在巴林开展业务，它们可以在整个中东、非洲地区和世界各地进行交易，已成传统伊斯兰银行业主要的区域金融中心。

5.4.2 离岸金融市场

5.4.2.1 国际外汇市场

1. 国际外汇市场的内涵

此处的国际外汇市场是指狭义的国际外汇市场，即离岸外汇市场，是指非居民之间进行外汇买卖的交易场所或营运网络。国际外汇市场的交易客体是外汇，这里的外汇以不同的国际货币来表示，多为自由可兑换货币，如美元、日元、英镑等，其主导形态是商业银行的有关国际货币的活期存款。

2. 世界主要的国际外汇市场

世界外汇市场由各国际金融中心的外汇市场构成。目前，世界上有30多个主要的外汇市场，它们遍布于世界各大洲的不同国家和地区。根据传统的地域划分，可分为亚洲、欧洲和北美洲三大部分。其中，最重要的有欧洲的伦敦、法兰克福、苏黎世和巴黎外汇市场，美洲的纽约和洛杉矶外汇市场，大洋洲的悉尼外汇交易市场，亚洲的东京、新加坡和中国香港外汇市场。下面将简单介绍一下各主要的外汇市场。

伦敦外汇交易市场一直是世界最大的外汇交易中心，对世界外汇交易走势有着重要的影响。作为世界上最悠久的国际金融中心，伦敦外汇市场的形成和发展也是全世界最早的。早在一战前，伦敦外汇市场就已经初具规模。1979年10月，英国全面了外汇管理制度，于是伦敦外汇市场便迅速发展起来。在伦敦的金融区，几乎所有的国际性大银行都在此设有分支机构，大大活跃了伦敦市场的外汇交易。同时，由于伦敦地理位置独特，地处两大时区交汇处，连接着亚洲市场和北美市场，导致亚洲接近收市时伦敦正好开市。伦敦收市时纽约正好开市，所以这段时间交易异常活跃。伦敦外汇市场是一个典型的无形市场，没有固定的交易场所，通过电话、传真、电报、计算机完成外汇交易。伦敦外汇市场的交易货币种类众多，常见的就有30多种，其中交易规模最大的为英镑兑美元的交易，其次是英镑兑欧元、美元兑瑞郎、美元兑日元等交易。

纽约外汇交易市场是北美洲最活跃的外汇市场，同时也是世界第二大外汇交易中心，对世界外汇交易走势有着重要影响。二战之后，随着美元成为世界性的储备和清算货币，纽约也成为全世界美元的清算中心。纽约外汇市场已迅速发展成为一个完全开放的市场，目前世界上90%以上的美元收付都是通过纽约“银行间清算系统”进行的，因此，纽约外汇市场有着其他外汇市场无法取代的美元清算和划拨功能，地位日益巩固。纽约市场上汇率变化的激烈程度比伦敦市场有过之而无不及，其原因主要有以下三方面：一是美国的经济形势对全世界有着举足轻重的影响；二是美国各类金融市场发达，股市、债市、汇市相互作用、相互联系；三是美国以投资基金为主的投机力量非常活跃，对汇率波动推波助澜。因此，纽约市场的汇率变化受到全球外汇经纪商的格外关注。

新加坡外汇市场是“亚洲美元”市场的交易中心，2007年跻身于全球外汇交易量的第五位。2010年新加坡以5%的市场交易份额居全球第四大外汇交易中心。国际清算银行每三年一度公布的外汇与衍生工具市场交易额的调查结果显示，新加坡在2019年再度成为亚太区最大外汇中心。新加坡地处欧亚非三洲交通要道，时区优越，上午可与香港、东京、悉尼等亚洲市场进行交易，下午可与伦敦、苏黎世、法兰克福等欧洲市场进行交易，中午还可同中东的巴林市场进行交易。晚上则可同美国的纽约市场进行交易，1天24小时都可进行外汇买卖。新加坡外汇市场是一个无形市场，大部分交易由外汇经纪人办理，并通过他们把新加坡和世界各金融中心联系起来。

5.4.2.2 欧洲货币市场

欧洲货币（Euro-currencies）指在货币发行国境外流通不受货币发行国法律制约的货币。概念中的“欧洲”并不是一个地理概念，而是指“境外”的含义。之所以冠以“欧洲”，是因为它起源于欧洲。例如，在美国境外存贷的美元称为欧洲美元，在英国境外存贷的英镑称为欧洲英镑。前面提到，20世纪80年代以后，境外概念也不能简单地对应于地理含义，而是更要强调监管制度的含义。

欧洲货币市场（Euro-currency Market）是当代国际金融市场的核心，指在货币发行国境外进行的该国货币存贷的市场，由于经营标的是各种离岸货币，这一市场也被称为离岸货币市场。在欧洲货币市场中，交易的主要货币是欧洲美元，其交易量占到整个欧洲货币市场交易量的80%以上。

根据借贷期限，欧洲货币市场可分为欧洲货币资金市场（如欧洲短期信贷市场）和欧洲货币资本市场（如欧洲中长期信贷市场和欧洲债券市场）；若根据借贷方式，则可分为欧洲货币信贷市场（包括短期信贷市场和中长期信贷市场）和欧洲债券市场。下面将对这三种市场一一介绍，旨在为可能从国际信贷市场进行长短期借款的企业提供参考。

1. 欧洲短期信贷市场

欧洲短期信贷市场是指借贷期限在一年以内的资金借贷市场。该市场形成最早、规模最大，是欧洲货币市场的基础。欧洲短期信贷市场上的资金供给主要来源于银行间存款以及跨国公司、进出口商和个人的境外货币存款，还包括各国政府和中央银行的外汇储备存款。欧洲短期信贷市场上的资金需求主要有两个方面：一是银行之间的同业放款，这是该市场的主要组成部分。银行之间的短期借款最短期限为隔夜拆借，最长期限为1年，以伦敦银行的同业拆借利率为基准利率。资金需求的另一个方面是短期商业银行贷款，即银行向有资金需求的企业提供贷款。欧洲短期信贷市场的特点主要包括以下几个方面。

（1）期限短。借贷期限最短为1天，最长为1年。一般为1天、1周、1个月、3个月不等。

（2）批发性市场。交易额起点高，每笔借贷金额起点为50万美元，一般为100万美元。欧洲货币市场资金规模极其庞大，其借款人和存款人都是一些大客户。因此，单笔交易数额都很大，少则几十万美元，多则几亿、十几亿美元。

（3）交易灵活，手续简便。该市场借贷业务主要靠信用，无须担保，一般通过电话或电传即可成交。借款的币种、期限、金额、利率以及交割地点等都可以由双方协定，选择余地较大。这也是欧洲货币市场对借款人的最大吸引力之一。

（4）存贷利差小，具有一定的竞争优势。一方面由于欧洲货币市场不受所在国法规政策的管制，经营成本低，存贷规模较大，因此，贷款利率低于国内市场。具体贷款利率由双方商定，一般低于各国专业银行对国内大客户的优惠放款利率，但高于伦敦银行同业拆放利率。另一方面由于国外存款的风险比国内大，存款利率一般高于国内市场，因此，欧洲货币市场存贷利差小于国内市场，一般为 0.25% ～ 0.5%，有时甚至低于 0.125%。

【专栏 5-5】

伦敦银行同业拆借利率

伦敦银行同业拆借利率（London inter-bank offered rate，LIBOR）是由英国银行家协会（British Bankers'Association）编制的伦敦国际银行同业间从事欧洲货币资金拆借的利率。伦敦是欧洲通货联合贷款的最主要市场，银行发放的贷款都以 LIBOR 为基础，适当进行小幅度的加减，由于伦敦市场是国际性同业拆借市场，有超过 20% 的国际银行间借贷业务和超过 30% 的外汇交易在伦敦进行，因此 LIBOR 成为国际借贷市场最为重要的短期参考利率。

LIBOR 主要包括以下几个币种：英镑、美元、日元、瑞士法郎、加拿大元、澳元、欧元、丹麦克朗、瑞典克朗和新西兰元。不同币种之间的拆借利率是完全独立的，一种货币的拆借利率不能通过汇率或其他方式转化为另一种货币的拆借利率。LIBOR 的期限可分为隔夜、1 周、2 周、1 ～ 12 个月，目前较为常用的是 3 ～ 6 个月的利率。

BBA 针对各个币种成立 LIBOR 报价银行团（Contributor Panel），选择报价行的标准主要有该行的声誉、在伦敦市场交易的规模、资金状况和管理技能。报价银行团至少由 8 家成员银行组成，英镑、美元、日元和欧元交易规模大，其报价团由 16 家银行组成。这些银行一般是伦敦同业拆借市场的积极参与者，它们在外汇和货币市场的交易量都很大，能充分反映银行间资金的松紧状况。由于报价银行团代表了 BBA 的信誉，BBA 每年都要对 LIBOR 报价银行团的构成进行评估。如果成员银行违反规定，BBA 可能会对该成员银行发出警告责成其对失误进行弥补，或者单方面取消其报价银行的资格。

20 世纪 80 年代以来，随着借贷市场和金融衍生品市场的发展，BBA 的 LIBOR 制度逐步得到发展。因其提供利率种类多、应用范围广、报价银行在资金市场活跃以及信用水平高等特点，LIBOR 在国际金融市场上的地位显得越来越重要，特别是在 OTC 市场上，LIBOR 被广泛地应用于互换、贷款、结构性债券、外汇交易和其他固定收益证券产品合约，已成为国际金融市场的一种主要基础利率。■

2. 欧洲中长期信贷市场

欧洲货币中长期信贷市场是指期限在 1 年以上的境外货币借贷市场。一般的期限是在 1 ～ 10 年。由于欧洲的银行一般没有固定的长期存款来源，因此欧洲货币中长期信贷市场具有典型的存短放长的特点。该市场的借款者主要包括外国政府、中央银行、跨国公司以及非银行的金融机构等。欧洲货币中长期贷款的特点主要包括以下几个方面。

（1）借贷双方需签订贷款协议。由于欧洲中长期信贷市场的贷款金额大、期限长，因此，欧洲中长期借贷的风险很大，双方必须签订贷款协议，协议主要包括币种、期限、数量、利率、货币选择权条款、违约和保证条款等。必要时还需要政府出面，提供借款担保。

（2）以银团贷款为主。银团贷款也称“辛迪加贷款”，是指由多家银行共同向借款人提供贷款。由于欧洲中长期借贷市场的借贷金额较大，因此贷款银行承担的风险较大，采用银团贷款的方式能够有效分散风险，并满足借款人的需求。

（3）贷款利率多为浮动利率。由于贷款期限长，一般采用浮动利率计息的方式。贷款利率一般以伦敦银行同业拆放利率为基础，再根据贷款金额大小、时间长短以及借款人的资信，加上不同幅度的附加利息（一般为 0.25‰～0.5‰），贷款利率根据市场利率的变化每 3 个月或半年调整一次。

3. 欧洲债券市场

欧洲债券（Euro bond），又被称为离岸债券，或境外货币债券，是指筹资者在本国之外发行的、以发行所在国以外的可自由兑换的货币为面值的债券。在美国境外发行的以美元标价的债券称为欧洲美元债券，在英国境外发行的以英镑标价的债券称为欧洲英镑债券。欧洲债券的主要计价货币为美元、英镑、瑞士法郎、日元和欧元等。与欧洲货币市场一样，欧洲债券市场在地理范围上并不仅仅限于欧洲，除了欧洲金融中心的债券市场外，还包括亚洲、中东等地的国际债券市场。

【专栏 5-6】

主要的欧洲债券

请扫描二维码详尽了解专栏内容

（1）欧洲债券市场与外国债券市场的比较。

①发行市场和投资者不同。欧洲债券的资本市场所在国与标价债券的货币的发行国是不一致的，欧洲债券可以同时在多个国家发行；外国债券的资本市场所在国与标价债券的货币的发行国往往是一致的，外国债券的性质决定了它只能在一个国家发行。此外，欧洲债券的投资者一般分属于不同国家，而外国债券的投资者基本上是债券面值货币所在国的社会公众或投资机构。

②受到的监管和约束程度不同。欧洲债券市场是一个完全自由的市场，债券发行较为自由灵活，既不需要向任何监督机关登记注册，又无利率管制和发行数额限制，因而可以最大程度地避开各种严苛的监督和管制；外国债券则不同，由于外国债券是在筹资国内发行的，因而往往要受到其发行地各种规章制度的监管和约束。

③对利息收入是否纳税的规定及筹集资金使用期限不同。欧洲债券的利息收入通常免交所得税，外国债券则往往要按照其发行地的税率缴纳利息收入所得税。因此，欧洲债券的发行成本较低。此外，欧洲债券一般是中长期债券，期限一般为 3～10 年；相比之下外国债券的期限更长，如日本武士债券的期限为 10～15 年，美国扬基债券的期限为 5～20 年等。

总之，与外国债券市场相比，欧洲债券市场是具有更强国际性的、自由开放、手续简便、形式多样的一个国际性交易的多种货币的债券市场。由于欧洲债券的这些特点，目前欧洲债券市场已经成为国际债券市场的主导类型。1963 年欧洲债券首次发行，1984 年新发行的国际债券中欧洲债券是外国债券的 3 倍，是目前世界上最大的国际债券市场。

（2）企业发行欧洲债券需要注意的问题。

欧洲债券的发行流程与外国债券的发行流程基本相同，只是在承销商的构成上有一定的差别。外国债券的承销商可以由发行市场所在国的某一家投资银行独立承担，但是欧洲债券的发行一般由欧洲债券市场的一家或数家大银行牵头，联合多家银行等金融机构组成承销团对债券进行全球配售。一般来讲，承销团包括主承销商、副承销商和其他承销团成员构成。

对于发行人而言，为保证欧洲债券的成功发行，选择合格的主承销商至关重要。因为主承销商主导着债券发行的全部过程。如在债券发售的初期阶段，主承销商要与筹资者见面，设计债券的发行规模、货币、期限以及息票率等。在推销阶段，主承销商负责收集投资者需求意见，并在推销阶段结束时决定分配给承销团各成员的份额。最后在发行阶段，主承销商还要为稳定债券的价格进行交易。因此，发行人在选择主承销商时需要考虑以下因素：主承销商要具有成功发行欧洲债券的经验并在市场享有威望；要了解市场状况和发行者的信用品质及市场地位，从而能为债券选择合理的定价和发行时机；主承销商还必须与国际债券市场的主要机构投资者保持联系，具有全球配售能力；此外，主承销商还必须有足够的金融资本以抵御承销风险并具有价格支持能力。

本章小结

本章从国际商务企业的需要出发，介绍了国际商务企业面临的一般国际税务环境中的所得税安排以及国际重复征税问题；介绍了国际避税港的基本知识；介绍了国际货币体系的演进及当代牙买加体系存在的问题；介绍了外汇、外国债券、国际股票等涉外金融市场；介绍了离岸金融中心的现实和离岸金融市场构成的知识。

关键术语

国际重复征税	法律性重复征税	经济性重复征税
单一征税原则	利益原则	扣除法
减免法	免除法	抵免法
税收饶让	受控外国公司	国际税收协定
《经合组织范本》	《联合国范本》	排除法
透视法	导管公司	真实法
纳税义务法	渠道法	税基侵蚀和利润转移
国际避税港	国际货币体系	即期外汇交易
远期外汇交易	外汇期货	外汇期权
外国债券	欧洲债券	离岸金融中心
全球性离岸金融中心	非全球性离岸金融中心	功能型离岸金融中心
簿记型离岸金融中心	国际外汇市场	欧洲货币市场

本章阅读资料

请扫描二维码详尽了解本章阅读资料

第三篇

PART 3

国际商务战略

第 6 章
CHAPTER6

国际企业战略

引导案例

美的集团的“全球经营”

美的集团从20世纪60年代的街办企业起步，经历了近20年的摸索，在20世纪80年代转型成为家用电器企业。进入20世纪90年代，美的集团先后同日本东芝、日本三洋、意大利梅洛尼等企业进行技术合作或建立中外合资企业，从而涉足电饭煲、饮水机、微波炉、商用空调、电机等市场领域。1998～2008年，经过较为集中的国内并购，美的集团在空调、洗衣机、冰箱、厨电等领域完成了国内产业多元化的布局和优化。从2007年在越南试水海外投资开始，到2012年，美的集团又以收购股权为主要方式进军白罗斯、埃及、拉美及印度，建立合资企业，进行全球范围的地域多元化布局。

早在2011年，美的集团就提出“产品领先、效率驱动、全球经营”的战略。2016年，美的集团开启了全球收购的高潮。2016年3月17日，美的集团宣布与东芝就白色家电业务达成收购协议，以332亿元收购东芝白电80.1%的股权，获得了20世纪80年代电视广告席卷中国大街小巷的东芝品牌40年全球授权和约5 000项相关专利。同年，美的集团还收购了意大利中央空调企业Clivet S.p.A. 80%的股权，以及瑞典家电巨头伊莱克斯旗下的全球高端吸尘器品牌Eureka。2017年，美的集团通过收购德国库卡集团和以色列高创公司的股份尝试进入机器人产业。

此轮收购尽显美的集团挺进高端市场的意图，东芝不但随即成为美的集团定位最高端的产品品牌，而且美的集团还将东芝白电的技术资源和渠道资源双双收入囊中。通过收购，美的集团获得了东芝白电约5 000项相关专利，其中多为在日韩等目标市场注册的专利，这提升了美的集团全球专利布局的实效，而且，美的集团还因此获得了东芝深耕东南亚市场多年所建立的高端品牌形象和成熟的销售渠道。

同时，成为美的集团资产的东芝白电在被收购之后，吸取美的集团各事业部独立核算和绩效管理的经验，以及终端销售的经验，迅速实现效率的提升。2018年，东芝白电彻底扭亏为盈，结束了2015财年近600亿日元的亏损。美的集团对东芝的收购，通过专利技术共享、制造工厂共享、采购渠道共享和海内外销售渠道共享，实现了知识产权升级、产能利用率提高、采购成本降低和销售市场扩张四大战略目标，在全球市场中取得了行业对手难以匹敌的竞争优势。

国际企业美的集团的"全球经营"战略展示了两个方面的重要启示：第一，通过国际化可实现扩张市场、降低成本和获得竞争所需关键资产的目的；第二，在全球范围内充分利用各项业务与资产的整合与协同，实现成本摊薄和利益倍增的效果。这正是本章国际企业的国际化战略和全球战略的内涵。

资料来源：第一财经（2019）："东芝工厂产能翻了两番！中资企业的猛药'盘活'了古董日企"；搜狐网，2019年1月21日；https://www.sohu.com/a/290567702_114986?_f=index_pagerecom_15；美的官网等等。

学习目标

通过本章的学习，了解企业战略的知识结构，理解国际企业战略的内涵，掌握国际化战略的含义与分析框架，掌握基于I-R框架的全球战略内涵，熟悉基于Ghoshal"目标—途径"框架的全球战略内涵。

6.1　企业战略的基础知识

6.1.1　企业战略

6.1.1.1　企业战略的含义

战略是一个组织以实现利益相关方期望为目的，在不断变化的环境中，通过布局其资源和能力以获得优势的长远方向和范围。**企业战略**（business strategy）是管理人员为实现那些对于企业未来具有重大意义的目标而在当下采取的行动。对于企业战略的内涵，我们强调两点。第一，战略是重大量级的、中长期时间跨度的、资源投入的承诺难以逆转的；第二，战略定义包含目标和行动这两个基本要素，二者确定了企业战略的框架。

6.1.1.2　企业战略的分析框架

通常，我们将战略过程分为四个阶段：战略目的与目标（goals and objectives）的确立、战略制定（formulation）、战略实施（implementation）和战略评价 / 调整（evaluation/adjustment），如图6-1所示。

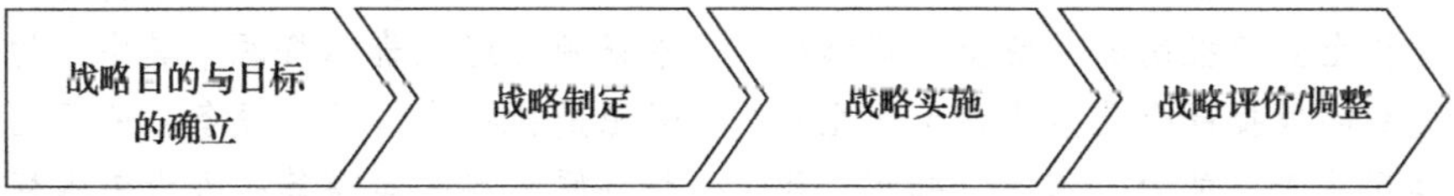

图6-1　战略过程

企业战略的目标是对企业未来将要达到的具体成果的表述。企业的目标通常会表达成财务目标（如令人满意的利润水平）、市场目标（如令人满意的市场份额）或社会目标（如企业社会责任）。对于大多数企业而言，对企业未来具有重大影响的目标就是企业价值最大化，也就是为企业所有者创造最高的价值。支撑与约束战略目标的是企业的愿景（vision）与使命（mission）。[1]

如果我们仅将战略实施理解为战略行动，那么，联结目的与目标和行动的则是战略分析、开发战略选项（strategic options）并进行战略抉择这三个战略制定的要点。

战略分析旨在了解市场结构和所面对的竞争形势，并以自身特有的资源和能力，设计出一系列一方面同企业内部的资源与能力（resources and capabilities）相契合，另一方面同外部的行业和竞争环境相契合的战略选项，作为战略抉择的基础。这使我们更容易理解战略可能是刻意计划的（deliberate）、前摄性的（proactive），也可能是自发的（emergent）、回应性的（reactive）。资源与能力的分析以资源观企业理论（resource-based theory of the firm）为理论基础，可以使用巴尼（J. B. Barney）的 VRIS 框架来组织。行业与竞争分析以哈佛产业组织传统的“结构 – 行为 – 绩效（SCP）范式”为指导，通常使用波特（M. Porter）的“五力模型”。我们可以使用 SWOT 框架将内部资源分析和外部环境分析的结果组织在一起。关于企业战略的分析框架可参看图 6-2。

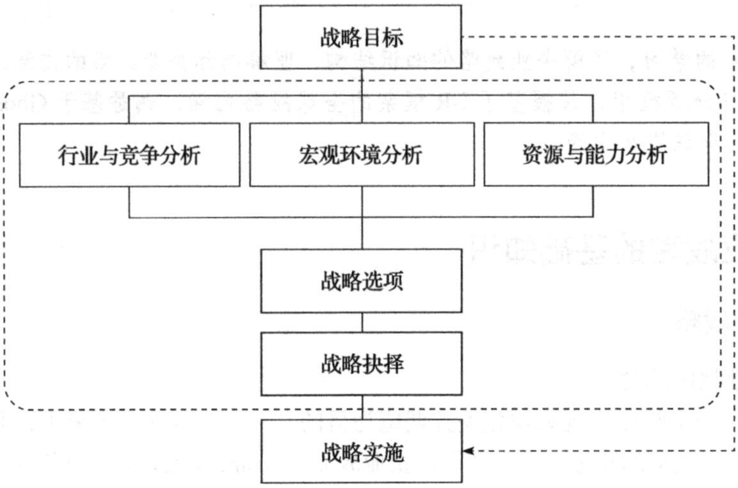

图 6-2　企业战略的分析框架

资料来源：根据 Tallman and Yip（2009）相关书籍资料改编。

【专栏 6-1】

巴尼的 VRIS 框架

本书第 1 章中介绍过的资源观的多国企业理论，来源于资源观企业理论。所谓资源，是指企业所控制的、使企业能够构想并实施战略以提高企业效率、优化企业绩效的各种资产、能力、信息、知识、组织过程、企业属性等。巴尼是资源观企业理论流派中的重要代表人物，他曾将企业资源分为三大类：物质资本资源、人力资本资源与组织资本资源。其中，物质资本资源是指技术、厂房设备、地理区位以及获得原材料的渠道等；人力资本资源是指企业内部管理者和员工个体的培训、工作

[1] 愿景是组织期望未来达到的理想状态的精神形象，是其使命的基础。使命是指导组织目的制定、明确其借以实现终极目的的业务核心的陈述。价值是指引组织思想与行为，并支撑其愿景的理想与原则。目的是以达成组织使命的广泛而长期的结果和可控的阶段性成果。目标是在实现组织目的的过程中可实现的具体且可衡量的指标。

经验、判断力、洞察力、智力和人际关系等；组织资本资源包括企业正式的报告结构，各种正式与非正式的规划、控制和协调系统，以及企业内部不同部门之间、企业与同一环境下的其他企业之间的非正式关系等。

巴尼在其论文中提出：企业资源要拥有带来持续竞争优势的潜力必须具备四大属性，分别是价值性、稀缺性、不完美模仿性与不可替代性。

- 价值性（valuable，V）

有价值的资源与企业绩效之间的关系是非常直接的。只有增加价值的资源才有可能带来竞争优势，而无法增加价值的资源则可能产生竞争劣势。如果企业无法摆脱没有价值增值作用的资源，它的绩效就很可能低于平均水平。如何判断某项资源是否有价值或者能否增加价值呢？巴尼认为，能够利用机遇、消除威胁进而使得企业能够构想并实施战略以提高企业效率、优化企业绩效的资源是有价值的。需要注意的是，随着竞争环境的不断变化，原来可以增加价值的资源可能变得过时。

- 稀缺性（rare，R）

仅拥有有价值的资源是不够的。只有有价值且稀缺的资源才具有创造某些暂时竞争优势的潜力。如果某项资源被大量企业所拥有，那么这些企业就具有以相同的方式利用这一资源实施价值创造的能力，结果无一企业获得竞争优势。有价值资源的稀缺性达到怎样的程度才能够具有产生竞争优势的潜力，是一个难以回答的问题。一般来说，只要一个行业中拥有某一或某些有价值资源的企业的数量少于该行业中产生完全竞争动力所需要的企业的数量，那么该资源就具备了创造竞争优势的潜力。

- 可模仿性（imitable，I）

有价值、稀缺的资源可能给企业带来暂时的竞争优势，但是只有有价值、稀缺并且难以模仿的资源才可能创造持续的竞争优势。什么样的资源是难以模仿的呢？可模仿性低、具有不完美模仿性（imperfectly imitable）的资源通常满足以下的一个或几个条件：①资源是独特历史条件的产物；②资源与企业持续竞争优势之间存在因果模糊性（causal ambiguity），即难以识别企业成功的关键因素；③资源是非常复杂的社会现象，比如企业内部管理者之间的个人关系，企业在供应商、顾客当中的声誉等。

- 可替代性（substitutability，S）

当两项有价值的资源能够彼此独立地用于实施同一战略时，我们称它们是战略等价的，具有战略的可替代性。而某一资源要成为企业持续竞争优势的来源，就要求不存在该资源的战略等价（strategically equivalent）资源。

资料来源：Barney（1991）。■

【专栏6-2】

波特的“五力模型”

“五力模型”是迈克尔·波特（Porter，1979）提出的分析特定行业的结构和竞争态势的框架，是一种理解影响公司盈利能力的潜在驱动因素的整体性（holistic）方法。“五力模型”囊括了决定行业竞争的性质和程度的五种力量：供应商的议价能力、购买者的议价能力、新进入者的威胁、替代品的威胁、现存竞争者间的对抗，如图6-3所示。企业在考虑并评价这五种力量后，可判断特定行业的吸引力程度，了解企业在该行业盈利状况的根本原因，确定在行业中的定位，以获取可观利润。该分析框架具有很好的稳健性，适用于几乎任何行业，避免行业最新趋势和技术突破等的迷惑，真正聚焦于行业的基本面因素。

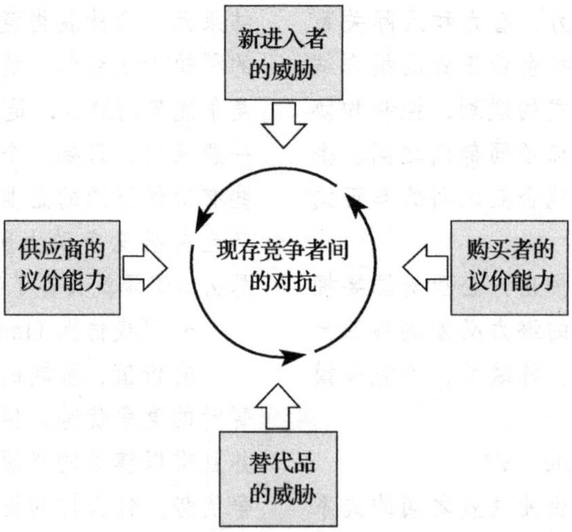

图 6-3　波特“五力模型”

资料来源：Porter（2008），第 27 页。■

【专栏 6-3】

SWOT 框架

SWOT 是优势（strength）、劣势（weakness）、机会（opportunity）、威胁（threat）的英文首字母缩写词。SWOT 框架源自 20 世纪 60 年代斯坦福研究院（SRI）艾伯特·汉弗莱（Albert S. Humphrey）等提出的用于企业管理咨询的 SOFT（satisfactory，opportunity，fault，threat）框架。英国著名管理咨询顾问林德尔·厄威克（Lyndall Urwick）和约翰·莱斯利·奥尔（John Leslie Orr）在 SOFT 框架的基础上进行调整，于 1964 年正式提出 SWOT 框架。同一时期，哈佛商学院也进行了类似的工作，其 1969 年的出版物中就出现了 SWOT 分析，后来 SWOT 框架也闻名于 Andrews 在 20 世纪 70 年代初的著作里。海因茨·韦里克（Heinz Weihrich）在 1982 年的文章中明确将其运用于战略制定。因此，SWOT 框架并非由某个特定个人或团队创造，学术界和咨询界都有贡献。

SWOT 框架具有显著的结构性和系统性，可用于分析特定组织的内部资源（体现为优势、劣势）和外部环境（体现为机会和威胁）。优劣和劣势分析主要着眼于自身实力及其与竞争对手的比较，机会和威胁分析注重外部环境的变化及对研究对象的可能影响，生成的 SWOT 矩阵（见图 6-4）将内部分析和外部分析的结果进行综合，有助于全面、系统、准确地了解研究对象所处的情境，可指导企业的战略制定。■

图 6-4　SWOT 框架

当然，战略抉择还依赖于有利的宏观环境支持。我们可以使用 PEST 框架来组织宏观环境的分析。不过，战略分析不是本章的重点，本章内容的重心是国际企业的战略内涵（目标）和战略选项。

【专栏6-4】

PEST 框架

最早的用于“扫描宏观商业环境”的工具是弗朗西斯·阿吉拉尔（Francis J. Aguilar，1967）提出的“ETPS”分析，该分析对应经济（economic）、技术（technological）、政治（political）和社会（social）四类要素。经过数十年的发展，学者们调整了最初“ETPS”分析的词序，形成了著名的“PEST”宏观环境分析。

PEST 框架是宏观环境分析的基本工具。它能提供一个针对总体环境中不同要素类型的概述，包括四大基本要素及每种要素的进一步细分，如图 6-5 所示；评价这些要素对企业战略目标和战略制定的影响，帮助企业有效地了解市场发展的趋势和企业所处的位置，以指导公司的战略。

PEST 框架分析的变形形式也被广泛应用。在 PEST 框架的基础上加入其他的分析要素，如我们熟悉的“PESTLE”分析中，加入了法律（legal）和环境（environmental）要素，以更有效、更符合实际需求地进行环境扫描。■

图 6-5　PEST 框架

6.1.2　战略层次

企业的多个层次都有战略可言，如职能层、业务层和公司层三个不同的层次都有不同的战略：职能战略（functional strategy）、业务战略（business strategy）和公司战略（corporate strategy）。注意，业务战略是指业务层的企业战略（business level（business）strategy），故又称业务层战略（business level strategy）。在英文语境中，应避免错误理解 business strategy 的特定含义。在中文语境中，即使业务战略不容易同企业战略相混淆，我们也不妨称之为业务层战略；类似地，也可将职能战略和公司战略称为职能层战略和公司层战略。

6.1.2.1　职能战略

职能战略是指导职能部门行为的意图与策略的组合。在自觉管理的企业中，营销、制造、研发、财务等职能部门的目标是显而易见的，如营销部门的市场份额、制造部门的效率、财务部门的投资回报率等。职能战略是可以被识别出来的。

6.1.2.2　业务战略

企业的各产品事业部、产品线或战略业务单元（SBUs）都有独特的产品或服务的外部市场。业务战略通常指战略业务单元管理层的产品与市场决策，是由相关职能战略的组合构成，通常涉及定价策略、创新、标准化或差异化等问题。业务战略指导该业务如何在其市场中同其竞争者进行竞争。基于这个原因，业务战略有时也被称为“竞争战略”。

【专栏 6-5】

一般竞争战略

业务战略也称竞争战略。前面讲过，战略一方面要同企业内部资源与能力相契合，另一方面要同行业与竞争环境相契合。迈克尔·波特（Porter，1980）在“五力模型”分析基础上提出的包括成本领先（overall cost leadership）战略、差异化（differentiation）战略和聚焦（focus）战略的“一般竞争战略”（generic competitive strategies），本质上是基于环境分析的定位（positioning）理论，即定位于整个市场的成本领先、整个市场的差异化、聚焦市场的成本领先或聚焦市场的差异化，如图 6-6 所示。

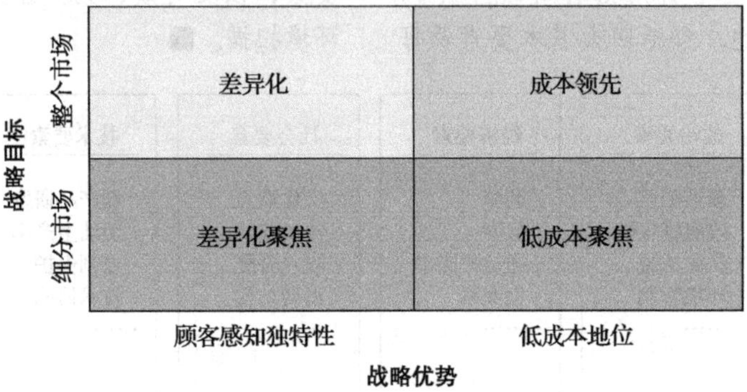

图 6-6　一般竞争战略

1. 成本领先战略

成本领先战略指企业在保证产品质量、服务水平等的前提下，执行以获取比竞争对手更低成本为核心的战略，实现整个行业内的“成本领先”。成本领先是通过大规模建设具有效率规模的设施，利用经验、严格成本与费用控制、回避边际客户等来削减成本，以及在诸如研发、服务、广告、销售队伍等方面的成本最小化来实现的。获得成本领先地位一般要求企业拥有较高的相对市场份额或其他优势（如获取原材料的便利等）。

2. 差异化战略

差异化战略指企业通过提供差异化产品或服务，创造被感知的独特性，以获得高于行业平均回报的可行策略。企业可在设计或品牌形象、技术、产品特性、客户服务、经销商网络等维度实现差异化。创造差异的活动可能具有很高的固有成本（如广泛的研究、产品的设计、优质原材料的使用、密集的客户支持等），因此企业在追求差异化的同时也应考虑其在行业内的成本地位。

3. 聚焦战略

聚焦战略指企业专注于特定消费群体、特定细分产品或特定地理区位的战略。与上述两种面向整个市场的战略不同，聚焦战略的制定围绕着更好地为特定目标服务，企业中各项职能政策都要围绕其制定。这种战略的前提在于，采用聚焦战略的企业能比服务于更大范围的企业更高效地服务于其小范围的战略目标，通过更好地满足特定目标的需要实现差异化，或在该目标市场节约成本实现成本领先，甚至兼而有之。

资料来源：Porter（1980），第 39 页图 2-1。■

6.1.2.3 公司战略

对于任何规模和多元化程度的组织而言，公司战略都是对于整个企业而言的，所以又称整体战略。一个企业只能拥有一个公司战略。对于多元化企业而言，公司战略确定了企业竞争将要涉足的（各种）业务领域（产品多元化情形）或 / 和地域范围（地域多元化情形）两个维度。两个维度的关联在于，只有针对某一特定业务领域而言，地域范围上的增量才能显现出其战略含义。所以，我们可以理解，公司战略全面包含指导各事业部、战略业务单元（SBUs）的业务战略。

如同业务战略，公司战略也包括战略制定和战略实施，二者相互影响。公司战略确定了产品和市场，且决定了公司几乎无尽未来的行动方向。或迟或早，公司战略终将包含以组织、人文和伦理术语表述的非财务目标。

6.1.3 国际企业战略

6.1.3.1 国际企业战略的本质与特征

第 1 章讲过，从事国际商务的主体包括但不限于国际企业。**国际企业**（international business）包括跨国公司（多国企业）和天生全球企业，这是从是否经过国际化过程进行区分的。在 20 世纪的多数时间里，跨国公司（多国企业）是相对于单一国家企业而言的。而在这个意义上，相对于单一国家企业，国际企业是更适合的当代概念，跨国公司（多国企业）和天生全球企业也非相对的概念。

但是，从控制与整合程度的角度，对跨国公司（多国企业）进行定义，强调更高程度的控制，体现在经营上的整体性。1973 年，跨国公司被定义为“在两个或更多国家，控制资产、工厂、矿山、销售办公室及类似设施的企业”。到 1984 年，跨国公司的定义改变为，企业：①在两个或更多国家拥有实体，无论其法律形式及经营领域如何；②在一个决策系统下运营，该系统有可能通过一个或多个决策中心制定一致方针和共同战略；③这些实体由所有权或其他联系，使其中的一个或多个能够对其他实体的活动施加重大影响，尤其是为了共享知识、资源和共担责任。这样的概念内涵同样可以扩展至包含天生全球企业的国际企业。

国际企业战略（international business strategy）与国内企业战略（domestic business strategy）的异同在于：国际企业战略仍是企业战略（business strategy），但对国别差异的影响与价值、全球运营的利益与挑战都需予以明确的考虑，这需要企业在运用经典战略分析技术时做出适应以及引入新的分析框架。

6.1.3.2 国际企业战略的层次

国际企业战略内容的特别之处在于，经营活动在地域维度上的含义。在公司层，虽然国际企业的产品多元化（增加产品线）属于公司层战略的内容，但其地域多元化活动中属于国际增量性质的国际扩张，才是国际企业公司层战略的特别之处。[⊖]在业务层，国际企业的竞争优势要基于（包括产品线增量和国际地域增量的）全球范围内业务存量的考虑。

所以，国际企业的公司层战略，在地域维度上，聚焦当地，是增量视角，即国际化战

⊖ 同属公司层战略内容的削减产品线和地域收缩情形，虽是同“增”相反的“减”的性质，也属于此处所言的“增量”内涵。

略；国际企业的业务层战略，具有地域含义，放眼全球，是存量视角，即全球战略。在公司层国际化战略和业务层全球战略的关系上，国际化战略对应的增量资产有可能服务于全球战略的考虑，同时也必然构成作为全球战略运筹对象的存量资产的一部分，但仍本质区别于作为业务层战略的全球战略。

6.2 国际化战略

6.2.1 国际化战略的含义

企业国际化是指企业的价值增值活动跨越国界，即在地理维度扩张至新的国家或地区。早期有关国际化的研究关注于企业的出口作为成为“国际”企业的最低要求和对外直接投资作为“多国”状态的严格要求。当代企业的国际化不限于销售或生产环节，也可以是业务系统的其他部分，诸如采购或研发环节。而且，随着互联网的出现，只要企业的商业活动进行任何跨越国界的地域扩张，不管是以实物形式还是电子形式，国际化就会发生。

6.2.2 国际化战略动机与战略选项

6.2.2.1 战略动机

国际化战略的目的是聚焦增量资产所在地的目的，不外乎四种战略动机，即寻求自然资源、寻求市场、寻求效率与寻求战略性资产。其中，寻求市场无须解释。寻求效率是要实现更低的单位成本以提高竞争力。寻求自然资源多涉及资源类产品的开发和资源型产品的加工生产。矿产资源采掘是对外直接投资最密集的领域之一。开采矿产资源只能选择矿产资源足够丰富并可经济开采的地区。另外，一些新鲜的农副产品或腐蚀性强的原料不适合长途运输，企业也要在当地投资，进行原料的当地加工，甚至进行后向一体化从事种植或收购。

所谓战略性资产是企业长期竞争优势所依赖的资产，可以支撑企业的成本优势或差异化优势，是企业一段时间内遵守一系列一致政策的累积结果，难以被完美模仿、替代、交易，且往往是市场特定的（market-specific）资产。战略性资产包括投入要素资产（如要素渠道、供应商忠诚、融资能力）、流程资产（如独占技术、职能经验和组织系统）、渠道资产（如可利用渠道、分销商忠诚、渠道库存（pipeline stock））、客户资产（如品牌认知、顾客忠诚）、市场知识资产（如有关客户、供应商和竞争者对商业循环不同阶段的反应、竞争者目的与行为的累积信息及获得新信息的系统与流程）等。

国际化战略的目的（动机）不包括诸如降低风险[⊖]或对抗竞争的考虑，因为这些考虑是基于存量资产的通盘考量，不是基于增量本身，尽管增量资产对于成就（事后）存量效果的战略性作用至关重要。

6.2.2.2 战略选项

1. 区位

（1）行为理论的心理距离考虑。

国际商务问题离不开国别差异这个基本前提，有限理性造成了对于国别差异的认知，在准入后体现为外商劣势，会给外国投资者带来额外的成本；在准入前则体现为心理距离

⊖ Roboc and Simmonds（1989）所说的“寻求更低的风险”是试图以增量表达（事后）存量效果的不妥表述。后面 Ghoshal（1987）提出的驾驭风险作为全球战略的目标之一也说明了这一问题。

对于投资决策行为的影响。简单说，相对而言，越了解国外的制度环境，越会做出积极的投资决策。

【专栏6-6】

乌普萨拉模型及其当代发展

乌普萨拉模型（Uppsala model）源于北欧斯堪的纳维亚半岛的瑞典乌普萨拉大学研究者的工作。该模型进一步分为阶段模型（stage model，Johanson and Wiedersheim-Paul，1975）和国际化过程模型（internationalisation process（IP）model，Johanson and Vahlne，1977）。这两种模型在理论和实证研究中往往融为一体，且都将心理距离的概念作为国际化解释变量。

在阶段模型中，企业以国内市场作为最初的基地，其国际化经历了不规律出口、通过独立代理出口（export via independent representatives（agents））、销售子公司和制造一系列渐进决定的几个阶段。企业先后进入更大心理距离的市场。心理距离被定义为“阻碍和扰乱企业与市场之间信息流动的因素，如在语言、文化、政治制度、教育水平、产业发展水平等方面的差异”（Johanson and Wiedersheim-Paul，1975，第308页）。这意味着，对于外国市场越熟悉（降低心理距离）越有助于便利国际化过程。

在国际化过程模型中，心理距离的重要性有所降低，国际化被视为一个渐进决策过程。在此过程中，承诺（commitment）和学习（learning）的概念成为模型的基础。国际化过程理论中区分了一般知识和市场特定知识。前者是可以从一国转移到另一国的知识，后者是从特定市场的经历中获得的知识。对于一个市场的特定知识越多，企业越倾向于更多地投入市场承诺。

Johanson and Vahlne（2009）将网络联系和关系资源起到更大作用的当代商业世界中需要考虑的局外人劣势加入了其早年的模型，扩展了将心理距离作为外商劣势对于对外直接投资进行的解释。

乌普萨拉模型不仅暗示了区位的转移，还暗示了制度形式（institutional forms）的变迁。制度形式是指股权形式（equity form）和非股权形式（non-equity form），以出口、代理、销售子公司等特定的方式（mode）体现。前者是指层级结构（hierarchy），后者指市场（market）及中间契约安排（intermediate contractual arrangement）。渐进（sequential）模型（Kogut，1983）区分了建厂的初始原因和后续投资决策，对于制度形式的具体方式的选择进行了更细致的讨论。■

（2）经济理论的区位优势考虑。

特定国家的有利区位可能会给在那里经营的企业带来区位优势。[一]从市场销售角度看，大规模、快速成长的市场具有区位优势。从生产角度看，区位优势也可能来源于优越的特定自然地理条件、充足的特定质量生产要素供给以及产业集聚。区位优势无疑成为企业国际化区位决策的重要考虑。[二]

国际化战略作为地域多元化战略，如同产品多元化战略一样，同属于公司层战略，可以使用相同的分析工具。所以，至少对于寻求市场动机的全球区位决策而言，波士顿矩阵成为可选择的分析工具。

㊀ 区位优势是从企业角度进行表述的概念，区位优势的内涵在经济学语境中通常表述为区位经济的概念。

㊁ 区位优势同全球生产决策的关系详见本书第9章“全球生产”。

【专栏6-7】

波士顿矩阵

波士顿矩阵是波士顿咨询公司创始人、美国著名的管理学家布鲁斯·亨德森于1970年首创的。矩阵的两个维度是市场增长率和市场份额，通常分别作为纵轴和横轴，根据其各自的高低，将坐标图划分为四个象限，将所有产品置于四个象限中，划分为明星（star）、现金牛（cash flow）、问号（question mark）和瘦狗（pet）四类产品（见图6-7a），恰当使用向现金牛转化、保护不受冲击、迅速淘汰和暂时保留等策略形成企业的产品组合（product portfolio）。

这种产品多元化决策的工具同样可以应用到地域多元化决策中，即对业务单元置于不同国家进行决策（见图6-7b）。

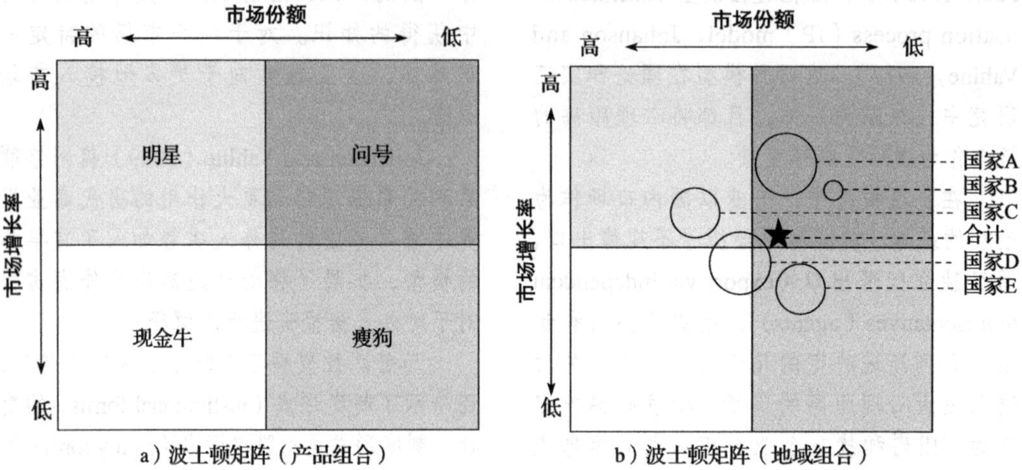

图6-7　波士顿矩阵

资料来源：Henderson（1970），第36页；Cushman（1979），第7页图9。■

2. 方式

国际化战略选项中的方式（mode），不同于形式（form）。形式对应着的是进行非股权形式的跨境交易，还是以股权形式通过对外直接投资在海外运营。方式是指所谓具体商业合同类型。具体商业合同类型，既同所处行业类型有关，也同特定的国际化动机有关。所以，各种商业合同类型并非都是可以相互替代的选择，需要就特定行业的特定动机进行讨论。

（1）行业的动机相关性。

国际化的动机在典型行业的相关性如表6-1所示。

表6-1　典型行业的企业国际化动机

行业 动机	制造业	采掘业	建筑业	服务业
寻求市场	√	√	√	√
寻求自然资源	√	√	×	×
寻求效率	√	×	×	×
寻求战略性资产	√	×	×	×

（2）寻求市场的方式选项。

寻求海外市场就是市场进入（market entry）问题，其战略选项就是各种进入方式

（entry mode）。

进入海外市场以实现价值增值，对于所有行业而言，都包括其生产要素服务进入海外市场的价值增值，通常也涉及商标与专利等工业产权（作为生产要素的特定形式）进入海外市场的价值增值。制造业所生产的产品，可成为生产要素（包括工业产权）服务的载体。所以，在制造业，生产要素服务既可由产品作为载体进入海外市场，也可经由企业对外直接投资以生产要素本身形式独立进入海外市场后再提供服务。而在其他行业，除了非实物性质的工业产权，其他实物性质的生产要素则需要经由企业对外直接投资进入海外市场提供服务实现价值增值。以上区别意味着，各类行业寻求市场的国际化，都有工业产权的许可授权 / 特许经营和对外直接投资两种方式，但制造业另有出口方式。

典型行业中寻求市场的国际化方式即具体商业合同类型如表 6-2 所示。

表 6-2　典型行业中寻求市场的国际化方式

商业交易 \ 行业		制造业	采掘业	建筑业	服务业
跨境交易	工业产权[1]交易	商标、专利等许可授权（licensing）	商标、专利等许可授权（licensing）	商标、专利等许可授权（licensing）	特许经营（franchising）
	最终产品交易	来料加工[2]			
		出口（给本国中间商、目标市场国中间商、目标市场国自建中间商）；合同制造（contract manufacture）			
海外运营		对外直接投资于经营设施（进口设施、生产设施、销售设施）	对外直接投资履行石油合同（服务合同（service contracts）、产量分成合同（production sharing contract，PSC）等）	对外直接投资履行建筑合同（EPC、BOT、PPP 等）	对外直接投资于经营设施；对外直接投资[3]履行管理合同（management contracts）

①通常不伴随人员的随时服务。

②本质也是生产要素服务的跨境交易，如同工业产权的跨境交易。但形式上是以产品实物为载体，而非经由对外直接投资实现价值。

③作为当地法人履行管理合同。

（3）寻求自然资源、效率、战略性资产的方式选项。

虽然寻求自然资源、效率、战略性资产的目的可通过非股权形式（如长期合同、外包、交叉授权等）实现，但不同于寻求市场，国际化战略对于这些动机仅意味着股权形式的对外直接投资方式。无论何种动机的对外直接投资方式选择问题，都涉及投资方式和股权比例两个维度。投资方式有并购和新建选项，股权比例有独资和合资选项，合资又有多数股权、对等股权和少数股权选项。

对外直接投资选项的结构及情形如表 6-3 所示。

表 6-3　对外直接投资的选项

		新建	收购
合资	少数股权投资	情形 1	情形 2
	对等股权投资	情形 3	情形 4
	多数股权投资	情形 5	情形 6
独资		情形 7	情形 8

6.3 全球战略

全球战略的思想至少可以追溯到 Perlmutter（1969）提出的母国中心主义、多国中心主义和全球中心主义的世界观（world-view）和管理心态（mentality），后经完善成为 EPRG 框架。

【专栏 6-8】

EPRG 框架下的企业倾向

表 6-4 EPRG 框架

企业取向	母国中心主义（ethnocentric）	多国中心主义（polycentric）	区域中心主义（regiocentric）	全球中心主义（geocentric）
1. 使命	盈利	公众认同	盈利且公众认同	
2. 治理				
· 目标设定方向	自上而下	自下而上，子公司对当地目标进行抉择	区域和区域内子公司彼此协商	公司各个层级彼此协商
· 沟通	等级制的，总部下达大量命令、要求和通知	子公司之间，子公司与总部之间联系较少	区域范围内纵向和横向沟通	公司内纵向和横向沟通
· 资源分配	总部决定是否投资	子公司自我支持，无交叉补贴	区域在总部指导下分配资源	世界范围内的项目，当地和总部经理共同影响资源分配
3. 战略	全球整合	当地响应	区域整合和当地响应	全球整合和当地响应
4. 结构	等级制产品事业部	等级制地区事业部，国家单元自治	矩阵结构联结的产品和区域组织	组织的网络，包括一些利益相关方和竞争者组织
5. 文化	母国的	东道国的	区域的	全球的

资料来源：截取自 Chakravarthy and Perlmutter（1985）。■

6.3.1 全球战略：基于 I-R 框架

20 世纪 80 年代，有高度影响力的 I-R 框架（integration-responsiveness framework）发展形成，该框架下界定的国际一般战略（international generic strategies）即属于国际企业业务层的全球战略。

C. K. Prahalad、Yves Doz 和 Christopher Bartlett 是 I-R 框架的直接贡献者。他们都具备国际企业管理者的经验，于 20 世纪 70 年代来到哈佛商学院攻读博士项目，他们都能基于实践经验理解多国企业复杂的内部运行，并强烈关注于管理意义。他们关注了给国际企业造成内部管理冲突的环境因素的两种压力，[㊀]最终以 I-R 框架进行组织。Prahalad、Doz 和 Bartlett 的表述略有不同，I 与 R 是 Prahalad 和 Doz（1987，第 24 页）教科书中 IR 图的表述，分别代表了“全球整合压力”（pressures for global integration）[㊁]和“当地响应压力”（pressures for local responsiveness）；Bartlett（1986）对此的表述为“ forces for global integration & forces for national differentiation”。

6.3.1.1 I-R 框架：全球整合与当地响应

1. 全球整合

国家市场的融合以及追求生产效率推动了价值创造活动的全球整合。一方面，消费者寻求标准化的产品，比如电子产品；另一方面，提供标准化产品有利于企业分摊固定成本、实

㊀ 三人在合著（Doz，Bartlett，and Prahalad，1981，第 63 页）中最早的表述是全球竞争力要求和国别响应要求的冲突。

㊁ 也表达为 pressures for global strategic coordination（第 18 页）。

现规模经济，从而降低价值创造的成本。一些生产同质商品的行业降低成本压力就非常大。由于这类产品往往是满足普遍需求的，不同地区消费者的品位和偏好极其相似，因此价格成为主要的竞争武器，而其他诸如质量、特征等要素难以有实质性的差异。这一现象要求企业必须努力去降低其价值创造的成本，比如通过实现区位经济、规模经济、学习效应，或者将一些业务外包给低成本的国外供应商。因此，很多美国的计算机公司已经将它们的电话终端客户服务业务外包给印度。在印度，能以低于美国工人的工资雇用到懂英语的合格技术人才。

2. 当地响应

当地响应压力的来源是多方面的，包括：①消费者在品位和偏好上的差异。当不同国家的消费者在品位与偏好上有重大差异时，就会出现强大的当地响应压力。在这种情况下，跨国公司的产品与营销信息必须单独制作，使之迎合当地消费者的品位与偏好。②基础设施与传统实践的差异。当各国间在基础设施或传统实践上存有差异时，当地响应压力随之产生。在这种情况下，就有可能授予国外子公司在制造与生产职能上的权限，以便针对不同国家有差异的基础设施和实践特别定制特殊的产品。比如中国、美国、法国、德国等国的汽车是左舵靠右行驶的，而日本、英国、澳大利亚等国是右舵靠左行驶的，因此针对不同国家市场的整车制造必须针对不同的惯例进行调整。③分销渠道的差异。企业的营销策略可能要根据各国分销渠道的差异做出相应调整。在这种情况下，就需要将营销职能授权给各国子公司。例如，过去在人均收入水平近似的巴西和俄罗斯，通过超市销售的食品比重在前者为36%，而在后者不足1%。这种差异意味着食品生产和销售企业进入巴西要在渠道建设上投入更多的资源。④东道国政府的要求。东道国政府在经济和政治方面提出的要求可能使外国企业不得不做出一定程度的当地响应。例如，东道国政府要求从正规渠道进入东道国市场的外国香烟在东道国国内进行一定程度的加工和包装，外国烟草公司就需要放弃具有经济性的集中生产，以符合当地政府的要求。

在全球市场上竞争的企业面临着典型的降低成本的压力和当地化这两种竞争压力。这两种压力对企业提出了相冲突的要求。前者要求企业尽量最小化成本，后者则要求企业对不同的国家和地区提供差异化的产品以及采取不同的营销策略，这必然会增加企业成本。Bartlett、Doz和Prahalad认为，全球整合压力和当地响应压力冲突的实质是管理观念上的冲突：一部分经理在考虑问题时更强调当地的需求和偏好、当地政府的要求及国外子公司的独立性以更好地响应当地的需求；另一部分经理更强调全球竞争策略，加强各个国家子公司之间的协调。因此在做自己管辖范围内的决策时，这些经理会发掘不同的事实，并对这些事实做出不同的分析，因而会做出截然不同的决策。

6.3.1.2 I-R框架下的全球战略

I-R框架能够反映行业情况，表明了企业的战略选择约束。根据全球整合压力与当地响应压力之间的强度差异，可供选择的战略有：国际战略（international strategy）、全球标准化战略（global standardization strategy）、本土化战略（localization strategy）、跨国战略（transnational strategy），如图6-8所示。

1. 国际战略

采取国际战略的企业往往面临着较低的全球整合压力和较低的当地响应压力，它们先为国内市场生产产品，再根据其他地区情况稍做改变，将产品销往世界各地。这些企业往往提供满足普遍需求的产品，却没有强大的竞争者，因此没有较大的降低成本压力。

企业追求国际战略都是遵循类似的向外国市场扩张的发展模式。它们往往把产品开发职能集中于母国，又会在各个有业务的主要国家设立制造与营销职能。随之产生的重复会增加成本，如果企业没有强大的竞争者，没有降低成本的强大压力，那么这种成本的增加也不算什么。虽然它们也可能采取一些本土化的产品和营销策略，但通常很有限。在这类跨国公司中，多数总部对营销和产品策略保持严密的控制。

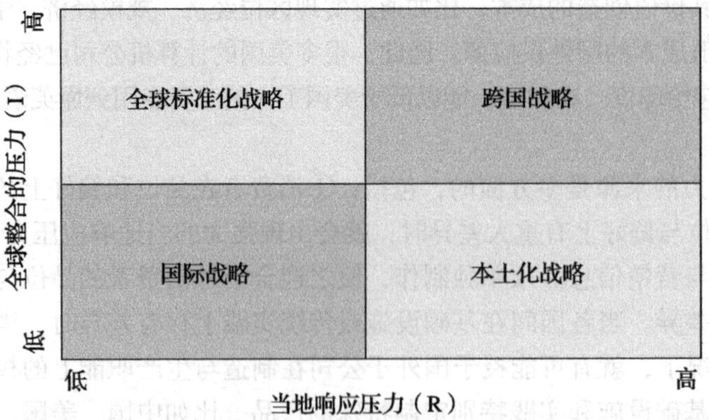

图 6-8　全球战略

资料来源：节录自希尔（2009），第 396 页。

2. 全球标准化战略

采取全球标准化战略的企业强调通过区位经济、规模经济以及学习效应实现成本的降低，以提高盈利能力和实现盈利的增长。其实质是全球范围的低成本战略。这种战略适合全球整合压力很大而当地响应压力不大的企业。

追求全球标准化战略的企业，其研发、生产和营销等活动都集中于若干个有利的区位。企业往往不因地区条件的不同而改变其供应的产品和营销策略，因为这样会增加成本。当降低成本的压力很大而当地响应的要求很低时，这一战略最为有效。这些条件在许多工业品行业中越来越普遍，它们的产品往往满足普遍的需求。例如在半导体工业中，半导体的全球标准已出现，并存在巨大的需求，因此英特尔、德州仪器（Texas Instruments）和摩托罗拉等企业都采取全球标准化战略。

3. 本土化战略

本土化战略强调的是通过改变企业的产品或服务来增加利润，所以企业在不同国家的市场上提供与消费者品位和偏好相适应的产品。当各国市场的消费者偏好差异很大而降低成本压力不大时，企业可以考虑采取这种战略。

虽然按当地需求供应产品会增加企业的成本，但这一战略可能是有意义的。按当地需求供应产品可以增加其产品的价值，有助于更高的定价；另外，如果它带来了地区需求的持续性增加，也能够让企业通过在当地市场上获得一定程度的规模经济和学习效应，从而降低成本。采取本土化战略的很多企业都非常注意控制成本，只要有可能，还是会获得一定程度的规模经济、学习效应和区位经济。例如许多汽车企业不得不随着当地市场的需求改变一些产品的供应：为美国消费者生产大型载货卡车，为欧洲和日本消费者生产小型节能汽车。同时，这些跨国公司试图在不同车型中使用统一的汽车平台和零件，由处于最优区位的厂商制造那些平台和零件，这些厂商规模较大，还可能因巨大的全球产量而获得一定的规模经济。通过这样的方法设计产品，企业能够使其供应的产品本土化，同时也能获得一定程度的规模经济、学习效应和区位经济。

4. 跨国战略

企业采取跨国战略是试图取得低成本优势、产品差异化优势和转移核心能力。通过区位经济、规模经济和学习效应获得低成本；通过为不同市场提供差异化产品来应对当地差异；在公司的全球营运网络中，通过子公司之间创新流动来实现核心能力的转移。

跨国战略与国际战略、全球标准化战略、本土化战略显著不同的一点在于：跨国战略强调相互作用的全球学习（interactive "global learning"）。当企业在全球范围内任何一个营运网点开发出了有价值的创新，并因此提升了核心能力时，企业就会把这个创新运用到全球其他的营运网点。当市场发展到一定程度时，幸存下来的企业一般都具有相当可观的规模和产品差异化的能力，于是企业之间的竞争开始转向发现新兴趋势、创新响应并且将创新推广应用到全球营运网络的每个网点中去。这时，只有创新才能让企业在激烈竞争的市场中脱颖而出。在研发成本日益增长、国家之间和企业之间的技术差距不断缩小、产品生命周期不断变短的今天，那些不敏锐、不创新或是行动不迅速的企业必将成为牺牲者。

Bartlett 和 Ghoshal 指出，在当今的环境下，竞争异常激烈，以至于要在全球市场生存，企业必须利用区位经济和学习效应，必须在企业中转移核心能力，而且与此同时它们必须关注当地响应压力。他们注意到，在现代跨国公司中，核心能力不一定仅在母国才存在，有价值的创新可以在公司世界范围内的任何子公司中开发出来。因此，创新的流向绝对不应该是单向的，而是在全球营运网络中任意流动——创新不仅可以从母公司流向国外子公司，还可以从国外子公司流向母公司，也可以从国外子公司流向其他的国外子公司。当企业在降低成本和当地响应方面都面临着巨大的压力时，必须考虑采取跨国战略。

随着时间的推移，全球整合压力与当地响应压力也发生了变化，所以导致了战略的变化——国际战略转为全球标准化战略或跨国战略，本土化战略转为跨国战略。

采取国际战略的企业会面临着大量涌现的竞争者，如果企业的管理者不积极采取措施去降低企业的成本，就会被其他高效率的竞争者所淘汰。因此，国际战略在长期来看未必可行，为了在竞争激烈的全球市场中生存甚至脱颖而出，企业应该比竞争者更早地转向全球标准化战略或跨国战略。采取本土化战略的企业也会面临着强大的竞争对手，使得企业不得不降低成本，它们只有积极转向跨国战略才能兼顾低成本和当地响应（见图 6-9）。

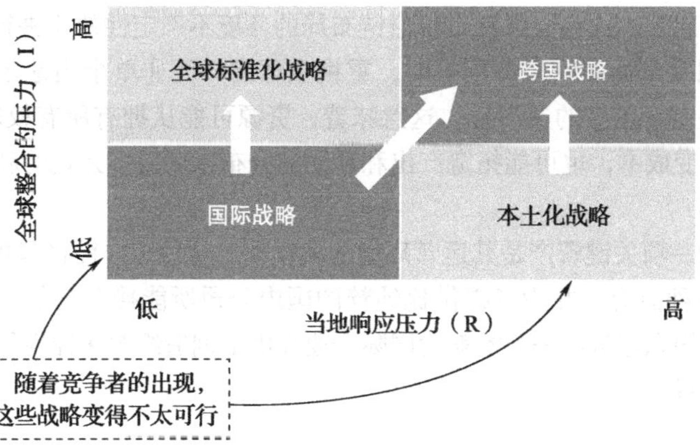

图 6-9 战略随时间推移的变化

资料来源：节录自希尔（2009），第 383 页。

需要注意的是，I-R 框架也可以用于描绘一个产业内不同企业经理基于"管理遗产"所选择的不同战略。毕竟，如同环境力量约束而非决定组织战略，企业组织对战略选择产生影响，但并非规定了战略选择。此外，I-R 框架还可以用于描绘一个企业内的不同职能，一个职能内的不同活动，当然，I-R 框架还可以在一定程度反映组织设计，详见本书第 7 章。

6.3.2 全球战略：基于 Ghoshal“目标—途径”框架

全球战略的目标是获取全球竞争优势。Ghoshal（1987）将最具代表性的、观点差异、内涵模糊的全球战略概念组织在一起，提出全球竞争优势的目标有获取效率、驾驭风险和创新、学习与适应；全球竞争优势的来源包括国别差异、规模经济及范围经济，并建立了“目标—途径”框架。以下是基于 Bartlett and Ghoshal 在教科书（1992 及后来版本）中改进的框架，并将主体从跨国公司扩展至包括天生全球企业的国际企业，同时对其中部分内容进行了补充和修正。

6.3.2.1 战略目标

1. 全球效率

将一个国际企业看作投入产出系统，我们可以将其整体效率视为产出价值与投入价值的比率。在这个简化的观点中，企业效率可以通过提高产出价值（即获取高收益）、降低投入价值（即降低成本）得到强化。一个朴素却又容易被忽视的观点是：效率改进不仅仅是成本的缩减，还有收益的提升。

2. 多国灵活性

一个全球范围经营的企业所面临的环境特征可以概括为多样性和动荡性。环境产生的机遇和风险中，有些是所有企业都受其影响的，但有些是跨国经营的企业所独有的。全球竞争力的一个关键因素就是多国灵活性，即公司对于产生于全球环境的多样性和动荡性进行风险管理和机会利用的能力。

总的来说，多国灵活性需要管理层审视各种各样的环境，以查明其变化和不连续性，而后在全球商业环境中针对新情况做出反应。使用这种方法的国际企业利用其所处环境的多样性和动态性，从更一般且更灵活的角度开发战略以及结构，相比于先发制人的资源承诺和长期规划，可能更重视渐进主义和机会主义。整体战略的阐述更笼统并更具灵活性，以稳健适应不同的环境情景。尤其是不能轻易通过市场手段进行防范的风险，需要被视为战略层次的风险进行考虑并予以管理。战略风险的分析对于企业成本和收益流的结构与区位决策具有重大启示。这将导致针对价值链布局的环境不确定性效应进行更为明确的分析。例如，当特定国家市场面临经济危机时，重视全球出口而非单个当地市场的子公司网络，在转移生产上提供了更好的灵活性。这意味着，资源可能从拥有所有权转变为租用，固定成本相应转为可变成本，也可能拓宽产出和活动的分布以取得多元化的利益。

3. 全球学习

国际企业的一项关键资产是其运营环境的多样性。这种多样性将其置于多种刺激之下，使其能够开发各种能力，并为其提供比纯粹的国内公司所能接触到的更广泛的学习机会。此外，其最初的知识存量从一开始就为国际企业提供了创造组织多样性的实力。

6.3.2.2 战略途径

1. 国别差异

本章之前提到，特定国家的有利区位可能会给在那里经营的企业带来区位优势。从市场销售角度看，大规模、快速成长的市场具有区位优势。从生产角度看，区位优势也可能来源于优越的特定自然地理条件、充足的特定质量生产要素供给以及产业集聚。影响企业国际化区位决策的区位优势，其基础就是国别差异。

本章之前还提到，在国际化战略同全球战略的关系上，国际化战略对应的增量资产有可能服务于全球战略的考虑，同时也必然构成作为全球战略运筹对象的存量资产的一部分。

所以，作为区位优势来源的国别差异，既是国际化战略区位决策的基础，也是全球战略的重要来源和途径。

区位特点既体现在要素市场，也体现在产品市场。区位优势应予以充分利用，区位特点应给予有针对性的响应。

面对要素成本的国别差异，由于企业的不同活动，如研发、生产、营销等，都有不同的要素密集度，企业可以通过配置其价值链来获得成本优势，以便让每个活动都位于其所密集使用的要素成本最低的国家，以获取区位经济。这是最容易理解的竞争优势的来源。

而产出市场的国别差异，如同之前当地相应压力的来源所描述的那样，一家公司可以通过针对不同国家市场的独特需求专门打造其产品和服务，以此增加其产出品的交换价值。

2. 规模经济

规模经济是一个相当完善的概念，它对竞争优势的影响已非常明确。但是，这几乎也是被错误理解最为广泛的概念。无疑，规模经济需要产量来支撑，达不到特定产量就无法实现潜在的规模经济，但是产量并不对应规模本身。特定规模由特定水平的固定资本定义，一个机器数量 100 台的工厂规模，就比一个机器数量 50 台的工厂规模大。如果前者生产 10 000 件产品的单位成本低于后者，那么就存在规模经济。此情形平均成本的下降，是规模扩大造成的经济效应，不同于某个单位时间内可以生产 10 000 件产品的工厂，其订单增加导致的开工率从 50% 提升到 80% 带来的单位成本下降。这是开工率提高、产能利用率提升带来的分摊固定成本的效果。

此外，相对于规模经济和产能利用率提升引致的平均成本下降这类静态效应，还有一种被称为学习效应和经验曲线效应的动态效应。“边干边学”会使由一家工厂生产持续累积产量的不同阶段中，成本逐步降低。这是一种与累积产量相关的成本降低，也不能同规模经济混淆。毕竟，规模经济的管理含义涉及投资。

3. 范围经济

范围经济基于这样的概念，即两种或多种产品联合生产的成本可能低于单独生产成本。这种成本的降低基于多种原因，例如，诸如信息或技术等资源，一旦获得用于一件物品的生产，就可以无成本地用于其他物品的生产。

范围经济的战略重要性产生于多元化公司在相同或不同价值链上分享投资和分担成本的能力，这是不具备这种内部和外部多元化的竞争者所不能匹敌的优势。这种共享可以发生在各个细分部分（产品或市场），可能涉及不同类型资产的联合使用。

多元化企业可以在不同的业务和市场中共享实物资产，例如生产设备、资金或品牌名称。使用机器人的柔性生产技术可用于生产不同的物品，是企业如何利用这种范围优势的一个例子。市场的交叉补贴和全球品牌名称的开发也是在公司产品和市场组合的不同组成部分之间共享有形资产的其他例子。

范围经济的第二个重要来源是与客户、供应商、分销商、政府和其他机构这些外部关系的共享。例如花旗银行这样的跨国银行可以为跨国客户提供比在单一国家运营的银行更有效果的服务。

最后，共享知识是范围经济的第三个重要组成部分。NEC 全球战略的基本动力是电脑和通信（C&C）。该公司坚信，其在两项技术中的优势以及将其内部合并以创造新产品的能力，可以使其在与 IBM 和 AT&T 等全球巨头的竞争中具有优势，而这些巨头仅在这两个领域之一中拥有技术实力（见表 6-5）。

表 6-5 产品和市场多元化中的范围经济

	范围经济的来源	
	产品多元化	市场多元化
共享实物资产	可以柔性生产多种产品的工厂自动化设备（福特公司）	全球品牌名称（苹果公司）
共享外部关系	多种产品使用共同的分销渠道（三星）	服务全球范围的多国客户（花旗银行）
共享学习	在计算机和通信业务领域共享 R&D（NEC）	汇集不同市场开发出来的知识（宝洁公司）

资料来源：Ghoshal（1987）、Bartlett and Beamish（2018）.

6.3.2.3 创建目标与手段的映射：全球竞争优势的构成

综合上述战略目标与战略途径，即可获知全球竞争优势的构成，如表 6-6 所示。

表 6-6 全球竞争优势的构成

战略目标	竞争优势的来源		
	国别差异	规模经济	范围经济
当前运营中取得效率	从要素成本差异中获益	扩张并利用各项活动中潜在的规模经济	在不同的市场和业务中共享投资和成本
通过多国灵活性驾驭风险	管理由市场政策引致的各国比较优势的变化带来的各种风险	平衡规模与战略及运营灵活性	风险多元化组合并创造选择权和额外机会（side bets）
创新、学习与适应	从组织及管理过程和系统的社会差异中学习	从成本削减和创新的经验中获益	在不同产品、市场和业务的组织元素中共享学习

资料来源：Ghoshal（1987）、Bartlett and Beamish（2018）.

6.3.2.4 战略权衡

不同的战略目标之间、不同的竞争优势来源之间，总是存在某些内在冲突。

战略目标之间存在冲突。强调效率最大化的策略可能会增加公司的内生和外生风险。研发和制造等特定活动的全球规模可能导致该公司的成本集中在少数几个国家，而其全球收入则来自许多不同国家的销售。获得收入的货币与发生成本的货币之间的不匹配，会增加公司对汇率变动的经济风险。㊀类似地，在全球业务中寻求效率可能会导致更大数量的货物、资本、信息和其他资源在企业内部的跨国流动。这些流动是明显的、显著的，并可能引起不同东道国政府的政策干预。在组织上，这样一个综合系统需要高度的协调，这也增加了管理失败的风险。效率最大化的策略也可能会同学习目标相矛盾。全球战略的实施往往会增强集权的力量，并将组织权力从子公司转移到总部。这可能会导致子公司经理人失去动力，并可能侵蚀跨国公司从多种环境中学习这项关键资产。另外，旨在优化风险或学习的战略可能需要当前的效率做出让步。

同样，竞争优势的不同来源之间也存在类似的折中。试图充分利用要素成本经济可能会阻碍规模效率，并可能阻碍产品或职能之间的协同效应；试图通过产品多样化从范围中受益可能会影响规模，等等。

实际上，不同战略目的之间的这种冲突，以及实现它们的不同手段之间的冲突，会导致框架中的每个单元与几乎所有其他单元之间的折中。这些折中意味着，国际企业的经理人员要制定和实施全球战略，必须考虑表 6-6 中的所有问题，必须评价每个问题的不同战略选择。在一系列特定状况下，特定战略目标最为重要，并且竞争优势的特定来源可能比其他来源起到更大的作用。全球战略管理的复杂性来源于理解这些偶发事件和在评估这些

㊀ 有关汇率风险的分类及管理，请见本书第 13 章“国际财务管理与国际会计”的内容。

偶发事件的折中含义之后采取某种战略的特别需要。现存对策能够使国际企业经理人员意识到他们必须考虑的不同因素，但不能为他们提供可采取的现成的标准化解决方案。

【专栏 6-9】

全球战略概念的流变

全球战略的思想不可谓不久远，至少可以追溯到 Perlmutter（1969），而其概念的明确提出，则始于 20 世纪 80 年代针对跨国公司 / 多国企业（multinationals）面对国际竞争的关注和其所在产业的描述。国际企业所在产业被划分为多国国内产业（multidomestic industries）和全球产业（global industries）两种产业类型，相应地有多国国内战略（multidomestic strategy）和全球战略（global strategy）两种战略形式（Hout，Porter，and Rudden，1982）。Levitt（1983）将全球战略的内涵明确阐述为“标准化”（standardization），进而这种特定的战略形式即意为“全球标准化”（global standardization）。“全球—多国国内”是一维两极的战略形式。无疑，这样的概念化使两个极端概念之间复杂的现实难被理解。而且，从出现开始，全球战略就是一个模糊的概念。

随着 I-R 框架的发展，国际企业业务层的竞争战略内涵得以丰富。Prahalad and Doz（1987）首次提出 I-R 网格（grid），用以刻画业务（business）[⊖] 特征（第 24 页，图 2.1），进而管理需求（managerial demands）特征（第 25 页，图 2.2）。在 I-R 框架中定义了 integration strategy，national responsiveness strategy，multifocal strategy 以及其相应的组织形态；Bartlett（1986）遵循相同的“产业—战略—组织”逻辑，也在其 forces for global integration 和 forces for national differentiation 框架中进行了不同的对应表述，即全球战略、多国战略、跨国战略以及其相应的组织形态。此后，Bartlett and Ghoshal（1992 及后来版本）中，国际战略（international strategy）也被定义为一种特定的战略形式。至此，I-R 网格的四个区域都被命名完成，但同时也出现了一个问题。有时，国际企业业务层的竞争战略被统称为国际战略（international strategy），但直至国际战略成为一种战略形式，国际企业竞争战略就不得不寻求其他称谓，如 multinational strategies（Peng，2006，第 408 页；Tallman and Yip，2009，第 310 页）、international business strategies（Hill and Hult，2016，第 12 章），但实际上都是跨国公司 / 国际企业战略这样的含糊表达，未能指示出业务层战略的本质。

不仅如此，Ghoshal（1987）虽然使用了全球战略这一表述，但通过“目标—途径”框架实际扩展了国际企业竞争优势的内涵，使得全球战略这一术语的内涵得以扩展，不再是多国国内战略的相对含义。Bartlett and Ghoshal（2000）也在教科书中，将之前 I-R 框架下的四种战略形式（Bartlett and Ghoshal，1989），在 Ghoshal（1987）“目标—途径”框架的更新版本中进行了重新表述。这意味着 Ghoshal（1987）及 Bartlett and Ghoshal（2000）讨论的全球战略的概念（实为广义），包含了“全球—多国国内”（Hout，Porter，and Rudden，1982）和 I-R 网格（Bartlett，1986）中的全球战略的概念（实为狭义）。对此，Hill 和 Peng 在教科书中有意识地将全球战略术语（实为狭义）重新表述为全球标准化战略，延续了 Levitt（1983）的概念传统。本章也做同样的处理，并将全球战略术语保留其广义含义，即将国际企业业务层的竞争战略表述为全球战略，以全球标准化战略术语替代之前

⊖ “product markets and tasks, less than a whole industry”，见第 13 页注释。

在 Bartlett（1986）中的全球战略表述。

I-R 框架则是二维框架，使得在两个维度描述企业所处环境，跳出在单一维度进行管理选择成为可能。不过，波特的“coordination-configuration”框架[㊀]虽然也是二维框架，但不是环境变量的框架，而是组织变量的框架。在此框架中，将作为国际企业业务层竞争战略辨识为基于出口的战略（export-based strategy）、简单全球战略（simple global strategy，1986a，第 28 页）/单纯全球战略（pure global strategy，1986b，第 19 页）、多国国内战略（multidomestic strategy，1986a，第 28 页）/国家中心战略（country-centered strategy，1986b，第 19 页）以及复杂全球战略（complex global strategy）/基于直接投资的全球战略（foreign investment-based global strategy）/广泛子公司间协调的大量外国投资（high foreign investment with extensive coordination among subsidiaries，1986b，第 19 页）。■

6.4 国际企业战略小结

国际企业的活动通常涉及国际化，而经营范围被称为“国际”或者“全球”。但是，若抛开国际企业战略（international business strategy）其企业战略的本质，忽视公司战略层次和业务战略层次的区别，无论是使用国际企业战略还是国际化战略（internationalization strategy）、国际战略（international strategy）抑或全球战略（global strategy）的笼统表述，读者均会望文生义。

就国际企业公司层次战略的产品多元化和地域多元化内涵而言，其特殊之处在于地域多元化战略跨越国界，故称之国际化战略便可顾名思义。而业务层次战略，或言竞争战略，其概念却有表述于不同时期的演进，以及同一表述在不同时期内涵的变迁。

海外新建、海外并购、国际联盟等均是战略选项，即战略的具体形式，而非战略主题本身，其决策是具体复杂的，不在本章进行讨论。

本章小结

本章首先构建了企业战略知识框架并提出国际企业的战略问题；在以上知识框架基础上，介绍了国际化战略的含义、目的与选项问题；介绍了全球战略的思想起源、I-R 框架以及 Ghoshal“目标—途径”框架中战略目标、途径、二者映射以及战略权衡问题；最后还以专栏和小结的形式对全球战略概念流变和国际企业战略的内涵进行了总结，以便希望澄清源流的读者阅读参考。

关键术语

企业战略	愿景	使命
VRIS 框架	五力模型	SWOT 框架
PEST 框架	战略层次	一般竞争战略
国际企业战略	国际化战略	心理距离
乌普萨拉模型	波士顿矩阵	母国中心主义

㊀ 笔者认为，configuration 维度表达地理分布是否集中，但未触及背后的原因，区别于 I-R 框架。

多中心主义	区域中心主义	全球中心主义
I-R 框架	全球整合压力	当地响应压力
国际战略	全球标准化战略	本土化战略
跨国战略	全球学习	Ghoshal“目标—途径”框架

本章阅读资料

请扫描二维码详尽了解本章阅读资料

本章教学示范

请扫描二维码详尽了解本章教学示范

第 7 章
CHAPTER7

国际企业组织

引导案例

宝洁的组织演进

成立于 1837 年的宝洁（Procter & Gamble，P&G）公司，是一家总部位于美国的国际企业。作为目前全球最大的日化用品公司，宝洁旗下品牌众多。世人所知的汰渍（Tide®）、碧浪（Ariel®）、潘婷（Pantene®）、海飞丝（h&s®）、吉列（Gillette®）、欧乐 B（Oral-B®）、帮宝适（Pampers®）、Febreze®、Joy®、Lenor® 以及 SK-II® 等众多知名品牌尽归宝洁所有。2020 年，宝洁位居《财富》世界 500 强的第 156 位，其产品畅销全球 180 多个国家或地区。

宝洁全球业务版图的形成并非一日之功。1930 年，宝洁通过收购在英国建立的第一个海外子公司，正式开展海外业务。1935 年，宝洁收购了菲律宾制造公司，开始其远东地区的业务。1948 年，宝洁在墨西哥建立公司，主要负责拉美地区的业务。同年，宝洁成立了国际事业部，奠定了公司由两个地域性机构——美国事业部和国际事业部管理业务的组织结构。1954 年，宝洁在法国马赛租用了一个洗衣粉生产工厂，开始发展在欧洲大陆的生意。1961 年，宝洁进入中东的沙特阿拉伯。1973 年，宝洁收购了日本 Nippon Sunhome 公司，开始在日本制造并销售公司产品。

尽管宝洁在 20 世纪 70 年代只进入了一个新的国家，但 1980 年宝洁已在 27 个国家经营。1981 年，John Smale 的上任又加速了宝洁的全球扩张，在其 1981 ～ 1990 年的任期内，宝洁进入了 23 个国家的新市场。1990 ～ 1995 年 Ed Artzt 的任期内，宝洁的海外销售额增加了约 18 亿美元。

1995 年，John Pepper 上任后，海外市场份额进一步扩大，为保证战略上的协调、资源的分配、政策实施的一致性，宝洁将其组织划分为四个地域性机构（拉丁美洲、亚洲、欧洲 / 中东 / 非洲、美国 / 加拿大）来管理，标志着其全球地区事业部结构的完善。1996 年，John Pepper 向公司承诺 10 年内完成全球范围内销售额的翻倍。然而，20 世纪 70 年代开始，石油危机、失业率上升、竞争对手崛起等因素时刻威胁着宝洁，直到1998年，其100多个利润中心的销售额仅增长3%。不过，1990～2000年，宝洁又进入了30个国家的市场。

1999年，John Pepper的助手Durk Jager接任CEO。Durk Jager认为，为实现增长目标，宝洁内部必须彻底革新组织结构，并开始执行“组织2005”计划。该计划最初设想用6年的时间，到2005年，将宝洁的组织结构改组为5个全球产品事业部（GBU），总部保留财务、人力资源、采购、法务等管理职能。2000年，由于变革程度过大、速度过快、成本过高，公司内部无法适应，导致利润下滑，股价严重下跌，Durk Jager引咎辞职，A. G. Lafley临危上任。

为扭转颓势，Lafley对“组织2005”计划进行调整：独立出全球业务服务（global business services，GBS）和公司职能（corporate functions，CF）；将全球产品事业部的数目由5个变成3个；设立8个地区市场发展部（Market Development Organizations，MDO），开始尝试矩阵结构。宝洁2012～2013年第一季度的财报公布公司利润出现了7%的下滑，由2011～2012年第一季度的30.2亿美元下滑至28.1亿美元。2014年8月1日，Lafley宣布在未来两年砍掉宝洁旗下约半数品牌，数量高达90～100个，只留下为宝洁利润贡献95%的大约70～80个品牌。

2015年，David Taylor接任Lafley后便开始着手拆解产品管理和区域市场的矩阵式关系，强化产品管理的地位。在矩阵式结构的基础上，宝洁设置10个全球业务部门，每个部门任命一名总裁负责一个产品品类，关键品牌由相应高管负责；其他品牌则按照地理区域管理，并保留了6个地区销售和分销团队。

2018年年初，Nelson Peltz进入宝洁董事会后一直致力于推动公司业务部门的缩减。同年11月，宝洁宣布将于2019年7月进行“20年来最重要的组织变革”。宝洁将根据产品类别建立六大业务部门（SBU），这六大部门的业务占据了目前宝洁80%的营业额和90%的税后利润，囊括美国、加拿大、中国等在内的绝大部分市场。未覆盖的市场则被组织成一个单独的部门。集团层面，将各职能下放到六大SBU中，只保留公司研发团队（Corporate Research & Development Group），将为整个集团提供平台技术支持。该组织结构现已被采用。

不难发现，最近40年是宝洁快速全球扩张的40年，国际化的要求和全球竞争的压力共同驱动了宝洁的组织演进。

资料来源：宝洁公司，《宝洁公司年报》，1999年；Ancona, D. et al, Managing for the future: Organizational behavior and processes, Mason: Thomson/South-Western, 2005；陈劲、侯英梁，《重思开放式创新》，《清华管理评论》，2015年02期；周淑贤，《宝洁公司（中国）战略实施效果的研究》，《中国水运（下半月）》，2017年11期；彭剑锋（主编），《宝洁：日化帝国百年传奇》，北京：机械工业出版社，2010年；李菁，《垂直化VS矩阵：宝洁重画结构图》，华恒智信案例研究中心，2015年4月2日；阎睿悦，《宝洁实施重大组织调整，六大业务CEO分管全球》，界面新闻网，2018年11月12日，https://www.jiemian.com/article/2615266.html；陈果，《宝洁的又一次组织变革，矩阵式管理真的要终结了吗?》，界面新闻网，2018年11月15日，https://www.jiemian.com/article/2623041.html；江帆，《宝洁公司宣布精简结构　十大业务部门缩减至六个》，《人力资本管理》，2018年12期。

学习目标

通过本章的学习，理解企业组织架构的基本要素，熟悉企业结构的基本类型及其特征，掌握组织结构内部选择机制涉及的基本结构和阶段模型，掌握外部选择机制的基本逻辑和 I-R 框架下的组织模型。

7.1 组织架构与国际企业

7.1.1 组织架构

组织架构（organizational architecture）指的是企业的组织整体，包括组织结构（organizational structure）、协调系统、控制系统、流程、组织文化和人员，如图 7-1 所示。

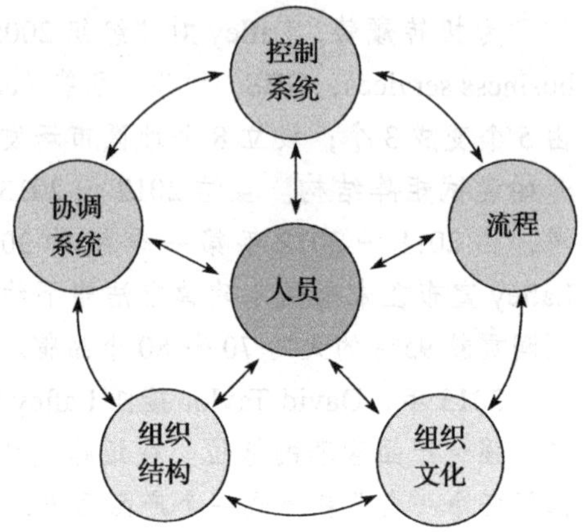

图 7-1 企业的组织架构

组织结构解决了企业部门划分这个基本问题。协调系统的目的是使各子单位彼此以及子单位与组织的决策相一致。企业通过控制系统的支持来实现子单位与企业整体战略和财务目标相一致。流程是组织内部进行决策和工作的方式。组织文化使员工遵守某种行为模式和风格以符合组织共享的价值与规范。比如，当组织结构（如矩阵结构）不能有效应对国际企业面临的全球整合与当地响应两种压力时，公司会更强调和依赖企业网络、共享的文化和愿景发挥作用。人员不仅指员工，还包括招聘员工，给员工以适当的薪酬和留住员工的策略，以及按他们的技能、价值观和取向划分类型，是一系列人力资源活动的整体。

企业想要拥有优秀的盈利能力，组织架构与战略需要满足以下几个条件：第一，企业组织架构的不同要素必须具有内在一致性。比如企业协调系统与控制系统的设计应与其组织结构的要求相一致。第二，组织结构必须与企业的战略相匹配、相适应。假如一家企业实行的是全球标准化战略，但若它的结构类型不能与之契合，就不能有效贯彻该战略并有可能导致不良业绩。第三，战略和组织架构不仅应相互适应，还应当与企业的外部环境、内部资源相契合，也就是说战略、架构和内部资源、外部环境必须都保持一致。

7.1.1.1 组织结构

大型企业通常需要按照复杂的层级结构（hierarchy）来组织，这意味着企业的结构中包含多个子单位以及子单位中的多个层次。因此，随着企业组织变得复杂起来，产生了三个相关问题。第一，把组织进行部门划分（departmentalization），正式划分为各子单位，如产品事业部、在各国的子公司以及职能部门；第二，配置权威（authority），将决策权和规则制定权分配给特定的层级，表现为集权（centralization）或分权（decentralization）的模式；第三，协调各子单位的活动，使其相互保持一致并与组织目标相一致。正式结构包含以上的两个方面：第一，水平差异化（horizontal differentiation），即部门划分；第二，垂直差异化（vertical differentiation），即配置权威，也称控制（control）。

1. 水平差异化：部门划分

水平差异化指部门划分，其含义是将组织划分为一些正式的子单位。这种划分通常以职能、投入和产出、地理区域或工作时间为基础。按职能来划分的例子包括将企业划分为会计、营销和制造部门；按投入和产出来划分的例子有百事瓶装集团和饮料事业部；按地理位置来划分的例子有企业的地区销售部门或者地区服务中心；按工作时间划分的例子有制造厂中的轮班制。部门划分的实质是专业化（specialization），明确而精细的分工可以使价值创造活动更熟练、更高效，从而创造更多的企业价值。

一般来说，当企业选择部门划分所依据的维度时，应该考虑到潜在规模经济和范围经济的实现。比如，一个生产多种产品的企业，集中研发能够获得显著的经济效应，那么设立一个全公司范围的研发部门，就会比把研发分散在若干独立的产品小组中要更为有效。

2. 垂直差异化：配置权威

垂直差异化指配置权威，也称控制。[⊖]我们把决策权集中在高层管理者手中叫作集权，把决策权下放给低层管理者叫作分权。

把决策权集中在高层管理者手中主要有以下 4 条理由：第一，集权有助于协调。第二，集权能保证决策与组织目标相一致。若把决策权分配给低层管理者，他们所做的决策就可能与高层管理目标相悖。第三，把决策权集中于某人或某个高层管理集体，能使高层管理者采取措施做出必要的重大组织变革。第四，当组织单位中各个子单位进行相似的活动时，集权能避免这些活动的重复进行。比如许多国际企业都把它们的研发职能集中在一两个地方，以保证研发工作不重复。

把决策权下放给低层管理者主要有以下 4 条理由：第一，当对诸多决策采取集权时，高层管理者可能会不堪重负，从而导致决策失误。分权通过把一些日常事务下放给低层管理者，高层管理者可以把时间集中在关键问题上。第二，能激励人们的工作积极性。第三，分权具有更大的灵活性，能对环境变化做出更快的反应，因为决策不必层层上报，除非有例外。而且，决策者更接近问题所在地，能做出更好的决策。第四，分权能加强高层管理者对子单位的绩效评价。子单位的管理者对其所在单位的业绩负责，他们的决策职权越大，这些决策越直接关系子单位的业绩，他们就越难以为其不佳的表现找借口。

决策权的配置是否合理关系到技术效率和代理效率。技术效率是在给定投入下获得产出的效率。如果一家企业用最少量的投入（比如人力、资本和技术）获得了最大量的产出，那么我们就说这家企业实现了技术效率。代理成本是指委托人为防止代理人损害自己的利益，需要通过严密的契约和对代理人的严格监督来限制代理人的行为，为此所付出的代价。如果企业用最小的代理成本完成了经济交易，那么我们就说这家企业实现了代理效率。一方面，企业通过把决策权配置给那些最能及时获得有效信息的人，有助于实现技术效率。另一方面，不同的决策权配置为决策者实现个人利益提供了不同的机会和条件。被配置决策权的人可能有较大的机会为实现个人利益做出不利于企业目标的决策，会提高代理成本，影响代理效率的实现。相反，高级经理可以通过配置决策权最大限度地减少决策者追求与组织目标不一致的个人或部门利益的机会，有助于实现代理效率。高级经理通过在企业的层级结构中配置决策权，为最大限度地支持企业的所有目标，指定了合法的权力基础。

7.1.1.2 协调系统

1. 协调

部门划分之后，不同部门的决策很可能会相互冲突并偏离企业的目标，进而产生了对

⊖ 注意，这里的“控制”区别于下面的“控制系统”。

子单位进行协调的需求。**协调**（coordination）是组织内部各子单位活动的纽带，旨在帮助子单位完成决策，使之保持相互一致并与组织目标相一致。

在企业中，各子单位的经理有着不同取向，部分是因为他们的任务不一样，比如生产经理只关心生产问题，如生产能力的提高、成本控制和质量控制；营销经理只关心营销工作，如价格、促销和市场份额。这些差异会阻碍不同部门经理之间的沟通。这些经理甚至没有相同的话题，各子单位之间也可能互相不尊重。再有，各子单位目标上的差异也导致了取向的不同。比如一个国际企业全球产品事业部致力于成本目标，要求生产标准化的全球产品；国外子公司致力于提高该地区的市场份额，主张生产非标准化产品。在这种情况下，目标上的不一致可能会导致冲突。任何企业都普遍存在对协调的需求，但对于国内外都有大量子公司的国际企业来说，这种问题尤为突出。同时，由于子公司经理所在时区、彼此距离和各自国籍的不同，各个子公司行动方向的差异表现得更为明显。因此，需要协调来实现部门整合的需要。

协调同样关系到技术效率和代理效率。协调有助于提高技术效率，是因为协调保证了（水平方向上）部门之间的活动相互一致，可以更好地实现规模经济和范围经济效应。协调还可以降低代理成本，实现代理效率。这是因为协调保证了（垂直方向上）上级和下级的目标一致，降低了委托人和代理人之间信息的不对称性。

2. 协调方法

三类主要的协调方法分别是：通过标准进行协调，通过计划进行协调，通过相互调整进行协调。

第一，通过标准（by standard）进行协调。

该协调旨在建立基础设施，并规定员工处理工作、处理工作关系和处理客户事务的方式等。通过运营的高度一致性充分利用核心能力，并实现基于组织活动规模的利益。因此组织具体规定了惯例，将运营特征标准化，覆盖从员工手册规定的着装和礼节为代表的世俗事务，到处理合作伙伴和评价潜在市场等战略事务。

当然，通过标准进行协调的方法建立在规则与程序适用于每个国家每个部门各种情形的假设之上。经常性例外的出现会削弱标准的权威性，并造成阻碍协调的不确定节点出现。因此，通过标准进行协调对于稳定性行业、支持稳定性和可预计性的战略最为适合。追求国际战略和全球标准化战略的企业倾向于通过标准进行协调。

第二，通过计划（by plan）进行协调。

由于产业行为、竞争动态、东道国政府态度等诸多方面在各国差异巨大，通过标准进行协调变得复杂。不同企业的敏感点不同，特别是那些追求当地响应战略的企业，更有理由质疑通过标准进行协调能否成为最佳方案。在这种情况下，多国企业倾向于建立目标和清单，在协调系统的开发上赋予相互依存的部门更大的自由裁量权。依赖一般性目标和具体性清单，而非规章制度，是通过计划进行协调的基础。只要遵守计划的期限和目标，这些部门就拥有调整其经营的自由度。事实上，具体的计划文件建立了下一阶段的框架，成为指导经理们进行协调的行动方案。

计划在最好的情况下都是困难的。尽管通信技术飞速进步，很多经理仍倾向于进行面对面接触或声音交流。地理距离和文化差异增加了跨国交流的时间、成本和差错的可能。而且，无论如何周密计划，也总会出现意外。计划目标与清单的修正需要，同样约束协调。企业通常通过一系列高管发展计划使这些人熟悉优选的计划形式，预先排除可能遭遇的威胁。其他的方式包括打造不同国籍成员组成的团队，将国际事业部和产品事业部集中在一个建筑物里办公，或将外国职员引入高层委员会以理解外国视角。

第三，通过相互调整（by mutual adjustment）进行协调。

除了显性特征的标准和计划，多国企业还使用一系列非正式的协调机制。创造员工与其同级员工就某一流程中对于彼此都重要的事情进行交流的方式，这种机制被称为通过相互调整进行协调。

在同级员工协调涉及的非正式的横向关系（lateral relations）[⊖]上，纽带机制（linking mechanisms）与对接系统（alignment system）主要包括：直接接触（direct contact）、联络员角色（liaison roles）、特别工作组（task forces）、团队（teams）、管理整合者（managerial integrators）、委员会（committees）等内容。

直接接触是不同工作部门中两个或多个相近层级的个人为协调工作和解决问题进行沟通。

联络员角色是指定特定人选为两个或多个部门间的沟通和问题解决提供便利。

特别工作组是为某一特定问题提供指导性建议（advice）而建立的临时性的跨部门小组。

团队是旨在围绕特定问题或领域，解决问题并落实解决方案的临时性或持续存在的小组。

管理整合者是单独负责协调涉及多个职能部门工作的经理人员。

委员会是为特定事务（如地区事务）提供咨询或进行决策而建立的专门组织。

7.1.1.3 控制系统

控制系统是组织的基本组成部分。当雇员表现低于预期时，协调问题就会不断暴露，就需要采取管理措施。控制就是通过指导和监控个体的活动，确保战略如期实施的措施。控制系统调节资源的分配和使用，从而便利了协调过程。判断控制系统是否有效的标准是能否有效支撑战略。

1. 控制方式

控制方式主要有四种：私人控制、行政控制、社群控制和市场控制。

私人控制（personal control）是上级通过私人影响力直接影响下属的行动。小企业大多使用这类控制，大型多国企业的高层管理者之间也可构筑此类关系。

行政控制（bureaucratic control）通过一系列体现组织权威的规章制度来指引下属及子单位的行动。多国企业的子单位中最重要的行政控制手段包括预算和资金使用规则等。

社群控制（clan control）是使用小团体共享的价值和规范调节员工的行为。社群控制使成员能够积极践行组织认可的行为。

市场控制（market control）是使用如相对市场份额、行业排名等外部市场指标来建立内部绩效尺度。

2. 控制机制

（1）汇报。汇报是一种有效的控制机制。总部需要经常、准确、及时且最新的汇报作为分配资源、监控业绩并奖励人员的依据。

（2）视察子公司。正式书面汇报并不是信息交换的唯一途径。特别是对于依赖相互调整进行协调和社群控制的企业来说，总部人员经常视察子公司，同当地经理沟通并交换意见，同时收集信息，并提供建议和指示。

⊖ 矩阵结构中体现的是正式的横向关系。

（3）管理绩效评价。除了衡量子公司业绩，多国企业还需要单独评价子公司经理人员，以避免惩罚或奖励其不可控制的情况。至于哪些条件是子公司不可控的，在每个多国企业和每个子公司都不同。原则上，由母公司进行决策，且子公司不能采取相应的风险管理措施消除其负面影响时，尤其是在为了公司整体业绩而牺牲个别子公司收益的情况下，应单独评价子公司经理人员。

（4）成本与会计可比性。需明确意识到进行业绩比较应考虑到成本与会计惯例差异的影响。

（5）评价性尺度。建立全面而非单一的评价性指标，也需兼顾财务性指标和非财务性指标。

7.1.1.4 流程

流程是组织内部进行决策和工作的方式，是一系列环节和步骤的先后贯穿。在组织内部有许多流程，比如战略制定流程、资源分配流程、新产品创意评估流程、客户咨询与投诉流程、改进产品质量流程、员工业绩考核流程等。企业的核心竞争力或技术经验通常都体现在流程中，高效率且效果好的流程可以降低价值创造成本，增加产品的额外价值。比如，许多日本制造企业在20世纪80年代能在全球范围内取得成功，部分应归功于它们很早就启用了提高产品质量和运营效率的流程，包括全面质量管理（TQM）和准时制（just-in-time）存货系统。

7.1.1.5 组织文化

组织文化（organizational culture）是嵌入组织的价值与规范体系，体现在组织目标和日常行事的惯例上。组织都有自身的文化和子文化。组织文化对企业的绩效能产生深刻的影响。研究表明，管理层的价值和道德准则、工作氛围的性质等组织文化的内容，都深刻影响组织的财务绩效。

不同国家的文化不同，处于不同国家的组织文化也会不同，跨国家的团队容易出现文化冲突问题。一个强有力的共有文化可以使大家目标一致，并且减少各子公司经理在相互合作中所产生的误解和矛盾，对于一个需要各子公司密切合作协调的多国企业来说也许更为有益。这也就意味着，各国际企业的全球战略不同，因此它们对于是否在各国子公司中采用共同的组织文化也不尽相同。与采取本土化战略的企业相比，采取跨国战略的企业更需要拥有一个为各国子公司所共享的企业文化，而那些采取全球标准化战略和国际战略的企业介于两者之间。这恰恰与不同全球战略的协调需求差异所对应。

7.1.2 企业的基本结构

7.1.2.1 U型结构

U型结构，即单一职能结构（unitary functional structure）。钱德勒定义U型结构是“纵向一体化、有多个职能部门、生产单一产品的典型结构”。所谓单一职能是指企业里每个基本的业务职能（如财务、营销、生产和采购）都由一个部门负责。实际上，这种结构的本质是建立在基本职能专业化基础之上的企业内部分工。

在U型结构下，组织通常被分为各个职能部门（如生产、营销、研发、销售），以反映企业的价值创造活动，如图7-2所示。最高管理者不仅负责日常活动的决策，还需负责企业的中长期战略决策。可以辅以一个由会计、法律和经济方面专家（也就是高层管理者）组成的小型中央办公室（central office），即最高管理者的行政团队。中央办公室负责协调、评估和计划工作，并通过评估职能部门的绩效来保证他们不采取投机行为，以此来缓解代理问题。

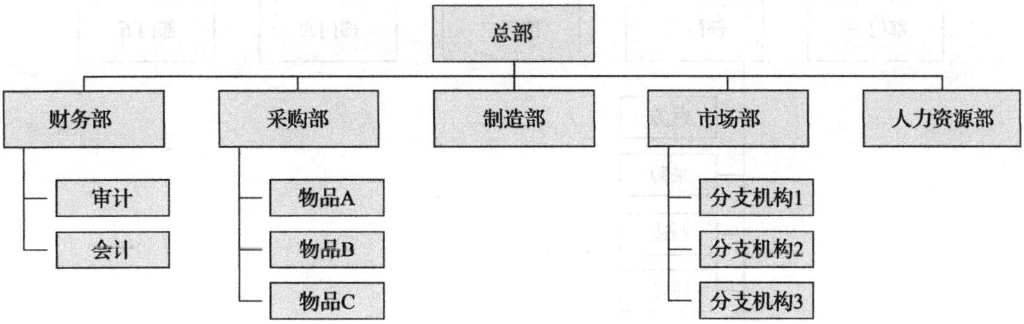

图 7-2　U 型结构示意图

当高级经理意识到将活动按照职能划分的企业比其他不这么做的竞争者绩效更好时，职能结构在大型企业中得到了发展。在 19 世纪 90 年代的第一波并购风潮中，大型企业普遍开始采用职能结构。

随着企业的发展，产品或地区逐渐多元化，这意味着各部门之间、上下级之间的信息流量变得更大了。这会给企业带来新的代理问题，主要体现在以下两方面。第一，管理失控效果（control loss effects）；第二，有限理性导致的信息不准确传递（inaccurate transmission of information）。

决策权集中在中央办公室的高层管理者手中，高层管理者的信息量太大，工作量大且烦琐，导致无法处理工作。因此，U 型结构承受过度压力，甚至在许多美国企业中瓦解。U 型结构的紧张和瓦解导致高层管理者无暇顾及各部门的日常管理工作，而各部门经理无法识别企业的整体目标，从而只追求自己部门的目标。更糟糕的是，部门经理会伪装该部门的实际工作表现，以获得更多的资源或避免被责备，这些都是以损失企业整体利益为代价的。总之，管理失控效果是决策权配置不当造成的。

高层管理者所获的信息不是完全的，他们根据这些信息做出他们认为理性的决策。但实际上，由于高层管理者获得的信息不完全或者有错误，他们理性做出的决策可能并非完全理性。因此，他们不能准确地阐述企业整体目标、评估部门的绩效以及发现部门应追求的目标。将职能部门经理引入中央办公室也不能解决问题，因为他们会代表他们所在职能部门的利益。有限理性更突显了部门之间、上下级之间的有效协调和合理配置决策权的必要性。

7.1.2.2　M 型结构

M 型结构，即多部门结构（multidivisional structure），也称事业部制结构，是在 U 型结构的基础上发展而来的。当企业只生产一种产品或产品多元化程度低时，U 型结构可以运行得很好。然而随着企业的发展，产品类型或市场地域等变得多元化，U 型结构不再有效，取而代之的是 M 型结构。M 型结构不是按照职能划分部门，而是将企业按照产品线、地区、消费者特性等分为多个部门，每个部门下再分别设子部门（sub-division），如图 7-3 所示。与 U 型结构相比，在 M 型结构中，中央办公室扩展成为总办公室（general office），由一些精英员工辅助高层管理者进行战略决策和控制的工作。M 型结构的成功在于将部门常规生产活动、日常活动的决策权下放到部门，高层管理者可以将精力集中于企业和部门的长期规划、评估、审计和控制。

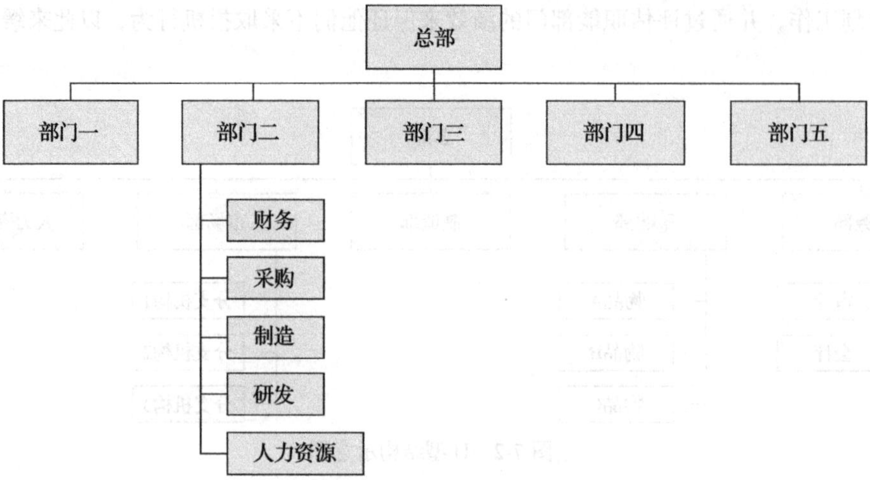

图 7-3　M 型结构示意图

M 型结构的优点在于它避免了管理失控和信息不准确传递的问题。总办公室具备功能强大的内部审计和控制技术，这保证了流向高层管理者的信息量不会过大，同时也保证了信息的准确性。同时，由于 M 型结构依赖于“利润中心”的概念，各子单位成为产品利润中心或地区利润中心。各利润中心的业绩以投资回报率（return on investment，ROI）和利润为评价依据。这样，M 型结构解决了部门绩效难以度量的问题。在 M 型结构中，子单位的管理者对其所在单位的业绩负责，可以加强高层管理者对子单位的控制，降低代理成本。只要子单位能够实现预期的投资回报率，除了预算约束外，其经营通常不会受到来自总部的限制。

M 型结构适应企业在地理区域或产品品种上的多元化，便于协调各地域内或各产品下的各个下属部门。如果企业产品市场涉及的地域比较多，可以采取地区事业部结构，把整个市场分为若干个区域，并按照区域划分部门，每个部门下再分别设置产品部门。这样按照地理区域划分部门有助于企业在各个区域里适应区域市场的差异性需求。如果企业的产品多元化程度较高，则可以采取产品事业部结构，按照产品划分部门，每个产品事业部下再分别设职能部门。这样按产品划分部门有助于企业在各个产品事业部内规划生产、分销和销售等环节，以实现区位经济和经验曲线效应。

M 型结构也适应企业的动态发展。若企业开发了新产品或者扩大了地理区域，可以直接在现有结构的基础上增加产品事业部或地区事业部，并且不会对现有的内部行政部署以及决策权配置产生干扰。

M 型结构存在各子单位重复投资和难以协调的问题。

7.1.2.3　矩阵结构

通常所说的矩阵结构（matrix structure）是二维结构，采用矩阵结构的企业同时沿着两个维度划分部门。中层经理（如地区制造经理）或其他组织单位处于矩阵的交点上，从属于两条汇报关系，向两个条线的上级汇报。㊀两个维度通常是职能和产品，也可以是职能、产品和地区的任何组合，如图 7-4 所示。矩阵结构可以覆盖整个组织，也可能有某些部门游离于矩阵之外。例如，百事公司曾经是地理和职能的二维矩阵，但各国营销团队独立于矩阵之外。当同时出现职能、产品和地区时，就构成三维模型。

㊀ 但是，向地区经理汇报的个人，只有一个上级老板，不在矩阵中。

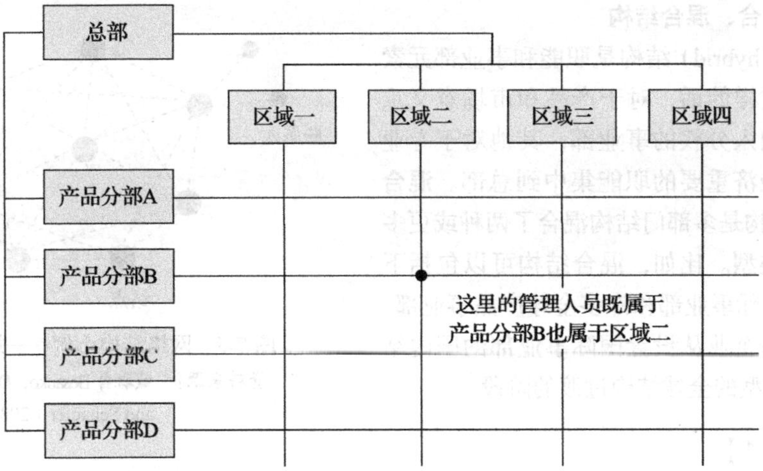

图 7-4 矩阵结构示意图

矩阵结构的决策权配置并不是确定的，可能是分权的，也可能是在某些方面分权、在某些方面集权。假如矩阵结构的两个维度分别是产品和地区，那么针对产品多元化的要求，就需要把许多决策权下放到各个产品事业部；要让经营活动适应区域市场的差异性需求，则需要把许多经营决策权，特别是营销决策权下放给区域子单位。假如矩阵结构的两个维度分别是职能和地区，那么为了实现区位经济和经验曲线效应，就要在一定程度上集中控制生产中心。同样，要让经营活动适应当地市场的差异性需求，则需要把相关经营决策权下放给区域子单位。

矩阵结构的优点在于它能同时满足多个维度的要求，综合了多个维度各自的优点，避免了单一维度的缺点。矩阵结构有两个主要优点。第一，有助于规模经济、范围经济的实现和减轻代理问题。例如，百事公司认为，职能条线协调各地区的制造以获取规模经济；区域内的协调可以更有效地同供应商谈判。第二，节约使用稀缺的人力资源。对于炼油、化工、面粉加工等基于客户类型进行产品分类的产品事业部组织，开发足够的公司特定、产品特定、客户特定的专有技术能贡献很高的生产力。招聘和培训这样的工程师成本高，且需要他们的互动合作，每个产品事业部都维持一个独立的工程师部门既不可能也不必要。矩阵结构就可以解决这个问题。

矩阵结构在 20 世纪 60 年代刚刚出现的时候，迅速被推崇为具有更高灵活性和创新的组织结构。然而，总体经验表明，矩阵结构也有一些不可避免的缺点，比如矩阵结构因两个维度的重要性相当，没有哪个维度的经理可以压倒另一个，导致协调难度更大，产生较高的管理成本，两个维度之间会产生冲突、责任不明确，处理内部关系会占用更多的工作精力，这以牺牲客户和项目目标为代价，可能导致产生一个呆板、官僚的组织。所以当代采取矩阵结构的企业并不多见，矩阵结构只适合中等规模和中等多元化程度的企业。

7.1.2.4 网络结构

网络结构的基本单位是组织中的个人，而非特定的职位和任务。个人或其组合参与的多项任务，会根据组织任务的变化被重新安置和重新组合。

组织中的工作群、部门也可以搭建网络。根据任务、地理、客户群将工作群组织成为横向团队（crosscutting teams），不断变化的显性和隐性的共同任务要求，相比标志组织结构特征的正式权力条线，会对工作群产生更大的影响。所谓虚拟组织、模块组织、日本的经联会（keiretsu），都是网络结构的变体。

7.1.2.5 杂合、混合结构

杂合（hybrid）结构是职能和事业部元素的结合。这样的话，对于产品和市场意义重大的职能归入分权的事业部，其他对于专业化和规模经济重要的职能集中到总部。**混合**（mixed）结构是多部门结构混合了两种或更多的事业部类型。比如，混合结构可以包括下面讲到的国际事业部和许多全球产品事业部，可能出现在企业从设置国际事业部的国内结构向某种类型的全球结构过渡的阶段。

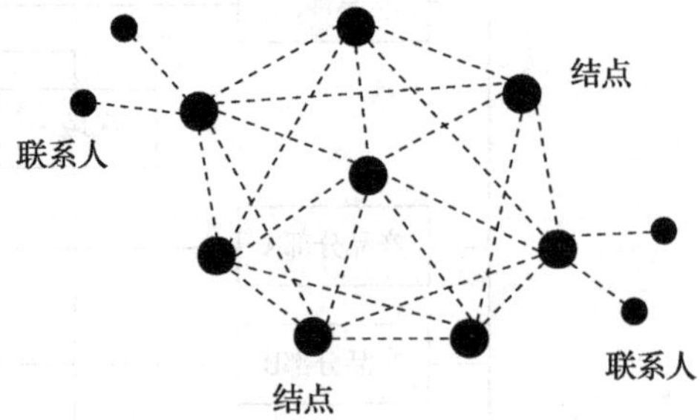

图 7-5 网络结构个例——蛛网组织

资料来源：截取自 Besanko，Dranove，Shanley，and Schaefer（2004），第 549 页。

【案例 7-1】

华为的组织结构演进

请扫描二维码详尽了解案例内容

7.1.3 国际企业的组织演进

组织作为本章的主题，既是企业国际化过程中的问题，也是全球经营中的问题。本章使用国际企业的表述，在具体情境下可能特指跨国公司或包括天生全球企业。

国际企业的一个基本特征是：企业的全球经营是一个在时空中的展开过程。从历史看，企业在刚起步时通常是国内企业，然后随着企业运营所在国数量的增加，管理的子单位数量会随之增长，或许也伴有业务范围的扩展。在运营过程中，无论是经国际化过程形成的跨国公司还是天生全球企业，都需要对环境做出反应，包括组织的调整。所以，国际企业的组织模型具有很强的演进特征。

组织演进理论是广义上关于随时间模式化变迁的理论。变迁被选择压力驱动，选择压力使得组织同其他处于相同轨道或环境的组织一样向同一个方向移动。选择压力可以来源于组织内部，也可以来源于组织外部，或是来源于二者。

内部选择压力来源于伴随国际扩张过程中规模的扩大、复杂性和内部多样性的增长、协调要求的加剧。这些压力使得组织不堪重负，直至组织为了继续成长乃至生存，组织的关键特征必须改变。

外部选择压力源自环境，可归结为两个层次：最显著的是包括母国和东道国的多国环境，再有就是行业和超国家制度层次的全球元（meta）环境。

本章中的模式都是 19 世纪末基于之前 40 年中基础理论和实践现象的总结，无论在过去、现在还是将来，都未必是企业"应该"采取的模式。所以，不存在一个所谓"正确的"组织形式，即使可以识别出"正确的"组织结构，它也不会是永久"正确的"。不过，一般性的规律和原则是存在的。

7.2 国际企业组织的内部选择机制

国际企业组织的内部选择机制主要聚焦于组织结构的演进，视内部选择压力为结构变化的基本驱动力。其概念渊源是钱德勒的《战略与结构》(1962)，实证渊源是哈佛多国企业项目。哈佛多国企业项目始于1966年，是第一个大规模的多国企业实证研究，第一阶段覆盖了187个美国多国企业，全部是具有5个及以上国家制造子公司的《财富》500强企业。基于该数据库的研究，学者们识别了多种多国企业组织结构，提出企业组织结构随国际化改变的阶段模型(stage model)。这些研究识别了诸如多元化导致的管理焦虑等内部选择压力，与钱德勒的著作如出一辙。只不过，钱德勒关注于产品多元化，国际商务学者兼顾了地域多元化。

7.2.1 国际事业部与全球结构

那些一开始从事海外贸易的企业很可能会收购外国子公司。很多时候，收购外国子公司给总裁(CEO)造成了压力。哈佛多国企业项目发现，通常收购第四家企业之后，许多企业(虽然不是全部)，转向国际事业部的形式。也有大约14%的企业直接跳过国际事业部结构进入了全球结构。

7.2.1.1 国际事业部

国际事业部是将所有的国际业务集中到一个部门。外国子公司经理向母国的国际事业部总经理汇报[⊖]，由后者向母公司总裁直接汇报。国际事业部结构如图7-6所示。

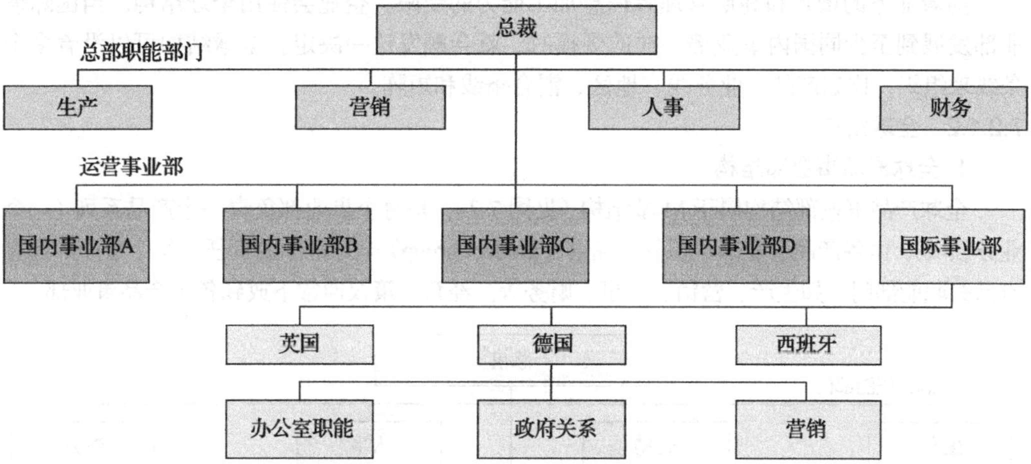

图7-6 国际事业部结构

资料来源：根据 Rugman and Collinson (2006)，第258页图调整。

国际事业部的人事设置通常同总部相似。原因在于存在控制和监督各子公司的需要，例如需要事业部财务部同总部财务人员进行协调。国际事业部进行控制和监督的程度因子公司控制手段的缓慢引入进程而有所差异。

1. 国际事业部设立过程中的规律

多国企业及其结构是从国内企业经国际化演进而成的。M型结构通常先于国际事业部的建立，所以国际事业部通常在M型产品事业部基础上建立。证据显示，通过国际事业部对外国子公司进行控制通常是在国内已经建立了类似的事业部系统来管理国内的多样性之后。

一般来说，母国若采用产品事业部结构，国外子公司所在的各个国家也会复制一套产品事业部结构。当然，母国也有可能在国外子公司所在的部分或所有国家设置一套职能结

⊖ 或者是国际副总裁。在这种安排下，国际事业部的领导是直接向总裁汇报的副总裁，同其他副总裁地位平等。

构，只生产并销售较少的几种产品。类似地，U 型结构母国企业的海外子公司也是如此。

2. 国际事业部设立过程中的问题

国际事业部协调各子公司活动，以追求企业整体的目标而非单个子公司目标最大程度的实现。但在国际事业部的初始阶段，由于东道国政府的关注、环境标准、就业效果和政治因素等外部因素的影响，或许这些目标并不能实现。国际事业部还受距离、同经理人员订立恰当激励的合同、建立信息和数据流的有效渠道等问题的制约。国际事业部可能只不过是一个信息交换中心，不能被视为同 M 型事业部相当的部门。

这种结构存在着国内与国外业务间潜在的冲突与协调问题。第一，国际事业部可能并没有国内 M 型产品事业部一样的自主权。这可能部分由于母国产品事业部的出口可作为海外制造业务的替代，母国产品事业部机会主义地不同国际事业部分享信息。因此，国际事业部经常依赖总办公室的关照和服务。第二，各国子公司经理的级别比国内事业部经理低一个等级。国外子公司的负责人在组织中的话语权弱于国内事业部负责人，而国外子公司负责人却被认为要对子公司所在国的所有利益负责。这与国际扩张的努力和建立一个真正的多国组织的战略不符。第三，相互分隔的国内业务与国外业务之间缺乏协调。这将阻挠在全球范围内引入新产品，阻挠国内外子公司之间转移核心能力，以及将全球生产合并于最佳区位以实现区位经济和经验曲线效应。

随着业务的增长和高层管理者信息加工能力的受限，企业会使用全球结构。当国际事业部发展到至少同国内事业部一样的规模时，就会触发这一决定。全球结构可以沿着多个条线来组织，比如产品、业务线、地区、混合条线和矩阵。

7.2.1.2 全球结构

1. 全球产品事业部结构

全球产品事业部结构属于 M 型结构（见图 7-7），是每个事业部负责一个产品系列（一个业务领域），由各产品事业部承担其产品群（product group）全球范围的责任。每个事业部都有自己的职能部门，如生产、营销、人事、财务等。经营决策权通常下放到各个产品事业部。

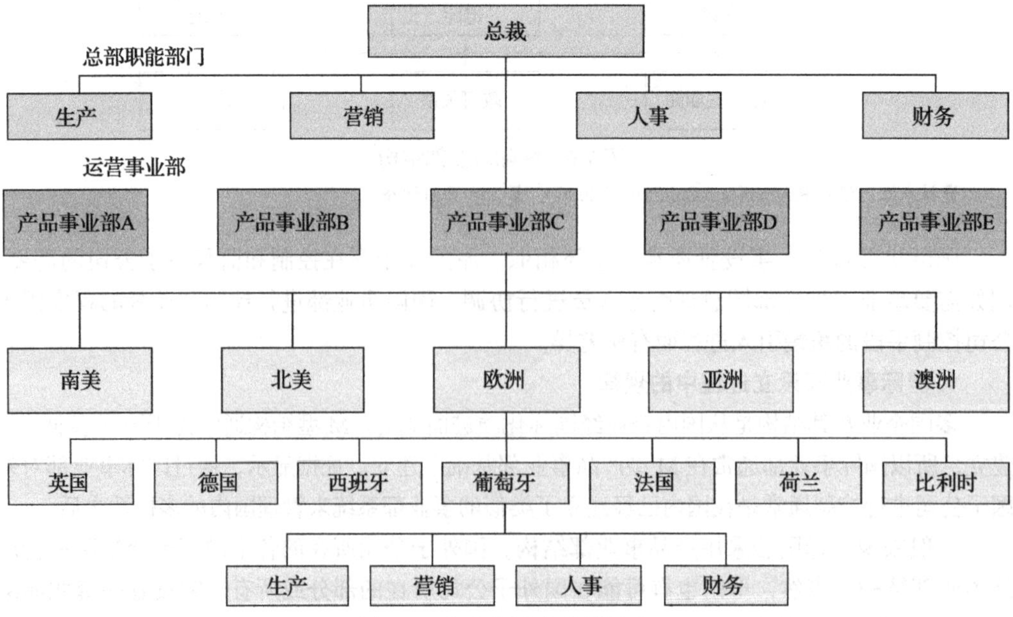

图 7-7 全球产品事业部结构

资料来源：根据 Rugman and Collinson（2006），第 258 页图调整。

采取全球产品事业部结构的企业多数是中度到高度产品多元化的。当然，也有产品多元化程度低的企业采用全球产品事业部结构，还有产品多元化程度高但并未采用全球产品事业部结构的企业。

全球产品事业部结构有利于积累特定产品线的专业经验。各产品事业部有动机在全球范围内优化产品的生产布局。这种结构往往把价值创造活动集中在最佳地区，各个产品事业部在全球范围内对各自价值创造活动（如生产、分销和销售等环节）进行规划，以实现区位经济和经验曲线效应。这种结构有利于产品事业部内的协调。比如，某一产品在全球各地的不同市场分别处于产品生命周期的成长、成熟、衰退阶段，全球产品事业部结构容易实现各国市场间技术和营销方面的紧密协调。再有，全球产品事业部结构也有利于建立和维护开发人员与顾客间的必要联系。

各事业部的设施和人员会出现重复投资。销售旺盛的产品会被给予首要关注，往往忽视需要特别处理和推广的产品，这可能导致长期的利润损失。一个高效的全球产品事业部需要了解全球对于产品的不同需求，但这样的管理人员需要很长时间才能培养出来。各产品事业部间也缺乏协调，会丧失如联合采购的利益等。

2. 全球地区事业部结构

全球地区事业部结构一般是由每个事业部负责从政治、法律、文化、距离等因素考虑划分地区，将基本运营责任授权给地区经理，由其对特定地区负责。

这一结构把整个世界分为若干区域，每一区域可以是一个国家或一组国家，每一区域都有自己的一套价值创造活动。每一区域事业部承担该地区内的生产、营销、研发、人事、财务等职能。各产品线都是纳入每一区域事业部的，而不像全球产品事业部结构那样每个产品事业部对全球范围的产品负责。全球地区事业部结构属于M型结构，如图7-8所示。

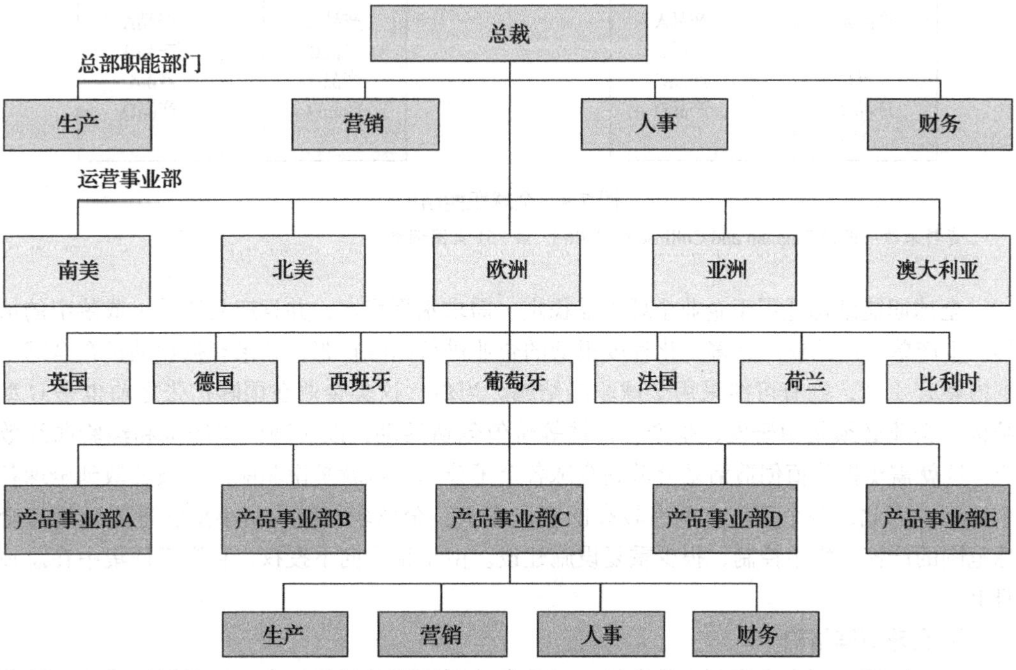

图7-8　全球地区事业部结构

资料来源：截取自 Rugman and Collinson（2006），第260页。

全球地区事业部结构往往运用于成熟行业，国外销售所占比重很高，且狭窄的产品线被地理区域差异化，如食品市场。采用这种结构的企业往往需要对不同的国家提供差异化的产品与营销策略，把经营决策权下放到地区子公司。全球地区事业部结构赋予事业部经理自主权，根据当地品位和规则进行快速决策，使企业可以更加"当地响应"。企业在如何满足当地消费者的品位上积累了丰富的经验。地区市场规模若可以支持生产上规模经济的实现，将有助于全球地区事业部的运行。通常，各地区间的协调需求不高，只需协调地区内的各个子单位。

全球地区事业部由于其地区取向，将通常的以产品作为考虑重点置于地区的考虑之后。各地区事业部的生产、研发等职能的设施和人员重复投资，还可能阻碍更大规模上效率的实现。事业部间难以协调，潜在的协同无法实现。事业部间相互学习和共享研发成果也受到阻碍。

3. 全球职能结构

全球职能结构建立在基本职能基础上，职能部门领导被授予全球责任，如营销经理对国内和国外的全球范围产品销售负责（见图 7-9）。

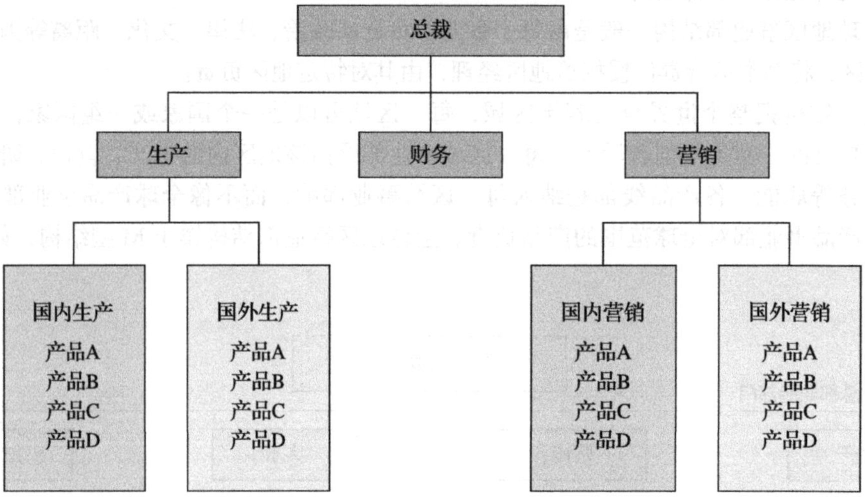

图 7-9　全球职能结构

资料来源：根据 Rugman and Collinson（2006），第 261 页图调整。

全球职能结构适用于企业全球覆盖稳定、需求水平稳定，并且产品线单一或狭窄的情形。生产单一产品或产品多元化程度很低的企业进行国际扩张，如果有强烈动机在全球范围内整合生产，则有可能采用全球职能结构。当然，这类企业在国际扩张之前也是 U 型结构。企业必须集中研发、生产、营销等价值创造活动，以实现区位经济和经验曲线效应。这就需要把价值创造活动分散到全球各个子公司，也就是说职能部门被分散到全球各个地区。因此，各个部门之间有较高的协调需求。全球职能结构由小型管理团队维持全球范围的严密、集中控制，很少重复设施建设。由于很少向下授权，利润责任集中在总裁身上。

4. 全球矩阵结构

全球矩阵的两个维度可以是职能、产品和地区三者的任何组合，二者同时承担全球范围责任的结构（见图 7-10）。

地区 / 产品	A	B	C
甲			
乙			
丙			

图 7-10　全球矩阵结构：产品—地区个例

资料来源：根据 Rugman and Collinson（2006），第 261 页图调整。

全球产品的多元化程度较高，同时区域市场需求的差异性较大，按地区划分部门和按产品划分部门各有利弊：前者有助于适应区域市场的差异性需求，但不利于实现区位经济和经验曲线效应，以及区域之间核心竞争力的转移；后者为实现区位经济、经验曲线效应及核心竞争力的转移提供了更好的框架，但其对于区域市场差异性需求的适应能力较低，因此很多企业试图采用全球矩阵结构来解决这一矛盾。

矩阵结构具有协调需求大、管理成本高等缺点。在全球矩阵结构中，地区事业部之间需要协调，产品事业部之间需要协调，地区事业部和产品事业部之间也需要协调，全球矩阵结构的问题尤为突出。

7.2.2　演进模型

7.2.2.1　阶段模型

根据阶段模型（stage model）的描述，很多美国企业开始向海外扩张时，往往把所有海外业务放在一个单独的国际事业部（international division）里，进而再转为全球地区结构（worldwide area division structure）或全球产品事业部结构（worldwide product division structure），或二者的结合。

图 7-11 显示，进入国际事业部阶段后，随着企业的继续发展，有的企业国外产品多元化很充分，可能会采用全球产品事业部结构；有的企业国外销售占总销售百分比逐渐增加，可能会采用全球地区事业部结构，这些企业往往强调适应当地市场的差异性需求。随着企业的进一步发展，国外产品进一步多元化，国外销售占总销售比重进一步增加。企业在经历了全球产品事业部结构或全球地区事业部结构阶段之后，可能会采用全球矩阵结构。这些企业往往产品多元化程度高并且强调适应当地市场的差异性需求。

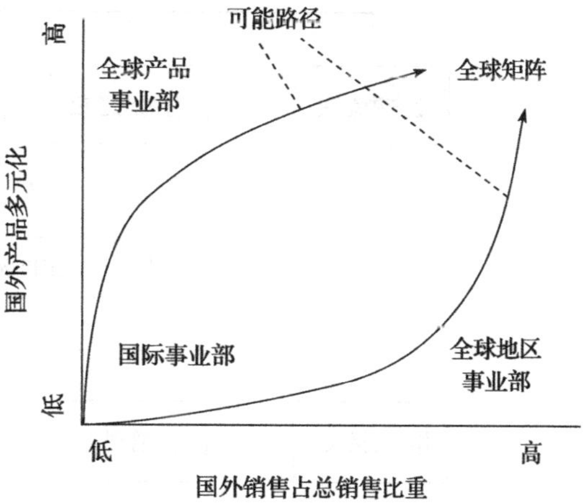

图 7-11　阶段模型

资料来源：Stopford and Wells（1972），截取自 Westney and Zaheer（2009），第 344 页。

7.2.2.2　其他模型

20 世纪 70 年代还出现了全球职能结构（Dymsza，1972）。20 世纪 80 年代初的研究（Daniels，Pitts，and Tretter，1984）发现，在 93 个美国大型多国企业中，有 10 个采用的是全球职能结构。这 10 个企业都是原材料采掘企业，其中 8 个在资本密集度高的能源行业；只有 12%

的美国多国企业样本采用了全球地区事业部结构（见图 7-12）。国际事业部在产品多元化和国外销售额都很高的时候也是可行的（Bartlett，1979）。而且，企业从国际事业部结构转为全球产品事业部结构后，也曾经经历了国外销售额的下降（Davidson and Hsapeslagh，1982）。

这些样本显示的演进规律没有体现出基于产品多元化和国外销售额的特征。

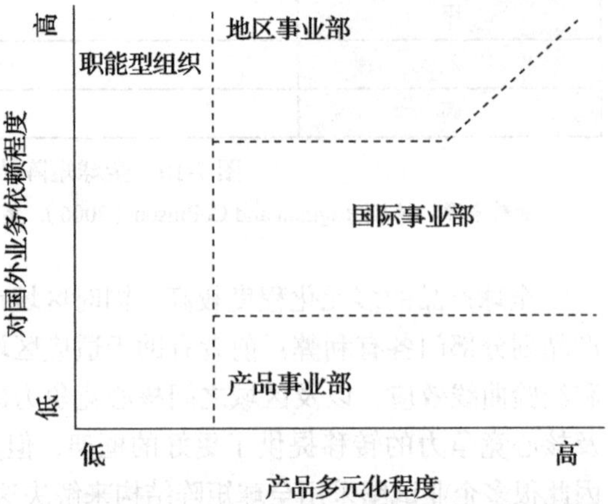

图 7-12 其他结构演进模型

资料来源：Daniels, Pitts, and Tretter（1984），第 304 页。

7.2.3 前正式组织时期

历史上，企业进行国际化的初期，海外业务往往都是国内业务的扩展。国内市场一直是企业的重心，海外市场的重要性居于其后。国际交易通常是一事一议的，并无将海外业务合并至单独部门的意愿。这样，海外销售被视为母国经营收入的补充。

然而，随着海外业务的增长，企业开始采取措施处理这种结构性成长。一种方式便是以营销部门处理海外销售，由营销部门协调所有海外业务。如果销售可观的话，还会有销售人员专门负责国际交易。通过这种方式，公司培养出习得用于海外销售特定需要和营销技巧的营销专家。另外一种安排是创建出口部。出口部可以直接向总裁汇报，也可以是营销条线的子部门。如果作为独立于营销部门的出口部，出口业务可以由内部营销人员承担，也可以交由外部出口管理公司处理。不管采取哪种方式，只要企业想要提升海外业务，就必须确保出口部是一个功能齐全的营销部门，而不仅仅是一个销售组织。出口部结构如图 7-13 所示。

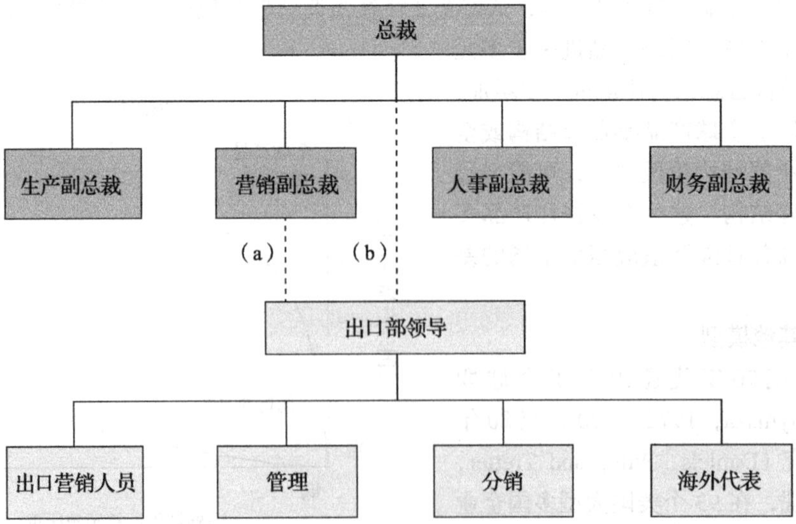

图 7-13 出口部结构

资料来源：截取自 Rugman and Collinson（2006），第 255 页。

当然，还有一种可能的安排是建立海外子公司。至少在这个阶段，国际化的企业已经成为一定意义上的跨国公司。欧洲和美国多国企业的经验尤为如此。

7.2.3.1 早期美国模式：自主子公司

研究发现，美国制造企业在国际化的初始阶段通常采取建立自主子公司（autonomous subsidiary）的形式。

在他们的研究中，“把出口市场丢失给竞争者的威胁通常将经理们引向应当在国外建立自己的工厂来维持竞争地位的决策。迈向多国企业所采取的第一步并没有明确的计划……纯粹的非经济逻辑有时会影响经理们。20 世纪 50 年代末仓促在欧洲投资无疑被一些经理们效仿，因为他们不想被认为是保守的”。

这反映了美国制造业多国企业中的许多公司在没有多少组织内部结构设计的情况下就闯入海外制造。组织设计对于在海外一系列地理区域（国家）相继投资和在一个国家内有一系列相继投资的企业显然不同。多数企业在初步海外投资之后才制定全球成长战略。

记录显示，不同海外项目位于不同的地理位置，早期海外子公司的经理们被赋予高度的自主权，海外子公司同母公司保持控股公司（holding company）的财务关系。只要子公司获得足够利润，就可以免于母公司的干预，自由经营。向母公司的国际经理汇报、向财务经理汇报（尤其是由于股息支付和后续投资决策），或者是总裁对于国际业务有兴趣的话向总裁办公室汇报，这些汇报通常是混乱的。相对于国内业务，国际业务的规模小且重要性低，这种情况下，母公司往往将海外子公司视为其证券投资项目（见图 7-14）。

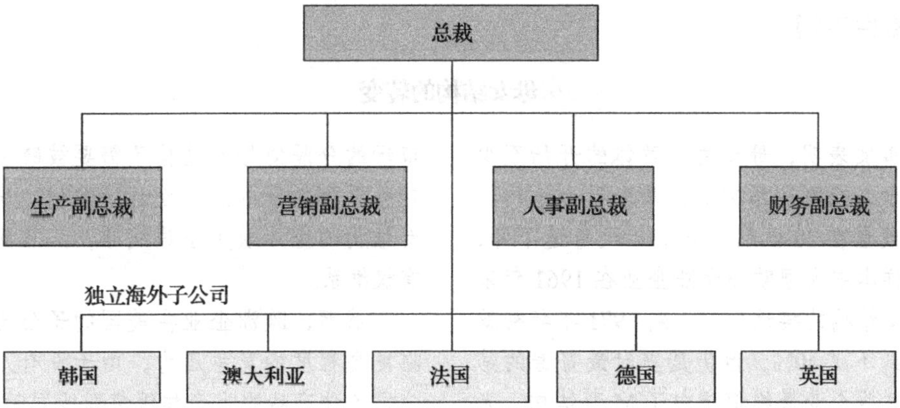

图 7-14 国际化早期阶段的自主子公司

资料来源：截取自 Rugman and Collinson（2006），第 256 页。

但是，随着多国企业进一步介入海外市场，子公司随之成长并成为多国企业更为重要的部分，特别是当子公司积累了资源或对母公司产生资源需求时，控制和监督愈发重要。

出口部结构或子公司安排通常由于不能满足组织不断变化的需要而被抛弃或补充。考虑进行合资和对外直接投资的企业，很可能倾向于国际事业部结构。

7.2.3.2 早期欧洲模式：母女结构

起初采用 U 型结构的欧洲企业，随着企业向海外扩张，开始采用混合国内 U 型结构和国际控股公司的母女结构。母女结构是指在海外设立自主权很高的子公司，国内母公司的组织结构不变，两者间保持松散联系的一种组织结构。

内部控制上，母女结构同美国的自主子公司结构差异很大。母公司与子公司之间不存在正式的、机械式的内部控制，而是代之以非正式的、私人化关系、生物式的控制。

母公司同子公司的关系并非基于书面规则、程序和汇报关系的正式组织结构，而是基于事业、社交、友谊和家族等联系的结构性代理。尽管没有书面规则，但子公司会在产品组合与多元化、产品质量、品牌名称、产品设计与配方、内外部融资、人员提拔和奖励系统方面保持接近于全球标准。外国子公司总裁通常被授予更大的自主权，对母公司保持经营上的相对独立性，同时又直接接受母公司总裁指令并直接向其汇报，但汇报时间和文件格式也很少标准化。母公司总裁可能每年两次对子公司进行“非正式视察”。只要外国子公司遵守这些约束，并在被有所期待的情形下分配股息，母公司很少干预甚至过问外国子公司的经营。通常，母女结构下的子公司雇用比其他组织结构更多的本国外派人员，母国人员进行国际轮换。这些管理实践同典型的美国自主子公司依赖岗位描述、强调规则至上以及雇用子公司所在国的国民担任总裁显著不同。

母女结构不同于美国自主子公司模式还在于，超过60%的美国公司在海外建立了第5个制造子公司之前，会放弃领导对领导的个人汇报模式；如果在海外建立了第10个制造子公司之后，就不再维持领导对领导的汇报关系；而且1967年的时候，美国公司就已不再维持这种关系。但是，在1971年，研究样本中采用母女结构的26个大型欧洲企业在少于7个国家拥有子公司，7～10个国家的有9家，超过10个国家的有12家，其中还有1家公司在17个国家进行制造。

【专栏7-1】

母女结构的转变

事实表明，母女关系解体的开始至少不晚于二战刚刚结束后，采取母女结构的企业数量在20世纪六七十年代急速下降，研究样本中大型欧洲大陆企业在1961年采取母女结构的接近90%，到1971年年初就下降到不足40%，但仍是当时最普遍的结构。这些企业最终都转向了M型结构，尤其是全球产品事业部结构。但是，母女结构的转变，源自外部环境的改变，并非由内部选择压力驱动。

欧洲企业长期维持母女结构同欧洲竞争环境有关。在欧共体运行之前，关税、非关税和卡特尔贸易壁垒分隔了欧洲各国市场，限制了多数欧洲大陆多国企业进行跨国沟通的需要。没有一家采取母女结构的企业的管理者具有严格意义上的超国家责任，但采取其他结构的欧洲企业管理者明确认识到跨国责任、协调和沟通。国家市场的分隔使母女结构不需要被跨国信息转移更有效率的结构设计所取代。采取母女结构的企业缺少全球战略，只靠共同所有权维系。

然而，欧洲企业在美国的子公司却面临更高程度的竞争压力，由于没有人对子公司各种产品的生产和销售职能同时负责，职能型组织严重限制了对竞争做出快速反应，最终不得不进行结构调整。当然，二战后不久，飞利浦和西巴（Ciba）这样的公司也将1921年杜邦和通用汽车创始的产品事业部的概念带回欧洲。雀巢甚至在二战前就采取了地区组织结构。到1968年，欧共体内部关税降为零，就有12家企业转向具有超国家责任中心的结构；到1971年，这个数字是39家。

在组织结构变迁路径上，欧洲企业也与美国企业不同。多数欧洲多国企业跳过近 90% 的美国多国企业经历的国际部阶段，进入全球组织结构。与此同时，欧洲多国企业在母国按产品划分事业部，相比而言，美国企业在采取全球结构之前就已经完成了其国内职能结构向事业部结构的调整。这并不是因为欧洲企业的多元化是滞后的，相反，无论在其母国还是海外，欧洲企业的多元化程度都高于美国企业。只不过是由于竞争环境的不同，欧洲企业并未在竞争压力下感受到结构追随战略的特别需要。而一旦面对国际竞争，其结构就需要同国内和国际产品多元化战略相一致。所以，海外产品多元化程度高的就采取了全球产品结构，多元化程度低的则倾向于采取地区结构或者全球职能结构。那些放弃母女结构而采取国际事业部的欧洲企业，都是产品多元化程度适中、地理分散度也较低或适中的企业，而且多是母国市场相对于海外市场更大的企业。那些同时面对产品多元化程度和地理分散度都较高的欧洲企业，多数也采取了混合结构和矩阵结构。混合国际结构是将某些利润责任划给产品，其他的利润责任划给地区。矩阵结构则是两条线都有利润责任。

在放弃了母女结构之后，欧洲企业和美国企业都采取了一样的子公司所有权模式。采取国际事业部和全球产品事业部结构的企业通常同外国当地企业形成合资企业。而采取地区结构、混合结构和矩阵结构的企业则避免建立合资企业。这是由于更高的产品多元化程度或有限的地理分散度降低了生产合理化和营销跨国协调的可能性，有限产品线在许多国家抵抗竞争威胁，或试图管理不是简单将利润责任划给产品或地区更复杂的组织时，合资的所有权模式难以维持统一战略。随着组织结构的转变，正式规则、程序和汇报系统都随之建立，但不同于美国公司，控制系统仍呈现私人化特征。■

7.3 国际企业组织的外部选择机制

7.3.1 全球战略与组织设计

I-R 框架将外部环境作为国际企业演进的一种选择机制，除了表明一家企业应当追求什么样的战略外，还能够在一定程度上反映企业的组织设计，而且将组织设计的分析从正式结构转变为管理过程。

全球整合压力很大而当地响应压力不大（高 I/ 低 R）的企业会选择基于产品划分的结构，全球整合压力小而当地响应压力大（低 I/ 高 R）的企业会选择基于地区划分的结构。对于全球整合压力和当地响应压力都很大（高 I/ 高 R）的企业，由于正式的全球矩阵结构以呆板的层级结构为基础，被证实很难实施，组织设计的重点转向了组织架构的其他要素——流程和系统，这些要素有助于处理那些多国企业固有的内在冲突。

7.3.2 跨国战略与管理过程

7.3.2.1 两种压力的要求

管理层的主要职能之一就是营造沟通渠道，以提供组织决策的运行环境。正式的协调机制固然重要，但那些试图平衡较高全球整合压力和较高当地响应压力的企业，其任务的复杂性和不确定性很高，正式机制不足以满足海量信息加工的需要，因此必须求助于非正式机制。非正式机制包括促进人际关系，但更为重要的是通过仔细设计一系列诸如特别工作组、团队、联络员角色、管理整合者、委员会、IT 系统等纽带机制，并以资源与激励公开支持纽带机制的任务要求和组织更宽广的战略要求，以对决策过程、各个经理的利益以及政治联盟构成方式进行塑造。

总之，组织设计对高 I/ 高 R 的企业至关重要，正式结构固然有力但反应迟钝，所以跨部门纽带机制和对接系统的重要性超过正式组织结构方面的重要性。调整经理人员的思维并重塑核心决策能力，需要成为共识，即“发展一批经理人员，他们应具备意愿和能力代表某种特定观点，并能够理解其他的需求，以及能充分认识到要实现企业的整体目标不能排斥不同的观点”。这种管理心态是此类多国企业取得成功的必要条件。在员工国别背景多样，管理层无法认定所有员工共享价值观与规范，尤其是距离、语言以及时区分隔了经营环境，导致在正式结构和系统的作用受限的情境中，共同的管理心态比正式结构和系统更能有效协调组织活动。这种共识本质上是对组织文化欠缺的补充，同时也指向了组织文化应有的方向和内涵。

7.3.2.2 全球学习的要求

跨国战略的一个重要因素是全球学习。相较于平衡两种压力的要求，全球学习的要求对于促进流程和系统的开发更为重要。为了利用多国企业分散的创新能力，各子单位同样需要以多样的方式联结起来，进而形成网络。跨子单位网络的性质和密度由各子单位角色决定，各角色又由环境的条件、子单位自身的能力、多国企业的政治以及决策过程所共同决定。

【专栏 7-2】

异形结构

请扫描二维码详尽了解专栏内容

7.3.3 I-R 框架下的组织模型

7.3.3.1 组织模型

Bartlett 和 Ghoshal 总结出四种多国企业的模型，如图 7-15 所示，分别为多国模型（multinational model）、国际模型（international model）、全球模型（global model）和跨国模型（transnational model）。⊖前三者是以多国企业母国为中心的“中心—分支”（hub and spoke）模型，后者是相互依存子公司的整合网络（integrated network）模型。

7.3.3.2 组织模型的演进

20 世纪 80 年代中期开始，跨国模型逐渐成为关注焦点，原因在于两种环境压力似乎都在增强，多数企业都将向跨国模型演进。随着更多的多国企业进入高 I/ 高 R 的区域，出现了结构上近似阶段模型的演进模型（见图 7-16）。

⊖ 采取相应组织模型的公司被 Bartlett 和 Ghoshal 称为 multinational companies、international companies、global companies 和 transnational companies。请注意这些名词侧重全球战略与组织模式的角度，不能同 multinational enterprise/corporations 和 transnational corporations 两个术语相提并论，后两者均强调企业的地理边界区别于 domestic firms/companies/corporations 的内涵。所以，当他们需要提及作为一般形式（general form）的 transnational corporation（TNC）时，即便是在引用联合国对 TNC 的定义原文时，也会以 multinational corporation（MNC）替代。

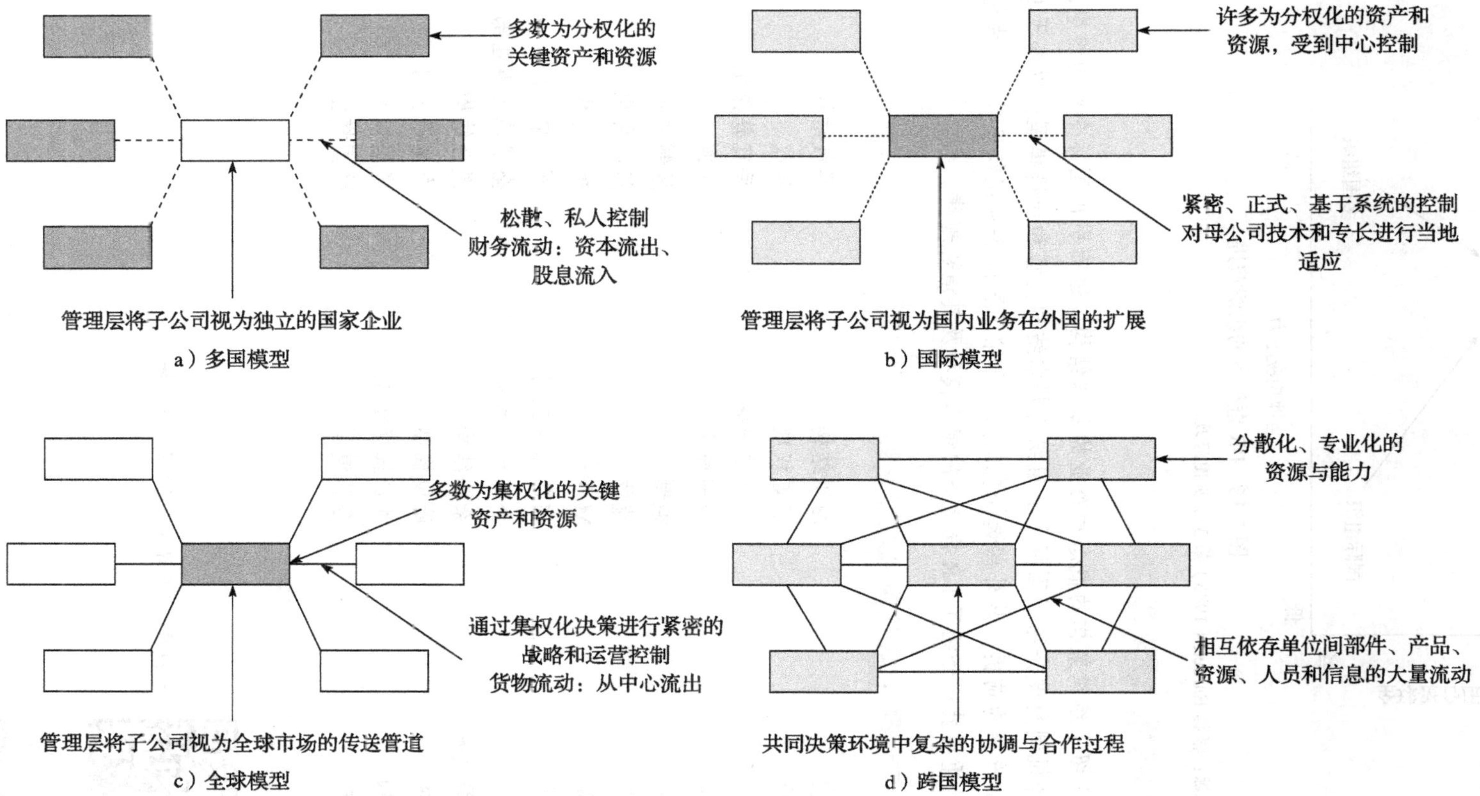

图 7-15　Bartlett 和 Ghoshal 的多国企业组织模型

资料来源：图截取自 Bartlett and Ghoshal（1989，1998），文字说明出自 Bartlett and Beamish（2018）。

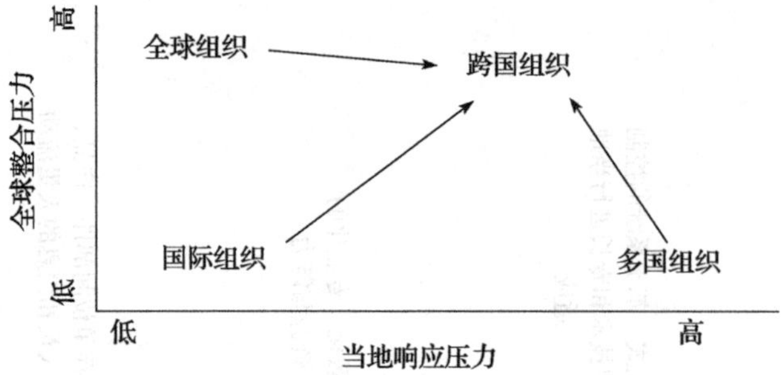

图 7-16　I-R 框架下的组织演进

资料来源：根据 Bartlett（1986）第 377 页图修改。

本章小结

本章介绍了组织架构的概念和企业的基本结构，进而引出国际企业的组织演进问题；从内部选择机制角度介绍了国际企业组织的基本结构类型和演进模型；以基于 I-R 框架的全球战略的选择为前提，从外部选择机制角度介绍了国际企业组织设计中正式结构以外的管理过程的重要性；介绍了 I-R 框架下的组织模型及其演进规律。

关键术语

组织架构	组织结构	层级结构
部门划分	配置权威	集权
分权	水平差异化	垂直差异化
技术效率	代理效率	协调
协调方法	控制	控制方式
控制机制	流程	组织文化
U 型结构	M 型结构	矩阵结构
网络结构	内部选择机制	国际事业部
全球结构	全球产品事业部	全球地区事业部
全球职能结构	杂合结构	混合结构
全球矩阵	阶段模型	自主子公司
母女结构	外部选择机制	多国模型
国际模型	全球模型	跨国模型

本章阅读资料

请扫描二维码详尽了解本章阅读资料

本章教学示范

请扫描二维码详尽了解本章教学示范

第四篇

PART 4

国际商务实施

第 8 章
CHAPTER8

进 出 口

引导案例

进出口业务流程外包与外贸模式创新：一达通发展路径

2001 年年底中国入世，中国在全球的贸易地位发生了重大变化。深圳一达通公司（以下简称“一达通”）就是在中国外贸格局发生重大变化的这一年正式诞生的，其创始人魏强这样描述当年的创业初衷：“我决定打破传统的外贸生存法则和基础，即三个方面，第一个是进出口权，第二个是社会关系，第三个是偷税漏税。这三种是当时进出口服务的业态。2001 年公司建立的时候，我就决定要打破这三种业态，建立一个纯粹的商业化的服务外包公司，把服务从外贸中彻底分离出来，提供专业的服务。能够争取到客户的原因是性价比更高、效率更高。”

入世后的第二年，中国外贸取得了令人惊奇的增长。2003 年中国实现外贸进出口总额 8 512.07 亿美元，比 2002 年增长 37.1%。有数据显示，该年，集体私营企业出口增长强劲，出口 600 亿美元，同比增长 83.1%，高出整体出口增幅 48 个百分点，其出口增量占总出口增量的 24.1%。中小企业日益成为外贸主力军。然而，在进出口过程中环节多，交易履行成本一直很高。很多情况下，成交后的环节服务——通关、金融、物流，这些占了整个对外贸易成本的 30%。对于国内的中小企业，它们更是没有办法降低贸易环节中的成本，所以它们需要一个能够整合它们的力量然后带来利润的中介机构。

一达通最早就类似所有的其他外贸中介公司，提供进出口履行合同环节的各种手续外包业务。但不同的是，一达通建立了一个基于网络的外贸业务流程处理的平台，想做出个不靠关系，靠技术和平台功能实现长期滚动式的发展，其规模越大能力越强。

2005 年，一达通刚开始创业时一共有 7 个合伙人，投入了 1 000 多万元。到 2006 年钱已经差不多花完了，每个月的支出是 20 多万元，而每个月的进账只有两三万元，因为一单只有 1 000 元。公司一直亏损到 2008 年。

如何用规模来获得盈利呢？到 2007 年的时候，事情出现了转机，公司业绩做起来了。

一达通在两个方面通过努力取得了突破。

第一，在整个公司的运营中，把进出口整个庞杂的环节，用标准化和流程规范起来，适合商业化的批量服务，公司用了9年的时间才完善了每一个环节。这就像开发一个新的体系，把这个逻辑关系系统地整合出来。用经验不断完善整套系统，这个系统需要覆盖上千种进出口类型的每一个程序、每一个环节，目前已经覆盖了90%的进出口类型。以后客户规模无论扩大多少倍，公司的支出也不会有太大的变动，现在一达通已经具备了服务更多客户的能力。就相当于超市，哪怕只有一个买家，也要完善各种设备设置。一达通就是个中介超市，刚开始只有一个客户，也要完善。一个超市，有1万个客户的时候，可能才开始盈亏平衡，到10万个客户的时候，可能规模还是这么大。初始的投入是不可避免的。绝大多数中小企业在初创期，并不是需要流动资金贷款，而是需要贸易融资，即接了一个单子，钱不够，得去借。但在中国中小企业的贸易融资很难开展，因为信息不对称，贸易是真是假还不知道，前提是要银行相信企业，但在中国国情下，以往传统的外贸和金融机构都无法做到这样。而一达通所建立的标准化业务流程，以及平台的交易数据和信息流却使信用信息得到了对称。

第二，在整个公司的运营中创新收入模式。一达通的平台每单1 000元的收入并不能抵消支出，因为这并不是公司的主要收入来源。一达通还打算以后每单就收1元钱。这就像超市，超市并不收取门票，但非常赚钱。在一达通看来，金融服务业是国民经济的命脉，如果整合起来，将是一个巨大的能量。如果把中国4 000万中小企业当作客户，银行物流包括海关当作厂家，那么平台就是中介。举个例子，假设银行正常的外汇结算是6.8美元，一达通的平台由于形成了规模，可能拿到6.82美元。平台在人保拿到的是5‰的保费，而外面是1.5‰，平台给客人的是1‰，相当于10‱。所以，每个环节都可以用规模来盈利。但是给客户的价钱绝对比他们自己去办理要低得多，所以客户明知道一达通平台赚钱，也乐意把这些服务外包给平台。

中国的外贸规模已经超过3万亿美元，其中70%以上是由400万家中小企业贡献的。一达通70%以上的业务由年均100万美元以下的中小企业组成。这样我们不难想象这一块的空间有多大。

2010年，只做资讯服务的阿里巴巴注意到了这个外贸专业性极强的交易环节的服务平台。这个平台外包了企业的这些物流、金融、保险环节，减轻了它们的负担，同时又为银行提供了最真实的企业资讯和环节管控。而阿里巴巴恰恰想做的事情是，打造一个正规纳税，不靠社会关系，完全覆盖外贸11个环节的标准化服务体系，且收费低廉。

2010年11月15日，阿里巴巴公告其收购了一达通。

学习目标

通过本章的学习，从国际商务战略与运作的角度了解企业在进出口方面遇到的机遇与挑战、中国进出口一般程序和做法、出口动机、出口管理与战略，以及网络时代进出口的演变和新趋势；清楚了解企业在国际商务活动中的进出口行为、战略选择与决策因素，以及网络新时代下进出口的变化及其趋势；了解有关进出口的相关概念，以及企业进出口的战略决策和发展趋势。

8.1 进出口在国际商务活动中的界定及其地位

进出口一般被认为在传统国际贸易中处于核心地位。最早的跨境商业活动是国际贸易，而最初的国际贸易活动都是货物的跨境买卖活动。无论是陆地的边境贸易，还是海上贸易，其基本的活动就是通过一定方式的交易活动来实现货物的跨境流动。随着运输方式的不断进步，特别是海上运输工具的改进和发展，海上进出口贸易的交易方式逐步成为进出口的基本流程和基本规范。了解和掌握如何操作进出口贸易，使其符合相关贸易机构和贸易监管部门规范就成为进出口领域的重要内容。

然而，企业将进出口作为国际经营活动的战略和策略，以及探讨进出口的经营决策要素却很少被纳入传统的国际贸易组织体系。针对进出口的各种复杂内容，企业层面如何决策恰恰在传统的国际经营活动中被忽略。本章主要探讨企业的进出口行为、企业进出口在国际商务活动中的体现，以及企业进出口的战略和涉及的决策问题。

8.1.1 进出口的界定

通常进出口被认为是企业之间的跨境贸易行为，也就是说，一个国家的企业把商品卖到了另一个国家的企业（或者购买行为），并产生了货物的跨境交付行为和国际支付活动，这也被理解为国际商品买卖。但是，进出口作为独立的知识体系，在介绍中经常被认为是一般国际货物买卖。这是因为，传统的国际贸易一般都是在企业之间进行的，而买卖的内容一般都是货物。因此，学术界在讨论和研究进出口问题时多半会关心处在不同国家的企业间进行国际货物买卖的交易达成和交易履行过程。我们应该承认，围绕交易为核心的交易过程的确是商业存在本身的核心。对进出口交易过程的了解有助于我们掌握这一交易本身的核心内容。理所当然，我们要把进出口流程和程序等与交易相关的内容作为国际商务的一部分予以介绍。

从一般国际货物买卖角度来看，进出口的交易主体一般都是企业，交易客体是一般货物。这里，货物是对买卖的商品所做的一般统称。在国际商务活动中，货物、商品、产品等概念都在不同情况下使用，有时，这些概念彼此之间还相互替代使用。一般而言，从进出口交易达成和流程角度看就是货物，而从市场和消费者角度看就是商品，从企业角度看就是产品。传统的进出口实务更倾向的是对货物的买卖达成和买卖过程进行讨论。

然而，值得注意的是，近些年来，进出口的边界和界定越来越模糊。随着国际互联网的日益普及和广泛深入，在国际商务活动中，进出口活动越来越呈现多样化。企业不仅可以通过传统渠道，而且还可以通过网络渠道把产品卖到全球各地，甚至直接把产品卖到世界各地的消费者手中。这导致跨境贸易行为从交易主体、交易内容到交易方式都发生了变化。这种变化越来越受到国际市场的关注。而更令人关注的是，这种从交易范围到交易内涵的变化却引发了企业围绕着进出口的战略选择也发生了变化，进而可能引发国际贸易从交易到流程、从服务到市场结构都会发生重大的变化。这也是我们这个时代应该非常关注的变化趋势。

因此，要对进出口进行清晰的界定越来越难。为了能够把进出口在国际商务视角中反映出来，在此，我们理解的进出口既包括交易也包括流程，还包括与其相关的服务，甚至还应该包括战略，也就是企业的决策问题。

进出口中涉及的范围和当事人除了进出口商之外，为进出口提供服务的企业还可能包括如下直接相关服务机构、间接相关服务机构和政府机构。直接相关服务机构可能包括国际运输物流公司、保险、银行等；间接相关服务机构可能包括征信机构、保理公司、港口码头、贸易促进机构、仲裁机构等；政府机构包括贸易行政管理机构、海关、商检、外汇管理机构、税务机构等。

8.1.2 进出口在国际商务活动中的体现

在国际商务活动中，出口往往是很多企业选择进入国外市场的第一步。因为对于企业的海外市场战略而言，出口的风险相对小，成本可以很低，对国外市场需求和销售过程也不需要了解太多。只要企业生产的产品在国外有需求、有订单，在生产和交易成本可以控制的情况下，企业通常都会尝试做出口。

在很多国家，例如在中国，有很多出口拓展渠道，也有很多外贸公司和外贸专门服务机构负责处理与政府相关的流程，例如报关、报检、国际运输和物流以及收汇等环节都有专门的服务机构。因此，在开放的市场环境下，出口并不是很难的事情。

与此同时，在开放经济环境下，相对于出口行为，进口也成为企业参与国际商务的方式之一。出于成本和产品差异化的角度考虑，企业和政府，甚至消费者，也更多地喜欢国外的产品。全球采购成为越来越普遍的现象。加上现今在进出口方面进行外汇管制的情况越来越少，在全球范围寻求合适的产品从事进出口活动已经成为越来越多的企业行为和企业战略。

随着国际互联网时代的来临以及现代信息技术应用的普及，从事进出口活动已经不像以前那样需要特殊的知识和技能，现在，网络市场和网络服务平台会使做进出口不是一件很难的事情。随着中国市场经济的不断完善和对外开放的不断深入，普及性的国际贸易专业教育让更多的人掌握了与进出口相关的知识。

然而，在很多情况下，企业从事进出口活动并不总是一件很容易的事情。毕竟从事进出口活动需要掌握专业知识、能够进行跨文化沟通的人才。在通常情况下，与做国内贸易相比，从事进出口活动通常面临如下挑战。

1. 语言

语言沟通能力是跨文化环境中非常重要的因素。与不同国家的人打交道需要相互沟通，了解彼此的需求和意图。语言与文化非常相关，不同的文化和语言群体，其行为方式也不同。日本人在商务谈判中的表现与美国人可能不同，中国人的思维方式与英国人也可能不一样。如何在不同文化中准确沟通、清晰表达的确对每一个从事进出口活动的人来说是一个极大的挑战。而一门外国语言技能的获得需要长期的学习和实践，甚至需要不断在具体商务情境中积累经验。不仅是口头表达，而且专业的写作技能也会提升你做进出口的能力。

2. 专业知识

从事进出口活动需要跟很多不同部门打交道，这之间要经历很多专业环节和处理很多专业问题。从产品生产的质量控制、产品类型与标准等产品和生产制造专业知识，到合同签订，与运输、保险、商检、银行等专业服务机构打交道的商业和法律专业知识，进出口商除了需要掌握这些知识外，还要熟悉很多国家的进出口管理和贸易政策。为了能够做好进出口业务，进出口商甚至还需要研究市场，研究供需和价格走势，还要关注宏观经济和经济政策变动。这一切都需要专业的知识作为支撑。

3. 政府监管

从进出口实务角度看，鉴于国际贸易与国内贸易的主要区别是来自政府对贸易的监管，因此政府监管措施和政策对进出口影响很大。做进出口的企业通常要与不同的政府机构打交道，以应付政府对进出口的监管需要。海关、商检、外汇管理以及政府贸易管理部门都是监管机构。

近年来，政府监管和贸易政策对进出口贸易的影响越来越大。贸易的监管和贸易政策的制定都以保护本国利益作为目标。例如，不断提高的严格的检验标准和检验程序往往都是出于保护国民的健康、保护环境或者维护国家安全等。这些贸易监管措施也被称为进出口贸易中的技术贸易壁垒，日益对进出口商提出挑战。另外，出于公平市场竞争的考虑，在进出口贸易中，按照 WTO 规则所进行的反倾销调查和征收反倾销税等做法也对进出口贸易的做法提出了严峻的挑战。

8.2 出口的一般程序

从进出口交易和程序角度看，其本质就是双方达成国际货物买卖合同，以及安排履行合同的过程。履行国际货物买卖合同不外乎就是围绕着货物交付和货款收付两项工作。进口和出口这两个程序是上述进出口程序的两个方面。从出口商角度而言就是出口程序，从进口商角度而言就是进口程序。我们在此主要介绍出口的一般程序，对于与出口相对应的进口程序，就不再介绍了。

从出口商角度，出口商的出口程序包括确定交易条件，谈判达成合同，备货，督促进口商安排付款，办理货运，投保、报检、报关和交付货物，以及收付外汇等。

具体的一笔出口交易流程描述如下。

8.2.1 确定交易条件

进出口商开始谈第一笔进出口交易时，通常都是先确定一般的交易条件。一般的交易条件都涉及整个合同的条款约定、买卖双方基本权利和义务的划分以及价格的构成和基准。在谈判中，进出口双方一般习惯引用国际贸易术语（例如 FOB、CIF 等）来表达基本的交易条件。这些国际贸易术语通常都由国际权威组织进行成文解释，其中国际商会制定的《国际贸易术语解释通则》就是目前被普遍采纳的解释贸易术语的国际贸易惯例规则之一。因此，在业界，国际贸易术语被认为是用来表示国际货物买卖的交货条件和价格构成因素的专门用语。进出口商采纳不同的贸易术语，意味着他们之间的基本权利和义务的划分不同。国际商会出版的《2020 年国际贸易术语解释通则》对 11 种贸易术语进行了解释，这 11 种贸易术语如表 8-1 所示。

表 8-1 《2020 年国际贸易术语解释通则》的 11 种贸易术语

EXW (Ex Works)	工厂交货
FCA (Free Carrier)	货交承运人
FAS (Free Alongside Ship)	船边交货
FOB (Free on Board)	船上交货
CFR (Cost and Freight)	成本加运费
CIF (Cost, Insurance and Freight)	成本、保险费加运费
CPT (Carriage Paid To)	运费付至
CIP (Carriage, Insurance Paid To)	运费和保险费付至
DAP (Delivered at Place)	目的地交货
DPU (Delivered at Place Unloaded)	目的地卸货后交货
DDP (Delivered Duty Paid)	完税后交货

除了贸易术语之外，进出口商可能还会提出一些其他的一般交易条件，例如货款支付，以及与交货和支付相关的涉及整个合同的其他重要条件。

8.2.2 谈判达成合同

通常基于国际贸易术语和其他的一般交易条件，进出口商会提出报价，然后双方都要通过一系列的讨价还价谈判过程来达成合同。

双方在合同达成的过程中所商谈的内容通常要全面一些，这些内容就是进出口商经过谈判最后所形成的合同条款，其内容可能包括商品名称、规格、品质、数量、包装、贸易术语、装运期、保险条款、付款条件、结算方式、检验条款、索赔和仲裁等。这些能够体现进出口双方真实意思表示（包含上述合同条款）的书面内容就是国际货物买卖合同。

按照我国相关的法律规定，进出口商需要用书面的方式（电子方式，例如电子邮件也通常被认可）达成国际货物买卖合同。尽管法律上不要求严格的合同格式，进出口商还是要经过法律所认定的合意方式来达成合同。通常从业务角度，合同达成的过程一般包括询盘、发盘、还盘和接受四个环节，这四个环节体现了进出口商从询价、讨价还价到最后达成合同的过程。而实际上从法律角度，合同的达成只需要两个法律环节：有效的要约和有效的承诺。

在实际进出口业务中，为了避免争议，进出口商都有自己的简便方式来达成有效的书面合同。其中有两种方式在业务中最常见：一种是销售确认书的做法，另一种是形式发票的做法。

1. 销售确认书的做法

进出口商在反复交换信息和沟通谈判之后，由出口商把双方谈判和沟通确定的各种交易条件总结形成书面确认书的格式，当面、邮寄或用电子邮件的方式交予进口商签字确认。鉴于是出口商站在卖家的立场上起草的确认书，因此，我们就称之为销售确认书。销售确认书经双方签字后即构成了书面合同。这种做法简化了书面合同的订立过程，在实际进出口中应用比较广泛。

2. 形式发票的做法

形式发票的做法是近年来在实践中进出口商达成书面合同的另一种简单有效的方法。以往形式发票被认为是试算发票，是由出口商根据交易的具体内容和价格给进口商出具的含有出口产品详细描述的试算发票，主要用于提交行政机构等获得外汇审批、海关许可、银行付款等目的。形式发票不具有正式发票的作用，形式发票是以发票的格式列载了重要的交易内容和价格条件。特别要指出的是，近年来，形式发票用于行政审批的作用越来越少，而形式发票所载的内容却越来越多，它包含了进出口商所确定的主要的合同条款内容。因此，在进出口实践中，形式发票也经常被用于进口商对详细交易内容和价格的确认，其作用与销售确认书并无两样。

8.2.3 备货

备货工作是指出口商根据出口合同的规定，按质、按量地准备好应交付的货物，并做好交付货物、报验和报关等工作。备货一般包括三个方面的问题：有关货物、有关包装和有关运输标志。

有关货物主要指的是准备的货物要符合合同规定的品质和数量要求，因此，出口商在对货物包装和装运前要认真核实货物的规格和数量。有关包装指的是货物的包装要符合长途运输的情况。国际货物运输路途远，装卸复杂，风险大，运输包装应该最大程度保证货物完好无损，同时还要满足海关和商检对货物包装监管的要求。有关运输标志指的是货物外包装上按照运输公司要求所刷制的运输标志，主要用于业务操作人员或者货物监管机构有效识别货物。

8.2.4 督促进口商安排付款

在备货的同时，出口商要安排运输，督促进口商安排付款。付款安排取决于进出口商事先谈好的交易条件。在目前通过银行所做的进出口付款安排中，基本的付款方式有三种：汇付、托收和信用证。

汇付一般是通过银行汇款的方式来支付，例如电汇。通常都是用于合同的部分预付款，或者结算合同的尾款等，一般不用于主要的货款支付。

托收可以用于主要货款的收付。出口商可以通过开具跟单汇票的方式委托银行向进口商收取货款。出口商在把货物交付承运人后，按照合同和约定准备各种货运单证，包括发票、装箱单、海运提单、保险单，并向进口商开具汇票，将这些单据交银行委托收款。这种做法的特点是可以做到单款对流，也就是出口商可以让银行控制代表货物所有权的货运单据直至进口商支付全部货款。除非出口商指示银行放单，否则货运单据是在出口商的控制下。但即使是这样，出口商也会有一些风险，例如在拒付情况下的货物处置，甚至有时会出现无单放货的情况，有货物被提走的风险。因此，出口商往往在对进口商信誉情况非常了解，而且采用类似 CIF 等卖家可以控制运输和保险的情况下才可放心使用托收支付。

信用证付款方式则是由银行介入，由银行替买家在单证相符情况下向卖家支付的一种结算方式，其最大的优点是用银行信用做担保支付。出口商只需要按照信用证的要求提交符合信用证规定的各种单据，做到“单单一致，单证一致”，就可得到银行的付款。但是，信用证支付中昂贵的手续费和复杂的支付程序也让很多经常往来的进出口商放弃了这种支付方式。

在进出口环节中，进出口商需要就支付中的各个环节进行沟通，做好付款安排的工作，例如要及时沟通付款的情况。

8.2.5 办理货运

随着社会分工细化和现代信息技术发展，进出口商越来越少与运输工具承运人（如船公司）打交道，而是由专业化较强的货运服务机构从中提供中介服务。这些不同行业特点的运输服务中介为进出口商提供了多种选择。根据货运公司提供服务的不同类型划分，一般进出口商会与三种类型的货运服务机构打交道：国际储运公司、国际货运代理公司和国际运输联盟。

1. 国际储运公司

国际储运公司都有自己的仓储设施，最早就是为了给等待装运的货物提供仓储服务。出口商通常都是将出口货物在装运前先用卡车或火车运送到离装运地点最近的国际储运公司的仓库中。多数情况是，出口货物在实际装运前要在储运公司的仓库中进行装运前的处理，如果是集装箱货物，需要进行货物拼箱和装箱，国际储运公司要负责货物的拼箱处理（consolidation），然后负责将货物直接运到装运码头或航空港进行实际装运。许多大的外贸公司都有自己的内部储运公司和仓储设施，负责上述工作。

由于受到现代物流管理潮流的影响，现在的国际储运公司，其业务已经不再局限于提供仓储服务或货物的拼箱、装箱和装运前的运输，它们也充当了国际货运代理人的角色，即在为进出口商提供仓储服务的同时也负责办理国际运输。一个典型的国际储运公司的集装箱运输的运作程序如下。

（1）出口商就一批货物与储运公司接洽，国际储运公司就出口商的整体运输情况向出口商提出建议。

（2）运输条件达成后，储运公司负责向船公司租船订舱，并根据装运期就装运前的拼箱和装箱时间做出安排。

（3）储运公司就货物及有关单据（如发票、装箱单等）的准确性进行核对。

（4）储运公司负责制作有关运输单据，如载货清单（cargo manifest）、运输代理行提单（house B/L）或主提单（master B/L）等。

（5）储运公司进行货物的拼箱和装箱，将货物及运输标志打在外包装上。标志信息包括：运输代理行提单和主提单号、货物的启运地和目的地、货物的总箱数等。

（6）用卡车或火车等运输工具将货物从仓库运到装运港，并安排货物装上运输工具。

2. 国际货运代理公司

国际货运代理公司的业务范围通常比国际储运公司的业务范围广，其主要的优势就是掌握国际上四通八达的运输网络，有的在世界各国的港口有许多代理机构。国际货运代理公司为货主服务，并从货主那里获得报酬。

国际货运代理公司有大有小，大公司的海陆空及多式联运货运代理业务齐全；小公司则专办一项或几项业务。常见的货运代理公司的业务有：租船订舱、货物报关、转运及理货、仓储、集装箱拼箱及拆箱、国际多式联运、物流管理以及运输咨询等。

国际货运代理公司通常都在某个地区或国家具有综合性的运输优势，业务逐渐拓展到全球范围。下面就以一家综合性国际货运代理公司为例，说明货运代理公司的典型货运程序。

（1）出口商就一批货物与货运代理公司接洽，国际货运代理公司就出口商的整体运输情况向出口商提出建议，并报一个全程运输的综合价格。

（2）运输条件达成后，货运代理公司确定货物运输的航线，负责向船公司或航空公司租船订舱，并根据装运期就货物从仓库到装运港的运输仓储和装运做出总的安排。

（3）货运代理公司与装运前的仓储公司或陆运公司洽商货物从仓库到装运港这一段的运输，并就货物及有关单据（如发票、装箱单等）的准确性进行核对。

（4）货运代理公司受出口商的委托办理货物通关手续。

（5）待货物在装运港装运完毕后，根据大副收据制作运输代理行提单，并与船公司或航空公司联系取得主提单等。

（6）货运代理公司将运输代理行提单交付出口商，同时将船公司或航空公司的主提单寄交国外目的港的代理。

（7）出口商经银行结汇后，有关货运单据，包括运输代理行提单被转移到进口商手中。

（8）货物到达目的港后，货运代理公司的目的港代理通知进口商直接从港口提货，或者由货运代理公司的目的港代理作为收货人替进口商办理进口报关手续，再将货物运送到进口商的目的地。

（9）进口商向在目的港的货运代理公司的代理出示运输代理行提单，换取主提单或者其他提货凭证。

（10）如果进口商未能在规定的时限内提货，由货运代理公司的目的港代理作为收货人在征求有关货主意见后将货物另行处置。

3. 国际运输联盟

国际运输联盟是指在国际上具有一定实力的大的货运公司，它们凭借在全世界各地的运输代理机构，与不同地区的各有优势的货运代理公司结成运输战略联盟（alliances）。通常它们的优势是为客户提供复杂、系统的大型工程项目的运输。

由于大型工程项目的运输周期长、货物规格复杂、运输航线不定，这通常要求运输公司具有较强的协调能力。国际运输联盟将许多国际货运代理公司和国际储运公司的优势结合起来，并利用现代信息技术手段，能够满足任何特殊运输的需要。

以上三种类型的运输公司服务的内容虽然有交叉，但各有优势和侧重。出口企业应根据货物和运输线路的情况，合理选择合适的货运服务机构。

8.2.6 投保、报检、报关和交付货物

交付货物是一个过程行为，也被简称为交货，指的是出口商将货物占有权转移给进口商或者指定的承运人控制的行为。出口商能否顺利完成交货要取决于许多环节的配合，例如在通常的海运情况下，这要求出口商把货物集运到装运港仓库，并办理投保、报检和报关手续，然后才能将货物的实际占有权转移给指定的承运人控制。

1. 投保

如果需要出口商投保，例如按 CIF 条件成交的出口合同出口商须替进口商办理保险，那么出口商在货物装船前，须向保险公司办理投保手续，填制投保单。出口投保一般都是逐笔办理，投保人投保时，应将货物名称、保额、运输线路、运输工具、开航日期、投保险别等一一列名。保险公司接受投保后，即签发保险单或保险凭证。

2. 报检

凡属一国法规规定法检的商品，或合同规定必须经检验检疫机构检验出证的商品，在货物备齐后，应向检验检疫机构申请检验。只有取得出入境检验检疫机构颁发的合格的检验证书，海关才准放行。经检验不合格的货物，一般不得出口。

在中国，申请报验的手续是，凡需要法定检验出口的货物，应填制“出口检验申请单”，向出入境检验检疫机构办理报验手续。

货物经检验合格，即由出入境检验检疫机构颁发检验证书，进出口公司应在检验证书规定的有效期内将货物出运。如超过有效期装运出口，应向出入境检验检疫机构申请展期，并由出入境检验检疫机构进行复验，经复验合格，货物才能出口。

3. 报关

报关是指进出口货物出运前向海关申报的手续。按照《中华人民共和国海关法》的规定：凡是进出国境的货物，必须经由设有海关的港口、车站、国际航空站进出，并由货物的发货人或其代理人向海关如实申报，交验规定的单据文件，请求办理查验放行手续。经过海关放行后，货物才可提取或者装运出口。

目前，中国出口企业在办理报关时，可以自行办理报关手续，也可以通过专业的报关经纪行或国际货运代理公司来办理。

无论是自行报关，还是由报关行来办理，都必须填写出口货物报关单，必要时，还须提供出口合同副本、发票、装箱单或重量单、商品检验证书及其他有关证件，向海关申报出口。

8.2.7 收付外汇

货款收付也是进出口合同履行中的重要环节。根据进出口商的合同约定，其具体做法有较大差别。

信用证项下的制单结汇方式一般都是收妥结汇，是指信用证议付行收到出口企业的出口单据后，经审查无误，将单据寄交国外付款行索取货款的结汇做法。在这种方式下，议付行都是待收到付款行的货款后，即从国外付款行收到该行账户的贷记通知书（credit note）时，才按当日外汇牌价，按照出口企业的指示，将货款折成本币拨入出口商的账户。在很多情况下，出口商急需资金周转，需要银行给予一定的资金融通，所以银行一般也可以根据情况做押汇，给企业先垫付资金。信用证项下的议付行之所以做出口押汇，是为了给出口企业提供资金融通的便利，这有利于加速出口企业的资金周转。

非信用证结汇方式相对比较灵活。如**托收中的承兑交单**（documents against acceptance, D/A）可以让进口商先承兑远期汇票而获取货运单据，从而可以先提货销售再向出口商付款。而**记账赊销**（open account）则是在信誉非常好的老客户间使用，这给予进口商更好的灵活付款条件。

8.3 进出口的动机

8.3.1 出口的动机

从上述复杂的出口环节看，尽管经营进出口对一些企业具有极大的挑战，但是对于另一些企业，做进出口可能是非常重要的经营活动。这些企业觉得做进出口是企业选择的重要经营方式，对于企业发展具有重要的意义。企业之所以做出经营进出口的决策通常受到两方面因素的影响：一是企业内部的主动因素，二是企业外部的被动因素。现我们分述如下。

1. 企业内部的主动因素

就企业出口动机而言，企业内部的主动因素指的是企业自身可控的主观上自我推动的因素。这些因素一般都与企业自身的愿望相关。企业可以通过自身的努力来改进和获取这些条件，以便企业能够很容易做出出口经营的决策。

（1）追求利润和企业成长目标。

追求利润和企业成长是企业从事经营活动的基本愿望，出口很可能是企业寻找利润空间和成长空间的有效途径，因为与国内市场相比，可能存在巨大的产品需求和价格差异，这使得企业有非常强的出口冲动。国际市场通常被区域、文化或者制度因素分割，企业如果可以有效对付这些国别差异因素，出口往往可以获得较高的利润，让企业快速成长。

（2）拥有独特产品和领先技术。

拥有独特产品和领先技术也是企业开拓出口渠道的主要原因。国际市场差异较大，为独特产品和领先技术提供了市场机会。在有些国家，进口产品往往被消费者认为是高品质的象征。如果企业能够利用出口渠道向进口国家的消费者充分展示自己的产品独特优势和领先技术，那么出口对于企业也是不错的选择。然而，企业应该谨慎选用经销渠道，保护好自己产品的知识产权和品牌形象，做好市场调查，尽量多地获取当地消费者或用户信息。

（3）把握国际市场机会和市场信息。

把握国际市场机会和市场信息也是企业选择做出口的主要原因之一。国际市场与国内市场毕竟不同，信息不对称造成了有些企业在市场机会和市场信息方面具有了某些优势。这些长期从经营渠道或行业领域等所收集的信息成为企业在出口市场拓展的有利因素。特别是，在有些情况下出现的政策变动都可能是企业把握出口市场机会的时机。正确把握国际市场行情信息是进出口商核心的竞争力。

（4）获取规模经济效益。

获得规模经济效益也可能是企业做出口的主要动因之一。通常国际市场的需求要大于国内市场，特别是产品在某些方面（例如成本、技术、差异化方面）具有很强的优势的情况下，开拓国际市场是取得企业规模经济效益的有效方式。出口流程中环节较多，企业也要面临运输、仓储、各项手续的成本和费用的压力，如果企业能够改进和建立有效的国际供应链体系，这将有助于获得规模经济效益。

（5）管理层驱动。

企业管理层驱动也可能是企业从事进出口的动机之一。出口市场存在很多的不确定性，出口程序虽很复杂，但是有比较强的规范性。企业往往把出口的经营管理当作一项重要的战略选择。对一个国家出口的成功可能被有效复制到另一个国家，从而使得企业可以积累经营管理经验。另外，在很多国家，海外市场开拓的业绩和成功故事也会对国内市场产生正向影响，让企业在消费者和用户中树立全球品牌形象。因此，管理层在存在国际市场订单的情况下都会尽量尝试做出口。

（6）获得税收优惠（如出口退税）。

出口退税政策是各国政府普遍采用的鼓励出口的重要政策之一，获得类似这种税收优惠政策就成为很多企业经营出口的重要动因。在中国增值税率为16%，而企业可以获取一部分退税，例如9%就足以让企业有更灵活的出口定价空间。这或许可以增加利润，或许可以通过调整定价来增强国际市场的竞争力。很多出口企业依仗这一退税政策来维持自己的出口业绩。虽然政府有时也会视情况调整退税的比例，但是，这一税收优惠政策是让企业从事出口活动的主要动力之一。

2. 企业外部的被动因素

企业外部的被动因素指的是企业自身不可控的客观上推动的因素。这些因素一般都与企业自身的愿望无关，而是企业外部的市场或环境因素。企业可以通过努力来顺应或者利用这些外部因素，以便企业能够很容易做出出口经营的决策。

（1）不用宣传就有国外的主动订单。

从事国内销售的企业有时会突然接到国外的订单，这或许是因为企业的产品独特，或许在成本上具有优势，或许满足了国外某个市场的特定的需求。企业没有做宣传就接到了国外的主动订单，这很可能是企业开始做出口的诱发因素，企业会尝试完成这一订单。有了第一次成功的出口，也许企业会发现国际市场是一个值得开拓的庞大市场，从而使得企业从被动出口变成主动出口。

（2）外部有竞争压力。

来自国内市场的外部竞争压力会促使企业寻求开拓海外市场。出口也是企业拓展市场的一个选择，如果国内竞争压力太大，企业就会到范围更大的国际市场寻求发展，找寻新的市场增长点。有的企业认为，出口比国内销售更容易做，一是出口交易相对规范，交货付款遵循国际惯例，有章可循；二是国内销售渠道已经相对固定，有很多既往势力在影响销售决策。因此，企业与其在国内挑战外部压力，不如另辟蹊径，开拓海外市场。

（3）国内市场偏小或已经成熟。

国内市场偏小或已经成熟也可能是出口的外部动因之一。对于一些在市场上明显具有一定生命周期的产品，在国内市场，产品的销售已经进入成熟阶段，或者国内市场容量已经饱和，企业不妨就可以在国际市场的其他国家来拓展出口市场，因为在国内，其产品可能已经达到成熟期，而在海外市场，其产品可能处于成长期。因此，出口很可能是企业最佳的选择。

（4）产能过剩。

国内市场产能过剩很可能是企业选择出口的外部动因之一。这可能来源于在国内市场该行业的过度投资，导致国内市场的产能过剩，产品在国内市场具有大量生产能力，却在国内找不到能容纳这么多产品的需求和市场。产能过剩让企业不得不选择开拓海外市场，寻找新的需求增长点。

（5）对国外客户的熟悉或者心理距离较近。

语言、文化和心理距离也是影响企业做出出口决策的重要影响因素。很多企业选择出口，都是对国外客户比较熟悉，或者了解对方的语言和文化，这样的话就造成了与国外客户之间的心理距离比较近。如果与国外客户没有沟通障碍，这将非常有利于商业合作的开展。目前国际商业语言以英语为主，能够熟练掌握英语语言的沟通技能也是顺利开展出口贸易的重要因素。如果能够再掌握海外市场当地的语言，那将大大缩短与海外客户之间的心理距离，如虎添翼。

8.3.2 进口的动机

企业做进口往往与做出口有不同的考虑，市场驱动因素起到很大作用。另外，进口往往与企业采购行为结合起来，可以实现企业自身成本的优势。另外，国家政策在特殊阶段可能会在一定程度上鼓励进口，进口鼓励政策也是国家外贸战略的一个方面。通常，企业做进口的原因，以及国家层面的政策往往从以下几个方面来体现。

1. 满足国内消费市场需求

随着国内市场的发展和成熟，消费者的消费呈现出多元化的倾向。单一仅靠国内生产的产品不一定能够满足消费者多元化的需求。不同国家和地区的产业特点与产品特点也使得这一多元化消费倾向可以实现。进口商就是不断地寻找国内市场的消费商机，适时从国外市场进口国内所需要的消费品，满足国内消费市场的需求。市场因素是企业进口行为的主要驱动因素，及早准确判断国内市场的多元化消费趋势，以及能否获得国外供应商的配合是进口企业得以成长的关键。

2. 低成本全球采购产品和原材料

从企业自身发展来看，国际市场提供了一个范围大的采购空间。随着运输方式的改进，以及关税的降低，企业纷纷把全球采购视为一个非常重要的企业经营战略。全球采购使得供货渠道和供应商增多，企业有更多、更好的选择。这些全球进口的产品和原材料可以弥补国内市场的不足。这些因素为进口商的发展提供了机遇。特别是加工制造行业，从全球采购原材料可以大大降低企业的成本，提升企业在国内市场的竞争能力。即使很多出口企业，也在利用进口渠道获得更低的原材料，加工后出口，也就是从事进料加工业务。

3. 引进先进技术、关键设备和零部件

自从改革开放以来，中国的进口贸易政策一直围绕着引进先进技术、关键设备和零部件作为主线。这一进口政策主要旨在通过引进先进技术、关键设备和零部件来提升中国企业自身的技术含量和技术水平。特别是，中国在改革开放初期缺乏外汇，政府只能将有限的外汇用在关键的进口设备方面。中国的进口贸易政策曾经使得中国的企业在较短的时间内获得了很大水平的提升。目前，进口与技术相关的关键设备和零部件仍然是企业进口的重要选择。

4. 获取资源和能源的渠道

尽管中国地大物博，但是国内自身的资源和能源不一定能够满足国内生产快速发展的需要。一些急需的资源和能源，例如铁矿石、石油等，都需要从国外进口。在全球布局，寻找资源和能源的供应来源是保障国内生产和制造的基本前提。在中国经济飞速发展的情况下，国内市场更需要资源和能源性的供给，进口是保障资源和能源供给的非常重要的方式。从中国长期经济发展看，全球范围获得资源和能源是中国企业非常重要的长远战略。

5. 实现多元化市场采购战略

企业做进口采购，通常是把全球市场作为采购拓展的目标，这样可以扩大采购的市场范围，增加采购可供选择的供货渠道。企业要想获得较低的采购成本就要有目的地维持多元的市场供货渠道，也就是要开展多元化市场采购战略，让市场存在竞争性的格局，而进口业务往往是企业全球多元化市场采购战略的具体实施过程。近年来，企业实施全球采购战略，也纷纷在境外很多国家投资，甚至并购上游企业。这些对外投资行为，也造成了进口贸易增长显著。

6. 平衡国际收支，减少贸易摩擦

随着中国对外开放战略的实施，中国生产性制造企业得到了飞速的发展，很多企业把进出口视作企业基本的经营活动，加上中国劳动力的成本优势和比较有利的出口政策，中国已经成为全世界制造产业的核心。本土企业的出口加上外资在中国从事的加工贸易活动，使得中国出口获得了飞速的增长。入世后，贸易壁垒的障碍进一步减少，为中国出口企业提供了快速发展的空间，中国对外收支也出现了严重的贸易顺差情况。近几年来，中国与主要贸易伙伴之间出现了越来越多的贸易摩擦。为了减少贸易摩擦，平衡国际收支，中国政府采取了一系列的措施来扩大进口。这一政策使得企业围绕扩大进口的政策纷纷加大对境外投资，因而使得对外投资拉动的进口迅速增加。

8.4 出口的管理与战略

在中国的背景下，中国的外贸企业指的是从事进出口活动的企业。这些企业包括了从事进出口活动的各类企业，它包括只从事外贸经营的进出口专营外贸公司，也包括从事进出口活动的制造型企业。

中国外贸企业发展经历了不同的发展阶段和政策环境的变化。改革和开放以及中国恢复了在WTO的地位之后，中国的进出口获得了快速发展。特别是中国外贸经营权下放给中国外贸企业带来了飞速发展的机遇。《中华人民共和国对外贸易法》确立了外贸经营权的注册登记制度，甚至个人所签订的外贸合同，在中国的法律框架下也得到了认可。这样，中国外贸经营以往所设定的很多门槛和限制被打破，从事外贸经营的企业越来越多，而且在进出口贸易快速增长中，中国外贸企业把中国制造产品出口到了世界各个角落。进出口贸易成为中国企业参与国际商务活动的最普遍的做法。

根据长期跟踪与研究，我们认为中国出口企业在拓展国际市场中通常经历了不同的发展阶段，我们将之归纳为中国外贸企业发展阶段论，其不同阶段的外贸企业管理和发展战略的决策要素不同，现分别介绍如下。

8.4.1 初级阶段

这一阶段也称为订单获取阶段。企业决策的主要目标是订单获取和基本的生存问题。

一切管理和决策都是围绕交易行为，例如企业关注合同达成、交货和收汇等基本的进出口流程。企业需要的人才为进出口基本操作人员。

在初级阶段，出口企业会采取各种途径和渠道寻找获取订单的机会，其中实践证明比较有效的方式包括三种：参加展卖活动、指定代理或经销商、利用网络第三方平台渠道。

1. 参加展卖活动

展卖是利用展览会、博览会、展销会、交易会等各种会展形式，对商品实行展销结合，以展促销的一种贸易方式。在我国比较著名的是每年春、秋两季各举办一次的中国进出口商品交易会，简称“广交会”，它是由中国各进出口公司联合举办的，邀请国外客户参加的一种集展览与交易相结合的商品展销会。另外，中国国际贸易促进委员会，以及全国各地各级团体或企业举办的专业或行业国际展览会也是非常好的渠道，可以让企业与国内外本行业的企业人员接触。这些国内外的展会既让企业获得最新的行业动向和信息，也使得企业能够找到获取订单的机会。

2. 指定代理或经销商

出口企业为了能够将自己的产品更快地推向国际市场，往往会在目标市场的当地寻找和指定合适的代理商或经销商。国际贸易中的代理指的是以签订代理协议的方式在约定的时间和地区，以委托人（即出口商）的名义从事业务活动，替委托人开拓市场销售产品的行为。在代理业务中，代理商代表委托人招揽客户、接受订单、签订合同、代为处理委托人的货物、收受货款等，并从中收取协议规定的佣金。国际贸易中经销的做法是进口商（即经销商）根据他与国外出口商（即供应商）达成的协议，承担在规定期限和地域内购销一定数量商品的做法。经销协议可繁可简，一般包括经销商品的范围、区域、经销数量、作价方法以及市场开拓方法等条款，是一个框架性的长期合作协议。出口商为了调动代理或经销商的积极性，往往在限定的期限和区域给予代理或经销商独家的权利，成为独家代理或独家经销商。

3. 利用网络第三方平台渠道

利用网络第三方平台渠道寻找贸易机会是近几年流行起来的海外市场拓展方法。随着全球网络普及，在网络虚拟市场空间出现了很多提供贸易机会的网络第三方平台，例如比较著名的阿里巴巴网站就是专门为全球的进出口商，特别是中小企业提供贸易机会服务。企业注册登录网站平台就可以把自己的企业信息、产品信息以及交易的主要条件发布在网站上，还可以配精美的图片来增加信息的可信度。第三方网络平台所提供的搜索引擎服务可以通过关键字的查找，让企业找到相匹配的交易对方。网络第三方平台是中小企业低成本获取市场机会的重要手段。

8.4.2 发展阶段

这一阶段也被称为出口流程整合阶段。企业的决策点可能已经不仅仅是订单的获取问题。订单获取已经不是企业最关心的问题，因为企业的实力和出口能力已经被市场和买家认可。而企业能否保质、保量、及时交付货物，以及企业能否有效对付快速增长的订单，对付交易的履行成为企业运行的关键。这一阶段，出口企业的管理决策更多需要关注交易和订单执行的流程。如何处理纷杂的程序，保证有单不乱是管理决策的重点，其决策要素是：时间、成本、风险和效益。目前随着现代信息技术的不断完善，企业越来越学会利用先进的信息技术手段和网络手段来处理业务。在这一阶段中，企业经常采取的做法有三种值得关注：一是实施外贸 ERP 系统，二是引入供应链管理的理念，三是实施全球品牌战略。现分别介绍如下。

8.4.2.1 实施外贸 ERP 系统

ERP 是企业资源规划的英文缩写，实际上是企业管理的计算机和网络的解决方案。它是指建立在计算机高速发展与信息技术基础上，以系统化的管理思想为企业决策层以及员工提供决策运行手段的管理平台。ERP 系统集先进的管理思想与信息技术于一身，成为现代企业的运行模式。

出口企业计算机软件的应用经历了不同的发展阶段。最早，企业应用计算机和网络主要是为了与客户和相关交易方进行联系沟通方便，例如较早的围绕以邮件管理为核心的软件平台。随着企业进入发展阶段，企业管理的目标发生了变化，企业为了能够全方位地了解交易信息和交易执行信息，出口企业开始考虑围绕企业数据流、资金流以及业务管控和全方位地查询统计分析的业务管理平台。这一时期的外贸 ERP 系统多是外贸业务系统和外贸财务系统的结合，加上某个单独模块为核心的（比如外贸单证管理）管理平台。

现代外贸 ERP 系统是围绕财务管理为核心的管理平台，也是多个系统的综合性应用平台（例如以财务管理平台为核心，实现邮件业务一体化、业务财务一体化、业务生产一体化等应用）。

ERP 系统是出口企业最为重要的一个系统，它解决了企业不同角色之间的信息不对称的问题。企业管理层需要通过外贸 ERP 系统来掌控外贸企业经营管理的重要信息，职能部门间需要通过外贸 ERP 系统掌握上下游的信息，这样在企业中扮演不同角色的员工就能够把握更多的机会，做出更准确的决策，从而提高业务链的整体运作效率，降低运作成本。

8.4.2.2 引入供应链管理的理念

传统的出口商是供应商与进口商之间的中介人的角色。制造商可能既是出口商，又是供应商。无论是出口商还是制造商，在传统的经营模式下，其角色局限性很大，特别是在出口业务逐渐扩大和稳定之后，如何寻找更稳定、更持久的发展模式就是企业需要考虑的问题。引入供应链管理的理念，建立出口供应链体系可能就是企业选择的战略决策。

1989 年，美国的史蒂文斯（Stevens）认为："通过增值过程和分销渠道控制，从供应商的供应商到用户的用户的流就是供应链，它开始于供应的起点，结束于消费的终点。" 1998 年，切斯（Chase）等将"供应链管理"定义为："供应链管理是应用系统的方法来管理从原材料供应商通过工厂和仓库直到最终顾客的整个信息流、物流和服务流的过程。"

从供应链管理的目标角度看，供应链管理就是把供应链最优化，以最少的成本，令供应链从采购开始，到满足最终顾客的所有流程。如果说外贸企业实施 ERP 更多侧重的是企业内部信息流的整合，而出口供应链体系就是要建立一个能够不断改进的由多方参与的生态系统，达到多赢的局面。中国的香港利丰集团经过多年实践，总结出外贸供应链的七个核心要素。

- 以顾客为中心，以市场需求的拉动为原动力；
- 强调企业的核心业务和竞争力，并为其在供应链上定位，将非核心业务外包；
- 各企业紧密合作，共担风险，共享利益；
- 利用信息技术优化供应链的运作；
- 不断改进供应链的各个流程；
- 缩短生产完成时间，使生产尽量贴近实时需求；
- 降低在采购、库存、运输和环节之间的成本。

总而言之，供应链管理是出口企业整套经营理念的转变。新型的企业，不论是制造商或贸易商，都必须以客户为中心，追求产品生产和流通的最高总体效率，把生产调配到最佳的工厂、最佳的地方，从而压缩供货时间，缩小订单规模，对市场需求迅速反应，并整合流程，用最低的成本完成订单。在全球化的竞争环境下，中国企业也需要在世界各地进行采购及生产，并与外国企业组成合作伙伴，进行全球的布局。供应链管理的理念提供了一套战略思考的方法，让国内出口企业在全球范围内清晰定位和优化其营运过程。

8.4.2.3 实施全球品牌战略

全球品牌就是一个名称或标示，用以反映在全球范围内各个市场中企业的统一战略原则、市场定位和营销策略。尽管企业的产品不同，市场营销组合策略不同，但是名称和标示是相同的，它可以很容易地让市场消费者和用户识别出企业和产品的形象与价值。实施全球品牌战略就是企业要实施一套标准化的、统一的品牌战略，将其适合所有的国家，尽可能打破文化差异和当地市场差异。

实施品牌战略是出口企业在发展阶段获得稳定发展的关键步骤。这可能需要漫长的时间，需要企业有长远的眼光。品牌是企业的核心价值和形象，品牌战略的实施也是企业核心价值的体现，因此，企业在实施其他运营战略时一定要把品牌意识放在核心的位置考虑。实施全球品牌战略的关键是标准化和系统化的思维方式。

全球品牌战略是目前中国很多出口企业在着手做的重要方面，政府也在通过各种政策措施帮助中国企业实施全球品牌战略。很多出口企业在落实品牌战略中获得了明显的业绩。例如，中国华为集团的 Huawei 品牌和中国海尔集团的 Haier 品牌等都是很好的例证。

8.4.3 成熟阶段

这个阶段又被称为出口创新阶段。出口企业已经经历了前两个发展阶段，业务形态保持稳定，出口程序井井有条。而企业再发展和获得更大程度的增长就要取决于创新战略选择，以及创新管理的实施情况。

创新是企业获得长期发展的动力。德勤咨询公司的研究报告证明，在实践中多数制造企业并没有把建立和重组运营以及开发新产品和新服务摆在企业发展的主要战略中。而在重视创新的企业中，这些企业从产品、服务和运营创新中却获得了突出的业绩，其发展速度远远超过了同行业的其他企业。企业如何克服创新的障碍，有效实施创新战略就成为获得成长的关键。虽然出口创新战略可能包括知识产权、融资、产品研发、品牌战略、渠道战略以及商务模式创新等方面，但创新本身很可能影响企业的整体运营。

因此，企业在创新阶段要识别出两种创新类型：改进型创新和毁灭型创新。改进型创新是针对现有企业产品线各个方面的改进所进行的创新，它不会影响企业的整体运营，而毁灭型创新却影响企业现有的整体运营方式。在创新想法形成之时，企业领导人就应该评估和判断这一创新的类型，并整体布局其他战略的调整。

创新战略的实施通常需要掌握如下步骤。

1. 形成创新想法

形成和评估创新想法是实施创新战略的首要步骤。企业领导人要善于创造一个创新的环境和企业文化，鼓励更多的企业员工产生新的想法和思维。要有效识别改进型创新和毁灭型创新，特别是要识别出毁灭型创新的基础和挑战，评估创新会给企业带来的影响，平衡好创新产品及服务与现有运营的关系。要为创新建立制度和人员保障，使创新目标被付诸实践。

2. 转化创新成果

将创新转化为企业的增长和利润是实施创新战略的关键步骤。企业领导人要意识到，产品和服务的创新不仅涉及整个企业的产品周期和价值链，而且更重要的是利润周期。企业在成本控制和运营调配方面，稍有协调不慎就有可能造成利润下滑，使创新变成企业的负担。创新是整个价值链的创新，而不是简单的产品研发。

3. 建立创新能力

企业在创新能力建设方面要强化四个方面。第一是可视性，即要看到企业的关键环节和运营步骤，包括价值链的上游和下游、产品盈利性周期、产品的分销成本以及未来的运营方式和步骤。第二是灵活性，即要考虑对产品、市场和运营进行适应的灵活性，包括产品对市场变化的快速改进、供应链网络的灵活性、灵活生产和定制等。第三是互动性，即要与市场主体保持互动，包括建立与客户、制造商、原材料供应商等进行合作互动的标准化制度和流程。第四是先进性，即要使用最好的技术，特别是现代信息技术，建立起企业的关键创新标准化的运营模块，包括产品生命周期管理模块、产品数据管理模块、客户关系管理模块、计划和时间表管理模块等。

8.5 网络时代进出口的新趋势

现代信息技术和网络在两个路径上对进出口贸易产生影响。一是针对线下国际贸易路径，即传统的国际贸易产生影响；二是针对线上国际贸易产生影响。前者所谓线下指的是传统的实体市场，其进出口的行为基本上是传统的国际贸易流程和交易方式，信息技术和网络对传统国际贸易与进出口所带来的变化所反映的贸易形态及方式，我们通常称其为无纸贸易。后者所谓的线上指的是新兴的网络虚拟市场，其进出口的行为基本上是通过网络方式达成交易的方式和业务流程，我们通常称其为在线国际贸易。

鉴于进出口活动涉及政府监管，针对互联网的发展给进出口带来影响，国际组织，例如 WTO、联合国贸易与发展会议、APEC 等机构都在大力推进贸易便利化，督促各个国家或经济体实施无纸贸易，消除贸易中的各种阻碍，减少交易成本。各种国际组织在贸易便利化方面都有详细的推进措施和推进步骤，例如 WTO 有专门的议题讨论贸易便利化问题。联合国机构的相关机构有专门的研究项目和国际论坛通过影响各国政策调整来推进贸易便利化。APEC 成立了电子商务督导组负责组织研究项目，从具体合作项目中推进贸易便利化。贸易便利化也一直是世界经济高峰论坛的一个主题之一。

与此同时，私人部门和商业机构也在不断创新商务模式，为中小企业开辟拓展国际市场的途径和平台。特别是在中国近十几年崛起了一些新的外贸平台。目前外贸第三方平台的交易流程有三种：交易前、交易中和交易后。在中国的进出口领域，这三个交易流程都可以找到典型的电子商务的应用（见表 8-2）。

表 8-2 三种交易流程的应用范例

交易前	交易中	交易后
吸纳潜在买家和卖家 信息交换中心 提供贸易信息 创造贸易机会 进行买卖撮合	吸纳潜在买家和卖家 信息交换中心 提供贸易信息 创造贸易机会 进行买卖撮合 达成买卖交易 完成网络支付 整合运输物流	进出口业务流程管理 进出口单据准备 进出口单据交换 整合支付 整合物流 整合银行业务，提供贷款服务 负责外汇收付 负责海关清关 整合其他政府监管机构

（续）

交易前	交易中	交易后
阿里巴巴 中国制造网 环球市场 中国诚商网	敦煌网 阿里巴巴速卖通 环球市场 m2cmart e-Bay	阿里巴巴一达通 宁波世贸通

8.5.1　交易前阶段

交易前阶段指的是在达成正式进出口合同前的准备和信息获取以及信息交流等活动的阶段。在这个阶段中，进出口商最在意两个方面的活动：一是了解国际市场信息，二是寻找贸易机会。前者可能包括市场行情和市场需求信息；后者是针对订单的获取，其内容可能包括获得买家的信息以及沟通方式。市场信息和交易机会这两个方面是企业在这一阶段的生命线。国际互联网在这两个方面所起的作用是不容置疑的。

网络本身就是一个信息平台，它在国际贸易和进出口方面最早被应用到这个阶段。20 世纪 90 年代在国际互联网发展初期，联合国机构就发起建立了全球的**贸易网点网络**（Global Trade Point）项目，旨在通过各国贸易节点的服务器让各国相关管理机构组织和上传共享的贸易机会信息。紧接着，商业机构看到了这一新兴的贸易信息和贸易机会的网络市场，纷纷推出提供贸易信息和贸易机会的平台网站。阿里巴巴（Alibaba.com）就是这一阶段典型的国际贸易信息提供的网络平台，也是国内较早在这一领域迅速崛起的第三方网络服务平台。另外，目前比较典型的第三方平台还包括中国制造网（Madeinchina.com）、环球市场网（Globalmarket.com）以及诚商网（Trade2cn.com）等（见图 8-1）。

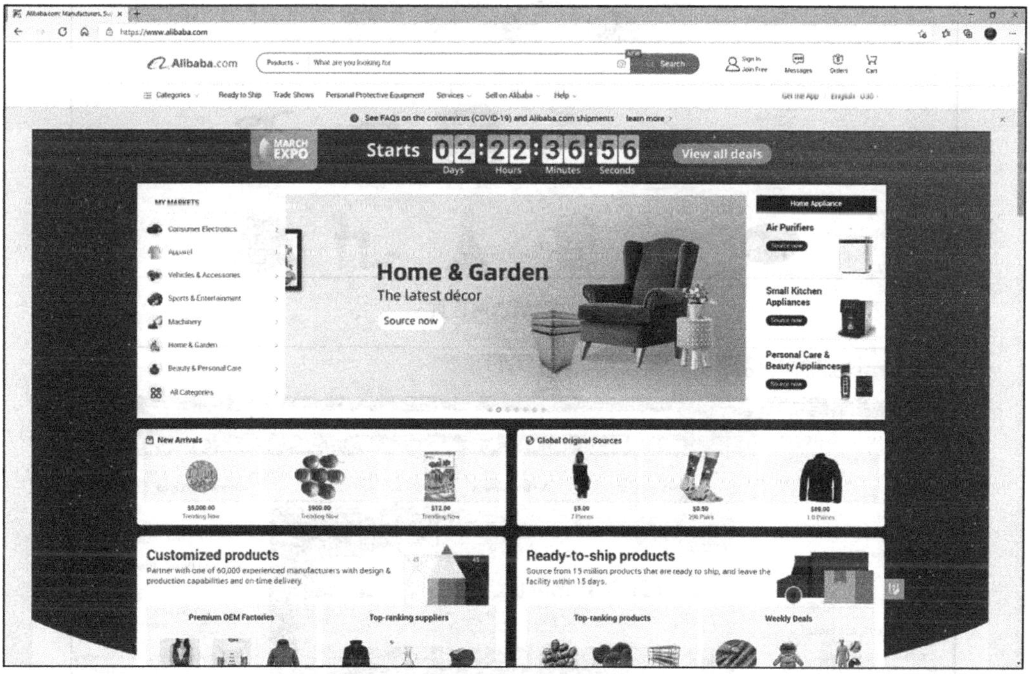

a）阿里巴巴国际网首页

图 8-1　比较典型的第三方平台的首页

b）环球市场网首页

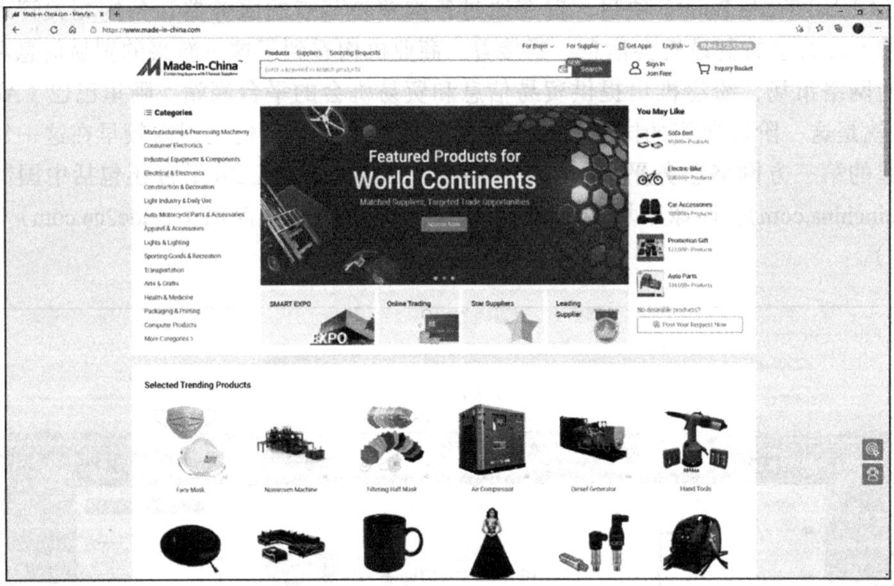

c）中国制造网首页

d）诚商网界面

图 8-1 （续）

这些网站通过招揽会员注册，整合了全球大量买家和卖家的产品和供求信息。中小企业注册成为会员后可以发布产品供求信息，寻找生意伙伴。由于进出口跨境的企业之间的交易基本上都是批量订货，走传统的贸易流程，因此，此类网站只提供撮合交易的空间和手段，达成交易的过程一般都是在线下。

8.5.2 交易中阶段

交易中阶段指的是在网上实现交易的这个过程，也称“跨境网上交易”或者“在线国际贸易”。在进出口的过程中，网上达成交易订立合同一般都是金额比较小的类似网上零售的情况。金额较大的大笔传统进出口贸易一般不在网上达成交易，因此，这个环节的网络进出口一般指的是跨境的网络零售。其成交的特点是金额小，批次多，走国际快递和邮包运输，而且使用信用卡或第三方网络支付方式，例如 Paypal 等。

目前在交易中阶段的网络服务平台机构有很多，例如敦煌网（dhgate.com)、阿里巴巴速卖通（aliexpress)、环球市场（m2cmart）等都属于这一类的网站。这类网站所提供的服务主要是实现交易，也就是提供一个网上合同达成的机制和制度。通常这类网站要考虑如何实现网上的交易当事人注册和身份认定、产品信息的展示和确认、交易达成过程和机制，以及与支付和物流系统的衔接等。目前跨境支付结算和物流是制约这一网上交易模式的最大的问题。也正是这个原因，网上跨境交易基本上是限于针对消费者的 B2C 或者小额的 B2B 交易，其快递或邮政物流条件也限制了这种交易的产品范围和产品特点。目前网络上比较活跃的跨境交易产品，如图 8-2 所示。

a）诚商网首页

图 8-2　活跃的跨境交易产品

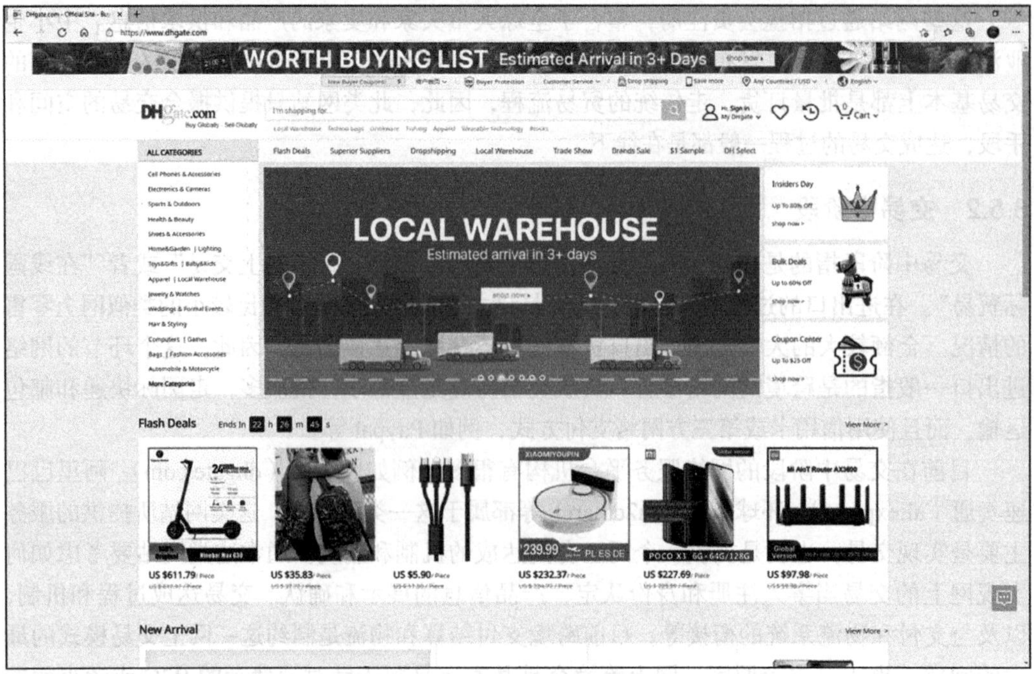

b）敦煌网首页

图 8-2 （续）

这一阶段的网上跨境交易方式虽然占总体进出口贸易的比例仍然很小，但还有很大的发展空间，特别是在跨境支付和物流比较发达的区域或者市场，在经济互补性较强的市场，这一领域的发展会极大地促进生产制造企业与市场的信息沟通和互动，有可能引发对传统进出口流程和方式的创新。敦煌网在尝试把小额网上跨境交易的做法扩展到适合传统贸易流程，以及阿里巴巴在网上跨境交易中推出网上交易 B2B 信用卡的做法都是很好的例证。这是我们需要密切关注的领域。

8.5.3 交易后阶段

交易后阶段指的是进出口合同达成后的履约阶段。进出口合同的履行涉及交付货物和进行外汇货款收付，这涉及国际物流运输和国际结算。这一阶段除了存在物流、资金流之外，进出口商还要与各个政府贸易监管部门打交道。无论与哪个相关当事人或机构打交道，都需要一套业务流程和单据流转过程。因此，此阶段对进出口商的挑战是与不同部门进行单证和数据交换。

这一进出口交易达成后的阶段会给进出口商带来复杂的流程和费用负担。如何精简和优化流程，减少为进出口企业带来的成本和费用负担已经成为全世界关注的问题。有鉴于此，国际组织和各国政府都在积极推行贸易便利化措施。贸易便利化的讨论基本上是针对这个阶段的进出口程序的创新和改进。以往贸易便利化基本上是针对传统进出口贸易流程，改进和创新也局限于政府监管机构，例如海关流程和监管方式的改进就是政府职能范围的事情。另外，国际组织关注的建立单一窗口制度和系统也是贸易便利化的一个基本的目标和任务。按照联合国欧洲经济委员会的定义，**单一窗口**（single window）指的是政府贸易监管机构在进出口流程中要建立基于计算机系统的单一窗口系统，以便让进出口商可以方便地在一个计算机系统中一次能够提交所有的贸易数据。其宗旨就是提升贸易监管的效率，也为进出口商带来流程的最优和费用的节省。这就如同政府的一站式服务，只不过，这一站式是计算机的单一窗口，即统一的计算机平台系统。这个第三方平台系统负责把相应的贸易数据分门别类提供给各个政府贸易监管机构。平台的存在是基于其所提供的网络数据传输和整合增值服务。

以往，大家都期待政府机构的整合能够形成交易后的第三方平台增值网络服务体系，可是政府机构改革和整合也存在一定的障碍和滞后效应。可喜的是，在中国，私营部门已经开始承担从进出口角度进行单一窗口的整合趋势，位于深圳的一达通公司就是一个很好的例证。一达通公司（见图 8-3）最早利用网络和信息技术平台将外贸业务流程标准化，进而最大限度地整合业务流程和业务数据信息，并以此信息整合的平台来与政府监管机构和商业机构合作，为中小企业提供进出口交易后的外贸业务外包服务。不仅如此，基于第三方外贸业务外包的平台还为中小企业提供进出口融资服务、国际物流服务以及收付汇和退税服务等。

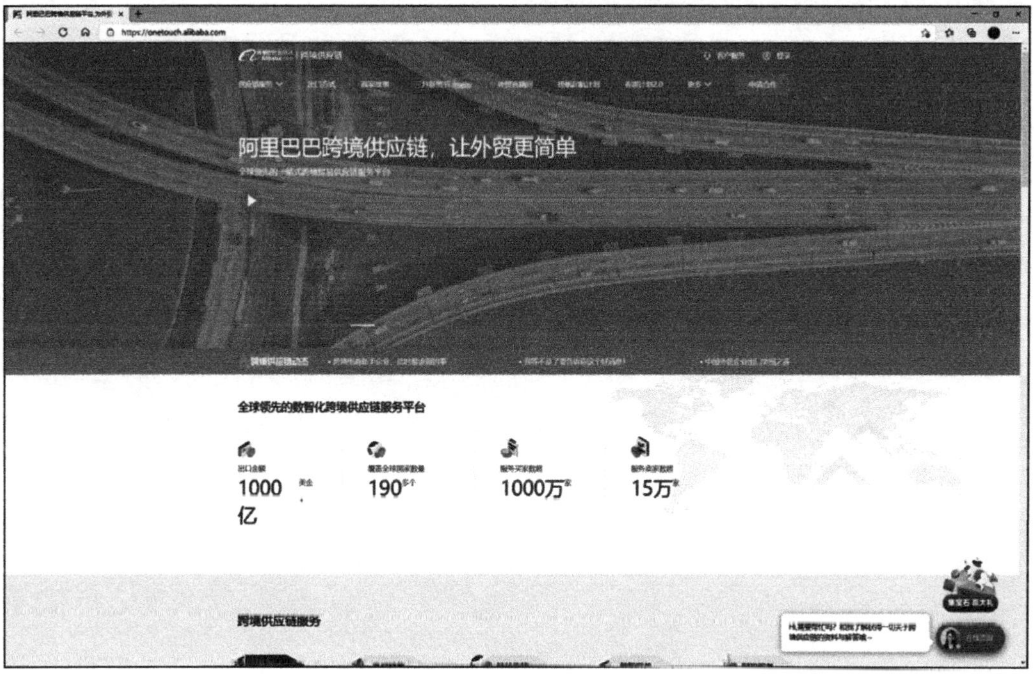

图 8-3　曾经的一达通公司网站首页

一达通模式的成功带动了国内各地类似服务平台的兴起。可以预见，在不久的将来，会出现若干提供外贸业务外包服务的第三方平台，而且会开发出更多的新型商务模式。这一趋势最终会推动中国基于网络第三方平台为核心的国际贸易综合服务产业的形成，还将引发国际贸易政府监管方式的变革。

本章小结

本章论述了进出口在国际商务中的地位，概括了进出口的一般程序和做法，归纳了企业进出口活动的出口动机和不同发展阶段的战略选择，指出了进出口企业的最新做法和发展趋势；特别值得注意的是，网络和第三方平台的快速发展为中小企业带来了进出口经营的新机遇和新方法；这种从交易范围到交易内涵的变化引发了企业围绕着进出口的战略选择也发生了变化，进而可能引发国际贸易从交易到流程、从服务到市场结构都会发生重大的变化。

关键术语

进出口	国际货物买卖合同	国际贸易术语
销售确认书	形式发票	海运提单
银行汇票	信用证	托收
展卖	代理与经销	外贸 ERP
全球供应链	全球品牌战略	出口创新战略
网络第三方平台	在线国际贸易	国际贸易综合服务产业

本章阅读资料

请扫描二维码详尽了解本章阅读资料

第9章
CHAPTER9

全球生产

引导案例

波音787“梦想客机”的全球生产

1916年成立的波音公司是全球最大的航空航天集团，其民用飞机占全球近一半的份额。波音公司不仅向150多个国家和地区的航空公司提供民用飞机，也将其生产布局到世界各地，形成全球生产的模式。

波音787飞机是波音公司在全球外包程度最高的机型。该机型被命名为“梦想”，寄寓着满足乘客更舒适的航空体验和航空公司研制低成本、高性能产品的梦想。为此，在波音787项目中，波音公司放眼全球，利用各地的区位优势，将飞机400多万个零部件的研发和制造生产分散到了11个国家和地区。

波音公司利用PLM（Product Lifecycle Management）系统建立了被称为全球协作环境（GCE）的虚拟研制平台，在飞机实际投入生产之前，针对波音787项目的各方面进行3D建模和数字仿真，规定统一的标准，在此基础上与来自世界各地的供应商合作研发，协调位于各国的生产。

出于技术的考虑，绝大部分主要部件由发达国家的优质供应商负责生产：飞机的主机身来自意大利老牌飞机制造商阿莱尼亚宇航公司（Alenia Spazio）；机翼由掌握复合材料领先技术的日本三菱重工提供；舱门来自瑞典萨伯公司（Saab），该公司产品安全系数很高；世界领先的起落架系统的设计、开发、制造和支持者法国梅西埃航空公司（Messier-Bugatti-Dowty）负责客机起落架的供应。而其他技术含量较低的零部件生产的区位选择则更多考虑了政治因素，波音公司首席信息官Scott Griffin曾经说过：“加速产品在境外销售的一种方法在于，让购买国同时也生产飞机所需的零部件。”考虑到商业机密，波音公司仍保留尾翼的生产，并用LCA超大型运输机将全球各地制造的大部件运至华盛顿州和南卡来罗纳州进行组装。在波音787的研制、定型、融资、转化过程中，波音公司的研发费用节省了50%，其本身制造量只占约10%，进入市场的时间缩短了33%，制造成本也分摊到全球的合作伙伴。

虽然波音与其全球合作伙伴达成了史无前例的协同，但是一连串的问题也接踵而至：零部件短缺、复合材料质量欠佳、部分设计不合理等，使公司遭受巨大的损失。第一架波音 787 的首次试飞比原计划推迟两年半进行，也让波音向其客户交付的时效性大打折扣。2019 年 4 月，因部分 787 飞机副翼和电梯存在问题，美国联邦航空管理局（FAA）宣布针对 787 全部机型采用新的适航指令，87 架该系列飞机可能被暂时禁飞。

波音公司将问题总结为在全球筛选供应商时，未充分考虑 787 项目新技术和复合材料研制的复杂性。但是，主制造商对供应商的选择余地因供应商之间不断整合而越来越小，一定程度上形成了卖方市场。因此，波音公司为降低外包风险和生产成本，开始加强供应链管控和回收部分制造能力：2008 年收购意大利、美国合资的机身制造商环球航空（Global Aeronautica）50% 的股份，2016 年投资 10 亿美元在华盛顿州埃弗雷特建立复合材料机翼中心，2017 年开始涉足航电系统的生产。

资料来源：周雷敏、孙沛，《波音 787 客机的复合材料国际化制造》，《高科技纤维与应用》，2013 年 02 期；诸逢佳，《波音供应链战略的演变历程》，《国际航空》，2015 年 06 期；Ruta, M. and M. Saito (2014), Chained Value, *Finance & Development*, 51(1): 52-5。

学习目标

通过本章的学习，掌握全球生产的两个基本决策；掌握区位选择影响因素的分析；运用核心能力和交易成本概念，进行生产模式的决策；掌握战略联盟的利弊；掌握外包决策与执行的要点。

为了在激烈的全球市场竞争中求得生存发展，国际商务企业需要降低成本、适应市场并不断创新。生产的全球化恰恰为国际商务企业展现了从全球各地筹集产品和服务，以利用各国在劳动力、土地、能源、资本和知识等生产要素的成本与质量优势的可能。从获得生产要素的效率（efficiency，即低成本）和效果（effectiveness，即高质量）这两个基本战略需求出发，国际商务企业通过充分利用全球各地的区位优势（location advantages）布局生产，可以降低成本、提高质量或改善产品的功能，从而贡献于企业的价值创造。

国际商务企业的全球生产面临两个维度的基本问题：第一，全球生产的区位选择，无论是布局在国内，还是布局在国外，都要尽可能最大程度地利用各地生产要素的区位优势；第二，全球生产的模式选择，是以股权的联系，通过自产（make）的方式直接进行生产，还是以契约的关联，通过购买（buy）的方式间接进行生产。

【专栏 9-1】

企业筹源术语

从企业筹集资源（sourcing）的角度看，在国内完成生产称为国内筹源（domestic sourcing），在国外完成生产称为国外筹源（foreign sourcing）；自产的称为内部筹源（in-sourcing），采购的称为外部筹源（outsourcing），俗称外包、外购（见表 9-1）。

表 9-1　全球生产的区位与模式

区位维度 \ 模式维度	内部筹源	外部筹源
国内筹源	内部生产	国内外包
国外筹源	离岸自产	离岸外包

在国内筹源情形下，自产方式称为内部生产（in-house production），外部采购称为国内外包（domestic outsourcing）。在国外筹源情形下，通过对外直接投资的方式建厂生产的称为“离岸自产”“离岸自筹源”（captive offshoring）；外包的形式的称为“离岸外包”“离岸外部筹源”（offshore outsourcing）。

不过，读者需要注意，有关筹源术语的使用是比较混乱的，例如 offshoring 和 offshore outsourcing 被不同作者赋予相同或不同的含义。nearshoring 一词也偶尔被使用，其具体含义需要根据语境进行判断。co-sourcing 一词偶尔用来描述同时使用内部筹源（in-sourcing）和外部筹源（outsourcing）两种方式。■

9.1 全球生产的区位选择

9.1.1 生产区位选择的一般考虑

9.1.1.1 战略动机、区位优势与生产区位选择

进行全球生产区位的选择，首先要明确企业生产全球布局的战略动机。以对外直接投资为代表形式的国际商务活动不外乎四种战略动机，寻求自然资源、寻求市场、寻求效率与寻求战略性资产，后两个是生产侧（supply side）的动机。寻求效率的中心是生产要素的低成本，寻求战略性资产是围绕知识创造的能力。从全球生产布局角度考虑，区位选择的首要考虑就是要让各地的区位优势服务于战略需要。

特定国家的有利区位可能会给在那里经营的企业带来区位优势。从市场销售角度看，大规模、快速成长的市场具有区位优势。从生产角度看，区位优势也可能来源于优越的特定自然地理条件、充足的特定质量生产要素供给以及产业集聚。

1. 自然地理条件

一些特定区域具有其他地方难以比拟的地理特征。比如，新加坡是一个理想的连接欧洲、中东与东亚和澳大利亚的海运和空运中转站。迈阿密则被寻求拉美机遇的北美企业和打算进入北美的拉美企业视作理想区位。这些区位可以为在那里经营的企业提供更多的机遇，并减少包括运输成本在内的多种成本。

当然，很多自然灾难和疾病也同某些区位的地理条件相联系。尽管许多自然灾害发生的概率低，但其发生也有一定的地域性，比如日本就处于环太平洋地震带。我们可以回顾1995年1月日本神户大地震所导致的半导体短缺，和随之而来的世界计算机行业受到的重创，以及2011年3月日本福岛大地震和之后的核泄漏事故给在日本东北部设厂生产的大型企业（比如丰田、日产、索尼、富士重工等）带来的灾难性打击。当地理因素以自然灾害的形式影响企业活动的时候，其后果可能是非常严重的。

此外，某些疾病的爆发也有一定的地域性，比如与贫困和自然灾害有密切关系的疟疾大多数发生在非洲。疾病大大影响了劳动力的出勤和寿命，对企业的影响很大。既然大自然对人类的某些“作弄”具有一定的地域性，那么企业在选择具备某些优势的区位开展生产活动时，就要充分考虑这些因素，而当地政府也应采取一定的预防措施，比如灾难预警、疾病控制等，为企业在当地经营提供帮助。

2. 生产要素供给的数量和质量

充足的、低成本的土地、资本、能源等生产要素为密集使用这些要素的加工制造企业带来了成本优势。充足的劳动力供给是低成本的前提，但劳动力的低成本并不能简单地解读为

更低的工资率本身。很多经济落后国家有着庞大的失业大军，劳动力绝对成本低。但是，基本的教育和培训的缺乏导致这些劳动者不具备必要的劳动技能，而且整体经济落后意味着几乎不存在制造业配套设施，使得在这些国家进行加工制造成为一项高成本和低效率的活动。因此，能够构成区位优势的是更高的劳动生产率和与之对应的劳动力低成本，更强调充足的劳动力供给同特定的劳动力质量相对应，而这背后是为企业生产提供服务的教育、培训、科研、运输、通信基础设施的发展程度。发达的教育与科学研究，同知识生产的关联尤为密切，是吸引寻求战略性资产型外国直接投资的重要原因。近年来印度班加罗尔高科技园区的兴起，部分原因就是当地涌现了大量训练有素的人力资源，而这恰恰得益于印度的教育。

3. 产业集聚效应

集聚效应是指同一产业或相互关联度较高的多个产业的经济活动高度集中于有限的地理范围而带来的效应。企业的集聚可能来自以下几个方面的原因：第一，集聚在一起的上下游企业（比如研发设计、原材料和零件供应、销售等）在空间距离上较短，节约了运输、仓储的时间和成本；第二，企业的集聚便利了建立在企业间专业化基础之上的分工；第三，信息和知识外溢，即技术、信息、管理经验等知识从组织内部的一个部门流动到另一个部门，或是从组织内部流动到组织外部；第四，集聚的企业形成了一个更大规模的区域性劳动力市场需求，促进了供给一侧的业内熟练劳动力队伍的形成和壮大。这些可能都意味着成本的节约和劳动生产率的提高。最著名的例子就是硅谷，它是世界计算机和半导体行业的中心，那里涌现了很多计算机和半导体方面的前沿研究和开发成果，因而具备极佳的创新区位优势，吸引了日本、韩国、欧洲、中国台湾等许多国家和地区的企业前来投资。

任何从事跨国经营的企业都应当为其包括生产环节在内的价值链各环节在全球找到最佳区位，充分利用当地的区位优势。寻求效率型企业会寻求那些具有低成本要素优势的区位进行生产活动。对于生产劳动密集型产品的企业来说，劳动力工资水平是决定产品竞争力最重要的因素之一。这就促使企业在全球范围内寻求具备劳动力低成本优势的区位。由于中国制造业工人劳动生产率的优势，目前世界上 2/3 的复印机、鞋子、玩具和微波炉，1/2 的 DVD、数码相机和纺织品，1/3 的台式电脑以及 1/4 的移动电话都由中国制造。中国在很大程度上已经成为全球生产的热点地区，被《华尔街日报》称为“世界工厂的基层”（World’s Factory Floor）。比如，对于制造环节，如果最具效率的劳动力在中国，那么企业就应该将其生产线放在中国；对于研发设计环节，如果最好的工业设计在德国，那么企业就应当将其设计部门放在德国。

现如今，挑剔的消费者对商品和服务的高质量、新技术和良好的用户体验抱有更高的期望；产品生命周期的明显缩短为企业研发新技术、新产品提出了更高的要求；对于久负盛名的大型企业而言，虽然庞大的规模、遍布全球的分支机构以及对研发的重金投入可能会为它带来持久的市场领先地位，但是，如今越来越多具备卓越创新能力的中小型企业给领先的大企业带来了新的挑战。以上这些新变化更加促使企业努力创新。持续创新的能力已经成为企业在全球竞争中获得竞争优势的重要战略性资产。为此，寻求战略性资产的企业常常需要瞄准那些具备创新优势的区位。这样的区位可能是科技大国，或者在特定产业领域具有全球创新优势的国家，比如俄罗斯（航空航天技术）；也可能是知名大学附近、科研机构附近、高科技产业和金融业集聚区等，比如硅谷和班加罗尔（IT 业）、纽约和伦敦（金融服务业）等。

9.1.1.2 生产技术特点与生产区位选择

企业特定的生产活动所采用的技术也可能对区位选择产生一定的影响，这种影响促使企业对集中生产和分散生产进行权衡选择。换句话说，某些技术因素可能使企业在一个地点生产并供应全球市场比较合适，而在另一些情况下选择分散生产则更为理性。

1. 固定成本水平

在某些情况下建立制造工厂的固定成本投入过高，那么在多个地区建立工厂将耗费企业大量的资源，这样显然是不明智的，企业应当考虑集中生产。反之，相对较低的固定成本使企业在不同地区分别建立工厂进行分散生产更有意义，这样做一方面能使企业更好地适应当地的需要，另一方面也避免了对一个产地的过多依赖。

2. 最小效率规模

最小效率规模（minimum efficient scale，MES）的概念与规模经济有关。规模经济是指伴随工厂规模，即生产能力的扩大，出现平均成本的降低。在存在规模经济效应的产量范围内，相对于更多的工厂，每个工厂生产少量产品，以少数工厂进行生产，可以更低的平均成本来服务于整个市场，实现生产上的效率。超过这个产量范围，单位成本不再下降，甚至可能上升。我们把实现平均成本最低的最小产量水平所对应的那个规模，即生产能力称为最小效率规模。当然，这个最小效率规模对应着可能最低的平均成本和特定的产量。如果一家工厂的最小效率规模相对于全球总需求较大，那么企业选择在少数几个地方集中生产更为有利；反之，企业选择在多个地点分散生产不但可行，而且灵活。

9.1.1.3 产品价值特点与生产区位选择

产品的价值重量比可能影响选址决策。如果产品的价值重量比高，它们的运输成本相对于总价值来说很低，因此，如果其他条件相同，应该在最佳区位生产这些产品并从那里供应全球市场。相反，对于价值重量比较低的产品，经过长途运输，运输成本将占总价值的很大比例。所以如果其他条件相同，应在主要市场附近的多个地点生产这类产品以降低运输成本。

9.1.1.4 市场需求特点与生产区位选择

1. 消费者品位与偏好

消费者品位与偏好也是影响生产区位选择的因素。如果各国消费者对某类产品的偏好几乎毫无差异，如个人电脑、手机等个人电子产品，即产品服务于普遍需求，那么当地响应的需要就会减少，也就增加了在一个最佳区位集中生产的吸引力。

相反，如果消费者品位和偏好的差异较大，企业就必须对商品或服务进行改变以迎合当地消费者的独特需求。如果消费者对产品可靠性有较强的偏好，那么生产区位就更倾向于布局在劳动力技能更为优越但工资率较高的国家。比如日本建伍公司结束了在马来西亚的外包，将生产转移回日本。如果消费者偏好即时交货，生产区位则会倾向于布局在这些消费市场或者运输时间更短、地理上更近的区位。例如，戴尔就将工厂定位于距离市场更近的地方，而不是低工资国家。

2. 进口贸易政策壁垒

同消费者偏好差异一样，进口国贸易政策壁垒会带来当地响应压力。比如市场国的进口限制政策，如关税和配额等，刺激出口商绕开这些壁垒，在市场国生产。贸易替代型外国直接投资取代了以集中生产通过国际贸易服务于外国市场的方式。某些国家的国产化率要求，也使生产决策倾向在市场国建厂，分散生产。比如庞巴迪（Bombardier），作为一家母公司在加拿大的制造商，其产品线中的有轨机车在欧洲有 12 家生产车间。该公司管理人员解释，生产没有集中的原因就是德国、法国、比利时和奥地利都要求有轨机车必须在本国制造。这无疑牺牲了集中生产的效率。

9.1.2 生产区位选择的综合评价

9.1.2.1 基于资源的考虑

规模经济往往能够通过大量生产标准化产品而达到，然而，标准化生产意味着产品不能适应消费者多样化的需要；企业生产的产品要满足消费者多样化的需要，则势必要建立多条流水生产线，由此会出现不同的生产线经常停工，产品成本过高。也就是说，产品的多样化使企业很难提高生产效率从而降低单位成本。

柔性生产的出现大大缓解了这个矛盾。柔性生产体系包含多方面内容，其中柔性生产技术的运用是在同一条生产线上通过设备调整来完成不同品种的批量生产任务，既满足多品种的多样化要求，又因更换必要设备部件导致设备流水线的停工时间达到最小。实现"只在必要的时间内生产必要数量的必要产品"。

也就是说，柔性生产技术不仅能实现低成本，而且可以满足消费者多样化的需要，从而同时达到效率和效果的有效目标。因此，具备柔性生产技术的企业更倾向于将生产集中在具有优势的区位进行。

9.1.2.2 基于制度的考虑

生产区位选择的首要考虑就是区位优势，但如同市场进入决策一样，要对国别因素进行综合评价（见表 9-2）。国别制度环境（见第 3 章），涉及目标生产区位的政治制度、经济制度、法律制度相关的风险和跨文化风险的评价和理解。国际贸易与投资政策（见第 4 章）也会产生影响。一般而言，各国政府倾向于支持多数产品在其国内制造并鼓励出口。当然，具有生产上的负外部性，如严重污染环境的除外，比如中国对于稀土类材料的态度。很多国家有针对外国直接投资的优惠政策，这往往对寻求效率型外国直接投资具有吸引力。税务、汇兑和汇率风险（见第 5 章）同样需要考虑。

表 9-2 选址战略和生产

	集中生产	分散生产
区位优势	明显	不明显
生产技术特点		
固定成本水平	高	低
最小效率规模	大	小
产品价值特点		
产品的价值重量比	高	低
市场需求特点		
消费者品位与偏好	差异小	差异大
进口国贸易政策壁垒	低	高
基于生产商资源的考虑		
柔性生产技术	可用	不可用
基于生产地制度的考虑		
政治－经济－法律风险	小	大
跨文化风险	小	大
出口政策	鼓励出口	限制出口
外资政策	优惠	不优惠
税务风险	小	大
汇兑风险	小	大
外汇风险	小	大

首先，企业海外收入的可兑换性和兑换成本是企业最为担心的内容之一。企业在东道国获得的收入有可能需要投资到另一个国家。这时，如果这些收入不可兑换，企业只能将其重新投资该国。因此，为了比较容易地转移投资，很多企业宁愿把生产活动配置在生产效率不高但是资本管制程度较低的地区。所以，外汇管制无疑削弱了外国企业在该国投资的兴趣。其次，过高的汇率风险同样影响投资区位决策，在货币大幅升值的情况下会降低该国作为企业生产地的吸引力。20 世纪 80 年代中期的日本，特别是《广场协定》签订之后，日元对美元急速大幅升值，这一方面使得日本作为生产地的吸引力减弱，另一方面促使本国企业将生产活动撤出本土，转移到东亚低成本地区。货币大幅贬值意味着经营成果的贬损，可能远远抵消因贬值刺激出口产生的作用。总之，要对目标生产区位的制度与政策进行收益 - 成本 - 风险的综合评价。在其他条件不变的情况下，似乎政治稳定的发达国家或发展中国家最适合作为生产区位，它们实行自由市场制度，法制健全，没有高得惊人的通货膨胀率和私人债务。

9.2 全球生产的模式选择㊀

企业除了面临价值链在全球空间配置的问题，面临的另一个问题是如何组织价值链各环节。即对哪些环节应自己完成（所谓自产），哪些环节可以外包出去进行决策，这就是企业全球生产的模式选择问题。下面我们将从核心能力和交易成本两个角度来分析这个问题，并探讨外包的一种替代模式——战略联盟。

9.2.1 核心能力的考虑

9.2.1.1 核心能力

20 世纪 90 年代，战略管理学者意识到，单个组织中高层管理者的时间和财务资源是有限的，不可能在各个方面都保持世界级的竞争地位。因此提出了核心能力的概念，即“组织内进行的集体学习，特别是如何协调各种生产技能并整合多个技术流”。

核心能力的概念有几个关键的问题。首先，核心能力应该限制在两三种对组织未来成功最关键的活动上，组织在这些活动中必须保持绝对卓越。核心能力仅定义在具有足够高度的组织层次，这样组织中的子单位就不会将它们自身的活动在需要被外包时定义为组织的核心能力。其次，在企业内部可能需要保留一些其他活动，以防止现存或潜在竞争者学习、取代、损害或规避组织的核心能力。核心能力的实质是通过选择将资源集中于少量的活动，使组织能够在选定的领域内保持竞争对手难以取得的竞争优势。

核心能力具有以下特征：

- 涉及传统职能的成套技能或知识，使组织能够在诸如产品或服务设计、技术创造、客户服务或物流等领域中一贯领先于竞争者；
- 灵活长期的服务平台（而非特定产品），能够适应或演进以满足客户随时间变化的需求；
- 独特的价值来源，难以复制，其中对智力资源的投资将获得最高回报；
- 在体现市场领导地位的领域，能够集中其管理和财务资源保持其领先地位的组织活动；

㊀ 本节的内容主要参考了兰德（Rand）咨询公司为美国空军提供的咨询报告。

- 与理解和服务客户有直接关系的要素，组织能够以更低的价格或更有效果的方式供给这种要素；
- 嵌入组织价值观、结构和管理系统中，而不依赖于少数有才华的个人的活动。

从这个概念出发，可以认为，除了保留一些需要发展的核心竞争能力外，外购的方式是优于纵向一体化（自产）的。企业要对哪些活动应该被外包、如何选择外部资源、如何构建客户与供应商关系、如何监控供货方的行为等具体问题进行决策。

9.2.1.2 外购的目标

由于高级经理人可能不会对非核心活动给予过多关注，内部服务以及支持性活动通常会形成垄断局面，几乎不存在提高生产效率或达到世界领先业绩标准的动力。这也形成了支持对非核心能力活动进行外包（或引入外部竞争）的假设，特别是当组织能够通过外部专业供应商获得达成世界领先地位业绩的能力时。

降低成本经常被看作企业外购的目标，但这并不是唯一的，甚至不是最重要的。有关研究根据重要性的顺序列出了如下一些外购目标。

（1）改善业务重心。

通过减少对非核心活动投入的管理资源和注意力，将其利用到核心活动当中，优化业务重点。

（2）能够接触到最先进的业务能力。

能够接触到基于核心能力承接外包的企业所拥有的世界级能力（包括技术、方法论和人员方面的投资机会）。

（3）加快流程再造以缩短周转时间并提高质量。

将自己的业务交给已经通过再造达到世界领先标准的供应商，以加快再造工作来缩短周转时间并提高质量。

（4）共担风险。

通过将外包技术的投资成本聚集在一起实现风险共担，这种技术通常是由供应商代表多方客户研发的。

（5）降低运营成本。

通过与特定供应商签订合同减少运营成本，特定供应商应是能实现规模经济或能基于专业化实现其他成本优势的。

（6）将用于非核心职能的资本投资转化为运营费用。

将非核心职能的资本投资转化为运营费用，同时将资本金聚焦在核心领域。

（7）实现对某职能的更强管控。

对目前企业组织内部无法达到业绩要求或客户期望的某职能进行更强管控。

以上这些目标为企业进行外购时选择外部资源、进行合同设计以及管理监督，提供了最重要的参考标准。

9.2.2 交易成本的考虑

不同交易成本的概念有不同的界定和侧重。奥利弗·威廉姆森（Oliver Williamson）版本的交易成本经济学作为新制度经济学的一个分支，以制度作为研究对象。

在讨论交易成本以及相关的治理结构选择问题时，我们首先需要了解一些基本定义。交易是指商品或服务从供应方转移到使用者手中。对于一个特定的组织来说，交易可以是内部的，也可以是外部的。

交易成本包括内部交易成本和外部交易成本。当交易发生在企业内部时，管控员工以及采购生产要素和资产设备过程中消耗的资源构成交易成本。当从外部供应商处购得这些资源时，来源选择、合同管理、业绩监控以及争议解决构成交易成本。影响交易成本大小的因素包括资产专用性（asset specificity）、机会主义（opportunism）、有限理性（bounded rationality）。交易的治理结构（governance structure，即交易的组织方式）主要有（现货）市场、契约、纵向一体化。

企业全球生产的模式选择实质是对交易治理结构的选择。由于在不同的治理结构下资产专用性、机会主义、有限理性等因素对交易成本的影响程度不同，因而，企业所选择的最有效的治理结构也不同。下面，我们将分别探讨影响交易成本的因素，进行几种治理结构的对比，并综合分析企业对交易治理结构的选择问题。

9.2.2.1 影响交易成本的因素

1. 资产专用性

资产专用性是指对与交易相关的交易专用资产进行投资，可以提高效率，降低成本。资产专用性的类型包括以下几种。

（1）地点专用性。

买方或卖方将设备置于靠近对方的位置以优化库存或运输成本。

（2）实物资产专用性。

对为特定顾客设计研发的设备或加工模具进行投资。

（3）人力资本专用性。

一方或双方基于特定的买卖关系培养的特定技能或知识。

（4）特定的生产或者服务能力。

所建设的产能致力于服务大客户（与市场规模相比），导致其很难找到其他替代客户进行服务。

（5）商标或声誉。

品牌或者声誉也是一种专用性资产，合作的各方必须致力于维护共有商标的声誉。比如在特许经营中，特许经营的品牌声誉取决于每个特许经营商的行为。

2. 机会主义

由于交易专用资产的价值取决于买卖关系的存续，未投资或少投资的一方可能会通过威胁解除关系来侵占部分投资价值。如果不能保证投资方实现交易专用投资的全部价值，那么投资方就不会做出能够降低生产成本的高效投资，最终导致双方都会承担更高成本。

3. 有限理性

有限理性限制了经理人和合同控制激励的能力。

由于管理时间和控制范围有限，组织无法在内部实现对无限数量交易的有效管理。同时，有限理性还限制了市场和简式合同应对资产专用性问题的能力，这是因为双方无法预见所有或然事件，也无法完全对此类事件进行合同约束。

9.2.2.2 几种治理结构的利弊

市场在一般情况下是最好的治理结构，因为供应商获得了最大的好处，承担了全部的成本，所以供应商有强烈的动机将单位成本所带来的价值最大化，同时能够对市场上原材料和产品价格的变化做出快速反应。但是，根据交易成本理论，由于存在资产专用性、有限理性和机会主义，市场这种治理结构对于有些交易并不是最优的选择。因为买方或者卖方可以随时终止纯粹的现货市场交易，当存在与交易有关的专用资产时，这种组织方式则不能为另一方提供针对机会主义行为的保护。

契约通过将买卖双方在一段时间内绑在一起的方式来保护对于专用资产的投资。但是，由于有限理性的存在，我们不可能在事前设定的合同中估计到各方在所有或然情况下的行为。如果合同本身就是不全面的，那么各方还是可以从机会主义行为中得到好处。因此，必须引入更复杂的治理结构来补充合同中遗漏的地方、解决争端、适应新情况。签订合同的各方也需要事前根据可信度和名誉对合作方进行筛选，或在事后设计一些机制来保护对专用资产进行的投资。

在资产专用性、有限理性和机会主义使合同不能解决的问题变得很突出时，纵向一体化成为一个可供替代的选择。纵向一体化可以保证将与交易有关的专用资产投资的价值内部化，同时也方便在交易情况有变的时候重新部署资产和人员。但是，有限理性同样限制了内部管理能控制的范围。低层的经理和员工可能只考虑局部最优化的实现，或者他们并不具有控制成本最小化的动机。表 9-3 反映了不同治理结构的利弊。

表 9-3 不同治理结构的利弊

治理结构	利	弊
市场	具有净价值最大化的强烈动机	不能保护对交易专用资产的投资
契约	对于投资有一定程度的保护；具有将净价值最大化的强烈动机	不能在合同中涵盖所有或然事件
纵向一体化	将交易专用资产投资的价值内部化	对成本的控制不如市场

9.2.2.3 交易治理结构的选择

如果可以有多个供货来源，那么企业就可以通过同时拥有内部和外部供应商的方式来避免市场和纵向一体化的缺点。将一部分工作外包给外部供应商，或者允许内部客户从外部采购，这种来自外部市场的压力会促使内部供应商控制成本、改善工作表现。相应地，保留部分内部生产能力，使得企业可以在寻求外购的过程中，仍可以做出有效的决定。在这种情况下，企业一方面保持了内外部的平衡，特别是在备选的供应商很有限的时候；另一方面也保证了应对需求突然增加时的生产和服务能力。

根据交易成本理论可以推论：基于市场的交易可能会因为潜在的机会主义行为，而导致对交易专用资产有效投资的减少。订立合同可以在一定程度上保护这种投资，但在有限理性的情形下，合同不可能列清所有的或然事件。合同的灵活性越好，对于机会主义行为的防范能力越低。因此，资产的专用性、潜在的机会主义行为和有限理性的不断增加，使得最有效的治理结构要顺着图 9-1 的渐进结构图向右移动。然而，在有限理性的假设下，一个组织内部可以得到控制的活动数量也是有限的，因此企业只能选择那些与市场采购和订立合同相比，它们可以更有效控制的活动进行内部化。因此图 9-1 的箭头所指意味着，有限理性的存在使得治理结构既不可能是完全的市场，也不可能是完全的纵向一体化。同时，我们发现，越是靠近市场，生产成本就越低，因为市场能提供最大化单位成本价值的动机，同时，为大量客户提供商品或者服务带来的规模效应也有助于降低成本。

9.2.3 战略联盟

9.2.3.1 战略联盟的内涵与类型

如今，一些企业试图与关键供应商建立战略联盟的模式来替代自产或纯粹市场交易类型的外购。战略联盟要求企业之间建立一种正式的关系，是一种组织安排和运营策略。通过这种安排，不同的独立组织可以共享行政权力，形成社会联系，接受共同所有权安排。更宽松、更开放的合同安排取代了高度特定和独立性的（arm's length）合同，这样的安排淡化了企业之间的边界。

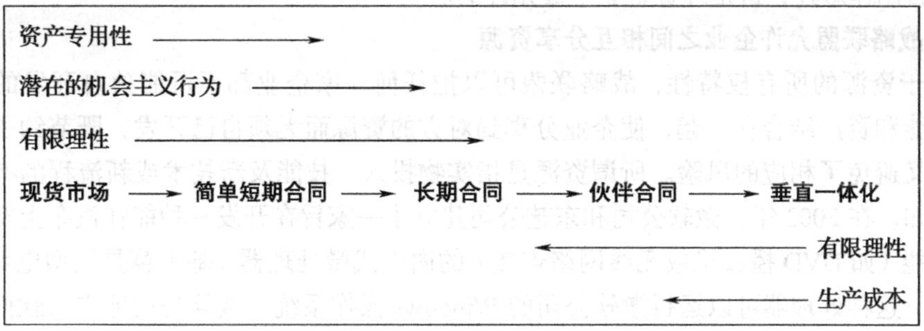

图 9-1 对于治理结构的选择

战略联盟有利于买方和供应商提高对该关系进行长期投资的意愿。其种类很多，从最简单的合作到股权投资，灵活性不断减少，长期承诺逐渐增加。合作协议，如基于联盟的合同制造（contract manufacture）、联合生产（co-production）、联合营销（如航空业的共享代码）、交叉许可、联合研发，其灵活性更强，但由于投入努力和投资资源的减少，他们同样也可能获得更少的利益。合作协议有很多种，特别是其中的两种与买方—供应商关系有关：其一，组织利用交叉许可协议学习类似产品或服务研发的技术；其二，组织能够利用研发伙伴关系加速技术创新。更进一步的关系是靠股权投资来巩固的，也有两种主要形式。在少数股权投资安排中，一方对另一方进行投资，但没有新的实体形成。比如 IBM 对 Intel 就进行了这样的投资。少数股权投资通常应用于产品尚且未被市场广泛接受的创新型组织中。合资企业是另一种形式的股权关系，合作双方通过建立一个新的企业来共同决策、共担风险、共享收益。具体实例包括新联合汽车制造公司（NUMMI，通用汽车与丰田汽车的合资公司）、道康宁（Dow Corning）以及三星影业（TriStar Pictures）。

另外，有些企业喜欢"蛛网"结构，其中一个中心企业与其他企业形成联盟关系。当网络中的任何一个企业将来成为行业中的领先者时，中心企业都可以因此而获得更多机会。当然，战略联盟仅适用于那些能力和专门技术比买方更胜一筹的供应商，或者是该供应商的产品较为复杂或需要定制，并且不能通过短期合同获得。

9.2.3.2 战略联盟的优点

1. 市场以及环境的快速变化使得战略联盟成为必要且可行的选择

第一，技术的快速变革缩短了产品和技术的寿命，企业面临可能在短期内不能收回投资的风险。第二，与开发新产品和服务相关的资本成本提高，企业需要更广大的客户群和更高的产品价格，以保证研发成本的收回。第二，采用精细生产技术的产品要求买卖双方之间建立更紧密的合作来提高产品质量，并实现小规模、高频率的货物和服务递送。第四，计算机技术和通信系统的进步使得企业之间的知识传递和活动协调变得更容易。

2. 战略联盟可能为进入外国市场提供方便

例如，许多企业觉得如果它们想要成功地打进中国市场，就需要有一个了解生意情况、关系广（见第 4 章）的当地合伙人。所以，华纳兄弟公司与两家中国合伙人组建了合资企业，在中国制作和分销电影。作为一家外国电影公司，华纳发现，如果它想要自己为中国市场制作电影，它需要经过一套复杂的审批程序，还得把分销外包给本地公司，这使得在中国做生意有些困难。不过，如果有中国电影公司的参与，合资制作电影的审批程序就会比较简单，而合资企业也可以分销自己所制作的任何影片。而且，合资公司还可以为中国电视节目制作影片，这是外资企业不被允许的。

3. 战略联盟允许企业之间相互分享资源

由于资源的所有权特性，战略联盟可以把任何一家企业都不可能独自开发的互为补充的技能和资产结合在一起，使企业分享到对方的资源而无须自己开发，既节约了时间和成本，又避免了相应的风险。所谓资源是指实物投入、技能及新技术或新流程的有关知识等。例如，在 2003 年，微软公司和东芝公司建立了一家旨在开发一种能在汽车上实现各种娱乐功能（如 DVD 播放机或无线网络连接）的内嵌式微处理器（基本算是微型电脑）的联合企业。这种处理器可以运行微软公司的 Windows 操作系统。微软公司把它的软件设计技术带给联盟，而东芝公司带来开发微处理器的技术。对大众汽车公司以及其在巴西雷森迪（Resende）的卡车和巴士工厂之间的战略联盟的研究发现，每个供应商都占据工厂中的一个部门，并负责将其提供的零件组装到大众汽车生产线的车辆上。大众汽车投资 2.5 亿美元进行工厂的基础建设，每个合作伙伴投资 5 000 万美元购买生产模具。这种密切的信息交换提高了解决问题时的灵活性，企业根据需求定制产品，设计和研发新产品时的灵活度也相应提高了。

4. 战略联盟能为研发带来优势

战略联盟使企业实现新产品、服务和技术开发有关的风险与成本共担，相比于企业独自研发，可以在更短的开发时间内获得更多的新产品和服务。波音公司和几家日本公司联盟建造波音最新商用喷气式飞机 787，其原因就是波音希望分担开发这款飞机预计需要的 80 亿美元的投资。更重要的是，同短期合同关系相比，建立长期战略联盟后，各方都更愿意对交易专用资产进行投资。对美国和日本的汽车工业所做的比较显示，建立长期关系的供应商所选择的办公地点离客户的距离比拥有其他合同的供应商离客户的距离更近一些，供应商也会进行更加密切的员工交流和面对面的接触，同时还会将更大比重的资本投资到无法被调配给其他客户的资产当中。

5. 战略联盟有助于建立有利于该企业的行业技术标准

比如，在 2011 年，智能手机市场上的领军人之一诺基亚加入了同微软的战略联盟，双方达成一致：在诺基亚手机上使用微软 Windows 手机操作系统。微软和诺基亚组成战略联盟部分是为了使 Windows 手机操作系统成为智能手机行业中手机操作系统的标准，以此来对抗苹果手机的 iOS 系统和谷歌的安卓系统。但对微软来说不幸的是，诺基亚的 Windows 系统手机没有取得有效的市场份额。在 2013 年，微软决定收购诺基亚手机业务，使其成为自己的一部分，从而保证能够继续有力地推进其智能手机硬件业务。

9.2.3.3 战略联盟的缺点

战略联盟成本高昂。建立战略联盟后，组织之间的信息交换和活动协商需要时间和金钱。研究表明，与运营独立企业相比，各方会花费其两倍的时间对战略联盟关系进行管理。战略联盟中除了直接成本外，还存在机会成本，即每个组织都放弃了其他可能的项目，将资源投入联盟也放弃了其他的资源用途。战略联盟限制了企业应对环境变化以及与其他组织建立联盟关系的能力。

战略联盟的风险还包括以下几个方面。

1. 机会主义

除非买方和供应商是相互依存关系，否则战略联盟会使双方暴露在对方机会主义行为的风险下。通用汽车从NUMMI中学到了这宝贵的一课。丰田汽车只允许通用汽车销售四门版本NUMMI的首款汽车Nova，而且丰田汽车保留了自己的工程设计及生产相关的专有技能，通过在自己的厂区中生产主要零部件实现了规模经济。

2. 知识泄露

企业应该谨慎选择参与战略联盟，特别是与其核心能力相关的知识容易在合作关系中公开化的时候。战略联盟最好是用来建立企业需要但目前缺乏的核心能力。20世纪60年代，Honeywell拥有成熟的技术，雇用NEC在日本销售电脑并供应基础零件。一段时间以后，NEC从Honeywell处学习并掌握了这些技术，并最终成为一个三方合资公司的硬件供应商，合资的其他两方分别是Honeywell和法国的比尔集团。

3. 法律约束会限制企业从战略联盟中获得的潜在收益

反垄断法限制业务相同的企业形成战略联盟，公平交易法限制政府组织和供应商之间形成战略联盟关系。

9.2.4 外包的决策与执行

考虑如何完成外购的目标，一般要分为两个方面：一个是在签订一个协议或者加入一个战略联盟之前，组织应该采取的行动；另一个是建立关系之后经理应该采取的行动。

9.2.4.1 外包决策要同战略需要相契合

在签订一个战略合作协议之前，买方应该对其目前能力及未来可能需要开发的能力有比较清晰的战略认知。只有在这样的内省之后，买方才能明确希望在外包产品或服务的决策中获得什么。接下来买方应对外包相关的风险和成本进行仔细评估，即考虑合作所带来的收益是否足以保证合同的执行。在此基础上，双方再根据特定的商品和服务商定合作的形式，是采用短期的合同、股权联系还是合作协议。

在选择具体的供应商时，建议企业对供应商的以下条件进行考察：

- 买方看重的知识和技能；
- 经验的广度和深度，包括在该领域的可靠记录；业务熟练且经验丰富的员工；独特的服务能力；
- 财务实力，确保供应商能够在外包关系期限内提供所需服务；
- 技术创新、质量提升以及客户满意度方面付出的承诺；
- 良好的声誉，包括提供客户咨询和业绩保证的意愿；
- 与买方携手助力关系取得成功的承诺。

应通过扩大来源选择标准，而非仅关注出价，买方能够剔除不合格或者出价极低的供应商。如果接受极低的出价，最终可能导致合同签订后的重新谈判、频繁的合同纠纷或者订约人违约等情况。买方应该对提供所需产品或服务的雇员要求、经验水平、技术能力和实物资产有一定了解，以确保供应商有能力提供。当供应商无法按之前约定交货时，外包关系就会破裂，这是因为供应商缺乏经验或者无法提供所需的全部服务。像克莱斯勒（Chrysler）这样的创新型企业通常“提前筛选”供应商，即在新产品没有完全开发出来之前让潜在供应商进行试生产，以明确各自的能力和需求，再选择合作方，并从根本上消除特定部件的竞争性招标。买方企业应该选择一些对生产有全面了解的专家，建立一个团队，来对外购关系的确定和外购合作方的选择提供支持。这种设计使得企业在各部门中推行外购策略以及对外部资源进行选择时更容易被接受。

9.2.4.2 良好的管理促进长期合作关系的成功

第一，买方—供应商关系应当谨慎定义。双方首先要对关系建立的基础，即对外购的目标有统一的认识。其次是买方和供应商应该就关系的总体目标，提供产品或服务的范围、绩效评估指标以及预期达成一致，然后应设计一个正式的冲突解决机制。一个协议如果能够清晰指明可接受业绩的构成，并对低于标准业绩的处理程序进行明确，那么很多问题都可以避免。买方同样也应该与供应商定期举行正式会议，进行实际业绩与期望业绩的比对，讨论相关议题，明确各自的职责，共享关于新服务或技术的信息等。如果在持续讨论过后，供应商仍然无法满足业绩要求，清晰明确的协议为终止合作关系提供了坚实的法律基础。

第二，合作伙伴必须学会信任彼此。企业之间对于达成目标所需要的知识和技能的交流通常并不充分，只有建立一种公开的、相互信任的工作关系，才能实现这种信息的充分交流，所需的知识和技能才能被有效传递。正式合同应该被认为是指导双方建立非正式联系的框架。双方需要基于信任和信息共享建立工作关系。如果到了翻阅合同的地步，那么也就说明工作关系已经破裂。构建信任的方法包括从成功概率高的小项目入手，建立共同参与的整合产品团队及共同培训和互助机制。对于积极和消极的信息都进行分享，使双方在发生危机之前就可以进行补救。另外，无论买方和供应商都应该限制关键岗位核心人员的变更，以便建立具有一定连续性的个人关系，保证合作的连续性。

第三，维持成功的合作关系，需要让组织的管理和文化都能随着合作关系的建立而不断学习和调整。

组织管理的变化需要积极的资源投入，包括差旅、专职员工共享、试验台设施以及内部化所学内容的时间和检验所学内容的时间等。在通用汽车和五十铃铃木汽车之间合作的案例中，通用汽车市场部门和生产部门的员工、工程顾问、策划人员、采购和分销经理以及行业分析师直接在东京工作，辅助雪佛兰与其亚洲伙伴进行交易。同样，通用汽车的日本供应商中大约有2/3在美国的销售办公室，他们的销售代表可以参观通用汽车的车间，同时从美国或者日本获取技术支持。为了从外包关系中充分获益，买方和供应商可能还需要进行文化调整。有时候买方自己的员工对于外部供应商感到不能接受，认为之所以要引入外部供应商都是因为自己的部门做得不够好。要建立成功的合作关系，这种思想必须避免。此外，企业的经理人应当培养联络技能以帮助克服经常发生于买方—供应商关系中的忠诚性和目标冲突的问题。

第四，合作双方应当愿意顺应环境和需求变动给双方合作关系带来的变化。随着时间的推移，与双方关系相关的诸多因素难免发生变化。例如，买方的需求变化可能是新技术的出现或原材料价格变化导致的。这样的变化会影响外包关系对买方的重要性。因此，当基础条件发生改变时，合作双方应随时准备对双方关系进行调整。

【案例 9-1】

美国空军的筹源决策

一个组织可以有效管理的业务活动是有限的，美国空军（Air Force）也不例外，它对不同的业务采取的是不同的筹源策略，对应不同的交易治理结构。例如，通过现货市场购买办公用品、食物和燃料；通过短期合同定制特制文具和当地递送；通过长期契约安排联邦快递、按时计费的设备维护（power-by-the hour maintenance）和长期租赁；根据联邦采购条例（Federal Acquisition Regulations，FAR）通过伙伴契约安排主要武器系统的采购；通过内部提供的货物和服务包括空军物流中心的仓库维护和供给管理或跨军种支持协议等。

对于不同业务，美国空军的筹源策略体现了核心能力和资产专用性的概念对其筹源决策的意义。对于核心业务，美国空军需要集中优势资源，发挥核心能力，以保持在相关领域的世界领先地位；对于非核心业务，可以将其外包给其他在该项业务上具有世界领先地位的企业。不涉及专用性资产使用的非核心业务是最适合外包出去的，但是当非核心业务必须使用交易专用资产时，就有可能由于出现机会主义行为而使外包变得困难。如果美国空军能够与它的供应商发展长期的伙伴关系，那么将涉及专用性资产的业务外包出去将是可行的。

在改善绩效和降低成本的问题上，与在短期内通过频繁引入重新竞争关系，最终将合同委托给出价最低的供应商来压榨供应商利润率的手段相比，长期合作关系能够更有效地提升业绩并降低成本。所以，在很多支持性服务领域，美国空军考虑和供应商建立长期的合作关系，而不应通过将合同机会拿出来重新竞争或者威胁现有的供应商把业务内部化。同时，在筹源的过程中让供应商参与到服务设计的流程中，与供应商一起整合流程，实现价值链最优化。另外，搜集供应商过去的信息也很重要。为此，美国空军建立了承包商业绩评估报告体系（Contractor Performance Assessment Report System，CPARS），这个体系对美国空军向其采购超过500万美元的承包商进行年度评估。相关信息之后可被业绩风险分析团队（Performance Risk Analysis Groups，PRAG）使用以评估承包商风险，用以进行筹源决策。■

本章小结

全球生产问题不仅是制造业企业国际经营中最重要的决策，也是任何国际企业的价值链其他环节如何组织的重要问题，涉及生产区位选择和生产模式的选择；本章提供了全球生产区位决策的分析框架；对于自产还是外包的决策，以及战略联盟的选择，本章提供了企业的核心能力和交易治理模式两个方面的知识作为决策和执行的参考依据。

关键术语

区位优势	产业集聚	柔性生产技术
核心能力	交易成本	资产专用性
机会主义	有限理性	交易的治理结构
市场	合同	纵向一体化
战略联盟		

本章阅读资料

请扫描二维码详尽了解本章阅读资料

第10章
CHAPTER10

全球营销

引导案例

印度流媒体市场的激烈竞争

几年前，出品过《纸牌屋》《绝命毒师》等众多经典影视剧集的美国视频公司 Netflix（奈飞，也称网飞）就开始谋求开辟其印度市场，并认为印度极有可能成为其最大的海外市场之一。近年来印度的流媒体市场取得了长足进步，有可能迎来指数级增长，但过于“高大上”的 Netflix 恐怕会因“水土不服”而失去印度机遇。

智能手机的普及、互联网的渗透以及消费者对娱乐的热爱，无不刺激着印度流媒体市场的增长。在进入移动互联网时代后，“移动优先”成为大势所趋。印度早在 2017 年就已经拥有超过 4 亿的智能手机用户，该数字到 2024 年更有可能达到 10 亿。随着 4G 网络资费价格不断下降，印度的手机用户已经开始接受用移动网络观看视频的消费模式，这直接促进了移动设备上的视频消费。基于印度会有超过 6.5 亿互联网用户的预测，其视频点播消费市场估值就可达到 30 亿美元。

虽然印度流媒体市场规模巨大，但 Netflix 的市场定位却有点“曲高和寡”。据《福布斯》(*Forbes*) 报道，虽然印度互联网普及率和智能手机使用量可能会出现巨大的增长，但大部分增长可能来自二、三线城市和农村地区。这些地区的消费者既没有非常高的可支配收入，也没有订阅 Netflix 服务的能力。消费者虽然几乎随时随地在观看视频，但还未养成为视频内容付费的习惯，盗版和非法下载会是更多人的选择，何况 Netflix 的价格并不算亲民。Netflix 在印度的市场定位就是以优质的视频节目吸引高收入群体，比如面向高端用户提供 4K 画质的视频，其目标受众是接受过西方教育使用 iPhone 手机的印度精英。这样的定位恐怕会使其错过二、三线市场，也就决定了 Netflix 在印度市场上无法规模化发展。

虽然没有人会质疑 Netflix 的产品质量，但高质量的视频产品需要高质量的硬件基础，比如网速。据 Netflix 给出的数据，印度 13 个网络服务商的平均网速为 1.92 兆每秒（MB/

S)，这个速度在Netflix的全球市场上来看是最差之一，这样的速度是无法满足高画质视频的要求的。在印度所有网络提供商中，Airtel的网速最快，平均为2.25MB/S；Spectranet排名第二，为2.1MB/S，第三位是7 Star Digital，为2.06MB/S，已经提供了半年免费手机流量的电信业黑马Jio排名第八，为1.81 MB/S。

此外，印度流媒体市场竞争激烈，Netflix不是唯一的国际巨头。在印度，获得二十一世纪福克斯（Twenty-First Century Fox，Inc.）投资的印度Star India集团旗下的Novi Digital Entertainment所拥有的Hotstar（在线视频平台）和时代华纳集团（Time Warner Inc.）旗下的HBO签订了合作协议，前者不仅拥有后者在印度的转播权，而且所有剧集和美国播放时间基本同步。HBO是拥有《权力游戏》《硅谷》《西部世界》等全球热播剧的视频制作公司。Hotstar还和迪士尼（Disney）签订了独家转播协议，迪士尼的《星球大战》《复仇者》等全球大戏都将被Hotstar在印度独家转播。此外，Hotstar还拥有一个Netflix没有的优势，就是实况体育转播。Hotstar和印度板球联盟达成了合作，而板球运动在印度拥有强大的收视率。

Netflix的另一大劲敌是亚马逊，其产品Amazon Prim Video（APV）的印度策略明显更加具有适应性和大众化，亚马逊和印度本土厂商合作推出了17个印度原创节目秀，包括Farhan、Zoya Akhtar、Vikramaditya Motwane等，使其在半年时间内便在印度拥有了超过950万用户，并在印度最流行视频应用中排名第三。亚马逊的视频产品非常重视本地消费者需求，其作品被翻译成6种印度语言。相比之下，Netflix一个月推出的印度本地内容产品不超过5部，忽视了印度观众对本土内容的需求。在定价方面，根据MediaPartners Asia的数据，Netflix的服务约为每月500～800卢比（约7美元），而亚马逊的费用为每年999卢比（约15美元）。

为了应对印度市场激烈的竞争，Netflix除了与印度本地网络供应商（包括Vodafone和Airtel）建立合作伙伴关系，还决定对症下药：①以“开放连接”（Open Connect）程序来消除网络拥塞的问题，使流媒体缓冲更快，且保证画质；开发可以让用户在任何比特率（bit rate）下缓冲视频的视频格式，并可以节省数据消耗。这种创新可以帮助Netflix吸引许多印度移动用户，因为他们的手机数据流量使用率很高，在手机上播放视频常常会是个想做又不敢做的事。②签下众多印度演员，尤其是印度最受欢迎的女性喜剧演员之一Aditi Mittal，推出喜剧节目。③与印度本土制片公司合作，获得一些印度流行电影的独家发行权。

学习目标

通过本章的学习，在复习市场营销基础知识的基础上，掌握全球营销的核心问题；了解全球营销调研的内涵与挑战，熟悉STP策略的全球市场运用；掌握全球产品策略、全球定价策略、全球渠道策略、全球促销策略的基本知识要点。

10.1 市场营销基础知识回顾

10.1.1 市场营销基本概念

根据美国市场营销协会（American Marketing Association，AMA）2013年的最新定义，**市场营销**（marketing）是创造、沟通、配送和交换对消费者、客户、伙伴和社会有价值的供给物的活动、一系列制度以及过程[一]。

1960年美国市场营销学泰斗麦卡锡（E. Jerome McCarthy）[二]提出4P组合来概括营销活动，即产品（product）、价格（price）、渠道（place）和促销（promotion）。产品即满足目标消费者的产品或服务，价格即使各方皆大欢喜，渠道即通过分销渠道送达目标消费者，而促销即向消费者介绍和说服消费者。

1990年美国营销学专家劳特朋（Robert F. Lauterborn）[三]以消费者需求为导向，提出4C组合来概括营销活动，即消费者（customer）、成本（cost）、便利（convenience）和沟通（communication）。消费者即企业将追求消费者满意放在第一位，成本即降低消费者的购买成本并充分考虑消费者的购买力，便利性即消费者购买过程中的方便程度，而沟通即以消费者为中心实现有效联系。

1999年美国整合营销学者舒尔茨（Don E. Schultz）[四]在4C营销组合的基础上提出4R[五]组合，即关联（relevance）、反应（response）、关系（relationships）和回报（returns）。关联即与消费者相联系并快速响应，反应即对消费者的需求和欲望进行回应，关系即为实现个性化营销而与消费者沟通，而回报即在短期和长期内为企业带来收入和利润。

10.1.2 营销环境与营销调研

10.1.2.1 营销环境

企业的**营销环境**（marketing environment）由影响企业与目标消费者之间建立和维持牢固关系的所有行为者和力量构成。

企业营销环境的内容广泛而复杂，我们可以把营销环境划分为微观环境和宏观环境。**微观环境**（micro environment）是指直接影响和制约企业经营活动的各种力量。要取得市场营销的成功，需要和企业内部其他部门、供应商、市场营销中介、消费者、竞争者和各种公众建立关系，这些关系共同构成了企业的价值交付网络。**宏观环境**（macro environment）是指一系列影响和制约着微观营销环境和企业营销活动的社会力量，包括自然、经济、政治、法律、社会、人口和文化等大多数难以预测和控制的因素。微观营销环境对企业营销活动的影响是直接的，而宏观营销环境对企业营销活动的影响往往是间接的，它要通过微观营销环境这个媒介来影响企业的营销行为。

10.1.2.2 营销调研

美国市场营销协会（AMA）将**营销调研**（marketing research）定义为一种通过信息，把消费者、顾客及公共部门和市场联系在一起的职能活动，这些信息用以识别和界定营销问题和机遇，制定、完善和评估营销活动，监控营销绩效，同时增进对营销进程的理解。营销调研的过程有四个步骤：确定调研问题和目标、制订调研计划、执行调研计划以及解释和报告调研结果。

1. 确定调研问题和目标

经理了解有哪些决策需要信息，而调研者精通市场调研以及如何获取这些信息。经理

[一] Marketing is the activity, set of institutions, and processes for creating, communicating, delivering, and exchanging offerings that have value for customers, clients, partners, and society at large.

[二] McCarthy, E. Jerome (1960) *Basic Marketing: A Managerial Approach*, Homewood: Irwin.

[三] Lauterborn, B. (1990) ‘New Marketing Litany: Four Ps Passé: C-Words Take Over’, *Advertising Age* 61 (41):26.

[四] Schultz, Don E. (1999) ‘Perhaps the 4Ps Should be the 4Rs’, *Marketing News* 33 (11):7.

[五] 另一种4R，即relativity、reaction、relation和retribution，见于艾略特·艾登伯格（Elliott Ettenberg）《4R营销》(2003)。

需要与调研人员沟通合作，确定调研问题并在调研目标上达成一致。调研问题和调研目标指导整个调研过程。

营销调研可能有以下三种调研目标：**探索性调研**（exploratory research）的目标是收集初步信息以确定问题并提出假设；**描述性调研**（descriptive research）的目标是描述情况，例如某种产品的市场占有率或某国市场的消费者偏好等；**因果性调研**（causal research）的目标是检验关于因果关系的假设，例如，如果将学费降低10%，所导致入学人数的增加是否可以抵消减少的学费收入？营销调研常常从探索性调研开始，再进行描述性和因果性调研。

2. 制订调研计划

一旦确定了调研问题和目标，调研人员需要确认所需要的信息，为有效地收集这些信息制订调研计划。调研计划需要列明现有数据的来源，指出具体的调研方法、抽样计划以及收集数据的手段，涵盖拟解决的管理问题和调研目标以及调研结果将如何帮助管理层制定决策等内容，另外还应该包括调研成本分析。

调研目标必须转化为具体的信息需要。假设红牛（Red Bull）打算进行一次营销调研，以了解消费者对其拟以红牛品牌推出的不同口味的强化型维生素饮料的反应。为此营销调研可能需要以下的具体信息：

- 红牛现有消费群体会购买强化型维生素饮料吗？这一产品符合他们的生活方式吗？红牛是否需要开发新的细分市场？
- 强化型维生素饮料消费者的人口特征和使用行为模式：他们对这种产品有何需求和期望？在哪里购买？何时饮用？如何饮用？市场上哪种现有品牌的产品和产品的价位最受欢迎？
- 零售商对计划推出的新产品线如何反应：它们会进货吗？会把它陈列在哪里？能否得到零售商的支持？
- 进行销售预测：新强化型维生素饮料产品线会创造新的销售额，还是仅从现有的红牛产品中掠夺份额？新产品是否会增加红牛的总利润？

调研方法不同，调研结果也会不同。按照信息来源不同，我们可以将营销调研的方法分为**二手数据**（secondary data）和**原始数据**（primary data）。二手数据指已经存在的为其他目的而收集的信息，其来源包括内部来源和外部来源。来源于内部的调研资料主要是以会计统计为基础的内部报告系统和其他档案资料。外部来源是指存在于其他机构而非企业内部，如由政府机构、市场研究机构等第三者发布或研究出版的资料。原始数据是指为当前特殊的目标而专门收集的信息。

3. 执行调研计划以及解释和报告调研结果

营销调研的下一步工作是将调研计划付诸实施，涉及收集、加工和分析信息。将收集来的数据进行加工，分离出重要的信息和发现，检查数据的准确性和完整性，并将数据转化为可以分析的形式。最终，调研人员解释调研所得到的发现并给出结论，将对管理者的重要决策有用的主要信息明确精炼地展示出来。

【专栏 10-1】

管理市场营销信息

营销信息系统（marketing information system，MIS）是一种一体化的信息网络，

在适当的时间和地点向营销人员提供用于规划、决策和控制的相关信息。此外，营销信息系统可以帮助管理层识别机遇，了解潜在的问题，并开发营销计划。

在营销信息系统中，信息的使用者包括市场营销经理、内部和外部伙伴以及其他需要市场营销信息的人。通过识别和评估信息使用者的信息需求，与市场营销环境建立联系。营销信息系统将开发所需信息并向信息使用者传递有关信息，以帮助使用者分析和使用信息，建立连接品牌与消费者的消费者洞察（customer insights）、市场营销决策和客户关系管理。

营销信息系统不仅服务于内部信息使用者，还为外部诸如供应商、转售商或市场营销服务机构等提供信息。沃尔玛（Wal-Mart）的Retail Link信息系统为重要供应商提供关于消费者购买模式和存货水平以及门店销售情况的全部信息。

最后，从营销信息系统中获取、分析、储存和传递信息的成本可能会迅速增加。企业必须判断从额外信息中获得的价值与为此增加的成本相比是否值得。

资料来源：科特勒、阿姆斯特朗（2015）。■

10.1.3 STP 策略

在了解消费者和市场环境的重要性后，企业就可以深入地探讨消费者导向的市场营销决策——将市场划分为有意义的消费者群体，即**市场细分**（segmentation）；选择企业要服务的消费者群体，即选择**目标市场**（targeting）；创造最好的满足目标消费者的产品以及在消费者的心中为该产品树立独特的形象，即**市场定位**（positioning）。

市场细分是指企业按各细分变量将整个市场划分为若干个需求不同的产品和营销组合的子市场的过程，其中任一子市场都是一个有相似需求的购买者群体。市场细分的标准有地理变量（人口密度、城乡、气候和地形地貌等）、人口统计学变量（国籍、种族、性别和年龄等）、心理变量（生活方式、个性和购买动机等）、行为变量（使用频率、品牌忠诚度和对产品的了解程度等）等。

选择目标市场即企业根据自身的资源优势以及众多细分市场的潜力与吸引力，选择一个或几个企业有能力服务的子市场。在评估不同的细分市场时，企业需要考虑两方面的因素，即细分市场的总体吸引力和企业的目标与资源。在一个潜在的细分市场是否具备使其拥有吸引力的特征，例如规模、成长性、盈利性、规模经济和低风险；考虑到企业的目标、能力和资源，投资于这个细分市场是否有意义；一些有吸引力的细分市场可能和企业的长期目标不一致，或者企业可能缺少一种或多种必要的能力来支持某一细分市场的成长。

市场定位是细分市场与确定目标市场之后的任务，指企业针对潜在目标消费者的心理进行营销设计，通过广告、促销等手段，创建产品、品牌或企业在目标消费者心目中的某种形象或个性特征，将企业选择的与目标市场契合的产品和服务的概念传达出去。市场定位根据定位对象的不同，可分为产品定位、品牌定位和公司定位。产品定位的目的是让产品在消费者心目中留下深刻印象，使之与其他同类产品区别，可以根据属性、价格与质量、功能和使用者等特性进行定位。品牌是企业核心竞争力，品牌定位包括档次定位、类别定位、比附定位与情景定位等。此外，企业要作为一个整体，在消费者心中占据明显而突出的位置。

10.1.4 营销组合策略

10.1.4.1 产品策略

1. 产品与产品策略

产品（product）指能够提供给市场以满足消费者需求和欲望的任何东西，包括实体产品（physical goods）、服务（service）和信息（information）等。

产品策略（product strategy）要求明确企业能够提供什么样的产品和服务来满足消费者需求，对产品线、产品组合、品牌、包装和标签等制定协调的政策。

2. 产品策略要素

产品线（product line）是指同一产品种类中一组密切相关的产品。它们具有相似的功能、相同的目标消费者、相同的销售网点和渠道，或者在一定的价格范围内。一条产品线可能由不同的品牌构成，或只有单一的品牌，或在某个品牌的基础上进行产品线延伸。企业的目标影响产品线的长度，目标之一是创建新产品线，以进行升级销售。例如宝马（BMW）希望消费者从3系列轿车消费升级到5系列，甚至到7系列。另一个目标是创建新产品线以促进交叉销售，例如惠普（HP）既出售打印机又出售计算机。还有一个目标是创建能够应对经济波动的产品线，例如伊莱克斯（Electrolux）提供拥有不同品牌名称的冰箱、洗碗机及洗衣机等家电，分别在折扣市场、中层市场和溢价市场销售，而这样做的部分原因是缓冲经济起落对企业的影响。一般而言，追求高市场份额和快速成长的企业往往采用较长的产品线，着眼于高利润的企业则对产品线产品的选择十分谨慎，强调较短的产品线。

产品组合（product mix）是指一个企业生产经营的所有产品线和产品项目的集合，也即经营范围和全部产品的结构。产品组合主要有4个变化要素：宽度、长度、深度和关联度。产品组合的**宽度**（width）指企业经营的不同产品线的数量。例如金宝汤（Campbell Soup）（中国）可以将产品线分为专业餐饮类产品线和零售类产品线。产品组合的**长度**（length）是指企业经营的产品线中所包含的产品项目的总数量。金宝汤每条产品线中都有多个品牌，例如其零售类产品线中包括史云生（Swanson Broths）、金宝汤（Campbell's Soups）、雅乐思（TimTam）和V8。产品组合的**深度**（depth）是指产品线中每项产品所提供的型号的数量。史云生包括原汁上汤系列、浓醇高汤系列和浓醇高汤调味汁三个产品型号。每一种型号都会提供多种配方和包装的产品，例如在原汁上汤系列中，可以选择原汁清鸡上汤、原汁经典顶味上汤、原汁清鸡上汤和原汁肉骨上汤等。产品组合的**关联度**（consistency）是指不同的产品线之间在最终用途、生产要求、分销渠道或其他方面相互关联的紧密程度。金宝汤专业餐饮类产品线和零售类产品线的分销渠道是不同的，专业餐饮类产品线的产品更多直接对接专业厨师或餐饮企业，而零售类产品线的产品则通过零售渠道销售。

品牌（brand）是一个名称、术语、设计、标志或其他任何特征，其目的是用以辨认某个销售者或某群销售者的产品或服务，并使之同竞争对手的产品和服务区别开来。对消费者而言，品牌能够识别一种产品的来源或制造商，允许消费者要求特定的生产商或分销商为产品的表现负责。消费者会根据产品的品牌对相同的产品做出不同的评价，通过对以往产品的消费经验以及营销活动来了解品牌，查明哪些品牌能够满足自己的需求。随着市场竞争的日趋激烈以及产品质量差别的缩小，一方面品牌的作用始终是帮助消费者节约时间、确保质量、简化选择；另一方面，产品质量的难分伯仲，使得品牌成为传递产品含义的主要手段之一。对企业而言，品牌也具有重要的功能。品牌能够使产品的处理和跟踪简化，品牌有助于组织库存和做会计记录，品牌也能够为公司产品独有的特征和外观提供法律保护，品牌名称可以通过注册商标获得保护。这些知识产权确保公司能够有把握地对品牌进行投资并从有价值的资产中获取收益。

许多进入市场的产品必须包装。**包装**（package）是指为产品设计和生产容器或包裹物的行为，是品牌资产的重要组成部分。包装物包括产品的基本容器（如盛牙膏的软管）、使用产品时被丢弃的第二层包装（装牙膏管的硬纸盒）以及存储、识别和运输产品所需的装运包装（装有六打牙膏的瓦楞纸箱）。包装是购买者对产品的第一印象，设计优良的包装能够吸引消费者，并鼓励其选购该产品。实际上，包装能够对产品起到“五秒钟销售”的作用。当消费者打开包装并使用产品时，包装也会影响顾客的售后产品体验，一些精美的包装甚至可以陈列在家。

标签（labeling）也是包装的一部分，指打印在包装上或随包装一起出现的信息。标签的作用包括：识别产品或品牌，如贴在鲜橙上的品牌新奇士（Sunkist）；为产品分等级，例如水果罐头上的标签就有A级、B级和C级；说明产品的一些情况，如谁生产、在什么地方生产、什么时候生产、产品的内容是什么以及如何使用该产品等；还可以以其有吸引力的图案来促进产品的销售。

10.1.4.2 定价策略

1. 价格与定价策略

狭义上讲，**价格**（price）是为产品或服务收取的货币总额。从广义上说，价格是消费者在交换中，所获得、拥有或使用某种产品或服务的价值。

定价策略（pricing strategy）指企业通过对消费者价格感知、产品成本以及其他内外部因素的平衡，选择能够吸引消费者购买、补偿经营成本、贯彻竞争意图和摄取充分价值的定价方式。

2. 基本定价原则

基本定价原则包括以消费者价值为基础的定价、以成本为基础的定价和以竞争为基础的定价。**以消费者价值为基础的定价**（customer value-based pricing）是指将消费者价值感知作为定价的关键。定价始于对消费者需求和价值感知的分析，制定的价格符合消费者的感知价值。**以成本为基础的定价**（cost-based pricing）是指在生产、分销和销售产品的成本基础上，加上目标回报率来制定价格。**以竞争为基础的定价**（competition-based pricing）涉及根据竞争者的战略、成本以及产品和服务制定价格。消费者往往根据竞争性产品的价格来判断一种产品的价值。

3. 主要定价策略

针对新产品、产品组合、价格调整和价格反应等，可以制定不同的定价策略。

（1）新产品定价策略。

公司推出新产品时可以采用撇脂定价和渗透定价的定价策略。

撇脂定价（market-skimming pricing）是指将新产品推向市场时，制定高价，在市场上一层层地“掠夺”收益。苹果（Apple）在首次发布国行iPhone7时最低价格为5 388元起，而发售一年多以后最低价格降至4 548元（iPhone7黑色32G，2017年5月），用以在各种细分市场获得了最大的收益。只有在特定条件下，撇脂定价才是可行的。首先，产品质量和形象必须支持其高昂的价格，并且有足够的购买者愿意在高价位购买；其次，小批量生产的成本不会太高，以至于不会抵消高价下的利润空间；最后，竞争对手不能轻易地进入市场或降低价格。

渗透定价（market penetration pricing）是指将新产品推向市场时，制定低价，迅速深入渗透市场，在短时间内吸引大量购买者，占有较高的市场份额。高销售量可以降低成本，允许公司进一步降低价格。要让这种低价策略生效，首先，市场中的消费者对价格高度敏感，低价能够产生更大的销售量；其次，产品的生产和分销成本随着销售量的提高而降低；最后，低价必须有助于排除竞争者，而且采取渗透定价的企业必须保持其低价定位。否则，价格优势仅仅是暂时的。

（2）产品组合定价策略。

由于产品组合内各种产品之间存在相互关联的需求，并且各自所处的竞争环境不同，所以定价难度很大。产品组合定价主要包括：产品线定价、备选产品定价、附属产品定价、副产品定价以及一揽子定价等。在**产品线定价**（product line pricing）中，管理者对同一条产品线中不同产品的价格差距进行决策，对同一产品线内的不同产品进行差别定价。例如我们在洗车时常常会遇到从简单外部清洁到内外部一体化清洁打蜡养护的不同价位的服务选择，洗车公司必须建立可感知的质量差异，来支持价格的差异。**备选产品定价**（optional-product pricing）为与主要产品一起出售的选择性产品或附加产品定价，例如购买汽车的消费者可能会配置GPS和高级娱乐系统，购买组装电脑时往往可以选择各种令人眼花缭乱的处理器、硬盘、内存系统和软件等。为备选产品定价是一个棘手的问题，企业需要决定哪些项目应该包括在基本价格之内，哪些作为备选产品。**附属产品定价**（captive-product pricing）为必须与主要产品一起使用的产品定价。例如剃须机和剃须刀片、打印机和墨盒。**副产品定价**（by-product pricing）是指为低价值的副产品定价，以弥补处理它们所费的成本。例如橙汁公司会将橙皮卖给精油公司提取精油或卖给饲料加工厂制作牲畜饲料。**一揽子定价**（product bundle pricing）即为共同出售的产品组合定价，比如快餐店将汉堡、薯条和饮料打包，以套餐价格出售；护肤品牌同系列的爽肤水、乳液和面霜以套盒形式出售。

（3）价格调整策略。

价格调整策略包括折扣、心理定价策略和地理定价策略等。**折扣**（discounts）即价格减让，例如八折优惠和季末清仓等。**心理定价策略**（psychological pricing）是指根据消费者不同的消费心理，有意识地调整价格以促进销售。例如，以9或0.99结尾的价格常常意味着实惠，尽管实际价格差别不大。**地理定价策略**（geographical pricing）是指与地理位置有关的修订价格的策略，主要是在价格上灵活反映和处理运输、装卸、仓储和保险等多种费用。

定价策略各有各的优势和使用条件，企业在实际应用中应充分考虑市场目标、产品的需求弹性以及目标市场的竞争状况等，选择合适的定价策略。

10.1.4.3 渠道策略

1. 营销渠道

社会中大多数的生产者并不是将其产品直接出售给最终用户，在生产者和用户之间由执行不同功能的中间机构组成了**营销渠道**（distribution channel）。

营销渠道指一个促使产品或服务顺利地被使用或消费的一整套相互依存的结构，企业通过这种结构来激励、沟通、销售、运输、储存、交付和服务消费者的期望和对产品的需求。

（1）渠道作用。

营销渠道要完成的任务包括：沟通渠道中的所有成员；通过渠道中间机构销售产品；提供有效的产品仓储和运输服务于产品和消费者。

（2）渠道层级。

按商品在流通过程中经过的流通环节的多少可将营销渠道分为直接渠道和间接渠道。**直接渠道**（direct-marketing channel，也称**零级渠道**（zero-level channel））是指没有中间商参与，产品由制造商直接销售给消费者的类型。直接渠道的类型包括上门推销、邮购、电话营销、电视直销和互联网销售等，例如厂商在淘宝网（Taobao）直接通过淘宝平台将商品出售给最终消费者。间接渠道是指产品经由一个或多个商业环节销售给消费者的渠道类型，即在生产者和消费者之间存在中间机构。相对于零级渠道作为直接渠道，**一级渠道**

(one-level channel) 包括一个销售中间商，如零售商。**二级渠道**(two-level channel) 包括两个中间机构。在消费者市场，它们一般是一个批发商和一个零售商。**三级渠道**(three-level channel) 包括三个中间机构。级数更长的营销渠道也还有。

消费者市场营销渠道如图 10-1 所示。

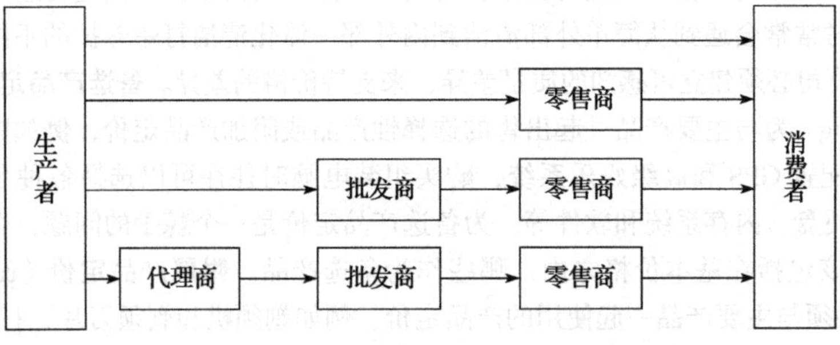

图 10-1　消费者市场营销渠道

资料来源：节录自吴晓云（2004），第 197 页图 8-1。

从企业的角度来看，更多的渠道层级意味着更弱的渠道控制能力和更复杂的渠道结构。而且，渠道中的所有组织都由几种“流”联系在一起，这些“流”包括产品的实物流、所有权流、资金流、信息流和促销流。这些“流”的存在使得即使只有一个或几个层级的渠道，都会变得非常复杂。

（3）渠道成员。

营销渠道中有许多不同类型的中间机构参与经营活动，有些被认为是渠道成员，有些被认为是非成员。前者履行谈判职能，并参与同谈判和 / 或所有权有关的活动，而后者不参加。诸如运输公司、仓储企业、订单处理企业和广告代理商等服务代理机构即是非成员，但是仍然频繁地被某些或全部渠道成员使用，以帮助履行许多不同的分销任务。

生产商和制造商包括那些从事开发、培育和制造产品的企业。虽然从事生产和制造的企业的类型和规模范围非常大，但是它们都面临着一个共同的任务，即将商品分销到它们所期望的消费者手中。然而现实中很多生产商由于缺乏经验和实力，很难直接向最终用户分销产品。也就是说，在多数情况下，生产商直接向最终用户分销商品是非常困难和无效率的，它们常常利用批发和 / 或零售层次中的中间商来执行分销任务。

批发商包括所有那些将商品销售给有商业用途或转售业务的零售商、工业企业、商业企业、专业企业或农业企业或组织以及其他批发商的企业。批发商包括三种类型：商业批发商（merchant wholesalers），代理商、经纪商和佣金代理商（agents，brokers and commission merchants），生产商的销售分支机构和办事处（manufacturers' sales branches and offices）。前两种为独立中间商，销售分支机构和办事处为生产商所拥有。在前两种类型中，商业批发商取得所有权，而代理商、经纪商和佣金代理商则并不拥有交易商品的全部或大部分所有权，只是获取代理费。大多数批发商都是小型企业，其经济集中度低，但是目前在不断提高。

零售商包括那些将商品销售给个人或家庭，并伴随着商品销售而提供服务的从杂货铺（夫妻店）到大型连锁超市的商业企业。零售商非常适合的分销任务有：提供人力和物资设备，帮助制造商 / 生产商和批发商与当地的消费者进行多方面的接触；提供人员销售、广告和展示，以帮助销售产品；传递消费者需求，并将这些信息向渠道上游反馈；将大批量商品分拆为适合顾客需求的小批量商品；提供最接近消费者所在地的仓储；通过季节前订购、接受分销商品，转移生产商、制造商、批发商的巨大风险等。从基于实体店铺到互联网，技术运用的复杂，零售商在营销渠道中的地位变得更加独立、更具支配性，这对生产企业的渠道管理提出新的挑战。

2. 渠道策略

渠道策略（channel strategy）指对营销渠道进行有效的设计和管理的决策。

（1）营销渠道的设计。

对营销渠道的设计（marketing channel design）可以遵循以下四个步骤。

第一，分析消费者需要的服务产出（service output）。一般来说，渠道可以提供四种服务产出，包括批量拆分、空间便利性、等待或递送的时间和产品种类。**批量拆分**（bulk-breaking）是指尽管某种产品或服务是大量成批制造，但终端消费者仍然可以用他们想购买的数量（可能会很小）购买这种产品或服务。渠道批量拆分水平越高，终端用户的一次性购买量就越小，这样渠道对终端用户的服务产出水平就越高。相反，终端用户需要为小批量购买付出高价来抵消由此产生的成本提高。**空间便利性**（spatial convenience）是由批发和（或）零售市场的分散度决定的，可以通过降低消费者的交通要求和搜寻成本来提高消费者的满意程度。**等待或递送的时间**（waiting or delivery time）是指终端用户在订购和收到商品之间必须等待的时间长短。等待的时间越长，对终端用户来说就越不方便，就需要越早开始计划和预测消费。通常，终端用户愿意等待的时间越长，他们得到的补偿也越多（即递送费用越低）。终端用户的产品范围越广或产品种类越多，由于更多的产品种类必然带来更多的库存，营销渠道系统的产出就会越高，同时整体的分销成本也会越高。产品范围是指构成产品线的本质上不同的产品，而**产品种类**（product variety）是指在本质相同的产品中的不同品牌和型号。例如沃尔玛（Wal-Mart）中产品（快速消费和低价格）的种类有限，但是产品范围很广，包括家用产品、服饰、化妆品和电器等。相反，国美（GOME）作为销售家用电器的专卖店，会拥有全面甚至完整的产品线，包括洗衣机、洗碗机和电冰箱等，同时家电产品有更丰富的型号、款式、尺寸和价格等。

渠道提供的服务产出越多，渠道的工作量就越大。在渠道设计中，提高服务产出的水平意味着渠道成本的增加和产品价格的上升，然而并不是所有的消费者都偏好能带来最大服务产出的渠道。因此在渠道设计中，应正确平衡服务产出水平与顾客可接受的价格之间的关系。

第二，建立渠道目标和结构。一般来说，我们可以依据消费者对不同服务产出水平的态度来进行渠道设计。有效的渠道计划工作要求确定服务的细分市场以及相匹配的最好渠道。要达到这个目标，在渠道设计时应注意以下几点：①必须考虑渠道的目标因产品属性不同而异，例如易腐烂的生鲜产品需要直接快速的渠道、建筑材料等体积庞大的产品需要搬运次数较少的渠道模式、非标准化定制产品等由企业销售代表直接进行销售。②在制定分销渠道目标时必须考虑不同类型的中间商特征，因为中间商谋求的是自身商业利益而非生产商的利益。③考虑整体环境，例如一些目标市场的政府可能会禁止或限制某些分销渠道，诸如对代理商征收代销税等。在经济衰退时，一般应尽可能地使用短渠道，以较低的价格将产品尽快地卖给最终用户或消费者。④考虑各目标市场不同的消费者特征，各国消费者数目、地理分布、收入、购买习惯以及对不同销售方法的反应千差万别，所要求的相适应的渠道途径也不尽相同。在进行渠道设计时，应给予充分考虑。

第三，确定营销渠道模式。一个渠道模式选择方案由三个方面的要素确定：中间商的类型与数目和每个渠道成员的条件及责任。①不同企业不同的产品使用不同的营销渠道，即使渠道的级数相同，也会由于产品、消费者和环境特征的不同，导致渠道成员的类型不同。例如一家精密仪器企业，其渠道中间机构可能是制造商自己的推销团队，而一家食品企业可能选择大型连锁超市等中间商。中间商的数目即每个渠道层次使用多少中间商，其决策很大程度上取决于产品本身的特点和市场容量。②制造商需要确定渠道成员的条件和责任，包括**价格政策**（price policy），即要求制造商制定价目表和折扣明细单，对不同地区和不同类型的中间商与不同的购买数量给予不同的价格折扣率并保证公平；**销售条件**（conditions of sale），即指中间商的付款条件和制造商的担保，例如大多数制造商都会对能及时付清全部款项的分销商给予一定比例的现金折扣，同时制造商也可以提供有关商品质量或跌价的保证，激励分销商；**分销商的地区权利**（distributions' territorial rights），即指分销商需要知道制造商打算在哪些地区给予其他分销商以特许权。除上述条件外，制造商还应该明确中间商应具有的权利，规定交货时间、结算条件及彼此对对方提供的服务。

第四，对主要渠道方案进行评估。每一渠道都需要以经济性、可控制性和适应性三个标准进行评估。**经济性**（economy）标准即指每种渠道方案都将产生不同水平的销售量和成本，渠道的设计应该对比各方案的成本；**可控制性**（controllability）标准即企业对渠道的控制程度，例如经销商的推销人员可能没有掌握有关产品的技术细节，不如企业自己的销售队伍那样易于控制。**适应性**（adaptability）标准即在迅速变化、非持久和不确定的市场中，企业需要寻找能够适应不断变化的渠道结构和政策。

（2）营销渠道的管理。

对营销渠道的管理（marketing channel management）是指在完成企业分销目标的过程中为确保渠道成员的合作而对渠道进行的管理。渠道管理中最基础也是最重要的管理就是激励渠道成员，**激励**（motivation）指的是为完成分销目标，企业所采取的促使渠道成员高度合作的行为。**激励管理**（motivation management）首先需要找出渠道成员的需求和问题，在此基础上针对需求和问题提供支持。

首先，找出渠道成员的需求和问题；发现渠道成员的需求和问题，不能单纯依靠现有的渠道沟通系统获取关于渠道成员需求和问题的全部有关信息。有时，企业必须从正式渠道信息流程之外，获取必要的数据，例如外部客观性调查研究、定期的营销渠道审查（marketing channel audits）、分销商咨询委员会（distributor advisory councils）等。

然后，针对渠道成员的需求和问题提供支持；一旦渠道管理者掌握了渠道成员需求和问题的必要信息，则可以制订能满足渠道成员需求的支持性方案，以解决问题。支持性方案通常可以分为三种：合作、伙伴关系和分销规划。**合作**（cooperative）是提供支持中复杂性和综合性最低的，在一般情况下，生产商和渠道成员都会同意一系列合作性活动，如合作付费广告、促销津贴或激励计划。如果合作方案是以满足渠道成员的需求和问题为目标，就能成为激励渠道成员的有效方法。**伙伴关系**（partnership）是支持渠道成员中较为复杂综合的方法，其建立在生产商和渠道成员相互作用时细微差异的基础上。也就是说，渠道管理者期望从渠道成员那里获得承诺，渠道成员期望从管理者那里获得支持。建立这样一种关系的基本思想是，渠道管理者和渠道成员相互支持，为在分销产品的过程中产生结构清晰的团队努力。如果制定和执行得好，伙伴关系能为激励渠道成员提供一个良好的基础。**分销规划**（distribution programming）是渠道成员激励中最为复杂和综合的，分销规划为营销渠道管理提供了一个综合的计划，不仅包括研究生产商和渠道成员关系的关键方面，而且包括针对关键方面制订的综合性渠道管理计划。通常这种计划是由渠道管理者制订和管理的，但批发和零售环节上的渠道成员也可以制订和管理分销规划方案。

10.1.4.4 促销策略

1. 促销与促销策略

促销（promotion）又称**营销沟通**（marketing communication），即以广告、销售促进、人员销售和公共关系等为工具，有说服力地沟通消费者和建立与消费者的关系。

广告（advertising）是指由特定发起人组织出资发布的对创意、商品或服务的各种形式的非人员展示和促销，既可以自己生产，也可以外包生产。**销售促进**（sales promotion）是指多种短期激励工具的组合，用以鼓励消费者试用或购买某一产品或服务。**人员销售**（personal selling）是指以展示、答疑和获得订单为目标，与一个或多个潜在购买者之间进行的面对面交流。**公共关系**（public relations）是指通过有利的宣传，与消费者建立良好的关系，树立企业形象，处理或应对不利的流言、事故和事件，与公众建立良好的关系。

促销策略（promotion strategy）是指企业如何组合促销工具促进产品销售。

2. 整合营销传播

不同于以往依靠一种或两种传播工具进行促销，大量传播工具、信息和受众的存在，使整合营销传播势在必行。

美国广告代理协会将**整合营销传播**（integrated marketing communications，IMC）定义为一种用来确保产品、服务、组织的客户或潜在客户所接收的所有品牌接触都与该客户相关，并且保持一致的计划制订过程。其核心是将与企业进行营销有关的一切传播活动一元化。

这种计划过程对广告、销售促进和公共关系等各种传播方式的战略作用进行评估，并将这些方式巧妙地结合起来，通过信息的无缝整合产生清晰、一致和最大化的影响。整合营销传播使信息更加一致，并帮助建立品牌资产，实现更多销售。它迫使管理层思考消费者与公司联系的每一种方式，公司如何传播自己的定位，每一种媒介的相对重要性以及时间问题。整合营销传播通过同时开展的多个公司活动所产生的品牌形象和信息，改善公司在适当的时间、适当的地点将适当的信息传递给适当的消费者的能力。

10.2 全球视角下的营销活动

10.2.1 全球营销的基本概念

全球营销（global marketing）是指国际企业全球视角下的营销活动。在这个意义上，全球营销同国际（international）营销和多国国内（multi-domestic）营销等术语没有含义上的差别，表述可以互换。进而，根据美国市场营销协会（AMA）的定义，国际营销或全球营销即计划和执行对产品、服务和理念的构想、定价、促销和分销的多国进程，以创造满足个人和组织目标的交换。

10.2.2 全球营销的核心问题

全球营销区别于国内营销主要基于三个方面的特征：第一，在不同国家市场是否采用标准化营销组合策略；第二，调和（reconcile）[⊖]不同国家市场采取的营销组合策略以和解国

[⊖] 在中文语境中，此处的调和（reconciliation）可表述为"协调"，即"协调"市场间营销组合策略，但需强调此"协调"旨在和解冲突，不同于 Craig and Douglas（2000）基于 Porter（1986a/1986b）阐述的价值链活动的布局与协调（configuration and coordination）观点中的协调。该协调价值链活动的内涵后又体现在 Zou and Cavusgil（2002）构建的 GMS（global marketing strategy）观点中。然而，布局与协调是属于业务战略层次的全球战略的内涵，而非职能战略的内涵。

家市场间的策略冲突；第三，对不同国家市场的多市场行动进行战略统筹[一]。

10.2.2.1 当地视角下的标准化决策

20世纪60年代之前，企业在进行全球营销活动时，通常将各国市场视为各不相同的独立市场，针对特定的细分市场开展本土化（localization）的营销活动，在客制化（customization）思想指导下，通过以高成本充分研究和满足目标消费者的需求形成企业的竞争优势。在当时，标准化并没有一个明确的定义，认为标准化就是同一的（identical）产品以同一的价格，通过同一渠道且使用极端同一的促销手段在各国间销售。

然而，伴随着世界市场环境的不断变化，自Buzzell（1968）提出多国标准化（multinational standardization）思想之后，Levitt（1983）正式提出全球标准化（global standardization）的观点，传统的本土化营销观点受到根本性冲击。**标准化观点**（standardization perspective）主张，企业应该将世界看成是一个大市场来运作，而忽略地区和国家之间表面上存在的差异。技术的进步使得整个世界市场在趋同（converging）、趋于同质化（homogenous），企业应当抓住机会，通过为同质消费群提供质优价廉的标准化产品赢得竞争，从标准化营销的规模经济中受益。索尼（Sony）除去电压和插头等在当地市场销售必须调整的外围要素，其产品主要部分都实现了标准化。

20世纪80年代，在标准化的观点蓬勃发展时，以Kotler（1984）为代表主张适应性观点的学者，针对全球标准化的观点进行了激烈的批驳。**适应性观点**（adaptation perspective）认为，全球营销应该是在考虑国别或者区域差异基础上进行的。尽管诸如产品和促销等营销组合要素具有全球标准化的可行性，但总体来说，包括分销及定价等的营销组合要素仍应该根据各市场情况而进行适应性调整。国际企业在实践中也都谨慎地奉行“全球思维，当地行动”（think globally，act locally）的格言，适应性在全球营销中是不可或缺的。

随着一些学者认为绝对的标准化和适应性都不可取，应该根据内外部环境和战略对业绩的实际影响来确定标准化和适应性平衡的“标准化－适应性”连续统一体观点（the standardization-differentiation continuum）[二]和全球标准化主导下将标准化和适应性相结合的全球本土化思想（glocalization）[三]的发展，关于全球营销标准化与适应性的两种观点有所调和，激烈争辩逐渐平息。标准化的观点和适应性的观点并非一个非此即彼的命题，而是营销组合哪些要素及这些要素在标准的基础上多大程度的适应问题。例如，对产品和品牌的设计，基于全球市场进行标准化的开发和管理能够带来规模经济，而对市场定位、广告和公共关系等活动，则是在目标国家市场层面（可能是一个国家，也能是几个国家看作统一的目标市场）进行。对于需要适应当地文化和消费习惯的分销渠道及其他组合要素，则倾向采用适应性的处理方式。企业在全球营销活动中应当实现标准化和适应性的适当平衡，作为企业在全球范围内提升竞争力的基础。

[一] 战略统筹的基本内容包括协调顺序、错位竞争、转让定价、交叉补贴、跨国牵制、跨国报复。其中交叉补贴和错位竞争连同合理化（rationalization）三点被Zou and Cavusgil（2002）抽象表达为整合（integration）的观点。本书认为，integration一词用于描述企业外部环境时，多译为一体化，往往意在表达全球或区域经济一体化；当integration用于描述企业活动时，则通常是表达所有权联系的内涵，如用于纵向一体化（vertical integration）概念；在表达企业活动合理化内涵的情境下，integration仍然仅仅是对合理化后的价值链环节以所有权进行联系，仍是一体化的含义，不能概况合理化本身。

[二] Douglas, Susan P. and Wind Yoram (1987) ‘The Myth of Globalization’, *Columbia Journal of World Business* 22 (4): 19-29.

[三] Svensson, Göran (2002) ‘Beyond Global Marketing and the Globalization of Marketing Activities’, *Management Decision* 40 (6): 574-583.

10.2.2.2 全球视角下市场间营销策略冲突的调和

企业在不同国家市场开展营销活动时，市场间营销组合要素难免会出现冲突，需要进行各市场间营销组合要素的调和。

1. 灰色市场中的定价冲突

灰色市场（gray market）与销售假冒伪劣产品的黑色市场不同，灰色市场所销售的产品是经过品牌拥有者的授权与认可的，并且附有真实商标的真品，只不过是在非授权的市场上销售。不同市场通常存在定价差异，有时定价差异显著。低价国的经销商通过一些途径将它们的货物销往高价国，从而赚取更多的利润。企业常常发现一些大胆的分销商购买的货物多于它们能销售的数量，因为它们要将这些货物再运到其他国家市场来赚取价差。

因跨市场价格差异导致平行于正规授权市场的灰色市场出现，主要有两方面原因：一是存在较大的批发商折扣。例如IBM对其个人计算机的批量折扣曾高达30%～40%，一些获得授权的中间商为享受尽可能多的折扣收益，实际订货量远超其所在区域可能的销售量，结果不得不通过其他非授权销售渠道将超量部分销售到他国市场。二是企业为获取最大利润有计划地在不同国家市场上实行价格差异化策略。通常实行价格差异化策略的两个市场被制造商有计划地分割开的，其价格信息也人为地不进行传播。然而现代信息技术下的信息获取更便利了灰色交易商的介入，影响分割市场的效果。

协调灰色市场同正规授权市场定价冲突的措施包括：①建立灰色产品的识别机制。莲花软件（Lotus，现为IBM旗下产品）曾在向各分销渠道商提供公司软件产品的时候打上不同的条形码，并不定期地对各个市场销售的商品进行检查，以找出灰色产品的根源，按照分销契约对进入灰色市场的渠道商进行惩罚。②调整现有的分销渠道。定期对渠道成员进行考核，对于恶意进入灰色市场的渠道成员考虑终止合作，并追究责任。灰色市场活动猖獗时应该考虑与渠道成员间的合作合同是否有严重漏洞，及时进行与灰色市场有关的合同条款的补充和完善。③诉诸法律。例如美国在1988年由美国最高法院判决的“K-Mart”一案（Kmart Corp. v. Cartier, Inc., 225 USPQ 1897（US 1988））中规定，未经美国商标所有人的同意，任何人都不得进口带有其商标的物品，除非存在“共同控制”的例外。当美国商标所有人是独立于外国公司的商标所有人时，当美国商标所有人授权独立的外国公司在国外使用其商标时，美国商标所有人都可以禁止带有其商标的物品输入美国，尽管该物品在来源地是合法生产的，是真实而非假冒的产品。

2. 公共沟通中的信息传递冲突

在处理全球公共关系中，企业的总部和各国子公司可能由于没有进行及时沟通或子公司未经沟通擅自发布等原因导致对外传递信息不一致，以至于在媒体的渲染下，产生不必要的混乱与公众的不信任。

当公关危机发生时，为了协调公关说辞，跨国企业内部应当尽快成立专门的危机管理小组，统一各方对外信息发布的渠道和内容，避免多种不同声音的出现，造成外界更多的猜疑和混乱。企业不应因为某一局部环境的变化而随意更改自己的公关辞令。只有统一内容持续发声，宣传才能产生足够的强度，顺利度过危机。

10.2.2.3 全球视角下多市场行动的战略统筹

面对多市场的营销活动，由于企业在一国市场上采取的行动可能会对另一国市场上竞争格局产生影响，企业需要从战略统筹的高度进行整体规划（overall planning）以取得协同效应。战略统筹方式的类型可分为非对抗型和对抗型。

1. 非对抗型

协调全球竞争的顺序（global coordinated sequence of moves）是整体规划的一种典型形式，尤其需要重视。竞争活动未必需要同时发生，在不同国家市场进行的竞争活动需要按计划的顺序进行，原因在于两个方面。一方面，进行全球竞争需要运用资源，并且在刺激竞争对手做出反应后需要使用更多的资源。所以，在美国、德国、日本进行持续的价格战是非常困难的，尤其是在每一个国家有不同的竞争者情形下。另一方面，全球战略的一个好处是一国的经验可以为其他国家所用，在合适的国家进行第一次行动对于经验的获取和转移非常重要。例如，以合适的顺序进入市场可以增强以经验加持的竞争优势。充分准备之前就贸然在竞争激烈的市场上开展业务，可能不仅使得该市场表现一般，还会损害企业长期的全球前景。

错位竞争（competitive dislocation）是指企业避开竞争对手具有优势的市场领域，在对手相对弱势的市场领域确立自己相对优势竞争地位的一种竞争策略。美国西南航空公司（Southwest Airlines）以廉价航班进入全球市场，为了进行对抗，各国航空公司纷纷决定通过成立下属公司推出廉价航班，欲与之一争高低，但最终多以失败告终。相反，许多全价航空公司专注于提升自己的现有服务，使其核心消费者感到更加高效与便捷。如今，尽管西南航空公司占领了廉价航空市场，但许多全价航空公司仍然存活了下来，而且成为更加强大的企业。

转让定价（transfer pricing）是指在企业内部销售的货物和服务的定价。以转让定价的手段进行多市场的战略统筹，除了能够调整企业的税负，有时候还能够对各国市场的竞争提供支持。当企业在某国市场占有稳定的市场份额且竞争不充分时，企业可以制定高于市场价格的转让价格将产品销售给该市场的下游经销商，尤其在上游所得税率低于下游的情形下。当企业在某国市场竞争激烈，需要通过降低价格来抢占市场时，企业可以低于市场价格的转让价格向下游市场的经销商供货，尤其在上游所得税率高于下游的情形。

2. 对抗型

交叉补贴（cross-country subsidization）是指用一国市场商业活动的盈利来补贴另一市场的竞争行为。当一家公司在某个关键的国外市场面临着强大竞争对手时，将全球资源投入市场份额的争夺中是有意义的，尤其是竞争对手缺乏国际影响力来反击的情形。全球范围内的营销活动需要相互补贴进行支持。补贴不能总是投入某一个国家市场，而是应该按照各国市场的需要进行支持。交叉补贴不是倾销。当一家公司交叉补贴时，它的售价并不低于国内市场价格。

跨国牵制（cross-country diversion）是指即使在某国市场上无法对竞争对手造成实质性伤害或者获得实质性的市场利益，也可以采取干扰性举措进入市场，蚕食部分市场份额，使得竞争对手不得不在该市场上投入更多原本可以投入他国市场的资源应对竞争，以维持优势现状。此举可以削弱竞争对手的全球竞争力，起到牵制竞争对手的作用，以争取在他国市场上取得竞争优势。

跨国报复（cross-country retaliation）指在一国市场遭受打击时通过在他国市场的回应进行反击，可被视为交叉补贴的一种特殊形式，其目的是通过重创竞争对手的他国市场，报复对手对该国市场的打击。在现实中，其效果取决于企业各国家市场的合作以及竞争对手对报复信号的接收与理解。实施跨国报复的基础是企业需要在主要国家市场拥有足够的影响力，尤其是国际竞争对手的母国市场。米其林轮胎公司（Michelin）在欧洲市场拥有稳定的利润，当其攻击固特异（Goodyear）的美国国内市场时，需要将部分欧洲的资金调拨到美国国内进行攻击。如果固特异在美国市场降价，则意味着其将从自身最能盈利的市场上减少利润，但无法给米其林轮胎公司的盈亏带来显著影响，因为米其林轮胎公司在美国市场的业务仅占其全球业务的小部分。因此固特异为了报复米其林轮胎公司，就会攻击其欧洲市场，通过在欧洲市场上扩大运营和降低价格来打击米其林轮胎公司，以期望获得米其林轮胎公司攻击其美国市场同样的效果。

10.2.3 国际企业的战略倾向与营销战略选择

在EPRG框架中，Perlmutter对母国中心主义、多中心主义、区域中心主义和全球中心主义四种战略倾向下的全球营销战略选择进行了阐述。

第一，母国中心主义（ethnocentric orientation）倾向下的全球营销战略。

采用母国中心主义全球营销战略的企业往往将国外市场看作本国市场的从属市场，目的在于处置过剩产品。将在本国销售成功的产品和营销活动不加调整地应用于国外市场，其经营重点仍在本国。全球营销组合也由母公司进行决策，通常与本国营销组合相同。这种导向的缺点是：因为缺少反馈而会制订无效的计划；缺少创新；在受到当地政治和经济方面的抵触时，难以做出灵活反应。

第二，多中心主义（polycentric orientation）倾向下的全球营销战略。

采用多中心主义全球营销战略的企业认为应该针对每个国家市场的特征来设计和实施经营活动，在多个国家开展独立的营销活动，总部和子公司联系松散。这种导向的缺点是：引起重复建设和竞争冲突；过分注重当地市场的传统和成长而忽略全球市场的成长，丧失标准化机会。其优点是：能够最大限度地开发当地市场；因当地信息反馈迅速而获得好的销售业绩；更容易获得东道国政府的支持。

第三，区域中心主义与全球中心主义（regiocentric and geocentric orientation）倾向下的全球营销战略。

采用区域中心主义全球营销战略的企业认为应该在各区域市场内采取一致的营销战略，并在各国市场中做出适应性调整。以区域市场为中心，生产区域内标准产品，决策营销组合计划，各区域间互不干涉。采用全球中心主义全球营销战略的企业将各国市场看作全球统一市场的构成部分，生产全球标准化产品。营销组合由全球各市场协商决策。区域中心主义与全球中心主义战略观念的缺点是：沟通成本高；其优点是：能够实现企业在全球的整体利益，提供高质量的标准化产品和服务；在全球范围内具有更统一的目标以及能够获得更丰厚的利润。

EPRG框架下的营销战略内涵如表10-1所示。

表 10-1 EPRG 框架下的营销战略内涵

全球营销	母国中心主义	多中心主义	区域中心主义	全球中心主义
产品计划	基于母国消费者需求	根据各国需求提供专属产品	区域内标准化，区域间互不干涉	全球产品在地区间调整适应
组合决策	母公司决策	各国决策	地区决策	全球协商决策

资料来源：节录自Chakravarthy and Perlmutter（1985），第6页表2。

10.3 全球营销调研与STP策略

10.3.1 全球营销调研

10.3.1.1 全球营销调研的含义

全球营销调研（global marketing research）是指企业运用科学的方法，以促进全球经营为目的，对特定国家市场数据信息进行系统收集、记录和分析，为其营销决策提供充分依据。全球营销调研可以从两个方面进行阐述。

1. 由总部或事业部完成对全球消费者共性需求的调研

全球营销调研的起点是以全球视角，最大限度地挖掘和寻求全球消费者的共性需求。通常，对消费者共性需求的认识是在获取诸如种族、民族、性别、年龄、健康状况、职业、婚姻、文化水平和收入等人口统计学变量数据的基础上完成的。基于全球消费者共性需求的调研活动，是实施全球营销战略的企业总部或事业部所要完成的。

2. 由国外子公司完成对当地营销调研的适应性调整

在总部或事业部对全球消费者需求总趋势的把握和构建标准化核心营销组合要素的前提下，企业在世界主要区域或国家的子公司，需要对当地市场的差异性要素，完成适应性的营销调研。

10.3.1.2 全球营销调研面对的挑战

1. 更为复杂的营销调研管理

全球营销调研不拘于某一国家市场，既需要把握全球市场和全球消费者需求的趋同和建立标准化营销组合等，进行全球一致性的管理，又需要进入各个东道国市场，特别是市场贡献率大的国家市场和新兴市场，开展适应性的调研活动。

2. 判断和识别全球趋同环境和国别差异环境

全球营销调研首先要识别和研究那些影响全球消费者需求一致性或全球趋同性的环境趋势和特征。同时，全球营销调研需要更多相关的国家经济、政治、法律以及对全球产业和全球市场变动的认识与理解的能力。

3. 总部、事业部和子公司之间调研活动的协调

全球标准化策略在营销调研中的体现，是如何协调和处理好营销调研核心要素标准化以及外围要素适应性的关系。在全球营销调研中，需要对最接近消费者的多个国家市场之间的调研活动进行协调，才能在营销组合要素的标准化和适应性选择方面做出比较准确的判断。全球营销调研跨国协调过程中还会涉及时间、成本、跨文化沟通、调研质量控制等一系列问题。总之，全球营销调研需要总部、事业部和子公司之间的协调。

阿迪达斯（Adidas）将全球市场按照地区分为美洲、欧洲和亚太等几大区域，由各国家市场负责调研整理世界各地的市场发展状况，定期提供报告给所属地区的事业部主管，再由事业部主管对各地的市场情报进行进一步整理分析后，将调研结果提交给总部。这套协调调研流程有效保证了企业对全球市场消费者需求趋同性和差异性的把握，以开发出一系列基于市场潜力、顺应潮流发展的运动产品。

10.3.2 STP 策略的全球市场运用

10.3.2.1 全球市场细分

全球市场细分（global market segmentation）是指企业在全球营销过程中，为了对具有差异性需求的全球范围内的顾客采取有效的营销战略，在全球市场从潜在的消费者中识别出具有相似需求的购买者群体的过程。

细分的模式可以分为全球市场细分模式、国家（地区）市场细分模式和混合市场细分模式（见图 10-2）。

全球市场细分模式是指跨国公司在细分全球市场过程中把人口统计学、心理、行为或其他非国界因素作为首要的市场细分变量。全球市场细分模式的出发点是力求寻找不同国家的消费者之间的共同点，而非不同点。例如，软饮料对所有国家的消费者来说都是为了满足解渴这一核心需求，而这种需求的满足与消费者的文化和国籍没有直接的关系。采用全球市场细分模式的企业并不单以满足单个国家市场的需求为目标，而是细分市场内所有消费者需求。

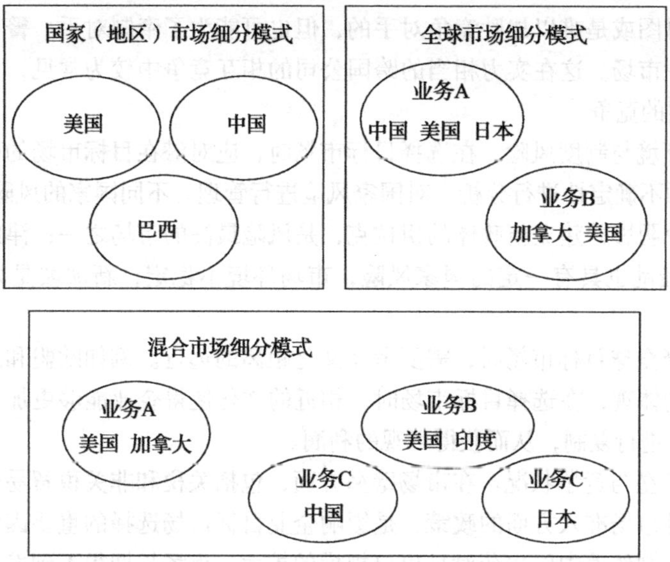

图 10-2 全球目标市场细分模式

资料来源：节录自吴晓云（2004），第 135 页图 5-1。

在国家（地区）市场细分模式下，企业把国界作为细分全球市场的首要变量，而在不同的国家市场内，则通过其他细分变量对市场进行二次细分，并根据各国市场的特征设计相应的营销组合以满足当地市场的需求。采用国家市场细分模式的优势在于企业在各国家市场上的营销活动具有较大的灵活性和自主性。在产品研发、市场调研到包装、分销及售后服务等各方面都可以由当地营销人员控制。

混合市场细分模式是指一方面有些国家市场太小，以至于单独为其开发一项业务成本较高，因此往往将一些特征相似国家市场的业务联合起来，用一套标准化的营销组合来满足这些国家市场上的共同性需求；另一方面，一些国家市场太大，对企业能够形成长期战略性的利润贡献，在业务中举足轻重，使得企业会对这样的国家市场单独予以特别关注。在全球市场细分的实践中，很难找到哪家企业完全极端处于国家或全球市场两种市场细分模式，大多数为混合市场细分模式。

10.3.2.2 全球目标市场选择

全球市场细分的结果是产生了众多细分市场，目标市场选择的任务是对全球各主要细分市场进行评估、比较，并从中选择一个或多个足具吸引力的细分市场作为企业的全球目标市场。全球目标市场的选择需要从潜在目标市场本身和企业自身两个角度考虑。

1. 潜在目标市场

（1）市场规模与发展潜力。全球目标市场，首先要确认潜在目标市场的规模和发展潜力是否契合市场扩张的战略动机，或者出于全球市场上同主要竞争者之间战略牵制等其他的考虑。在全球目标市场选择中，即使单个国家的细分市场规模很小，但是将多个国家群组消费者的类似需求聚集起来的话，就可以通过规模经济以及范围经济在目标市场获得足够的市场和利润增长空间。

在发展潜力方面，如果某一细分市场所获得的利润尚不足以弥补为进入并维持这一市场所需要支付的成本，也不应武断地做出放弃该市场的决策，还应该考察该市场是否具有增长潜力，从企业长期发展战略的角度来看是否具有吸引力。

有时企业可能会出于战略层面的考虑而选择一国细分市场。例如企业可能明知进入某国市场是无利可图或是难以战胜竞争对手的，但也可能为了牵制对手、警告对手或者报复对手而进入这一市场。这在实力相当的跨国公司的相互竞争中较为常见，尤其是市场领先者和挑战者之间的竞争。

（2）国别环境与制度风险。在选择目标市场时，应对潜在目标市场的政治、法律和经济环境中存在的不确定性进行分析，对国家风险进行管理。不同国家的风险程度有所差异，比如刚摆脱战争阴影并建立新政体的伊拉克，是风险最高的市场之一；津巴布韦因其长期的腐败和政治骚乱也具有一定的国家风险，市场环境不稳定；新加坡是风险最低的市场之一。

同时在选择全球目标市场时，需要考虑文化距离的远近。例如欧盟和东盟等都是国家之间文化相近的体现，在选择目标市场时，相近的文化使得企业能够更加容易地将在成功国家获得的经验进行复制，从而获得可观的利润。

（3）市场壁垒与竞争状况。在市场壁垒方面，包括关税和非关税贸易壁垒与投资进入壁垒在内的各种市场准入方面的政策，是影响企业目标市场选择的重要因素。例如日本的技术性壁垒一直制约着中国中药对日出口规模的扩大，市场长期得不到发展，打击了中国中药选择日本市场的积极性。

潜在目标市场的竞争状况是营销目标市场选择的重要因素之一。企业应特别注意该潜在市场中是否已经存在其他实力雄厚的全球竞争者。当某一市场已经存在一个或若干个非常强大的全球竞争对手时，严酷竞争在所难免。

2. 企业自身

企业的全球目标市场选择除了要考虑全球市场本身的吸引力之外，还需要考虑企业自身的资源和能力能否驾驭特定目标市场的制度、政策及市场环境，包括企业是否有足够的资金用以进入并发展某一细分市场。在进入一个新市场的初期，企业不可避免地要进行市场调研、建立销售渠道以及开展促销活动等，这无疑都需要企业进行较大规模的长期投资。因此，企业是否有足够的资本实力，也成为选择全球目标市场时需要评估的一个必要条件。

同时，企业不但要有能力进入一个细分市场，还要考虑自己是否有能力在某一细分市场的竞争中获胜或至少谋得一席之地。这主要取决于企业是否拥有竞争对手所不具备的核心能力。例如，是否拥有强有力的全球品牌形象，是否拥有全球成本领先的优势，是否拥有稳定可靠的销售渠道系统，是否拥有一流的售后服务保证体系，是否拥有全球一流的产品品质和质量，是否拥有高超的营销管理技能等。可口可乐（Coca-Cola）在品牌形象、销售渠道等方面实力强劲，宝洁（P&G）在产品革新和广告促销方面有独到之处；丰田（Toyota）在生产成本和产品质量方面居于领先地位，等等。当然，具有某些方面的差别竞争优势与核心能力仍是不够的，还需要能把这些优势和能力有效地移植到新市场。

10.3.2.3 全球市场定位

全球市场定位是指企业针对各国市场潜在消费者进行营销设计，通过广告等传播手段，创立产品、品牌或企业在目标消费者心目中的某种形象或个性特征，将企业选择的与目标市场契合的产品或服务的概念传达出去。

对全球市场进行定位时，可以选择与国内市场类似的全球目标市场以复制其在国内的市场定位。例如，美体小铺（The Body Shop）专注于在各国化妆品市场上吸引具有可持续发展意识的消费者，宣传其对雨林的保护并且坚持全部产品不使用动物测试，并通过公平贸易购买天然原材料。

当企业更加希望扩大其在各国的市场占有率时，企业可能会根据当地市场的消费者偏好等重新进行市场定位。例如，在英国市场，基于路虎揽胜（Range Rover）深入人心的越野车（cross-country vehicle）形象，其主要销售农用车和连箱车。在美国及其他国际市场上，由于英国女王和皇室成员使用所带来的宣传效应，路虎则是张扬的四轮驱动军用越野汽车（over-road vchiclc）的代表。

10.4 全球营销组合策略

10.4.1 全球产品策略

全球产品策略（global product strategy）是指企业在全球范围内对产品、产品组合及品牌等进行不同程度的全球标准化及当地市场适应性的决策。

10.4.1.1 全球产品的标准化决策

1. 全球产品的定义

基于市场全球化的发展，从产品供给市场的角度，可以将产品划分为以下三个类别：当地性产品、国际性产品、全球性产品。

当地性产品（local products）是提供给单一国家市场的产品。有时一些跨国公司也会专注于某些独特国家市场中的顾客偏好和需要，而推出仅在该国销售的当地性产品；虽然在其他的国家也销售该产品，但仍属点缀性质。这种情况一般在一国具有很大的潜在市场时才会发生。为了迎合秘鲁市场，可口可乐不得不收购了深受秘鲁消费者喜爱的菠萝味汽水印加可乐（Inca Kola），而秘鲁也成为 20 世纪 80 年代唯一的在麦当劳里能买到除可乐外其他碳酸饮料的国家。

国际性产品（international products）是指提供至几个国家的产品。通常在这些市场中，消费者具有相似的需求偏好。

全球性产品（global products）是指普遍在全球范围内的多个国家市场中销售的产品。换句话说，全球性产品的市场就是全球市场。例如宝马（BMW）汽车、香奈儿（Chanel）服饰和万宝龙（Montblanc）钢笔等，都是全球性产品。

2. 全球产品的标准化与适应性

只要产品在多个国家进行销售，就需要对产品的物理特性、产品品牌和包装等方面进行标准化的处理，而对诸如产品使用方式及功能等要素，则更可能需要根据当地消费者的偏好、习惯、法规等进行外围的调整和处理。例如松下（Panasonic）洗衣机的一些核心专利技术，如泡沫发生技术器件等在中日两国都是标准化的，但会根据各地方的市场需求在一些非核心技术方面进行调整；再如松下（日本）的大多数洗衣机都带有热烘干机，而松下（中国）则只在少量中高端机型中装配热烘干机。

由于全球产品的调整适应直接影响到生产设备和营销活动等的变动，企业需要对全球产品进行多大程度的调整才能适应各国市场的状况进行决策。一种情况是实施标准化产品策略，企业在全球范围内提供标准化产品，这样可以降低成本，获得规模经济、经验曲线效应等；另一种情况则是采取适应性产品策略，提供差异性产品，不同程度地适应当地市场，企业根据各个目标市场的特点设计生产其产品，应对本地竞争企业。虽然许多公司都努力推出各自的全球产品，但绝大多数产品都是在标准化的基础上做出了适应性调整。影响产品标准化的因素包括以下几点。

（1）法律因素。全球产品所在国家的法律法规对全球产品标准化决策有着直接的影响。表现最明显的是在产品技术标准与产品健康安全标准领域，不同国家和地区有着不同的规定。产品在欧洲国家经过了质量认证和相关安全检测，但进入美国市场可能要重新进行不同标准的安全认证，并要求企业对其产品做出适应性规则的改进。

通常还需要考虑当地的专利法。在法律执行严格的市场，企业需要考虑产品是否侵犯当地专利，为了避免影响销售，应及时对自身产品进行调整以避免侵权。

（2）经济因素。由于各国经济发展水平的不同所引起的与营销有关的成本增加，都应予以考虑。例如，美国和英国采用不同的飞机设计方法就是考虑到劳动力成本的原因，英国的飞机设计将发动机放在机翼中，这样可以减少风阻和耗油量，但发动机的安装、维护成本难度大，消耗的维护和修理时间也长，而美国直接将发动机悬挂在机翼下，以效率低和耗油大的代价换取了更易安装和维修，也降低了发动机维护和修理的时间。设计的不同是因为英国对劳动力成本相对不太看重，而美国则比较看重，减少维护将降低成本。

（3）社会文化因素。处于不同社会氛围中的各国消费者，对产品的感知也不同，企业的管理者需要考虑到全球标准化产品与其使用环境的兼容性。例如产品使用说明书未翻译成当地语言，则会影响产品在该国市场的使用。同样，不同国家的电压标准不同，例如日本的电压是110V60Hz，而中国的则是220V50Hz，意味着以电为能源的产品在进行全球销售时都要考虑到其产品设计与国外电压系统的兼容性。电源插孔及插头也有类似的国家及地区间差异。

10.4.1.2 全球产品组合的标准化决策

1. 全球产品组合

全球产品组合（global product mix）是指企业在全球范围内提供的，出售给消费者的全部生产线与产品项目的结构。以联合利华（Unilever）为例，在全球产品组合的宽度（width）上，联合利华（中国）的产品组合宽度包括个人护理、家庭护理、净水器和食品饮料四条生产线，而联合利华（英国）的产品组合宽度则包括个人护理、家庭护理和食品饮料三条产品线。

在全球产品组合的长度（length）上，联合利华（中国）和联合利华（英国）每条产品线中都有多个品牌，以个人护理类中的头发护理为例，联合利华（中国）有炫诗（TRESemmé）、凌仕（Lynx）、多芬（Dove）、力士（LUX）、夏士莲（Hazeline）和清扬（Clear），而联合利华（英国）不仅包括炫诗、凌仕和多芬，还有Matey、汤尼英盖（Toni & Guy）、Alberto Balsam、蒂沐蝶（Timotei）、VO5和百利（Brylcreem）。

在全球产品组合的深度（depth）上，凌仕（中国）提供洗发水、发胶和发泥三个产品型号的头发护理产品，而凌仕（英国）提供的头发护理产品型号包括发蜡（Definition Wax）、发霜（Control Cream）、发膏（Flexible Paste）、造型黏土（Styling Clay）、头发乳膏（Cream Gel）和哑光凝胶（Matt Gel）。

在全球产品组合的关联度（consistency）上，两国拥有各自的生产线和分销渠道，关联度较低。

2. 全球产品组合策略

由联合利华（中国）与联合利华（英国）产品组合的对比可以看出，在全球产品组合策略方面，一方面是实现标准化的产品组合，将多个产品线同时配置在多个国家并提供一致性的产品项目；另一方面要对各市场的产品组合做出适应性调整，由于市场需求和社会习俗等因素，对各产品线的产品品种进行协调，如产品的规格和配方等。

10.4.1.3 全球品牌的标准化决策

1. 全球品牌与全球品牌策略

全球品牌（global brand）是指在全世界范围内使用的某个名称、术语、设计、标志或其他任何特征，旨在标识企业的商品或服务，以区别竞争对手。例如可口可乐即是全球品牌名称。以杜比音效（Dolby Audio）技术闻名的杜比实验室，以专业术语构成全球品牌。全球品牌的设计包括品牌的字体、形状、大小，例如联合利华的品牌设计是一个字母“U”，字母是由许多的小图案组成的，有太阳、基因双螺旋线、蜜蜂、鸟、植物、衣物、花朵等，而这些图案都与它的产品息息相关。诸如耐克（Nike）的“对钩”（ ）等则是品牌的标志，代表这个品牌并传递其品牌含义。

全球品牌策略（global brand strategy）是指品牌进入全球不同国家市场后的一系列品牌定位、品牌设计以及品牌传播等的标准化与适应性要素的结合。

全球标准化品牌策略主要着眼于全球市场的共同需求，即在运用相关人口统计学变量实现跨国界市场细分（intermarket segmentation）的基础上，最大限度地发掘各国消费者需求的一致性，即标准化特性，并将其凝聚于全球标准化的品牌定位中。强调以标准化、一致性的品牌定位以及品牌元素组合和统一的品牌形象等，面向全球市场。

全球适应性品牌策略主要从客观存在于各国市场的差异性要素角度出发，旨在发掘各国市场的不同特色与需求，将品牌同当地环境相融合，进行适应性调整。强调以适应性的品牌定位以及品牌组合和有特色的品牌形象等，面向不同国家市场，展开具有针对性的品牌活动。

【专栏 10-2】

斧头牌洗洁精与凌仕男士护理

很多时候企业会为其在各个国家销售的相同产品赋予不同的品牌名称。当你在国外寻找某品牌商品而又找不到时，那么很有可能这种商品在该国使用了“别名”。品牌更名的原因，通常有以下几种。

第一种，商标在新市场被注册。第一家汉堡王（Burger King）于1954年在美国诞生，随后开始如雨后春笋般出现在全世界。然而在进军澳大利亚市场之前，公司管理层发现这个国家已经有同名的商标存在，所以澳大利亚的特许经营汉堡王都叫Hungry Jack's。联合利华公司于1983年在法国创立的男性洗护品牌Axe，在法语中指吸引力，意指为全场焦点（the axe effect）。当Axe进军英国后，Axe在英语里表示斧子，与男士洗护及最初打算传递的信息毫无关系，加上品牌名称已注册，所以在英国、爱尔兰、澳大利亚及新西兰等市场，其更名为凌仕（Lynx）。当Axe进驻中国时，由于Axe已被知名的斧头牌洗洁精注册，且二者在经营上存在重合，为避免误会，沿用了英语国家的品牌名称，即凌仕（Lynx）。

第二种，原品牌在收购后被保留。1989年，Lay's（乐事）薯片生产商百事公司收购了英国沃尔克斯（Walkers），从那以后，乐事（英国）保留了Walkers这一品牌名称。

第三种，品牌名称在新市场进行当地适应。法国食品品牌达能（Danone）在投放美国市场时决定将品牌名称美国化，更名为“Dannon”。因为美国人无法很好地拼读之前的品牌名称，总是会将其分成两个单词“dan”和“one”。百事（Pepsi）为了适应世界各地消费者的需求，在阿根廷进行宣传时特地改用“Pecsi”这一名称，获得巨大成功，因为西班牙语国家的消费者认为“Pecsi”比“Pepsi”更容易发音。大众（Volkswagen）旗下的高尔夫（Golf）为了迎合美国年轻消费者更名为兔子（Rabbit）。

资料来源：Czinkota（1988）；Yip（1995）. ■

2. 全球包装与标签

全球包装与标签是对销往不同国家市场的全球产品进行的包装与贴标活动，起到识别产品、运输保护甚至吸引消费者的作用。影响包装适应性的因素包括以下几个。

（1）法规因素。各国对产品的包装等有着不同的规定，企业应根据相关规定的特殊内容对包装进行修改和适应。在国际贸易中，许多国家规定不允许使用木质包装（部分木质中含有松材线虫等违禁生物），严格按照东道国法律法规进行包装是非常重要的。再者，企业还要考虑到消费者对包装的环保要求，德国规定所有进入德国境内的包装必须可再利用或可循环使用，企业应在满足产品保护和销售需要的前提下使用最环保的包装。

（2）经济因素。由于各国经济发展水平和消费者收入水平的不同可能会引起消费者对包装的形状、图案、颜色、材料、质地有不同偏好，企业应根据不同市场的特殊情况进行适应性调整，以起到吸引与刺激消费的作用。例如由于消费者收入不高，在拉美地区一些国家，有家用冰箱的家庭很少，所以在没有存储冷冻设备的情况下，消费者很少购买大容量包装的食品，以防止未及时食用而导致腐烂。

（3）社会文化因素。当今一些发达国家的消费者出于保护生态环境的强烈意识，倾向于使用纸张包装，而在一些发展中国家，顾客仍普遍使用塑料袋包装，因为它较牢固且可重复使用。国家文化的不同对于标签有着惊人的影响。对标签进行适应性调整最主要的是考虑目标市场国家是否有双语规定，如加拿大（法语和英语）、比利时（法语和荷兰语）和芬兰（芬兰语和瑞典语）等。

（4）地理因素。企业在不同的海外市场销售产品，其包装是否需要适应性调整，还取决于地理环境因素。如果运输距离长、运输条件差、装卸次数多、气候过冷或过热或过于潮湿，则对包装质量要求就高，否则难以起到保护产品的作用。比如有一家中国台湾公司海运一批玻璃瓶装饮料至中东的一位买家，瓶子装在铺满草的木箱中，目的是防止瓶子被碰坏了。然而饮料到达目的地时还是都碎了，原因是当这些瓶子被运送到温暖干燥的中东时，草中的水分很快蒸发，草干了后收缩，实际上已经起不到任何保护瓶子免遭破损的作用了。

10.4.2　全球定价策略

全球定价策略（global pricing strategy）是指企业选择能够吸引全球各市场消费者购买、补偿经营成本、体现竞争意图和摄取充分价值的定价方式。

10.4.2.1　全球定价的标准化决策

1. 全球定价的定义

全球定价（global pricing）是指为在全球范围内各市场销售产品或服务制定价格。

2. 全球定价的标准化与适应性

在定价方面，全球标准化的障碍普遍存在，诸如税收、竞争状况、汇率、政府管制、市场购买力及原材料成本等诸多因素在各国之间存在巨大的差异，同时，产品流通环节的复杂性导致企业总部一般很难控制产品流通成本。这些都会迫使跨国公司的价格标准化更多地停留在“理念”阶段，在实践中很难得到贯彻实施。

尽管标准化价格总体来说不易实施，但就某些情形来说，价格标准化有很大的作用空间和潜在利益。例如可以利用标准化价格作为产品标准化和定位标准化的辅助工具，来提高产品整体的标准化形象，还可以在定价决策和评估原值方面给出标准化的指导方案，等等。

全球标准化定价策略是指企业同一产品在国际上制定相同的价格。这种定价策略适用于具有垄断优势的企业及产品导入阶段，采用直销方式销售的产品往往也采用该策略。该策略的优点是简单易行，有利于企业价格管理，减少平行进口（parallel imports）现象的发生，有效抵御灰色市场。但该策略也存在明显的缺点，即统一定价可能会导致在某一市场价格过低或价格过高，竞争陷于被动。由于绝对的价格标准化很难实现，因此全球标准化定价策略更多地体现为有关定价决策的标准化，例如在定价依据、定价方法、定价程序方面给出标准化的指导原则。

全球适应性定价策略是指企业在不同的市场中允许采用不同价格的策略。该策略最大的优势是充分考虑了各国市场竞争的条件和消费者的具体情况，体现了各国市场存在的差异，更好地满足了各国市场的实际需求，而弊端在于不同市场的价格差异可能导致平行进口的发生。影响定价适应性的因素具体包括以下几个。

（1）法律因素。

如果东道国政府的法律法规限制了企业调整价格的自由度，那么定价不可避免地需要适应当地要求。如果某一国家正处于高通货膨胀率带来的严重经济危机中，为了社会安定和平抑物价，政府可能会采取短期的控制和规定产品最高限价的措施。若企业不能及早预见当地政府可能采取的有关政策，自主价格决策难免受到干扰。

政府补贴也是企业进行定价适应性决策时考虑的重要因素之一。在正常情况下，企业的全球定价使企业产生盈利，但在政府补贴的情况下，情况将变得复杂，企业的定价决策将面临挑战。在美国，并不是所有的农产品生产和加工部门都享受政府补贴，但在欧洲，政府几乎对所有的农产品部门进行补贴，这使得美国农产品出口加工商在价格上很难处于优势。例如美国的家禽饲养和加工企业不享受出口补贴，这使美国企业在与欧洲和日本等农产品出口补贴高的国家的企业竞争时处于不利地位，定价需要对某一地区进行适应性调整。

（2）经济因素。

不同的税率税种、中间商必要利润要求、运输费用及汇率的波动对全球产品定价起到关键影响，而关税及其他成本最终会带来价格上涨（price escalation）。古驰（Gucci）小号刺绣手袋在意大利卖 2 390 欧元（约合 18 490 元人民币），而在中国则要 26 500 元人民币。有些产品在他国市场可能要卖到原价的 5 倍才能为生产商赢得同样的利润。

10.4.2.2 灰色市场下的冲突协调

灰色市场的存在严重影响了本国市场正规授权经销商定价的可执行性，给企业的管理造成了混乱，影响企业利润的实现。为防止灰色市场的出现，企业需要注意加强对价格的控制和有效管理，建立有效管理分销渠道的控制系统。根据不同情况可以采取以下形式：针对不同的批发商制定专门的政策；协调不同区域的价格差异；改变不同国家的产品特性，等等。

【专栏 10-3】

灰色市场的类型

请扫描二维码详尽了解专栏内容

10.4.2.3 转让定价的相关问题

转让定价（transfer pricing）是指企业内部的母公司与子公司之间或各子公司之间发生交易时所采用的定价方法。

1. 国际企业内部问题

由于国际企业母公司和各国子公司都是不同而又相互关联的利益主体，因此内部关系很难协调，实行转让定价会给国际企业内部管理带来一系列的问题。

第一，国际企业在全球范围内使用转让定价需要耗费大量的人力、物力和时间来进行集中管理和调节，这会造成企业内部管理的混乱，并使管理成本上升。

第二，转让定价会直接影响子公司的业绩，而为了正确考核子公司的业绩，国际企业往往不得不采用双重会计体系，但是这样做可能会造成混乱和成本上升。

第三，国际企业利用转让定价的各种动机常常相互冲突，一种转让价格从一方来看可能会带来利益，但是从另一方来看则有可能亏损。例如，总公司向子公司以高价转移，子公司利润减少，其向东道国所缴纳的税收也相应减少，但同时这种获利也可能被进口国的高额关税所抵消。如果以低价转移，则公司可能被指控为倾销（dumping），即以低于成本或低于母公司所在国售价的价格销售产品来占领市场。

2. 母国和东道国的外部问题

转让价格是国际企业的内部价格，因而具有一定的隐蔽性；同时，转让价格的实行不可避免地对有关国家的政治和经济等产生积极或者消极的影响。目前，越来越多国家的政府开始关注和评价企业转让价格可能带来的各种后果，一些国家的政府相应采取了比较严厉的措施，并制定了各种政策来应对转让价格，而这些政策和措施对国际企业制定转让价格影响很大。例如预约定价协议（advance pricing arrangement，APA），即将转让定价的交易事后税务审计变为事前约定，纳税人与其关联方在关联交易发生之前，向税务机关提出申请，税务机关和纳税人之间通过事先制定一系列合理的标准（包括关联交易所适用的转让定价原则和计算方法等），来解决和确定未来一个固定时期内关联交易的定价及相应的税收问题。该方法可以有效遏制转让价格，减少税务机关对转让定价的调查。

10.4.3 全球渠道策略

全球渠道策略（global channel strategy）不仅包括对全球各国市场的营销渠道进行有效的设计和管理的决策，还包括以全球视角，对全球渠道进行整体规划和协同管理。

10.4.3.1 全球渠道的标准化决策

1. 全球渠道的定义

全球渠道（global distribution channel）是指促使全球产品或服务顺利地被各国市场消费者购买或使用的一整套从总部或销售事业部（或）经区域最终到国家市场的转移路径。

2. 全球渠道的标准化与适应性

相对于全球产品和全球品牌来说，渠道作为外围要素，尤其是在各国市场中，更适合适应性的策略，原因在于营销渠道与当地文化、法律法规、市场条件、消费者需求和竞争环境有着更紧密的关系。因此，即使在全球营销的背景下，渠道仍然是偏向适应性的，只不过全球营销更加强调在渠道适应性的基础上，实现跨市场的渠道协调和整合，能够就某些具有标准化潜力的整体渠道管理过程进行一定程度的统一和协调管理。

影响渠道适应性的因素包括以下几个。

（1）法律因素。

在加入 WTO 之前及之后的三年内，中国零售业并不对外开放，因此国外企业在中国境内要进入零售业，必须要和本土的相关公司建立合资或合作企业，才能取得经营许可权。2000 年日本废除了《调整大规模零售店活动法》(简称《大店法》)，颁布并正式实施《大规模零售店立地法》(简称《大店立地法》)。《大店立地法》与《大店法》相比，最主要的不同在于：其解除了对大型零售商的经营活动的管制，而改为对交通阻塞、交通安全、停车、噪声、废弃物、废气排放等环境品质的规范，且使大型零售商的申请流程更加简洁、单一化及省时。因此，《大店立地法》已不再是只停留在保护中小型零售商的利益，同时也考虑到了消费者及周边居民的利益。为确保地域居民及商业设施本身的便利性，店铺面积超过 1 000 平方米则需要对店铺面积、营业时刻、汽车及自行车停车场容量、废弃物保管容量等提出报备；需注意避免因开店产生噪声或其他影响使周遭生活环境恶化。

（2）经济因素。

渠道的特性与渠道的选择因各国市场经济发展水平的不同而异。易腐烂的产品（如海鲜蔬果等）需要较直接、产品转移速度较快的营销方式。但在一些经济不发达的国家，易腐产品的分销渠道因为缺少冷链运输仓储系统，需要在公共集市上少量多次地集中销售；在经济发达的国家中，易腐产品则是由生产商直接控制销售队伍经销，能够个性化地快速送达。

（3）社会文化因素。

文化、习俗等方面的因素对渠道适应性也有影响。山姆会员商店（Sam' Club）进入中国香港就显得非常艰难，甚至最终走向失败，其原因是已被美国消费者接受的每次大量购买的仓储式销售方式很难令中国香港消费者接受，其相对狭小的居住空间不允许一次性购买大量商品并存放于家中。

尽管使用的渠道本身更多地要考虑各国市场现存的渠道条件和传统惯例，很难做到标准化，但相比较而言，有关渠道的决策过程、执行过程和评价过程却可以做到程序的标准化。例如，企业可以在各国市场上的渠道构建、中间商管理等方面给出标准化的指导原则。同时，各国家市场上的子公司要保留一定的灵活处理权力，从而提高在标准化原则指导下的渠道的适应性。

10.4.3.2 设计和管理全球渠道

在全球营销中，由于各国市场间的地域分隔，企业在进入新的市场时，采用零基渠道设计策略的可能性大大增加。**零基渠道设计**（zero-based channel design）是指在某特定国家市场上按照消费者对渠道服务产出的要求和企业的营销目标，从零开始设计全新的营销渠道形式。其设计思想会帮助企业更加全面完善地分析、理解拟进入目标国家市场的消费者及其需求特征，从而使渠道设计更为适合。

在全球市场上创建渠道的具体途径包括：第一，购买，这是最简单的一种手段，在自身需要而且资金和东道国法律允许的情况下，可以考虑购买东道国现有渠道，经过改造作为企业渠道的一个组成部分。第二，合作。与东道国国内企业合作，使用合作者的渠道。在进行合作时，需要保证合作的渠道与企业定位和产品定位等相协调。花王（Kao）在进入中国市场时，选择与浙江传化进行战略合作，借用浙江传化的渠道推行自己的品牌产品。然而两方的合作并未取得理想的效果，甚至拖累了两方。作为以在农村渠道销售洗洁精、洗衣粉为主业务的浙江传化，其渠道定位偏低端化，而花王的许多产品定位于高端消费人群，现有的渠道难以触及这些消费者，导致产品与渠道不相称，甚至花王在中国市场的品牌形象一定程度已经被固化为大众消费品。第三，自建。除考虑现有渠道外也可以考虑新建销售渠道。例如可口可乐和百事可乐在中国建立自己的销售部门，负责从上游到下游的全部分销任务。自建渠道可以很好地保证渠道控制权掌握在企业自身手中，方便管理。其缺点在于成本过高，不是所有企业都可以负担。

10.4.4 全球促销策略

全球促销策略（global promotion strategy）是指国际企业如何有效使用或组合广告、销售促进、人员销售及公共关系等工具，促进全球各市场产品销售。

10.4.4.1 全球广告的标准化决策

1. 全球广告的分类

按照全球广告标准化的程度，可以将其划分为以下四个类别：统一广告、全球原型广告、模式标准化广告和多国国内广告。

统一广告（identical advertising）是标准化程度最高的全球广告，其形式和内容在全球各市场投放时基本是完全统一的，其适应性的调整，仅限于画外音的翻译和简单的画面文字翻译。也就是说，除了语言，其他都是不变的。在某些情况下，连语言的翻译都是不必要的，直接利用图片或影视，传达简单易懂的内涵。优衣库（UNIQLO）在全球范围开展的“服适人生，创新的哲学”创意品牌传播活动，以“我们为什么而穿衣”为主题，传播“简约优质创美好”的品牌内涵。

全球原型广告（global prototypes advertising）的标准化程度要低于统一广告，其适应性调整要适当增加，如在画外音和画面的处理上要适应当地文化和习俗，或者使用本土的代言人来演绎事先设计好的类似场景。在可口可乐 Taste the Feeling 系列广告超市篇中美两国广告中，场景相同，传递的意义相同，但中文广告选择中国人来演绎，美国广告选择美国人出演，增加了亲切感与信任。

模式标准化广告（pattern standardization advertising）相对于全球原型广告，其标准化程度进一步降低，适应性调整更加灵活，主要是在全球拥有统一的定位主题和一些创意观念，然后根据各国市场的情况来做出适应性发挥。这类广告既能够传递统一的概念和价值，又能够很好地融入地方文化。2004 年以来，多芬举办的“多芬真正的美丽”活动在全球展开，加拿大品牌经理邀请 67 位女性摄影师提交她们最能反映真正的美丽的作品，做成大型画册并举办巡回摄影展。德国和英国的办公室也提出一个基于摄影展而定义的“真正的美丽”的概念，用身着内衣的普通女性代替消瘦的专业模特。

多国国内广告（multi-domestic advertising）是标准化程度最低、适应性程度最高的广告类型，即广告设计与实施的全过程都要适应不同国家的市场特征和消费者需求。例如，雀巢在推出“Nescafe”速溶咖啡时，在全球面临着不同的咖啡消费文化：在欧洲，咖啡的市场份额很高，但速溶咖啡这类产品才刚刚起步，广告的重点在于推销速溶咖啡这一便捷方式；在美国，消费速溶型咖啡的观念已深入人心，但该品牌市场份额很低，广告的重点在于推销品牌；在日本等饮茶国家，广告的重点不仅是要让喝茶的人改喝咖啡，还要让消费者接受速溶咖啡这种类型和这一品牌。因此，“Nescafe”速溶咖啡在进入不同国家市场时，都是针对消费文化特征来确定广告创意和诉求，打开速溶咖啡在各国市场的销路。

2. 全球广告中的标准化与适应性

全球标准化广告是指国际企业在所有的国家都使用统一的广告主题、营销信息和大众媒体，所做出的变动仅仅是关于画外音语言的改变和简单的文案翻译，基本上在原广告模型的基础上不做任何改动。在一些极端的情况下，利用图片和视频、音频等方式甚至不需翻译直接利用。全球标准化广告强调，正是由于全球性市场的存在，使得全球广告的标准化变得越来越重要，实施广告标准化，有助于国际企业降低成本、集中管理、获得统一的全球品牌形象，以及强化公司品牌在全球市场上进行快速渗透的能力，等等。

尽管全球标准化广告能给企业带来诸多利益，但同时这种方式也存在着局限。比如，不同的国家和地区在文化背景、市场条件、经济发展程度、消费者需求状况、产品使用以及媒体管理、法律法规等方面存在着差异，这都形成了对全球标准化广告在设计和实施方面的障碍。全球适应性广告主要是指企业基于对各国之间差异的理解，根据这些差异来进行适应性的广告设计。

在全球化时代，全球广告强调的是要求国际企业能够在广告核心标准化和广告外围要素适应性之间取得平衡，充分发挥标准化和适应性相结合的优点，既能在全球和地区层面上获得标准化所具有的规模效应与支持统一的全球品牌，又能根据各国消费者的不同需求进行适应性调整。

影响广告适应性的因素具体包括以下几个。

（1）法律因素。

许多国家的法律法规对广告宣传实行较为严格的控制，而这些控制约束在不同的国家又有差异。在严格限制外国广告企业进入的市场，企业可以雇用当地的广告代理商进行本土化的广告宣传。同时一些国家对广告产品或对广告受众进行限制，如世界卫生组织的《烟草控制框架公约》全面禁止烟草广告、促销和赞助活动，以限制各国烟草广告的传播。在挪威等国，广告严禁针对儿童受众。

（2）社会文化因素。

全球广告需要尊重东道国的宗教信仰、风俗习惯等。宝洁在巴西为汰渍（Tide）洗衣粉做广告时，广告宣传中并没有强调洗衣粉的增白功效，因为巴西人较少穿白色服装，消费者没有增白的消费需求。

同时，广告必须考虑东道国语言文字方面的特点。为一国市场制作的广告要在另一国使用，语言障碍较难逾越，因为广告语言本身简洁明快，寓意较深，同样的概念要以另外一种语言、以同样的方式准确表达往往是一件非常困难的事。

3. 全球广告生产的集中

集中的全球或地区广告可以通过以下途径实现，例如，企业可以选择一家全球广告代理来集中进行广告活动，企业只需要在必要环节进行支持和管理。当然，企业还可以选择其他的广告活动集中的方式，例如设立自己的广告公司。韩国家电企业在华的广告主要是其在韩国总部的广告公司完成的。三星（Samsung）广告有限公司主要为三星电子提供全球化服务，LG拥有自己的“LG广告”，现代也有自己的“金刚企划”。韩国公司广告活动的集中是成功的，它们了解自己产品的特点，而且可以通过广告活动的集中，掌握公司的发展方向和企业文化。

10.4.4.2 全球销售促进

企业基本的销售促进工具是一致的，包括促销型定价、抽奖、赠品、特殊服务、捆绑销售等。这些工具在本国国内营销中早已被广泛应用，将其运用到全球营销中，更需要注意对各国经济、文化和法律法规差异的尊重，以及在全球范围内对销售促进活动的管理和协调。

全球销售促进（global sales promotion）的实施受国别环境差异的影响，如经济发展程度、市场成熟水平、文化观念、渠道情况和政府政策等方面。企业在安排销售促进活动时，要充分考虑到这些因素。德国政府规定优惠券金额不能超过产品价值的 1%；挪威政府规定不准使用代金券、赠物券和优惠券；在美国，优惠券促销占全部顾客促销支出的 70%。正是由于上述方面的差异，导致相同销售促进的方式在不同国家的使用上可能存在很大差异，这是企业必须要注意的。

10.4.4.3 全球人员销售

在全球化背景下，由于买卖双方可能来自不同文化，因此给公司的人员销售带来了很大的挑战。全球人员销售（global personal selling）在全球工业品，尤其是高价工业品的销售中是广泛应用的，具体任务包括运送产品、在营业场所接受订单、上门征订、建立信誉并培养现有或潜在客户和充当技术顾问等。

此外，由于人员销售是一种直接面对消费者的促销方式，因此更加体现适应性的特点。全球人员销售的优点在于：第一，灵活且直接。通过与消费者面对面交流，及时根据消费者对产品的不同欲望、要求、偏好、动机和行为，进行有针对性的促销说明。由于当场进行示范，因而可以有效消除由社会文化和风俗习惯等差异而产生的各种怀疑。第二，能够加深买卖双方的关系。在这种良好沟通关系的基础上建立深厚的友谊，通过友谊又可以争取到更多的买主。第三，可以及时了解消费者的反应和竞争者的情况。由于销售人员亲临现场，所以能够迅速反馈信息，提出有价值的意见，为企业研究市场、开发新产品创造良好的条件。销售人员是国际企业获取国外营销信息的重要来源。

10.4.4.4 全球公共关系

1. 全球公共关系的定义

全球公共关系（global public relations）是一种重要的间接性的促销手段。它并不局限于企业与顾客之间的关系，更不局限于买卖关系之间，而是立足跨国公司的长远发展，从整体上树立良好的形象，并与各东道国消费者和公众建立良好关系。在全球营销中，跨国公司面临着更加复杂的社会关系和经营环境，迫切需要利用公共关系这一工具来缓解全球化引发的摩擦，为企业全球经营的深入开展创建和谐的社会关系和良好的生存环境。例如，可口可乐的“净水计划”系列活动项目、雅诗兰黛（Estee Lauder）粉红丝带乳腺癌防治项目等。

全球公共关系的基本工具主要有召开新闻发布会、邀请公众来公司参观、发行公司刊物和宣传册以及赞助公益事业等。总之，在全球化时代，特别是在现代通信技术发达的条件下，企业更需要瞅准时机，利用公关事件，在媒体的渲染下，为企业赢得更高的知名度和声誉。

2. 全球公共关系中的冲突协调问题

企业在不同国家市场开展营销活动时，公关发布难免会出现不同市场间的冲突，需要进行各市场间公关关系的协调。

1990 年当北卡罗来纳州及联邦主管部门向沛绿雅（Source Perrier）发出饮用矿泉水苯含量超标的通知后，沛绿雅（美国）公司很快就自行决定，召回在美国和加拿大的餐馆及市场上销售的 7 000 多万瓶气泡水。

在法国，沛绿雅的母公司决定暂停全球所有灌装厂的生产活动。在对问题做出深度调查之前，母公司为消除消费者的恐惧心理宣布苯含量已经不是问题了，因为只在某个灌装厂中的一条专供北美市场的生产线使用了含有苯的清洁剂造成北美市场上销售的矿泉水中含有苯，并且声称这条灌装线已经被拆除，进行消毒工作。事实上，当沛绿雅母公司对外发布声明时，并不清楚污染源究竟是什么。在公开声明之后，公司员工才发现，导致饮用水中苯含量超标的原因是由于未及时更换用来过滤天然泉水水源中天然气混合物的木炭滤芯。沛绿雅在此前 6 个月生产的所有饮用水都被污染了，而这些产品几乎流向了全球所有市场。

向媒体披露信息自相矛盾，使公众对沛绿雅缺乏信任；对内正确信息无法传递，甚至沛绿雅的很多经销商和海外批发商都是从当地和本国媒体才获知与苯污染相关的信息；对外传递信息不一致，是沛绿雅所犯的最严重错误。

本章小结

本章以市场营销基础知识回顾为起点，界定了全球营销的基本概念与核心问题；介绍了国际企业战略倾向视角下营销战略的选择；介绍了全球营销调研的内涵与挑战及 STP 策略的全球市场运用；基于 4P 框架，梳理了全球产品、定价、渠道、促销四方面的基本问题及影响因素如何影响决策。

关键术语

市场营销	4P	4C
4R	营销环境	营销信息系统
营销调研	STP 策略	市场细分
选择目标市场	市场定位	产品
产品策略	产品线	产品组合
品牌	包装	标签
价格	定价策略	定价原则
新产品定价策略	撇脂定价	渗透定价
产品组合定价策略	价格调整策略	营销渠道
直接渠道	间接渠道	渠道成员
渠道策略	服务产出	激励
分销规划	促销	广告
销售促进	人员销售	公共关系
整合营销传播	全球营销	国际营销
多国国内营销	标准化	适应性
全球本土化	灰色市场	战略统筹
整体规划	错位竞争	转让定价

交叉补贴	跨国牵制	跨国报复
全球营销调研	全球市场细分	全球市场定位
全球产品策略	全球产品	当地性产品
国际性产品	全球性产品	全球产品组合
全球品牌	跨国界市场细分	全球定价策略
全球定价	平行进口	预约定价协议
全球渠道策略	全球渠道	零基渠道设计
全球促销策略	统一广告	全球原型广告
模式标准化广告	多国国内广告	全球销售促进
全球人员销售	全球公共关系	

本章阅读资料

请扫描二维码详尽了解本章阅读资料

第11章
CHAPTER11

国际工程承包

引导案例

挫败中国承包商的波兰公路项目

2009年9月，波兰高速公路管理局对A2高速公路进行公开招标。A2高速公路连接波兰首都华沙和德国首都柏林，全长91公里，共5个标段，设计时速120公里，为2012年6月与乌克兰联合举办欧洲足球杯而兴建。某4家中国公司组成联营体参与竞标，最终以13亿波兰兹罗提（约合4.72亿美元，约合30.49亿元人民币）的价格获得A、C两个标段的合同，合同工期为32个月。这两个标段在5个标段中距离最长，分别为29公里和20公里。

这个项目成为中国公司在欧盟国家市场上获得的首个大型基建项目，但中国公司联营体遭受到“低价倾销”的指责。当时波兰政府给这个项目的预算是28亿波兰兹罗提，中国公司联营体的报价不到预算的一半，很多参与竞标的欧洲公司觉得这个价格不可思议，不可能盈利，甚至提出了书面抗议。波兰方面表示，之所以选择中国公司联营体，是因为其有最低的价格和最可能准时完工。

项目开始后，中国公司联营体意识到对困难估计不足。2009年9月竞标时，波兰受全球金融危机的影响，国内经济萧条，原材料价格跌入低谷，货币也大幅贬值。然而此后，波兰经济慢慢复苏，再加上波兰将于2012年举办欧洲足球杯，波兰开始兴建大量基础设施。在这些因素的刺激下，各种原材料和设备租赁价格大幅上升。受制于波兰只能使用有资质的工人的规定，中国廉价劳动力的优势也难以发挥。更糟糕的是地质条件变化导致实际工程量远远超出预计，项目成本严重失控。

2011年春天，业主以备存记录没做好和施工失误为由延迟付款，中国公司联营体面临资金不足的难题，未能向分包商及时支付工程款项，项目被迫停工。到5月18日停工前，32个月的合同工期已超过1/3，但A标段才完成合同工程量的15%，C标段也仅完成了18%，工程进度滞后。中国公司联营体再次对项目进行了成本估算和盈利预测，发现要按期完成工程，A、C两标段总共需投入资金7.86亿美元，预计收回合同款3.91亿美元，相比于4.72亿美元的合同总价，整个项目将亏损3.95亿美元。波兰政府则给联营体开出了2.71亿美元的罚单，外加3年内禁止其在波兰市场参与投标。

回顾这一案例我们发现，中国公司联营体太急于进入波兰市场，没有做好前期国情、市场和现场调研工作，且忽视了合同管理。当中国公司联营体针对成本上升、工程变更等提出索赔时，波兰方强调“以合同为准”。中国公司联营体和波兰公路管理局签订的合同为固定总价合同，参考国际通用的FIDIC条款，但删除了很多对承包商有利的条款。如FIDIC条款规定，因原材料价格上涨或实际工程量增加导致成本上升，承包商有权要求业主补偿费用，这些条款在合同中都被删除。又如FIDIC规定，如果业主延迟支付工程款项，承包商有权终止合同，这一条款也被明确删除。另外，合同签署的版本是波兰语合同，中文和英文版本只有简要摘要，因合同涉及大量法律和工程术语，合同翻译也存在问题。

学习目标

通过本章的学习，掌握国际工程承包的基本概念和范畴；掌握国际工程承包实施过程中国际通用的招标方式、招投标流程、项目管理模式、FIDIC合同条件；理解东道国环境如何影响承包商的运营，熟悉工程项目的投标管理与合同管理的要点，理解国际工程承包行业对于技术、人才和融资能力的要求。

11.1 国际工程承包概述

11.1.1 概念

国际工程承包通常是指承包商通过国际招投标的方式，与业主签订合同，按照国际上通用的项目管理模式参与工程项目的咨询、施工、采购、安装和培训等阶段，竣工后交予业主验收的过程。

国际工程承包包含了咨询、施工、材料和设备采购、安装、劳务等多项内容，涉及国际货物贸易、技术贸易和服务贸易等多个领域，整个项目过程十分复杂，对承包商的人才素质和管理水平都有很高的要求。

同时，国际工程承包是一个充满风险的事业。在国际工程承包中，参与主体来自不同的国家，货币和支付方式选择具有多样性，工程规范标准跟国内相比有很大差异，且易受国际政治和经济形势波动的影响，因而风险较大。

11.1.2 市场范围

国际工程承包包括国内和国外两个市场。国际工程承包既包括国际组织或公司在**国内市场**（domestic market）参与投资或施工的工程，又包括本国工程承包企业在**国外市场**（overseas market）参与投资或施工的工程。随着中国国民经济的蓬勃发展，工程建设的规模和数量越来越大，国际化水平也越来越高，尤其是中国加入WTO以后，许多国际知名的工程承包企业纷纷进入国内市场，在国内设立机构或开展业务。国内一些工程承包企业也逐渐走出国门，加入国外工程承包市场的竞争行列中，中国习惯上称之为对外工程承包。

【专栏 11-1】

中国对外工程承包现状和特点

2016 年全球经济增长仅为 2.2%，为 2009 年以来最低的增速。全球贸易量仅增长了 1.2%。在全球行业发展不景气的情况下，中国对外工程承包发展依然逆势上扬。2016 年度中国对外工程承包企业在国际市场上完成营业额 1 594 亿美元，对比 2015 年度的 1 540 亿美元，增长了 3.5%，营业额创历史新高，这样的成绩足以让世界任何国家和经济体瞩目。

近几年中国对外工程承包的发展有以下几个特点。一是新政策为中国对外工程承包发展注入了新动能。2013 年习近平主席提出建设“一带一路”的合作倡议，旨在借用古代丝绸之路的历史符号，积极发展与沿线国家的经济合作伙伴关系。随着“一带一路”倡议国际影响力的提升，相关国家在国际工程承包领域的合作取得了积极成果，一批沿线铁路、公路、港口、机场和跨境桥梁等基础设施项目相继开工建设。二是中国工程承包企业加大了对新管理模式的尝试。从全球市场看，目前基建需求旺盛但建设资金不足，BOT/PPP 模式受到业主的青睐。国内一批有实力的企业凭借其在技术储备、运营管理、资源整合、融资等方面的竞争优势，加大了对 BOT/PPP 的探索和尝试，主要集中在电力和公路投资开发领域。三是中国对外工程承包新业务模式发展步伐加快。为突破原有市场和业务布局的限制，适应市场需求和竞争，越来越多的企业积极探索新业务模式，业务由传统工程承包向产业前端的规划、设计、咨询和后端的运营、维护和管理等领域扩展。工程承包相关投资和综合开发类项目逐步增多，海外收购兼并类业务也明显增多。■

11.1.3　行业划分

人们通常所说的国际工程承包实际是一个广义的概念，可细分为国际工程咨询和国际工程承包两大行业。**国际工程咨询**（international engineering consulting）是指在国际工程项目实施的各个阶段，咨询人员利用技术、经验、信息等为客户提供知识密集型的智力服务。它包括对工程前期的投资机会研究、预可行性研究、可行性研究、项目评估、勘测、设计、招标文件的编制、监理、管理、评价等工作。**国际工程承包**（international engineering contracting）是指工程公司或其他有工程实施能力的单位接受业主委托，为工程项目或其中某些子项目所进行的施工、材料或设备供货、安装调试及提供劳务等工作。按照业主的要求，有时也做施工详图设计和部分永久工程的设计。

【案例 11-1】

进军国际市场的中国承包商

麦洛维大坝项目是目前苏丹乃至非洲在尼罗河上建成的最大水电站。2003 年苏丹政府以国际招标的方式在世界范围内选择承包商，中国某两家承包商组成联营体成功以 5.55 亿欧元中标签约了麦洛维电站 2A、2B、2C 土建工程标承包合同，随后又签约了 5 193 万欧元 3D 金属结构制安承包合同，两项总计合同金额 6.03 亿欧元。这也成为当时中国在海外承揽的最大项目。然而我们也不难发现，中国公司承揽的是技术含量较低的土建和安装部分，优势主要来自相对较低的劳动输出成本，利润率较低；项目技术含量较高的咨询、设计和设备供应部分则由德国的承包商承揽。这并非个例，而是中国承包商在海外面临的普遍问题。提升自身实力，提高技术含量，进入高附加值的承包领域，扩大利润空间，是中国承包商不断成长的方向。■

11.1.4 参与主体

一个国际工程项目的实施，通常涉及多个参与主体，他们以成功完成项目为共同目标，各自承担着不同的职责，既相互制约又紧密合作。

业主（owner/employer/client）是筹建项目的一方，也是项目的产权所有者，中国习惯叫发包方或甲方。业主一般承担提出项目、论证立项、投资决策、筹集资金、组织实施等职能，并在项目建成后负责生产、经营和偿还贷款。业主可以是政府部门、社会团体、国有企业、股份公司、私人公司或个人。

业主一般在项目上设定代表人，代表业主行使在项目合同中明文规定的或隐含的权利和职责。业主代表无权修改合同，无权解除承包商的任何责任。

承包商（contractor）指受雇于业主并承担项目施工、设备采购及其他业主指定工作的公司、个人和它们的联合体。中国习惯叫承包方或乙方。业主与承包商之间通常签订合同，在合同中规定各自的权利和义务。业主可能将项目分成若干部分并分别与几个承包商签订独立的合同（separate contract），凡直接与业主签订承包合同的都叫承包商。业主也可能与一家公司签订合同，由这家公司实施整个项目，这家公司被称作**总承包商**（general contractor/main contractor/prime contractor）。

工程师（engineer）指提供有偿的技术或管理服务，对某一工程项目实施监督、检查和协调工作的专业人员。不同的国家对这一角色的称谓有所差异，一般也称作建筑师或咨询工程师。中国一般称为监理，但监理和工程师不完全对等，监理一般受雇于业主，在行为上也从属于业主，独立性和权力都大大弱于工程师。工程师依据有关法律、法规和合同规定，对施工图纸、施工进度计划、施工技术方案等进行审查，对关键工序进行全程监理，通过对每个环节的严格把关保证工程项目保质保量按时完成。工程师要求具备较高的专业素质和水平，对国际惯例和国际通用标准都比较熟悉。甚至有这样一个规律：有什么水平的工程师，就有什么样的工程。

分包商（subcontractor）是指直接与承包商签订合同，分担一部分承包商任务的公司。承包商往往将一个工程项目分解成若干单项工程，选择技术上具有专长的分包商分别承包，以缓解资金不足，降低工程难度，减少业务风险。业主和工程师不直接管理分包商，一般通过承包商对其工作进行管理。

供应商（supplier）是指为工程项目提供所需设备、材料或工具的公司或个人。对于操作比较复杂的设备，供应商还负责对操作人员进行培训；对于需要安装和调试的设备，供应商往往除了供货，还承担安装和调试的工作。在实际项目中，供应商可能与业主直接签订供货合同，也可能与承包商或分包商签订供货合同。

工料测量师（quantity surveyor）主要负责整个工程中与"数量"有关的工作，包括工程量的计算与核算、对工程收支的管理与控制等，是集工程概算、验工计价、项目索赔等于一身、综合性和技术性很强的专业技术人员。其工作类似于中国的造价工程师，但方法和具体操作又有明显区别。工料测量师既可以受雇于业主，也可受雇于承包商。

一般来说，各参与主体之间的关系可以分为两种：一是合同关系。双方通过签订合同，明确双方的权利和义务。如业主和承包商之间签订总承包合同，业主和工程师之间签订咨询合同，承包商和分包商之间签订分包合同，业主或承包商和供应商签订供货合同，等等。二是协调关系。如工程师与承包商一般不直接签订合同，工程师根据业主的委托权限对承包商的工作进行监督和协调。在不同的项目模式中，各参与主体之间的关系存在一定的差别，下面在阐述项目管理模式时，将辅以图示。

【专栏 11-2】

工程师的关键作用

请扫描二维码详尽了解专栏内容

综上所述，国际工程承包包含国内外两个市场、咨询和承包两大行业，涵盖多种工程领域，是工程承包企业与其他项目各方跨国参与投资和建设的工程的总和。

11.2 国际工程承包惯例与规则

国际工程项目一般具有投入资金大、建设周期长、专业性强等特点，业主如何在来自不同国家和地区的企业中挑选出符合要求的承包商，承包商如何展现自身实力并从众多的竞争者中脱颖而出，项目各方以何种模式为基础开展合作、实施项目，如何约束项目各方的权利和义务、解决各方的不同意见和争议？

这些问题在国际大背景下，因工程项目的复杂性，显得非常棘手。一些国家政府、社会团体和国际组织根据实践经验和实际需求，制定出标准的招投标程序、合同文件等，在参与主体之间合理公平地分配权利与义务，减少不必要的负担和纠纷。各国政府纷纷加以借鉴引用，在国际工程承包领域逐渐形成了一套完整的程序、惯例和标准协议，使得有项目建设需求的业主能够跨越国家和地区的限制，迅速挑选出符合期望的承包商，双方也无须耗费过多的精力进行磋商以求面面俱到，只需把磋商的焦点放在价格、工期、付款等核心问题上，大大提高了合作的效率和可能性。

11.2.1 项目招投标惯例

11.2.1.1 招标方式

国际工程招标是指在国际工程项目中，招标人公布建设需求和具体要求，邀请数个或数十个投标人参加投标，通过对比投标人之间的条件和承诺，选择最符合项目需求的投标人的方式。招标是目前国际工程承包领域的主要交易方式，它的特点是业主标明其拟发包工程的内容、完成期限、质量要求等，招引或邀请某些愿意承包并符合投标资格的承包商就这些要求进行回应，通过对比其资质、经验、价格、施工方案等条件后选择出一个承包商并最终达成交易。

目前，虽然各国没有形成一种各国都应遵守的强制性的招标规定，但多数国家都采取公开招标、邀请招标和议标三种招标方式，招标流程也都大同小异。

第一，公开招标。公开招标是指招标单位通过网络、报刊、电视、广播等大众传播媒介，公开发布招标公告，使项目信息广为人知，从而吸引大量有兴趣、有能力的投标人参与投标竞争，最终选择一家中标单位，达成合约的招标方式。

公开招标遵循公开、公平、公正的原则，通过引入竞争实现资源的最优配置。公开招标有利于招标人降低工程造价，缩短工期，提高工程质量。但是，公开招标程序复杂，需要准备大量的文件、资料，投入大量的人力、物力，因而耗时较长，招标费用较高。

第二，邀请招标。邀请招标是指招标单位根据已有的信息和经验，有针对性地邀请数家有能力的单位参与投标竞争，并从中选定中标单位，达成合约的招标方式。

与公开招标相比，邀请招标省略了招标公告，并将资格预审纳入招标准备阶段予以完成，因而在程序上更为简单，减少了工作量，缩短了招标时间，节约了招标费用。但这种方式可能带有人为的倾向，受到主观因素的影响。

第三，议标。议标是指招标单位与承包商就报价和技术条款进行一对一的谈判，最终达成合约的方式。议标不具有公开性和竞争性，一般是经过招标单位权衡认为采用公开招标和邀请招标不能达到预期的效果时，而采取的一种特殊的招标方式。

议标直接采用谈判的方式，所需的时间最短，费用最低。有些小型建设项目，采用议标方式，既节省费用和时间，又比较灵活，可以迅速地启动项目。还有一些涉及融资和投资的项目，承包商的竞争力不可替代，承包商的定位也不单单是项目的建设者，可以说是项目的合作方，通过议标能使双方凝聚共识，共同推动项目顺利实施。

议标作为一种特殊的招标方式，因其缺乏竞争性容易产生幕后交易、暗箱操作和滋生腐败，所以各国只在某些特殊情况下使用。三种招标方式的比较如表 11-1 所示。

表 11-1　三种招标方式的比较

比较项目 \ 招标方式	公开招标	邀请招标	议标
公开性	完全公开	小范围内公开	不公开
竞争性	完全竞争	有限竞争	无竞争
投标人数量	大量	少数几个	一个
投标人实力	参差不齐	较强	很强或无可替代
招标程序	复杂	相对简单	直接进入谈判
招标费用	高	相对较低	低
招标时间	长	相对较短	短
项目造价	低	一般	高
灵活性	不灵活	相对灵活	灵活
规范性	公平公正	相对公平	易滋生腐败

11.2.1.2　招投标流程

与招标相对应，投标是指投标人应招标人的邀请，按照招标人的要求和条件，在规定的时间内做出回应，争取中标的行为。按工程内容，可细分为施工、设备和材料、咨询服务的招投标，这三种类型的招投标在招标文件的内容上存在差异，然而在招投标流程上大致相同，下面将做总的论述。

第一，招标准备。

在这个阶段，业主确定招标方式，委托咨询公司编制完成招标文件。

施工项目的招标文件一般包含投标邀请书（invitation for bids）、投标人须知（instruction to bidders）、招标资料表（bidding data）、合同通用条件（general conditions）、合同专用条件（conditions for particular application）、技术规范（technical specifications）、图纸（drawings）、工程量表（bill of quantities），以及投标书、投标书附件、协议书、投标保证、履约保证、

预付款保函的格式。

设备和材料供货项目的招标文件一般包括投标邀请函、投标者须知、招标资料表、一般合同条件、专用合同条件、货物需求一览表、技术规格、报价表、厂家授权书，以及投标担保书、合同、履约保证书、预付款保函的格式等内容。

咨询服务的招标文件通常包括咨询服务的简介、任务大纲（terms of reference，TOR）、提交建议书的安排、评选办法等。

第二，招标公告。

实行公开招标的，要在国家或地方报刊、网站或其他媒介，公布项目介绍、招标要求等信息，邀请有实力的承包商参加竞标。实行邀请招标的，要向 3 个以上符合资质条件的承包商发送投标邀请书。

承包商可以通过多种渠道获取招标信息，如各种公开发行的国际性刊物或世界银行等金融机构的出版物、国外工程业主的网站主页、代理人提供的项目信息、本国驻外国大使馆、外国驻本国大使馆等。

第三，资格预审。

公开招标时，有兴趣的承包商数量众多，质量参差不齐。业主往往会预先对承包商的资格和能力进行审查，确认承包商是否有承建招标工程的能力。业主一般编制资格预审文件，要求承包商报送企业情况、相关资质、相关领域的业绩说明和证明等资料，经过审查后，向符合要求的承包商发放资格预审合格通知书。

承包商购买业主发售的资格预审文件后，按资格预审文件的要求准备好相关资料，并在规定的时间内报送到指定地点。在此过程中有任何疑问可以通过书面形式要求业主澄清。承包商通过这一阶段向业主展示自己的财务状况、经验、人员、设备、施工能力，争取参与投标的资格。

第四，招标文件的发放和投标文件的准备。

业主将招标文件发售给通过资格预审的承包商或被邀请承包商。

投标人根据业主通知的时间和地点购买招标文件，开始准备投标文件。投标文件的准备，一般要经历以下几个步骤：

- 阅读招标文件。拿到招标文件后分发给公司相关人员阅读，相关人员通读招标文件并精读本专业领域的部分，充分了解所投项目的各种条件和要求，如技术要求、付款方式、工期要求、保函、合同条款、工程量单是否有遗漏等。
- 评审。公司组织评审会对招标文件进行讨论，与会人员就招标文件中的要求进行分析，界定风险程度，评估本公司承担该工程的能力，并做出是否投标的决策。
- 成立投标小组。投标人决定参加投标后，立即成立投标小组。投标小组一般包括商务和技术两类人员，这些人员要有相当的专业知识，要熟悉设计、工程技术、施工组织、设备和材料等，且具备法律、金融、税务、保险等方面的知识。
- 编写投标文件。技术人员根据招标文件的要求和搜集的相关资料选择经济、合理、有效的施工方案，确定紧凑、均衡、可行的施工进度，拟定有效的技术组织措施，采取最佳的部署和组织，确定施工中的劳动力、材料、机械设备等需要量，合理利用施工现场的空间。商务人员按照定额条件做出初步的报价，然后根据往年的经验、施工组织方案等测算自己的实际成本，最后得出合理且具有竞争性的报价。
- 汇总投标文件。标书除了报价、施工组织设计外，往往还有提供投标保函、授权书等诸多要求，投标人要按照招标文件的要求逐条准备，并最终汇总成一本标书。一些大型项目要求把标书分为商务标和技术标，先分别包装，最后再加外包装。

第五，标前会议和答疑。

对于较大的工程招标，业主通常会召开一次标前会议，向所有购买标书且确认参与投标的投标人澄清他们提出的各种问题，会后将答疑会议纪要发放给投标人。对于没有召开标前会议的工程项目，业主接受投标人的提问，对相关问题进行澄清，以书面形式向所有投标人发放澄清纪要。业主的澄清构成招标文件的一部分，如招标文件规定和澄清有不一致的地方，以业主澄清为准。

投标人应在规定的标前会议日期之前将问题以书面形式寄送给招标人，并按时参加标前会议，听取业主的统一解答。如果业主没有召开标前会议，投标人对招标文件存有疑虑，可以采用书面方式请求业主对相关内容进行澄清。

第六，现场考察。

业主还可能组织投标人对拟建工程地点进行参观和考察，使投标人获得更详细准确的信息。

投标人可以自己承担费用前往现场参观和考察，调查项目所在国和地区的社会情况、自然情况、市场情况、项目施工条件，进一步完善投标文件。

第七，投标文件的报送和接收。

投标人将投标文件装订成册，在规定日期前报送到指定的地点。

业主接收并记录接收投标文件的时间，退回逾期送达的投标文件。

第八，开标。

业主按招标文件规定的时间、地点和程序，以公开的方式开启投标人提交的投标文件，公开宣布投标人的名称、投标价格及其他主要内容。

投标人按时参加开标，获知竞争对手的报价和自己报价的排名情况。

第九，评标和定标。

招标人依据招标文件规定的标准和方法对投标文件进行审查、评审与比较，从投标竞争者中评选出最符合招标文件各项要求的投标者，确定为中标人。

定标所采用的排序依据，可以分为四类，即分值评审法（以分值排序，包括综合评分法、性价比法）、价格评审法（以价格排序，包括最低评标价法、最低投标价法、价分比法等）、综合评议法（以总体优劣排序）、分步评审法（先以技术分（和商务分）为衡量标准确定入围的投标人，再以他们的报价排序）。

招标人向中标单位发出中标通知书，并向未中标单位发出中标结果通知书。

第十，合同谈判和签约。

业主与中标单位就合同细节进行谈判，达成一致意见后签署合同协议书。

招投标流程如表 11-2 所示。

表 11-2　招投标流程

阶段	招标人	投标人
（1）招标准备	准备招标文件	
（2）招标公告	公开发布招标信息 或发送投标邀请书	获取招标信息

（续）

阶段	招标人	投标人
（3）资格预审	审查资格预审文件 确定合格的投标人 发放资格预审合格通知书	提交资格预审文件
（4）招标文件的发放和投标文件的准备	发售招标文件	阅读招标文件 评审招标文件 成立投标小组 编写投标文件 汇总投标文件
（5）标前会议和答疑	召开标前会议 澄清问题 发放答疑会议纪要	参加标前会议 提出问题 获取答疑会议纪要
（6）现场考察	组织现场考察	现场踏勘 完善投标文件
（7）投标文件的报送和接收	接收投标文件	报送投标文件
（8）开标	公开投标价格	获悉报价排名
（9）评标和定标	审查投标文件 选定投标人 发放中标通知书	接收中标通知书
（10）合同谈判和签约	参加合同谈判 签署合同协议书	参加合同谈判 签署合同协议书

11.2.2　项目管理模式

项目管理模式指在工程项目建设中采取的管理方式及参与方所扮演的角色与关系。由于项目管理模式确定了工程项目管理的总体框架及项目参与各方的职责，从而在很大程度上决定了项目的建设速度、质量和造价，对项目的顺利实施非常重要。下面我们将介绍国际上传统的项目管理模式和近年来流行的一些项目管理模式，并梳理各种模式对业主和承包商的有利和不利影响。

11.2.2.1　DBB 模式

设计 – 招标 – 建造模式（design-bid-build，DBB 模式）是最传统的一种工程项目管理模式，在国际上应用范围最广。其最突出的特点是强调工程项目的实施必须按照“设计 – 招标 – 建造”的顺序进行，只有在一个阶段结束后，另一个阶段才能开始。

在这种模式下，业主与工程师签订专业服务合同，工程师受业主委托进行前期的各项有关工作，并提供项目的设计和施工招标文件；通过竞争性招标，业主选定最具资质的投标人作为承包商并与承包商签订施工合同；在施工阶段，工程师承担业主委托的管理和协调工作，是业主与承包商沟通的桥梁（见图 11-1）。

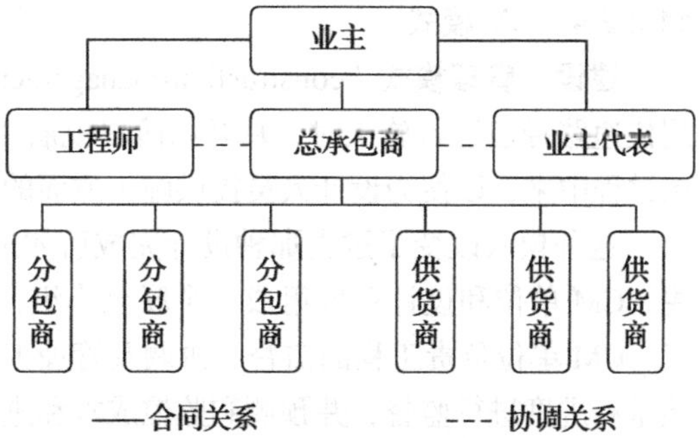

图 11-1　DBB 模式

该模式的优点是通用性强，可以自由选择咨询、设计、监理方，各方均熟悉使用的标准合同文本，有利于合同管理、风险管理和减少投资。缺点是工程项目要经过规划、设计、施工三个环节之后才移交给业主，项目周期长；业主前期要投入设计费、招标费和管理费；施工期间可能产生变更并引起索赔。

11.2.2.2 DB 模式

设计－建造模式（design-build，DB 模式）是一种简练的项目管理模式，主要特点是业主只选定唯一一个设计－建造总承包商，负责项目的设计与施工。

业主首先选择一家专业咨询机构代替业主研究，拟定拟建项目的基本要求，授权一个具有足够专业知识和管理能力的人作为业主代表，与设计－建造总承包商联系。设计－建造总承包商对整个项目的成本负责，可用竞争性招标的方式选择分包商，也可以使用本公司的专业人员自行完成工程，包括设计和施工等（见图 11-2）。

这种模式的主要优点是具有高效率性和责任的单一性，主要缺点是业主对最终设计和细节的控制能力降低。

11.2.2.3 EPC 模式

设计－采购－建设模式（engineering-procurement-construction，EPC 模式）是指业主和唯一的总承包商密切合作，完成项目的总体策划、具体设计、成本控制、进度安排、设备材料采购、施工、安装调试、培训等工作，有时还包括融资部分。

在这种模式下，业主与总承包商签订 EPC 合同；总承包商再根据自身情况与设计分包商、分包商或供应商签订分包 / 供货合同；业主与咨询公司签订委托合同，咨询公司根据业主的委托对承包商的履约情况进行监督。这一模式适用于设备专业性强、技术性复杂的工程项目（见图 11-3）。

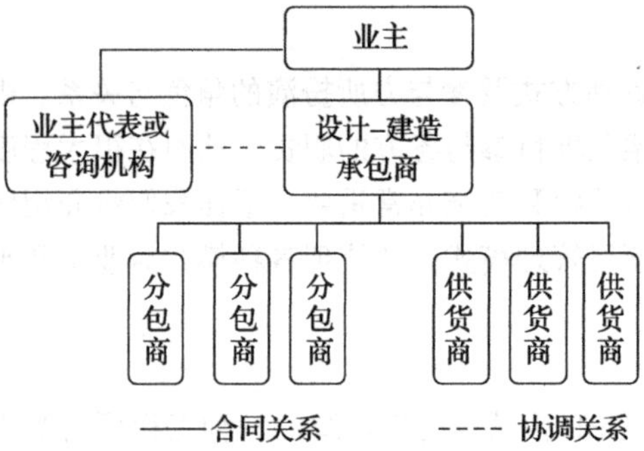

图 11-2　DB 模式

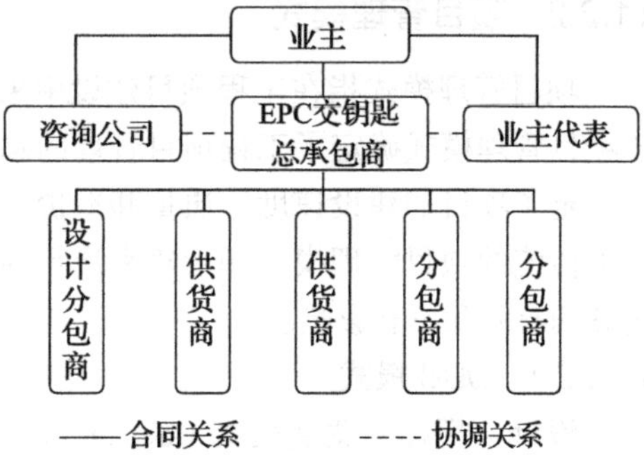

图 11-3　EPC 模式

由于总承包商对整个项目负责，能充分发挥承包商的主观能动性，避免设计和施工的矛盾，保证项目的连续性，显著减少项目的成本和工期。

11.2.2.4 CM 模式

建设－管理模式（construction-management，CM 模式），又称阶段发包方式，就是在采用快速路径法进行施工时，从开始阶段就雇用具有施工经验的 CM 单位参与到建设工程实施过程中来，以便为设计人员提供施工方面的建议，且随后负责管理施工过程。

这种模式改变了过去那种设计完成后才进行招标的传统模式，采取分阶段发包，由业主、CM 单位和设计单位组成一个联合小组，共同负责组织和管理工程的规划、设计与施工，CM 单位负责工程的监督、协调及管理工作，在施工阶段定期与承包商会晤，对成本、质量和进度进行监督，并预测和监控成本和进度的变化（见图 11-4）。

CM 模式在 20 世纪 60 年代发源于美国，进入 20 世纪 80 年代以来，在国外广泛流行，它的最大优点就是可以缩短工程从规划、设计到竣工的周期，节约建设投资，减少投资风险，可以比较早地取得收益。它的缺点是对CM单位的要求较高，分项招标也会导致承包费提高。

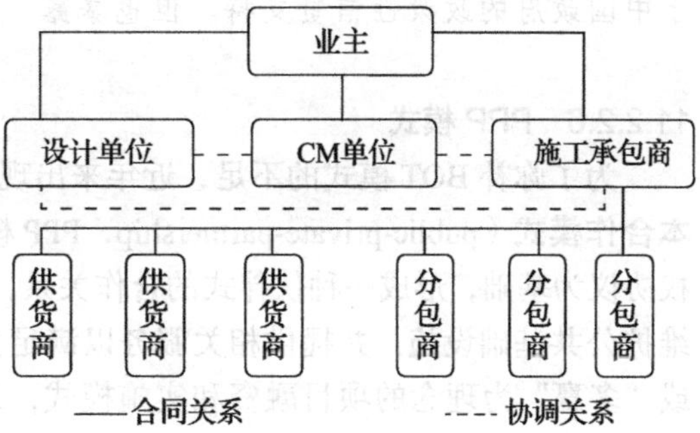

图 11-4　CM 模式

11.2.2.5　BOT 模式

建造－运营－移交模式（build-operate-transfer，BOT 模式）是 20 世纪 80 年代在国外兴起的一种项目管理模式。这种模式是将政府基础设施建设项目依靠私人资本进行融资、建造的项目管理方式，或者说是基础设施国有项目民营化。基本思路是：项目所在国政府或所属机构以一种特许权协议作为项目融资的基础，由本国公司或外国公司作为项目的投资者和经营者安排融资，承担风险，开发建设项目，开放本国基础设施建设和运营市场，授权项目公司负责筹资和组织建设，在项目建成的有限时间内负责运营及偿还贷款，协议期满后，再无偿移交给政府（见图 11-5）。

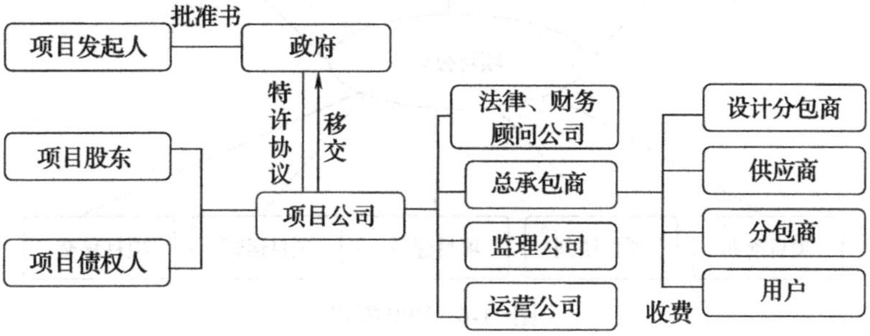

图 11-5　BOT 模式

BOT 模式广泛应用于一些国家的交通运输、自来水处理、发电、垃圾处理等生产性基础设施建设，显示了旺盛的生命力。该模式的优点是降低东道主国家外债负担，又可解决基础设施不足和建设资金不足的问题。缺点是项目发起人必须具备很强的经济实力（大财团），且公共部门和大财团需要经历调查、了解、谈判、磋商等漫长而复杂的过程，以致项目前期运作时间过长；承包商承担了较大风险，融资压力大；在特许期内，政府失去控制权等。

【案例 11-2】

政策性信贷与中国承包商

2007 年，中国某公司以 EPC 模式承包马来西亚槟城二桥项目，项目总金额为 12.26 亿美元，中国政府通过中国进出口银行向业主马来西亚政府提供 8 亿美元的优惠出口买方信贷。这种带资承包的 EPC 模式或 BOT 模式在国际工程承包的项目中应用得越来越普遍。发展中国家的基础设施亟待建设，但缺乏资金，即使有足够资金的政府或发达国家政府，也希望提高资金的利用效率，而采取私有化的政策。这就要求承包商具有设计、施工、融资等综合实力，才能达到业主的要求，在竞争中胜出。中国承包商近几年在国际工程承包市场上承揽了大量的EPC项目，优势主要在于中国政府的政策性信贷支持。但也暴露出融资方式单一的问题，在市场开拓和竞争上都受到牵制和局限。与发达国家承包商相比，综合实力还有待进一步提高。■

11.2.2.6 PPP模式

为了弥补BOT模式的不足，近年来出现了一种新的项目管理模式——**政府和社会资本合作模式**（public-private-partnership，PPP模式）。PPP模式是指政府和私人组织以特许权协议为基础，形成一种伙伴式的合作关系，充分利用私人资源进行设计、建设、经营和维护公共基础设施，并提供相关服务以满足公共需求。PPP模式是一种以参与方“双赢”或“多赢”为理念的项目融资和实施模式，最显著的特点就是政府部门和私人组织之间组成战略同盟，相互协调、共同决策，共同推动项目建设和运营，实现总收益最大化（见图11-6）。

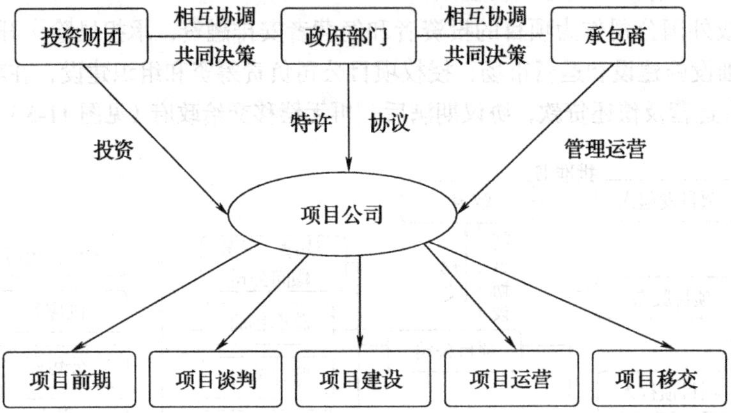

图11-6　PPP模式

PPP模式的优点是能充分利用政府部门和私人组织各自的优势，把政府部门的社会责任、远景规划、协调能力与私人组织的创业精神、民间资金和管理效率结合到一起。这一模式有利于提高效率和降低工程造价；合理分担风险，降低融资难度；政府对项目仍保持部分控制权。PPP模式的运作广泛采用项目特许经营权的方式，进行结构融资，这需要比较复杂的法律、金融和财务等方面的知识，需要政府部门的有力支持、健全的法律法规制度及专业化机构和人才的支持。

PPP模式主要适用于政府负有提供责任又适宜市场化运作的基础设施类项目，如供电、供水、供热、污水处理等市政设施，公路、铁路、机场等交通设施，水利和生态保护等项目。这一模式最早由英国在1992年开始使用，发展时间虽短，目前在国外已经得到普遍的应用，中国有实力的对外工程承包企业也逐渐开始实施这一项目模式，以增强在国际市场上的竞争力。

每种项目管理模式对业主和承包商而言，既有优点又有缺点（见表11-3）。在业主自筹资金的情况下，业主往往根据实际情况和各种模式的优劣，选择适合自己的项目管理模式进行项目开发和建设。承包商则处于相对被动的地位，只能在对照业主要求和自身实力后，决定是否参与项目。然而在越来越多的项目中，业主只提供一定比例的资金，依靠承包商或其他融资机构为项目融资。在这种情况下承包商掌握了一定的主动权，能影响和说服业主采取某种对自己有利的项目模式。例如，对于设计、技术、风险承担、集成协调等综合能力较强的承包商，在帮助业主融资的项目中，可以与业主协商采取 EPC 模式、BOT 模式或 PPP 模式，以争取更多的项目控制权和更大的利润空间。

表 11-3 各种管理模式对业主和承包商的影响

模式	角色	有利方面	不利方面
DBB 模式	业主	可自由选择咨询、设计方 使用标准合同文本 对项目的管控能力强	项目周期长 管理费用较高 前期投入大
	承包商	项目风险少 按设计图施工 对技术水平要求较低	受设计方制约大 施工期间外部沟通较多
DB 模式	业主	效率高 责任明确	对项目细节的控制能力降低 对设计的控制降低
	承包商	能发挥设计与施工集成优势 能加快项目进度	风险较大 需具备较高的设计能力和技术水平
EPC 模式	业主	降低管理成本 保证项目的连续性 减少成本和缩短工期	对项目的控制能力降低 难以选择到放心的总承包商
	承包商	避免设计和施工的衔接与协调 利润水平比较高	项目风险较大 对设计、技术、集成等综合能力要求较高
CM 模式	业主	缩短工程周期 减少投资风险	责任区分不明确 分项招标导致费用高
	承包商	责任单一 风险小	利润低
BOT 模式	业主	降低外债负担 缓解建设资金不足	前期运作时间长 对项目的控制能力弱 项目运营后割让一定年限的收费权
	承包商	较大自主性 较大利润空间和准入门槛	对承包商的能力要求很高 风险较大 融资难度大
PPP 模式	业主	提高效率 降低工程造价 政府对项目仍保持部分控制权	需要健全的法律法规制度支持 需要给予项目一定的政策和经济支持
	承包商	提高了在项目中的决策能力 合理分担风险 降低融资难度 较大利润和准入门槛	需要较高的综合能力 需要优秀的复合型人才 沟通协调工作难度较大

11.2.3 FIDIC 合同条件

11.2.3.1 新编 FIDIC 合同条件概述

1913 年，欧洲境内三个独立的工程师协会在比利时联合成立了国际咨询工程师联合会（FIDIC），目前拥有来自全球各国和地区的 70 多家成员。中国在 1996 年加入了这一全球最具权威性的咨询工程师组织。该联合会编制了一系列规范条件，旨在为国际工程承包提供标准的合同范本和行业惯例。

FIDIC 合同条件是目前国际上最通用的合同条件，广泛运用于国际工程领域。它伴随着世纪的进程经历了从产生到发展、不断完善的过程。FIDIC 合同条件第 1 版于 1957 年、第2版于1963年、第3版于1977年、第4版于1987年出版发行，1987年第4版在1988年、1992年又做了两次修订，在1996年又做了增补。1999年国际工程师联合会根据多年来在实践中取得的经验以及专家、学者的建议与意见，在继承以往4版优点的基础上重新编写出一套4本彩虹系列（被称为“新编FIDIC合同条件”（第1版）），在国际工程领域得到广泛应用，具有里程碑意义。

新编FIDIC合同条件（第1版）包括：《施工合同条件》《生产设备和设计－施工合同条件》《设计采购施工（EPC）/交钥匙工程合同条件》与《简明合同格式》。每一种FIDIC合同条件主要包括两个部分和一套标准格式。第一部分是通用条件，全面规定了合同双方的权利和义务、风险和责任，确定了合同管理的内容及做法，这部分可以不做任何改动写入招标文件。第二部分是专用条件，针对不同的项目和需要，可以利用专用条件对通用条件的内容进行修改和补充，编号和所修改或补充的通用条件的各条对应。如果通用条件和专用条件矛盾，则专用条件优先于通用条件。标准格式有两个：“协议书”和“投标书及其附件”供参考选用。

FIDIC合同条件的特点是：具有国际性、通用性、公正性和严密性；合同各方职责分明，各方的合法权益可以得到保障；处理与解决问题程序严谨，易于操作；把与工程管理相关的技术、经济、法律三者有机地结合在一起，构成了一个较为完善的合同体系。

1999年新编FIDIC合同条件（第1版）自发布以来，在全世界范围内得到广泛使用，对国际工程承包的发展起了极大的促进作用。随着国际工程承包市场的变化和新的管理模式的出现，FIDIC认为有必要对1999年版合同条件进行修订，以使其更好地反映国际工程实际。

2017年12月，FIDIC发布了新编FIDIC合同条件（第2版），包括三本合同条件：《施工合同条件》《生产设备和设计－施工合同条件》《设计采购施工（EPC）/交钥匙工程合同条件》。

2017年版与1999年版相比，各本相对应合同条件的应用和适用范围，业主和承包商的权利、职责和义务，业主与承包商之间的风险分配原则，合同价格类型和支付方式，合同条件的总体结构都基本保持不变。

2017年版系列合同条件较1999年版最大的变化是篇幅有较大幅度的增加，追求更加清晰、透明和确定；结构有一定的调整，1999年版通用条件有20个条款，2017年版将1999年版的第20条“索赔、争端与仲裁”拆分为两个条款，共有21个条款；加强了项目管理工具和机制的运用；进一步平衡了合同双方的风险及责任分配，更强调合同双方的对等关系等。

目前，因在建项目的持续性，以及1999年版合同条件在世界范围内影响的广泛性和深入性，市场对2017年版系列合同条件的接受和使用仍需要一定的时间。

11.2.3.2 新编FIDIC合同条件文本

以下将分别介绍新编FIDIC合同条件（第1版）的4个文本。

1.《施工合同条件》

《施工合同条件》（Conditions of Contract for Construction），简称“新红皮书”。该文件推荐用于由雇主或其代表（工程师）设计的建筑或工程项目。在该合同形式下，通常由工程师负责监理，由承包商按照雇主提供的设计施工，但也可以包含由承包商设计的土木、机械、电气和构筑物的某些部分。它采用单价合同，并规定了调价公式，由工程师负责合同管理工作，地位相对独立。雇主承担政治风险、社会风险、经济风险、法律风险和外界风险及不可抗力出现时的直接损失等。对工程质量控制是通过对工程的检查进行的。解决争端的方式是提交争端裁决委员会，由其做出裁决。

合同共分为两部分：通用条件和专用条件，前者是一般规定，共20条；后者附有投标函、合同协议书和争端裁决协议书格式。

2.《生产设备和设计－施工合同条件》

《生产设备和设计－施工合同条件》（Conditions of Contract for Plant and Design-Build），简称"新黄皮书"。该文件推荐用于电气和（或）机械设备供货和建筑或工程的设计与施工，通常采用总价合同。由承包商按照雇主的要求，设计和提供生产设备和（或）其他工程，可以包括土木、机械、电气和建筑物的任何组合，进行工程总承包。此外，也可以对部分工程采用单价合同。风险管理和质量管理与"新红皮书"的规定基本类似。

合同内容类似《施工合同条件》的合同条款，但其中设计和竣工后的检验两条与《施工合同条件》存在很大的差异。

3.《设计采购施工（EPC）/交钥匙工程合同条件》

《设计采购施工（EPC）/交钥匙工程合同条件》（Conditions of Contract for EPC/Turnkey Projects），简称"银皮书"。该文件可适用于以交钥匙方式提供工厂或类似设施的加工或动力设备、基础设施项目或其他类型的开发项目，采用总价合同。在该合同条件下，项目的最终价格和要求的工期具有更大程度的确定性；由承包商承担项目实施的全部责任，雇主很少介入。即由承包商进行所有的设计、采购和施工，最后提供一个设施配备完整、可以投产运行的项目。承包商要承担较大的风险；对工程质量的控制是通过对工程的检验来进行的，其中竣工后的检验是此合同中的一项特殊要求。合同的主要结构与《施工合同条件》类似。

4.《简明合同格式》

《简明合同格式》（Short Form of Contract），简称"绿皮书"。该文件适用于投资金额较小的建筑或工程项目。根据工程的类型和具体情况，这种合同格式也可以用于投资金额较大的工程，特别是较简单的或重复性的或工期短的工程。在该合同格式下，一般都由承包商按照雇主或其代表（工程师）提供的设计实施工程，但对于部分或完全由承包商设计的土木、机械、电气和（或）构筑物的工程，该合同也同样适用。该合同没有规定计价的方式，雇主承担了较大风险。

合同包括通用条件15条，没有专用条件部分，在备注中提供了一些在特殊情况下可选用的范例措辞。用户可以根据项目的实际需要自行编制专用条件部分。

11.3 国际工程承包管理

11.3.1 工程项目的东道国环境管理

工程项目的成败不仅受承包商和工程本身的影响，还受国际政治、经济、法律、文化等各种因素的影响。例如有的工程项目运行良好，却因处在动荡不安的国家，被突如其来的战争中断；有的工程项目收款顺利，却因项目所在国实行资金管制政策，而无法将款项汇回国内；有的项目照搬国内用工方法，却被当地工人起诉；有的项目轻视了宗教文化的影响，而出现不必要的障碍，影响工期。

承包商要顺利获得并成功实施项目，就必须了解工程项目受哪些外部因素影响，在投标时充分考虑风险，在实施项目前进行深入研究和充分准备，在实施项目的过程中加强管控，避免环境差异和变化给项目带来巨大损失。

11.3.1.1 政治环境

政治环境是指项目所在国影响项目进展的政治因素，包括政治风险、政策风险、行政效率、外交关系等。

1. 政治风险

如果一国执政党和在野党斗争激烈，政局不稳，社会秩序混乱，势必对项目造成不利的影响。如果权力更迭频繁，可能引起相关政策变化，新上台的政府还可能否认上一任政府签订的项目，使项目无法启动或推进。政局不稳最极端的情况就是战争和内乱，使项目难以为继，承包商损失巨大。项目所在国政府不遵守协议规定，在项目实施过程中不履行义务和责任，如土地租赁中间收回、拒绝支付工程款等，即政府违约。

2. 政策风险

政府通过法令逐步将外国企业划归本国控制，据为国家所有，给出的补偿不足以弥补损失或直接没收，即国有化。政府采取各种措施，迫使承包商改变其经营性质或实施方式，即政府干预。这些政府行为的出现，会对项目产生很大的影响。

3. 行政效率

一国政府行政冗繁、效率低下、办事拖沓、腐败成风，会大大增加该国项目的建设成本，影响整个项目的工期计划。

4. 外交关系

承包商母国和项目所在国的外交关系对项目的实施也有一定影响，如果两国关系不好，则货物的进出口、人员的往来都会受到影响。

政治环境对项目的影响往往是不可抗的，承包商在进入一个国家或地区前，需做好充分的市场调研，对该国家或地区的政治环境有深入的了解。如果政治环境较差，应谨慎进入，或采取有效的应对措施，如在投标报价时充分考虑政治不利因素出现时成本的上升；商谈合同时争取在出现不可抗政治事件时获得工期延期和经济补偿；实施项目前购买相关工程保险；出现不可抗事件后积极进行索赔。

11.3.1.2 经济环境

经济环境是指项目所在国影响项目实施的经济条件，包括该国的市场开放度、通货膨胀程度、外汇管制政策等。

1. 市场开放度

一国对外开放的程度，首先体现在对进出口的限制范围和程度上。市场相对开放和稳定的国家，进出口限制较少，有利于项目设备和材料的全球购买。反之则不利于项目的推进。

2. 通货膨胀程度

通货膨胀是指一国在一段时间内物价水平普遍持续上涨的现象。如果项目所在国通货膨胀严重，而合同约定全部或部分以当地货币进行支付，则会导致承包商购买力持续下降，项目施工成本大幅增加。

3. 外汇管制政策

一些国家为了增加本国的投资和消费，减少外汇流失和外债水平，会实施严格的外汇管制政策，禁止或严格限制外汇的汇出。在这种情况下，承包商很难将项目利润汇回国内。

承包商应采取积极有效的措施，以应对经济环境对项目的不利影响。商签合同时，应尽量争取以硬货币为支付货币；在外汇管制的情况下，寻求稳妥的再投资，逐步将利润汇回国。

11.3.1.3　法律环境

法律环境是指项目所在国影响项目的法律制度、规定的总和，其中比较重要的有税收政策、劳工政策、环保政策等。

1. 税收政策

一国税率的高低，直接影响项目的利润水平。有关个人所得税的规定通过影响劳工的收入，间接影响项目的成本。稳定的税收水平有利于承包商在投标文件和合同中预计相关成本，而施工期间的税收变化会导致成本的意外增加。

2. 劳工政策

为增加当地的就业，很多国家规定外国公司在本国开展业务，必须雇用一定比例的当地劳工。这些国家的工会力量强大，国家对劳工的保护条例很多，例如，要求给所有当地劳工上社保，为当地劳工购买劳保用品，允许当地劳工休法定假期，在合同期内辞退当地劳工将面临高额赔偿，等等。

3. 环保政策

一些国家对环境保护很重视，项目实施前要进行严格的环境保护评估手续，在没有获得许可前，不允许施工。施工过程中如果发现施工对自然环境产生影响，则可能要求承包商暂停施工，或采取相应措施减少对环境的影响。这些都将对项目的工期和成本产生影响。

承包商置身于陌生的法律环境中，可能遭遇诸多的差异和障碍，应在项目开始前尽可能熟悉和了解当地的法律环境，尽可能争取业主的支持，如约定由业主来办理环评手续。

11.3.1.4　文化环境

文化环境是指项目所在国影响项目的社会习惯的沉淀和表现，包括语言、宗教、社会观念等。

1. 语言

承包商到语言相通的国家去承揽工程，成本更低，更容易沟通。目前国际上通用的语言有英语和法语等，使用熟悉的语言订立合同，有利于理解和执行合同，避免翻译误差引起的问题。

2. 宗教

宗教差异给承包商带来了很多挑战，不同宗教信仰的人在思维方式、风俗习惯上都大相径庭。如果承包商不了解、不尊重当地的宗教文化，可能会受到当地劳工和民众的抵制。

3. 社会观念

社会观念也会在一定程度上影响项目实施，如阿拉伯国家不允许女性从事某类职业，印度国家不允许底层种姓的人从事高种姓成员的工作。

文化环境是影响承包商能否成功完成项目并在当地实现可持续发展的重要因素，承包商在订立合同时应尽量争取使用自己熟悉的通用语言，在东道国实施项目要尊重当地的宗教习惯，了解当地根深蒂固的社会观念，合理地组织人员进行施工。

11.3.2　工程项目的投标管理与合同管理

11.3.2.1　投标管理

承包商的成功首先在于成功获得项目，这不仅取决于公司的实力，还取决于投标过程中制定正确的投标策略，应用恰当的投标技巧，即实施成功的投标管理。

第一，选择好的项目代理人。承包商在国际市场上投标，往往会选择一个代理人，由代理人完成双方约定的有关工作，如提供项目信息、当地市场信息、当地服务、与当地各方的协调和沟通等。选择一个好的代理人，能拓宽获取信息的渠道，增加中标的可能性，降低投标过程中的风险和成本。好的代理人首先要有合法的地位，其次在当地要有良好的信誉和广泛的社会关系，再次要熟悉国际工程承包招投标业务。

第二，认真编制资格预审文件。资格预审是承包商需要跨过的第一道槛，承包商应认真准备相关资料，在达到业主要求的基础上充分展示自身的实力。准确理解业主在资格预审文件中提出的要求，多研究，避免从主观出发；准确回应业主的要求，不遗漏，也不画蛇添足或制造问题；充分利用询疑，对模棱两可或存有异议的地方，清楚准确地向业主提出来，且争取自己的主动；将公司财务状况、经历、人员、设备、施工能力等内容预先制作好，然后根据每个项目的具体要求整理成册，以节省时间和成本；资格预审文件整洁有序，按时递交给业主。

第三，谨慎做出投标决策。承包商到一个环境迥异的国家去实施项目，面临着多重风险，在投标前应该进行充分的调研和分析，谨慎做出投标决策。首先要正确选择目标市场。判断是否进入一个市场，应从政治、经济、法律、文化等方面深入调研，考察这一市场在政治上是否稳定、经济上是否包容开放、法律上是否有保障、文化上是否能沟通。其次要正确选择项目。对于获取的招标文件和其他信息，进行认真的研究，分析该项目所需投入的人力、财力、物力和技术要求以及竞争的激烈程度，对照本公司以往的经验和现有的能力，做出是否参加项目投标的决定。

第四，组织优秀合理的投标小组。投标小组在投标过程中承担招标文件的研究、投标文件的制作、询疑、递交等工作，是影响投标结果和项目盈利能力的关键因素之一。选拔专业水平高、综合素质强的人员，适当利用外部力量，制订高效的计划，优选出最佳方案，编制出最具竞争力的标书。投标小组成员一般包括商务和技术两类人员，涉及市场、工程施工、项目管理、采购、财务、合同管理等多个领域。

第五，严格按招标文件的要求编制投标文件。按照招标文件的要求，逐一、准确、清晰地回应每一项内容。投标文件一般由技术标和商务标两部分组成。技术标一般包括施工组织、产品技术资料、工作方法、工期或交货期等内容。技术标以符合业主的要求为原则，不要额外承诺；在满足业主要求的前提下，也可以提出更优的替代方案，以争取主动权；另外要注意数据的准确性和单位的统一性。商务标一般包括报价说明、报价表、投标函、授权书等内容，其中报价是这一部分的中心内容。

第六，综合考虑各项因素进行报价。报价是投标工作的关键组成部分，报价是否合理，直接影响到标书的竞争力和实施项目的盈利性。承包商要综合考虑各项因素，并运用一定的策略，给出合理的报价。做好调查研究和资料收集，了解当地市场的材料费、设备费、人工费、运输费、税率、汇率、物价上涨等情况，作为报价的基础；采用不平衡报价法，在总价确定以后，调整各项分项工程的报价，以达到早收款、多收款的目的；利用降价系数，在填写报价表时，在每一项计算出的工程单价上都加上一定的降价系数（比如 3%），在递交投标文件前，可以根据情况变化，在投标函中写明降价一定的百分比。

第七，重视标书的编排和装订。标书的编排和装订往往决定了业主对承包商素质与实力的第一印象，其重要性等同于标书的技术部分和商务部分，在评审标书时占到了 30% 的比例。因此，承包商要充分重视。编排标书时，在内容上要注意标书的完整性和翻译的准确性；在格式上要注意业主是否有固定格式要求，如果业主提供了固定格式，应按固定格式编排，反之可以根据招标文件各项要求的顺序或国际惯例编排；重视打印和装订质量，保证标书的严谨和整洁；注意标书的密封性，在标书封面上要注明“×年×月×日（开标日期）前不得开封”。

第八，按时递交投标文件。如果投标人未在招标文件规定的截止时间前把投标文件送到业主指定的地点，投标文件将被业主视为无效并被原封退回。因此，投标人一定要注意交标时间，可以派专人提前送达业主规定的地点并等待开标。如果要采取邮寄的方式，应留够充足的时间，以免邮寄过程中出现意外而耽搁。

第九，必要时采取联营体投标的方式。联营体投标是指承包商联合一家或几家公司共同投标，通过联营体协议规定各方的权利和义务以及对利润与损失的分担办法。如果投标成功，联营体协议贯穿在项目实施全过程；如果投标失败，联营体自动解散。承包商采取联营体投标可以分散投标风险、与其他公司在商务和技术上取长补短、利用其他公司的资质等。

11.3.2.2 合同管理

国际工程承包的合同管理是指承包商围绕合同的磋商、执行、变更、索赔、关闭和争议解决而实施的各项管理措施。承包商对项目的管理，实际上就是围绕合同内容开展的合同管理。通过合同管理，承包商实现两个目标：一是履行合同义务，确保项目按时、按需、保质、保量、安全、合理地完成；二是规避风险、增加收益，保障自身权益最大化。

第一，熟悉FIDIC合同条件，适应判例法特点。中国法律属于成文法，是依据国家立法部门的有关法律规定来签约的，因为国家在诸多方面都有颁布的法律、法规、条例和有法律约束的细则，法官的依据主要是国家的法律规定，而不是判例。故合同条件简洁、简单，对承包商较宽松。判例法强调的是合同双方在合同条件中约定的责任、职责、义务和权利的法律逻辑联系、法律逻辑推理与违规的法律责任，所以合同条件详尽、严谨、严密、冗长。承包商必须在成文法的基础上适应判例法的合同条件的特点，才能确立学习应用FIDIC合同条件的法律观念。

第二，重视合同磋商工作，避免重大合同缺陷。承包商应充分准备，采取合理的策略，争取签订一个成功的合同，以保证项目的顺利实施，避免因重大合同缺陷而陷入被动地位。对项目所在国的市场、行业、法律、准入等情况进行调研，形成详尽的调研报告；资格预审文件中不做过高、过多、不切实际的承诺；对招标文件中过于苛刻或不合理的条款，提出修改建议，以便在合同实施阶段使自己处于比较有利的地位；选派一个经验丰富的投标报价小组、合同法律人员以及其他相关人员组成谈判小组，根据确定的谈判计划和策略，就招标文件中的技术、商务及合同方面的关键问题和业主谈判。

第三，利用专用条件，删减对自己不利的合同条件。业主和承包商签订的合同内容应包括合约、中标通知书、投标须知、标书、通用条件、专用条件、技术规范、图纸、BQ单及各种附件等。FIDIC合同条件通常只是签约合同的一部分。FIDIC合同条件的通用条件是标准范本，在现实应用中可以利用专用条件增加对自己有利的合同条件，删减对自己不利的合同条件。

第四，重视仲裁条款，争取有利的仲裁条件。FIDIC合同条件解决争端的最终方式是仲裁。国际仲裁的特点在于它既有依法解决争端的严肃性，又有相对较大的灵活性。因此，与法院判决的司法程序相比，仲裁方式更适合解决国际合同中的争端。国际仲裁发生的费用，原则上由败诉一方负担，有时也可能由仲裁双方合理分摊。如果仲裁庭没有明确说明，一般仲裁费用是由双方自理的。国际仲裁常见的有较公正的、国际通用的联合国贸易法委员会的UNCITRAL仲裁规则，还有国际商会（International Chamber of Commerce）的调解和仲裁规则。仲裁员的人数是仲裁时的焦点问题之一，通常由双方各推荐一人并商定第三人。三人仲裁庭里被推选的第三位首席仲裁员并不是仲裁长，他没有否决权，只是防止出现一比一的仲裁结局，因为仲裁的原则是仲裁员在人数上的少数服从多数。在做出仲裁决定以前，如果双方当事人对争端同意和解，仲裁庭就会发出命令，终止仲裁过程，或根据合同的条件规定以仲裁决定的形式记载大家的和解，形成友好解决争端的结局。对于有争端的国际仲裁，中国公司应尽量事先在仲裁条款中写明在中国境内解决，力求按照中国国际经济贸易仲裁委员会的仲裁规则和程序进行，办理比较方便，并且中国的仲裁也是公正和有国际信誉的。当然，海外项目的业主也会要求在项目所在国解决争端、进行仲裁，这时承包商为维护自己的合法权益，通常提出在第三国使用国际仲裁机构和规则。

第五，熟悉合同内容，避免重大违约。合同签订且项目进入实施阶段后，项目管理团队的每个成员都必须认真研读合同文件，熟悉合同条款和技术规范，熟知承包商、业主、工程师的权利和义务、工期、工程施工及验收的质量标准、工程款的支付、变更和调整等重要条款的内容，严格按照合同规定开展各项工作。承包商坚持“以合同为行为准则、按国际惯例办事”，才能避免因违约而遭受损失。

第六，妥善保存文件，积极开展索赔。索赔通常是指承包商在合同实施过程中，根据法律、合同规定或惯例，对并非由于自己的过错，而应由对方承担责任的情况所造成的损失，向对方提出给予补偿或赔偿的权利要求。索赔管理是合同管理工作的一个重要组成部分，是承包商维护自己的经济利益的重要手段，它是一项较复杂的、难度较大的工作。产生索赔的原因有合同缺陷、业主违约、工程变更、自然界不可抗力、政策变化等，出现这些情况引起成本增加或工期延长，承包商可提出费用和工期方面的索赔。国际工程承包中的索赔必须依据书面文件，因此承包商要妥善保存所有重要文件资料，包括招投标阶段文件、合同条件、合同协议书、补充协议、会议纪要、来往信函、施工记录、付款凭证、财务报表、备忘录、工程款签证、索赔项目等。

11.3.3　工程企业的资源与能力管理

国际工程承包由原来的劳动密集型逐步向技术密集型、知识密集型和资金密集型发展，对承包商在核心技术、人才、融资能力方面都有了更高的要求。

1. 核心技术

国际工程项目趋向于大型化和复杂化，要求承包商有实施大型项目、解决复杂技术难题的核心技术能力。如铁路、公路、机场、水利工程等大型项目都有一定的技术门槛，承包商要有相关领域的资质和经验；这些项目在修建过程中可能因地质、天气、环境、标准、规范的差异而出现各种各样的问题，承包商要有解决技术难题的能力。

随着EPC模式、BOT模式、PPP模式的兴起和发展，承包商需向业主提供咨询、设计、施工、采购及运营等一揽子总承包服务。这要求承包商除了在某个专业领域有较高的技术水平，还能在此基础上有效整合不同专业，满足业主的一揽子要求。为适应国际市场的激烈竞争，承包商应不断提高企业的核心技术和资质能力，熟悉国际设计、施工标准和规范，同时培养专业整合能力，通过对不同专业的整合，获得竞争优势。

2. 人才储备

“复合型、外向型、开拓型”的国际化人才是成功实施跨国项目的必要条件。首先承包商要有懂技术、外语好、会谈判、善开发的商务团队，每一个商务人员都是综合素质极高的复合型人才，才能在开发项目、投标、合同谈判等各个环节独当一面，成功获得项目。否则翻译人员不懂技术，技术人员不懂语言，谈判人员的技术或语言有短板，都会造成工作中的障碍，或者团队拖沓臃肿、工作低效，结果差强人意。

其次承包商要有精通专业技术、具备管理水平、熟悉国际惯例、独立外语沟通的项目管理团队。项目经理要对工程项目管理的知识体系有深入的理解，精通工程技术，具备人力资源管理和综合管理的能力，在履约过程中及遇到重大技术问题时，能合理利用资源进行沟通解决。项目经理还要熟悉国际惯例和外语，必要时直接出面与项目相关方进行沟通。其他项目管理人员，包括工程施工专家、造价管理专家、采购管理专家、财务管理专家、合同管理专家、风险和保险专家、信息管理系统专家以及法律专家等，除了要精通本领域的专业技术，还要精通国际惯例和外语，能独立阅读理解各类资料文件，能用外语与相关人员沟通交流。

3. 融资能力

国际工程承包的新趋势表明，融资能力越来越成为国际工程承包商获取项目的关键因素。强大而稳定的融资能力，成为国际工程承包商的核心竞争力之一。

目前国外综合实力较强的承包商借助于国外发达的资本市场，依靠发行股票和企业债券、买卖期货和投资基金等形式进行资本运作，以达到增值资本和筹措资金的目的，以此提高自身竞争力。

中国承包商主要依靠政府对外优惠贷款、对外商业贷款、承包商出资、投资基金等方式进行融资，受政策影响较大，资金规模和水平有限，承包商承担了部分风险。

本章小结

本章以介绍国际工程承包行业概况为起点，从招标方式、招投标流程、项目管理模式、FIDIC 合同四个方面梳理了国际工程承包行业重要的国际惯例与规则；介绍了项目所在国政治环境、经济环境、法律环境、文化环境对承包商的影响；梳理了承包商投标管理、合同管理的要点等。

关键术语

国际工程承包	国际工程咨询	对外工程承包
业主	承包商	工程师
分包商	供应商	工料测量师
国际工程招标	公开招标	邀请招标
议标	投标	项目管理模式
DBB 模式	DB 模式	EPC 模式
CM 模式	BOT 模式	PPP 模式
FIDIC 合同条件	投标管理	合同管理
仲裁	索赔	

本章阅读资料

请扫描二维码详尽了解本章阅读资料

第五篇

PART 5

国际商务支持

第 12 章
CHAPTER12

全球人力资源管理

引导案例

华为海外员工管理

华为总裁任正非说："华为唯一可以依存的是人，员工是华为最大的财富。"截至 2015 年 12 月 31 日，华为全球员工总数约 17 万人，来自 163 个国家和地区，海外聘用的员工总数超过 3.4 万人，海外员工本地化率达到 72%，中高层管理者本地化率达到 17.7%。

小张是华为的一名技术研发人员，在华为任职已有几年，尽管考虑到环境、饮食等各方面因素的不适，他还是自愿外派到印度工作。因为首先，外派印度可以获得比在国内更高的薪资、更好的福利待遇。华为有规定，在基本待遇一样的情况下，公司会付给海外工作员工额外补贴，不同国家的补贴标准因为环境的艰苦程度不同而有所差别，但基本上是在每天 10 ～ 70 美元，像印度就是 30 多美元一天。不仅有物质激励，华为还考虑到外派员工的精神需求，会提供一些简单的娱乐设施以缓解外派员工海外生活的苦闷和无聊。此外，华为还会为员工家属报销来回探亲的机票。对外派员工提供特殊津贴，是跨国公司经常采取的方法之一，因为伴随着战线拉长、跨国作战，随之而来的是管理难度大大增加，而出于对国际市场的重视，通常跨国公司对海外员工会实行特别待遇，华为也不例外。

其次，除了丰厚的待遇，通过在海外的历练和经验积累，可以提升个人业务能力。华为海外机构不仅仅是软件开发的一个分点，同时也是中国华为员工的培训基地，利用海外资源对国内软件开发人员进行技术培训，在华为，人们称之为"以项目带动技术骨干轮流赴海外工作"制度。以印度为例，印度拥有世界上最先进的软件开发技术，华为印度研究所的所在地班加罗尔市，可以说是世界有名的"硅谷"，众多著名的 IT 企业都把实验室设在此地。中方员工通过与印方员工合作，可以促进技术交流，印度人擅长软件开发和项目管理，而中国员工擅长系统设计和体系结构。一般来说，华为员工外派到印度的时间为半年或一年，回国后，这些技术人员往往能成为华为软件开发和管理的骨干。通过这种方式，华为一批又一批地培训自己的软件开发和管理队伍，员工的全面素质不断得到提升。

最后，基于现代网络和移动通信技术的快速发展，外派员工与国内交流沟通是较为便捷的。华为通过统一的管理平台对全球员工进行公开透明并且直接的管理，IT系统覆盖公司主要业务操作和日常管理事务，互联网将全球的分支机构链接到一起。在家庭方面，外派员工可以通过Skype与家人实时联系，通过视频看到自己的家人。

资料来源：张玥辰，《对跨文化管理中员工管理的思考——以华为为例》，《商场现代化》，2016年第27期；符燕艳，《华为如何管理海外员工》，《IT时代周刊》，2003年第23期。

学习目标

通过本章的学习，了解国际经营给企业人力资源管理带来的挑战以及全球人力资源管理的内涵；掌握国际经营给企业人力资源管理带来的新问题与解决方案；熟悉东道国环境特征对全球人力资源管理活动的影响；了解企业内部因素如何影响全球人力资源管理活动。

12.1 人力资源管理基础知识回顾

12.1.1 人力资源管理发展历程

人力资源管理作为一种科学的管理理论可以说是近代工业革命的产物，它的每一次变革都以社会的发展和科学技术的进步为推动力。纵观人力资源管理的发展历史，大致上可以分为经验管理、科学管理和现代管理三个发展阶段，相对应地提出了雇用劳动管理、劳动人事管理和人力资源管理的概念。

12.1.1.1 经验管理阶段

经验管理阶段出现在18世纪后期到19世纪末。蒸汽机的发明标志着第一次工业革命的产生，促进了资本主义工厂制度的兴起。以机器为主要特征的现代工业逐渐代替了工场手工业，工业逐步脱离农业成为第一个独立的产业部门，从而导致大量的农村人口涌入城市，工厂开始面临大量的劳工管理问题，从而促使雇用劳动管理部门的出现，劳工管理成为工厂管理的一个重要工作。在经验管理阶段，“人”被视为“物质人”，在用人单位的眼里，工人只是“会说话的工具”，组织完全忽视了工人的心理需求。每个工人都在特定的岗位上每天完成着简单而重复的机械劳动。这一阶段人事管理的主要特点是：主要任务是招录雇用工人；着眼于解决工厂内部劳动分工与协作的问题；出现不做工的监工，负责招工、分配工作、监督工人的劳动、发放工资，人事工作开始有了专人管理。在经验管理阶段，由于缺乏科学的管理办法，雇主完全凭借自己的经验来管理工厂和工人，因此劳动生产效率非常低下。

12.1.1.2 科学管理阶段

19世纪末20世纪早期，欧洲的工业革命引发了大机器生产方式的形成，导致了生产效率的极大提高和劳动分工的进一步明确和细化。由此产生了对人员进行科学管理的需要，也推动了人力资源管理全面进入科学管理阶段。被称为“人事管理之父”的罗伯特·欧文（Robert Owen）创建了最早的工作绩效评价系统，美国工程师泰勒（Frederick W. Taylor）在其开创的科学管理运动中也包含了对人力资源管理的研究，提出了劳动定额管理和劳动计件工资奖励制度，德国心理学家雨果·闵斯特伯格（Hugo Munsterberg）将心理学运用到工业领域，开创了工业心理学，美国的乔治·梅奥（G. Mayo）主持的霍桑实验以及其后形成的人际关系学说，对组织环境与员工士气和生产积极性的关系进行了研究；行为科学更是从心理学、社会学、组织行为学、社会心理学等多个方面对人类行为规律进行研究。在科学管理阶段，人事管理活动和人力资源管理研究都是集中在某一特定领域，没有形成完整的人力资源管理理论体系，但是这些理论和研究都为日后人力资源管理实践和理论体系的建立奠定了基础。在科学管理阶段，人事管理理论和实践有了很大的发展，主要表现在：通过对工人操作的科学化分析，使劳动方法标准化；通过对工人工时消耗的研究，制定出劳动定额和时间定额制度；有目的地将培训引入企业，并根据工人特点安排工作；实行有差别的计件工资制，激励工人提高生产效率；明确了管理人员与工人的分工；出现了劳动人事部门。

12.1.1.3 现代管理阶段

进入20世纪80年代后，随着知识经济的兴起，人力资本在企业中的重要性日益凸显，人事管理让位于人力资源管理。“人力资源”这个概念早在1954年由美国著名管理大师彼得·德鲁克在《管理的实践》一书中提出，他认为“人是具有企业里任何其他资源都没有的‘特殊能力’的资源”。以人力资源替代人事管理不是简单的名称变化，而是管理理念和管理方式的巨大变化。人力资源管理将员工视为组织最重要的资源，重视对员工的长期开发和合理使用。在管理职能方面，人力资源管理不再仅仅承担单纯性的行政事务性工作，更关注影响组织目标实现的长期的战略性工作。在管理方式上，人力资源管理强调“以人为本”的管理理念，使管理方法不仅科学化，而且更为人性化。

12.1.2 一般人力资源管理内涵

人力资源管理（human resource management，HRM），顾名思义，就是对组织中的“人”的管理。具体地讲，人力资源管理就是组织通过工作分析、人力资源规划、员工招聘和选拔、绩效考核、薪酬管理、员工激励、人才培训和开发等一系列手段来提高劳动生产率，最终实现组织发展目标的一种管理行为。

人力资源管理活动又称人力资源管理的各项职能，是指组织中人力资源职能管理人员所从事的具体工作环节。不同规模的组织所涉及的活动略有区别，但主要活动包括：人力资源规划、人员招聘和选拔、员工培训与开发、绩效管理、薪酬管理和劳动关系管理。

12.1.2.1 人力资源规划

人力资源规划（human resource planning）是从最初的所谓人力资源战略基础上发展起来的。把人力资源战略转化为中长期目标、计划和政策措施，包括对人力资源现状的分析、未来人员供需预测与平衡，确保企业在需要时能获得所需要的人力资源。人力资源规划的宗旨是，将组织对员工数量和质量的需求与人力资源的有效供给相协调。需求源于公司运作的现状与预测，供给方面则涉及内部与外部的有效人力资源量。规划活动将概括出有关组织的人力需求，并为相关人力活动提供所需信息。

12.1.2.2 人员招聘和选拔

人员招聘和选拔（recruitment）是根据人力资源规划和工作分析的要求，为企业招聘、选拔所需要人力资源并录用安排到一定岗位上。在招聘之前，要进行工作分析。在此过程中，要对某一岗位的员工职责进行仔细分析，并做出岗位描述，然后确定应聘该岗位的候选人应具备的能力。应根据对应聘人员的吸引程度选择最合适的招聘方式，如报纸广告、职业介绍所、人才交流会等。人员选拔有多种方法，如求职申请表、面试、测试和评价中心等，可用于从应聘人员中选择最佳候选人。通常是第一步筛选后保留条件较合适者，做选择决定时需要一些辅助手段。

12.1.2.3 员工培训与开发

员工培训与开发（training）是通过培训提高员工个人、群体和整个企业的知识、能力、工作态度与工作绩效，进一步开发员工的智力潜能，以增强人力资源的贡献率。这一过程关系到建立何种培训体系、哪些员工可以参加培训等问题。培训种类多样，从在职培训到由组织外机构提供的脱产学习和培训课程，当组织对核心员工在公司内的发展有所计划时，培训与发展的关系就显而易见了，在这种情况下管理人员总是努力使公司需要与个人事业发展相协调。

12.1.2.4 绩效管理

绩效管理（performance management）是对员工在一定时间内对企业的贡献和工作中取得的绩效进行考核和评价，及时做出反馈，以便提高和改善员工的工作绩效，并为员工培训、晋升、计酬等人事决策提供依据。业绩可以用事先设定的指标量化，其结果可用作对员工进行培训，或在某些情况下，作为表彰奖励的依据。

12.1.2.5 薪酬管理

薪酬管理（salary management）包括对基本薪酬、绩效薪酬、奖金、津贴以及福利等薪酬结构的设计与管理，以激励员工更加努力地为企业工作。这项工作的范围很广，既包括确定工资级别和水平、福利与其他待遇的制定、奖励和惩罚的标准与实施以及工资的测算方法（如岗位工资、计件工资或绩效工资、各种补贴等），也包括采用何种激励理论和方法，对员工的各种需要予以不同程度的满足或限制，引起员工心理状况的变化，以激励员工向企业所期望的目标努力。

12.1.2.6 劳动关系管理

劳动关系管理（labor relations management）是协调和改善企业与员工之间的劳动关系，进行企业文化建设，营造和谐的劳动关系和良好的工作氛围，保障企业经营活动的正常开展。涉及这一部分的环节包括与员工签订劳动协议或雇用合同，处理员工与公司或员工之间可能出现的纠纷，制定员工的权利和义务，按照劳动法处理各类员工问题，制定员工投诉制度。人事主管还要针对雇用立法有关的事项提供意见，并应熟知与法律条款适用性有关的实际问题。

12.1.3 经济全球化背景下的人力资源管理

12.1.3.1 人力资源管理面临的挑战

1. 人力资源管理的新责任

全球人力资源管理的经理会遇到很多在国内未必出现的因素，包括：外派人员在国外的税务问题、国际迁移与入职培训、外派支持、东道国政府关系、语言翻译服务、外派归国。

2. 更宽阔的国际视野

管理层必须考虑到所有母国人员、东道国人员、可能来自多国的第三国人员。在诸如越南这样的新兴市场上，薪酬可能需要包括对于住房、教育以及缺少其他设施的津贴。大型跨国企业通常因需要为各种国籍的员工建立公平并具可比性的薪酬尺度而面临挑战。例如，澳大利亚籍员工被派驻到巴西时，很可能需要在两国缴纳所得税。因此，确保不因税务因素阻碍国际委派涉及的税务均等，增加了全球人力资源管理的复杂性。

3. 更多地参与员工个人生活

人力资源专家需要帮助外派员工及其家属解决居住安排、医疗照顾、子女入学、安全与保护等问题。某些外派人员可能因某些国外地区更高的生活成本而要求额外的临时补偿。

4. 管理外派员工与当地员工的相处

国外子公司从母国、东道国和第三国配备员工。员工相处取决于若干因素，包括企业国际经验的层次、国外的生活成本、胜任的当地人员的可获得性。

5. 更大的风险

雇员的生产率、工会的活跃度、雇员变更率和其他人力资源现象通常在国外更显著。政治风险和恐怖主义也是国际人力资源专家的一大顾虑，这些风险可能需要为雇员及其家属提供更高的薪酬待遇及更多的安保安排。

6. 政府及民族文化的外部影响

员工的雇用、评估和补偿必须以同国家和地区的惯例与规则相一致的方式进行。法律在工作时长、企业解雇员工的能力以及离职补偿等方面都有所要求。在许多国家，工会在企业管理中非常主动。在法国、德国和西班牙，员工每周的工作时间不得超过规定时间，有时少到 35 小时。而意大利劳动法复杂到很多公司无法在需要新的工人时可以及时雇用。意大利民粹政府提出的新劳动法对短期工作合同限制更严，且企业不得任意解雇职工。

12.1.3.2 全球人力资源管理的提出

摩根（Morgan，1986）[⊖]提出的国际（全球）人力资源管理模型（见图 12-1），将**国际人力资源管理**（international human resource management，IHRM）定义为人力资源管理职能、雇员类型和经营所在国之间的相互作用。其模型包括以下三个方面：

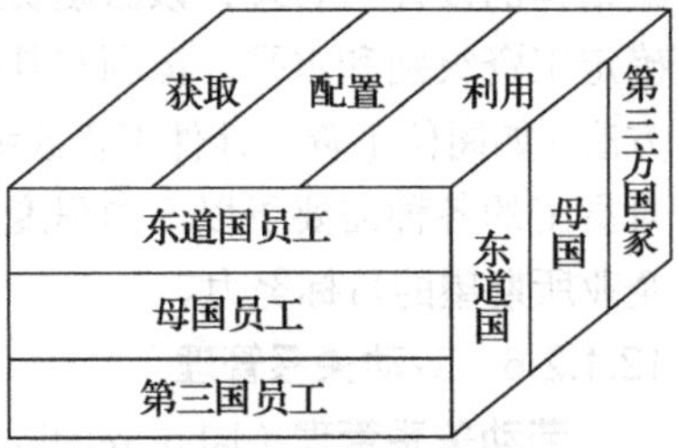

图 12-1 国际人力资源管理模型

资料来源：节录自魏华颖（2012），第 2 页图 1-1。

（1）人力资源管理活动，包括获取（procure）、配置（allocate）与利用（utilize）。

（2）与国际人力资源管理相关的三种国家类型，包括东道国（host country）、母国（home country）和第三方国家（other country）。

（3）跨国公司的三种员工类型，包括东道国员工（host-country nationals，HCNs）、母国员工（parent-country nationals，PCNs）和第三国员工（third-country nationals，TCNs）。

从广义上讲，全球人力资源管理所从事的是与一般人力资源管理相似的活动，但一般人力资源管理只考虑一国范围内员工的问题，而全球人力资源管理则基于经济全球化背景，在全球范围内对人力资源进行管理，其特殊性表现如下。

第一，人力资源管理内涵更丰富。

与一般人力资源管理不同的是，全球人力资源管理涉及母公司如何管理外派人力资源。例如外派人员需要强化跨文化培训，以使其能适应海外子公司的工作与生活环境，阶段性的职业生涯发展，包括外派前、外派任职中、归国前与归国后的培训与发展目标也有所差异。国际企业（international enterprise）员工多元化，来自不同的国家，由于各国的文化存在差异，不同文化背景的员工在一起工作时，会遇到彼此文化的冲突。此时，人力资源管理要强调如何在不同文化中进行跨文化管理，以便员工运用彼此的文化视角，建立合作与沟通的模式。

⊖ Morgan, Patrick V. (1986) ‘International Human Resource Management: Fact or Fiction?’, *The Personnel Administrator* 31 (9): 43-47.

第二，环境差异影响人力资源管理活动。

各国政治、经济、法律、社会、文化环境的不同使国际企业面对的环境更加不确定，人力资源管理新内涵和一般人力资源管理活动都会受到影响。表现在招聘、培训、薪酬管理、绩效管理、劳资关系管理等诸多方面都有很大的不同，这些问题很复杂，不仅要考虑将公司战略与人力资源管理相结合，还要兼顾国家环境差异在这些因素上的作用。

12.2 人力资源管理内涵的丰富

12.2.1 国际化人才甄选与招聘

在跨国公司的管理实践中，其人力资源管理所面临的一个重要挑战就是如何寻找以及甄别可以胜任国际岗位的管理人才，从而保证企业战略目标的顺利实现。

12.2.1.1 跨国公司人员来源类型

外派人员（expatriates）一般是指由母公司任命的在东道国工作的母国公民或者第三国公民，也包括在母公司工作的外国公民，其中以在东道国工作的母国公民为主。

跨国公司的海外子公司的人员来源有三个渠道：母国员工、东道国员工和第三国员工，不同国别的员工各有优缺点（见表 12-1）。

表 12-1 不同员工类型优缺点比较

	优点	缺点
母国员工	组织可加强控制与方便协调； 培养有潜力的母国管理人才； 适合于母公司具有优势的技能与经验； 确保子公司遵守公司目标与政策； 适合于东道国缺乏适当人选； 利于公司机密的维护与保存	东道国人员提升机会有限； 适应东道国的时间较长； 母国人员可能将适合总部却不适合子公司的方法用于子公司； 母国人员与东道国人员薪酬不同，容易引发当地员工不满
第三国员工	工资和福利要求比母国人员低； 第三国人员比母国人员更了解东道国环境； 具有全球视野	调任须考虑民族文化背景； 东道国政府的反对； 第三国人员可能在任职期满后不愿返回自己的国家
东道国员工	免除语言等其他方面的障碍； 减少招聘成本，不需要工作许可证； 工作期间长，增加管理的连续性； 符合当地政府的期望； 激励东道国人员的工作士气； 避免国家主义的对立	公司总部的控制与协调不易； 限制母国人员在海外历练的机会； 可能导致子公司各自为政，不利于母公司进行全球化发展； 文化差异可能导致管理上的冲突

资料来源：节录自赵曙明、道林、韦尔奇（2001），第 62 页表 3-1。

【案例 12-1】

可口可乐公司的人才本土化战略

可口可乐——全世界碳酸饮料的代名词，其公司至今已有130多年历史，是全球最大的饮料公司。纵观可口可乐公司的发展历程，我们会发现可口可乐产品的销售网络延伸到哪里，就会在哪里选人用人。可口可乐公司于1927年进入中国，因故撤出后于1979年重返中国，并且成立了可口可乐（中国）有限公司，在中国软饮料市场上占主导地位，被评为中国最成功的本土化跨国企业，其实施的人才本土化策略功不可没。

可口可乐公司在中国的人员本土化策略不仅包括管理人员本土化，还包括一般员工本土化。公司管理层认为选用当地具体操作人员具有得天独厚的条件：一是熟悉当地情况，能使可口可乐饮料的销售工作尽快融入当地环境；二是影响范围大，当地具体操作员工的亲戚朋友都会受其工作影响，对其工作拓展提供帮助；三是队伍稳定，当地员工在本地安家，无后顾之忧，工作心态稳定，可集中精力投入工作。这些优势是外来人员无法比拟的。所以，在中国99%以上的可口可乐员工是中国籍。文件往来均使用中英文两种文本，管理人员均能用流利的中英文交流。人员本土化策略的实施，节约了管理资源，使管理更切合当地实际，与当地政府的关系也更加紧密和融洽；同时，培养了大批本土化管理人才、业务人才，为企业长远发展提供了强有力的后劲；不但使本土文化跟上全球化发展，内外沟通更加容易，为当地带来巨大的经济效益和社会效益，同时也使文化融合更加和谐，使企业保持旺盛的生命力。

可口可乐公司还很重视员工的培训，在中国各地都有训练中心、管理学院，对不同等级、不同岗位的员工给予不断的训练。关于系统培训，现在可口可乐公司在中国大概有10 000多名员工，也有很多相关行业的人员。系统本身是全球性的，可口可乐公司会派送员工到美国总部、中国香港可口可乐公司中国地区办事处总部培训，还有菲律宾、东南亚、澳大利亚、泰国，都有不同的销售人员、市场人员、人力资源人员、公关人员，有很多学习交流机会。借用可口可乐公司人事部Claudia的话："可口可乐公司是一家培养人才的公司，生产碳酸饮料不过是我们的副业。"

资料来源：谭长春，《可口可乐：用本土人才，创行业典范》，《经理日报》，2004年2月29日；闻慧，《可口可乐生产饮料只是副业》，《中国外资》，2004年第6期。■

许多研究发现，国际企业在发展初期是以派遣母国员工为主，子公司主要的管理人员多是母国人员。随着公司的发展，国际企业考虑外派人员不仅薪酬高于国内就业者，再加上海外适应、家人调适、流动率高及返国就业等因素，使得外派人员的使用成本与风险提高。另外，这也可能引发东道国的不满，再加上东道国政府的干预，故公司会逐渐采用人才本土化战略。

12.2.1.2 外派人员甄选考虑因素

由于外派工作的多面性和外派失败影响因素的多重性，甄选外派人员已经成为全球人力资源管理领域中的一个重要问题。甄选对个人和组织是双向选择的过程。有发展前途的候选人可能由于个人原因（如家庭）或环境因素（如感觉难以适应某一特定文化环境）而拒绝外派任务。

一般而言，选拔外派人员时考虑的因素可区分为个人因素与环境因素（见图12-2）。

1. 专业能力

专业技术和管理能力是人员派遣的首要考虑，也是选拔外派人员的主要标准。2002年ORC Worldwide的早期调查发现，72%的受调查企业选择应聘者时主要关注其工作技能和竞争力。因为驻外人员大多数是内部招聘，候选者的过去和目前的领导都可以确认和核对其评估记录，所以通常以各候选人以往的工作绩效、经验与所受的教育训练为依据，来判断候选人是否具有外派所需的专业技能。具备这些能力是成功外派人员的必要条件，但不容忽视的是，在国内是称职的管理者，在海外未必如此，中间还有许多因素需要考虑。

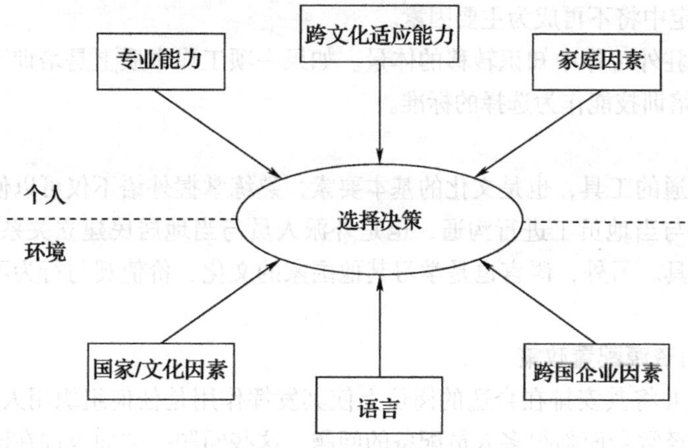

图 12-2　外派人员甄选考虑因素

资料来源：节录自赵曙明、刘燕、道林，等（2012），第 107 页图 5-3。

2. 跨文化适应能力

国际企业在另一个国家能否获得成功很大程度上取决于外派人员适应那个国家文化的能力，这些能力包括：文化移情（cultural empathy）[㊀]能力、适应能力、外交能力、语言能力、乐观态度、感情的稳定和成熟度。外派人员必须能够认识和适应与自己国家不同的文化环境，愿意接触、观察、了解及学习其他文化，才能进行有效的跨文化沟通与管理。

3. 家庭因素

海外任职对外派人员配偶、子女具有很大的影响，所以家人是否支持是外派成功与否的关键，这些因素包括配偶愿意到国外生活的程度、交际能力、职业目标以及子女的教育需求情况等。到达东道国之后，配偶可能会失去工作，还需要重新建立社会关系网，承受很大的压力，加之如果东道国的环境不适合子女成长，候选人可能会拒绝国际外派。2002 年 ORC Worldwide 的调查报告虽没有明确配偶或伴侣在甄选程序上的定位，但确实指出了在处理国际委派上配偶或伴侣所起到的帮助作用。

4. 国家或文化因素

国际企业可能遇到这样的情况，其国外子公司必须证明在子公司东道国招募不到合适的人员后，子公司东道国才会为母公司员工或其他国员工签发必需的工作许可证和入境签证，或是同意授予外派人员工作许可证，但随行配偶或伴侣不得在子公司东道国工作。一些国家或地区被认为是“艰苦地区”，即离主要城市或现代化设施较远的地区，或者有生命危险的战争、灾害多发地区。对派遣至该地区的员工，公司通常需要给予艰苦补贴。此外，在中东或东南亚等不允许女性离境的国家和地区，选择外派女性是很难做到的，这就会导致公司选择东道国的员工。

5. 跨国企业因素

各种环境因素都会影响对员工的甄选。例如，企业在甄选前可能会考虑当地政府对外派员工和当地员工的比例要求。其他的环境因素包括：

（1）涉及的经营方式。安排分配员工到一个国际合资企业中工作可能涉及当地伙伴的深度参与，并且受到所签协议中有关选择程序的限制。

（2）工作的持续时间。如果某一项工作只要 3 ～ 6 个月，家属一般不倾向随行，因此

㊀ 有意识地超越民族本土语言文化定势的心理束缚，站在另一种文化模式中进行思维的心理倾向。

家庭因素在选择决定中将不再成为主要因素。

（3）外派员工驻外工作中知识转移的体量。如果一项工作本质上是培训当地职员，那么跨国企业需要把培训技能作为选择的标准。

6. 语言

语言是人们沟通的工具，也是文化的基本要素，熟练掌握外语不仅可以使外派人员更直接地、无障碍地与当地员工进行沟通，也是外派人员与当地居民建立关系、发展友谊、减少冲突的重要工具。另外，语言也是学习其他国家的文化、价值观与行为习惯最有效的方法之一。

12.2.1.3　全球人力资源配置政策

招聘合适的人并将其安排在合适的岗位上使其发挥作用是任何组织用人的一大目标。国际企业在运营中经常会面临很多人员配备的问题，这些问题一方面也许在国内环境中未出现，另一方面因其所发生的国际化环境而变得更加复杂。国际企业战略倾向（strategic predisposition）的不同类型决定了其全球人力资源配置的相应类型，即母国中心型、多中心型、区域中心型与全球中心型的全球人力资源配置政策。

母国中心型的全球人力资源配置政策是指跨国公司简单地把母公司适用的人力资源政策转移到海外子公司，海外子公司的关键管理岗位由母国人员担任。此模式的优势在于本国派出的管理人员能与母公司保持有效的沟通和联系，熟悉母公司目标和政策，母公司易于控制海外子公司。缺点在于会打击子公司员工的积极性，容易遭到东道国的反对和抵制，生搬硬套国内的管理观念和方法易产生劳资关系冲突。跨国公司在海外建立分公司的初期，常常倾向于使用这种人员配备方法，以便控制其初期业务的发展。

多中心型的全球人力资源配置政策是指海外子公司根据当地特定环境采取合适的人力资源管理政策，多以东道国人员作为任用与发展的对象，并且选用当地人担任某些重要职务。此模式的优势在于降低用人成本，发挥子公司及其他分支机构员工的积极性，提高对市场的灵敏度。缺点在于不利于各国子公司员工之间或子公司与总部员工之间的沟通和职业流动，经营管理活动较为分散。新产品较多、市场分散、技术与市场变化较大的跨国公司通常采用该种人力资源配置模式。

区域中心型的全球人力资源配置政策是指将子公司按地区进行分类，子公司的管理人员由本地区任何国家的员工担任，区域内子公司的人力资源管理模式协调一致。此模式的优势在于各子公司的经理人员在本地区的流动可以加强地区内部的沟通与合作，对地方条件灵敏适应。缺点在于地区间或地区与总部间的沟通协调有限，子公司人员能晋升到地区总部但很少能晋升到母国总部，容易以区域为基地，阻碍公司从全球立场看问题。区域中心模式是跨国公司逐渐由母国中心或多中心模式转向全球中心模式的一条途径。

全球中心型的全球人力资源配置政策是指跨国公司从全球经营的需要出发实施人力资源政策，管理工作由最适合的任何国家的员工担任，国籍被淡化。此模式的优势在于有助于发展全球视角并促进全球范围内组织人力资源的开发，有助于部门间的合作以及资源共享。缺点在于不同国家和地区间人员流动往往受到一定限制，如各国的移民政策等，在全球中心模式下配置人力资源可能导致培训以及重新安置等各类成本的增加。此外，贯穿这一政策需要集中控制并配置人力资源，会影响子公司管理的独立性，进而引起子公司的抵制。伴随着全球性综合业务的开展，跨国公司通常会采用该种模式以满足对人才的多元化需求。

在实践中，外派经理来源、员工配备政策、战略倾向和全球战略之间存在着一定的对应关系，具体如表 12-2 所示。

表 12-2 外派经理来源、员工配备政策、战略倾向与全球战略

外派经理来源	员工配备政策	员工配备政策的利处	员工配备政策的弊端	战略倾向	全球战略
母国	母国中心型	有利于企业文化建设，有利于核心竞争力转移，有利于母国总部经理人才的培养	对东道国国籍员工的职业发展形成阻碍，外派成本较高，对东道国的文化缺乏深入了解	母国中心主义	国际化战略/全球标准化战略
东道国	多中心型	对东道国的文化有深入了解，节省外派成本	不利于总部战略转型的实施，不利于与总部人员的沟通和职业流动	多中心主义	本土化战略
区域内国家	区域中心型	对地方条件灵敏适应，由母国中心型和多中心型转向全球中心型的一条途径	容易产生以区域为基地的“联邦主义”，阻碍公司从全球立场看问题	区域中心主义	跨国战略
不限	全球中心型	人才的有效利用，文化适应性强	受东道国的人才制度限制较多	全球中心主义	跨国战略

12.2.2 全球化人才培训与开发

大多数的国际企业在对外派人员培训时，采取的是“四点”培训方式，依时间顺序分为外派前、外派时、归国前和归国后的培训（见图 12-3）。

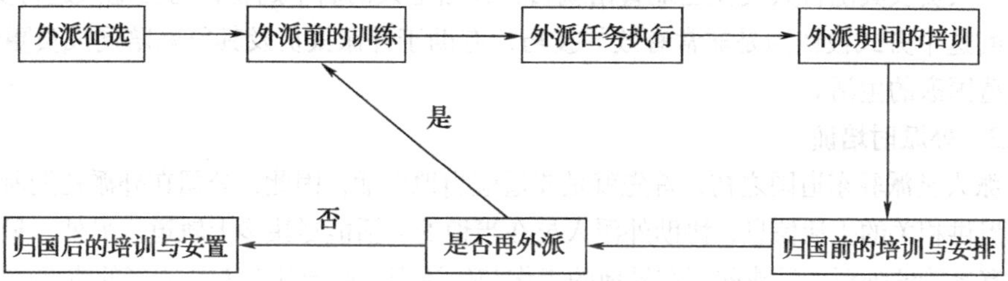

图 12-3 外派人员发展阶段

资料来源：节录自薛求知、廖勇凯（2010），第 224 页图 10-3。

12.2.2.1 外派前培训

1. 文化敏感性培训

提高雇员文化敏感性（cultural sensitivity）的培训，一方面能使雇员对自己的文化属性和环境做到自觉和自知；另一方面，这种培训还能提高管理人员对异国文化在知识和情感上的反应能力。文化敏感性培训有两个主要内容：一是系统培训有关母国文化背景、文化本质和有别于其他文化的主要特点；二是培训外派人员对东道国文化特征的理性和感性分析能力，掌握东道国文化的精髓。实践证明，较为完善的文化敏感性培训可以在较大程度上代替实际的国外生活体验，使外派人员在心理上和应对文化冲击（culture shock）的手段上做好准备，减轻他们在东道国不同文化环境中的苦恼、不适应和挫败感。

2. 语言与跨文化交流培训

语言能力对工作绩效和文化适应十分重要，外派人员如果具备讲一门外语的能力，便可以较为方便地了解使用该语言国家的经济、政府和市场信息，从而提高工作效率和谈判能力。对东道国语言掌握的熟练程度要根据外派人员在国外经营中所处岗位的层次和性质，

以及与东道国政府官员、客户等外部利益相关方相互接触多少而定。

除了要求学会理解和讲东道国语言外，外派管理人员也需要明了非语言交流上的重大差异。不然，他们就有可能铸下大错，破坏与当地员工、合伙人、用户和供货商的关系。跨文化交流中存在诸多差异，包括有关时间效率的价值观念、思维习惯、面向未来的价值观、对私人空间的需要、眼神接触、身体仪表与姿态、沉默的含义以及接触的合法性等方面。这些因素成为在东道国环境中与他人有效交流的巨大挑战，国际企业在外派者上任前，通常会对其进行这方面的培训。

3. 外派人员随行家属培训

传统的培训只是注重外派前对于外派人员本身的培训，然而这并不全面。一般外派人员的家属会随同去往国外，随行家属的海外不适应会对公司所派遣的人员产生负面影响，导致外派失败。因此外派人员随行家属的培训，也应该得到重视，主要包括两个方面：语言培训和适应性训练。

4. 体验式训练——预先访问

如果时间允许，外派人员应该对目的地国家进行提前访问。因为预先访问对外派人员适应不同文化，培养文化差异意识有明显的帮助。事先计划好的海外旅行将会帮助外派人员，让他们真切地感受到文化间的差异，在了解的基础上，让他们做出明智的选择，是否要接受外派任务。另外，在预先访问中信息的收集可以回答许多外派人员在接受任务前不明白的逻辑性问题，让他们找到感觉之后再到目的地国家工作。在预先访问过程中，要求这些外派人员及其随行人员在当地餐馆就餐，在当地人的店中购物，与当地人进行交谈等。预先访问这个方式被认为是非常有效的技巧，有助于外派人员及其家庭陪同成员更快地适应被派遣国家的生活。

12.2.2.2 外派时培训

外派人员派驻东道国之初，首先就是要适应当地生活，因此，公司在外派初期所给予的协助是提供相关的生活信息，协助外派人员在当地的生活能尽快步上轨道。另外，最好是能够由具有经验的外派人员或前辈在异地的工作与生活当中给予外派人员适当的协助或支持。

1. 生活信息提供

提供外派人员未来调任后在东道国所需的生活信息，这些信息包括子女就学、就医、租赁房屋、薪酬待遇等。

2. 职前引导

外派人员刚至调任单位时，为使他能早日适应工作岗位的新环境，可以协助他了解周边环境、工作流程、劳动条件和同事伙伴，帮助他尽快胜任此项工作。

3. 师徒制

外派人员在外派前，由母公司预先安排一位曾有外派经验的经理人为其导师。母公司事先将此员工的信息送至该经理人手上，并与子公司联系，以便该员工在派任后，此经理人能担任其导师，并能迅速提供教导与必要的帮助。

4. 聘请文化顾问进行指导与训练

聘请文化顾问专门进行个别辅导，指导外派人员跨越不熟悉的文化领域，帮助外派人员与其家人解决在不同文化中所遇到的各种问题，帮助外派人员顺利适应与了解东道国社会，并解释出现的误解，协助外派人员更快地融入东道国的文化与生活。

5. 自我训练

外派人员自己在出国前也应做好准备，了解目标国家的风土民情、文化、政治、经济等知识，加强外语学习，与那些在目标国家生活过的人交谈、学习，在思想上和心理上做好克服文化冲击的准备，并以开放的心态接受新的文化和结交当地的人们，同时也要帮助家人做好准备。

12.2.2.3 回任前培训

回国可能是国际外派人员感到最有压力的阶段。由于国内的一切可能都发生了巨大的变化，而且国外的工作和生活经历也改变了外派人员的言谈举止，当其回到祖国后，反而会有些陌生，出现对自己本国文化不适应的症状，即逆文化冲击（reverse culture shock)。因此应当加强归国人员克服“逆文化冲击”影响的培训，使其重新适应总部新的工作环境和组织文化，以及国内基本的生活环境和文化体系，重新融入母国文化和公司文化。此外，归国雇员通常发现，在许多方面，雇主忽视了他们的个人和职业需求。为了尽可能降低员工对于归国后相关问题的担心，跨国公司应该在其国外工作期间就做一系列工作，提供一种更好的支持体系。

12.2.2.4 回任后培训

完成国外任职后，国际企业通常会将外派人员召回国，少数情况则派遣到另一个国家。对于大多数的外派人员而言，最担忧的是外派工作是否会对其职业生涯发展造成影响，以及对于新工作与环境变迁的再适应。故归国后的培训应着重于外派人员归国后的工作适应与心理调适。

1. 归国工作任务培训

这方面的工作主要是提供给刚回来的外派人员有关公司最新的发展信息，做好归国员工的上岗培训，帮助他们完成工作角色转换。同时这些人员也会被要求，必须针对曾工作过的海外子公司与该区域环境提交正式报告。这些报告将来可以作为未来外派人员的守则，并作为其他跨文化培训的资料。

2. 辅助制度

一个良好的外派人员辅助制度会使员工在派任及返回阶段都能够尽快适应。对公司而言，辅助制度是重要资源的培养与积累，但同时也是意外支出。因为，若是员工在派任与返回间有适应不良的情况发生，对公司而言是生产力降低的威胁。若再加上业务上的意外或人员的流失，则不只是金钱上的损失，还包括信息、知识、业务机密与客户的流失，如此可能会造成公司须投入更多的时间才能恢复到之前的水平。

3. 咨询辅导

亲切、热心且积极地咨询辅导使外派人员感觉备受重视，不至于有被忽视或自生自灭的感觉，进而使得一些疲劳与辛苦都化为自我肯定与骄傲。

12.2.3 全球人力资源绩效管理

12.2.3.1 绩效评估标准

如同全球人力资源配置政策取决于国际企业战略倾向的不同类型，国际企业的员工绩效评估也有 4 种基本标准，即母国标准、东道国标准、区域标准和全球性标准。

1. 母国标准

在母国标准情况下，国际企业对于全球范围内的所有分支机构及其员工均以母国公司的绩效评价标准为依据进行绩效评估。这种方式操作简便，成本较低，但问题也较明显。一方面，各个分支机构在国际企业中的战略定位不同，其所处的实际环境也各不相同，因此，使用同一套评价标准与权变理论不符。另一方面，使用母国标准也可能使其他国家或地区的员工受到自己所不能控制的因素的负面影响，从而使自己的绩效评估面临着额外的风险。比如，在东道国货币急剧贬值，以及由于政府管制造成恶性通货膨胀时，东道国公司就可能亏损，尤其是东道国货币必须兑换成母国货币时。在这种情况下，在东道国公司工作的员工即使已尽了自身最大的努力，也可能由于绩效不佳而受到影响。

2. 东道国标准

如果使用东道国标准，虽然能够避免上述额外风险，但一方面，为各个东道国设置独立的绩效评估标准费时费力；另一方面，也使国际企业为在全球范围内的各个分支机构及其员工进行绩效控制和绩效比较变得非常困难。另外，使用东道国标准的前提条件是对于当地员工的绩效评价指标和标准必须是基于跨国公司对当地分支机构的战略目标定位。

3. 区域标准

区域标准能够在一定程度上综合母国标准和东道国标准的优点，一方面使得该区域内的各分支更容易与公司整体战略目标保持一致，并对各分支机构的绩效进行较为有效的控制和比较；另一方面也能使绩效评估成本保持在一个合理范围内，同时又能保持某一个地域之内文化和环境因素的特征。

4. 全球性标准

全球性标准需要适用于国际企业的任何一个分支机构，因而在开发的难度上是最大的，但如果能够开发成功，其效果是最好的。全球性标准面临的另外一个问题是本土适应性与全球化战略之间的冲突。一套标准的普适性提高，往往是以精确性下降为代价的。

在衡量绩效的指标上，国际企业可以同时考虑用财务与非财务衡量指标来考核国外子公司，尤其财物指标中的投资报酬率（return of investment，ROI）、预算利润比率、现金流量以及利润净额被认为较为重要。然而企业在外派人员的绩效衡量上也不要忽视非财务指标，如员工士气、文化适应能力、沟通力与领导力等。外派人员与其他工作者绩效考核不同的是，外派人员绩效中有更多需要长期观察与难以量化的方面，这些特殊的标准增加了外派人员绩效考核的主观成分。

12.2.3.2 绩效考评单位

当外派人员被派遣到海外子公司时，由于距离较远、沟通不易，而且外派人员所隶属的单位究竟是母公司还是子公司也有争议，那么到底该由谁来考核外派人员才最为合适？一般来说，外派人员的考评单位通常有下列三种情况。

1. 由子公司负责考评

母公司直接要求由外派人员所服务的海外子公司对其进行考评。此方法的好处有：第一，成本较低；第二，直接由海外子公司负责考核可以有效保证信息的准确性；第三，有利于让外派人员在海外感觉到归属感，有利于其与东道国公司更好地相处，对日后绩效表现的提高有促进作用。此方法的缺点是：当地的绩效考评人员在考评外派人员时可能无法将其表现与公司的海外战略紧密相连；如果文化差异较大，考评结果也极有可能存在某种程度的误差。

2. 由母公司负责考评

由母公司的相关部门对外派人员进行考评可以很好地避免直接由海外子公司负责考评可能会出现的问题，母公司可以更好地站在公司战略的高度对外派人员进行考核，而且文化差异造成的评价结果误差也可以很好地避免。此外，如果外派人员的绩效考核信息集中在母公司，也便于母公司对不同地区或同一地区外派人员的绩效表现及时地进行分析，从中发现问题并找到解决问题的方法。但是，由于时间和地域上的限制，母公司要想掌握全面且准确的信息，难度是比较大的，这样也难保在对外派人员进行考核的过程中不会出现一些考虑不周的问题。

3. 由母公司与子公司同时参与考评

前两者的考评方式都有其优缺点，第三种方式则是取其利而去其弊。假如母公司与子公司评估外派人员的绩效不一致，即必须平衡来自母公司与子公司的两种绩效评价，也就是母公司与子公司同时对外派人员进行考评。外派人员接受两方面的考核，但是母公司与子公司对于外派人员的绩效考评重点与目的有所不同。例如，母公司对外派人员的考评着重于控制与母公司文化对子公司的移植输入，而子公司的考评着重于其跨文化适应、工作绩效、管理绩效与个人能力及行为表现。

12.2.3.3 绩效监督与反馈

外派人员对于母公司而言，是一群“看不见的员工”，随着信息科技的快速发展，通过许多技术与方法，即可了解外派人员在当地的工作情况，有助于绩效考核的实施。要了解外派人员在海外的工作绩效，势必需要多管齐下才能达到效果，这些方式包括如下几种。

1. 母公司电子报告

通过信息网络科技，定期将子公司的经营情况，利用电子邮件或公司内部网络，向母公司进行报告。母公司可以就其报告内容的情况，来了解子公司的经营与外派人员的工作情况。

2. 回国报告或述职制度

在外派人员回国休假期间，安排他到母公司内参加海外经营会议。通过其个人的报告，以及母公司海外事业部管理成员的提问进行讨论，可以帮助母公司人员了解外派人员在当地的工作情况。

3. 跨区域的视频会议

由于海外公司遍布世界各地，因此通过跨区域的视频会议，可以让母公司与外派人员面对面地进行双向交流。

4. 高层主管的当地考察

母公司的高层主管也可以通过对子公司的实地考察，来评估外派人员在当地的绩效。然而，由于此方法易流于走马观花，且容易受子公司呈现好的一面而产生偏差，因此这种方法最好是与其他方法配合使用，以求得更客观的绩效评估。

当外派人员的绩效结果出来后，双向的绩效反馈沟通能较为清晰地反映外派人员的工作情况。无论是母国、东道国的绩效沟通皆有助于绩效目标的确定。除了绩效本身的达成程度外，对于与工作相关的支持、遇到的障碍，以及任命外派的建议信息等都需要与外派人员进行沟通与反馈。

12.2.4 全球人力资源薪酬管理

12.2.4.1 国际薪酬主要组成部分

1. 基本工资

基本工资（base salary）是外派人员薪酬计算的基础，也是外派人员薪酬的保障。基本工资确定标准包括三类，分别是母国薪酬体系、东道国薪酬体系和国际薪酬体系。三种类型的标准各有优缺点，适用对象也不同。基于总部的外派人员的薪酬主要适用于那些外派时间较短，外派任务结束后马上就回国工作的人员。这种薪酬结构有利于外派人员与总部保持联系，也能使外派人员回国后较快地找回原有的工作状态，不足之处是当东道国的工资高于外派人员的工资时，容易导致外派人员不满，甚至跳槽。基于东道国的外派人员的薪酬主要适用于那些外派时间较长，而且东道国薪酬水平与母国薪酬水平相近的情况，使用该种薪酬体系不易造成在该公司工作的东道国员工的不满。国际薪酬体系适用于那些具有高度流动性、经常在国外工作的人员。

2. 国外服务奖金

国外服务奖金（mobility premiums）是为加强员工外派的积极性，吸引员工愿意派驻国外所给驻外人员的奖励。无论派驻什么国家或地区，该数额一般为基本工资的一定百分比，通常是10%～25%，或者是以每月一定额度为基础。

3. 艰苦津贴

艰苦津贴（hardship allowance）是公司考虑到因派驻不同国家的差异，而造成员工生活上的不便所额外给予的补偿津贴。由于各国的经济发展与生活条件不尽相同，此津贴会随着派驻国家的不同而异。识别艰苦地区通常有以下三种标准：第一，生活条件艰苦——没有好的住所，缺乏食物或消费服务，缺少娱乐设施，没有便利的交通工具；第二，恶劣的自然环境，包括气候条件恶劣、高纬度或高海拔地区；第三，不稳定的社会、政治局势，如该地区经常发生暴乱、内战等。

4. 住房补贴

公司通常鼓励外派人员租房，这样有利于在外派人员结束外派任务时，较便利地把房屋处理掉。在支付**住房补贴**（housing allowance）时要考虑到两个因素：第一，外派人员的家庭人数；第二，外派人员工作所在地的房价水平。

5. 生活费补贴

生活费补贴（cost-of-living allowance，COLA）是指商品与服务补贴，是为使外派人员能在派驻国当地维持与母国国内相当的生活水平时所给予的补贴。这种补贴通常很难确定，无论是以某项物价的标的为基准来做计算，还是以一篮子物品（a package of goods and service）为计算标的，都存在一定的缺陷，通常企业可以利用一些服务机构，如ORC Worldwide公司（一家美国公司）或ECA国际公司（一家英国公司），它们专门定期地向客户提供全球性的最新生活费补贴的信息。

6. 教育补贴

教育补贴（school allowance）是指大多数外派人员将他们的子女送往海外的私立学校就读时，公司会支付其学费、书本文具费、交通费、食宿费、校服费用等，一般支付到18岁高中毕业为止，如有必要，公司还会支付外派人员子女上大学的费用。一般外派人员会希望子女接受具有母国背景的学校或是国际学校教育，然而这些学费通常来说收费比较昂贵，除非公司补助，否则对外派人员而言是一项很重的负担。

7. 探亲补贴

探亲补贴（home leave allowance）是指跨国公司通常会向外派人员及其家人提供至少每年一次的返乡假（带薪休假），以及往返机票费用（依职位级别提供不同舱等机票），目的在于使外派人员维持与母国社交圈的联系，使他们避免在国外任职结束回国时出现不适应的问题。

12.2.4.2 国际薪酬计算方法

计算国际薪酬的方法主要有两种：现行费率法（又称为市场费率法）和平衡表法（有时称为累积法）。

1. 现行费率法

在**现行费率法**（the going rate approach）下，国际任职的基本工资与工作东道国的工资结构挂钩。跨国公司通常首先从当地的薪酬调查机构获得信息，然后决定是以东道国人员、相同国籍的外派人员，还是所有国家的外派人员为参考基准。如果在低工资国家使用现行费率法，国际企业通常在基本工资之外还提供额外福利和支付。

现行费率法会导致外派人员争相要求被派遣到待遇优厚的地方，而不愿意去那些被认为待遇缺乏吸引力的地区。倘若工作东道国的工资水平高于母国，回国时工资要恢复到后者水平，这会使驻外人员极不愿意。

现行费率法的优缺点如表 12-3 所示。

表 12-3 现行费率法的优缺点

优点	缺点
①外派人员与当地人待遇平等 ②外派人员能确定工作东道国的待遇 ③不同国籍外派人员待遇平等	①同一人员不同派遣地区之间存在差异 ②在不同国家工作的相同国籍的外派人员之间存在差异 ③潜在的回国问题

资料来源：节录自赵曙明、刘燕、道林，等（2012），第 144 页表 7-2。

2. 平衡表法

平衡表法（the balance sheet approach）的基本目标是使外派人员的薪酬与其在母国的同事保持一致，并补偿国际任职的费用，使他们得以维持本国的生活标准，并通过经济激励使薪酬计划具有吸引力。此方法将母国人员和其他国人员的基本工资与相对的本国工资结构挂钩。

由于每个国家的基本工资不同，因此在工作东道国做相同或类似工作的跨国员工获得的收入不同，由此会产生许多问题。例如，任职于新加坡的一家美国银行地区总部的美国母国人员和新西兰母国人员的职责相同，但由于美国和新西兰的基本工资水平不同，美国人比新西兰人获得的工资高得多。此外，基本工资水平的差异也会引起外派人员和东道国人员之间的矛盾。

平衡表法的优缺点如表 12-4 所示。

表 12-4 平衡表法的优缺点

优点	缺点
①不同的派遣之间、相同国籍的外派人员之间待遇平等 ②便于对外派人员的回国安排	①不同国籍的外派人员之间、外派人员和当地人员之间存在很大的待遇差距 ②管理变得相当复杂，表现在税收、生活费用以及母国人员和其他国人员之间的待遇差异等方面

资料来源：节录自赵曙明、刘燕、道林，等（2012），第 146 页表 7-5。

12.3 外部环境对全球人力资源管理活动的影响

外部环境包括自然环境、政治环境、经济环境、法律环境、社会环境和文化环境，国际企业在进行全球人力资源规划时需要综合考虑外部环境因素对全球人力资源管理活动的影响。

自然环境主要包括天气、地质和自然资源情况，是人类赖以生存的物质基础，其宜居程度和资源的丰富程度影响当地人才供给和员工外派到当地的意愿，主要影响全球人力资源招聘与配置、薪酬管理和绩效管理。

政治环境主要包括一国的政治局面，政府的管理方式和政府方针政策的取向，一个国家或地区在一定时期内的政治大背景，比如说政权是否经常更迭、政府的经济政策是否经常变动等，主要影响全球人力资源招聘与配置和绩效管理。

经济环境是各种经济要素和变量的总和，包括经济发展水平、GDP、经济周期、人均收入、国际收支盈余、通货膨胀率等，主要影响全球人力资源招聘与配置、绩效管理和薪酬管理。

法律环境主要指一国的法律法规制度，随着人力资源管理实践的不断发展，相关劳动立法对员工权益的保护程度越来越高，主要影响全球人力资源招聘与配置、培训、薪酬管理和劳动关系管理。

社会环境主要指一国的社会稳定性、社会保障水平，主要影响全球人力资源招聘与配置、培训、薪酬管理和劳动关系管理。

文化环境可以根据霍夫斯泰德提出的文化维度模型理解为权力距离（power distance）、不确定性规避（uncertainty avoidance）、个人主义或集体主义（individualism versus collectivism）、男性化或女性化（masculinity versus femininity）和长期取向或短期取向（long-term versus short-term）五个维度，对全球人力资源管理的各项活动都会产生影响。

外部环境对全球人力资源管理活动的影响如表 12-5 所示。

表 12-5　外部环境对全球人力资源管理活动的影响

	自然环境	政治环境	经济环境	法律环境	社会环境	文化环境
人力资源规划	√	√	√	√	√	√
招聘与配置	√	√	√	√	√	√
培训				√	√	√
绩效管理	√	√	√			√
薪酬管理	√		√	√	√	√
劳动关系管理				√	√	√

【案例 12-2】

福耀玻璃在美工厂遭遇困境

请扫描二维码详尽了解案例内容

12.3.1　外部环境对人力资源管理新内涵的影响

12.3.1.1　外派人员招聘与配置

（1）派遣地的自然环境恶劣、经济发展水平落后、政治局势动荡、文化差异大、社会不稳定等会增大外派人员招聘甄选的难度。

一方面，员工外派意愿低，相较于中东、非洲、拉美等艰苦地区，外派人员更愿意被派遣至发达国家。据相关研究显示，尤其在 20 世纪 80 年代以前，派遣至发达国家的失败率远远低于派遣至发展中国家的失败率，前者仅为 25% ～ 40%，后者高达 70%。另一方面，外部环境存在的不稳定性和不确定性因素越多，对外派人员的综合素质要求就越高，此类国际化复合型人才相对匮乏，很难找到满足各项要求的人才。

（2）东道国经济发展水平、政府政策、文化包容程度和对女性的态度等影响人力资源配置。

一国总资本与经济发展水平有较高的正相关性，经济发展水平越高，人力资本水平越高。各国不同的经济发展水平常常会预示不同的人力资源储备和人力资本存量，从而会对国际企业能否在东道国招聘到一定数量且符合工作岗位需求的员工产生影响。如果当地没有适当的人选可以担任某职位，那么母公司就需要外派员工。在一般情况下，东道国相关人力资本与外派员工数量呈负相关，东道国满足职位要求的人才数量越多，外派员工派遣需求就越少。

就当地政府的角度而言，尤其是处于发展中的国家，为提高当地的就业率，可能会出台相关法令条文来鼓励国际企业多雇用当地劳动力。此时，国际企业必须遵守其规定，以免因违反当地法规而遭受损失。如20世纪70年代，以马来人占多数的马来西亚政府制定法律条文要求外资公司必须雇用较多的马来人，并将雇用情况上报给政府有关部门。某些国家为了为该国人民保留某些职位，会规定该职位不得由外国经理、专家或技术人员等担任。另外，随着新经济与全球化的来临，网络科技加快了各国经济发展的速度，全球化人才争夺战展开。为了在全球范围内争夺高素质人才，发达国家纷纷放宽移民政策与工作签证政策，以吸引高素质的发展中国家人才。例如，美国扩增外国技术人员移民的人数；德国为了吸引欧盟以外的国家和地区的优秀人才前往该国工作，对于外国优秀人才给予签证发放的便利；英国从2002年开始实行新的人才移民计划，希望能让英国公司更容易从亚洲招聘科技人才；一向重视本土化的日本，也制定了吸引外国人的“高级人才优遇制度”，即日本的“移民制度”，引进“积分制”，鼓励国外人才到日本工作。由于各地政府规定不同，企业需要及时关注当地政府的政策，迎合东道国政府政策规定进行人力资源的招聘与配置，以减少与东道国政府的冲突。

不同国家的对外开放程度不一样，若是对外开放程度低，存在排外情绪，政府可能会通过工作签证这样的方式限制外派人员，使得跨国公司不得不雇用当地劳动力。此外，一些国家的女性地位较低，如果派遣女性员工作为上级，会引起下级员工的不满。

12.3.1.2 外派人员培训

派遣国家地区与外派人员母国的工作生活环境存在差异会影响外派人员的培训内容。

不同国家地区语言、生活习惯、行为方式、价值取向、审美情趣、道德习俗、思维方式等都有不同，例如，在英国，工人喝下午茶休息要花上半小时的时间；拉丁文化较注重家人与朋友关系，而美国与北欧则较重视工作，把个人关系放在一旁。企业需要对外派人员进行有针对性的跨文化培训来帮助其适应海外生活，胜任外派任务。此外，企业还需要帮助外派人员了解东道国包括经济、政治、法律等在内的其他情况。

12.3.1.3 外派人员绩效管理

政治稳定性、会计制度差异、文化差异会影响外派人员的绩效考核。

政治环境一般不能直接作用于人力资源管理活动，但能影响企业的经营活动，进而影响企业内部的人力资源管理活动。例如20世纪80年代末的东欧剧变、国际恐怖主义威胁、海湾战争等政治事件给一些国家地区带来动荡与不安，外汇市场、证券市场波动，国际企业设在当地的分支机构绩效必然受影响。倘若仍以硬标准（客观的，可以用数量表示并且可直接测量）为主要评估标准，就不能公正地反映外派人员对公司的贡献。通常国际企业会综合运用软标准（以关系或特效为基础）和情境标准（考虑绩效发生时的情境）评估难以量化的方面，弥补硬标准的缺陷。

绩效评估必须基于可比较的数据和标准。当地会计准则会改变财务数据的含义，在国外的子公司和国内总部的数据可能存在极大的差异，通常，用以衡量当地下属单位业绩的数据可能并不具备与母国单位数据或其他国际经营数据的可比性。所以国内使用的绩效评估体系并不能准确地评估外派人员。

对外派人员的评估可能由子公司总经理进行，也可能由直接的东道国主管进行。关于驻外绩效评估，东道国经理可能有更清晰的描述并可能考虑情境标准，但是他们可能有文化偏见，而导致无法认同外派人员在不同文化之公司情境下的行为，也可能在缺乏更广阔的组织情境下无法对外派人员的绩效进行评估。同样地，由于文化背景的差异，东道国下属、同事或客户对外派人员的评价可能也会存在同样的问题。

12.3.1.4 外派人员薪酬管理

东道国的经济发展水平、通货膨胀率、汇率、税收制度、社会保障体系、文化差异等会影响外派员工薪酬管理。

国际企业对派遣到发展中国家或不发达国家的人员通常会有较高的津贴补助，以提高其派驻当地的意愿。各国的通货膨胀率和汇率的变动会影响国际企业薪酬调整的幅度，因为货币的稳定性和通货膨胀会影响实际购买力，购买力会影响外派人员的实际生活水平，优秀的雇员可能会因为不愿意承受在国外工作时生活水平下降的结果而拒绝接受外派任务。因此，国际企业在制订外派人员薪酬方案的时候，需要考虑薪酬的实际购买力，在通货膨胀率稳定的国家，薪酬调整幅度较小，而通货膨胀率相对较高的地区，薪酬调整就有必要且幅度较大。

跨国任职面临工作东道国和母国双重纳税的问题，在此情况下，企业通常需要给予外派人员税收补贴，与其他所有的派遣成本加在一起，会使一些国际企业在是否外派的问题上再三考虑。根据美国《国内收入法典》(Internal Revenue Code) 第 911 条，在国外赚取的收入可以大幅度减税，但美国的外派人员在国外任职期间，必须向美国国税局（IRS）备案，并且在通常情况下也要向工作东道国的征税部门备案，与那些不需要向本国税务机关申报全球总收入的人员相比，这种手续要烦琐得多。很多国际企业聘请国际会计师事务所来提供咨询，以应对这种国家与国家之间的税收政策的复杂性和差别性，这些国际会计师事务所可以帮助外派人员在工作东道国和母国获得退税，国际企业也越来越多地将外派人员薪酬计划其他方面的职能外包出去。

各国的福利管理实务之间存在很大的差异，很难应对从一国到另一国的养老金计划，养老金计划、医疗费和社会保险费的可转移性也使实际操作十分困难。因此，国际企业在考虑福利时需要确定很多问题，其中包括外派人员是在母国还是在工作东道国获得社会保险福利。大部分美国公司的外派人员均享受母国的福利计划，而有些国家的外派人员只能选择当地的社会保险计划，在这种情形下，公司一般要支付额外的费用。欧洲的母国人员和其他国人员在欧盟内可享受可转移的社会保险福利。由于各国管理私人福利的法律规定各不相同，所以公司的操作方式也存在差异。在通常情况下，国际企业为母国人员退休所制订的计划都很好，但对其他国人员在这方面做得就差些。其中有很多原因：其他国人员可能很少或根本没有享受母国的社会保险，他们可能在一些国家已经生活了很多年，而这些国家不允许累积的福利款项转移；或者他们有可能在最后的一两年里在某个国家工作，而那里的最终平均工资的货币与对他们不利的母国货币挂钩。应如何计算他们的福利？哪一种退休计划适合他们？这些会使外派人员的福利产生很大的差距。

对薪酬水平、薪酬结构和薪酬构成的公平性的理解会因为不同的国家而有所区别。例如，在美国企业管理中占主导地位的个人公平原则（即每个人按照他们个人是否做出贡献而决定其是否得到回报），在其他文化中已经开始受到挑战。另外，在通常情况下，母国外派人员的薪酬水平会远远高于东道国当地的员工，权力距离大的国家相对于权力距离小的国家的员工更能够接受这样的薪资分配。

12.3.2 外部环境对一般人力资源管理活动的影响

对于那些只存在于国内人力资源管理活动中的职能，东道国存在差异甚至截然不同的外部环境，也会产生现实的影响。

12.3.2.1 人力资源招聘与配置

经济表现、劳动力市场、政治稳定性、公平就业机会法律法规、教育水平、文化差异等会影响人力资源招聘与配置。

企业未来的前景是与经济发展状况紧密联系在一起的，两者具有很强的正相关关系，经济繁荣发展，企业的前景看好，企业会不断发展，人力资源的需求就相应增加，相反就相应减少。另外，在劳动力市场上，通过劳动力供给和需求的交互作用可以决定劳动力的数量与价格，劳动力供给的变化不仅会受到劳动总人口数变动的影响，也会因劳动参与率、劳动力素质而增减。

一国政治不稳定会对当地中高级人才形成一股推力，在有能力选择的情况下，人才通常会外流，选择更稳定的工作地点，这可能导致国际企业在当地招聘不到合适的中高级人才，只能派遣母国员工以满足当地人才需求，企业外派成本增加。另外，不稳定的政治环境可能会使得员工的流动性增大，外部政治环境不稳定在一定程度上会导致员工对工作缺乏安全感、对组织缺乏信任感，对组织的忠诚难以建立，存在机会主义行为，给企业运营带来损失。与政治稳定性相比，政府管理方式和方针政策的作用更有力，直接影响甚至决定企业人力资源管理的方向。在市场经济条件下，企业的人力资源管理需要政府管理方式和方针政策具有连贯性和延续性，以减少企业内部人力资源管理的波动，提高人力资源管理的效果。

各国人力资源法律体系都在不断完善中，特别是招聘中的公平就业问题已经引起了普遍的高度重视。美国的人力资源管理体系相当完善，政府对公平就业问题高度重视，并通过立法对相关事务施加影响。美国政府对其国内的种族歧视、性别歧视、信仰歧视、年龄歧视等问题制定了相应的反歧视法律条文，并针对在实践中出现的一些特殊人力资源问题也进行了相应的规定，如艾滋病患者、残疾人等的公平就业问题。企业在招聘过程中要遵守相关劳动法律法规，以避免劳动纠纷。

人力资源水平在很大程度上受到东道国人力资源总体状况的影响，其中教育是一个很大的影响因素。教育状况衡量的标准有全国人口文盲率、大学以上程度人数、各类专业技术人员数量等。这将会影响到国际企业能否在东道国招聘到符合任职水平要求的专业人才。已具备工作相关基础知识和技能的员工，可以节省企业的培训成本，使企业的运营更高效。例如很多知名高科技公司投资于印度的班加罗尔（被誉为“亚洲的硅谷”），作为印度科技研究枢纽的班加罗尔，是高等学校和科研机构的集中地，有大量会说英语的廉价劳动力和近 11 万 IT 外包员。

从霍夫斯泰德提出的文化维度模型看文化差异对人力资源招聘的影响，如表 12-6 所示。

表 12-6　文化差异对人力资源招聘的影响

权力取向	高权力距离	一个人所在的团体比他自身的表现更有说服力，因此从事管理工作的理想人选应来自社会上层或毕业于名牌大学，有较高的学历
	低权力距离	更多地依据个人表现及工作业绩
不确定取向	高不确定性规避	主要依据适应组织并忠诚于组织的程度、资历的深浅、对组织的长期承诺及管理专长等
	低不确定性规避	主要依据过去的工作表现及其受教育程度
社会取向	集体主义	倾向于从其喜爱或熟悉的群体中选聘
	个人主义	公平公开竞争，挑选最优秀的人
性别取向	男性化	工作有明显的性别区分，工作是人们生活的核心，人们常常能接受到其他城市或到其他国家一年以上的任职
	女性化	工作与性别无关，工作并非人们生活的核心，人们要求更多的闲暇和较长的休假时间
时间取向	长期取向	选聘主要是基于候选人与公司相适应的个性及其受教育的特点，具体技能相对而言并不重要，更重要的是他们具有的长期导向的文化
	短期取向	招聘的主要依据为可直接运用的技能，因为招聘者总是假设雇员不会长久地在公司工作，公司不能保证在雇员培训与社会化方面的任何投资将会得到回报

资料来源：根据魏华颖（2011）第 11 ～ 14 页整理而成。

12.3.2.2　人力资源培训

从霍夫斯泰德提出的文化维度模型看文化差异对人力资源培训的影响，如表 12-7 所示。

表 12-7　文化差异对人力资源培训的影响

权力取向	高权力距离	培训的重点在于统一或服从，员工的培训强调服从和可依赖
	低权力距离	培训主要针对自主能力，方式比较灵活
不确定取向	高不确定性规避	强调提高专业化程度以避免竞争，寻求安全感
	低不确定性规避	强调适应培训，鼓励员工的创新意识
社会取向	集体主义	着重于公司所需要的技能，员工被动地接受组织安排的培训
	个人主义	集中于个人成就所需要的一般技能，职业生涯规划是个人的责任，而这些个人目标可能与完成当前的组织任命或参与的管理开发不相一致
性别取向	男性化	培训的内容与个人的职业生涯取向有关，员工很重视个人的发展
	女性化	培训的内容、形式均由工作单位来决定，与企业有关
时间取向	长期取向	集中于长期就业所需要的技能
	短期取向	局限于公司目前的需要

资料来源：根据魏华颖（2011）第 11 ～ 14 页整理而成。

12.3.2.3　绩效管理

从霍夫斯泰德提出的文化维度模型看文化差异对绩效管理的影响，如表 12-8 所示。

表 12-8　文化差异对绩效管理的影响

权力取向	高权力距离	主管人员设定考评指标，拥有比较高的地位和比较大的权力
	低权力距离	由主管和下属员工一起制定考评指标及工作任务，考评方式则可以是 360 度考评
不确定取向	高不确定性规避	员工不愿意承担有挑战的工作，通常根据资历专长与忠诚来考评
	低不确定性规避	主要根据个人表现来设定指标
社会取向	集体主义	对员工集体的考评比对员工个人的评价更为重要，业绩评价体系倾向于非正式的和较为秘密的方式
	个人主义	针对员工个人的工作绩效进行评价，业绩评价体系是正式的、公开的

（续）

性别取向	男性化	考评指标男女有别
	女性化	根据工作表现对员工进行考评
时间取向	长期取向	考评体系的核心在于评价和开发符合公司长远利益的“整个人”，他们在评价工作业绩的同时，还评价诚实、忠诚和工作态度
	短期取向	主要评价近期的工作业绩

资料来源：根据魏华颖（2011）第 11 ～ 14 页整理而成。

12.3.2.4 薪酬管理

经济发展水平、最低工资标准、工会势力、文化差异等会影响薪酬管理。

一般来说，东道国经济发展处于较低阶段时，物价水平较低，其人均收入相对较低，劳动力成本较为便宜，国际企业雇用员工给付薪酬也相对较低；相反，当东道国经济发展处于较高阶段时，物价水平较高，其人均收入相对较高，劳动力成本较为昂贵，国际企业雇用员工给付薪酬相对较高。

最低工资标准又称最低工资率，是指在国家依法规定的单位劳动时间内的最低工资数额。最低工资标准的确定是最低工资立法中的核心问题。国际上关于最低工资标准的确定方式有两种：一种是通过立法的形式直接规定最低工资标准。加拿大等国由国家或地方法律明确规定最低工资标准，美国则由州一级立法规定最低工资标准。另一种是法律上不直接规定最低工资标准，只是规定最低工资标准的确定原则，目前多数国家采取这种形式。确定最低工资标准的原则，各国有所不同。英国、美国、澳大利亚等国曾采用生活工资原则，以保障劳动者的生活为根据。法国、英国的部分行业和 1929 年后的美国，曾采取公平工资原则，即对熟练程度、劳动效果和劳动条件相同的劳动，报酬也相同。新西兰等国曾采用企业负担能力原则，测量全国的企业或各个单独企业的负担能力，来确定最低工资标准。有些国家兼用各项原则，以确定最低工资标准。在员工福利方面，主要是依据各国劳动法规来处理。在欧洲有些国家，员工福利占薪酬的比例非常高，例如，法国员工福利占薪酬的比例为 70%，意大利则高达 92%，美国只有 40% 左右。

虽然劳动力成本与其他成本相比重要性在下降，但是它仍然对决定大多数产业的成本竞争力起着重要作用，工会对薪酬水平的影响也因此变得十分重要。强大、具有影响力的工会的存在，可能使国际企业在某些市场上的劳动力成本结构处于不利地位。

从霍夫斯泰德提出的文化维度模型看文化差异对薪酬管理的影响，如表 12-9 所示。

表 12-9 文化差异对薪酬管理的影响

权力取向	高权力距离	薪酬体系与公司中的等级观念相一致，最高收入与最低收入的员工在薪酬水平上差距比较大，以反映员工在公司地位上的差距
	低权力距离	采取比较平等化的薪酬体系，最低收入与最高收入之间差距比较小
不确定取向	高不确定性规避	根据资历和专长来确定薪酬
	低不确定性规避	根据个人表现来确定薪酬
社会取向	集体主义	以员工集体业绩或以员工资历为基础
	个人主义	强调奖励个人的工作成就
性别取向	男性化	在工作上得到认可被认为是主要的激励因素，宁愿工作更长的时间，也不愿意放弃任何的薪资收入
	女性化	人们更愿意享受更多的闲暇时间，各种水平的薪金差别很小
时间取向	长期取向	对当前薪酬的重视程度次于个人和公司的长期目标，人们更注重工作保障
	短期取向	员工期望直接的、快速的与技能相挂钩的薪酬

资料来源：根据魏华颖（2011）第 11 ～ 14 页整理而成。

12.3.2.5 劳动关系管理

工会势力、劳动法会影响劳动关系管理。

对许多在西欧、日本和澳大利亚的国际企业来说，相对最低薪资限制，不能自由进行雇用调整是更为严重的问题。许多国家已经立法，大大限制了企业执行关闭工厂、裁员或者解雇，除非公司能够证明当前的状况显示裁员是不可避免的，而要证明这些的过程常常冗长繁杂。工会可能以两种方式影响这一过程：通过游说国家政府进行裁员立法，以及通过鼓励经济合作与发展组织（OECD）对跨国公司进行管制。

一般而言，各国的劳工法规定雇主解雇员工是需要理由的，这些理由通常是经济原因或雇员的职业性错误。在美国的公司遇到经济压力时，仅支付少量解雇费即可解雇员工，且无须及早通知。2006年年初法国推出“首次雇用合同”新劳工法案，法案规定法国20人以上规模的企业，在与26岁以下的青年人签订雇用合同后的最初两年内，可以随时将其解雇，而无须说明解雇原因。但作为补偿，被解雇者可以获得企业的违约金，还可以向政府申请460欧元的补助。在欧洲国家，劳资双方通过政治管道来维护自己的利益，因为政府可通过所制定的法律、法规与行政命令，如劳动保护法、安全卫生法、弱势团体的就业保护及社会保险等规定，来达到劳资双方权利与义务的均衡。其法令对劳动者的协议权、争议权以及员工的雇用、薪资、福利及安全、卫生等工作条件均有所规范，甚至法院的判决也都有重要的指标作用。

【专栏 12-1】

不同国家工作时长和最低时薪一览表

国家	工作时长	最低时薪
美国	除规定每周标准工作时间为40小时外，对加班时间的上限没有硬性的规定	联邦基本工资为每小时7.25美元，但多数各州另有规定州立基本工资，区间约为每小时5.15～8.8美元
中国	每天工作时间不超过8小时，平均每周工作时间不超过44小时；需要延长工作时间的，一般每天不超过1小时；因特殊原因需要延长工作时间的，要在保障劳动者身体健康的条件下延长工作时间，每天不得超过3小时，每月不得超过36小时	由各省、自治区、直辖市根据各地经济发展水平等情况测算确定具体数额
日本	劳动者每天工作时间为8小时，每周40小时。如果依据《劳动标准法》第36条签署劳资协定（三六协定）的话，将允许企业让员工加班。在这种情况下，规定每月加班时间为45小时，每年为360小时。如果劳资双方签订附带特别条款的三六协定，便可“无限度”加班	平均最低时薪约822日元
德国	通常法定最高工作时间为每周48小时（基于每周6个工作日）；如果在6个月或24周之内平均每天不超过8小时，则可以将工作时间延长至每周60小时	2017年起法定最低工资标准为每小时8.84欧元
法国	雇员的法定实际工作时间确定为每周35小时	自2017年1月1日起，法国最低工资将自动上调0.93%，小时最低毛工资从9.67欧元涨至约9.76欧元
澳大利亚	每周最多工作38小时	每小时18.29澳元
印度	每天8小时（有些地区9小时），每周最高48小时，每季度加班不得超过50小时（有些地区75小时）	每日160卢比，折合每小时30卢比
俄罗斯	每天工作8小时，每周不超过40小时，每周5天工作制，加班加点应有额外工作报酬	2017年7月1日起每月7 800卢布，折合每小时235卢比

（续）

国家	工作时长	最低时薪
韩国	就业者每周最长可工作 68 小时，即除法定工作 40 小时之外，可允许平日加班 12 小时，以及周六和周日各加班 8 小时	2017 年度最低工资标准上调 7.3%，每小时 6 470 韩元

资料来源：根据各国法律等资料整理而成。■

12.4 企业内部因素对全球人力资源管理活动的影响

12.4.1 母国市场重要性与对全球人力资源管理活动的重视程度

影响跨国公司行为及由此产生的人力资源实践的一个普遍但经常被忽视的因素是跨国公司对其母国国内市场的依赖程度。对很多公司而言，一个狭小的国内市场是“走向国际化”的主要动力之一。联合国贸易与发展会议（UNCTAD）在其一年一度的对外直接投资调查中会计算“跨国化指数”（transnationality index，TNI）一项，即海外资产与总资产、海外销售额与总销售额以及海外雇员与总雇员之间的平均比率。2013 年，基于跨国化指数排名的跨国公司中，美国唯一一家进入前 40 的公司是亿滋国际（Mondelez International），排在第 32 位。美国公司在跨国化指数方面排名如此之低的原因很明显也很重要——美国公司巨大的国内市场规模。

一个规模巨大的国内市场（对美国公司来说，北美自由贸易区也算国内市场）影响着跨国公司组织活动的各个方面。比如说，一家跨国公司很有可能以设立国际分部的方式来组织其国际业务活动，因此，即使它采用全球性的产品结构，国内市场的重要性仍然显而易见。巨大的国内市场也会影响高层领导者对国际活动的态度，并产生一大批主要拥有或只有国内市场经验的管理者。反之，国外资源越丰富，公司会越偏向本土化。

当然，母国市场重要性高并不一定意味着高层领导者不重视国际活动，高层主管的全球视野对于人力资源活动的影响可能更为直接。

12.4.2 高层主管的全球视野与全球人力资源管理理念的成熟程度

母公司高层主管的全球视野也会影响人力资源管理的运作。若高层主管缺乏足够的全球视野，在制定公司长短期目标或公司政策时，就可能会忽视国际管理的特殊性，单纯将国内人力资源政策和惯例移植到海外，而忽略不同国家与地区的差异性。

造成高层主管全球人力资源管理理念不成熟的原因，可能是缺乏全球视野、民族优越感以及对海外信息的缺乏。因此，国际企业大多要求其高层主管最好有派遣到海外工作的经验，有的公司甚至会规定外派的最低年限，或者规定至少要曾被派驻到三个国家以上，以拓展其个人全球视野，以免局限于母国中心的心态和理念。

12.4.3 企业全球战略与子公司人力资源战略选择

Jarillo and Martinez（1990）将 I-R 框架应用于子公司研究，根据不同的全球整合压力和当地响应压力将子公司战略角色分为接受型、自主型和积极型[⊖]，Hannon，John M.，Ing-Chung Huang，and Bih-Shiaw Jaw（1995）在此基础上将 I-R 框架延伸到子公司人力资源战略的研究，将子公司人力资源战略分为自主型（autonomous IHR strategy）、接受型（receptive

⊖ Taggart（1997）在 Jarillo and Martinez（1990）的基础上补充了低 I、低 R 情况下的子公司战略角色，即静止型。

IHR strategy）和积极型（active IHR strategy），如图 12-4 所示。

本土化战略强调对当地市场的响应，子公司人力资源管理战略以自主型为主，特点是各国子公司人力资源管理政策与实践相对独立，人力资源管理的主要职能是为企业在每一个国家的内部市场的基本活动提供支持，本土化程度较高。全球标准化战略强调规模经济以降低成本，子公司人力资源管理战略以接受型为主，特点是子公司与母公司的一致性需求程度高，子公司人力资源政策与实践受母公司影响大，人力资源管理的职能是输送跨国公司基本活动所需要的国际性支持。跨国战略强调相互作用的全球学习，子公司人力资源管理战略以积极型为主，特点是子公司的人力资源管理既要响应当地市场需求，又要兼顾与企业的全球战略协同一致。

图 12-4　全球战略与子公司人力资源战略类型

随着时间的推移，全球整合压力与当地响应压力的变化导致企业全球战略的变化——国际战略转为全球标准化战略或跨国战略，本土化战略转为跨国战略。相应地，子公司人力资源战略也会进行相应的调整以适应企业全球战略。

本章小结

本章以人力资源管理基础知识回顾为起点，界定了全球人力资源管理的内涵特征；梳理了国际化人才招聘和选拔、培训与开发、绩效管理、薪酬管理四个方面的特殊内容；梳理了东道国政治、经济、法律、政策、社会、文化环境对于包括外派人员管理在内的人力资源管理活动的影响；介绍了国际企业内部因素对全球人力资源管理活动的影响。

关键术语

人力资源规划	人员招聘和选拔	员工培训与开发
绩效管理	薪酬管理	劳动关系管理
国际人力资源管理模型	外派人员	“四点”培训
艰苦津贴	生活费补贴	现行费率法
平衡表法	接受型子公司人力资源战略	积极型子公司人力资源战略
自主型子公司人力资源战略		

本章阅读资料

请扫描二维码详尽了解本章阅读资料

第 13 章
CHAPTER13

国际财务管理与国际会计

引导案例

中海油收购尼克森的“财技”

2012 年 7 月 23 日，中海油宣布以 151 亿美元现金收购尼克森 100% 的普通股及优先股，并承担其 43 亿美元的债务；2013 年 2 月 26 日，交易宣告成功。

早在 2009 年，中海油就开始了对尼克森长达两年的跟踪分析。研究发现：尼克森主要资产分布地区高度契合中海油的重要战略选区；2012 年 7 月中海油的市值为 902.8 亿美元，尼克森为 90 亿美元；在技术与市场上，尼克森自有的油砂改质技术填补了中海油的技术空白，而中海油在页岩气方面的开发经验，能有效开发尼克森的页岩气资产，中海油在天然气液化领域的开发经验和市场优势，可以推动尼克森一体化液化天然气项目实现效益最大化。由此，中海油得出最终结论：尼克森无论在战略契合、规模匹配，还是优势互补上，都是最佳的收购对象。

不过，中海油在此前的尽职调查阶段遭遇了不少财务难题。首先，两家公司所适用的会计政策不同，反映的财务状况不具有可比性。尼克森 2011 年的年度财务报表根据国际财务报告准则编制，2010 年及以前年度的财务报表则根据加拿大公认会计准则编制，而注册地在中国香港的中海油适用香港地区财务报告准则。以资产负债表中的递延所得税为例，在加拿大公认会计准则下，一次性税收减免所带来的收益应摊销直到该资产被出售或摊销完毕；根据国际会计准则及中国香港地区会计准则，该税收减免应于减免当期予以一次性确认。其次，尼克森石油资产的多样性、技术及商誉等问题带来估值风险。对此，中海油对内成立了财税调查小组，其中设有司库专职人员，一方面查看尼克森的资料库，另一方面现场考察公司的财务管理情况，对尼克森的现金、银行账户、债务、银行授信、衍生产品交易、优先股及或有负债情况进行了详细调查；对外聘请了德勤事务所对尼克森的财务报表按照中海油适用的会计政策进行重述，便于进行财务信息比对；并且委托花旗银行与蒙特利尔银行（Bank of Montreal，BMO）作为财务顾问，对尼克森的管理风险、经营风险、资金风险等进行全面深入的尽职调查，尽可能地避免信息不对称造成的损失。

在融资决策阶段，当时中海油虽自有资金充足，但是由于部分定期存款、理财等资金未到期，活期资金缺口为60亿美元，需要财务部门决策如何以最低成本、最佳融资结构筹集并购资金。从公司内部来看，资本结构较为良好，资产负债率低于同期行业均值，为其保留了较大的融资空间；并且多年来，中海油的资信评级基本上与国家主权评级同步上升，证明其到期还本付息能力很强。从外部资本市场来看，2012年夏，美元债务基准利率处于历史地位，2012年年末，1年期美元银行贷款成本不超过Libor + 120bps（小于1.5%），1年期人民币存款利率为3%，人民币存款与美元贷款利差有较大的套利空间；同时，人民币兑换美元汇率仍处于稳定和升值的通道。基于自身资金运营状况和市场情况，最终中海油量身定制了60亿美元1年期俱乐部过桥贷款与90亿美元自有资金换汇相结合的资金筹措方式。60亿美元过桥贷款用于解决并购交割之需，再通过发行长期债券完善资本结构。考虑到发债后会有大量资金，有可能提前偿还贷款，故又将贷款计息分为0～6个月、6～9个月、9～12个月，三段利率逐渐递增，一旦提前还款，公司的实际贷款成本会相对较低。双方在宣布收购意向后，项目还需获得相关各国政府的最终批准，直接导致了交割时间的不确定性。这使得公司无法采取远期或者结构性购汇的方式规避汇率风险。同时，中海油管理层通过汇率敏感性分析预测即期外汇市场人民币持续升值，因此确定采用即期换汇的方式获取90亿美元的并购资金。

事后证明，以上决策均非常成功，财务管理部门在跨境并购的决策和执行中扮演了重要角色。

资料来源：匡效兵，《中海油并购尼克森的“财技”》，《金融 & 贸易》，2014年第2期；中国海洋石油有限公司，《中国海洋石油有限公司有关对NEXEN之建议收购的主要交易》，2012年12月20日，http://asia.blob.euroland.com/press-releases-attachments./458882/LTN20121220573_C.pdf。

学习目标

通过本章的学习，了解国际财务管理遭遇的汇率、利率、国际税务等特殊问题与应对手段；掌握国际投资管理、国际融资管理、国际现金管理的基本知识；了解各国会计制度差异及原因、会计制度国际协调；了解外币交易会计、外币报表折算、合并财务报表的基本知识。

13.1 国际财务管理的特别考虑与应对

经济全球化使企业得以在全球范围内进行业务活动，获得巨大收益的同时也增加了经营的风险。国际企业所处环境的复杂、多变，政治、经济、法律、社会文化环境等较为陌生，这些都增加了其经营的复杂性和财务管理工作的难度。从财务管理方面看，国际企业面对的特殊问题主要为外汇风险、利率风险以及税务风险的管理。

13.1.1 外汇及利率风险管理

13.1.1.1 外汇风险管理

在国际企业经营活动的全过程中，都存在着由于汇率变化而造成的外汇风险（foreign exchange exposure）。具体而言，主要有以下三种外汇风险：交易风险、折算风险、经济风险。针对每一种外汇风险，国际企业都可以采取相应的外汇风险管理措施。

1. 交易风险管理

防范交易风险的管理方法主要包括两大类：一是合约保值（contractual hedges），如远期外汇市场套期保值、货币市场套期保值、期权市场套期保值以及期货套期保值；二是通过经营策略防范风险，如提前或延期结汇、选择有利的计价货币等。

2. 折算风险管理

防范折算风险最常用的方法是运用资产负债表来保值，以轧平净风险资产头寸。其基本原理是使公司的合并资产负债表中的外币风险资产与外币风险负债相等。如果达到了这种状态即净风险资产等于零，那么汇率的变化引起的风险资产价值变化就恰好被风险负债的价值变化抵消。另外，远期外汇市场交易和货币市场交易等合约保值的方法也是折算风险管理中可采用的方法。

3. 经济风险管理

经济风险管理的目标是对未能预料的汇率变化对公司未来现金流量的影响做出预测并采取相应的措施。防范经济风险的主要方法有经营多元化和融资多元化。经营多元化是指在国际范围内分散原料来源、生产和销售地点。融资多元化是指在多个资金市场以多种货币筹措资金。

在实践中，交易风险和折算风险常由财务人员负责管理，而经济风险往往是公司最高决策者必须参与协调和决策的重要工作。

13.1.1.2 利率风险管理

利率风险是指市场利率变动给国际企业的融资成本造成不确定性。对于利率风险，常用以下几种方法进行管理。

1. 远期利率协议

远期利率协议（forward rate agreement）是指投资双方可以通过期初的协议把未来的利率锁定在一定的水平之上，它可以有效地管理利率风险。远期利率协议具有灵活性，投资者可以根据市场的变动不断地购入或卖出其意愿内容的远期协议，从而实现其理想的投资目标。

2. 利率互换

利率互换（interest rate swap）中一种最基本的形式是同一种货币的固定利率与浮动利率的互换。基本做法是：持有同种货币资产或负债的交易双方，以一定的本金为计息基础，其中一方以固定利率换成浮动利率，另一方以浮动利率换成固定利率。通过互换，达到降低融资成本和价格波动风险的目的。当然，在实际操作中，利率互换的交易双方只需由一方向另一方支付两种利息的差额即可。

3. 利率期权

利率期权（interest rate option）是一项与利率变化挂钩的期权。买方支付一定金额的期权费后，在到期日或期满前，获得以协定利率借入或贷出一定金额货币的权利。卖方收取期权费，负有相应的责任。最常用的产品有利率上限、利率下限和利率双限。

利率上限（interest rate caps）即锁定浮动利率最高限。公司借入浮动利率外汇贷款，可以选择买入利率上限，公司的浮动利率债务有了一个上限的控制，从而使公司避免了利率大幅度上升带来的风险；若市场利率保持不变或下降，也不影响低利率为公司带来的好处。

利率下限（interest rate floors）是为以浮动利率计算的贷款利率设置的一个下限，当市场的浮动利率（通常以 Libor 表示）突破这个下限时，则以事先所敲定的这个下限来确定贷款利息。

利率双限（interest rate collars）即以低成本锁定浮动利率最高限。公司借入浮动利率外汇贷款，可以选择在买进一个利率上限的同时，卖出一个利率下限，以收入的期权费来部分抵销需要支出的期权费，从而达到既防范利率风险又降低费用成本的目的。公司的利率成本将被锁定在该下限至上限的利率区间内。

13.1.1.3 外汇风险与利率风险管理

对国际企业而言，外汇风险和利率风险往往是同时或交替发生的，也是对盈亏影响最大的风险。要降低外汇买卖的风险，就必须采取措施来同时规避这两种风险。

1. 空头套期保值技术

空头套期保值是指交易者在现货市场上处于多头地位时，为避免外汇风险可能造成的损失，在期货市场上做一笔与现货市场相反的操作，即卖出一笔相应的期货合约，使其在期货市场上处于空头的地位，以便使这种市场上发生的损失用另一个市场的盈利来弥补。空头套期保值技术能使外汇交易者利用汇率与利率的变化关系，使汇率与利率的盈亏相抵，同时避免汇率和利率风险。

2. 掉期与套息结合保值技术

掉期交易是指同时买进与卖出同种类、同期数但不同交割期的外汇，利用不同交割期外汇的汇率差异来赚取利润。套息是指利用两个以上外汇市场上的差异来赚取利息收入。

13.1.2 国际税务管理

税务问题是国际企业经营中重要的变化因素之一，它影响投资区位决策、海外机构组织形式、融资方式以及转让定价等重要活动。世界各国税法税则差异很大且变化多端，因而国际企业面临复杂的税务管理问题。

国际企业进行国际税务管理，其实质就是在现有法规的框架下合理避税，减轻税务负担。国际企业的合理避税贯穿于投资、融资、经营等阶段，通常考虑如下。

1. 海外投资项目及东道国目标的选择

在海外投资项目及东道国目标的选择时，国际企业的税务因素考虑的主要方面是：①总税负水平。由于各国税法税则差别很大，税种税率都不相同，因而在投资决策时，仅仅考虑某类税是不够的，必须看总体税负水平。②税收结构。有些税种，如所得税，国际企业管理能动性较大，可以进行合理避税；有些税种，如增值税，国际企业的机动余地就很小。③税收优惠政策。许多国家都采用税收优惠政策来吸引外资。④国际税收协定。主要考虑母国、目标东道国彼此间以及同某些第三国之间是否签订了税收协定。

2. 公司组织形式的选择

税收结构总是以特定的产业或企业组织为对象，不同国家的税收政策又各具特点。因此，国际企业的海外机构选择什么样的组织形式将影响税负水平。国际企业海外机构的组织形式主要有子公司和分公司两种。通常子公司作为独立法人，可以享受东道国或投资双边国家间的相关税收优惠。分公司作为投资母公司的境外派出机构，通常不能享受相关优惠，但其本身的收益或亏损可直接并入母公司进行汇总计算。

3. 中间控股公司的设计

作为税务筹划工作中最为重要的环节，企业通过在投资东道国和投资母国之间，选取适当的中间控股公司，利用中间控股公司的优惠税收政策和各层级间双边国家的优惠税收协定安排，减少项目持有期及退出阶段的所得税、股息、利息、资本利得税以及相应预提税的支出，从而达到国际税务优化的目的。

4. 资本结构的设计

国际企业海外投资的资金一般通过两种方式融通：一种是股权融资，另一种是债务融资。从税务的角度看，国际企业支付给债权人的利息通常可以在税前扣除，而支付给股东的股息则不能在税前扣除。因此，债务融资相比股权融资，在税务上更具优势。对位于高税率国的公司而言，可以通过扩大债务资本的比率，增加应税所得中的扣除额来减轻税负。但是，通过资本弱化避税已越来越引起各国税务主管当局的关注，国际企业需要考虑各国对资本弱化的规定和限制。

5. 利用关联企业交易中的合理转让定价

国际企业通过转让定价，在企业内部调节成本和收入，将成本由低税率地区企业转移到高税率地区企业，从而将收入由高税率地区企业转移到低税率地区企业，可大大降低应纳税额。第一种做法是直接转移，在高税率地区与低税率地区的关联企业之间发生商品和劳务交易时，压低高税率地区企业的销货收入和税费，或人为抬高低税率地区的销货收入和税费，使利润通过交易从高税率地区转移到低税率地区企业，达到避税的目的。第二种做法是间接转移，关联企业发生交易时，由设立在低税地区的第三方关联企业中转，使真正发生交易的两个企业的利润转移到第三方关联企业。第三方关联企业一般只进行账面处理，并不实际参与交易。但在实际操作过程中，应着重调研所在国的转让定价的具体要求，以及税务机构对转让定价的范围界定和尺度掌握。

13.2 国际财务管理

国际财务管理是指按照国际惯例的有关条款，根据有关国家的具体规定，遵循公司理财的基本原理，针对国际企业资金收支的特点，组织国际企业财务活动和处理国际企业财务关系的一切管理工作的总称。

13.2.1 国际投资管理

13.2.1.1 国际投资环境分析

这里所说的国际投资环境是指在国际投资过程中影响国际资本运行的东道国的综合条件。它一般由硬环境和软环境两个部分构成。其中，硬环境通常是指城市和工业基础设施、自然地理条件等。软环境是指东道国的政治、经济、法律、社会文化等制度性因素，这些因素制约和影响着对外投资项目的选择、效益的评价。国际投资环境分析方法主要有投资障碍分析法、国别冷热比较法和多因素评分分析法等。

（1）投资障碍分析法。将有关国家阻碍投资的不利因素（如政局动荡、经济停滞、外汇短缺、劳动力成本高、基础设施不完善、资金融通困难等）列出并加以比较，如果某一国家的阻碍因素比另一国家少，则该国的投资环境可以被认为较好。

（2）国别冷热比较法。这种方法由 Isian A. Litvak 和 Peter M. Banting 提出。㊀它是将影响国际投资环境的七个因素，按照由“热”至“冷”的顺序依次排序，“热”国的投资环境优良，“冷”国的投资环境恶劣。这七个因素为：政治稳定性、市场机会、经济发

㊀ Litvak, Isian A. and Peter M. Banting (1968) ‘ A Conceptual Framework for International Business Agreement ’, in King (1968) (ed) *Marketing and New Science of Planning*, Chicago:American Marketing Association.

展和成就、文化一元化、法令阻碍、实质障碍（指一国的自然环境、气候等）、地理文化差距。

（3）多因素评分分析法。它由 Robort B. Stobaugh 提出，[⊖]即从东道国政府对外国投资者的限制和鼓励政策着眼，具体分析影响投资环境的八大因素及其若干子因素，并根据各子因素对投资环境的有利程度给予评分（见表 13-1）。评分是按八大因素各自在投资环境中的作用大小确定不同的评分，从而避免了对不同因素平等对待的缺陷。根据这种方法，总分越高，投资环境越好。

表 13-1 投资环境多因素评分分析法

投资环境多因素分析	评分
一、资本抽回	0 ～ 12
1. 无限制	12
2. 只有时间上的限制	8
3. 对资本有限制	6
4. 对资本和红利都有限制	4
5. 限制繁多	2
6. 禁止资本抽回	0
二、外商股权	0 ～ 12
1. 准许并欢迎全部外资股权	12
2. 准许全部外资股权但不欢迎	10
3. 准许外资占大部股权	8
4. 外资最多不得超过股权半数	6
5. 只准外资占小部分股权	4
6. 外资不得超过股权的三成	2
7. 不准外资控制任何股权	0
三、对外商的管理制度	0 ～ 12
1. 对外商与本国企业一视同仁	12
2. 对外商略有限制但无管制	10
3. 对外商有少许限制	8
4. 对外商限制并管制	6
5. 对外商限制并严加管制	4
6. 对外商严加限制并严加管制	2
7. 外商禁止投资	0
四、货币稳定性	4 ～ 20
1. 完全自由兑换	20
2. 黑市与官价差距小于一成	18
3. 黑市与官价差距一成至四成之间	14
4. 黑市与官价差距四成至一倍之间	8
5. 黑市与官价差距一倍以上	4
五、政治稳定性	0 ～ 12
1. 长期稳定	12
2. 稳定，但因人而治	10
3. 内部分裂，但政府掌权	8
4. 国内外有强大的反对力量	4
5. 有政变和动荡的可能	2
6. 不稳定，极可能发生政变和动荡	0

⊖ Stobaugh, Robort B. (1969) ‘How to Analyze Foreign Investment Climate’, *Harvard Business Review* 47 (5): 100-108.

（续）

投资环境多因素分析	评分
六、给予关税保护的意愿	2～8
1. 给予充分保护	8
2. 给予相当保护，但以新工业为主	6
3. 给予少许保护，但以新工业为主	4
4. 很少或不予保护	2
七、当地资金和可供程度	0～10
1. 成熟的资本市场，有公开的证券交易所	10
2. 少许当地资本，有投机性的证券交易所	8
3. 当地资本有限，外来资本不多	6
4. 短期资本极其有限	4
5. 资本管制很严	2
6. 高度的资本外流	0
八、近5年的通货膨胀率	2～14
1. 小于1%	14
2. 1%～3%	12
3. 3%～7%	10
4. 7%～10%	8
5. 10%～15%	6
6. 15%～35%	4
7. 35%以上	2
总计	8～100

资料来源：节录自王跃生（2009），第100～101页表4-1。

13.2.1.2　资本预算

当一个企业对目标投资国的投资环境进行了客观评估之后，投资决策过程就进入经济可行性分析阶段，即分析拟定中的投资项目在经济上或财务上是否可行。这种经济或财务可行性评估，是通过资本预算来进行的。所谓对外投资的资本预算，简单说就是估算某个海外投资项目上的全部投资支出，以及在项目运营若干年内该项目所产生的全部净收益，将收支相抵，看该项目是否有正的净收益，以决定是否进行投资。可见，资本预算是通过计算项目的收入支出来进行的。

海外项目的资本预算，就其原理和方法而言，与企业国内项目的资本预算并无差异。不过，由于跨国投资涉及不同国家，情况比国内投资复杂得多，风险也大很多。因此，在采用基本方法进行分析的时候，其复杂性也大大高于一般国内企业的资本预算。我们首先对资本预算的基本方法做一些介绍，然后就其在跨国投资中的应用特点与方法做较为具体的详细讨论。

1. 基本方法

资本预算的基本方法按照是否考虑时间价值分为动态评价法与静态评价法。动态评价法包括净现值法、现值指数法、内含报酬率法；静态评价法包含投资回收期法、平均收益率法。其中，净现值法、内含报酬率法、投资回收期法被广泛使用，以下对这三种方法做一个简单介绍。

（1）净现值法。**净现值**（net present value，NPV）为项目未来现金流量按项目资本成本折现后的现值减去项目的初始投资支出后的差额。净现值为正数的项目是可以接受的；如果两个项目是相互排斥的，则应当采纳净现值较高的项目。

（2）内含报酬率法。**内含报酬率法**（internal rate of return，IRR）是在净现值法的基础上做一些变化而产生的。净现值法是在折现率确定的情况下计算项目净现金流的限制，而内含报酬率法是求解净现值等于零时的折现率，然后与必要报酬率（required rate of return）比较（即项目要求的投资回报率），决定项目的取舍。

（3）投资回收期法。**投资回收期法**（payback period，PB）是计算项目建设所需要的投资在项目运营多少年后可以收回，然后将项目的回收期与投资人所期望的回收期相比较，项目回收期低于期望回收期，项目就是可行的。

2. 国际企业投资的资本预算

（1）资本预算的评估主体选择。

国际投资项目由于种种因素的限制，其本身也成为一个独立的经济实体。因此，与国内投资项目相比，存在着一个评价角度的问题，即是从母公司角度还是从项目本身角度评价项目收益。

从母公司角度评价投资项目。持这种观点的人认为，对于母公司来说，它从国外投资项目所能得到的现金流才是至关重要的，这也是大多数母公司进行国外投资的根本目的。但是，这部分现金流中既包括投资项目的经营性现金流量，也包括财务性现金流量（如母公司对子公司的贷款利息），这会违背资本预算的一个基本原则——财务性现金流不应与经营性现金流混为一谈。另外，在项目评价时，还需要将外币按一定汇率折算为本国货币，于是将面临汇率的确定问题。由于这些缺点，有人认为不应从母公司角度评价对外投资项目。

从项目本身角度评价投资项目。持这种观点的人认为，这不仅能避免从母公司角度评价的缺点，而且有利于将目标项目的收益与东道国国内其他竞争性项目的收益相比。比如，当目标项目的收益率低于东道国的政府公债收益率时，应放弃该项目，转向其他方面的投资。

在一般情况下，无论从母公司还是从项目本身进行评价，区别并不很大。但在有些时候，如东道国实施长期的外汇限制政策，项目利润不能以股息或还本付息形式汇回，股东很可能不会将留在东道国的项目利润视为公司价值的一部分，且债权人在评价公司的偿债能力时，可能不再将其考虑在内，则应从项目本身来评价。

（2）现金流分析。

在国际投资的资本预算中，由于所处的环境更为复杂，现金流量的预测是一个关键的环节，且常常会遇到国内投资所不存在的特殊问题。在国际投资的现金流分析时要注意以下几个方面：①东道国的税收制度、金融结构[㊀]、外汇管制、财务准则以及金融资产流动的限制等方面对现金流的影响；②东道国的汇率、利率、通货膨胀率的变化对现金流的影响；③东道国的广义的政治风险（包含政治风险、政策风险和社会风险）的高低对投资项目效益的影响；④适当选择评价投资项目所用的折现率。若东道国提供优惠贷款等政策，则折现率的确定会变得复杂，折现率的大小会直接影响投资项目评价的结果。

（3）风险调整。

资本预算中的风险处理方法主要有两大类：调整折现率和调节每年的现金流量。

调整折现率，即根据公司对项目风险大小的判断调高或调低折现率。这种方法因其简单易行一直被国际企业所广泛使用，此外也符合基本的投资原则，即投资报酬率必须与风

㊀ 金融结构是指构成金融总体的各个组成部分的分布、存在、相对规模、相互关系与配合的状态。一国的金融总体主要由金融各业（银行、证券、保险、信托、租赁等）、金融市场、各种信用方式下的融资活动、各种金融活动所形成的金融资产构成。

险程度相称。但是，其不足之处在于夸大远期现金流量的风险。

另一类是根据风险程度分别调节每年的现金流量。调节现金流的方法有两种：一种是不确定性吸收法，另一种是确定性等值法。不确定性吸收法要求从每年的预测现金流量中减去一个风险折扣，折扣的大小根据相应政治经济风险的保险费用而定。因此，该方法的一个弊端在于依赖保险费用的核算，然而并不是所有的政治经济风险都是可保的。确定性等值法的含义是，如果投资者认为某一笔无风险的收益等于另一笔有风险但可能更丰厚的收益，则前者就是后者的确定性等值，即把有风险的现金流量调整为无风险的现金流量。该方法的缺点在于目前还没有十分令人满意的确定性等值计算技术。

13.2.2 国际融资管理

国际融资主要指国际企业在全球范围内筹措其生产经营所需资金的一项财务管理活动。国际融资管理则是指国际企业通过科学的谋划和合理的组合，以最有利的条件筹措资金，实现融资成本最小化、融资风险最小化、资本结构最优化的战略目标。

13.2.2.1 融资来源与方式

1. 融资来源

融资来源是指国际企业取得资金的途径。国际企业由于在全球范围内从事生产经营活动，因此所需资金不仅规模较大，而且涉及不同国家的币种，其融资渠道相应地也多种多样，主要有以下四个方面。

（1）国际企业内部。

国际企业通过内部融通资金的渠道主要有两个：一是母公司或子公司本身的未分配利润和折旧基金；二是国际企业集团内部相互提供的资金。国际企业内部资金是其资金来源的一个重要渠道，该项资金来源具有灵活高效、方便快捷的优点，并且通过该方式筹集的资金融资成本相对较低，融资风险也小，因此非常受国际企业的欢迎。

（2）母国。

相对而言，国际企业与母国的联系更为紧密，因此其从母国的银行、非银行金融机构、有关政府机构、资本市场等渠道取得资金要更为容易。具体来说，主要有三条途径：①从母国的银行或其他金融机构获得贷款，这是国际企业从外部获得资金的重要途径之一；②从母国的资本市场通过发行股票或债券筹得资金；③通过母国有关政府机构或经济组织获得贸易信贷及各种专项资金。相比较而言，第一种和第三种途径融资成本较低、风险较小，但筹集的资金数量有限；第二种途径融资成本及风险相对较高，但筹集的资金量较大。

（3）东道国。

当来源于自身内部资金以及母国金融机构或资本市场的融资量不能满足国际企业资金需求时，国际企业就必须通过子公司或分公司所在的国家或地区来获取其他资金来源。由于各国政治、经济等发展情况的不同，国际企业利用东道国资金的来源也各异。

（4）国际间的资金筹集。

除上述三种融资来源外，国际企业还可以从第三国或国际组织获得所需的资金。例如，当国际企业向第三国购买货物时，一般可以向该第三国（出口国）申请获取出口信贷。另外，国际企业还可以向国际金融机构贷款，如世界银行、亚洲开发银行、国际金融公司等。

2. 融资方式

国际企业融资方式指的是取得资金的具体形式，相比国内企业的融资方式，其形式更加复杂与多样化，包括股权融资、债务融资以及专门融资方式。

（1）国际股权融资。

国际企业通过在国际资本市场上发行股票来筹集资金，国际股权融资是国际企业筹集资金的重要方式。随着各国资本市场对外开放程度越来越高，这种方式也越来越重要。企业通过发行国际股票可以迅速筹集外汇资金，提高企业信誉，加速国际化进程。但是，在国际资本市场上发行股票必须遵循国际惯例以及有关国家的金融法规。

（2）国际债务融资。

国际债务融资是指企业可以通过银行贷款、发行债券等形式筹集资金，主要包括以下两种方式：①国际信贷融资，指的是国际企业向跨国银行或银团以及其他经济组织筹措资金；②国际债券融资，指的是国际企业通过在国际债券市场上发行债券筹集资金，具体分为外国债券和欧洲债券两种形式。

（3）专门融资方式。

除了股权融资和债务融资外，国际企业还有一些与其特定经营活动相关的融资形式，可称为国际企业的专门融资方式。主要包括：①国际贸易融资，是专为国际贸易活动进行的融资。国际贸易信贷可有多种分类，如按业务内容可分为进口信贷和出口信贷，按期限可以分为短期信贷和中长期信贷，按性质可以分为商业信用和银行信用。②国际融资租赁，指的是国际企业按租约合同规定，分期付给出租人一定的租赁费用，在不转让物品的法律所有权的前提下有偿出让其使用权。③国际项目融资，是指以境内建设项目的名义在境外筹措外汇资金，并仅以项目自身预期收入和资产对外承担债务偿还责任的融资方式。

13.2.2.2 融资结构的影响因素

融资结构是指企业所使用的股权和债务融资在筹集资金中的比重。不同企业的融资结构存在显著差异，国际企业在权衡使用股权融资还是债务融资的问题时，需要结合国际企业自身的特点以及子公司所在国家的特点来权衡利弊。

1. 国际企业特点的影响

一是国际企业现金流的稳定性。现金流更稳定的国际企业可以承受更多的债务，因为它们有更稳定的现金流入来偿付定期利息费用；相反，现金流量变化无常的国际企业可能偏爱较少的债务，因它们不能确保每一期都产生足够的现金来支付较多的债务利息。

二是国际企业的信用风险。有较低信用风险的国际企业更容易获得贷款。任何影响信用风险的因素都会影响国际企业对融资结构的选择。例如，如果人们认为该国际企业的管理稳健、高效，它的信用风险就可能较低，这就使该国际企业更易借贷，且融资成本相对较低。另外，拥有可担保资产的国际企业可能获得更多的贷款，也更愿意使用债务融资；相反，拥有不易流通资产的国际企业，由于没有足够的可接受担保物，因而可能对使用股权融资的依赖性较大。

三是国际企业对收益的处理。盈利较高的国际企业可以用留存收益来为大部分投资融资，因而多采用的是权益融资为主的融资方式；相反，留存收益水平较低的国际企业可能会更多地依靠债务融资。高增长的国际企业不太可能用留存收益为企业扩张进行融资，因此更倾向于依靠债务融资，低增长的国际企业需要较少的新投入资金，可能会依靠留存收益（权益）融资而不是依靠举债融资。㊀

2. 国家特征的影响

一是东道国的利率。由于政府对资本流动施加的限制及潜在的不利汇率、税收和国家

㊀ 依靠留存收益融资具体是指企业将留存收益转化为投资的过程，即将企业生产经营所实现的净收益留在企业，而不作为股利分配给股东，其实质为原股东对企业追加投资。

风险的影响，可贷资金并不总是流向最需要资金的地方，这样可贷资金的价格（利率）就可能存在国别差异。国际企业可能会在某些国家以相对较低的成本获得可贷资金（债务），而其他国家的债务成本可能会很高。因此，国际企业对负债的偏爱可能取决于它经营所在国家的债务成本高低。

二是东道国的国家风险。当国际企业处于高度国家风险的情况下，可能会利用大量的东道国当地债务进行融资。另外，当该国际企业在东道国的经营被东道国政府终止时，如果其经营是从当地债权人处融资，损失可能会较少。这是因为当地债权人将会与东道国政府谈判，以使东道国政府没收该国际企业的资产后能收回他们借出的部分或全部资金。

三是东道国税法。如果依靠母公司融资，当汇回收益时，子公司可能要缴纳预提税。如果利用东道国当地债务融资，由于债务利息费用在税前可以扣除，进而可以减少所得税支出。因此，如果子公司所在东道国所得税税率较高，利用债务融资可以减轻税负。

总的来讲，当子公司处于当地利率低、国家风险高、所得税税率高的环境时，国际企业愿意较多地进行债务融资。

13.2.2.3 融资成本的确定

公司的融资方式主要为股权融资和债务融资，依靠股权融资和依靠债务融资的不同比重就构成不同的资本结构，两者的综合成本即为公司的融资成本。这种综合成本就是公司的加权平均资本成本（WACC）。

具体地，加权平均资本成本通过下述公式来计算：

$$K = K_i \times (1 - t) \times W_i + K_e \times W_e$$

式中 K——加权平均资本成本；

K_i——债务融资的融资成本；

W_i——债务资本在全部资本中所占比重；

K_e——股权融资的融资成本；

W_e——股权资本在全部资本中所占比重；

t——公司所得税税率。

要通过上述公式计算出公司的加权平均资本成本，关键是求得债务融资的融资成本 K_i 和股权融资的融资成本 K_e。一般来说，债务融资的融资成本 K_i 相对容易获得，因为发行公司债券大多有固定的债券票面利息，银行贷款也有确定的贷款利率。虽然公司债务融资的真实成本并不等于债券票面利率和银行贷款的名义利率，但总是可以依据这些数据计算出真实融资成本。而股权融资的融资成本计算比较复杂，因为股息的高低是不确定的，事前更难知晓。通常，股权融资的融资成本是通过戈登模型（Gordon model）和资本资产定价模型（CAPM）间接估算的（具体内容如专栏 13-1 所示）。

【专栏 13-1】

股权融资的成本计算

戈登模型：

$$P_0 = \frac{D_1}{K_e - g}$$

经过简单的变形，可得股权融资成本为：

$$K_e = \frac{D_1}{P_0} + g$$

式中 D_1——投资后第一年的预期股息；

P_0——股票的当前市价；

g——股息的预期年增长率。

资本资产定价模型：

$$K_e = r + \beta(K_m - r)$$

式中　r——无风险报酬率，如国库券的利率；

β——该种股票的系统风险；

K_m——股票市场的组合收益率。

虽然对股权融资成本的估算不可能是完全准确的，但依据上述方法，还是可以大致计算出股权的融资成本，并进而计算出公司的资本成本。

资料来源：谢志华（2008），第137页；王跃生（2009），第132～133页。■

13.2.3　国际现金管理

现金是指企业在生产经营过程中暂时停留在货币形态的资金，包括库存现金、银行存款、其他货币资金等。现金管理的目的，其一是为了优化现金流动，具体表现为加速现金流入、货币兑换成本最小化、现金流量税负的最小化；其二是为了剩余现金投资，实现投资收益最大化。

无论公司从事国内业务还是国际性业务，许多现金管理的手段都是相同的，例如，为了实现剩余现金投资收益的最大化，现金管理者需要在全球范围内开展投资活动。然而，从事跨国经营的公司在日常交易中会用到多种货币，因此外汇交易成本是影响其有效现金管理的一个重要因素。加之资金转移的时滞，政府政策的限制，包括外汇管制、税收政策等，都是影响国际企业现金管理的环境因素。此外，国际企业还须决定现金是由母公司集中管理，还是由各家子公司分散管理。

本节将着重讲述国际企业运用现金集中管理原理、采取跨国转移资金的方法并利用提高现金使用效率的技术手段，实现“优化现金流动”这一现金管理目的。

13.2.3.1　现金集中管理原理

现金集中管理是国际企业选择一个适当的国家或地区设立一个现金管理中心，各国外子公司及分支机构平时只需保留进行日常经营活动所需的最低现金余额，其余部分均汇往现金中心，由该中心负责统筹安排。这种现金管理方式就是现金集中管理。适合设立现金管理中心的国家或地区通常是国际金融中心或国际避税地。

为使现金的集中管理能够行之有效，各子公司需要对现金的需求进行预测。例如，编制短期现金预算，预测未来时点的现金流出流入量；根据所在国的支付习惯和金融环境预计现金溢余或短缺的时间和数量，同时各子公司还必须建立系统的收付款制度和现金转移的责任制度。这样才能有效地配合现金的集中管理，使之更加可行。

国际企业的现金集中管理方式具有许多优点，体现在：①提高现金收益率。现金集中管理后，可以使整个国际企业的现金持有量达到最低。②信息优势。由于现金管理中心专门从事现金的调度，所以有充足的时间进行信息的收集，而且能够提供在各种货币市场上进行操作的经验。③全局性优势。现金管理中心能从全局考虑现金管理问题，调节子公司之间的相互利益。④分散风险。现金的集中管理可以有效进行多元化组合，从而分散有关风险，特别是外汇风险。

13.2.3.2　跨国转移资金的方法

追求有效地利用现金资源和使全球税负最小化，要求企业能够在全球范围内将资金从一个地方转移到另一个地方。国际企业经常使用一些现金流量的管理方法，跨国转移资金，以服务于现金集中管理。下面具体介绍一些国际企业常用的跨国转移流动资金的技术手段，其中包括股利返回、内部贷款、转让定价、特许权使用费、服务费和管理费。

1. 股利返回

股利的支付是公司从国外子公司将资金转移到母公司最常用的方法。为了有效地利用这一手段，国际企业在制定股息政策时，需要综合考虑一系列因素，包括税收、外汇风险、汇兑限制、合资企业中其他股东的态度等。股利派发对于国际资金转移具有多方面的意义：①税收套利。当国际企业母公司与海外子公司有效税率不同时，改变各子公司的股利支付比率可以使国际企业减轻总体税务负担。②控制外汇风险。大多数国际企业预计派息货币即将贬值时，就加快股息的派发，将资金从弱币区转至强币区。③避开外汇管制。为避开外汇管制，一些国际企业将采取相对较高而稳定的股利支付率，即使股利不能汇出，也照常宣布分配，从而建立将来放松管制或取消管制时汇出股利的基础。如果一国出现政局变动或外汇危机，国际企业要求子公司尽快转移其积余资金时，一般都是通过股利汇付实现资金的转移。

2. 内部贷款

公司内部贷款包括母公司对子公司的贷款以及子公司之间相互提供贷款。这是国际企业内部资金流动和转移的重要形式，也是国际企业实现内部资金有效融通的方式之一。

国际企业内部贷款有两种情况。一种情况是，如果相关国家政策与法规对国际企业内部贷款没有什么限制，则母公司与子公司以及子公司之间可以直接贷款。在这种情况下，主要考虑的是确定合适的贷款利息。另一种情况是，为了追求比直接贷款更多的好处（如某些国家规定支付给金融机构的利息比支付给外国母公司的利息所交的预提税率要低），或者由于政府管制与其他某些原因，国际企业不愿意或者不方便直接由母公司向子公司贷款，便可采用一些间接方式进行贷款，例如平行贷款和背对背贷款。

3. 转让定价

国际转让定价，是指国际企业管理当局为实现总体经营战略目标，谋求国际企业整体利益最大化，而在公司内部各关联企业[㊀]或子公司之间互相购销产品、提供劳务、转让无形资产和借贷资金时，确定的内部“交易”价格。这种价格不同于一般的市场价格，不受市场供求关系的影响。国际企业的转让定价多用在以下活动中：有形资产销售、无形资产转让、提供服务、融资等。其中，特许权使用费、服务费和管理费的转让定价将在后面详细介绍。

制定转让价格的基本方法有以市场价格为基础的转让定价和以成本为基础的转让定价。以市场价格为基础的定价方法就是以转移产品时的外部市场价格作为企业内部转让价格基础的一种方法；而以成本为基础的定价方法，是以供应企业的实际成本为基础，加上一个固定比率的毛利来确定的。

对国际企业而言，转让定价既可以加速企业内部的资金转移，也可以降低整个公司的税负。其作用主要表现在以下几个方面。

第一，优化资金配置。母公司或其他子公司为了实现从某一子公司吸收或转移资金，可以通过转让定价将其所赚的利润调回母公司或其他子公司。如果母公司要从某国转移出资金，母公司可以提高卖给该国子公司产品的价格；反之，母公司也可以通过压低价格的方式来为子公司提供资金。同样，资金的这种配置方式还可以通过调节子公司卖给母公司的产品价格及各子公司间的交易来实现。

㊀ 所谓关联企业，即两个或两个以上的企业，在管理、控制或资本等方面存在直接或间接的联系，并达到一定程度。具体地说，关联企业是指具有以下关系之一的企业：①在资金、经营或购销等方面存在直接或间接的拥有或控制关系；②直接或间接地同为第三者所拥有或控制；③其他利益上相关联的关系。

第二，降低税负。国际企业希望利用转让价格尽可能地减少或逃避有关主权国课征的税收（包括所得税和关税）。转让定价的所得税效应主要取决于各国的税率差别，国际企业可以利用转让定价把高税率国家（地区）子公司的利润（资金）转移到低税率国家（地区）的子公司，从而减少整家公司的纳税额。例如，当处于高税地区的子公司从其关联企业购买货物、服务、技术时，关联公司应以高于正常市场价格的价格向其提供；当高税地区的子公司向其关联企业出售货物、服务、技术时，则应以低于正常市场价格的价格提供。如此，处于高税地区的子公司不断地"高进低出"，其利润便被大大地压缩，甚至没有利润，其税负便也大大减轻。

另外，对于关税而言，关税是一国政府在海关进出口环节征收的税收，大多是从价计征的，少数从量计征。同时，有些区域贸易安排如自由贸易区、关税同盟等又都会有不同的关税优惠安排。这样，国际企业可以利用转让定价机制，通过直接和间接两种形式达到少缴关税的目的。直接少纳关税，即直接利用从价关税的规定，改变货物的价值，达到少缴关税的目的。间接少纳关税，即利用优惠关税安排，通过把生产转移到其他子公司所在国家或地区，改变产品的原产地，从不能享受优惠关税安排的地区转移到能够享受优惠关税安排的地区，从而实现少缴关税的目的。

第三，调节利润水平。国际企业根据经营需要，通过调高或调低转让价格来影响子公司的利润水平。如果某一子公司在当地获得较高利润，这不但会引起动东道国政府的注意或反感，也可能会导致更多的竞争对手进入同一市场，国际企业可以利用调整转让定价、降低利润的方法，来掩盖该子公司获利的真实情况。又如，国际企业为使其在某国新建的子公司在竞争中具有较高的资信水平，在东道国树立良好的形象，易于在当地出售股票与债券或谋取信贷，往往通过调整转让价格使该子公司显示比较高的利润率。

国际企业具体的转让定价策略如表 13-2 所示。

表 13-2 国际企业的转让定价策略

当货物或服务转入地存在以下情况时，国际企业采取高价转让①的策略	当货物或服务转入地存在以下情况时，国际企业采取低价转让②的策略
①存在当地合资方或合作方 ②东道国存在政治风险或政策风险等 ③存在外汇和利润汇出限制 ④存在以产品成本为基础的最终产品价格限制 ⑤工会可能要求提高工资待遇 ⑥子公司的高盈利可能诱使竞争者进入	①较低的所得税 ②较高的从价关税 ③当地市场竞争激烈 ④需要改善子公司财务形象，以争取当地贷款或其他优惠 ⑤较低的通货膨胀率 ⑥政府对进口商品实施配额管理 ⑦存在出口补贴或退税等优惠政策

① 所谓高价转让，是指跨国公司母公司或其他子公司向某一特定子公司提供商品、服务、技术时应以高于正常价格的价格转让。

② 所谓低价转让，是指跨国公司母公司或其他子公司向某一特定子公司提供商品、服务、技术时应以低于正常价格的价格转让。

资料来源：节录自王跃生（2009），第 240 页表 8-1。

在国际企业国际化经营过程中，转让定价是广泛使用的一种经营手段与策略，严格来说，转让定价本身是无可指责的。然而，转让定价的滥用，人为偏离正常价格就是一种不公平的竞争手段了。它扭曲了企业真实的经营状态，改变了企业经营的实际结果，形成了不公平竞争，给有关东道国政府、母国政府、同行竞争者的利益带来损害，偷逃政府税收、形成市场垄断、破坏公平竞争，不利于产业的健康发展，也会损害消费者的利益。因此，针对国际企业利用转让定价进行资金转移和避税的行为，各国政府为了保护其国内市场和国家财政利益，通常会采取单边反避税措施和其他行政干预。总之，国际企业需要根据其所处的情况，灵活利用转让定价方式，以实现资金的跨国转移。

4. 特许权使用费、服务费和管理费

特许权使用费、服务费和管理费的支付也是国际企业资金转移的基本方式。特许权使用费是指子公司为获取技术、专利或商标的使用权，而付给拥有技术、专利或商标的母公司或子公司的报酬，可以用每单位产品支付一定的金额或以全部毛销售收入的一定百分比计算。服务费是用于补偿由母公司或其他子公司供应给该子公司的专门服务的支出，一般按服务的时间、服务的类型和等级确定支付费用的标准。管理费是国际企业在进行国际经营业务时所发生的一般行政管理费用中由子公司摊付的部分。

特许权使用费、服务费和管理费可以作为企业内部资金转移和融通的方式。这些费用与商品价格不同，通常没有什么参照系，因而国际企业可以根据具体情况和需要，调整费用高低标准，以作为国际资金流动的额外渠道。也正是由于这个原因，许多东道国认为国际企业的子公司向其母公司或其他子公司支付管理费和特许权使用费，是为了掩盖实际利润，逃避税收和转移资金，因而对这类费用的支付往往实施较严格的限制和监控措施。

13.2.3.3 提高现金使用效率的技术手段

国际企业可以利用一系列技术手段进行国际企业内部资金调配，在一定程度上提高现金使用效率，实现资金调拨成本最小化。

1. 国际资金调拨系统：SWIFT 和 CHIPS

传统的资金调拨工具是邮汇与电汇。20 世纪 70 年代以来，各种电子资金调拨网络的出现和完善，极大地节省了资金调拨时间，节约了调拨成本。在诸多国际资金调拨系统中，最重要的是 SWIFT 系统和 CHIPS 系统。SWIFT 系统主要提供通信服务，为其成员金融机构传送各种标准的国际资金调拨信息，而国际间的资金调拨处理则主要由 CHIPS 系统完成。

环球银行金融通信系统是环球银行金融通信协会（Society for Worldwide Interbank Financial Telecommunication）为实现国际银行间的金融业务处理自动化而开发的连接全球各国银行的金融数据通信计算机网络系统，简称 SWIFT 系统。该系统是将先进的数据梳理和远程通信技术结合起来的一套综合系统，可以提供安全和标准化的资金调拨程序，对报文可以自动加押或核押，收发电讯快速、安全、准确，且成本低廉。

CHIPS（Clearing House Interbank Payment System）是“纽约清算所银行同业支付系统”的简称，于 1970 年由纽约清算所（New York Clearing House）成立，是全球最大的私营支付清算系统之一，主要进行跨国美元交易的清算，平均每天清算和结算达 1.5 万亿美元的跨境与国内支付业务，大大提高了国际资金调拨效率。

2. 净额结算

净额结算包括两种形式：双边净额与多边净额。所谓双边净额，就是国际企业内的两家公司有相互贸易活动时，可以采用某种固定汇率把相互到期的应收款项抵消，而只支付差额的结算办法。多边净额则是指多家子公司之间相互交易的款项抵消结算。通过净额结算可以减少交易次数，降低资金的转移成本，从而大大提高资金使用效率。

3. 现金池

现金池（cash pool）也称现金总库。最早是由国际企业的财务公司与国际银行联手开发的资金管理模式，以统一调拨集团的全球资金，最大限度地降低集团持有的净头寸。花旗银行对现金池的定义是：现金池结构是用于企业间资金管理的自动调拨工具，其主要功能是实现资金的集中控制。现金池结构包含一个主账户和一个或几个子账户。现金池资金的自动调拨通常在日终发生，调拨的金额取决于各子账户的日终金额和目标金额，即日终时各子账户余额为所设定的"目标余额"，而所有的剩余资金将全部集中在主账户。

现金池的主要类型，按照是否借助银行来完成可以分为以银行为中介的现金池和以财务公司为中介的现金池；按照是否存在实际资金划转可以分为实体现金池和名义现金池。

国际企业建立现金池的作用主要在于：其一，现金池变外源融资为内部融资，减少了利息支出，降低了资金成本；其二，改善国际企业资金管理，提高现金流动的透明度，加强国际企业总部对成员子公司资金收支的监督和控制；其三，改善国际企业资金流动性管理，国际企业内各企业不再单独与银行发生信贷关系，转而以整个国际企业的名义进行融资，信用水平大幅提升，增强了投融资能力；其四，有效控制国际企业的外汇风险，国际企业一方面通过利用现金池的资金融通机制，减少持有的外币现金余额，可以从根本上降低外汇风险，另一方面，合作银行拥有充足的外汇市场操作经验，能够专业地预测外汇走势，为国际企业掌握合理有利的资金头寸提供建议。

13.3 国际会计

美国会计学家 F. D. S. Choi 和 G. G. Mueller 在合著的《国际会计》⊖（1984 年版和 1992 年第 2 版）中从四个方面定义国际会计。国际会计是把一般目的、面向本国的会计在最广泛的含义上扩展到：①会计的国际比较与分析；②国际企业的国际工商业务及其工商企业形式所持有的会计核算与会计报告的各种问题；③国际金融市场所需的会计问题；④通过政治、企业、会计职业组织建立会计标准的活动，对世界会计和财务报告所进行的协调。

国际企业在进行国际商务活动时，也对国际会计产生了新的需求：产生了了解其他国家会计准则、会计制度的愿望；产生了协调统一的愿望；产生了新的会计业务（如外币交易、报表折算、报表合并等）。

13.3.1 各国会计制度差异及原因

13.3.1.1 差异概述

会计制度是指特定社会环境中（一国）政府或民间组织制定的关于财务报告中内容及程序的一切规定。不同国家的会计制度主要在会计信息披露、会计监督、会计机构和会计人员以及会计工作管理的制度等方面存在差异。

以中美两国为例。在会计信息披露方面，美国在信息披露上一般都是透明、公开的，而且强调保护股东的利益，以真实、充分披露而闻名；中国在会计信息披露上多是谨慎、适中的。在会计准则的制定和实施方面，美国的会计准则是由民间组织制定的，在会计准则的使用上比较注重灵活性与选择性；中国则由财政部作为会计准则制定和发布的权威机构，由政府强制各企业执行。

13.3.1.2 原因

各国会计制度不同是由其所处的特定环境决定的，会计环境可以分为外在环境与内在环境。外在环境是指经济、法律、政治、文化中同会计相关的部分；内在环境包括专业导向、统一性、保守主义和保密主义等。会计制度与会计环境之间的联系并不是单向的，而

⊖ Choi, Frederick D. S. and Gerhard G. Mueller (1984) *International Accounting*, New Jersey: Prentice Hall.

是相互影响、相互依存的。一方面，随着会计环境的演进，会计制度也日益发展和成熟；另一方面，某些新的会计方法也可以改变相应的会计环境，会计制度成为促进或阻碍会计环境发展的重要力量。

1. 经济环境因素

各国会计产生差异的首要原因是经济因素。更具体地说，造成各国会计制度差异的经济因素主要有以下几方面，即经济体制、税收体制和通货膨胀。

（1）经济体制。

不同的经济制度有着不同的所有制、不同的所有制实现形式、不同的经济利益代表、不同的经济模式等，这也就决定了要有不同的会计理论。譬如，在美国，企业资本来源主要是广大股东，政府或银行等经济与政治势力强大的团体对公司并不起直接控制作用。这样，广大普通投资者是企业会计报告最主要的阅读者。只有客观、充分、公允的会计报告才能保障股东的利益，提供有用的决策信息。而在德国，大银行往往是企业最大的股东，在公司管理和经营决策中作用非凡，因而会计的对外报告及信息的充分公开就显得不那么重要了。

（2）税收体制。

每个国家都有自己的税收体制，税收体制直接影响着企业的经营活动和会计实务。各国征税纳税等税务实务构成了对会计实务需求的一个重要方面。有的国家税法税则就是会计规则，会计报告中列示的利润与纳税申报表中申报的利润必须一致。德国和法国就是属于这种税收体制的国家。以德国为例，该国要求会计报表上的收益必须同应税收益保持一致，其会计准则中的某些项目在确认时要以税收目的为基础，如果会计记录与税法条款不符，税务机关可以拒绝以其作为计税的依据。而另外一些国家却存在着所谓的财务会计和税务会计之分，会计利润和应纳税所得往往不同。

（3）通货膨胀。

通货膨胀会计有 4 种代表性的会计模式：①一般物价水平会计模式（用不变货币作为计量单位来取代名义货币重述财务报表）；②现行价值会计模式（以资产的现行价值为计量基础，以名义货币为计量单位的会计程序与方法）；③表外补充通货膨胀会计信息模式（不改变会计与报告模式，只在表外补充提供物价变动影响的信息，例如美国）；④资产评估模式（例如法国）。

在通货膨胀一直居高不下的国家，该因素的影响非常重要。比如，以色列、墨西哥和南美的一些国家，都曾经历了恶性通货膨胀，通货膨胀以数百个百分点变动，会计实务最明显的特征就是采用一般物价水平调整方法。20 世纪 70 年代后期，美国和英国都要求报告物价变动的影响，以应对持续的较高的通货膨胀率。20 世纪 80 年代中期，通货膨胀压力降低，物价对历史成本的冲击就淡化了。所以，如果不考虑通货膨胀因素，我们就无法解释各个国家的会计差异。

2. 法律环境因素

在大陆法系的国家里，会计一般受到政府的直接干预，民间组织的作用相对较小，会计职业界一般不发达，远不及英美法系国家民间组织的作用大，会计规范的条文在结构上也非常强调系统性、完整性和逻辑性，例如德国就属于这种情况。而在英美法系的国度里，它们认为“会计不是法律而是艺术与科学的混合体”，法律对会计的约束是宏观的，会计事务处理有较大的“自由”，会计准则的规范一般也是由民间组织来完成。这些国家或地区只是通过法律对会计信息提出保护债权人利益和投资者利益的基本要求，因而会计披露的信息量相当大。总的来说，大陆法系国家的企业财务报告强调“合法性”和“正确性”，而英美法系国家则倾向于强调“真实与公允”原则。

3. 政治环境因素

一个国家的政治制度对该国的会计制度一般都有着间接的影响，有时政治事件和政治变革还会对会计产生直接的影响。两国间的政治关系会对两国的会计实务产生一定的影响，国家在政治上的联盟或敌对影响着会计实务向相近或相反的方向发展。以欧盟为例，欧盟是一个政治联盟，通过政治力量影响着欧盟国家会计实务的发展。欧盟从2000年开始出台相应的法律，要求所有在欧盟上市的公司从2005年起必须按国际会计准则以及未来的国际财务报告标准编制合并报表。

同时，政治管理体制也是一个非常重要的影响因素，在政治权利相对集中的管理体制中，会计被视为国家经济管理的工具，国家对经济活动干预较多，比较轻视会计目标的研究，或只是对会计目标进行宽泛的描述，甚至直接由国家提出会计任务。会计目标不明确，造成了会计准则与会计目标之间的逻辑不一致。而在权力分散的政治环境中，会计自主发展的空间较大，民间会计也较发达，会计目标一般通过科学的方法来合理定位，并在会计理论中进行严密的表达，会计目标与会计准则之间有严密的逻辑性。

4. 文化环境因素

一个国家的文化对其会计体制的性质具有重要的影响。根据荷兰心理学家霍夫斯泰德提出的文化维度理论，会计披露程度的要求与权力距离、个人主义、男性化正相关，与不确定性规避负相关。

以风险规避为例，风险规避是指文化使社会成员接受冒险状况和容忍风险的程度。高风险回避型文化的成员更加关注工作稳定性、职业类型、退休收益等的保障，希望远离突如其来的变动。例如，日本、墨西哥、希腊等国在会计实务中倾向于保守、保密、透明性低。而低风险回避型文化的成员愿意承担风险，很少在感情上排斥变革，侧重于有较强独立审计能力的职业。例如，英国、美国、瑞典等国在会计实务中不会倾向于采用稳健主义的会计方法。

13.3.2 会计制度国际协调

现行的各国会计制度差异对国际企业投资经营产生了以下三方面影响：降低了跨国投资的企业财务数据可比性；增加了国际间资本投资流动以及融资的成本；增加了跨国投资的企业的财务管理成本。国际企业要解决面临的诸多会计制度差异方面的难题，唯一的出路是寻求会计制度国家间的协调与规范，进而增强会计信息的国际可比性。

13.3.2.1 会计国际化进程：推广、协调、趋同

在会计国际化发展进程中的不同时期，针对“会计国际化”的定义存在以下三种不同观点。

（1）推广。会计国际化被理解为国家与国家间相互交流、相互沟通，通过找寻各国差异之所在，求同存异，促进对国际会计管理的学习与了解，以更好促进国际交往。

（2）协调。会计国际化被理解为在可能的范围内，寻求各国的共性，尽量减少国家间的差异，消除不必要的分歧，以达到国家间处理有关事务的可比性和同质性。

（3）趋同。会计国际化被理解为实行全球会计的趋同化、统一化，是从发展的角度来看待完全消除国家间的差异，实行与国际会计惯例相同的标准化会计，使本国会计融入国际行列。

13.3.2.2 国际会计协调含义

国际会计协调是指由于国际经济发展的需要，客观上要求各国在制定会计政策和处理会计事务中，在一定的范围或框架内，逐步采用国际通行的会计惯例，通过世界性的官方组织和民间组织以及各国有意识的行动，某项会计工作规范的适用范围跨越单一国家的疆界，构建一个沟通、平衡机制，采用主动或被动方式，尽量减少各国之间会计准则的差异，消除不必要的分歧，寻求各国会计准则的共性，从而使在不同国度工作的会计人员能遵循类似的，或者是趋同的，甚至是统一的会计制度与准则，以达到国际间会计行为的沟通、协调、规范和统一的活动。

国际会计协调的最终目标是实现国际会计的全球标准化，在世界范围内，所有大公司根据单一的高质量的全球会计准则编制财务报告，建立一个全球统一的会计模式，是世界各国会计活动及其规则在全球范围内的全面融合、趋于一致的过程。为此，国际会计准则理事会（IASB）把“制定一套高质量、可理解和可实施的全球性会计准则”作为其目标，促使各国会计准则与国际会计准则和国际财务报告准则的趋同，实现国际会计趋同。

13.3.2.3 参与国际会计协调的相关组织

为了使协调工作能取得实质性的成果，首先必须解决这样一些问题：第一，由谁出面来进行协调？第二，由谁来制定国际准则？需要采用什么措施来保证这些准则被大多数国家所遵守？第一种思路，把着眼点放在民间组织上，建立起国际会计准则的权威机构，在所属各国的会计专业团体和会计职业团体之间进行协调；第二种思路，把着眼点集中在各国政府，即由政府间组织来协调。

1. 非政府间组织：国际会计准则理事会（IASB）、国际会计师联合会（IFAC）、国际银行组织、其他地区性会计职业团体

国际会计准则理事会（International Accounting Standards Board，IASB）：成立于2001年4月，由国际会计准则委员会（International Accounting Standards Committee，IASC）改组而来。1973年，IASC由澳、加、法、德、日、墨、荷、美、英9国发起设立。截至2009年年底，IASB会员已经包括了124个国家和地区的159个会计组织，中国也已于1998年5月加入该组织。IASB负责制定新的国际财务报告准则（IFRS），取代之前的国际会计准则（IAS），其中推动各国会计准则向IFRS进行高质量的趋同是IASB的战略目标之一。

国际会计师联合会（International Federation of Accountants，IFAC）：它是会计职业界的全球组织，其前身是会计职业国际协调委员会（ICCAP）。它成立于1977年10月，是在当时慕尼黑举行的第11次国际会计师大会上创建的，由来自49个不同国家和地区的63个会计职业团体签署了成立该组织的协定。国际会计师联合会是会计师行业的世界性组织，代表着156个会计师团体和240多万会计师。中国注册会计师协会于1998年5月正式参加IFAC。IFAC的主要任务在于安排未来的国际会计，制定会计职业界有关技术、职业道德、教育等方面的国际指南，促进和帮助地区组织的发展。事实上通过协调一致的会计准则，IFAC促进了世界范围内的会计职业界的协作。

国际银行组织：支持国际会计协调活动的另一个重要力量。典型银行有：亚洲开发银行、欧洲投资银行、世界银行、国际复兴开发银行等。国际银行经常要求出具专门的报告，世界银行所属的国际金融公司甚至发行详细的关于会计和报告准则的指导书籍，对许多发展中国家产生了一定影响。

其他地区性会计职业团体：包括亚太会计师联合会（CAPA，成立于1957年）、欧洲会计师联合会（成立于1987年）、泛美会计师联合会（成立于1949年）、北欧会计师联合会、西非会计团体联合会以及东盟国家会计师联合会。

2. 政府间组织：联合国、欧盟、经合组织、国际证券组织委员会

联合国：20世纪70年代初，在成员方（主要为发展中国家）的强烈要求下，联合国参与国际会计协调工作。联合国设立专家工作组，制定标准化的国际会计准则；设立政府间专家工作组，审议并促使各国政府执行国际会计准则。联合国在国际会计准则的发展中不具有直接的重大影响力，但从正式设立的专家工作组会议议题，可以看出其主要任务是讨论和公布最佳会计实务。

欧盟：欧盟是推动会计协调化和趋同化最具成效的区域性国家联盟。早在欧共体时期，欧盟就将会计视为实现欧洲各国在政治上统一的重要工作。欧共体的会计协调成果主要有欧共体第4号、第7号指令（Directive）。第4号指令主要是关于年度报告的格式、内容和附注，其中引人注目之处是引入了英国的真实与公允原则。第7号指令主要是关于合并会计报表。由于指令具有一定强制性，为执行它，各成员国政府必须积极推动本国法律的修订。1992年以来，欧盟没有进一步发布新会计指令的计划。1995年，欧洲委员会宣布欧盟放弃发展其特定会计准则长期目标，要求成员国今后以国际会计准则作为编制财务报表的基础，以此支持国际会计协调活动。

经合组织：作为国际会计准则委员会（IASC）咨询工作组的观察员，经合组织在20世纪60年代后半期就开始关注跨国公司问题。1975年建立"国际投资和跨国公司委员会"，并在1976年6月发布了《跨国公司行为指南》（Guidelines for Multinational Enterprises），其在"信息披露"一章表述了对跨国公司的会计和报告指南的要求。1978年设立会计准则特别工作组，次年改为常设工作组，支持现有的旨在增进各国会计信息可比性所做出的努力、负责解释《跨国公司行为指南》中"信息披露"一章所含的会计术语、对联合国关于会计和报告准则的工作进行沟通和发表意见。经合组织旨在推动一系列问题处理的国际理解和一致程度，以此为基础，提高信息的可比性和会计准则的协调；促进会计协调化而开展活动，并不参与制定公认会计准则。

国际证券组织委员会（IOSCO）：1987年由泛美证券机构联合会和类似组织更名而成，现有115个证券监督机构作为其成员，已涉及全世界85%的资本市场。作为各国证券监管部门组成的国际组织，IOSCO将国际会计协调作为各国证券监管协调的重要内容。1995年7月，IOSCO的技术委员会与IASC密切合作，在法国巴黎共同制订了一个工作计划，旨在完成一套能够得到世界上主要证券市场接受和确认的核心准则（core standards），来作为跨国上市公司编制报表的基础。

13.3.3 国际财务会计

13.3.3.1 外币交易会计

中国将外币业务定义为"以记账本位币[㊀]以外的货币进行款项收付、往来结算等业务"，国际上一般认为，功能货币[㊁]确定后，企业在经营活动中使用的其他货币都是外币。外币交易（Foreign Currency Transaction）也就是以非功能货币计量的交易，包括买入或者卖出以外币计价的商品或劳务、借入或者借出外币资金和其他以外币计价或者结算的交易。

㊀ 记账本位币：企业收支所用的主要货币；人民币不一定为记账本位币；例如，中国的跨国公司设在国外的子公司或分支机构，可选定当地货币为记账本位币。

㊁ 功能货币：经济主体从事经营活动和产生现金流量的主要经济环境中的货币。

此外，外汇兑换损益与外币折算损益都是由于不同日期的实际汇率之间的差别而形成的，会计上把它们作为汇兑损益来处理。

1. 外币交易的折算方法

一个企业的外币交易在其发生日应立即按双重反映的要求登记入账，而在把外币折合成功能货币时，依据所采用汇率的不同，可分为成本法和标准汇率法两种会计处理方法。

（1）成本法。

成本法也称逐日折算法，是以按外币交易发生时的市场汇率把外币折算为本国货币（功能货币）的金额入账，同时也记录外币的实际金额（即双重记录）的会计方法。外币栏采用永续盘存制。这种方法要求在月末进行调整，使本国货币金额与外币现行价值相一致，调整额一般计入汇兑损益账户。

（2）标准汇率法。

标准汇率法也称月终调整法，外币在入账时首先以标准汇率记载，把按标准汇率计算的数额和实际成本或收入之间的差额记入汇兑损益账户。若标准汇率发生变动，则一般在月末进行调整。

2. 外币交易汇兑损益的会计处理方法

（1）单项交易观。

单项交易观（single-transaction perspective）也称一笔业务观点，就是把销售（购货）及随后的账款结算视为一笔业务的两个阶段。汇率变动的影响应处理为对原先入账的销货收入（或购货成本）的调整，也就是说，按功能货币计量的销货收入（或购货成本）最终将决定于账款结算时的汇率。这一观点的会计处理方法有两个特点：一是以结算作为会计处理的基准，实际上是以现金的收付确认经济业务的发生。这种观点实际上是把原来以外币标价购销记录的数额视为估计数，等结算时实付现金确定后，再予以调整。二是将汇兑损益作为购销存货的成本或收入，而不单独计列汇兑损益项目。

（2）两项交易观。

两项交易观（two-transaction perspective）也称两笔业务观点，就是将交易的发生作为交易完成的标志，即把交易的发生和随后货款的计算看作两项交易。这种观点认为，在交易发生时，购货成本或销货收入已按当时的汇率将外币金额折算成功能货币确定下来，而与以后货款的结算无关。至于报表编制日和交易结算日由于汇率变动而产生的外币折算差额，则作为外币折算损益，在汇兑损益账户中单独进行核算，而不列入“购货”或“销货”账户，来增减购货成本或销货收入。

对于交易结算前发生的外币折算损益有两种处理方法：一种是作为已实现的汇兑损益，列入当期利润表；另一种是作为未实现的递延汇兑损益，列入资产负债表，直到交易结算时才作为已实现的汇兑损益入账。

13.3.3.2 外币报表折算

随着跨国公司在整个世界经济中所发挥的作用和所占的比例越来越大，作为跨国公司合并会计报表编制前提的外币报表折算显得越发重要。

外币财务报表折算，是指从事国际经营活动的公司采用它们的编报货币来重新表述财务报表中按外币计量的资产、负债、收入和费用的会计程序和方法。外币报表折算的动因主要包括：①编制合并财务报表的需要；②管理和监控的需要；③国际投资的需要。为了全面反映跨国公司的整体财务状况和经营成果，每一会计期末母公司需要将以外币表示的和国外子公司的会计报表折算为以母公司记账本位币表示的报表，然后再进行合并。外币报表折算过程只是将一种货币换算为另一种货币，不是实际意义上的经济交易行为，因此无须进行账务处理，只需要对会计报表做相应的调整。

折算问题的根源是汇率不固定。它给会计人员带来这样两个问题：①当取得资产或发生负债时的汇率不同于现行汇率时，用以折算该项资产或负债的合适汇率是哪个？即折算汇率的选择问题。②应当怎样处理由于汇率变动产生的收益或损失？即折算损益处理问题。由于第一个问题涉及公司资产和负债的价值确定，因而更为重要。它不仅影响资产负债表，而且最终影响利润的计算。第二个问题主要是关于表述的问题，即应该怎样表述折算损益以及怎样在财务报表上列示它们。

1. 折算汇率的选择

（1）现行汇率法。

现行汇率法（current rate method）也称“期末汇率法”，是一种单一汇率法，它是各种折算方法中最为简便易行的一种方法，也是历史上最古老的方法。采用这一方法，就是对列入资产负债表的所有外币资产和负债项目均按编表日的现行汇率（即期末汇率）折算；实收资本项目按股份发行日的历史汇率折算；利润表中的收入和费用从理论上讲按确认这些项目时的现行汇率折算，但由于导致收入和费用的交易是经常且大量发生的，为简便起见，通常是按照当期现行汇率的加权平均数折算。美国第 52 号财务会计准则要求按平均汇率，英国第 20 号标准会计惯例和第 21 号国际会计准则都允许在平均汇率或期末汇率之间做出选择。

（2）时态法。

1975 年美国财务会计准则委员会（FASB）发布的第 8 号《财务会计准则》确定**时态法**（temporal method）为统一的折算方法。资产负债表各项目的折算汇率取决于这些项目的计价方法，这是折算汇率选择的逻辑基础。据此，在结账日资产负债表中，以现行价值、可变现净值和重置成本反映的项目，根据时态法的原则，按现行汇率进行折算；以历史成本计价的项目按历史汇率折算；公司实收资本的外币余额，按股份发行日的历史汇率折算。或者说，对所有货币性资产、负债项目采用原入账时的历史汇率计算，对按现行成本计量的非货币性资产、负债项目采用期末汇率折算。

现如今，各国外币报表折算汇率的选择如表 13-3 所示。

表 13-3　各国外币报表折算方法的比较

折算方法	采用的国家和地区
现行汇率法	美国、英国、法国、日本、荷兰、意大利、加拿大、新加坡、澳大利亚等
时态法	美国、巴拿马、阿根廷、加拿大、奥地利、英国、秘鲁、委内瑞拉等

资料来源：节录自吴革（2012），第 93 页表 5-14。

【专栏 13-2】

折算方法选择的国际标准比较

当今世界上关于外币报表折算方法的争论主要在时态法和现行汇率法之间展开，那么会计人员是如何选择具体的折算方法的呢？美国财务会计准则委员会（FASB）的公认会计准则和 IASC 的国际会计准则分别提出两条择定标准。

1. 功能货币择定标准（美国 FASB 的第 52 号准则）

（1）母公司货币观点应选用时态法。

如果某一国外子公司的经营活动不过

是母公司经营活动的延伸，就像母公司直接从事这种国外经营活动那样，它的功能货币将是母公司的本国货币。这样的观点可称为母公司货币观点。在这种情况下，母公司首先关注的是要使国外子公司经营活动中的本国货币权益最大化，因而宜采取时态法，汇率变动同经营损益一样会直接对报告企业的所有者权益和来自营业活动的现金流量产生影响，故汇率变动对上述两个方面的影响应包括在本期净利润中，即由此而产生的折算损益应在当期确认，计入该类子公司的经营损益。这种折算程序是先资产负债表后利润表，体现了“资产负债表重心”的观点。

（2）子公司货币观点应选用现行汇率法。

如果某一国外子公司的经营活动相对来说是自主的，并在国外形成一个整体而独立于母公司的经营活动之外，它的功能货币往往就是当地货币（外币），这样的观点称为子公司货币观点。在这种情况下，无论汇率如何变动，对报告企业和境外营业的现金流量都不会产生直接影响，只对报告企业的所有者权益（净投资）产生影响，这时宜采用现行汇率法，汇率变动的性质是投入资本的增减变化，而不是损益，由此而产生的折算损益应作为股东权益的调整额来处理。其折算程序是先利润表后资产负债表，体现“利润表重心”的观点（见图 13-1）。

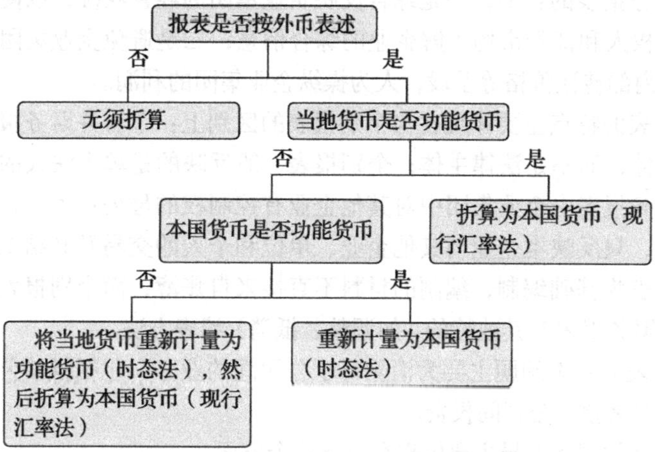

图 13-1　时态法与现行汇率法的选择

2. 国外主体分类择定标准（IASC 的第 21 号国际会计准则《外汇汇率变动影响的会计》(1983 年)

（1）独立经营的国外实体应选用现行汇率法。

（2）母公司的国外有机组成单位应选用时态法。

（3）判断国外主体是国外实体还是母公司的国外有机组成部分的条件。

资料来源：吴革（2012），第 94 页。■

2. 折算损益的处理方法

外币报表折算损益指外币报表折算时，由于报表的不同项目所采用不同汇率折算而产生的差额。美国称之为“折算调整额”（translation adjustments），英国称之为“汇兑差异”（exchange differences）。

外币报表折算损益与外币交易折算损益不同，主要表现在：①外币交易折算损益是在交易过程中或报表编制日将外币交易金额折算为功能货币时而发生的差异；外币报表折算损益则是在国外子公司报表的基础上，将一种货币表示的报表折算为另一种货币表示的报表所产生的差异。②外币交易折算损益，包括已实现和未实现的外币折算损益；外币报表折算损益，则都是未实现的外币折算损益。③外币交易损益应在账簿中加以记录，而外币报表折算损益通常只反映在合并报表之中。

折算损益在国际上也存在着各种各样的处理方法，主要有：①直接计作股东权益的变动。把折算损益作为合并股东权益的一部分，在资产负债表或留存收益表上单独累计列示，不在利润表上反映。②递延处理方法。采用递延方式把折算损益在有关的资产和负债项目的有效使用期内，分期予以摊销。③计入本期利润表。把折算损益全部列入当期利润表内予以确认，而不用递延和分期摊销。④部分递延。根据稳健主义原则，损失在发生时立即确认，而利得在真正实现时才确认。

不同折算方法对折算损益的处理有所差异。现行汇率法将折算损益作为一个单独项目反映在合并股东权益中，而时态法则将折算损益计入当期损益。

不同国家对折算损益的处理有所不同。大多数国家采用计入本期利润表的账务处理方法，即立即确认外币折算损失。日本则采用部分递延的方法，折算损失直接计入利润表，而折算利得则不计入利润表。

13.3.3.3 合并财务报表

编制合并财务报表的目的，一是综合反映企业集团的经营状况，以便使企业最高管理层、投资者、债权人和证券市场了解企业的综合信息；二是避免企业集团利用对子公司的控制关系，运用内部转让价格等手段，人为操纵企业集团的利润。

合并财务报表的特点主要体现在与个别报表的区别上：①合并财务报表反映的是会计意义上的利益主体，而不是法律主体；个别报表一般反映的是单个法人的财务状况和经营成果。②合并财务报表由企业集团中对其他企业有控制权的母公司编制，个别报表由独立的法人企业编制，只反映本企业与其他企业、单位和个人的交易及其结果。③合并财务报表以个别财务报表为基础编制，编制的材料不直接来自账簿，而个别报表是以账簿为基础编制的。④合并财务报表有其独特的（如调整、抵消）编表方法。

合并财务报表的基本问题主要为消除母子公司间的业务，包括抵消公司间业务所产生的收入、费用、往来款、公司间投资。

合并财务报表的国际差异主要体现在以下几个方面。

第一，合并报表的披露范围。传统上，跨国公司所公布的合并报表所披露的范围有以下四种方式：只公布母公司的财务报表，如西班牙、巴西等；同时提供母公司报表和合并报表，如英国、德国、法国、荷兰等；只提供合并报表，如美国、加拿大等；多重披露，一些跨国公司，比如荷兰的联合利华和皇家荷兰 / 壳牌需要遵照多个所在国的法律和惯例来选择有差异的方式披露信息。

第二，各国依据的合并理论。有关合并理论，国际上存在三种不同的观点。

第一种，母公司理论。该理论将合并财务报表视为母公司财务报表的扩展和延伸，站在母公司立场来编制合并财务报表，基本编报日的是为母公司股东的利益服务，主要反映母公司或控股公司的股东在合并的财务状况和经营成果中所占的份额，并不注意少数股东的权益。国际会计准则委员会（IASC）、美国、英国、荷兰等都曾运用母公司理论编制合并财务报表。

第二种，主体理论。该理论认为母、子公司从经济实质上说是单一个体，合并财务报表应从整个企业集团的角度出发并为全体股东（包括控股股东和少数股东）的利益服务。因此，合并净收益应属于企业集团全部股东的收益，要在多数股权和少数股权之间加以分配。

传统上，德国和日本的法律与惯例在合并财务报表的编制中主要依据主体理论。随着美国财务会计准则委员会对准则的修订以及国际会计准则的改进，母公司理论有被主体理论取代的趋势。

第三种，所有者理论。该理论认为母、子公司之间的关系是拥有与被拥有的关系，编制合并财务报表强调的是合并母公司所实际拥有的，而不是母公司所实际控制的资源。该理论一般与其他理论结合采用。法国的法律和惯例同时以母公司理论和所有者理论为基础。

第三，各国采用的合并方法。各国合并财务报表的方法主要有购买法和权益结合法。购买法是指把购买企业获取被并企业净资产的行为视为资产交易行为，即将企业合并视为购买企业以一定的价款购进被并企业的机器设备、存货等资产项目，同时承担该企业的所有负债的行为，从而按合并时的公允价值计量被并企业的净资产，将投资成本（购买价格）超过净资产公允价值的差额确认为商誉的会计方法。购买法广泛应用于世界各国，已为美、英、日、法、德、加、瑞典、荷兰、瑞士等大多数国家采用。权益结合法将企业合并视为成员企业股东权益的联合，而非资产的购买。英国、日本、加拿大等国要求在规定的条件下采用权益结合法，但由于条件限制较为严格，使得权益结合法在这些国家难以流行。美国和国际会计准则均已取消了权益结合法。

第四，各国的合并范围。各国合并财务报表的合并范围存在较大差异。美国规定合并的依据是控制股权，一家公司控制其他公司时必须编制合并财务报表，业务类型不同的公司之间可以合并。国际会计准则在1994年做出规定，原则上凡是取得了其他公司的控股权就应当把这些公司作为子公司合并进来。法国在1990年做出规定，法国企业只要满足以下条件中的两个，就应该编制合并财务报表：①雇员超过500人；②营业额达到2亿法郎；③资产额达到1亿法郎。

本章小结

本章针对国际经营中财务管理与会计问题的特殊性，介绍了汇率、利率、国际税务风险及应对手段；介绍了国际投资管理中的国际投资环境分析和资本预算的原则、方法要点；介绍了国际融资管理中的来源、方式、结构和成本等知识要点；介绍了国际现金管理中涉及的基本方法和手段；介绍了各国会计制度差异与协调；概述了外币交易会计、外币报表折算及财务报表合并等财务会计概念要点。

关键术语

交易风险管理	合约保值	折算风险管理
经济风险	利率风险管理	远期利率协议
利率互换	利率期权	空头套期保值
国际投资环境	投资障碍分析法	国别冷热比较法
多因素评分分析法	资本预算	净现值法
内含报酬率法	投资回收期法	不确定性吸收法
确定性等值法	股权融资	债权融资
加权平均资本成本	现金集中管理	股利返回
内部贷款	转让定价	SWIFT

CHIPS　　净额结算　　现金池

国际会计协调　　外币交易会计　　成本法

标准汇率法　　单项交易观　　两项交易观

外币报表折算　　现行汇率法　　时态法

折算损益　　合并财务报表　　购买法

权益结合法

本章阅读资料

请扫描二维码详尽了解本章阅读资料

第14章
CHAPTER14

全球信息系统

引导案例

信息技术提高戴尔的供应链效率

戴尔（DELL）公司是全球领先的IT产品及服务提供商，采用直销模式销售产品。客户在戴尔公司的销售平台上可以直接下单，支付后大约三四天就可以收到电脑。有人提出，戴尔的核心竞争力是直销模式背后将生产、运输均交给其他企业完成，且只关注并控制供应链，建立在低成本配件供应和高效装配运作体系基础之上的优良供应链管理。在供应链管理中，信息沟通和控制起到重要作用，除了不可或缺的企业内部订单管理、支付管理、库存管理信息系统之外，还有一个强大的供应链管理系统，把客户的需求及时反馈给戴尔的供应商、物流运输商，戴尔通过企业内部网将销售的各种产品的数据以及戴尔对需求的预测公布出来，并及时更新，为查询和参考所用，让合作伙伴了解各种部件和配件的需求。通过充分发挥管理信息系统的作用，将信息快速、准确地传递给内部相关部门和外部供应商等合作者，戴尔得以与供应链上的其他企业密切协作，实现了库存下降到最低，成本降到更低，供应商等相关的合作者价值充分放大。

学习目标

通过本章的学习，了解信息和信息系统在国际商务中对日常活动和决策的重要作用；基本掌握信息和信息系统的内涵；基本掌握根据不同业务需求选择信息系统的方法；了解全球供应链管理信息系统的基本内容。

14.1 信息和信息管理基础

为了更好地理解企业的信息系统，有必要在本节介绍常用的概念和信息管理基础。在日常的工作学习中，我们经常听到数据、信息等概念，其实，在信息社会，谁都离不开数据和信息，并且这两个概念有本质的区别。围绕这两个概念衍生出很多的内容，例如信息资源、数据管理和数据库、信息系统等。

14.1.1 信息和信息系统

1. 数据

谈到数据，好像很抽象，其实用一个例子就能理解数据的本质。

例如，在一家贸易公司，主要销售（零售和批发）运动自行车，随着时间推移，会产生一些订单，订单就会涉及业务员、客户和自行车商品的数据，目前订单、商品、客户和供应商，以及业务员的不同数据均被保存在一台计算机中，随着线上线下销售业务的增长，就会生成大量订单数据，每张订单数据包括订购日期、发货日期、商品列表、业务员、客户、送货地点、送货日期等基本数据。

数据是对没有处理过的客观事务以及特征或属性的描述。

如果缺少这些基本数据，对一个订单的处理就会产生错误。所以，数据对企业来说越来越重要，越来越有价值。

当数据的量小、种类少的时候，往往会被保存在一个 Excel 文件中，每张 Excel 表是一个二维表。

2. 信息

对于每个具体的需求，信息比数据更有优势。

大量数据是基础，可以通过筛选、过滤和整合等方法从各种数据中提取最需要的那部分。按需求被提取出的那部分数据就是信息。

例如，要了解 2020 年年底哪个客户的订单数最多，哪个客户的购买总额最高，一个简单的处理方法是从订单数据中汇总每个客户的订单数目、金额，再进行排序，如果分别以降序方式对订单数或汇总金额排序，就很容易获悉排名第一的客户。

信息就这样从数据中被提炼出来，提炼需要背景条件。**信息**（information）是根据条件或背景从数据中提炼出来的数据，更有针对性。

3. 数据库和数据库软件

（1）数据库。

还是以订单为例，当销售的订单、商品、客户、供应商和业务员数据很多时，一个或几个简单的 Excel 表管理这些数据就变得困难，更不能体现出不同数据之间的关系，也会给使用数据带来困难；再举一例，如果想利用一个订单的编号查询其中商品的供应商，在 Excel 中怎么办呢？即便可以查也是比较麻烦的。

数据库把以上这个查询变得很容易，把订单、商品、客户、供应商和业务员这些相关的数据存放在一个数据库容器中，可以命名为销售数据库；各种数据分别被放在不同的数据二维表中，这些表之间有相关性，例如客户的表与订单的表存在一个对多个的关系，换句话说就是一个客户可以产生多张订单，这些数据表形成了一个关系型数据库，这种关系的好处是使用一个线索，例如根据客户的订单号就能轻松查询商品的供应商，以及负责这个订单的业务员等信息。

当数据的量多起来，不同种类的数据之间有关联时，一个 Excel 文件或几个 Excel 文件就没有优势了，使用数据库是一个比较好的选择。

（2）数据库管理软件。

数据库需要一个专门的管理软件管理，目前市场上销售的 Access、SQL Server、Oracle 或免费的开源软件 MySQL 软件均可以用于管理数据库。

一般来说，管理数据库的方法是先建立数据表，把数据保存进数据库，再利用软件建立起查询、报表等，或者用其他软件访问建立好的数据表。以上两种方式均可管理数据库。

4. 数据仓库

从字面可以看出，数据仓库中的数据量更大、更多，可以是多数据维度、多时间跨度或者多条产品线上的数据的有机集合。例如，一个分公司的数据库中保存的是当前时间的数据，而总公司的数据仓库中保存的可能是几年甚至更长时间的数据；数据仓库可能保存若干条产品线的、多个地区的数据，而本地数据库中保存的是正在当地销售的产品线的数据。

可见，数据仓库的数据是经过汇总后的数据，当然也要经过数据清洗、过滤等方法，把错误的、假的和重复数据过滤掉之后才能保存在数据仓库中。

数据仓库中多维的数据一般用于决策支持，例如，当某个企业要知道如何把自己的线下大卖场客户群体进行细分，以制定更合适的市场营销策略时，可能要回答以下问题：

- 哪些客户经常光顾本店？
- 主要客户群对产品的偏好变化趋势如何？
- 销售量突然发生变化的商品有哪些？
- 销售量平稳的商品有哪些？
- 经常被询问货架位置的商品有哪些？
- 打折对销售的影响程度如何？
- 互联网广告对销售额的影响程度如何？如何选择精准的投放时间点？
- 客户对商品价格和档次的抱怨与投诉情况如何？

利用数据仓库中的多维数据，针对每个问题寻找相关的信息，根据分析结果选择细分市场的营销策略。图 14-1 显示了数据库与数据仓库之间的关系及举例。

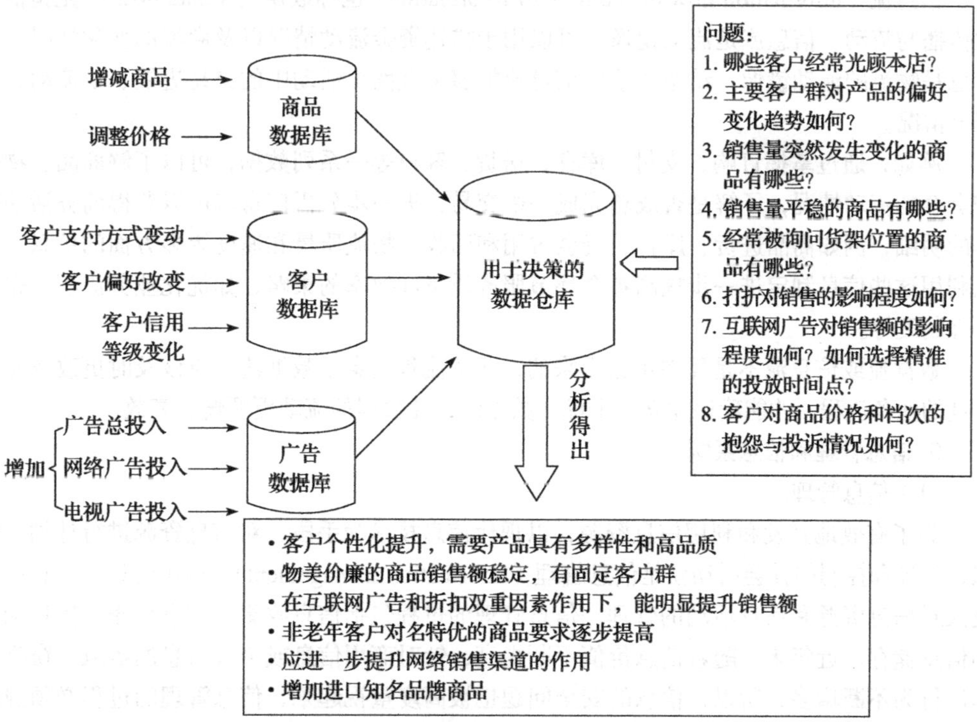

图 14-1　数据库与数据仓库之间的关系及举例

值得提出的是：数据仓库是机器学习、人工智能的数据基础，计算机的智能系统通过不断学习和训练（机器学习），变得越来越智慧，可以应对更多的复杂问题；人工智能最具代表性的就是围棋机器人，通过学习数据仓库中各种各样的棋谱，能够在短时间内大大提高对弈的能力。另外，人们通过使用R、Python、SAS等数据分析软件对数据仓库中的大数据进行分析，为决策制定提供更有说服力的支持。

5. 信息流和业务流程再造

在商贸活动中存在商流、物流、资金流。

企业订购商品、采购商品的内部过程需要分为几个步骤，如图14-2所示。

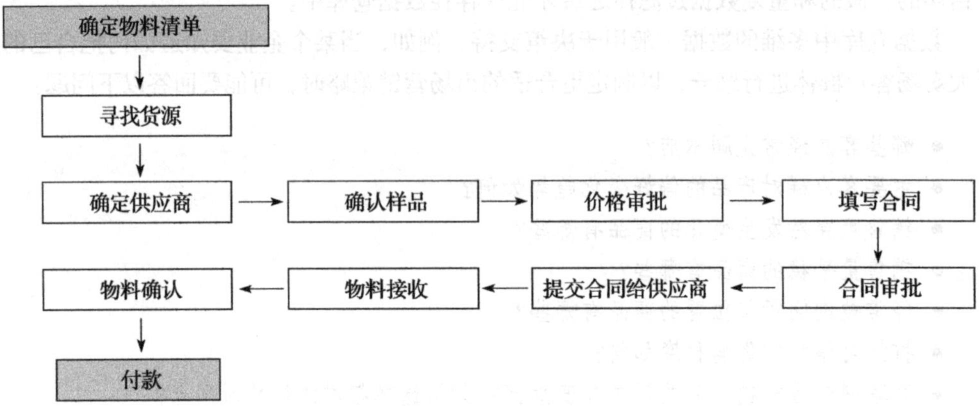

图14-2　采购流程图

这个过程中存在资金、商品流动，以及合同审批、提交合同与物料确认等商流信息的流动。

信息流（information flow or the flow of information）也称数据流（data flow），是指信息的传播与流动。信息流是流动镜像，可以用于描述资金流动情况以及商流的变化情况，当然也是物流的流动镜像。动态地掌握信息流能够掌握商贸活动中的交易进展、物流动态和资金情况。

例如，通过掌握订购、支付、库存、送货、客户等一系列数据，可以了解商品、物流和资金的流动情况，了解是否成功完成一笔交易，进一步分析信息流可以获得商务活动流程的明细，例如商品进货、库存、资金占用和回收、物流质量和速度等多方面的信息，可以利用这些信息制定进一步提高各个环节服务质量和效率的策略，如优化业务流程、完善管理制度等。

数据流或信息流不是凭空想象出来的，业务流程决定了数据流，应该及时更改或完善不良的业务流程，才能确保建立一个优质数据流，让数据的流动更顺畅、高效。

6. 信息管理和信息系统

（1）信息管理。

为了有效地开发和利用信息资源，以现代信息技术为手段，对信息资源进行计划、组织、领导和控制的社会活动就是信息管理（information management）。简单地说，信息管理是人对信息资源和信息活动的管理。信息管理的过程包括信息收集、信息传输、信息加工和信息储存。近年来，随着信息价值不断提高，针对商用信息或个人信息的盗取、窃听等非法行为不断增多，所以，信息的安全问题也被高度重视起来，信息管理的过程必须强调安全的存储、安全的传输以及合法的使用。

一句话，信息管理的主要目的是对信息资源进行有效管理，发挥信息资源的最大作用。从业务人员的角度来说，信息管理从原来手工的管理数据方式变成由计算机的应用软件系统管理数据的方式。

（2）信息系统。

信息系统（information system，IS）是对数据资源进行管理的系统，在功能方面包括基础数据的录入和输出、数据的维护（包括修改、删除和插入数据）和使用（包括筛选、排序等）。企业的综合信息系统的常用功能包括人力资源管理、财务管理、生产计划管理、库存和物料管理、客户关系管理、销售和售后管理等。

在前面的举例中，谈到对订单、客户、供应商、业务员等的数据管理，如果使用一个或几个软件协同起来建立一个销售管理系统，能进行各种数据的录入、修改，能进行信息查询，能打印销售报表，那么这个有多种功能的整体就被称为一个管理信息系统。人们可以按照自己的需求选择购买或由软件公司开发一套信息系统，主要目的是提升对数据管理的能力和效率，方便使用。

（3）信息系统的分类。

按照功能，信息系统可被分为多种类型，具体如表 14-1 所示。

表 14-1　主要信息系统及功能列表

信息系统	主要功能	用户群
办公自动化系统	企业内部的通信平台 信息发布的平台 工作流程的自动化 文档管理的自动化 会议管理、车辆管理、办公用品管理等辅助功能 分布式办公，方便员工办公与信息交流	企业内部员工
财务管理系统	会计业务 总账管理 生产财务报表 个人所得税计算器 财政预算	企业内部员工，个别模块提供给股东或债权人使用。然而，很多公司通常将财务信息隐藏，仅仅开放给企业内部的部分员工，例如，高层管理人员和财务部门人员
生产计划管理系统	制订主生产计划 产生物料需求计划 自动生成采购订单 自动生成生产单 材料管理 半成品管理 成品入库等	企业内部员工
客户关系管理系统	客户管理 联系人管理 潜在客户管理 销售管理 营销管理 客户服务、呼叫中心 合作伙伴关系管理 商业智能、知识管理、电子商务等	客户服务部门员工以及相关主管
供应链管理系统	供应链标准化的操作流程 可供相关业务对象独立操作的管理功能	相关业务人员，部分功能开放给物流、供应商等相关企业

（续）

信息系统	主要功能	用户群
决策支持系统	管理、提供与决策问题有关的内部信息 收集、管理、提供与决策问题有关的外部信息 收集、管理、提供各项决策方案执行情况的反馈信息 存储和管理与决策问题有关的数学模型 存储、提供常用的数学方法及算法 对数据进行加工、汇总、分析、预测 修改和添加数据、模型与方法 人机对话和图像输出功能，满足数据查询要求 数据通信功能	企业管理层用户
经理信息系统（主管信息系统）	适用于高层经理的信息管理系统 提供综合信息，预警与控制“成功关键因素”遇到的问题 通过网络下达命令，提出行动要求 讨论、协商、确定工作分配，进行工作控制和验收，等等	企业内部部门经理

（4）信息系统的架构。

一般来看，基于国际互联网的信息系统，服务器端放在企业的机房或某个有网络连接的地方（例如企业在电信机房放置计算机），这样做的优势是可以提供多用户访问，以微信（Wechat）社交软件系统为例，由腾讯公司负责提供微信的服务，用户可在智能手机端使用手机微信 App 或者在 PC 端使用网页版微信。

回顾一下，使用手机微信 App，需要去手机商店下载并安装，这个访问模式是客户端－服务器模式（client-server，C-S）；在 PC 端启动浏览器，通过扫码手机微信的二维码就可以使用微信，这个访问模式是浏览器－服务器模式（browser-server，B-S）。看似后者更方便，但从安全角度来说，前者更好一些。

当某微信用户有发信息、红包或视频连接等需求时，这些请求就被送到了远端的微信服务器，服务器响应了用户的请求，用户才能成功地发出红包或者连接视频。

基于国际互联网的信息系统服务器端绝大多数是被动服务，当有客户请求时才连接客户端，并提供服务，这很重要，没有客户端的请求，服务器不会主动提供服务。

7. 企业中信息资源的管理者

从使用者的角度理解，信息资源是所有业务和管理决策所需要的计算机所保存的关于企业财务情况、销售情况、人力资源、客户、供应商、基础设施等的相关数据集合。这么重要的资源需要企业配备如下人员对信息资源和信息管理系统进行管理。

（1）首席信息官。

首席信息官（chief information officer，CIO）或首席知识官（chief knowledge officer，CKO）是企业信息管理的最高职位，主要负责制定企业的信息化战略和规划，统筹企业的信息化运营工作以及信息化人才的引进和培养，需要具备根据企业长远发展目标制定信息化战略的能力，知晓如何利用信息战略支持企业战略和日常运营，应该具有宏观运筹帷幄的能力。

（2）信息化部门主管。

信息化部门主管的主要职责是贯彻企业的信息化战略和规划，负责信息技术部门的日常运用和人员管理，需要有较宽泛的信息技术知识，善于沟通，具有团队领导和项目管理能力，一般主管负责权限的分配、企业网络架构的建设、网络安全等重要工作。

（3）数据管理和数据库管理员。

数据管理（data administration）主要是针对企业数据的综合管理和使用；数据库管理（database administration）则以技术手段实现对数据的管理和维护。

（4）软件开发人员。

软件开发人员（software developer）包括系统架构师、系统设计师、项目管理、数据管理员和程序员，分别负责信息系统的设计、实施项目的管理、数据管理以及程序代码的编写等工作。

（5）其他角色。

有的大型企业 IT 部门专门设置管理账户、管理打印、管理数据备份等专门岗位，也可能根据企业的需要设置邮件管理、域名管理等岗位。负责企业每位员工个人账户和密码的岗位是账户管理员，一旦账户登录有问题，就可以咨询他们。

以上主要介绍了以数据和信息为核心的相关内容，目的是为本章后续的学习奠定基础。

14.1.2 企业内联网和企业外联网

互联网的发展必定影响到数据的维护、使用模式，例如，手机的 App 是一种基于无线网络的信息系统，企业内部的 ERP 管理系统是基于企业网络的资源管理系统。

企业网络的基本作用是将企业的计算机或移动设备（PDA、笔记本或智能手机）连接起来，共享企业内部信息资源，例如客户需求信息、供应商的信息、新产品研发信息等。另外，企业构建自己的网络，为内部员工访问国际互联网（Internet）提供了一个中间桥梁，每台企业用户计算机只要能接入企业内部网络即可访问国际互联网，降低了成本，提高了安全度。

1. 企业内联网和企业外联网

如果在企业网络中使用国际互联网的技术（提供浏览服务、论坛、邮件、文件下载等服务），并且所有使用者均为企业内部员工，这个网络就被称为企业内联网（Intranet），也被称为企业内部网；如果企业网络允许供应商、合作伙伴、政府监管部门等外部用户访问，就演变成企业外联网（Extranet），也被称为企业外部网。

企业的信息作为一种重要资源，有些可以向外发布，例如企业的发展情况和新投入市场的商品信息希望更多人知道，但是客户、新产品研发等信息就不希望向外界泄露，所以对信息资源的使用权限管理越来越重要。

企业内联网和企业外联网如图 14-3、图 14-4 所示。企业内联网的使用者均为企业内部员工，保证了内部信息资源的安全性，如果员工出差在外，可以通过企业提供的虚拟专用网（virtual private network，VPN）拨入方式，访问企业内部网。如果出差之前认真询问网络管理如何在外地连接企业内部网，那将十分有用；企业网络的管理员应该向员工发布如何在企业外部连接内部网。

如果是外联网，应该注意防止外部用户对内部信息资源的越界使用问题，主要目的是确保资源的安全，企业的信息资源已经成为企业的主要资源，而且价值越来越高。

2. 网络路由器和交换机

路由器（Router）和交换机（Switch）是网络连接设备，其工作原理比较复杂。基于普及网络基础知识的考虑，我们做最简单的介绍。

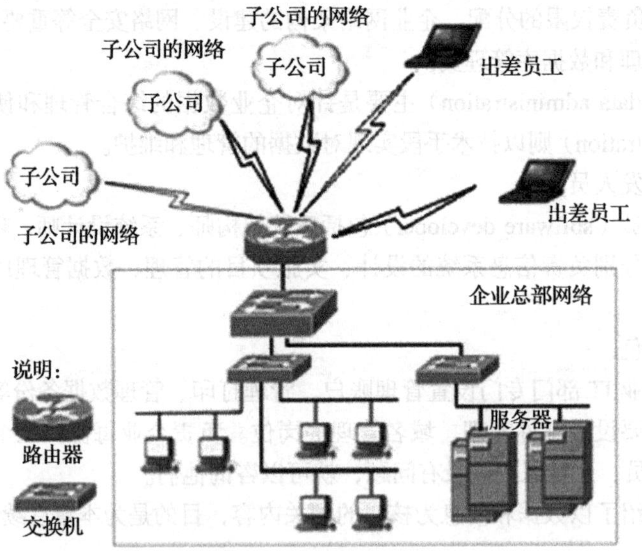

图 14-3　企业内联网图例

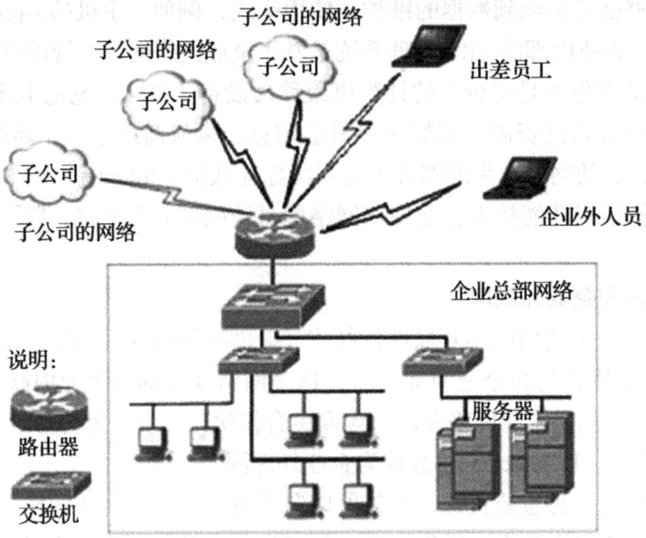

图 14-4　企业外联网图例

（1）企业级路由器。

企业级路由器负责不同网络之间的连接，主要作用是路由选择，限制或允许某些数据包进入或穿过网络。例如，在中国五矿和中国石油两个企业的网络之间，每个企业必须配备一个叫路由器的网络设备进行连接，如果网络之间不能连接，就不能进行数据传输（更专业的术语叫作数据交换）。

这个路由器与家用路由器有本质的区别，不是一个类型的，用途也不同。依据路由器的性能，其价格在几百元、几千元或更高。图 14-5 所示的是华为某款企业级路由器。

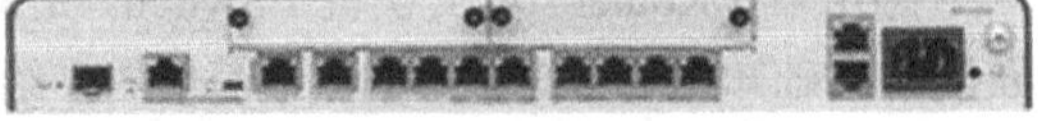

图 14-5　华为某款企业级路由器

（2）无线路由器。

无线路由器（Wi-Fi Router）是一个复合型的小型网络连接设备，主要解决多个设备使用一个网络账号连接互联网的问题。其主要功能是与某家电信公司服务商（被称为 ISP）联网，接收电信服务商提供的网络参数，为家庭或小型办公室内部的多个设备（PC、手机、PAD、笔记本、台式机、摄像头等）分配网络参数，使得这些设备可以通过这个 ISP 访问国际互联网，这个设备作为其他内部设备的网关代理向互联网发送其他内部设备的服务请求，并接收来自互联网的响应，将收到的信息派发给请求服务的设备。图 14-6 所示的是华为某款 Wi-Fi 路由器，华为也称其为家用无线路由器。

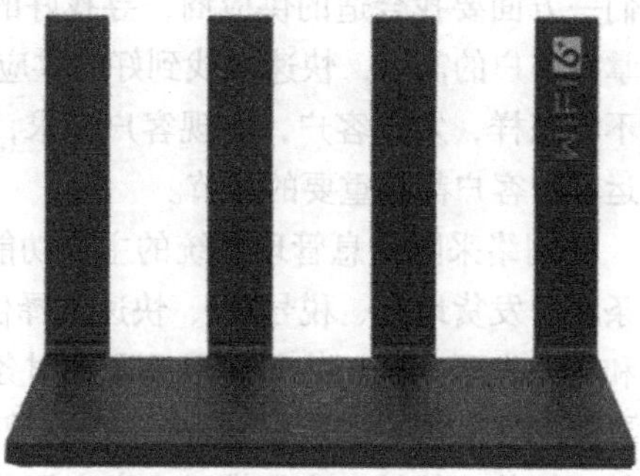

图 14-6　华为某款 Wi-Fi 路由器

这个设备的价格比较便宜，例如，华为子母机组合的无线路由器 2021 年 1 月在京东商城的报价在 500 ～ 600 元，普通的无线路由器价格在 200 元左右；这个设备可以用在家庭内部或小型办公室内部，但不能满足大会议室、企业餐厅等范围大且用户多的需求。

（3）交换机。

交换机负责不同级别网络设备的连接，负责接入终端计算机或智能设备，即所谓本地网络（local area network，LAN㊀）的连接，例如，某企业内部网络是由大大小小的网络组成的，针对一个分支机构，可能在一个建筑物内，里面的计算机等设备是靠交换机互相连接的，尤其是办公室的固定设备，如台式机、打印机等，均可以通过一条网线接入企业网最末端的交换机上，这样的交换机如同一个插座，把计算机连接到企业网络。

（4）无线访问点。

无线访问点（access point，AP）是一个无线网络的设备，一般被布置在办公室外的走廊、大厅，通常被挂在天棚或墙壁上，这个设备是交换机的延伸，专门用于手机等无线设备的网络接入。如果是台式计算机外加一块无线网卡，也可以通过 AP 连接企业网络。

AP 如同一个大的插座，把办公室、会议室、走廊、食堂等的设备动态联网，给企业用户提供实时的网络连接服务。

14.2　企业信息管理系统的应用

本节将从企业不同级别的用户视角，来考虑如何利用不同类型的信息管理系统提高工作效率，帮助企业做出决策。我们将主要按照普通商务人员、企业中高层管理两个层次，分别介绍多种信息管理系统的应用。

14.2.1　普通商务人员与信息管理系统

在信息化的社会，高效、准确地完成自己的工作，离开信息管理系统的帮助。

企业普通商务人员的主要工作是处理本岗位的业务，同时也要配合企业的日常行政管理。

㊀ 一般来说，地理范围在方圆十几公里的网络被称为局域网或本地网（LAN）。

1. 面向采购或销售的需求

采购和销售是“进销存”的管理，对于普通的商务人员来说，可能是其日常工作，他们一方面要找合适的供应商，寻找好的商品，销售给愿意出高价位的客户；另一个方面要掌握客户的需求，快速寻找到好的供应商和商品，最后还需要物流服务将商品送到客户处。不管怎样，发现客户，发现客户需求，发现供应商，发现满足客户需要的商品，并能快速运输给客户都是重要的环节。

网络采购信息管理系统的主要功能包括供应商的数据管理（联系人、联系方式、支付条款、发货地址、税号等）、快速选择供应商、挑选商品、向供应商询价、下单、收货验货和接收发票、登记物料，以及通知财务部门支付应付账款等。网络销售管理信息系统的主要功能包括客户的数据管理（联系人和联系方式、收货地址、支付条款、税号等）、上架商品、标价、促销、广告推送、客户订单处理、发货通知、开出发票，以及向财务部门通知应收账款等。两个系统可以整合在一起，也可以各自分开，还可以整合在企业的综合业务系统中。使用管理系统的好处是快速高效，数据不易出错，容易实现“以客户为中心”的服务目标。除此之外，还需要与物流服务商的系统对接，这个功能既可以在销售管理系统中，也可以单独使用在物流服务的管理信息系统客户端，主要是要快速把商品运输的需求信息（商品的量、如易碎等属性、客户收货地址、联系方式等）传递给物流企业，以求快速的响应。图 14-7 是某个简单的进销存系统的交互界面。

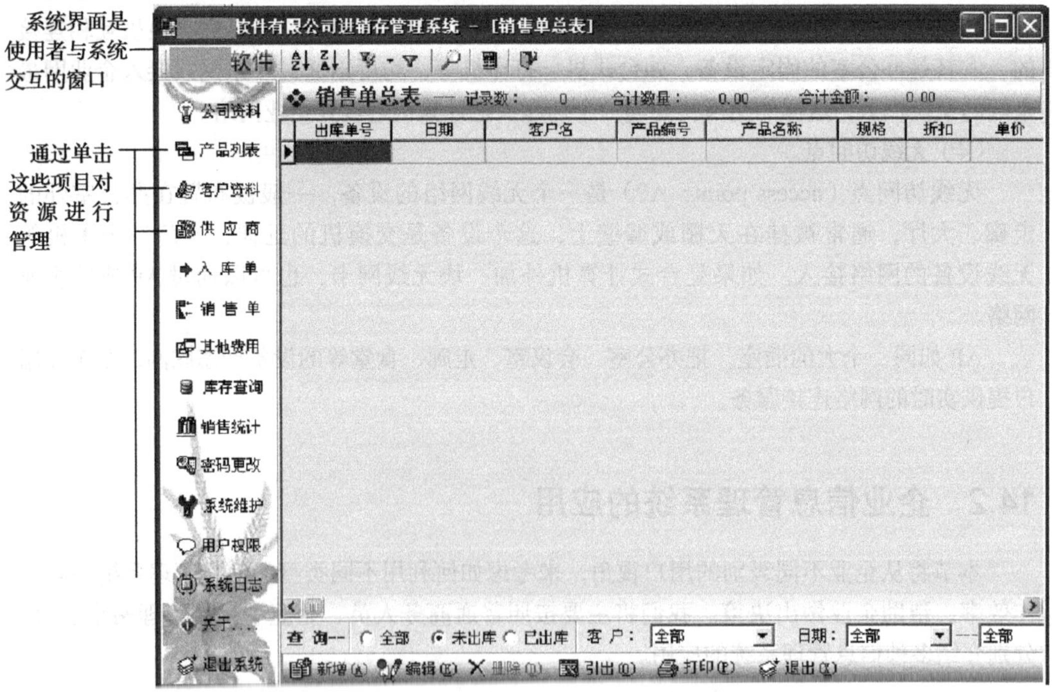

图 14-7 简单的进销存系统的交互界面

一般大中型企业均采购或开发了自己的销售和采购系统，但是小微企业往往更多地依靠互联网的电商平台，例如，使用京东、阿里巴巴、天猫、淘宝或拼多多的店铺，或者使用网络直播、微信、微博的营销，这些都是发现客户、开发细分市场、销售商品的不同形式。本章 14.3 节将重点介绍基于互联网 + 的商务管理信息系统。

2. 面向客户关系管理的需求

作为销售系统的一个扩展或补充，一些大中型企业已经意识到了客户关系管理的重要性，并购买或开发了客户关系管理系统，专门用于对客户的管理。也有的企业是在客户关系管理系统中集成了销售管理信息系统。

客户关系管理系统是为企业建立客户信息收集、管理、分析和利用的信息系统，以客户数据的管理为核心，记录企业在市场营销和销售过程中与客户发生的各种交互行为，以及各类有关活动的状态，提供各类数据模型，为后期的分析和决策提供支持。

3. 面向供应链管理的需要

供应链是由供应商、制造商、仓库、配送中心和销售商到客户多个节点构成的物流网络，同一企业可能构成这个网络的不同节点，更多的情况下是由不同的企业构成这个网络中的不同节点。

当前，国内外经济形势的新变化给企业带来了更多的挑战，企业不仅要销售产品，还要为客户提供满意的服务，从而提高客户的满意度。这必然要求供应链上的企业能快速、敏捷、灵活和协作地响应客户的需求。

供应链管理出现的时代背景大概有三个：一是全球一体化，二是横向产业模式的快速发展，三是企业业务流程的变革和再造。

很多知名的软件供应商，例如SAP等公司，已经把它们的供应链管理系统（supply chain management system，SCM系统）推向市场，国内一些软件供应商也开发出了面向不同行业的供应链管理信息系统，使用SCM系统的目的是帮助企业管理自己的供应链资源，以降低成本和提高效率。目前使用SCM系统的企业越来越多，下面我们将介绍其基本内容。

（1）供应链管理的优势。

尽管供应链跨越供应商、企业、物流与客户几个环节，穿越不同的企业，但是利用信息流掌控供应链的运行质量和效率，在今天已经成为可能。

供应链中的物流、资金流分别体现商品流动、资金流动。信息流是对物流和资金流的镜像反应。准确、快速的信息流，对供应链的成本和效率的有效控制作用非常明显。图14-8所示的是供应链中的物流、资金流和信息流。

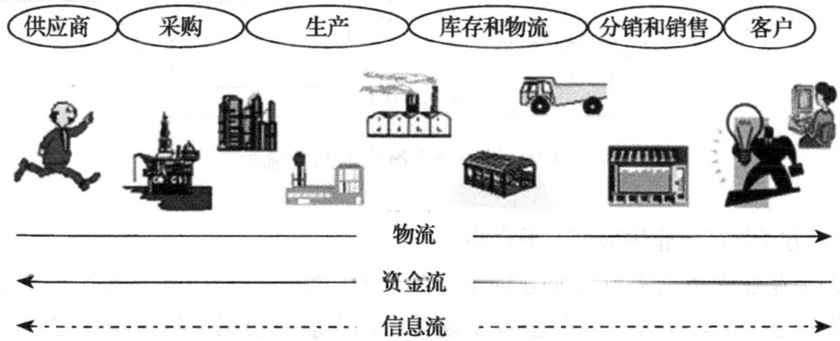

图14-8 供应链中的物流、资金流和信息流

在供应链中，信息流是双向的，反映出物流和资金流的信息，可以管理供应链的成本和效率，提供决策依据，以获取供应链的竞争优势。例如，一家企业以生产智能手机为主业，当它设计了新的产品时，需要新的原料和零部件，从这个企业流出的原料和部件需求

信息流流向供应商，从供应商返回的信息流快速把供应商原料和部件的交货日期、价格变化等信息传递企业，企业根据供应商的信息确定产品的交货日期、成本、出厂价格等信息，并发布给分销商和客户。供应链上信息的快速传递，提高了市场的反应速度和效率。

（2）供应链管理信息系统的应用。

高效、准确地管理供应链的信息方法就是使用供应链管理信息系统。供应链管理信息系统一边连接企业内部，另一边连接客户或供应商，这样从客户或供应商处得到的信息可以快速地传递给企业，也可以快速感知客户需求或供应商的响应。

例如，一方面，当通过供应链系统获得供应商的原料涨价信息后，企业可以制定采购策略应对涨价的原料，当获得供应链上的销售信息后，企业可以分析市场需求的变化，应对客户的需求变化，制定新的市场战略。同样，当市场上出现与企业产品相似的产品时，从客户端可以快速感知到市场需求的变化，企业可以做出调整价格或者推出新产品的决策。另一方面，企业可以通过企业内部的业务管理系统将企业的生产计划、产品、服务信息传递给供应链管理系统，让供应商、分销商、物流和客户及时掌握企业的产品与服务的相关信息。尤其是当企业采取按订单的敏捷生产方式时，供应商能够及时获取企业的需求信息，及时调整供应能力是十分必要的。

（3）供应链信息管理系统的使用模式。

1）嵌入模式。

供应商的订购系统嵌入或融合在客户业务信息管理系统平台上，被称之为供应商—客户模式。假设某IT企业允许员工在亚马逊网站购买图书资料，但需要部门主管经理的审核，通过之后方可提交订单，并完成支付，其主要流程如图14-9所示，虚线框中的部分是图书网站的系统功能，没有框中的部分是企业内部系统功能，客户可以通过自己的企业系统平台进入供应商的系统，并进行商务活动，例如查询和订购产品、支付和查询送货情况，以及获得售后服务等；客户的采购系统也能够嵌入供应商的系统平台，方便供应商了解客户的需求和产品订购的情况。

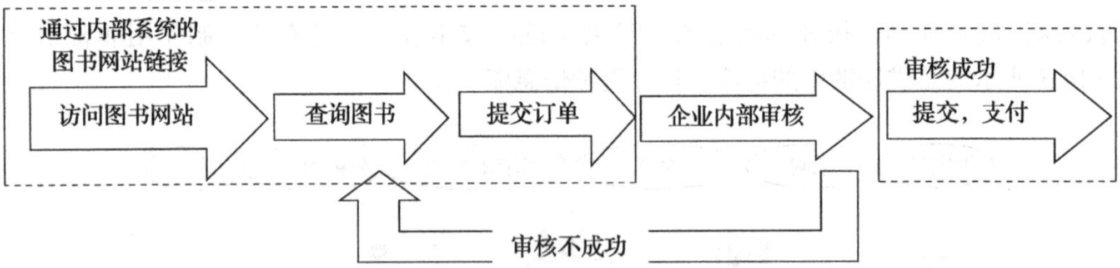

图 14-9　供应链上融合的系统流程

2）第三方（非客户非供应商）平台模式。

第三方企业建立系统平台需要分别设计两个客户端：一个是提供服务方的客户端，另一个是接收服务方的客户端。这种模式早期常出现在航空公司和物流企业之间，而且这种供应商和客户的协作模式对象不确定，物流公司根据货物、时间和地点的需求去寻找合适的航班舱位，系统的工作模式如图14-10所示。

供应链管理中的成本控制和效率要求信息快速、准确，所以供应链管理信息系统要求各种管理系统间的兼容性要更好，系统更稳定，信息流动更顺畅，才能使整条供应链上的信息快速传递且准确无误。

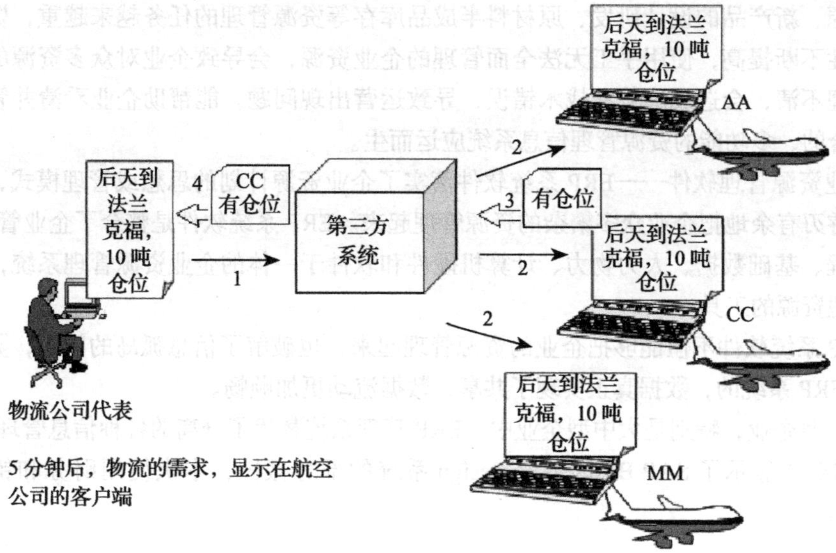

图 14-10　第三方平台模式

4. 行政管理的需要

除了业务工作之外，作为企业的员工，多多少少还要面对日常的行政工作，例如上报统计数据、提交工作报告、业绩考核、升职或其他事务。目前，一般大中型企业都会购买或开发一套行政管理信息系统或者办公信息管理系统用于日常的行政管理。

一般行政管理包含日常的通知公告管理、行文流转、文件管理、人力资源管理、后勤管理、研发管理等功能，通过行政信息管理系统，可以查询员工的信息、规章制度、政策法规、通知公告，以及各个部门职责介绍、主管、联系电话，还可以填报数据、提交申请，等等。

5. 破除信息孤岛的需要

（1）信息孤岛。

如果企业至今仍然使用不同的信息管理系统处理不同的数据，例如，采购或销售管理、人力资源管理、后勤服务、会议管理、文件管理信息系统都是分开的，数据没有整合在一起，就形成了数据或信息孤岛，这会导致同种数据在不同系统中重复出现且不一致，产生大量的冗余数据或数字鸿沟，严重影响数据的质量。把企业的数据孤岛破除掉，让数据能在不同的管理信息系统之间流动起来，始终保持数据的一致性，是很重要的。打破信息孤岛的方法有很多，下面重点介绍企业资源计划。

（2）企业资源计划。

企业资源计划（enterprise resource planning，ERP）是20世纪90年代美国一家IT公司根据当时计算机信息技术发展及企业对供应链管理的需求，预测在今后信息时代企业管理信息系统的发展趋势和即将发生变革而提出的概念。

企业资源计划是一种对企业多种资源进行综合管理的“理念”，是一种俯视企业资源的管理思想，也有人说它是先进的企业管理模式，是提高企业经济效益的解决方案。其主要目的是对企业所拥有的人、财、物、信息、时间和空间等资源进行综合和优化管理，让这些资源形成最佳组合，获得最佳收益，提高企业的核心竞争力。

（3）企业资源计划软件。

随着企业各种资源不断丰富，例如企业中财务资源、人力资源、厂房设备等固定资产、信息资源、新产品的设计研发、原材料半成品库存等资源管理的任务越来越重，资源管理的庞杂性不断提高，使用手工无法全面管理的企业资源，会导致企业对众多资源的管理看不清、理不清，会造成决策和战术错误，导致运营出现问题。能帮助企业看清并管理好资源的综合的、多功能的资源管理信息系统应运而生。

企业资源管理软件——ERP 系统软件落实了企业资源计划的思想或管理模式，用计算机软件游刃有余地把企业众多繁杂的资源管理起来。ERP 系统软件是整合了企业管理理念、业务流程、基础数据、人力物力、计算机硬件和软件于一体的企业资源管理系统，是辅助企业管理资源的工具。

ERP 系统软件不但能够把企业的资源管理起来，也破解了信息孤岛的问题，数据是基于整个 ERP 系统的，数据真正实现了共享，数据流动更加顺畅。

在一些企业，特别是大中型企业中，ERP 管理系统替代了分离的各种信息管理系统。

图 14-11 显示了 SAP Business Bydesign 系统的部分截图，本次使用财务和销售账号登录。

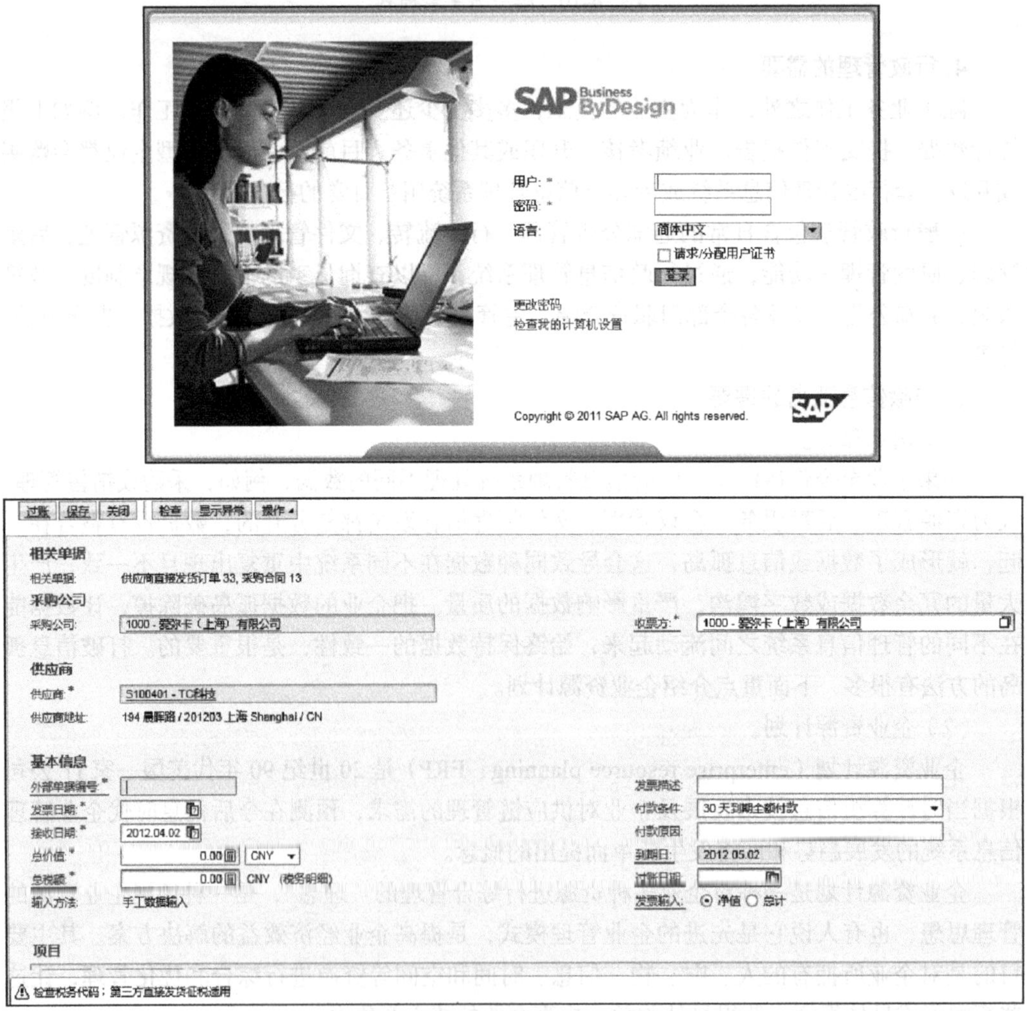

图 14-11 SAP Business Bydesign 系统的部分截图

注：本图呈现的系统信息是教学用信息，非真实数据。

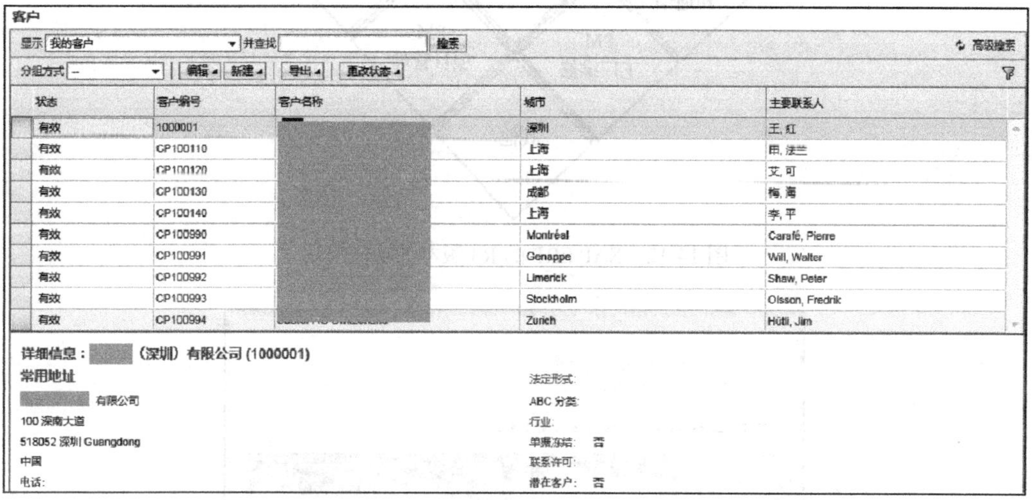

图 14-11 （续）

SAP Business Bydesign 内置 SAP 所有的商务流程和管理软件，可以迅速、便捷地管理现有的业务资源，满足业务增长的需要。用户可以根据自身业务和公司管理流程的特点选择需要的功能模块。

SAP Business Bydesign 是基于云端计算的系统，不需要企业自己管理数据，所以不用搭建硬件环境，只要所使用的计算机能连接国际互联网就可以访问系统数据。这个云最初被设置在德国 SAP 公司总部，用户每月按需支付租金就可以使用。

（4）ERP 软件供应商。

目前，国际知名的 ERP 软件供应商有 SAP（思爱普）、Oracle（甲骨文）、Peoplesoft（仁科公司）等企业；中国的企业有用友软件、金蝶国际、神州数码（Digital China）、速达、浪潮集团、金算盘等。

SAP 公司是从管理咨询起家的企业，成立于 1972 年，全称是"数据处理中的系统、应用程序和产品"（systems，applications，and products in data processing，SAP）。SAP 提供不同规模企业的 ERP 解决方案 SAP Business Suite。

图 14-12、图 14-13 分别是 SAP ERP 的 R3 版本的功能模块和使用 SAP ERP 系统的部分截图。

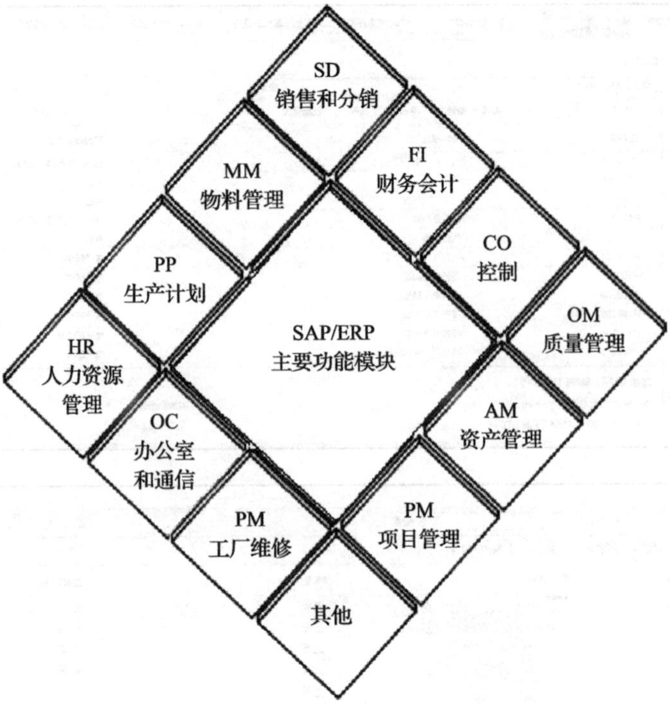

图 14-12　SAP ERP 的 R3 版本的功能模块

图 14-13　SAP ERP 系统的部分截图

Oracle 公司是从数据库技术起家的企业，成立于 1977 年，1983 正式使用 Oracle 名称。Oracle E-Business Suite 是针对企业管理的解决方案。

中国的企业用友和金蝶均起家于财务管理软件，后来也逐步进入了 ERP 软件供应商的行列，常言说“北有用友，南有金蝶”，这两家企业在国内 ERP 软件领域的领导地位是很明显的。

【案例 14-1】

联想集团的启示

联想集团从 1998 年开始进行信息化的　　升级——实施 ERP。

在开始阶段，联想也遇到了麻烦。后来，联想集团高层迅速将各事业部的业务骨干抽调到ERP项目中担当重任，直接参与和领导业务流程的重组和再造。在历经一年多的艰难实施之后，联想ERP项目取得了巨大的成功，仅仅在ERP系统上线的第一年，就为联想节约成本6亿元，集团财务报表的制作用时从过去的30天变为半天时间，极大地提高了企业的效率和竞争力。

在联想成功实施ERP系统不久，联想与神州数码进行了分拆。企业的结构变化对联想的ERP的影响还是有的。

在成功的ERP基础上，联想继续引入SCM（供应链管理）、CRM（客户关系管理）等信息化软件，但是，无论如何变化，原有的ERP系统都是一个信息化管理的平台。联想集团总裁杨元庆说："在联想决定使用ERP之初，公司非常硬性地在每一个部门、每一个业务中去推进。这时候整个公司就好像是个机器人，非常机械地完成各个部门的E化。而当联想所有的业务都完成了这一过程，同时各部门都越来越顺利地协同开展工作时，信息化的好处便开始凸现，联想突然间发现自己在信息化这个平台上开始变得自由而协调。"

联想应用ERP的启示至少有以下几点：第一，企业需要好的管理思想和理念，恰恰是SAP/ERP系统能给予联想的；第二，企业结构变革或改造不合理的业务流程是信息化之前的必需步骤；第三，企业高层必须推进信息进程，建设成为企业全球化的信息管理系统平台。对于运营国际商务的企业来说，一般的情况是企业内部管理系统以总公司的系统为主，分支机构属于使用者。联想集团建设好ERP系统之后，为全球各个分支机构提供服务。

14.2.2　企业中高层管理与信息系统

1. 经理信息管理的需要

业务主管或部门经理的主要工作可能包括以下几个方面：一是根据公司需求制订相关的业务管理、业务执行计划；二是维护当前已有的渠道业务，积极与公司其他部门或外界进行沟通合作；三是收集相关的市场数据并进行分析，以便及时调整销售计划；四是监督落实部门的业务执行情况，定期对工作进行分析总结，指导下属员工提高工作效率；五是负责所辖区域的人员管理，推动公司业务目标更高效地达成。

企业高级管理人员的主要职责是规划战略、制定决策、审批和监督下级执行计划、负责企业的决策和控制。

企业管理者需要一个可以帮助规划、能进行数据分析的管理信息系统，这个类型的系统一般被称为经理信息系统。

经理信息系统（executive information system，EIS）是服务于企业的中高层管理者的一类特殊的信息系统，可以得到更快、更广泛的数据，能够迅速、方便、直观（用图形）地提供综合信息，并可以预警与控制遇到的问题；经理信息系统还是一个信息沟通的系统，经理们可以通过网络下达命令，提出行动要求，与其他管理者讨论、协商、确定工作分配，进行工作控制和验收等。

总的来说，EIS是一个对决策有支持作用的系统，但不是一个决策系统。

2. 企业决策支持的需要

决策是为了达到一定目标采用一定的科学方法和手段，从两个或更多方案中选择一个满意方案的分析判断过程。从企业管理角度来说，管理就是决策，是通过分析问题、比较解决方案，在若干可供选择的解决方案中选定最优方案的过程。一般的企业决策的过程如图 14-14 所示。

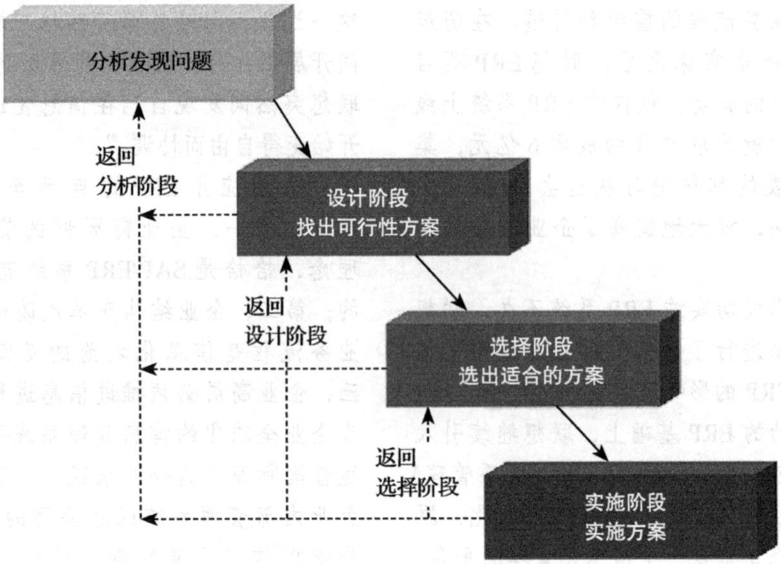

图 14-14　企业决策的过程

企业为投资新的生产线去商业银行贷款，不同银行提出不同的还款和付息方案，需要一个决策支持系统帮助计算出哪个方案更划算。同样，企业的人力资源计划、开发新的市场风险控制、选择供应商等都需要决策系统的支持，近年来，越来越复杂的经济环境，带来了更高难度的决策需求，所以决策支持系统越来越重要。

对于经理们来说，市场的“大”数据越来越重要，多维度的数据对制订和调整销售计划会起到辅助决策的作用，基于大数据的商务智能决策支持是一个重要的方向。

目前的情况是国外企业比较接受决策支持系统，国内大中型企业管理者也逐渐开始使用决策支持系统。钢铁、石油、电信、商业、金融和保险、刑侦和安保以及大型城市管理都有应用决策支持系统的成功案例。

3. 商务智能

近几年，商务智能（business intelligence，BI）被更多地提及，有学者认为商务智能就是决策支持系统，也有人说商务智能是高级的管理信息系统。

商务智能是指利用数据仓库、数据挖掘技术、在线分析技术对客户数据进行系统的存储和管理。例如，以面向客户服务的商务智能系统来说，通过各种数据统计分析工具对客户数据进行分析，提供多种分析报告，如客户价值评价、客户满意度评价、对客户的服务质量评价、营销效果评价、未来市场需求报告等，可以为企业的经营活动提供决策帮助。

商务智能是为决策服务的，其手段是利用数据仓库的数据、数据挖掘数学模型和在线分析工具，产生各种分析报告作为决策的依据。

图 14-15 是用 CEO 级别的账户登录 SAP Business Bydesign 后获得的信息，它完全可以用于帮助制定人力资源决策，这个 ERP 系统是具有决策支持功能的。

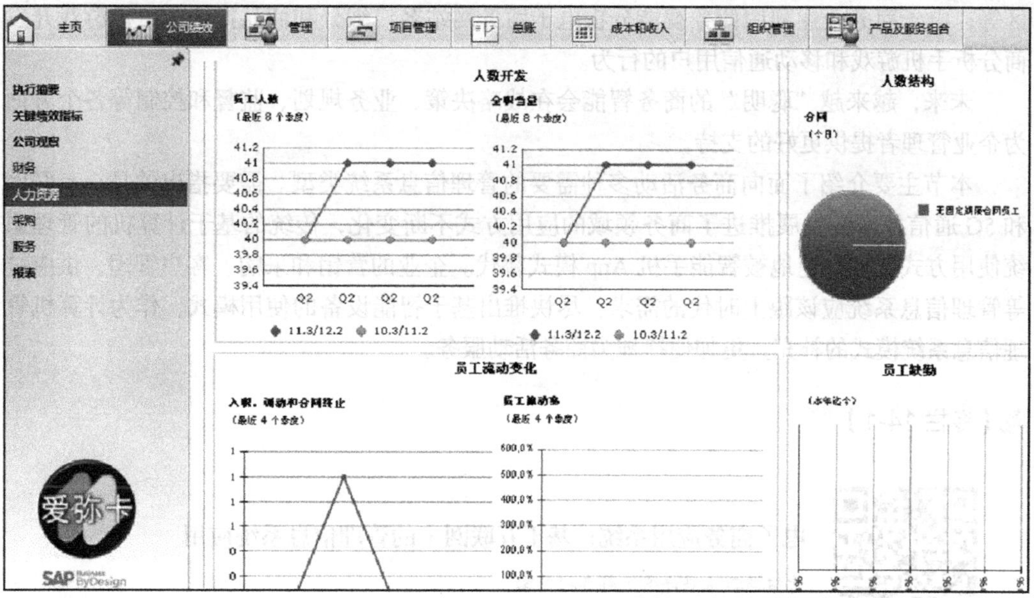

图 14-15　绩效和人力资源分析

【案例 14-2】

范思哲使用商务智能系统

当年范思哲（Versace）首次进入中国市场后，需要在上海市场做如下工作：

- 制定和执行销售规划；
- 在所有分店追踪客户购买行为；
- 员工的绩效考核；
- 多维度分析，按产品类别、生产线等分析市场。

当时，范思哲选购了名称为 Panorama Novaview[⊖] 的商务智能软件，其主要功能如下：

- 数据分割；
- 数据分类；
- 数据过滤；
- 多维之间的向下或向上挖掘；
- 弹出意外事件；
- 交叉视图；
- “Top N” 分析；
- 意外事件报告；
- 多维度之间和已计算出的成员之间的工作能力；
- what-if 分析；
- 参数设定；
- 智能搜索维度成员。

这个商务智能软件为范思哲公司提供了很大的帮助。

中国的很多企业也已经开始使用商务智能，应用的领域从零售业、制造业、电信业、金融业到医疗卫生业，解决的问题跨越生产线、销售线、客户细分市场、风险控制等多个维度。例如，电信企业利用商务智能帮助分析电信欺诈，分析电信诈骗类型和高发案件地

⊖ 它是 panorama（http://www.panorama.com）公司的一款软件产品，确切地说是一个开发平台，由一个可扩展的 Web 应用服务器、客户端接口、多功能分析服务和报表管理服务组成。Panorama Novaview 灵活、可扩展和易用的特性能够让决策者更好地发掘现存数据源，使得决策更敏捷、更具目标性，从而达到更好的效果。它是完全基于 Windows 平台的产品，适用于更多用户。

区等；电子商务企业利用商务智能分析电子商务网站客户细分和商品推介；手机游戏开发商分析手机游戏和移动通信用户的行为。

未来，越来越“聪明”的商务智能会在战略决策、业务规划、监督和控制等各个方面为企业管理者提供更好的支持。

本节主要介绍了面向商务活动多种需要的管理信息系统类型。需要指出的是，互联网和 5G 通信技术的发展推进了商务领域的应用方式不断变化，传统的基于计算机的管理系统使用方式正在快速地被智能手机 App 模式替代。企业的营销和采购、客户管理、供应链等管理信息系统应该跟上时代的需求，尽快推出基于智能设备的使用模式，作为计算机管理信息系统模式的补充，更加便捷地为商务活动服务。

【专栏 14-1】

电子商务应用系统：基于互联网 + 的管理信息系统应用

请扫描二维码详尽了解专栏内容

14.3 全球化的管理信息系统

在全球多元化背景下，管理信息系统也逐渐被赋予了国际化和本土化的特色。企业和企业管理者也会面临更多企业信息化进程的挑战。

14.3.1 企业国际化

一般来说，企业的国际化包括管理、生产、销售、融资、服务和人才国际化六个方面。

第一，管理国际化是指企业的管理具有国际视角，符合国际惯例和发展趋势，能在世界范围内有效配置资源。

第二，生产国际化是指企业在世界范围内进行采购、运输和生产，利用海外资源提高生产绩效。

第三，销售国际化是指企业通过国内外的销售网络，根据不同的地区和产品，有选择地进行销售活动，从而使企业的利润最大化。

第四，融资国际化是指企业有能力在世界范围内寻找成本低、风险小的融资机会。

第五，服务国际化是指企业能根据实际范围内不同的地区提供从售前到售后并且符合当地文化习俗、法律规章的服务。

第六，人才国际化是指企业拥有的人才不仅要熟悉国际贸易、国际金融、国际投资等领域的相关知识，而且要懂经营、会管理。

14.3.2 企业管理信息系统的国际化

企业管理信息系统是为企业服务的，要全方位支持企业的国际化战略，在升级或改造管理信息系统过程中需要特别注意以下几个方面。

1. 体现国际惯例和准则

梳理业务流程和管理信息系统控制系统的参数配置，使其能够遵循国际惯例和国际准则。同时还要考虑不同国家的法律，尤其是关于财务会计准则、税收制度、海关监管、食品安全、进出口贸易等法律和规定，应该在信息系统建设中予以优先考虑。

2. 员工、客户和供应商的管理国际化

管理信息系统需要服务不同地域的员工、客户和供应商，在设计系统时，语言、政治、历史、地域、法律、宗教、风俗等诸多因素均应考虑。例如，语种特性对管理信息系统的影响主要包括文法翻译、符号体系、简繁字体编码等。

参考联想在美国的服务网站，如图 14-16 所示，从截图上可以发现，不但显示的语言为英语，而且在线销售联想商品的商家都是美国本土的电子商务企业。联想充分考虑了语言、习惯等本土化问题，很值得其他企业借鉴。

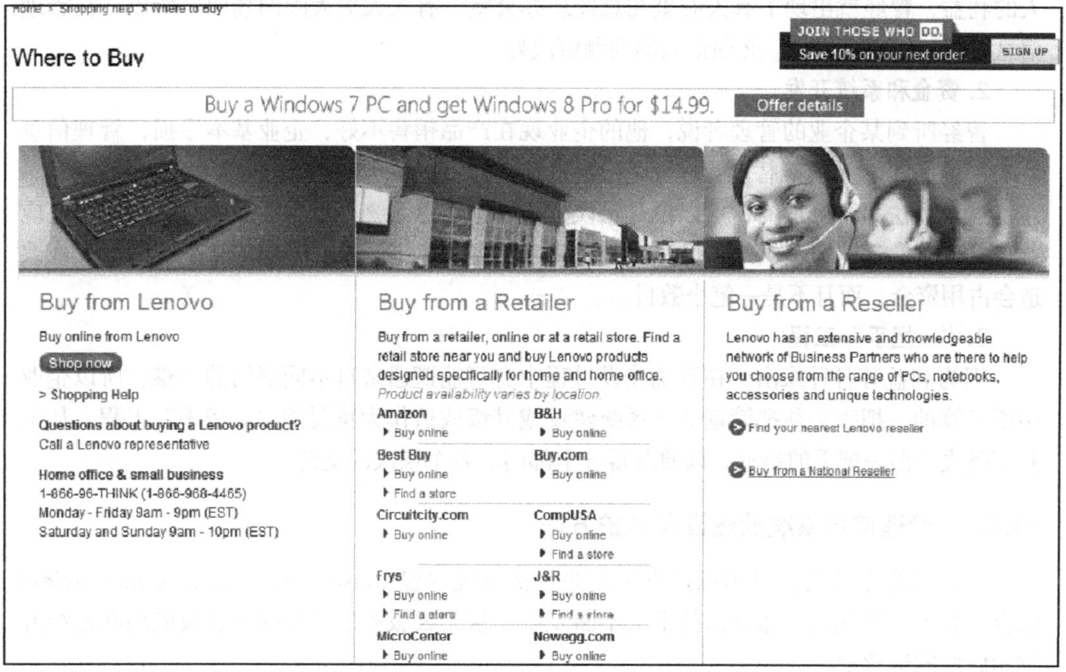

图 14-16　联想在美国的服务网站

3. 体现国际化的视角

在管理信息系统中的决策支持部分，数据模型应用、数据管理应能体现国际化特点，例如，国际和国内的数据合法采集与使用，使得信息的分析结果更符合国际化的需要，支持企业管理决策。

企业管理信息系统的国际化进程是一个复杂的事务，应该做好计划，分步实施，管理在先，流程在先。

4. 考虑技术类因素

目前 IT 技术的多样性给管理信息系统建设或升级带来了多样性和异构性，例如，每个国家和地区的网络环境不同，互联网的接入技术和标准也有差异，不同分支机构的网络结构和网络技术、系统操作平台、数据编码的差异如何规避，都是跨国企业建设全球信息系统时不可忽视的技术问题，如果不给予重视，企业内部数据的共享就会出现大问题。

14.4 管理信息系统建设和管理

在企业管理信息系统建设或改造升级过程中，除了前面各节介绍的需要考虑的问题之外，还有一些相关的问题，本节一并做个简单介绍。

14.4.1 管理信息系统与冲突

1. 利益的冲突

一个信息系统从建设到上线运营，面临的最大挑战来自人力资源，例如，一个系统把原来部门经理的审批权替代了，或原来需要 4 个人管理的库房被信息化设备替代了，变得只需 1 个人管理了，那些没了权限或下岗的员工自然就会站出来反对，因为这伤及了某些人的利益，曾经就出现了有人静坐在总经理办公室、有人大哭大闹的场面。所以，在管理信息系统开始实施之前，必须把人的问题解决好。

2. 资金和系统开发

曾经听到某企业的管理者说，他的企业现在产品销售不好，企业基本亏损，管理信息系统尤其是 ERP 系统能替他管理资源，于是企业就要举债开发企业的管理信息系统。

这个做法是不合适的，可以说是错误的，管理信息系统是为企业战略服务的，企业应首先保证正常运营资金供给，保证企业战略和计划的实施。进行管理信息系统的开发或改造会占用资金，而且不是一笔小数目。

3. “一把手”工程

因为利益等各种缘由，在系统建设过程中有可能遭遇来自不同部门的刁难，所以企业中说了算的一把手必须把管理信息系统建设或升级改造作为重要的“一把手”工程，从上到下坚决贯彻一把手的指示，以便获得各个部门、各个层次的支持。

14.4.2 管理信息系统的建设和维护方法

管理信息系统的建设和维护方法主要包括系统内包（insourcing)、外包（outsourcing）或合作开发三种模式。随着云技术的不断发展，基于云服务的开发模式也被应用在系统开发和后期的运营中。

1. 系统内包

如果一个企业有自己的 IT 项目开发团队，完全可以采用自主开发管理信息系统的方式，也就是说是把项目承包给企业内部的 IT 部门，可以对内部资源起到更好的保护作用，避免有价值的信息外泄。中国的某些银行、大中型石化企业都有自己的 IT 项目开发团队。这个模式的时间成本较高，容易出现拖延工期的现象，企业还要招募信息技术人员，配备团队的管理人员，配备计算机等设备，购买开发系统所需要的软件等。

2. 系统外包

系统外包是把开发或维护的项目承包给另一家信息技术企业。目前大多数企业采用的都是这个方式，原因是工期紧、任务重，或自身没有足够的开发人员。

这个方式应与外包商签署安全协议，界定信息使用的边界，避免商业信息泄露；另外应注意选择有较好资质的外包商，选择有成熟经验的 IT 企业。曾经在业界有个 ERP 系统实施的失败案例，某北方知名医药企业聘请了一个刚刚成立的、没有多少经验的软件公司实施一个 1 000 多万元的项目，一年以后宣布项目实施失败，不但浪费了资金，更可惜的是浪费了时间。

3. 合作开发

合作开发的方式是把企业自己的开发团队与外部 IT 企业的团队整合在一起进行信息系统开发的方式。这样做一方面可以对信息进行有效的保护，同时也能锻炼自己的开发队伍；另一方面也可以保证及时和有效的沟通，提高开发的效率和质量。

这个方式也应与外包商签署安全协议，界定信息使用的边界，避免商业信息泄露，并选择有资质、有经验的外包商，以保证开发项目的有序进行。

4. 云服务

随着互联网和 IT 技术的发展，云服务、云计算成为人们常提起的名词。云是网络、互联网的一种比喻说法。云服务是指个人或企业可以通过互联网络以按需、易扩展的动态方式获得所需服务；服务的类型可以与 IT 和软件、互联网相关，也可以是其他服务。例如，有的小型软件公司租用阿里巴巴、腾讯、华为、百度的云服务，放置自己的开发项目资源，能够为遍布全球的项目开发者提供方便的在线服务。租用云服务可以省去自己管理网络和服务器的麻烦，通过国际互联网就可以使用云服务。目前云服务最大的挑战是可靠性和安全性，相信随着技术的进步和人工智能的发展，云服务会越来越受到青睐。从用户的角度看，云服务也是一种外包服务。

14.4.3 管理信息系统的兼容性

随着企业发展对管理信息系统要求的提升，一般会在几年或更短时间内升级系统，但经常看到的是升级某个子系统或某个模块，这种情况下，就务必考虑原系统与新系统间的兼容性问题。

这个问题在企业中也是比较典型的，如果若干个业务系统是由不同的 IT 公司开发的，就会非常容易出现兼容性的问题，例如，企业使用 A 公司的财务管理系统，后来购买 B 公司的 ERP 系统，两种系统进行整合后，使用同一套数据库管理数据，上线运行后发现一旦运行财务管理系统，库存管理、办公自动化等功能就不能运行，被迫停止。

问题的根源在于不同软件系统之间的兼容性。首先，旧的数据库系统对新的 ERP 系统不兼容、不匹配。其次，两套系统之间的接口没有做好，导致系统之间对峙。

所以，建议尽量采用同一个 IT 供应商的管理信息系统，并在建立新系统时充分考虑系统的可升级性和兼容性。

本章小结

本章以信息和信息系统基础知识为起点，介绍了根据商务和管理的需要选择管理信息系统的基本方法；介绍了基于互联网 + 的商务信息服务的多种模式；介绍了全球化的管理信息系统的相关内容，以及构建管理信息系统的相关问题。

关键术语

数据	信息	数据库
数据仓库	数据流	信息流
信息管理	信息系统	企业资源计划
供应链	电子数据交换	决策支持系统

商务智能　　电子商务　　微博

微信　　网络直播　　云服务

兼容性　　国际化　　电子商务应用系统

推介系统

本章阅读资料

请扫描二维码详尽了解本章阅读资料

第 15 章
CHAPTER15

国际商务的风险管理与保险

引导案例

“9 · 11”事件与国际商务风险管理

2001 年 9 月 11 日上午，本 · 拉登领导的恐怖分子劫持了 4 架美国民航客机，对美国纽约世界贸易中心（以下简称“世贸中心”）和华盛顿五角大楼进行自杀性的袭击。在遭受了两架飞机的撞击后，美国纽约地标性建筑——世贸中心双塔轰然倒塌。此外，其他的 4 座建筑也被完全摧毁，23 座高层建筑遭到破坏，美国国防部总部所在地五角大楼也同样受到袭击。在这一事件中，死难人数超过 3000 人，其中包括两名中国人。这一震惊世界的恐怖袭击不仅造成了巨大的精神伤害，更导致了数百亿美元的经济损失。精神伤害难以复原，但这些经济损失如何获得补偿，则成为重大的社会问题。幸运的是，其中有相当一部分的损失获得了保险行业的赔付，人们的生活得以保障，生产及相关的商业活动得以继续。

据美国保险信息学会在事件发生一年后的统计，“9 · 11”事件的承保损失接近 402 亿美元。其中，商业中断险索赔 110 亿美元（27%），责任保险索赔 100 亿美元（25%），世贸中心建筑以外的财产险索赔 60 亿美元（15%），世贸中心建筑的财产险索赔 35 亿美元（9%），航空保险索赔 35 亿美元（9%），人寿保险索赔 27 亿美元（7%），员工赔偿索赔 20 亿美元（5%），活动取消保险索赔 10 亿美元（2%）以及 4 架商业飞机机身险索赔 5 亿美元（1%）。

不难想象，如果没有保险赔付，那些受到伤害的个人和企业将难以负担这 402 亿美元的损失。即使有政府救济和慈善捐助，这些损失也无法得到充分补偿。这主要基于以下两个原因：一是政府救济和慈善捐赠至多满足受害家庭的基本需要，但难以满足他们其他需求，更不要说那些收入较高的个人在生前所负担的消费和商业债务；二是商业损失无法通过该渠道弥补。从上述索赔数据可以看出，由于完全坍塌的世贸中心是世界顶级的商业地产，因此绝大部分的损失是商业损失，根本无法通过政府救济和慈善捐赠获得补偿，所以保险也就成为该事件中最为重要的损失补偿渠道。

"9·11"事件及事后的保险赔付再一次证明了在国际商务中，保险必不可少！在国际商务活动中风险时刻存在、难以避免，一旦风险带来的损失超过了一定的数额，当事人的商务活动必将遭受重大影响和沉重打击。而应对风险的最好办法就是进行事前风险管理，其中最有效的一种方式就是将当事人不愿意或者无力承担的风险有偿转移给保险公司。唯其如此，商业活动才能在重大的自然或者人为灾祸后得以继续，不会半路夭折。所以，风险管理（尤其是保险）是国际商务活动中不可或缺的要素之一。

学习目标

通过本章的学习，掌握风险管理与保险的基本知识，风险的分类标准、类型概念和区别；了解风险管理的步骤和基本手段；掌握保险的基本原理、作用和局限性；理解保险中介以及保险人的基本类别；了解国际商务活动中保险四大类别的基本概念，具有判断某个具体的险种属于哪一类别的能力。

在国际商务活动中，人们无论是从事国际物流、投资、工程承包还是货物买卖，都会遇到各种各样的危险。这些危险既有天灾，也有人祸，会给国际商务活动造成重大损失，甚至使其中断。避免或降低危险，尽可能地不发生或少发生损失，是国际商务活动中一项极其重要的工作。

为了有效地管理这些危险，学习本章内容十分有必要。学习本章需要理解三个核心概念：风险、风险管理和保险，并掌握这三个概念之间的关系。风险会造成损失，为了避免和减少损失，需要有效地管理风险。虽然保险只是风险管理手段中风险转移的一种方式，但其在风险管理中却具有举足轻重的地位。

学习风险管理和保险，我们先要理解风险的种类，知道哪些风险适合采用哪种风险管理手段进行管理，特别是哪些风险可以使用保险来转移。在实务中，优秀的风险管理经理，要能正确地对本组织面临的风险进行识别和度量，并根据相应的风险类别，选择适当的风险管理手段。许多风险可以使用保险转移，风险管理经理需要知道哪些风险可保，哪些风险不可保；可保的风险根据其类别可以购买何种保险产品来转移，不可保的风险又需要采取何种手段来管理。一旦决定购买保险，经理们还需要了解：购买保险有哪些途径，什么组织可以提供保险，它们的优点和缺点又是什么。所以，风险管理经理不仅需要掌握本组织面临的风险情况，还需要对风险管理和保险的相关知识有所涉猎。现在，让我们从风险开始（见图 15-1）。

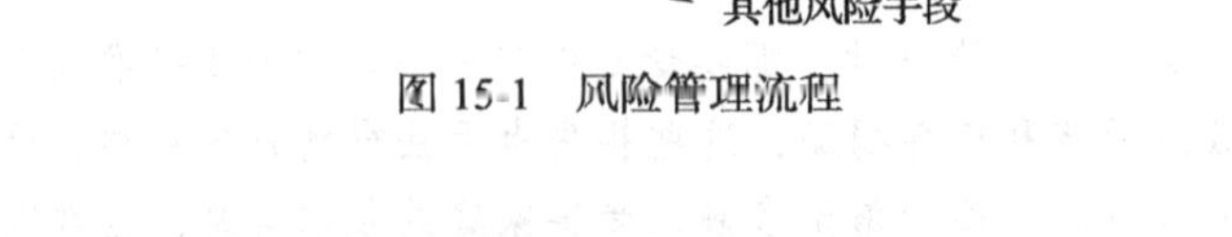

图 15-1　风险管理流程

15.1　国际商务活动中的风险

风险是指一件事情其结果的不确定性或缺乏预期性，也就是无法完全预期其结果。在经济上，风险是指损失发生的不确定状态。

15.1.1 国际商务活动中的风险分类

国际商务活动中的风险可以按照社会属性和自然属性分类，包括自然地理风险、政治风险、政策风险、社会风险、经济风险、法律风险和文化风险等。

国际商务活动中的自然地理风险是指国际商务活动所在的国家或地区的自然条件、地理环境、气象气候等对潜在的国际商务活动造成损害的可能性。比如，承包的工程位于地质断裂带上，可能会受到地震的损害。出口货物在交货时，目的港会发生冰封，船舶无法航行。这类风险通常比较容易通过保险和自身的风险管理减低与化解。

国际商务活动中战争、罢工、恐怖袭击、政变和骚乱、国有化为代表的政治风险、政策风险和社会风险普遍存在，它们对于货物买卖、工程承包、直接投资的损害往往是灾难性的。因此，商业保险公司较少承保这类风险，而具有政府背景的保险机构通常在海外投资或者贸易的保险产品项下就上述通俗意义的政治风险提供政策性保险。

国际商务活动中的主要风险还有经济风险（一般指市场风险）。金融风险也是国际商务活动所面临的重要风险。这类风险其中一部分可以通过保险降低和化解，更多的此类风险需要通过决策和其他风险管理工具来处理。

国际商务活动涉及两个和两个以上的国家和地区，不同的国家和地区存在着不同的法律制度，不同的法系、不同的成文法或不成文法、不同的法律程序、不同的司法体制，这些都会对国际商务活动产生影响。对于当地法律制度和规则缺乏了解，不仅无法顺利地从事国际商务活动，有时甚至会给国际商务活动造成重大损失，如企业因违规而承担巨额罚款。

15.1.2 国际商务风险的管理

国际商务活动中存在着风险，但这并不影响国际商务活动的正常进行。人们可以通过对国际商务风险的管理来避免或降低风险。国际商务的**风险管理**（risk management）是指国际商务活动的经营者认识、评估风险，并采用特定的方法或者工具来避免、减少或转移风险的过程。

15.1.2.1 风险识别与度量

风险识别（identify loss exposures）是风险管理的第一步，也是最重要的一步。只有知道风险在哪里，才能有意识地应对风险。人类的任何活动，自然的、政治的、经济的、社会的都存在风险，存在着发生损失的可能性。比如，有的人不能生育，生育可能难产；参加竞选可能会落选；社会活动可能会达不到预期的效果；甚至是相反的效果；等等。

经济活动中的风险更大，除了各种各样的天灾人祸外，还存在着其他的风险，比如：制造的产品没有市场或者市场发生变化；产品的生产者或者制造者侵犯了他人的知识产权；供应链中的上游企业或下游企业出现问题，使自己的企业无法正常运转；经济周期的波动以及金融危机的出现。所有这些风险都会给经济组织造成损失。在现代经济组织中，一般都设有专人或专业部门负责风险管理，他们的职能首先就是进行风险识别，找出所要进行的经济活动中面临的风险，并将这些风险进行分类，然后对这些风险进行评估。

风险度量（measure and analyze loss exposures）是风险管理的第二步，是对风险进行评估，对损失进行量化的过程。我们的日常生活和经济活动中存在着大量的风险，并不是所有的风险都需要我们采取风险管理的手段去化解。风险管理本身是需要成本的，当我们对风险进行了识别，评估出可能造成较高损失的潜在风险，就需要对这些风险制订风险管理计划。风险度量是要确定两个方面：一是损失程度，二是损失频率。风险管理主要关注损失程度严重和损失频率较高的风险，这类风险往往会造成经济组织的破产或者活动的中断，产生严重的经营或财务困难。因此，它们需要采取适当的风险管理手段来应对。

15.1.2.2 一般风险管理手段

一般的风险管理手段有四种：规避风险（avoidance）、防损减损（loss reduction and prevention）、风险自担（retention）和风险转移（risk transfer）。

规避风险（avoidance）是指不从事有危险的生产或生活活动。当你准备决定是否进行某项经济活动时，如果发生损失的可能性过大，或一旦发生损失，损失会非常严重，你可能会决定放弃这项经济活动。这是最简单、最原始的风险管理手段。但是，人们来到这个世界上就必须面对各种各样的危险，许多风险是不能规避的，无论是上学、上班、走路、骑车还是开车，都有发生事故的可能性。因此，对于大多数经济活动而言，规避风险既不实际，也不是最好的风险管理手段。

对于无法规避的风险，人们通常可以采取**防损减损**（loss reduction and prevention）的措施进行风险管理，也就是说，有意识地采取降低损失频率或减少损失程度的行为，有人也把这种方法称作风险控制。比如：人们可以在住房、宾馆、商场、车间安装烟雾报警器，以利于及早发现火险；可以安装自动喷淋系统，减少火灾损失。

即使人们采取了防损减损的措施，一些损失仍然会发生。有些小额损失是人们可以自己承担的，有些损失找不到其他的处理方法，为了维持正常的经济活动，人们往往采用风险自担的方法。**风险自担**（retention）是指人们有意识、有计划地建立风险基金，用以应对可能出现的损失。风险自担是古已有之的风险管理方法。比如：在丰年储存粮食以应付可能出现的灾年，存钱以备不时之需以及企业建立折旧基金用以修复或更换正常损耗的设备。

在经济活动中，还有一些风险无法规避，也无法防止损失发生，自担风险在经济上又不可行，那么，转移风险就是一种很好的风险管理手段。风险转移是指通过支付对价的方式将自身可能面临的损失不确定性移转给愿意承担风险的人。**风险转移**（risk transfer）的最主要方式就是保险。人们通过购买相应的保险将自己本来所面临的损失危险转移给保险公司，一旦发生保险公司所承保的风险并造成损失，保险公司将根据保险合同对损失进行补偿。这就保证了经济活动的持续进行。除了保险，风险转移还有其他方式，如使用风险投资将一定的投资风险转移给风险投资方。

15.1.2.3 风险管理在国际商务活动中的应用

在国际商务活动中，会根据不同种类的商务活动、不同的国别地区、不同的环境与时间，同时使用上面的其中一种或几种风险管理手段。比如，一家从事国际贸易的公司可以避免与政治风险较高的国家或地区交易，而一家经营远洋运输的公司应该建立足够的基金维护和更新船舶。在国际商务活动中使用最广泛的风险管理手段是防损减损和风险转移。

国际商务活动的防损减损是非常重要的。我们需要选择有良好信誉和一定经济实力的合作伙伴，根据各种关税和非关税壁垒的情况做出适当的决策，提高产品的技术和质量。

风险转移主要是采用保险的方式。通过保险化解和降低国际商务活动中的风险是行之有效并被广泛采用的方法，它包括各种财产保险、责任保险、保证和员工福利。风险转移除了保险之外，还有其他方式。比如，我们要求国外买方采用信用证的付款方式，开证行和议付行就承担了在单证相符情况下首先付款的义务，因此将买方违约拒付的风险转移给了银行；买卖石油、谷物、外汇，可以使用对冲（hedging）的方式转移风险。

15.2 风险的分类与保险

风险有不同的分类方法，学习的关键在于理解分类的标准和目的，掌握各类别的定义，进而能够区别不同类型的风险，为后续有针对性地管理风险打下良好的基础。

国际商务活动中既有纯粹风险，也有投机风险；既有可保风险，也有不可保风险。

15.2.1 纯粹风险和投机风险

根据风险的性质分类，风险可以分为纯粹风险和投机风险。

纯粹风险（pure risk）是指或有损失或没有损失的不确定性。比如，在国际贸易中，装上承运船舶的出口货物，在到达目的港之前可能会遭遇到各种危险：有火灾、台风、雷电等自然灾害，也有因船长失职导致的船舶碰撞此类人祸，还有可能遭遇战争使得货物被摧毁或是没收。一旦货物安全到达，承运人就可以将货物完好无损地交给托运人，托运人则可以完好地交给进口商或批发商；反之，如果货物遭受损害或灭失，承运人就无法将货物完好无损地交给托运人，托运人也不能交给进口商或批发商。承运人和托运人在这里所面临的有可能发生损失也有可能不发生损失的这种不确定性就属于纯粹风险。

出口商在经营出口贸易时，不可能仅仅满足于不发生损失，他们还要盈利。货物安全到达并不能保证他们一定盈利，因为货物的市场价格可能发生波动。当价格高时，他们盈利；当价格低时，他们亏损；也可能出现不赢不亏的局面。这也是一种不确定性，是三种可能状态的不确定性：有损失、没有损失以及盈利。在从事国际证券交易、外汇交易或期货交易时，这种不确定性尤为突出，这就叫作**投机风险**（speculative risk）。

在绝大多数的国际商务活动中，纯粹风险和投机风险是同时存在的。纯粹风险是人人都想避免的风险，因为它只存在损失的可能性；投机风险由于同时存在损失和盈利的可能性，因此这种风险对从事国际商务活动的人来说非常重要，风险和收益是成正比的，不冒险就没收益。承担风险越大，遭受损失的可能性也越大，但收益也可能越高。

15.2.2 可保风险与不可保风险

可保风险（insurable risk）是保险公司可以承保的风险，或者说保险公司愿意承保的风险。反之，就是**不可保风险**（uninsurable risk）。什么样的风险是可保风险呢？可保风险必须具备三个条件。

第一，可保风险必须具有造成重大损失的可能性，但这种损失又不能是极大的灾难性损失。保险是一种商业行为，经营保险既会产生成本，也要能够创造利润。因此，保险是要收费的，即保费。如果只有遭受微小损失的可能性，人们就没有必要付费参加保险；如果保费过低，保险公司则很难维持正常的营运，无法盈利。

另一方面，遭遇极大灾难性损失的机会通常也不是可保风险。首先，灾难性损失出现的机会较少，很难计算。其次，这种风险常常会超出保险人的财力所能承受的范围。最后，如果承保，保险的成本就会过高，保险本身就成了一种风险，失去了它应有的意义。

第二，可保风险所造成的损失必须是意外的、偶然的。意外是指可保风险所造成的损失不是被保险人故意造成的，但可以是被保险人以外的其他人故意造成的；偶然是指可保风险可能造成损失，但不是必然造成损失。比如，台风可能会造成损失，但如果预防措施得当，也可以避免损失；有些损失像机器设备的正常损耗，是一定会发生的，造成此类损失的风险就不属于可保风险。

第三，可保风险所造成的损失必须是确定的和可以计算的。确定是指可能发生损失的时间、地点和损失的多少是可以确定的。可以计算是指损失本身是有限的，损失的量和损失次数可以通过运算得出。

可保风险与不可保风险不是绝对的，而是可以转化的，有时不可保风险转变为可保风险，有时可保风险变为不可保风险。传统上，保险公司承保的可保风险通常属于纯粹风险。不过，随着经济的发展，保险业的经济实力不断壮大，承保技术日益成熟，一些投机风险也成为可保风险。这方面具有代表性的就是营业中断保险，它承保被保险人的合理利润。

15.2.3 保险的原理与作用

保险是将众多面临同一风险的个人和法人集中起来，根据发生预期损失的可能性，计算出每一个单位为弥补这些损失应当分摊的费用，并收取相对少量的费用建立应付风险的基金的风险管理方法。集合在一起的单个风险的数量越多，损失数量的不确定性就越小，损失发生概率的准确性就越高，这就是大数法则在保险领域中的应用。保险是以确定的费用代替不确定的损失。

【专栏 15-1】

保险的作用与局限性

请扫描二维码详尽了解专栏内容

15.3 保险市场与保险的分类

15.3.1 保险市场

15.3.1.1 商业保险和政府保险

保险市场上的保险产品可以分为两种性质：商业保险和政府保险。当今保险市场上的绝大多数保险产品都属于商业保险的性质，商业保险产品的提供者一般是商业保险公司，其经营保险产品的目的是获取利润。对于社会公众需要的保险服务，一般只有商业保险公司无法提供，才由政府来补充提供。政府保险提供的保险种类虽然少，但其作用是重大的。

政府保险可以分为两类：一类是强制性的，一类是非强制性的。政府强制性保险大多是人身保险，包括养老保险、工伤保险、失业保险、医疗保险等；也有少量财产性质的保险，如美国政府的银行存款保险。非强制性保险主要包括巨灾保险和政策性保险两类，前者主要有洪水保险和农作物保险，这类风险波及面广，损失巨大，很难采取商业保险的方式分散风险，后者则通常作为国家鼓励对外投资或出口的手段。政府保险可以由政府部门直接经营管理，也可以成立专门的公司经营，例如我国就设有出口信用保险公司。

15.3.1.2 保险中介

企业要获得保险保障可以从保险公司直接购买，也可以通过保险中介（insurance intermediary）取得。保险业是使用中介代理最多的一个行业，企业获得的大部分保险产品都是经过保险代理获取。因此，有一种说法：保险是建立在代理基础之上的一个行业。自从现代保险业形成以来，保险业从未离开过保险代理人。随着信息技术的发展、营销技术的进步以及银行业涉入保险领域，保险直销有增加的趋势。但是，保险代理人作为保险中介的作用并未削弱。在伦敦劳合社保险市场中，保险交易仍然必须通过被保险人的代理人——保险经纪人进行。保险代理人 / 经纪人不仅进行保险营销，而且参与保险合同的订立、履行、损失评估和索赔 / 理赔，他们的行为对保险合同当事人的权利义务有着极为重要的影响。

除了保险直销、团体寿险的销售以及团体健康保险的销售以外，保险中介在保险营销和理赔中具有不可替代的作用。保险中介依照委托人的不同可以划分为保险经纪人和保险代理人。

保险经纪人（insurance broker）通常是受雇于投保人、被保险人或保单持有人的独立经营的个人或法人。保险经纪人接受投保人、被保险人或保单持有人的指示，向他们提出有关保险的建议，在保险市场上以最合理的价格为他们洽购最适合其风险的险种，并代表投保人与保险人达成保险合同。当发生承保损失时，保险经纪人通常需要替被保险人或保单持有人向保险人提出索赔，并负责处理相关事宜。保险经纪人虽然代表投保人购买保险，却从保险人处收取佣金。在绝大多数情况下，使用保险经纪人的是商业保户，尤其是大型商业保户，以及拥有相当数量财富的个人，因为这些保户常常有比较特殊的险种组合与需求。除了劳合社保险市场外，世界保险发达国家的保险经纪市场基本上为大型保险经纪公司所垄断。现代保险经纪公司的业务范围已经远远超出了传统的保险经纪业务。保险经纪公司不仅可以替投保人购买保险和处理索赔，还向保户提供各种保险咨询和风险管理服务。保险经纪公司不仅收取佣金，而且收取保险咨询费用和风险管理费用。通常而言，保险咨询费用和风险管理费用是向接受服务的保户收取。一些大型经纪公司甚至根据保户自身的风险组合与需求自行设计保单条款，并要求保险公司使用经纪公司制定的标准保单。

【专栏 15-2】

从伦敦小咖啡馆到世界大市场：劳合社的发展史

17 世纪的英国，咖啡是一种非常流行的饮品，伦敦市区遍布大大小小的咖啡馆。1688 年，一个叫爱德华·劳埃德（Edward Lloyd）的英国商人在伦敦的塔街开设了一家小咖啡馆。为了拓展生意，他努力吸引船长、海员、商人以及船东在此聚会。在那样一个通信落后、信息闭塞的年代，劳埃德咖啡馆由此获得了能提供可靠航运信息的声誉，也因此吸引了需要准确航运信息的海上保险交易在此开展。

当时，某个海上保险交易会由多个承保人分别承保，当某船出海时，船东或者商人就会在一张纸条（承保条）上注明投保的船舶或货物以及相应投保的金额，而每个承保人会在承保条上注明自己愿意承保的份额，并签名确认，这个程序会一直持续到该承保条的投保金额被全部承保。

1769 年一批劳埃德的客户自立门户，设立了与其竞争的新劳埃德咖啡馆。由于场地太小了，新咖啡馆中的 79 名商人、承保人以及经纪人每人出资 100 英镑，于 1774 年租赁了皇家交易所的房屋。自此以后，咖啡馆消失，劳合社诞生。

如同最早的咖啡馆一样，劳合社并不是一家保险公司，而是一个保险交易的市场。这个市场主要由三类人构成：一是经纪人（broker），他们代表投保的客户给市场带来业务；二是承保人（underwriter），他们代表提供保险保障的辛迪加从经纪人处接受承保的业务；三是辛迪加，他们是在劳合社的市场上销售保险的会员（member）商业联合体。

英国议会于1871年专门通过了一个法案，批准劳合社成为一个保险社团组织。但该公司只是个管理机构，本身不承保风险。1994年以前，劳合社的承保人都是自然人，或称个人会员（individual member）。1994年以后，劳合社允许公司资本进入该市场，出现了公司会员（corporate member）。从此以后，个人会员的数量连年递减，而公司会员的数量逐年递增。

目前，劳合社成员的承保业务大体分为四大类，即水险、非水险、航空和汽车保险。2011年，劳合社的总保费交易额是234.47亿英镑，而市场总体的税前损失是5.16亿英镑。

2000年11月28日，劳合社北京代表处开幕典礼举行。这是劳合社第一次在没有自己营业机构的国家设立代表处，表明了劳合社对正在逐渐成为世界重要的保险和再保险市场的中国的重视。

2005年11月，中国保监会[㊀]正式批准劳合社在中国筹建一家再保险公司。2007年3月，劳合社再保险（中国）有限公司获准开业。劳合社获得的经营许可意味着劳合社可在中国境内开展再保险业务，这让中国的保险公司得以直接进入劳合社市场，也让劳合社能够更好地进入快速发展的中国再保险市场。而在此之前的20多年，国内较多卫星、航空等领域的保单基本都是通过劳合社分保到国际市场。■

保险代理人（insurance agent）是为保险人明示或默示授权代表保险人利益工作的保险中介。保险代理人通常与他所代表的保险公司具有固定和长期的代理关系。在美国，保险代理人根据其授权的不同一般可以分为三种：保险总代理（general agent）、保险特别代理（special agent）和保险营销代理（soliciting agent）。

保险总代理具有广泛的权利。在财产责任保险中，总代理有权为保险人向投保人发出要约，接受投保人的要约，与被保险人订立保险合同，并出具保单或续保，收取保费，指定分代理（subagent），有时还可以为保险人评估承保损失和处理索赔。在大多数情况下，总代理全权代表保险人。保险人使用总代理的营销成本往往较高，并且不易直接控制总代理的营销行为。在人身保险中，总代理通常是地区代理的同义词。人身保险中的总代理一般无权为保险人订立任何人身保险合同。订立人身保险合同的权利属于人身保险公司本身。人身保险的总代理可以出具寿险保单收据，或在授权范围内与投保人订立临时寿险合同。

在保险交易中，保险营销代理的工作是招揽客户，协助客户填写投保单，并将其提交给保险公司，没有代表公司订立包括临时寿险合同在内的任何保险合同的权利。

在财产保险领域，保险特别代理是指那些在营销组织中获得有限授权订立保险合同的个人，通常该授权的限制会在其与保险人的合同中明确规定。在保险实践中，不少中介称谓的使用并不是十分严格，因此涉及法律纠纷时需要根据实际情况进行判断和确认。

15.3.1.3　保险人的种类

在商业保险市场上，保险产品的提供者主要有股份制保险公司（Stock Insurance Company）、互助型保险公司（Mutual Insurance Company）、自保公司（Captive Insurance Company）和伦敦劳合社（Lloyd's of London）。

股份制保险公司是公开上市的、经营保险业务的有限责任公司。这类保险公司的组织结构和管理与其他股份制责任有限公司并无大的差别，公司高管对董事会负责，公司由股东拥有并控制，公司经营保险的目的就是为股东创造利润，公司按照其拥有的财产承担责

㊀ 2018年3月，银监会和保监会已合并为银保监会。

任。财产和责任保险市场的最大份额通常都是由股份制保险公司承保的。

互助型保险公司也是有限责任公司，但理论上它不是由股东所拥有，而是由公司的全体保单持有人所拥有。“与大型股份保险公司的股东一样，大型互助型保险公司的保单持有人对公司的控制权只是理论上的，而不是真实存在的。”互助型保险公司所经营的保险产品主要是人身保险。

自保公司是由一家商业公司或几家商业公司共同成立，并专门为母公司提供保险服务的保险公司。自保公司的母公司通常都是大型跨国企业，本身有足够的风险分散基础。自保公司常常也会通过再保险分散风险。除了保险目的外，跨国公司还利用自保公司规避税收，或是作为跨国企业内部财务转移的工具。

伦敦劳合社是世界上最大的个人承保组织，从 17 世纪伦敦劳合社成立到 20 世纪 90 年代末，它只接受个人成员并要求个人承保人承担无限责任。20 世纪末发生了许多严重的承保损失，导致劳合社很多个人承保人破产，为了恢复承保能力，劳合社不得不开始接受保险公司作为承保人。伦敦劳合社主要经营财产和责任保险、特殊险种和再保险。

15.3.2 保险的分类㊀

保险按照保险标的的不同可以分为：财产保险、责任保险、员工福利和保证。不同类别的保险转移不同类别的风险，承保范围约定被保险人转移给保险人承担的风险，除外责任约定保险人拒绝承担而由被保险人自留的风险，具体的风险转移内容和范围需要依据保险合同和相关法律共同确定。

财产保险（property insurance）是以有形财产和无形财产为保险标的的保险。保险人承诺当被保险人的承保财产遭受承保危险并造成承保损失时，对被保险人予以金钱补偿，使其恢复到损失发生前的经济状况。有形财产保险包括：火灾保险、汽车保险、各种运输保险、犯罪保险、信用保险、机器损坏保险、建筑工程保险等。无形财产保险主要是营业中断保险。

责任保险（liability insurance）是以被保险人依法应当承担的法律责任为保险标的的保险。在保险发达的国家，责任保险人的承保责任通常包括两部分：为被保险人提供抗辩的责任㊁和补偿被保险人损失的责任。

员工福利（employee welfare）有两大部分：一是政府提供的社会保障，二是商业保险。属于商业保险的员工福利包括：人寿保险、医疗健康保险和养老金计划。

保证（surety bond）是保证人以书面合同的方式承诺为被保证人的债务，不履行或履行不当向保证合同指明的权利人承担责任的一种商业行为。保证被广泛应用于国际工程承包业务中。

15.4 国际商务活动中的财产保险

从事国际商务活动会投入大量的物资和金钱，这些物资和金钱以不同的形式出现在经济活动中，其中有些是不动产，如厂房、仓库、办公楼等；有些是动产，如买卖的商品、

㊀ 保险产品传统上依据标的的不同可以分为两大类，一类是人寿与健康保险，承保与人身相关的各种风险；另一类是财产与责任保险，承保与财产和法律责任相关的各种风险。本文从国际商务风险管理的角度，将其划分四大类。有一种观点认为保证只是保险公司利用自身优势从事保证业务，保证本身并不是保险。

㊁ 保险人为被保险人提供抗辩的责任是指被保险人造成第三人的损害，受害第三人向被保险人提起侵权诉讼后，在一定的范围内保险人有义务聘请律师代被保险人进行抗辩。

拥有或租赁的机器设备和办公设备、运输工具、原材料等。此外，从事国际商务活动的目的是盈利，如果国际商务活动中的财产遭受了损失，或者国际商务活动本身因风险而中断，从事国际商务活动也会损失合理的利润。针对潜在的有形财产和无形财产损失，保险公司通常可以提供以下主要的保险产品。

15.4.1 商业财产保险

任何工商企业在从事国际商务活动中，无论你是拥有有形财产，还是租赁有形财产，或是使用自己的有形财产进行抵押融资，都需要**商业财产保险**（commercial property insurance）。商业有形财产保险的标的有两类：不动产和动产。商业有形财产保险是对固定地点财产的保险，不是对运动或运输过程中财产的保险。

商业财产保险承保的不动产主要包括：①建筑物；②建筑物上的固定装置和附着物；③永久安装的机器设备；④被保险人拥有并用于建筑物的维护或服务的动产[⊖]。商业财产保险承保的被保险人的动产主要包括两类：①被保险人在承保处所拥有并使用的物品；如果被保险人是承租人，投保承租人动产保险时，则包括其加建或改建在建筑物上的固定装置和附着物；②被保险人租用的、在被保险人控制之下并在承保处所使用的、租约中规定被保险人须完好归还或负责购买保险的动产。商业财产保险单规定的除外财产通常有三类：①法律禁止拥有、非法或违法获得或占有的财产；②不易受承保风险损害或太易受承保风险损害的财产，前者如土地，后者如现金；③由其他专门保险承保的动产，如汽车。

无论从历史还是重要性的角度衡量，商业财产保险承保的风险首先是火灾，因此，人们常常称财产保险为“火险”。现代商业财产保险一般采用指名风险的方式规定承保风险。承保风险中火灾仍然是最重要的风险，其他风险还包括雷电、爆炸、风灾或雹灾、烟熏、暴乱和民变、恶意行为、喷淋装置漏水、地陷、坠落物体等。商业财产保险单还规定有保险人的除外责任，除外责任有两类：一类是任何财产保险都不予承保的风险或损失，如被保险人的故意行为造成的损失、正常损耗、政府行为、战争、热核反应等；另一类是基本险不予承保但可以通过附加险或批单加保的风险，如地震、洪水、建筑工程法律法令引起的费用增加等。

15.4.2 机器损害保险

机器损害保险（equipment breakdown insurance，简称“机损险”）传统上被称为“锅炉和机器保险”。机损险承保三类设备：①在压力下或真空条件下运转的机器设备，如锅炉和压力管道、泵机、压缩机、空调机和冷冻设备；②控制、传输或使用机械力或电力的设备和电子设备，如发电和输电设备、涡轮机或发动机、工作母机以及复印机、计算机和电话等电子办公设备；③通信和计算机设备。机损险承保的损失仅限于由于压力设备、机械或电器故障所导致的承保设备损毁并需要修理或更换而产生的直接物质损失。换句话说，机损险承保的是被保险人所使用的机器设备，不是被保险人生产制造准备出售的产品，也不包括电子媒介、运输车辆、工程车辆、医疗设备等。

15.4.3 运输保险

运输保险（transportation insurance）起源于**海上保险**（marine insurance）。随着科学技术

⊖ 承保标的包含某些动产主要是考虑风险和承保的便利。虽然不动产和动产是两个相对的概念，但考虑到即使其他动产被移走，这些动产通常仍然附着于不动产之上，因此在衡量风险和确定空置概念时，将其视为不动产对待会更为合理更为便利。

的发展，出现了**陆上运输保险**（inland marine insurance），包括铁路运输保险、汽车运输保险、邮寄保险，以及航空运输保险等。当多式联运方式出现后，一份运输险保单可以承保多种运输风险。

运输保险一般分为：①海上保险；②一般商业运输保险。海上保险主要承保海运船舶、通过海上运输的货物、海运运费和海上石油钻井平台设备等。一般商业运输保险则承保除海上运输方式外，使用其他运输方式的财产所面临的损失风险。一般商业运输保险只承保运输过程中的财产，并不承保运输工具本身。后者则需要购买商业汽车保险、飞机保险或其他运输工具保险。运输保险的承保风险十分广泛，虽有一部分运输险保单使用指名风险，较多的则是一切险保单。

15.4.4 商业犯罪保险

犯罪行为会给工商企业造成重大损失，犯罪的人虽然要承担刑事责任，可其给企业造成的经济损失很难追回或很难全部追回。对于从事国际商务活动的公司而言，它们的商务活动都是跨越国境的，公司内部的监督管理更加困难，而外部环境又不十分熟悉。因此利用**商业犯罪保险**（commercial crime insurance）转移可能遭受的犯罪损失，对从事国际商务活动的公司非常重要。

商业犯罪保险承保两类财产：一类是金钱和有价证券，另一类是金钱和有价证券以外的其他财产。商业犯罪保险承保的风险也可以分为两类：外部人员的犯罪和内部人员的犯罪。外部人员的犯罪包括偷窃、盗窃、抢劫和恶意行为造成的灭失与损毁等；内部人员的犯罪则是指被保险人的雇员侵害雇主或公司客户的财产的犯罪行为，这类犯罪包括监守自盗或雇员损毁公司财产、贪污或挪用公司资金、变造或伪造公司账目或支票，以及侵害公司客户财产时公司所应承担的责任等。今天，计算机和网络犯罪越来越多，也有专门的保单承保计算机欺诈和网络犯罪。保险发达国家还有为保护金融机构和国家机关而设计的犯罪保险。

此外，投保犯罪保险还有利于投保人的犯罪风险管理，因为承保犯罪保险的保险公司会要求被保险人建立犯罪防范机制，达到一定的标准时可以享有费率优惠。被保险人必须有严谨的财务制度和完好的财产登记记录。保险人有权对被保险人的账簿进行审计。

15.4.5 营业中断保险

营业中断保险（business interruption insurance）是一种对由承保风险引起的有形财产损失所导致的无形的预期利润的损失和增加的额外费用进行补偿的保险。营业中断保险的补偿内容是营业中断损失，即由营业中断引起的未来收入的损失和支出的额外费用。营业中断保险不同于普通的财产保险，它的保险标的是企业无形的收入，而不是有形的财产。任何企业在经营中都会面临各种风险，一旦发生了财产损失，虽然可以从财产保险人那里获得直接财产损失的赔偿，但随后发生的各项间接费用和损失，以及企业在停业修理重建期间的预期利润的损失不能从财产保险中获赔。营业中断保险正是为企业的上述无形损失提供补偿的保险。营业中断保险针对的主要是工商业企业，而不是个人，因此属于商业财产保险。营业中断保险的保险标的是企业的经营状况，对企业所遭受的预期利润的损失和增加的经营费用提供补偿，因此被保险人一般都是企业。营业中断保险不同于普通的财产保险，它承保的不是直接的财产损失，而是这种财产损失所导致的后续损失（consequential losses）。

15.4.6 信用保险

信用和其他事业行为一样面临着风险。当银行贷款或企业赊销的时候，债权人相信债务人能够如期偿还债务，但是，当债务人由于各种原因无法偿还债务或是拒绝偿还债务时，债权人就会遭受损失，这种损失就是信用损失。**信用保险**（credit insurance）是用以减低信用风险、补偿信用损失的一种补偿性保险。

15.4.6.1 商业信用保险

商业信用保险（commercial credit insurance）是保险公司和一家商业公司之间的一种安排，根据这种安排，商业公司作为被保险人获得以下保证：①对由于商业债务人不能偿付债务造成的非正常信用损失予以补偿；②由于这种关系，可获得其他辅助性服务或好处。商业信用保险不是政府提供或资助的保险行为，其承保人是商业保险公司，承保的标的是由于工商企业不能偿还所欠被保险人的债务造成的信用损失。信用保险的被保险人是制造商、批发商、广告代理商或其他为工商企业提供服务的商业机构，不是零售企业或其他服务机构，也不是消费信贷机构。商业信用保险不是出口信用保险，出口信用保险承保的债务人是处于被保险人国境以外的债务人。

此外，它不同于应收账款保险（accounts receivables insurance）和有价证券或凭证保险（valuable papers or records insurance）。应收账款保险的承保范围是，发生保单规定的原因造成应收账款的账簿或凭证灭失或损坏时，对无法收回的账款予以补偿；有价证券或凭证保险则是承保补偿由于承保危险造成有价证券或凭证灭失或损坏时重建这些有价证券或凭证的费用。

保险人补偿被保险人的信用损失属于非正常的信用损失，所以，商业信用保险通常在保单中通过规定共同保险或要求被保险人承担最初损失（assumption of primary loss），使被保险人分担信用损失。实际上，被保险人、被保险人的信用主管和保险公司一起作为一个团队共同处理信用损失以及相关问题。

虽然商业信用保险的首要作用是补偿被保险人的非正常信用损失，保险公司还可以提供附属服务，被保险人也可以从中获得额外的好处。例如，协助预防产生坏账损失；协助追债，对过期债务和无法偿还的债务提供有组织的追债服务；对无法偿还的债务进行残值清算，包括残值超过保险金额的情况；降低利息成本、追债费用；建立免税的超额坏账损失准备金；通过安全地增加现有客户的信用额度和增加新客户扩大销售、增加利润；保险公司可以提供特别信用调查、咨询和协助服务；改善被保险人的融资能力和信用评级；使被保险人进行预算和计划时更具确定性；稳定季节性商品生产；改善被保险人内部销售部门和信用部门之间的关系；当被保险人的大量资金被应收账款占用时，解除被保险人的后顾之忧。

15.4.6.2 出口信用保险

出口信用保险（export credit insurance）是对出口成品或服务的应收款项进行保险，保证出口商的资金不会落空，有利于出口商进行出口押汇或贷款、扩大生产、扩大出口的一种政策性保险。虽然个别商业保险公司也经营出口信用保险，但绝大多数出口信用保险还是由政府机构或政府成立的专门保险公司提供的，例如美国的进出口银行、我国的中国出口信用保险公司以及英国的出口信用担保局等。

出口信用保险与普通商业信用保险一样，所承保的信用损失为非正常信用损失。非正常信用损失是指债务人无法履行偿还义务时债权人所遭受的损失。这种损失通常包括两种情况：一是出现不可抗力，包括国家行为、战争、外汇管制等；二是债务人死亡或破产。

因为在正常情况下，出口商有责任谨慎选择贸易对象，出现正常贸易或付款纠纷，可以通过诉讼或其他方法向债务人索偿。即使有出口信用保险，被保险人也应具有合理注意商业和政治风险的义务。因此，大多数情况下出口信用保险公司都承保 90% ～ 95% 的商业风险和政治风险，要求被保险人自己承担 5% ～ 10% 的风险。

15.4.7 建筑工程保险

建筑工程项目十分复杂，尤其是大型建筑工程，会涉及项目的所有权人、设计公司、建筑公司、监理公司等；建筑公司又包括各种和各级承包商、分包商。因此，广义上的**建筑工程保险**（builder's risk insurance）不仅包括财产保险，还应该包括责任保险、员工福利和保证。不过，建筑工程保险作为一个单一险种，是承保各方对在建财产直接损害与灭失具有的利益的财产保险。作为一般原则，建筑工程保险只适用于正在建设、安装和组装的建筑工程项目，也可用于承保改建的项目，但不适用于建筑物的拆除。有些建筑工程保险还承保由承保损失引起工程延误所产生的收入损失或增加的费用。大部分建筑工程险保单采用“一切险”的方式，实际上是用除外责任规定承保范围。建筑工程保险属于一种“临时性”的保险，一旦工程竣工，新建筑物的所有权人就必须为该新财产购买“永久”财产保险——建筑物和建筑物内财物的保险。

15.5 国际商务活动中的责任保险

从事国际商务活动不仅有遭受财产损失的可能，还可能因造成他人的财产损失和人身伤害而承担赔偿责任，这就是责任风险。直接财产损失赔偿是以财产本身的价值为上限的，责任损失往往会通过诉讼确定最终赔偿责任，这常常会产生高额的损害赔偿和抗辩费用。而且，国际商务活动涉及不同的法律管辖权，处理因侵权责任而产生的纠纷需要专门的法律人才。通过责任保险机制转移责任风险，被保险人缴纳保费，保险公司负责法庭抗辩并补偿被保险人依法应当承担的责任，保证国际商务活动的正常进行。

15.5.1 商业一般责任保险

商业一般责任保险（commercial general liability insurance）是从事国际商务活动的公司企业所需要的最基本的责任保险。商业一般责任保险承保两类责任：一类属于公众责任，另一类属于产品责任。公众责任包括两种责任：场所责任和营业责任。场所责任是指因为拥有、占有或使用场所而产生的人身伤害或财产损失所应承担的法律责任；营业责任是指由于拥有、占有或使用场所以外的行为而产生的人身伤害或财产损失所需承担的法律责任，如施工过程中造成的路人伤害。产品责任也包括两种责任：一是普通产品责任，如消费品、运输车辆、机器设备等；另一类是工程完工责任，如建筑物、工程项目、大型设备安装等，这相当于一个大产品。作为责任保险的被保险人，无论是一般产品的制造商、批发商或零售商，还是建筑商和承包商，因为过失行为给他人造成人身伤害或财产损失经过法庭判决，或者经过保险人的调查确信被保险人应当承担赔偿责任，都属于商业一般责任保险的赔偿范围。工业化国家的商业一般责任保险与其他责任保险一样，保险人的保险责任通常包括两部分：对第三方受害人进行补偿和为被保险人进行法庭抗辩；保险人一般不支付惩罚性赔偿，因为它不具有补偿性质，而且违反公共利益。商业一般责任保险所承保的人身伤害或财产损失必须是由意外事故造成的。意外事故包括两种情况：一是持续或者重复性地处于有害条件下最终导致身体伤害或者物质损失的风险；二是造成直接身体伤害或物质损失的突发风险。商业一般责任保险的除外责任有三类：①不可保风险，包括被保险人故意造成的损害、战争、被保险人自己的产品或工程损失、召回，等等；②有其他专门保险的，如汽车、飞机或船舶，装卸作业，雇主责任，等等；③有专门的批单可以加保的。

15.5.2 商业汽车保险

商业汽车保险（commercial automobile insurance）是财产和责任综合保险。商业汽车保险的责任保险部分承保，被保险企业所拥有、控制或使用的承保车辆，因意外事故造成他人的人身伤害或财产损失应依法承担的损害赔偿责任。商业汽车保险的财产保险部分承保被保险人的承保车辆因承保危险造成的车辆物质损害，例如，碰撞、盗抢、车窗玻璃破碎等。此外，还可以加保应急医疗费用险和其他附加险。

15.5.3 运输承运人责任保险

运输承运人责任保险是个统称，实际上不同的承运人需要不同的运输承运人责任保险。比如，有汽车承运人、火车承运人、飞机承运人、船舶承运人以及邮包承运人等；此外，还有一些特殊的承运人，如石油管道运输。运输承运人责任保险承保作为被保险人的承运人，因其过失致使所运送的人员或财产在运送过程中遭受的人身伤害或财产损失。运输承运人责任保险不承保运送工具本身的损失或损害，一般也不承保运送工具造成运送人员以外的其他人或运输财产以外的其他财产的损害。前者需要运输工具的保险，如汽车保险、船舶保险、飞机保险等；后者需要相应的第三者责任保险。另外，运输承运人责任保险也不承保污染责任，运送有可能造成环境污染的物品的企业应该投保环境污染责任保险。

15.5.4 雇主责任保险

历史上，**雇主责任保险**（employers' liability insurance）经历了自愿的商业行为到法律强制保险的发展过程。现在，工业化国家的雇主责任保险基本上属于强制保险的范畴。不同的国家采用不同的名称，有的仍然使用"雇主责任保险"，有的使用"工伤保险"，也有的叫作"员工赔偿"（workers' compensation insurance）。不同国家雇主责任保险的经营方式也不同，有的直接纳入社会保障的范围，有的则由商业保险公司经营，还有的由政府和商业保险公司共同经营。雇主责任保险承保作为被保险人的公司企业因其员工在雇用工程中受到人身伤害、疾病或死亡而应承担的损害赔偿。雇主责任保险的赔偿范围通常包括四个方面：①医疗费用；②伤残福利；③康复费用；④死亡抚恤金。

15.5.5 管理责任保险

管理责任保险是近年从职业责任保险中分离出来成为独立险种的。管理责任与职业责任有一点基本区别，职业责任是指特殊领域职业人员（如医生、建筑设计师或会计师）因行为未能达到应有的注意标准而产生的责任；大多数产业组织并没有此类责任，但它们的高管和董事面临不同程度的董事和高管责任风险、违法雇用行为责任风险或者信托责任风险。

15.5.5.1 董事和高管责任保险

董事和高管责任保险（directors' and officers' liability insurance）承保作为被保险人的公司高管和董事，因履行职责时没有行使其应尽的注意义务而应当承担的侵权责任。这类侵权责任诉讼大多是公司股东针对公司高管和董事提起的，要求公司高管和董事进行损害赔偿。近年来，这种诉讼有不断增加的趋势。董事和高管责任保险通常承保作为被保险人的公司高管和董事效率低下、缺乏诚信、利益冲突、越权行事等过失行为造成的经济损失，一般将董事和高管的故意违法行为作为除外责任。

15.5.5.2 违法雇用行为责任保险

违法雇用行为责任保险承保工商企业，以及企业董事、高管和员工因违反相关劳动法律法规应承担的损害赔偿请求，这里的违法雇用做法包括三种：工作场所的性骚扰、违法终止雇用关系和不合法的工作歧视。对于从事国际商务活动的工商企业，这是一个非常重要的险种。它广泛涵盖了诸如违法拒绝雇用、违法裁员、违法调动、违法不予升迁、违反雇用合同、雇用中的打击报复、工作场所的性骚扰的行为或言辞、雇主侵犯雇员的隐私、对雇员诽谤、各种违法的歧视行为等所引起的损害赔偿请求。

15.5.5.3 信托责任保险

信托责任保险（fiduciary liability insurance）是针对企业员工福利计划的信托人或管理人违反信托责任时，应对员工福利计划的受益人——无论是已退休的还是正在工作的雇员——承担的损害赔偿责任。信托责任保险承保员工福利计划受托人在基金管理中的错误与遗漏风险，以及行政管理中的错误与遗漏，前者如因过失而导致投资损失，后者如遗漏为员工办理医疗保险等。

15.5.6 环境责任保险

世界上大多数国家都有环境保护的法律，造成环境污染的公司企业不仅要对其污染导致的人身伤害和财产损失承担赔偿责任，而且，还要负责清除污染或承担清除污染的费用。由于一般商业财产责任保险往往将环境污染损害赔偿作为除外责任，在国外从事生产、工程承包和物流的公司企业十分需要投保适当的环境责任保险。

环境责任保险（environmental liability insurance）承保被保险人因其承保处所污染物突然或逐渐泄漏引起的第三方损害赔偿请求。保险人的承保责任通常包括人身伤害、财产损失、清污费用和法庭抗辩费用。环境责任保险一般只承保外泄污染物在承保处所以外造成他人的损害赔偿请求。如果被保险人担心污染物损害承保处所，给被保险人自己造成损失和清污费用，则需要投保第一方环境保险。

环境责任保险的除外责任通常包括：被保险人故意或有意违反环境法律法规、被保险人已知存在污染的情况、酸雨、核泄漏、战争、恐怖行为等。

环境责任保险与普通商业财产责任保险不同，它不使用标准保单，根据不同的保险标的和承保对象使用不同的保单格式。

15.6 国际商务活动中的员工福利

无论是发达国家还是发展中国家，员工福利对企业和个人都是至关重要的。对企业来说，员工福利是不可或缺的激励机制；对员工而言，它则是极为重要的收入来源。在美国，员工福利可以占到员工全部薪酬的40%。员工福利形式多样，有直接的和间接的，有雇用期间的和退休以后的，有法定强制的和企业自行安排的，有雇主提供的和雇主雇员分担的，等等。企业在设计员工福利计划时必须考虑所在国家的税收政策和法律。大多数发达国家对员工福利计划采取鼓励性的税收政策和法律，给予规定的员工福利计划支出免税或减税的优惠。员工福利主要包括以下四种。

15.6.1 健康保险

作为员工福利的**健康保险**（health insurance）计划有两种：一是只为雇员本人提供健康保险服务，二是为雇员全家提供医疗保险服务。后者不仅雇员本人，雇员的配偶和未成年子女都可以享受雇主提供的医疗保险。商业健康保险公司所经营的主要健康保险包括五大类，它们分别是：医疗费用保险、补充医疗保险、伤残收入保险、长期护理保险以及其他医疗保险。

15.6.1.1 医疗费用保险

医疗费用保险（medical expense insurance）是最基本的健康保险，通常承保三种费用：住院费用、手术费用和非手术诊治费用。住院费用是指在医院住院和门诊就医所发生的医疗费用，包括被保险人住院、X光检查、化验、孕妇检查和分娩所支出的费用；手术费用是指被保险人进行手术时所需的手术医生、手术室、麻醉和相关器械药品的费用；非手术诊治费用是指被保险人到门诊就医或请医生出诊的费用。医疗费用保险一般又分为两种：基本医疗费用险和重大疾病医疗费用险。重大疾病医疗费用险可以分成补充性大病医疗保险和综合性大病医疗保险。

15.6.1.2 补充医疗保险

补充医疗保险（supplemental health insurance）主要是为了弥补被保险人在医疗费用保险项下所负担的自付额（如免赔额或共保额），或者增加基本医疗保险中不保的医疗项目（如牙科、眼科治疗和处方药品）。这种保险的主要险种有：住院费补偿保险、牙科治疗保险（包括牙病的治疗、补牙、镶牙、整形口腔手术等）、处方药物保险、视力护理保险（包括验光、视力矫正、配眼镜等）、意外事故医疗费用保险、政府医疗保障补充保险（这是对政府医疗保险的一种补充）、旅行意外保险等。

15.6.1.3 伤残收入保险

伤残收入保险（disability income insurance）是一种在被保险人因病或意外伤害丧失工作能力时，向其定期支付收入的保险。这种保险主要包括完全丧失工作能力保险、永久部分丧失工作能力保险以及商业经营能力损害保障计划等。前两种是保障被保险人个人在伤残时，其所丧失的收入可以获得补偿；后一种则是保障业主在自己伤残时或在主要雇员伤残时，其商业利益不会因此受到损害。

15.6.1.4 长期护理保险

长期护理保险（long-term care insurance）是在被保险人的器官丧失行为能力或大脑丧失思维能力时，为其住在康复医院的护理、家庭康复护理、送往成人日托护理中心进行护理支付所需的费用。被保险人这种能力的丧失可以是由于意外伤害或疾病，也可以仅仅是因为年老所致。这时，被保险人需要护理人员提供必要的生活帮助。长期护理保险对于人口正在老龄化的国家非常重要。

15.6.1.5 其他医疗保险

其他医疗保险包括视力护理保险、牙科治疗保险和处方药物保险等。

15.6.2 团体人身保险

当雇员在雇用过程中发生死亡时，雇主通常会向雇员的亲属支付一定数量的抚恤金。这不仅是对去世雇员过往工作的感谢，更重要的是为去世雇员家属提供一定时间内的生活费用保障。这种做法有利于雇员积极努力地为企业工作。

团体人身保险（group life insurance）不同于个险，提供团体人身保险产品的保险公司与购买团险的雇主或工会订立团险合同，保险公司向作为被保险人的雇员个人出具保险凭证。保险凭证上载有承保的险种和保险金额，是被保险人或受益人索赔的依据。由于团险比较不易逆向选择，一般也就不像个险那样要求体检；不过，团险合同常常规定参加团险的最低人数或参保的最低比例。

15.6.2.1 团体定期寿险或团体终身寿险

团体定期寿险（group term life insurance）的保险期间通常为一年，可以续保。这种保险按照保单规定的被保险人的类别，在被保险人死亡时，向受益人支付保单规定的死亡保险金。如果被保险人在保险期间完全永久丧失劳动能力，保险公司免除被保险人的定期寿险保费。

团体终身寿险（group permanent life insurance）常常采用保费付清（paid-up plans）的方式，是指雇员工作期间缴纳足够的保费至退休之时，此后无须再缴纳保费，保险继续有效。同普通终身寿险一样，保单既提供死亡保险金的保障，也积累现金价值。

15.6.2.2 团体伤残收入保险

雇员因伤残而丧失收入会严重影响雇员本身的身体恢复和家庭生活，有时会使劳资关系紧张，不利于社会安定。雇主通过购买**团体伤残收入保险**（group disability income insurance）能够较好地解决这一问题。团体伤残收入保险可以分为社会保障和商业团体伤残收入保险两大类。社会保障提供的伤残保险是法定的、强制性的，我国的工伤保险和美国的员工赔偿就属于这种保险。商业团体伤残收入保险是商业保险公司的保险产品，雇主自愿购买。商业保险公司提供的团体伤残收入保险主要包括三种福利：①带薪病假。在雇员生病期间全额支付雇员的工资，保单通常规定有最长期限，如 180 天；②短期伤残。雇员因疾病或意外不能工作，超过等待期，保险承担生病或受伤雇员 50% ～ 70% 的工资，保单规定有最长期限，如 26 周；③长期伤残。雇员达到保单规定的工伤程度，超过规定的时间仍不能完成原来的工作，且无法经过合理培训从事新的工作，保险承担该雇员 50% ～ 80% 不等的工资，直至其达到退休年龄。

15.6.2.3 公司拥有并受益的寿险

公司拥有并受益的寿险（corporate-owned life insurance）是公司拥有的、为雇员生命投保、由公司或雇员家属受益的保险安排。这种保险安排可以采取两种方式：一种是公司支付全部保费，公司是该保险的唯一所有权人和受益人；另一种是公司和作为被保险人的公司高管分担保费并分享保单项下的收益。使用这一险种，一方面公司可以在作为被保险人的公司高管死亡时，将保险金用作抚恤金支付给死者家属；另一方面公司还可以利用寿险保单贷款，规避普通融资贷款利息。

15.6.3 退休金计划

无论你在哪个国家，从事何种工作，如何保障退休之后的生活质量都是非常重要的。退休收入有三个基本来源：个人现金存款、社会保障和企业退休金计划。

退休金计划（pension plan）可以采取各种不同的形式，但总体上归为两大类：固定收益型和固定缴纳型。固定收益型计划规定员工在退休后可以获得固定数额的退休金。员工退休金数额的多少通常取决于员工的工作年限和工资水平。使用固定收益型计划，员工的退休福利——退休金水平是固定的，雇主为提供固定数额的退休金所需缴纳的数额则是不固定的。为保证员工退休后的固定收益，雇主需要承担的退休金计划成本存在着较大的不确定性。与此相反，采用固定缴纳型计划的雇主按工资的固定比例缴纳退休基金，也可以根据其他的变量，如利润的比例缴纳退休基金。雇主缴纳的数额比例是事先确定的，固定缴纳型计划为雇员的退休基金进行投资，员工退休后的实际收入取决于缴纳的水平、退休金计划的时间长度和投资的收益损失情况等。

15.6.4 社会保障

为维护国家社会安全稳定而建立经济机制有两种：一种是社会保障，一种是社会救济。能够引起社会不稳定的因素有很多，比如家庭主要劳动力的死亡、失业、老龄、低工资、疾病、通货膨胀、自然灾害等。**社会保障**（social security）不同于社会救济，后者是无偿提供给社会上无收入的贫困人群，而社会保障则是有偿享受的国家福利。社会保障基金的缴纳是强制性的，不缴纳或不按规定缴纳属于违法行为，须承担相应的法律责任。社会保障基金由雇主负责缴纳，可以由雇主承担或雇主雇员共同承担。雇员能够享受的社会保障一般包括：退休金、医疗保险、伤残收入保险、失业保险等。

15.7 国际工程承包中的保证

保证是一种合同行为，合同的一方承诺对另一方的债务未履约或错误履约承担责任。这种合同包括三方：被保证人、权利人和保证人。被保证人或义务人承担了以某种方式履行对权利人或债权人的义务。保证人向权利人担保被保证人将履行规定的义务。合同保证是担保书面合同——基础合同项下的义务能够履行的一种保证。合同保证是保证人和被保证人双方给予项目的所有权人一种经济上的承诺，即使承包商在完工前放弃项目或破产，仍会有资金完成这个项目。付款保证和履约保证的保险费通常不超过被保证合同价金的1%。因此，当承包商不履行合同项下的义务时，保证保险的价值对项目所有权人来说是其成本的100倍。保费是被保证人支付给保证人的，但它作为工程项目费用的一部分转嫁给了项目的所有权人。

虽然从理论上说合同保证保险适用于任何形式和目的的合同，不过在实际业务中绝大多数合同保证用于建筑合同。承包建筑项目的建筑商本身一般没有足够的资产为其承建项目的履约做抵押担保。一家经营多险种的保险公司做保证人是非常合适的。

合同保证保险的主要目的 / 作用包括：①提供信用；②预先审定承包商的资格；③减低承包商不履约的影响；④保障工人和供应商的利益。

15.7.1 投标保证

投标保证（bid bond）规定，如果投标人中标，但没有签订合同，或者未能提供所需的履约和付款保证，保证人将补偿项目所有权人的损失。保证人的赔付责任为承包商或被保证人的标书价格和项目所有权人在合理的时间内善意地将合同给予其他承包商所得最低价格之间的差额。保证人的责任以投标保证合同规定的保证金额为限，一般为合同价金的5% 10%。

15.7.2 履约保证和完工保证

履约保证（performance bond）是一种保证人和被保证人对权利人的共同连带承诺，担保被保证人将完全忠实地履行基础合同项下的全部责任。在合同保证中，被保证人可以是总承包商，也可以是分包商。如果总承包商是被保证人，项目所有权人或开发商就是保证合同的权利人。如果被保证人是分包商，总承包商就是保证合同的权利人。换言之，每个把工作交给别人去做的人都需要承担工作的人保证完成工作，而每个接受工作的人都需要向交给他工作的人保证自己一定能完成工作。

履约保证合同以保证合同规定的保证金额为责任限额保障所有权人不会因为承包商不履行合同遭受损失。保证人的责任是改正被保证人的不履行，或者向权利人支付不超过保证金额的损害赔偿金。这和**完工保证**（completion bond）不同，而不管完工的代价和不履行的原因。

作为基本原则，履约保证人的责任与被保证的总承包商的责任是相同相等的。这是因为保证人担保的仅仅是总承包商承担的责任，没有理由让保证人承担大于承包商所承担的责任。同时，被保证人也是履约保证合同的签字方，与保证人一起承担连带责任。由于被保证人和其他补偿人同意不使保证人因签发保证而遭受损失，所以，他们也不愿意保证人对权利人的责任大于他们对权利人的责任。

履约保证合同项下保证人的责任的实现条件是：被保证人必须实际不履行，或者根据基础合同宣布其不履行。需要特别注意的是，保证人在履行其保证义务以前，应该取得被保证人对不履行的书面承认，或者权利人对不履行的书面申明。否则，保证人就面临被指称为干预者或自愿者，也就是说，他没有法定采取行动的义务或权利，并且不适当地干预了其被保证人的合同关系。在这种情况下，保证人和补偿人之间的合同也可能受到危害。履约保证合同的保证金额一般就是基础合同的价金。项目所有权人可以要求低于合同价金的保证金额，但是，这种情况并不常见。

承包商和保证人一起对所有权人承担履行建筑合同的共同连带责任。当权利人按照第一项所讲的，宣布承包商不履行并要求保证人履行责任时，保证人有四种选择：第一，为被保证人提供资金。如果不履行是由于现金周转问题引起的，否则他就会保质保量按期完工，那么保证人可以决定为承包商提供资金，或者作为权宜之计，或者资助其至完工且所有权人接受时为止。这样做的好处是，被保证人比可能接手的承包商更熟悉工程情况，换人会延长工期。被保证人与许多分包商订有合同，如果终止了与总承包商的合同，分包商的合同会跟着终止，分包商就可能转向更有利可图的工作，或者在与接手的承包商签订合同时会提高分包合同的价格。资助被保证人作为权宜之计，可以使保证人有更多的时间调查被指称的不履行。第二，雇用其他承包商。如果被保证人放弃了项目，或者保证人断定他不能保质保量地按时完成项目，那么保证人就可以决定雇用其他承包商完成这个建筑合同。这种方法需要保证人和新的承包商签订合同，并且承担了为此可能会增加的费用，而不再受保证金额的约束。同时，保证人和项目所有权人之间还要签订完工合同，规定需要完成的工作、时间、付款条件和原材料等问题。这种做法存在的问题是，新承包商需要熟悉工程，保证人可能需要重新招标选定承包商并为此付出费用，工程会延误，等等。在工程旺季，很难找到合格的承包商，即使找到也需要支付高价。第三，为所有权人提供其他承包商。这种方法是让接手的承包商与所有权人直接签订合同，而不是像上面那样与保证人签订合同。保证人这样做仍然要负担招标的费用和由于被保证人不履行而产生的损害赔偿。但是，保证人有可能在接手的承包商开工后解除责任。不过，由于各种因素，所有权人可以要求保证人为接手的承包商继续提供保证，这样就使保证人的责任继续到工程完成并为所有权人接受时为止。第四，做不履行的选择。如果宣布了不履行，保证人没有足够的时间进行全面调查以确定这种指称是否适当，需要多少费用才能改正被保证人的工作缺陷或完成工程，等等。缺少时间也可能是因为所有权人要求立即采取行动、恶劣气候的袭击、所有权人要雇用他自己有特殊关系的承包商等因素引起的。不论因为什么，保证人选择不履行实际上是在项目完成之前把自己放在一种旁观者的位置上。当项目完成后，所有权人、保证人、原来的被保证人、分包商、设计人员和其他关系方再进行协商，或者协议解决，或者诉讼判决。保证人做这种选择，他的钱会用来支付法律费用、专家证词费、法庭费用、协议和解的费用或者败诉的赔偿费用。

传统上，履约保证人的责任以保证合同规定的保证金额为最高限额，不管保证人采用什么方法解除自己的责任。但这一习惯做法在 1974 年 Continental Realty Corp. V. Andrew J. Crevolin Co. 一案中被推翻。当时，总承包商不履行，所有权人要求保证人两择其一：或者接手完成合同，不论代价；或者重新招标，支付减去合同保证金的完工费用。保证人拒绝承担责任，理由是所有权人违反了合同，保证人相应没有采取任何行为。经过诉讼，法庭认定所有权人没有违反合同，保证人要对其违反保证合同的责任对所有权人负责，判定保证人负责赔偿所有权人的全部间接损失，包括增加的成本，不受保证金额的限制。

15.7.3 付款保证

付款保证（payment bond）也叫“人工和材料付款保证”。迅速全部付款给参加工程项目建设的分包商、设备供应商和材料供应商对项目的完成是至关重要的。人工和材料付款保证是一种支付保证（financial guarantee），如果被保证人不履行其付款的承诺，保证人就要负责清偿这部分款项。

付款保证一般按工程的性质分为：公共工程项目和非公共工程项目。两者的区别在于，前者的付款保证合同内容有法律规定，后者是合同当事人自己约定的。

不论何种项目的付款保证，与保证人责任密切相关的一般有四个问题：第一，谁是恰当的损害赔偿请求权人？是付款保证合同所包括的某一个特定的分包商，还是全部与总承包商有直接合同关系的人？是否包括各级分包商和材料供应商？第二，人工和材料的定义是什么？是否包括服务？如果人工和材料的定义和请求权人的定义都是广义的，则保证人可能要对会计师、律师和其他不直接参与工程建设的人负责。第三，保证合同的通知条款是怎样规定的？保证人尽快知道被保证人拒付账单是非常重要的。分包商、材料和设备供应商通常要将承包商不付款的情况通知保证人，使保证人可以尽快参与到项目中来。其结果是通知的时间越短，对保证人越有利。第四，如何开始诉讼？一般设备和材料供应商的起诉时间是在其为工程最后一次提供人工和材料之日起一年以后。被保证人必须对此保持完整准确的记录，以便和请求权人核对。同时，还要了解当地的法律对诉讼时效的规定。

15.7.4 维护保证

维护保证（maintenance bond）一般是在建筑工程完工后用以保障权利人对承包商错误施工或材料缺陷的救济，即错误施工能得以改正，缺陷材料能够更换。

本章小结

本章讨论的是如何采用保险的方法来应对国际商务活动中可能发生的风险；以风险的概念、分类为起点，介绍了风险管理的步骤和基本手段；引出了保险的基本原理、作用和局限性；梳理了保险中介以及保险人的基本类别；讨论了国际商务活动中保险四大类别的基本概念、具体类别和相关的承保范围。

关键术语

风险	纯粹风险	投机风险
可保风险	不可保风险	自然地理风险
政治风险	经济风险	法律风险
社会和人文风险	国际商务风险管理	风险识别
风险度量	规避风险	防损减损
风险自担	风险转移	保险
商业保险	政府保险	保险中介
保险经纪人	保险代理人	股份制保险公司
互助型保险公司	自保公司	伦敦劳合社
财产保险	责任保险	员工福利
保证	商业财产保险	机器损坏保险
运输保险	商业犯罪保险	营业中断保险
信用保险	商业信用保险	出口信用保险
建筑工程保险	责任风险	商业一般责任保险
商业汽车保险	运输承运人责任保险	雇主责任保险
管理责任保险	董事和高管责任保险	违法雇用行为责任保险
信托责任保险	环境责任保险	员工福利
健康保险	医疗费用保险	补充医疗保险
伤残收入保险	长期护理保险	其他医疗保险
团体人身保险	团体定期寿险	团体终身寿险
团体伤残收入保险	公司拥有并受益的寿险	社会保障
社会救济	退休金计划	投标保证
履约保证	付款保证	维护保证

本章阅读资料

请扫描二维码详尽了解本章阅读资料

致　谢

对外经济贸易大学国际经济贸易学院2011级、2012级、2013级部分国际贸易学、产业经济学硕士研究生、国际商务专业硕士研究生参与了教材第1版和第2版的编写工作。他们（按姓氏拼音顺序）是：成婷婷（第3章）、范为广（第3章）、何泰森（第13章）、黄荣芬（第2、3、4章）、贾馨（第1章）、李婧（第4章）、李帅（第3、10章）、沈威（第3、4章）、谭瑞（第1章）、田新源（第10章）、王红宁（第3章）、汪琼（第1、6章）、汪晓晖（第1章）、谢妤琼（第13章）、杨怡亭（第3章）、袁彬辉（第3章）、袁雪（第3章）、赵琪（第1、3章）、赵永玫（第13章）、张松岩（第4章）、周志龙（第13章）。他们的参与无疑加速了教材编写的进度，使本书能够更早地与读者见面。而且，作为“消费者”参与“生产”过程，他们的感受与反馈能够帮助编写者更好地为读者服务。

对外经济贸易大学2016级、2017级、2018级国际商务专业硕士研究生参与了教材第3版的编写工作。他们（按姓氏拼音顺序）是：布丹丹（第5、13章）、惠梦园（第5章）、蒋晓彤（第5章）、单月（第12章）、魏霞（第4章）、翟伟亭（第4章）、张珂荣（第5章）、赵一鸣（第10章）、周熙（第4章），谭跃玲整理了全书的参考资料，潘淑敏进行了文字整理。

对外经济贸易大学2019级国际商务专业硕士研究生参与了教材第4版的编写工作。他们（按姓氏拼音顺序）是：陈明（第6、7、9章）、王帅（第1章）。

对外经济贸易大学崔凡教授为第1章撰写了“新新贸易理论”专栏。他曾经在伦敦经济学院（LSE）获得经济学优等硕士学位、经济学博士学位和国际商法法学硕士学位，在国际贸易领域的专业素养和宽阔视野少有人能及。没有他的帮助，不可能有这个既有学术前沿性，又通俗易懂的精彩专栏。

对外经济贸易大学国际经济贸易学院金融系教授蒋先玲博士、已故教授于瑾博士、财政税务学系教授郑榕博士为第5章“国际税务与金融制度环境”的编写提出了修改意见和建议。

对外经济贸易大学法学院副教授江山博士帮助改写了第3章法律方面内容的表述。

对外经济贸易大学前副校长王林生教授、林桂军教授、山东财经大学校长赵忠秀教授欣然接受为本书第1版作序的邀请。林教授和赵教授都曾作为对外经济贸易大学国际经济贸易学院的院长亲自指导过两位主编所在国际商务学系的工作，他们现在兼任全国国际商务专业学位研究生教育指导委员会副主任委员、全国国际商务专业学位研究生教育指导委员会秘书长，都对本书的编写提出了指导意见。

机械工业出版社的编辑们付出了辛苦的劳动，没有她们的努力，本书不可能顺利出版。

在此感谢以上人士的友情帮助。

阅读资料

本书阅读资料请扫左侧二维码查阅

本书个别内容更新请扫右侧二维码查阅

推荐阅读

书名	作者	中文书号	定价
当代全球商务（原书第9版）	查尔斯W.L.希尔（华盛顿大学）	978-7-111-56226-9	79.00
当代全球商务（英文版·第9版）	查尔斯W.L.希尔（华盛顿大学）	978-7-111-57235-0	89.00
国际商法（原书第6版）	雷·奥古斯特（得克萨斯大学）	978-7-111-59069-9	69.00
国际商法（英文版·原书第5版）	雷·奥古斯特（得克萨斯大学）	978-7-111-29687-4	69.00
国际商务谈判（英文版·原书第6版）	罗伊J.列维奇	978-7-111-55634-3	49.00
商务谈判（原书第6版）	罗伊J.列维奇	978-7-111-55053-2	45.00
国际商务（第2版）	王炜瀚（对外经济贸易大学）	978-7-111-51265-3	40.00
国际贸易：理论与政策	尹翔硕（复旦大学）	978-7-111-58553-4	45.00
国际贸易理论与实务(第2版）	陈岩（北京邮电大学）	978-7-111-54053-3	40.00
国际金融学（第2版）	刘园（对外经济贸易大学）	978-7-111-53348-1	39.00

推荐阅读

书名	作者	中文书号	定价
国际商务（第2版）	王炜瀚（对外经济贸易大学）	978-7-111-51265-3	40.00
国际贸易：理论与政策	尹翔硕（复旦大学）	978-7-111-58553-4	45.00
国际贸易理论与实务（第2版）	陈岩（北京邮电大学）	978-7-111-54053-3	40.00
国际金融学（第2版）	刘园（对外经济贸易大学）	978-7-111-53348-1	39.00
跨国公司经营与管理（第2版）	卢进勇（对外经济贸易大学）	978-7-111-55684-8	45.00
国际服务贸易（第2版）	陈宪（上海交通大学）	978-7-111-55578-0	40.00
国际贸易理论与实务（第4版）	卓骏（浙江大学）	978-7-111-54146-2	40.00
国际贸易实务（第3版）	胡丹婷（浙江理工大学）	978-7-111-59425-3	45.00
国际结算	徐进亮（对外经济贸易大学）	978-7-111-55350-2	39.00
国际贸易学	陶涛（北京大学）	978-7-111-49060-9	35.00
国际经济合作	孙莹（北京科技大学）	978-7-111-48644-2	39.00
国际商法	刘刚仿（对外经济贸易大学）	978-7-111-49679-3	39.00
国际商法（第2版）	宁烨（东北大学）	978-7-111-45452-6	35.00
国际商务谈判：理论与实务	白远（北京第二外国语学院）	978-7-111-42333-1	29.00
产业经济学：教程与案例（第2版）	干春晖（上海社会科学院）	978-7-111-51526-5	45.00
产业经济学	刘志彪（南京大学）	978-7-111-49568-0	39.00
统计学（第4版）	李金昌（浙江财经大学）	978-7-111-47889-8	39.00

推荐阅读

中文书名	原作者	中文书号	定价
公司理财（原书第11版）	斯蒂芬A.罗斯（MIT斯隆管理学院）	978-7-111- 57415-6	119.00
公司理财（英文版·原书第11版）	斯蒂芬A.罗斯（MIT斯隆管理学院）	978-7-111-58856-6	145.00
公司理财（精要版·原书第10版）	斯蒂芬A.罗斯（MIT斯隆管理学院）	978-7-111-47887-4	75.00
公司理财精要（亚洲版）	斯蒂芬A.罗斯（MIT斯隆管理学院）	978-7-111-52576-9	59.00
公司理财（精要版·英文原书第10版）	斯蒂芬A.罗斯（MIT斯隆管理学院）	978-7-111-44907-2	99.00
公司理财习题集（第8版）	斯蒂芬A.罗斯（MIT斯隆管理学院）	978-7-111-32466-9	42.00
财务管理（原书第14版）	尤金F.布里格姆（佛罗里达大学）	978-7-111-58891-7	139.00
中级财务管理（原书第11版）	尤金F.布里格姆（佛罗里达大学）	978-7-111-56529-1	129.00
财务管理精要（亚洲版·原书第3版）	尤金F.布里格姆（佛罗里达大学）	978-7-111-57017-2	125.00
财务管理精要（英文版·原书第3版）	尤金F.布里格姆（佛罗里达大学）	978-7-111-57936-6	129.00
高级经理财务管理：创造价值的过程（原书第4版）	哈瓦维尼（欧洲工商管理学院）	978-7-111-56221-4	89.00
国际财务管理（原书第8版）	切奥尔·尤恩	978-7-111-60813-4	79.00
管理会计（原书第14版）	雷H.加里森（杨百翰大学）	978-7-111-55796-8	79.00
财务管理：以EXCEL为分析工具（原书第4版）	格莱葛W.霍顿	978-7-111-47319-0	49.00
投资学（原书第10版）	滋维·博迪	978-7-111-57407-1	149.00